Johannes Burkhardt (Hg.)
Augsburger Handelshäuser im Wandel des historischen Urteils

Institut für Europäische Kulturgeschichte
der Universität Augsburg

Colloquia Augustana   Band 3

Herausgegeben von
Jochen Brüning und Johannes Burkhardt

Augsburger Handelshäuser im Wandel des historischen Urteils

Herausgegeben
von Johannes Burkhardt

unter Mitarbeit
von Thomas Nieding
und Christine Werkstetter

Akademie Verlag

Gedruckt mit Unterstützung der Stadt Augsburg und der Universität Augsburg

Schlußredaktion des Bandes: Ute Ecker-Offenhäußer

Die Deutsche Bibliothek – CIP-Einheitsaufnahme

Augsburger Handelshäuser im Wandel des historischen Urteils
/ hrsg. von Johannes Burkhardt. Unter Mitarb. von Thomas
Nieding und Christine Werkstetter. – Berlin : Akad. Verl., 1996
  (Colloquia Augustana ; Bd 3)
  ISBN 3-05-002653-7
NE: Burkhardt, Johannes [Hrsg.]; Colloquium Augustanum: Colloquia
  Augustana

ISSN 0946-9044

© Akademie Verlag GmbH, Berlin 1996
Der Akademie Verlag ist ein Unternehmen der VCH-Verlagsgruppe.

Gedruckt auf chlorfrei gebleichtem Papier.
Das eingesetzte Papier entspricht der amerikanischen Norm ANSI Z.39.48 – 1984
bzw. der europäischen Norm ISO TC 46.

Alle Rechte, insbesondere die der Übersetzung in andere Sprachen, vorbehalten. Kein Teil dieses Buches darf ohne schriftliche Genehmigung des Verlages in irgendeiner Form – durch Photokopie, Mikroverfilmung oder irgendein anderes Verfahren – reproduziert oder in eine von Maschinen, insbesondere von Datenverarbeitungsmaschinen, verwendbare Sprache übertragen oder übersetzt werden.

Druck: GAM Media GmbH, Berlin
Bindung: Verlagsbuchbinderei Mikolai GmbH, Berlin

Printed in the Federal Republic of Germany

Inhaltsverzeichnis

Abkürzungsverzeichnis   9

Einführung
Johannes Burkhardt   11

I. Die Normen der frühneuzeitlichen Ständegesellschaft und die Handelsgesellschaften

Gut vor Ehre oder Ehre vor Gut? Zur sozialen Distinktion zwischen Adels- und Kaufmannsstand in der Ständeliteratur der Frühen Neuzeit
Barbara Stollberg-Rilinger   31

"Die Tag und Nacht auff Fürkauff trachten". Augsburger Großkaufleute des 16. und beginnenden 17. Jahrhunderts in der Beurteilung ihrer Zeitgenossen und Mitbürger
Mark Häberlein   46

Das Bild der Fugger in der Reichsstadt Augsburg und in der Reiseliteratur
Wolfgang Wüst   69

Die Ehre der Fugger. Zum Selbstverständnis einer Familie
Dana Koutná-Karg   87

Der alte und der neue Adel. Johannes Engerds panegyrische Symbiose von Fugger und Montfort
Markus Völkel   107

Die Fuggerfaktoren Hörmann von und zu Gutenberg. Werte und Normen einer kaufmännischen Familie im Übergang zum Landadel
Thomas Max Safley   118

"Voll Feuerdrang nach ausgezeichneter Wirksamkeit" – die Gebrüder von Obwexer, Johann Heinrich von Schüle und die Handelsstadt Augsburg im 18. Jahrhundert
Michaela Schmölz-Häberlein   130

II. Vergessene Dimensionen eines Mythos

Diener und Herren. Zur Anatomie großer Unternehmen im Zeitalter der Fugger
Reinhard Hildebrandt   149

Problematik und zeitgenössische Kritik des Verlagssystems
Rolf Kießling   175

Der Beitrag der Hutten-Papiere zur Beurteilung des Venezuela-Unternehmens der Welser-Kompanie im 16. Jahrhundert
Eberhard Schmitt   191

Kooperation und Konkurrenz. Augsburger Kaufleute in Antwerpen
Gabriele von Trauchburg-Kuhnle   210

Italienische Kaufleute in Augsburg 1550-1650
Sibylle Backmann   224

Fugger und Taxis. Der Anteil Augsburger Kaufleute an der Entstehung des europäischen Kommunikationssystems
Wolfgang Behringer   241

Fuggerkorrespondenzen 1560-1600. Zu einem laufenden Editionsprojekt
Christl Karnehm   249

Augsburger Handelshäuser und die Antike
Wolfgang Kuhoff   258

Vielen Dank für Ihren Einkauf bei Amazon Marketplace. Unter www.amazon.de/feedback können Sie Feedback zum Verkäufer abgeben. Zur Kontaktaufnahme mit dem Verkäufer besuchen Sie Amazon.de, und klicken Sie oben auf der Seite auf "Mein Konto". Klicken Sie auf der Seite "Mein Konto" im Abschnitt "Wo ist meine Bestellung" auf den Link "Verkäufer-Feedback angeben". Wählen Sie die Bestellung, oder klicken Sie auf die Schaltfläche "Bestellung anzeigen". Klicken Sie einfach auf den Namen des Verkäufers unter dem entsprechenden Artikel, um zum Kontaktformular zu gelangen.

Bestellnummer: 302-3507170-9273967

Vielen Dank für Ihren Einkauf bei wva-skulima auf Amazon.de Marketplace.

Lieferanschrift:
Heinz-Rudi Bizer
Otto-Nagel-Str. 4
14467 Potsdam
Deutschland

Bestellt am: 08.04.2014
Versandart: Standard
Name des Käufers: Heinz-Rudi Bizer
Name des Verkäufers: wva-skulima

Menge	Inbegriffene Menge	Produktdetails
1	1	**Augsburger Handelshäuser im Wandel des historischen Urteils [Gebundene Ausgabe] [1996] Burkhardt, Johannes** SKU: 59051 ASIN: 3050026537 Angebotsnummer: 0404OT0HAHX Auftrags-Artikelnr.: 13424789638643 Zustand: Neu **Anmerkungen:** Hrsg. von Johannes Burkhardt. Unter Mitarbeit von Thomas Nieding und Christine Werkstetter. Die Beiträge informieren über die Ansatzpunkte neuer Forschung und bieten am sensiblen Fall ein Stück europäischer Kulturgeschichte, das den Weg unserer Zivilisation in der Neuzeit spiegelt. Sie zeigen, dass Handelshäuser eine zentrale

III. Die Wiederentdeckung der Fugger und die Augsburger Handelsgeschichte im Urteil des 19. und 20. Jahrhunderts

Kritik und Anerkennung. Die Fugger in der deutschen Historiographie des 19. und frühen 20. Jahrhunderts
Wolfgang Weber   279

Historiographische und rezeptionsgeschichtliche Aspekte der Tätigkeit der Fugger in Tirol
Rudolf Palme   297

"Betreff: Herstellung einer Geschichte der Familie Fugger". Die Fugger als Forschungsthema im 20. Jahrhundert
Franz Karg   308

Die Fugger im Spiegel der Historienmalerei 1850-1866
Andrew John Martin   322

"Augsburg war damals gleichsam ein heiliger Name" – Wie beiläufig oder relevant ist das Bild des Fugger-Augsburg bei Achim von Arnim?
Hans Vilmar Geppert   340

Literarische Fugger-Portraits
Helmut Koopmann   349

Fugger für Kinder. Augsburger Kaufleute in der historischen Schulbuchliteratur
Karl Filser   358

Anna Barbara Gignoux (1725-1796), Kattunfabrikantin oder Mäzenin? Zur Entstehung einer Augsburger Legende
Christine Werkstetter   381

Zum Selbstverständnis des ehemals handeltreibenden Augsburger Patriziats im 19. Jahrhundert
Wolfgang Zorn   400

Index der Orts- und Personennamen   407

Verzeichnis der Autoren und Referenten   427

Abkürzungsverzeichnis

ADB	Allgemeine Deutsche Biographie
AKG	Archiv für Kulturgeschichte
ARG	Archiv für Reformationsgeschichte
BayHStA	Bayerisches Hauptstaatsarchiv
BayStBM	Bayerische Staatsbibliothek München
Cod.	Codex
Diss.	Dissertation
fl.	Gulden
fol.	Folio
FA	Fuggerarchiv Dillingen
HHSTA	Haus-, Hof- und Staatsarchiv Wien
HZ	Historische Zeitung
Lit.	Literalien
Masch.	maschinenschriftlich
NDB	Neue Deutsche Biographie
NF	Neue Folge
SStBAug	Staats- und Stadtbibliothek Augsburg
StaatsAAug	Staatsarchiv Augsburg
StaatsAMünchen	Staatsarchiv München
StaatsAWürzburg	Staatsarchiv Würzburg
StadtAAug	Stadtarchiv Augsburg
StadtAInnsbruck	Stadtarchiv Innsbruck
StadtAKaufbeuren	Stadtarchiv Kaufbeuren
StadtANürnberg	Stadtarchiv Nürnberg
StadtARavensburg	Stadtarchiv Ravensburg
Urk.	Urkunde
VSWG	Vierteljahresschrift für Sozial- und Wirtschaftsgeschichte
ZBLG	Zeitschrift für bayerische Landesgeschichte
ZGO	Zeitschrift für die Geschichte des Oberrheins
ZHF	Zeitschrift für Historische Forschung
ZHVS(N)	Zeitschrift des Historischen Vereins für Schwaben (und Neuburg)
ZRG GA	Zeitschrift der Savigny-Stiftung für Rechtsgeschichte, Germanistische Abteilung

Einführung
Johannes Burkhardt

In der Geschichte der Frühen Neuzeit gibt es eine Reihe von Personen und Ereignissen, die außerordentlich unterschiedlich gesehen und bewertet worden sind. Dazu gehören schon an ihrem Beginn zum Beispiel Christoph Kolumbus und die europäische Expansion, Martin Luther und die reformatorischen Bewegungen oder aber die Fugger und das Augsburger Handelskapital. Während aber die Forschung bei anderen historischen Kultgestalten wie Kolumbus und Luther oder später Wallenstein, Gustav Adolf oder Friedrich der Große längst auch die Metaebene ihres sich wandelnden 'Bildes' in der Geschichte bedenkt und in eigenen Monographien thematisiert, besteht in der sonst hochentwickelten Fuggerforschung ein Nachholbedarf. Der Fugger-Mythos blüht – aber wann und wie ist er entstanden? Bekanntheitsgrad und Überlieferungsdichte der großen Augsburger Namen und Leistungen sind im 16. Jahrhundert recht groß, sinken aber im 17. und 18. Jahrhundert bis zur Bedeutungslosigkeit, um im Laufe des 19. Jahrhunderts triumphal in Geschichtsbild und öffentliches Bewußtsein zurückzukehren – in welchen Überlieferungsformen und Textsorten und aus welchem historischen Interesse? Das Bild der Augsburger Handelshäuser war in der Geschichte verschieden – wie sieht das je nach Parteistellung und Epoche genau aus und was sind die Gründe?

Der Hauptgegenstand dieses Bandes ist also nicht die Sache selbst, die Augsburger Handelshäuser, sondern es wird nach den sich in der Geschichte wandelnden Wahrnehmungs-, Überlieferungs- und Urteilsweisen gefragt. Eine solche perzeptions- und rezeptionsgeschichtliche Perspektive kann der Sachforschung neue Impulse geben, aber auch selbst an den wechselnden Interpretationen zum Nachdenken über die historischen Wege unserer Kultur einladen.

Den Anlaß für diesen Band bot ein Symposium, das vom Institut für Europäische Kulturgeschichte in enger Zusammenarbeit mit der die Sprach- und Geschichtswissenschaften umfassenden Philosophischen Fakultät II der Universität

Augsburg im Anton-Fugger-Jahr 1993 durchgeführt worden ist.[1] In dem Beitrag der Universität sollte der Jubilar jedoch in den größeren historischen Kontext der Augsburger Handelshäuser und die beschriebene etwas abgehobenere wissenschaftliche Perspektive gerückt werden. Daß von den 24 aufgenommenen Beiträgen mehr als ein Dutzend ausschließlich den Fuggern gewidmet sind, spiegelt jedoch nicht das Jubiläum, sondern die bei dieser Fragestellung selbst mitthematisierte Überlieferungs- und Forschungslage wider, die da, wo es anging, schon gezielt erweitert wurde. Die Bestandsaufnahme der versammelten Expertinnen und Experten erschloß das organisatorische Umfeld der Handelshäuser, ihr Selbstverständnis und ihre Selbstdarstellung, ihre Stellung in der öffentlichen Meinung ihres Jahrhunderts sowie in der historischen Tradition, Forschung und Literatur. Viele Beiträge wurden zu wichtigen Bausteinen für das Hauptanliegen, andere nahmen nur teilweise die Fragestellung auf, waren aber auf andere Weise von großem Interesse oder trugen in überraschender Weise etwas zur Tagungsperspektive bei. Der vorliegende Themenband dokumentiert darum nicht einfach die Tagung, sondern ist eine Neukomposition, die nach den sich herstellenden Diskussionszusammenhängen und erzielten Ergebnissen drei Gruppen bündelt. Die Ausführungen unter diesen drei Überschriften erhellen sich gegenseitig und sind insgesamt in je spezifischer Weise auf die perzeptions- und rezeptionsgeschichtliche Gesamtthematik bezogen.

Die beiden ersten Gruppen behandeln die Frühe Neuzeit selbst an den zeitgenössischen Quellen. Die erste Gruppe faßt Selbstzeugnisse und Außenwahrnehmung in der je eigenen Zeit zusammen, durch die sich ein gemeinsames Problem zieht: das Ständeproblem. Die Beobachtungen kreisen um die Einordnung der Augsburger Handelsgesellschaften in die Ständegesellschaft und bieten einen Beitrag zum Normenwandel im Verhältnis zwischen Stadtbürgertum und Adel. Die zweite frühneuzeitliche Gruppe legt, öfter realgeschichtlich vorgehend, weniger gängige 'Dimensionen eines Mythos' frei. Zum Teil werden der etablierten ökonomischen Perspektive neue Seiten abgewonnen, zum Teil wird sie ganz zurückgewiesen oder auf neue Bereiche von den europäischen Beziehungen bis zur Antikenrezeption verwiesen, die im 16. Jahrhundert neben dem gängigen Bild in Rechnung zu stellen sind. Der dritte Teil ist der eigentliche Rezeptionsteil und behandelt die Perspektive des geschichtlichen Rückblicks auf die Vergangenheit. Diese Fuggerrenaissance wird durch die Medien verfolgt und der Wandel des Urteils ist nun das eigentliche Thema. So rückt die Betrachtung chronologisch von der zeitgenössischen Wahrnehmung zur nachträglichen geschichtlichen Sehweise, methodisch von der perzeptionsgeschichtlichen zur rezeptionsgeschichtlichen Perspektive und inhaltlich von der ständischen zur ökonomischen Interpretationsdo-

---

[1] Anton Fugger (1493-1560). Vorträge und Dokumentation zum fünfhundertjährigen Jubiläum, hrsg. v. Johannes Burkhardt (Studien zur Fuggergeschichte, Bd. 36), Weißenhorn 1994.

Einführung 13

minante. Aber man muß dieses Herausgeberkalkül nicht nachvollziehen, um den Zusammenhang und die Ergebnisse im einzelnen verfolgen zu können.

I. Die Normen der frühneuzeitlichen Ständegesellschaft und die Handelsgesellschaften

In der Debatte um die Ständegesellschaft geht es immer wieder um zwei gegensätzliche Möglichkeiten der Verhaltensorientierung, die von Max Weber systematisch durchdacht worden sind und in der Einleitung des ersten Beitrags von *BARBARA STOLLBERG-RILINGER* forschungsgeschichtlich resümiert werden: um das Verhalten nach vorgegebenen Standesnormen und das Verhalten nach Wirtschaftsinteressen. Zum einen sollen mit dieser Gegenüberstellung zwei Epochen voneinander unterschieden werden, also die ständische Gesellschaft der Frühen Neuzeit insgesamt von der ökonomisch orientierten Moderne. Zum anderen aber wird mit diesem Gegensatzpaar auch innerhalb der ständischen Gesellschaft operiert. Das ist möglich durch entwicklungsgeschichtliche Vorstellungen, nach denen die spätere 'bürgerliche Gesellschaft' doch aus dem alten Bürgerstand hervorgeht, dem früh ökonomische Kompetenz zugetraut wird. Ein vieldiskutierter neuerer Ansatz am 'symbolischen Kapital der Ehre', zu dem zum Beispiel die normativen Bildungsvoraussetzungen und Sozialbeziehungen gerechnet werden, bezeichnet sogar die klassisch nichtökonomische Seite der Ständegesellschaft mit einem ökonomischen Begriff. Die anschaulichste Herausforderung für eine nichtökonomisch definierte Gesellschaft aber stellt der Stand des Kaufmanns selbst dar, der sie im Zeichen einer vordringenden Geldwirtschaft zu Beginn der Neuzeit, gleichsam von berufswegen, in Frage stellte. Die Augsburger Handelshäuser, in denen die professionelle Orientierung an Markt und Gewinn im 16. Jahrhundert die größten Dimensionen erreichte, führen so ins Problemzentrum der frühneuzeitlichen Ständeordnung.

Einige Beiträge befassen sich mit der zeitgenössischen Reaktion auf die Herausforderung eines gesellschaftlich systemsprengenden Reichtums. Der überregionale Hintergrund ist bereits erforscht, so daß es keiner eigenen Beiträge mehr bedurfte.[2] Durch die deutsche Publizistik und die Reichsgeschäfte nämlich zieht sich zu Beginn der Neuzeit ein Kampf gegen den Reichtum, die neuen Finanz-

---

[2] Fritz Blaich, Die Reichsmonopolgesetzgebung im Zeitalter Karls V., Stuttgart 1967, S. 8-16. Johannes Burkhardt, Die Entdeckung des Handels. Die kommerzielle Welt in der Wissensordnung der Frühen Neuzeit, in: Wirtschaft in Wissenschaft und Literatur. Drei Perspektiven aus historischer Sicht von Johannes Burkhardt, Helmut Koopmann und Henning Krauß, hrsg. v. Rektor der Universität Augsburg (Augsburger Universitätsreden, Bd. 23), Augsburg 1993, S. 5-28, hier besonders Kapitel I: Die Rolle der reformatorischen Theologie, S. 8-16.

praktiken und die schiere Größe der marktbeherrschenden oberdeutschen Handelsgesellschaften, der unter dem Schlagwort eines Kampfes gegen die 'Monopole' geführt wurde. Anlaß boten etwa Angebotsmonopole in Kupfer und Pfeffer, aber das im Rückgriff auf die Spätantike wiederbelebte Schlagwort war ein recht dehnbares, in das unter dem Nachbarbegriff 'Wucher' auch die Zinsdebatte und mit dem Blick auf die Teuerung auch die Auseinandersetzung um den 'gerechten Preis' hineinspielte. Auf dem Reichstag zu Köln von 1512 schritt man bereits gegen die Handelsgesellschaften ein, auf dem Nürnberger Reichstag von 1522/23 wurde ihr Kapital auf jeweils 50.000 Gulden beschränkt. Bald darauf ging das Reichsgericht gegen sechs Augsburger Handelshäuser wegen Monopolverdachts rechtlich vor. Eine neue Schärfe hat die Monopoldebatte der reformatorischen Bewegung gegeben, die mit ihrem Schriftprinzip alle mißliebigen Erscheinungen der vordringenden Geldwirtschaft als unbiblisch und damit unchristlich abweisen konnte und ihren Protagonisten die kompensatorischen Möglichkeiten 'guter Werke' theologisch entzog. Martin Luther selbst setzte sich an die Spitze der öffentlichen Meinung und polemisierte mit dem Evangelium in der Hand gegen 'Kauffshandlung und Wucher', überhaupt gegen die 'Gesellschaften', die 'Monopole' und die 'verdammte Fuckerei'. Auf der anderen Seite formierte sich auch eine Abwehrpartei: der Luthergegner Johannes Eck legitimierte die Zinsnahme theologisch, Augsburgs Interessenvertreter Konrad Peutinger suchte Großhandel und Monopole zu rechtfertigen, und Kaiser Karl V. schützte schließlich seine Augsburger Kreditgeber, so daß der ganze Monopolstreit am Ende ohne praktische Konsequenzen blieb.

Umso mehr spiegelt sich in dieser reichsweiten Monopoldebatte die überregional mehrheitlich negative Einschätzung der Augsburger Handelsgesellschaften zu Beginn des 16. Jahrhunderts wider. Eine zentrale Sorge dabei war, daß die Gesellschaften mit ihrer entwickelten Geldwirtschaft die Ständeordnung überhaupt bedrohten. Der 'Gemeine Nutzen', gegen den die Augsburger Handelshäuser mit gewinnorientiertem Eigennutz verstoßen haben sollten, meinte die ganze ständische Rechtsordnung mit. Auch die theologische Kritik sah das Handelskapital als eine Bedrohung der rechten Ständegliederung. Luther vergleicht etwa den Großhandel mit dem 'Hecht', der die anderen Fische frißt – gleichsam im Karpfenteich der Standesgenossen –, und wundert sich mißbilligend, wie ein Kaufmann durch seinen Reichtum Kaiser und Könige übertreffen könne.[3] Der Handelssektor, bislang in die Ständeordnung integriert, drohte diese in den Augen einer überregionalen öffentlichen Meinung zu sprengen. Wie aber sahen dies die Augsburger Gesellschaften und ihr Umfeld selbst? Und wie hat sich die Ständefrage, die nur für

---

[3] Martin Luther, Von Kauffshandlung und Wucher (1524) (WA, Bd. 15), Weimar 1899, S. 278-322. Demnächst: Geschichte der Ökonomie (Klassische Texte des 16.-19. Jahrhunderts mit Sacheinführung und Einzelkommentaren), hrsg. v. Johannes Burkhardt, Birger P. Priddat (Bibliothek der Geschichte und Politik, hrsg. v. Reinhart Koselleck).

Einführung

kurze Zeit diese wohlbekannte spektakuläre Debatte zeitigte, generell für die Augsburger Handelshäuser dargestellt?

MARK HÄBERLEIN untersucht die Beurteilung der Augsburger Großkaufleute vor allem in der Chronistik der Reichsstadt und wird besonders in den autobiographischen Aufzeichnungen von Lukas Rem fündig. Häberlein sieht den Quellenwert der Chronistik darin, daß sie die Normen der ständischen Gesellschaft zu erkennen gibt, und das sind in diesem Falle die Vorstellungen vom 'ehrbaren Handel'. Die Stadtchronisten bemerken durchaus den Handels- und Finanzaufschwung Augsburgs, wahren von dieser Position her aber eine kritische Haltung zu den Handelshäusern. Hauptkritikpunkte sind 'Fürkauf' und 'Wucher', die auch als pauschale Scheltworte eingesetzt werden, ferner die 'böse Münze', die von Manipulation bis zur Falschmünzerei stehen kann, und – seit der Höchstetterkatastrophe von 1529 – der 'Bankrott'. Die Vorwürfe werden mit moralischem Nachdruck erhoben: Übervorteilung heißt hier, daß Kaufleute einander 'beschissen', unverdienter Gewinn bis hin zum Betrug wird gern unterstellt, schneller Aufstieg erscheint generell suspekt. Die Kritik wird weitgehend unabhängig von den gesellschaftlichen und familiären Positionen der Autoren erhoben, reproduziert also offenbar Urteilsnormen der Ständegesellschaft insgesamt. Häberlein sieht sie in zwei Bezugssystemen: Es sind zum einen noch statische Normen, die von sozialer Mobilität und Veränderung nichts wissen wollen. Und es gilt das ständische Ideal des 'Gemeinen Nutzes' gegen den Eigennutz, der nur als ein Verhalten auf Kosten anderer gedacht werden kann. Die Kritik an den Augsburger Handelshäusern gründet also mentalitätsgeschichtlich in einer statisch-kompensatorischen Norm der frühneuzeitlichen Ständegesellschaft.

Der Beitrag von *WOLFGANG WÜST* fragt in ähnlicher Richtung nach den zeitgenössischen Urteilen, konzentriert sich aber einerseits auf die Fugger und bezieht andererseits auch Reiseliteratur als außerstädtische Quelle ein. Waren die Fugger Augsburger Patrizier oder bildeten sie, wie Olaf Mörcke gefragt hat, eine Sonderstruktur? Wüst findet eine große Diskrepanz zwischen dem innerstädtischen und dem außerstädtischen Fuggerbild. Die städtische Chronik hat die Fugger gegenüber anderen Handelshäusern nicht besonders hervorgehoben und betrachtete sie in diesem Rahmen eher negativ-kritisch. In der Reiseliteratur der Augsburgbesucher aber erscheinen die Fugger gegenüber allen anderen Kaufleuten hervorgehoben und werden stets uneingeschränkt positiv gekennzeichnet. Dahinter steht ihre unterschiedliche ständische Position in der Reichsstadt und im Reich: Während in der Stadt gegenüber der nichtpatrizischen Herkunft und der Überordnung der Handelsinteressen Ressentiments blieben, boten die Beziehungen zu obersten Rängen in Reich und Christenheit, die Zugehörigkeit zum Reichsadel und die Involvierung in die Reichspolitik Anlaß zu überregionaler Bekanntheit und positiver Bewertung.

In den anderen Beiträgen wird denn auch speziell das Problem der Aristokratisierung der Fugger und anderer Handelshäuser im Rahmen der Ständegesellschaft angesprochen. Der grundlegende Beitrag von Barbara Stollberg-Rilinger behandelt eine normative Unterscheidung von Adel- und Kaufmannsstand in der Ständeliteratur der Frühen Neuzeit. Dem Kaufmann wurde 'Gut vor Ehre', dem Adel aber 'Ehre vor Gut' zugeschrieben, gleichsam eine zwischenständische Vorwegnahme des Max Weberschen Epochenunterschieds. In der Praxis allerdings konnte der Adel durchaus an Großhandels- und Finanzgeschäften partizipieren, denn er stand oft vor dem Dilemma, eine standesgemäße Lebensführung durch unstandesgemäßen Erwerb sichern zu müssen. Doch gab es auch eine traditionelle Abgrenzungsstrategie zur Wahrung ständischer Exklusivität oder Erringung der Ebenbürtigkeit durch Enthaltsamkeit oder ergänzende feine Unterscheidungen zur Aufrechterhaltung der Grenze zwischen Adel und Bürgertum. Erst mit der zunehmenden funktionalen Begründung des Adels aus dem Staat entfiel die Erwerbsorientierung als Abgrenzungskriterium. Nach einem instruktiven Abriß ihrer grundlegenden Forschungen gibt die Autorin auch einen Hinweis auf die ständische Einordnung der Fugger in ihrem Übergang zur Aristokratie. Durch Investition in den Boden, Orientierung auf 'würdige' Großfinanzdienste und Assimilation mit dem Adel haben sie den Zwiespalt von 'Ehre' und 'Gut' zwanglos überwunden.

Nach der Außenwahrnehmung geht *DANA KOUTNÁ-KARG* auf das Selbstverständnis der Fugger ein. Sie untersucht dazu besonders die Repräsentationsformen der Familie: Feste und Feiern mit den berühmten Hochzeiten und Leichenschmäusen und andere familiäre Veranstaltungen im Fuggerhaus, die distinktive Zeichenfunktion des Essens, Geschenke und Geldgaben sowie die Ausstattung der Faktoreien. Bemerkenswert ist auch der Wille zur langfristigen Repräsentation, der in Ehrenbüchern, Fuggerchronik, Fachliteratur und der einzigartigen Portraitserie 'Imagines Fuggerorum et Fuggerarum' Gestalt angenommen hat und zudem mit Mäzenatentum, Stiftungen und Bauten den Ruhm der Familie in der Tat der Nachwelt eindrücklich überliefert hat. Unter der ständischen Fragestellung sieht der Beitrag den besonderen Repräsentationsaufwand zur Selbstdarstellung der Familie wie der Firma als Ersatz und Vorwegnahme für den Aufstieg in städtische Ämter und das Patriziat, dann aber auch als demonstrativen Ausdruck adliger, reichsständischer und fürstlicher Lebensweise. Diese eigentümliche Doppelstellung der Familie zwischen Stadtpatriziat und Reichsfürstentum spiegelt sich auch in den Repräsentationsformen. Aber vielleicht läßt sich die 'Ehre der Fugger' letztlich gar nicht in Ständekategorien greifen, sondern in dem Selbstzeugnis, in dem abweichendes Verhalten eines Familienmitglieds als 'nit fuggerisch' zurückgewiesen wird. Die von der Autorin eingangs gestellte Frage, ob die Fugger sich womöglich einfach als Fugger sahen, eignet sich auch als letztes Wort einer an diesem Namen geführten Ständedebatte.

Einführung

Eine literarische Bearbeitung der Ständefrage am Fall der Fugger interpretiert *MARKUS VÖLKEL*. Die doppelte Heiratsverbindung der Fugger mit dem angesehenen Adelsgeschlecht der Montfort ist in einem lateinischen Lobgedicht gefeiert worden, das der Ingolstädter Professor Johannes Engerd verfaßt hat. Völkel bietet eine sprachschöne deutsche Übertragung und eine für die Normendebatte erhellende Interpretation. Damit die Fugger der aristokratischen Ahnenreihe und Tugend der Montfort ebenbürtig erscheinen, wird zum einen in einer Art Flucht nach vorn die Sorge für den Reichtum selbst als ahnenstolze Familientradition dagegengestellt. Zum anderen und noch durchgängiger werden die religiösen Verdienste der Fugger in den Konfessionskriegen der Zeit herausgestellt und diese gegenreformatorische 'pietas' geradezu als aristokratische Ersatztugend präsentiert. Die untersuchte Rhetorik ist also formal ständebezogen, verweist aber inhaltlich schon auf andere Kategorien der Zeit.

Ein ebenfalls noch mit Augsburg verknüpfter, für die Ständedebatte interessanter Fall ist die Familie Hörmann, die ihren Lebensmittelpunkt in Kaufbeuren hatte, aber auch in anderen schwäbisch-fränkischen Reichsstädten zu finden und zeitweise auch im Außendienst der Fugger tätig war. Als Herren zu Gutenberg standen die Hörmann im Übergang zwischen bürgerlich-städtischer und adelig-ländlicher Lebensform. *THOMAS M. SAFLEY* unternimmt es, aus dem Verhalten der Familie ihre Wertvorstellungen zu erschließen und gelangt zu einem außerordentlich vielfältigen Bild. In der Bildung sind adelige Exerzitien, kaufmännische Ausbildung und Studium gleichermaßen möglich, in Berufsverhalten und Heiratsstrategien bleibt das regionale Stadtpatriziat der Bezugspunkt, der Land- und Adelssitz ist wichtig, bestimmt aber nicht zentral Selbstverständnis und Lebensführung. Safley kommt an diesem Beispiel zu dem Schluß, daß gegenüber ständischen Modellvorstellungen die alltägliche Verhaltenspraxis viel freier war. Die von Safley eingangs benutzte Familiennachricht, daß ein Hörmann zu Gutenberg in einer Notsituation selbst den Acker gepflügt habe, was sicher weder kaufmännischem noch adeligem Verhaltenskodex entsprach, wird zum symbolischen Vorgriff auf ein Fragezeichen, das Safley mit diesem Fallbeispiel hinter die ganze Ständegesellschaft Weberscher Provenienz setzt.

An das Ende der Zeit der Ständegesellschaft rückt der Beitrag von *MICHAELA SCHMÖLZ-HÄBERLEIN* und behandelt zwei instruktive Fallbeispiele unterschiedlicher Familienpolitik in Augsburg. Die im 18. Jahrhundert aus Südtirol zugezogene, im katholischen Beziehungsnetz stehende Familie Obwexer wurde durch Kattun, Kolonialhandel und Finanzbeziehungen ein wichtiges Handels- und Bankhaus. In ihren Normen aber blieben kaufmännische Ehre, guter Name und 'Gemeiner Nutzen' im altständischen Sinne bestimmend. Demgegenüber hat der aus dem Hohenlohischen stammende protestantische Handelsunternehmer Schüle in seiner und seines zeitgenössischen Biographen von Seida Selbstdarstellung sein Leben schon als das des erfolgreichen modernen Unternehmers inszeniert, der sich bewußt zu Wettbewerb und Eigennutz, Leistung, Innovation und Fortschritt als Ideale einer neuen Zeit bekannte. Das als ein einzigartiges Augsburger Baudenkmal noch vorhandene Schülesche Fabrikschloß aus dem 18. Jahrhundert, um dessen Erhaltung oder Preisgabe in diesen Jahren in Augsburg gerungen wird, ist so auch ein Monument für eine Zeitenwende. Die statisch-kompensatorische Denkweise der Ständegesellschaft, aus der heraus Kritik auch an den Fuggern geübt wurde, galt nicht mehr. Und zu der neuen Wirtschaftsgesinnung bekannte sich ohne weiteres auch der neue Adel.

Blickt man noch einmal auf die Probleme dieser Ständedebatte zurück, so waren es vor allem zwei. Zum einen wurde die zu große Kapitalkraft der Augsburger Handelshäuser als eine Bedrohung für die Ständegesellschaft empfunden. Diese zog die Kritik auf sich, und in diesem Sinne ist auch schon der Aufsatz von Rolf Kießling im nächsten Teil mitheranzuziehen, der an die antikapitalistische Kritik der Reformation erinnert und ihre Berechtigung am unterbelichteten ländlichen Verlagswesen überprüft. Zum anderen war die ständische Einordnung zwischen Kaufmann und Adel umstritten. In den Legitimationen beider Punkte, des Reichtums wie der Adelsqualität, ist aber neben den genannten Ansätzen noch auf einen weiteren hinzuweisen, der in den Beiträgen gelegentlich anklingt, aber noch nicht eigens thematisiert wurde: die Legitimation durch frühe Staatsnähe. Stollberg-Rilinger hat gezeigt, wie am Ende auf der normativen Seite die etatistische Funktionalität die alte Ständeverteilung von Ehre und Erwerbsarbeit obsolet machte, und vielleicht gilt das in der Praxis auch schon früher. Wüst hat für die den Fuggern soviel günstigere Außenperspektive der Augsburgreisenden einleuchtend auf deren andere reichs- und machtpolitische Perspektiven hingewiesen. Auch im Rezeptionszusammenhang des letzten Teiles (vgl. Palme) scheint erhalten geblieben zu sein, daß die Nähe zu Kaiser und Habsburgern den Fuggern in geeigneter Umgebung ein Sympathieplus gebracht hat. Alles in allem wäre so einmal zu fragen, ob der Augsburger Reichtum nicht dadurch geadelt wurde, daß er sich in den Dienst des Kaisers stellte. Der adelstiftende 'Lehensdienst' wurde von den Fuggern nicht durch Heeresfolge geleistet und erfolgte nicht als Rangerhöhung für administrative Dienste, sondern für treue Finanzierungsdienste. Vielleicht wären so die Augsburger Handelshäuser neben ihrer traditionellen ökonomischen Bedeutung und der hier diskutierten Bedeutung im Rahmen der Ständegesellschaft auch in ihrer frühen Bedeutung für den Aufbau des frühmodernen Staates und damit für einen Grundprozess der Epoche zu würdigen. Doch zunächst zu denjenigen vergessenen Dimensionen, zu denen Beiträge vorliegen.

Einführung 19

II. Vergessene Dimensionen

Jenseits der schon viel behandelten wirtschafts- und stadtgeschichtlichen Thematik und neben der schon darüber hinausweisenden Ständedebatte gibt es eine Reihe weiterer Dimensionen, die erst in der neueren Forschung entdeckt worden und für die Einschätzung der Handelshäuser von Bedeutung sind. Sie reichen von vergessenen Seiten der Handelsgeschichte über die europäischen Kommunikationszusammenhänge bis zu signifikanten Zeiterscheinungen der Bildungs- und Kulturgeschichte. Der erste der beiden Beiträge zu wirtschaftsgeschichtlichen Dimensionen schlägt denn auch das lange übersehene Thema mit einem Brecht-Zitat an: 'die im Dunkeln sieht man nicht'. Die vergessene Dimension ist hier eine ganze Personengruppe, danach aber sind auch eine Reihe von Sachverhalten zu erhellen.

Während von den Handelsherren viel die Rede war und ist, hat *REINHARD HILDEBRANDT* erstmals systematisch die sogenannten 'Diener' der Handlung untersucht. Im Hintergrund ist hier zunächst die organisatorische Entwicklung der Großfirmen zu sehen, die zunehmend multifunktionale Geschäfte zu bewältigen, ein europäisches Netz zu bedienen hatten, an mehreren Orten kontinuierlich präsent sein mußten und von daher einen zunehmenden Personalbedarf verzeichneten. Aus der älteren Erwerbsgemeinschaft gleichberechtigter Kaufleute und Kapitalgeber wurde über die Familiengesellschaften als wichtige Übergangsform die hierarchisch organisierte Firma, die der unselbständigen Helfer bedurfte: 'die Geburtsstunde des kaufmännischen Angestellten'. Hildebrandt hat für die Zeit zwischen 1500 und 1650 in Oberdeutschland 514 Handels- bzw. Kaufmannsdiener und 144 Anstellungsverträge ermitteln können, die signifikante Aussagen erlauben. Klar erkennen läßt sich eine Entwicklung von der vorübergehenden Tätigkeit mit Gewinnbeteiligung zur professionellen Laufbahn mit Besoldung. Hildebrandt kann Ausbildungsgang, Karriereweg und Jahresgehälter der Kopisten, Schreiber, Kassierer, Buchhalter und Faktoren erschließen, die relativ günstig gestellt waren. Gesellschaftlich repräsentieren die 'Kaufmannsdiener' eine recht angesehene Mittelschicht, die auf der höchsten 'Manager'-Ebene von den Eigentümern wenig unterschieden war, sich durch Heiraten untereinander konsolidierte und auch in den höheren städtischen Ämtern und Einrichtungen vertreten war. Unter Hinweis auf ihre vertikale und horizontale Mobilität erkennt Hildebrandt aber auch ein hohes Maß an Flexibilität in der ständischen Gesellschaft.

Ein weiterer Punkt, der ursprünglich wenig beachtet wurde, ist das Verlagssystem, dem in der wirtschaftsgeschichtlichen Entwicklung besondere Bedeutung zukommt und das an einem Finanzplatz inmitten einer textilen Gewerberegion von besonderem Interesse ist. *ROLF KIEßLING* geht noch einmal auf die reformatorische Kritik in der sozialutopischen Spielart von Eberlin von Günzburg, Wendel Hipler und anderen ein, die gegen die Fugger und die anderen Augsburger Handelshäuser im 16. Jahrhundert vorgebracht wurde und gegen den Augsburger 'Eigennutz' einen Warenaustausch nach dem 'Gemeinen Nutzen' zur allgemeinen Wohlfahrt forderte. Der Kernvorwurf des Fürkaufs, der manipulierten Zwischenhandelsform zur Angebotsregulierung, trifft eigentlich, so stellt Kießling klar, auch jedes Verlagssystem, die Organisation der Textilherstellung mit Vorfinanzierung, Rohstoffbeschaffung und Abnahmegarantie durch finanzkräftige Unternehmer. Daß es im 15. und 16. Jahrhundert verlagsähnliche Formen in Augsburg gegeben haben muß, kann Kießling durch Analogieschlüsse aus den Produktionsvoraussetzungen neu eingeführter Gewebearten und auch konkret aus den Beschwerden rekonstruieren. Ein Interpretationsproblem ist die Ordnung von 1569, die den Warenverlag obrigkeitlich untersagt und ein städtisches Pfandhaus für nichtverkaufte Tuche einrichtet. Während Claus-Peter Clasen daher in Augsburg gar kein Verlagswesen erkennen will, sieht Kießling hier nur eine begrenzte und umstrittene Gegensteuerung des Magistrats zu den tatsächlichen Verhältnissen. Der Textilverlag Augsburger Handelshäuser wurde nicht nur als Bedrückung der selbständigen Weber empfunden, sondern teilweise in Kooperation mit den Zünften auch als Risikominderung akzeptiert. Insbesondere die Fugger haben im übrigen auch ihre Herrschaftsrechte, besonders in Weißenhorn und Babenhausen, eingesetzt und so mit ökonomischen Subsystemen zur reichsstädtischen Zentralität experimentiert, die gegenwärtig von Kießling und seiner landesgeschichtlichen Schule im Rahmen der Umlands- und Protoindustrialisierungsdebatte weiter untersucht werden.

Aus der Region in die Neue Welt führt *EBERHARD SCHMITT* und zwar zu dem bekanntesten der mit dem Namen eines Augsburger Handelshauses verknüpften Unternehmen, dem Venezuela-Projekt der Welser. Vom Autor neu gefundene Quellen, aus denen er hier einige wahrnehmungsgeschichtlich interessante Punkte mitteilt, lassen das Projekt in einem ganz neuen Licht erscheinen. Es handelt sich um die Briefe und Papiere des Generalkapitäns und Bevollmächtigten der Welsergesellschaft, dessen Tätigkeit sich in offenbarem Einverständnis mit seinen Auftraggebern in einer Serie von Rekogniszierungszügen erschöpfte, über die er berichtete. Schmitt weist darum die ganze Reihe alter und neuer vermeintlicher Motive, Ziele und Pläne der Welser – wie Kolonisation, Sklavenhandel, Atlantikhandelserweiterung oder Bergbau – zurück, weil sie in der Wahrnehmungsweise der Quelle keine Grundlage haben, ja die Berichte ihnen in vielen Punkten ausdrücklich entgegenstehen. Im zeitgenössischen Bewußtsein scheint vielmehr nichts anderes als die Suche nach dem Goldkönigreich El Dorado dahintergesteckt zu haben. Mit dieser These Schmitts werden im letzten der ökonomischen Beiträge zu modern gedachte Vorstellungen korrigiert und in der Rekonstruktion des Selbstverständnisses Antriebskräfte deutlich, die gar nicht mehr rein ökonomisch betrachtet werden können, auch wenn ein Handelshaus der Auftraggeber war.

Einführung 21

Ein weiterer Schwerpunkt, zu dem es noch viel zu entdecken gibt, ist die europaweite Vernetzung des Augsburger Handels. Als Beispiel für die Außenbeziehungen der Augsburger hat sich GABRIELE VON TRAUCHBURG-KUHNLE auf Spurensuche nach Antwerpen begeben, das auch wegen der politischen Beziehungen zu den Habsburgern ein wichtiges Wirkungsfeld für die Augsburger Kaufleute war, die hier miteinander konkurrierten, aber bei Kreditgeschäften, in Immobilien- und Gerichtssachen und gegen auswärtige Konkurrenz auch miteinander kooperierten. Die Namen sind allerdings am Ort weitgehend vergessen oder unter den politischen Umständen unseres Jahrhunderts sogar verdrängt worden und waren nur mit Mühe zu rekonstruieren. Das Andenken der Fugger in ihrer spanischen Zentrale Almagro und der Quecksilbermine Almadén ist ungleich lebendiger, wovon sich die Teilnehmer der Tagung anhand ergänzender eigener Dias von Bernhard Schimmelpfennig anschaulich überzeugen konnten, und vergleichbares Bildmaterial ist mittlerweile auch in der Literatur zugänglich.

Die Gegenprobe hat *SIBYLLE BACKMANN* gemacht und nach fremden Kaufleuten in Augsburg gefragt, und zwar nach den italienischen, besonders den venezianischen zwischen 1550 und 1650. Der Befund ist nach Anzahl, Integrationsgrad und Geschäftssektoren und im Vergleich zu Nürnberg eher bescheiden, ohne daß die zurückhaltende, aber nicht restriktive Ratspolitik dafür verantwortlich zu machen wäre. Der von Backmann entdeckte wahre Grund, der die Bedeutung der Augsburger Häuser erst recht erkennen läßt, war vielmehr: die Italiener mußten nicht nach Augsburg kommen, weil die Augsburger in Italien präsent waren und die bilateralen Geschäfte dort abwickelten.

Wenn es sich in diesen Fällen noch um exemplarische europäische Wirtschaftsbeziehungen handelt, so geht *WOLFGANG BEHRINGER* noch einen Schritt weiter und thematisiert den Anteil der Augsburger Kaufleute an der Entstehung eines europäischen Kommunikationssystems überhaupt. In Kooperation mit den Taxis und den habsburgischen Kaisern hatten vor allem die Fugger maßgeblichen Anteil am Aufbau der Reichspost. Denn Augsburg wurde nicht umsonst die einzige Reichsstadt mit eigener Posthalterei. Die Weite und Schnelligkeit der Verbindung zwischen Brüssel und Trient, die unter staatlichem Dach organisiert, aber privat firmiert und genutzt wurde, kam den auf Informationstransfer angewiesenen Handels- und Firmenhäusern besonders zugute. So haben die Augsburger Kaufleute nicht nur an ökonomischen Innovationen, sondern – für die europäische Zivilisationsgeschichte vielleicht nicht minder wichtig – an der von Behringer in seinen Forschungen untersuchten 'Revolution des europäischen Kommunikationswesens' einen wichtigen Anteil.

Eine letzte Dimension, die heute stärkere Aufmerksamkeit beanspruchen kann, ist die im engeren Sinne kulturgeschichtliche. Die Fugger haben nicht nur Handelskorrespondenz geführt; der Briefwechsel des Hauses Fugger ist auch eine Fundgrube für kunsthistorische Informationen sowie politische, konfessionelle, familiengeschichtliche, alltags- und wissenschaftsgeschichtliche und kulturgeschichtliche Beziehungen der Zeit. *CHRISTL KARNEHM* stellt kurz ihr mittlerweile vor dem Abschluß stehendes Editionsprojekt vor, das auch auf die bisher vernachlässigte zweite Hälfte des Jahrhunderts Licht werfen wird und durch die systematische Erschließung eines seriellen Großbestandes im Fugger-Archiv die kulturgeschichtliche Quellenlage des 16. Jahrhunderts verändern wird.

Eine besondere Perspektive der Kultur, die in der Zeit von Humanismus und Renaissance gerade eine ganz zentrale war und im Augsburg der Handelshäuser besondere Pflege erfuhr, präpariert *WOLFGANG KUHOFF* heraus: die Beschäftigung mit der Antike. Konrad Peutinger, der Humanist und politische Anwalt Augsburgs und seiner Handelshäuser, gab die Impulse und behält mit eigenen Werken und Sammlungen einen gewichtigen Platz in der Frühzeit der Geschichte der Altertumswissenschaften. Kuhoff steckt aber auch einmal das breite Feld der Antikenbegeisterung durch die Generationen der Fuggergeschichte und die Namen anderer Handelshäuser ab und geht auf einen weiteren Höhepunkt nach Peutinger, die editorische und wissenschaftliche Leistung des Markus Welser, ein. In Inschriften und Münzkatalogen, Antikensammlungen und Texteditionen sowie mancherlei praktischer Nutzung bis zur antiken Vornamenmode entsteht so das Bild einer Kulturströmung, die von den Fuggern und Welsern und anderen auch als Medium zeitgemäßer Selbstdarstellung und Repräsentation genutzt wurde, die Augsburger Handelshäuser aber damit auch als kulturelle Repräsentanten einer Epoche kenntlich werden läßt.

III. Die Wiederentdeckung der Fugger und die Augsburger Handelsgeschichte im Urteil des 19. und 20. Jahrhunderts

Nach den an Quellen der Frühen Neuzeit erarbeiteten Themen, der zentralen Ständefrage und anderen in ihnen erkennbaren interessanten Dimensionen, wird nun die Rezeptions- und Forschungsgeschichte des 19. und 20. Jahrhunderts thematisiert. Wenn im letzten Teil vom üblichen Bild Augsburger Handelshäuser abweichende Aspekte gesammelt wurden, so geht es hier um Herkunft und Entstehung eben dieses Normalbildes. Dabei ist davon auszugehen, daß die Tradition der großen Zeit Augsburgs im späten 17. und 18. Jahrhundert ausdünnte und die Kenntnis der Handelsgeschichte des 16. Jahrhunderts nicht mehr selbstverständlich war. Vor allem am prominentesten Namen, den Fuggern, soll die Wiederentdeckung der Handelshäuser untersucht und den Wandlungen des Urteils nachgegangen werden. Geprüft wurde die historiographisch-wissenschaftliche Aufarbeitung wie auch die für die Mythenbildung wichtige Aufnahme des Fugger-Augsburgs in der Historienmalerei, in der schönen Literatur und in den alles inte-

Einführung 23

grierenden auf den Punkt bringenden Schulbüchern. Die abschließenden Beiträge rücken hingegen Fälle des 18. und 19. Jahrhunderts in originelle rezeptionsgeschichtliche Perspektiven.

In der aufblühenden deutschen Geschichtsschreibung des 19. Jahrhunderts haben die Fugger keine große Rolle gespielt, und wenn sie erwähnt wurden, dann eher negativ. Zu diesem in einem bürgerlichen und ökonomisch orientierten Jahrhundert der deutschen Industrialisierung überraschenden Befund kommt *WOLFGANG WEBER* in seinem Grundlagenbeitrag und benennt auch einleuchtend die Gründe. Hauptverantwortlich war die protestantisch-preußische Ausrichtung der deutschen Historiographie im Zeichen des Historismus. Als Gegner der Reformation, deren kritische Sprache oft einfach aus den Quellen übernommen wurde, stießen die Fugger auf konfessionelle Vorbehalte. Kapitalistische Gewinnorientierung wurde unterstellt, aber noch moralisierend abgewertet. Und die Einflußnahme auf die Kaiserpolitik war angesichts einer den Historikern in die falsche Richtung gehenden nationalen Entwicklung suspekt. Positive Aspekte und historiographische Innovationen rührten aus der Sympathie des Industriezeitalters für die wirtschaftliche Leistung, kamen aber erst verspätet am Rande der klassischen deutschen Historiographie auf. Erst im 20. Jahrhundert fand die handelskapitalistische Pointierung der Fugger breite Akzeptanz in der Geschichtsschreibung und zwar als ökonomischer Fortschritt. Erst in jüngster Zeit wird gefragt, ob die großen Kapitale und Firmen im 16. Jahrhundert wirklich die ideale Form für einen kontinuierlichen ökonomischen Fortschritt waren.

Im Gegensatz zur Zurückhaltung und Verspätung der klassischen deutschen Historiographie macht *RUDOLF PALME* auf eine frühe und ungebrochene Popularität der Fugger in Tirol und der Tiroler Landesgeschichtsschreibung aufmerksam. Dabei wird das Engagement der Fugger im Tiroler Silber- und Kupferbergbau eher überschätzt: Während die Fugger tatsächlich erst 1522 voll einstiegen und stets nur eine Minderheitenbeteiligung hatten, galten und gelten sie nach der Volksmeinung als Hauptträger des Tiroler Bergbaus. Obwohl die Landstände durchaus Kritik an fuggerischer Gewinnorientierung geübt hatten, setzte sich eine den Fuggerschen Reichtum bewundernde positive Einstellung durch. Palme sieht einleuchtend den Hauptgrund in der dynastischen Politik der Fugger, die als Darlehensgeber und treue Parteigänger der Habsburger in Österreich am Ansehen des Herrscherhauses und seiner großen Gestalten wie Maximilian und Karl V. partizipierten. Der Beitrag bietet so auch inhaltlich das Gegenbild zum ursprünglichen Vorurteil der protestantisch-preußischen Historiographie.

Einen entscheidenden Forschungsimpuls gab seit dem ausgehenden 19. Jahrhundert das besondere Interesse der Familie Fugger an ihrer eigenen Familiengeschichte, das zur Gründung eines eigenen Archivs und einer eigenen Publikationsreihe führte. *FRANZ KARG* stellt seinen Beitrag darum unter den Aktenbetreff 'Herstellung einer Geschichte der Familie der Fugger' und geht den Entstehungszusammenhängen der Fuggerstudien im Dreieck des ökonomischen Forschungsinteresses der Zeit, der Archivgründung und der Fuggerschen Wissenschaftsförderung nach. Es entbehrt nicht wissenschaftsgeschichtlicher Ironie, daß man eigentlich einen Autor für die Überarbeitung einer bereits vorliegenden Familiengeschichte suchte, daraus aber ein generationenübergreifender Forschungszweig geworden ist – während das anlaßgebende Manuskript von Friedrich Dobel ungedruckt liegengeblieben ist. Das grundlegende Interesse der meisten Herausgeber und Archivdirektoren wie Max Jansen, Jakob Strieder und später Hermann Kellenbenz war nach Ausweis der Fuggerstudien nun wirtschaftsgeschichtlicher Natur. Auf der anderen Seite blieben aber auch die Idee einer durch wissenschaftliche Biographien fundierten Familiengeschichte und das kunstgeschichtliche Mäzenatentum in der Reihe lebendig, das Götz Freiherr von Pölnitz auch mit gültigen Ergebnissen miteinander zu verbinden wußte. Als zentrales Publikationsorgan auch für Kollegen und Schüler wurden so die Fuggerstudien zum Träger einer hochentwickelten Spezialforschung.

Es ist *ANDREW JOHN MARTIN* zu danken, daß der wichtige Bereich der Historienmalerei in diesem Band berücksichtigt ist und das kunstgeschichtliche Material zusammengestellt wird, das für künftige Interpretationen des Fuggerbildes zu beachten sein wird. Es ist dies insbesondere die Kunst des Ferdinand Wagner d.Ä., der 1863 an der Fassade des Fuggerhauses in der Maximilianstraße eine Synthese von habsburgisch-wittelsbachischen Dynastien ins Bild setzte, das in der Planung der Fuggerei im augsburgischen Dreigespann von Kaiser Maximilian, Kondrad Peutinger und Jakob Fugger und in der Geschichte vom Kniefall Anton Fuggers vor Karl V. zur Verschonung seiner Vaterstadt die Bildvorstellung von Generationen prägte, bevor das Werk im Zweiten Weltkrieg zerstört wurde. Dazu kommt der Schwabensaal im Bayerischen Nationalmuseum München, von dessen 140 großen Wandbildern wenigstens Rudimente erhalten sind, sowie das Motiv der Schuldscheinverbrennung, dessen Beliebtheit einmal einer kulturgeschichtlichen Interpretation bedürfte. Die historische Veranschaulichung der Fuggerbilder und Fuggerlegenden, die heute nicht mehr öffentlich präsent sind, aber dank der photographischen Überlieferung weitere ikonographische Erschließungen ermöglichen würden, ist für die Inserierung des Namens Fugger im deutschen Geschichtsbild kaum zu überschätzen.

In die 'Schöne Literatur' verschlägt es die Augsburger Handelshäuser in größerem Umfang erst in der zweiten Hälfte des 19. Jahrhunderts. An einer literarisch prominenten Stelle aber kam Augsburg mit seinem Fugger-Mythos früh vor, in einem der wichtigsten Romane der Romantik. Achim von Arnim hat offenbar die gedruckte Augsburger Historienliteratur – das Fugger-Ehrenbuch und Paul von Stetten – gekannt und in seinen 'Kronenwächtern' davon Gebrauch gemacht. Das Augsburg-Bild bleibt hier nun allerdings schemenhaft und beiläufig und man könnte auf den ersten Blick eher enttäuscht sein. *HANS VILMAR GEPPERT* er-

Einführung

kennt hierin jedoch nicht Unfähigkeit oder Geringschätzung, sondern ein romantisches Stilprinzip: die andeutende Verweisung von Bruchstücken auf das gemeinte Größere im Sinne der Stilfigur der Synekdoche oder eines pars pro toto. Der Arnim-Experte erschließt mit dieser Interpretation ein tieferes Verständnis des Romans und führt zu der verblüffenden Einsicht, daß gerade die so fragmentarischen Augsburg-Partien den Durchblick auf die geschichtliche Zeit eröffnen. 'Vergangene Zukunft' nennt Geppert diese ins 16. Jahrhundert gespiegelte Erwartungsperspektive Arnims, ein Begriff, der auch die Historiker zum Dialog auffordern könnte.[4]

In der schönen Literatur über die Augsburger Handelshäuser interessiert auch weiterhin fast nur eines: das Haus Fugger. *HELMUT KOOPMANN* erhellt in einem Überblick literarischer Fugger-Porträts deren Zusammenhang mit der Lokalliteratur um Alt-Augsburg, die mehr an goldener Vergangenheit als an wirtschaftlichen Aspekten interessiert war. Im beruflichen Erfolgsmythos des Kaufmannsgeschlechts fand das Bürgertum aber dann eine zeitgemäße Identifikationsebene. Koopmann erhellt das sich wandelnde Verhältnis zur historischen Realität vom trivialen schönen Schein bis zur plakativen Kritik. Gemeinsam ist allen Romanen allerdings ein Defizit an literarischer Qualität. Der auf sehr viel modernere Art triviale Roman von Tanja Kinkel,[5] der die Fuggerfamilie um eine Kunstfigur namens 'Richard' vermehrt, über den sämtliche Schrecken und Pikanterien, Bildungserlebnisse und Kunstgenüsse der beginnenden Neuzeit auf einmal herniedergehen, konnte nicht mehr berücksichtigt werden, hätte am Qualitätsurteil des Literaturwissenschaftlers aber kaum etwas ändern können.

Eine mentalitätsgeschichtliche Quelle erster Ordnung konnte *KARL FILSER* in der Sammlung Cassianeum der Augsburger Universitätsbibliothek und im Braunschweiger Schulbuchinstitut erschließen: einen Bestand von über 400 historischen Schulbüchern. Wie in der wissenschaftlichen Literatur ist zwischen 1800 und 1920 eine Unterrepräsentanz der Fugger festzustellen, die nur in einem knappen Drittel der Lehrbücher behandelt werden, nicht nur aus protestantisch-preußischen Vorbehalten, sondern weil sie auch in den altbayerischen Geschichtsbüchern leicht regional herausfielen. Nichtsdestoweniger beginnt die Berücksichtigung der Fugger erstaunlicherweise viel früher als in der wissenschaftlichen Literatur – offenbar durch Übernahme von Lesebuchgeschichten aus der populären historischen Romanliteratur, die auch die ersten Inhalte bestimmte. Inhaltlich zeigt sich durch die didaktische Pointierung der Schulbücher besonders deutlich eine Abfolge des wechselnden Zeitgeistes. Die Fuggergeschichte bot gottgesegnete Tugendvorbilder, ließ sich aber auch als industriefreundliche Aufsteigergeschichte interpretieren oder als bürgerliche Synthese von Reichtum und Idealen. Fast wären die

---

[4] Vgl. Reinhart Koselleck, Vergangene Zukunft, Frankfurt/M. 1983.
[5] Tanja Kinkel, Die Puppenspieler, München 1993.

Fugger und Welser Begründer des ersten deutschen Kolonialreiches geworden, als sie doch noch als halbe Wucherjuden entlarvt wurden. In der Nachkriegszeit gerieten sie als Unternehmer oder Kapitalisten erst recht in den Wettstreit der Ideologien und Systeme, fanden aber auch manche unerwartete Deutung. Der Beitrag schließt, soweit es allein um die Fugger geht, den rezeptionsgeschichtlichen Teil ab und resümiert an dem didaktischen Material besonders anschaulich und übersichtlich den historischen Wandel des Urteils.

Eine Gestalt in einer ganz anderen Zeit rückt CHRISTINE WERKSTETTER in eine interpretationsgeschichtliche Perspektive: die bekannte Augsburgerin des 18. Jahrhunderts, Anna Barbara Gignoux, die nach dem Tod ihres ersten Ehemanns sowie Konkurs und Flucht ihres zweiten selbständig und erfolgreich die Leitung der Kattunmanufaktur übernahm, in der sie schon zuvor in großem Umfang mitgearbeitet hatte. Werkstetter resümiert zunächst das Ergebnis ihrer Forschungsarbeit, in der sie in bester historisch-kritischer Methode die Augsburger Legende überprüft und korrigiert hat, nach der die Geschäftsfrau zum Mittelpunkt eines Musensalons und insbesondere ohne stichhaltige Quellenbasis zur Mäzenin des Dichters Schubart gemacht wird. Des weiteren analysiert sie Streitigkeiten um die Stellung der Gignoux in Haus und Manufaktur und zeigt, daß ihre Rechtslage günstiger war als ihr zunächst zugebilligt und in der Forschung für möglich gehalten wurde. In der Analyse der Interpretationswege der Forscher nun erklärt Werkstetter Irrtümer und Defizite auch wohlmeinender Forscher aus deren zeitgebundenen Rollenerwartungen und der noch nicht möglichen Erkenntnis von 'Geschlecht' als wissenschaftlicher Kategorie. Der Standpunkt des interpretationsgeschichtlichen Beitrags spiegelt so auch selbst einen der für die 90er Jahre unseres Jahrhunderts charakteristischen Interpretationsakzente.

Das letzte Wort gebührt dem klassischen Vollender der Augsburger Stadtgeschichte und eine ganze Forschungsepoche repräsentierenden Wirtschaftshistoriker *WOLFGANG ZORN*, das er in einer ganz besonderen Weise genutzt hat. Denn Zorn veranschaulicht die Rezeptionszusammenhänge dieses Teils auf der persönlich-familiären Ebene am Beispiel dreier Augsburger Patrizierhäuser, die ihre Tradition und Ortsständigkeit im 19. Jahrhundert wahrten und zum Teil bis in die Gegenwart pflegen: die Fugger und die Welser aus dem großen 16. Jahrhundert und die Stetten aus dem 18. Jahrhundert. In je unterschiedlichen Mischungsverhältnissen wirken dabei Reichsstadterinnerungen, genealogisches Adelsbewußtsein und Verbundenheit mit Stadt und Region zusammen. Eindringlich weist Zorn darauf hin, daß Adelsstand und Wirtschaftsbürgertum in Augsburg immer auch zwei einander zugeordnete Pole gebildet haben. Was im ersten Teil differenziert wurde, aber sich doch nicht recht trennen ließ, wahrt auch im Lichte der Rezeption und Tradition eine gewisse Einheit.

Augsburger Handelshäuser im Wandel des historischen Urteils – was hat sich geändert? In der reichen Überlieferung der Selbst- und Fremdzeugnisse des 16.

und 17. Jahrhunderts war die Ständefrage, die ständische Stilisierung und Einordnung der Handelshäuser, das immer wieder umkreiste, wenn auch pragmatisch behandelte Problem schon der Zeit selbst. Die Relativierung des Ständeproblems durch die statuszuweisende Funktion des werdenden Staates kündigt sich bei den Finanziers der Herrscher früh an, vollends überwunden wurde es durch die Aristokratisierung der alten Häuser und die aufgeklärte Modernisierung der Normen für die neuen. Die Wiederentdeckung der alten Handelsgesellschaften rührte aus dem ausgeprägten historischen Interesse des 19. Jahrhunderts, das an der altaugsburgischen Lokalüberlieferung ansetzte und zunächst in populärer Belletristik, in didaktischen Aufbereitungen und in der historistischen Malerei mit anschaulichen Geschichten und Bildern und einem breiten Legendenschatz einen historischen Mythos aufbaute. Sein Kristallisationskern waren nun der Berufserfolg und die Ideale des Bürgertums. Die Ebene der historischen Wissenschaften wurde mit deutlicher Verspätung, aufgrund politischer und konfessioneller Reserven der maßgeblichen historischen Schule, erst im ausgehenden 19. Jahrhundert erreicht, dann aber schnell und forschungsintensiv ausgebaut. Entsprechend verzögert hat sich auch die volle Ökonomisierung der Fuggergeschichtsschreibung, die dann aber zwischen Analyse eines frühen Handelskapitals, Lob des Unternehmertums und Kapitalismuskritik zur eigentlichen Grundlesart unseres Jahrhunderts wurde. Die vor allem journalistisch und moralisch vorgetragene kritische Lesart von heute – oder eigentlich schon wieder von gestern – wird hier nicht berücksichtigt, doch ist bereits anderenorts das Nötige dazu gesagt.[6] Sie trifft weniger die Fugger und Welser als ihre ursprünglich positiv gemeinte kapitalistische oder imperialistische Verzeichnung unter Umkehrung der wertenden Vorzeichen.

In wissenschaftlicher Hinsicht gewinnt heute die im zweiten Teil angedeutete neue Dimension um Organisationsstruktur und Gewerbelandschaften, um Verhaltensformen, Kommunikationssysteme und überregionale Beziehungen, um literarische, wissenschaftliche und künstlerische Impulse der Handelshäuser neue Bedeutung. Vor allem aber ist die Frühneuzeitforschung auch an der Metaebene der Normen und ihres Wandels selbst interessiert. Im Fall des Ständeproblems hat der Blick auf die Handelsgesellschaften in diesem Band bereits einen eigenen wissenschaftlichen Diskurs eröffnet, zu anderen Seiten des Normenwandels – sei es im Kontext der überseeischen 'Schatzsuchermentalität' oder im Hinblick auf die Bedeutung der Geschlechterverhältnisse und Geschlechterrollen – leisten sie zumindest einen erhellenden Beitrag. So können die immer wieder faszinierenden Augsburger Handelshäuser – wenn am Ende eine Prognose zu künftigen Fuggerbildern erlaubt ist – zu einem Bestandteil einer umfassend verstandenen historischen Kulturwissenschaft von oft geradezu indikatorischer Relevanz werden.

---

[6] Anton Fugger (Anm. 1).

Das Fehlen des im Tagungsprogramm für die Publikation angekündigten Beitrages 'Sage und Schwank als Medium der Popularisierung des Hauses Fugger' von Günther Kapfhammer, auf den wir uns gefreut hatten, erinnert an die Lücke, die sein tragischer Unfalltod im Sommer 1993 hinterlassen hat.

Die Tagung des Instituts für Europäische Kulturgeschichte vom 22. bis 24. Juli 1993, für die die Stadt Augsburg freundlicherweise Räume im Rathaus zur Verfügung gestellt hat, wurde durch die Unterstützung der Bayerischen Einigung e.V. gefördert. Die Publikation wurde durch einen Druckkostenzuschuß der Philosophischen Fakultät II der Universität Augsburg und der Stadt Augsburg ermöglicht. Der Herausgeber dankt allen Förderern recht herzlich. Herausgeber und Mitarbeiter danken Matthias Brey und Jutta Schumann M.A. für das Lesen der Korrekturen sowie Ute Ecker-Offenhäußer M.A. und Elke Seefried, Dipl.-Betriebswirtin (FH), für die Endredaktion und die Erstellung des Registers.

I. Die Normen der frühneuzeitlichen Ständegesellschaft und die Handelsgesellschaften

Gut vor Ehre oder Ehre vor Gut?
Zur sozialen Distinktion zwischen Adels- und Kaufmannsstand in der Ständeliteratur der Frühen Neuzeit

Barbara Stollberg-Rilinger

In frühneuzeitlichen Ständelehren stößt man immer wieder auf die Bemerkung, daß dem Kaufmann *Gut vor Ehre*, dem Adel aber *Ehre vor Gut* gehe – oder wenigstens gehen solle, wenn er sich nicht *unter die Gemeyn* mengen, *vergehen* und *gar zu nichts werden* wolle.[1] Mit anderen Worten: Die ökonomische Position, der materielle Reichtum, das 'Gut' sei für den Adel ausdrücklich nachrangig gegenüber der 'Ehre' als dem Inbegriff der sozialen Distinktion. Was dabei als 'Ehre' schlechthin bezeichnet wird, erweist sich bei genauerem Hinsehen als die adelige Standesehre, die als Ensemble von Normen der Lebensführung für den inneren Zusammenhalt und die Abgrenzung des Standes nach außen sorgt.[2]

Nach Max Weber unterscheidet sich die vormoderne ständische Gesellschaft gerade dadurch von der modernen Marktgesellschaft, daß sie das Prinzip der Standesehre den rein ökonomischen Prinzipien des Erwerbs vorordnet – also, in den Worten der Zeitgenossen, *Ehr vor Gut* rangieren läßt. Während die Vorgänge

---

[1] Das Zitat bei: Reinhart Graf zu Solms, Beschreibung/ Vom Ursprung anfang und herkomen des Adels/ Adelichen underhaltungen und aufferlegtem gebürlichem bevelch/ wie sich der Adel seinem Tittel nach halten/ und herwiederumb solle gehalten werden, Frankfurt/Main 1564, S. xiii, vgl. S. iii, v, u.ö. Vgl. dazu allg. Barbara Stollberg-Rilinger, Handelsgeist und Adelsethos. Zur Diskussion um das Handelsverbot für den deutschen Adel vom 16. bis zum 18. Jahrhundert, in: ZHF 15 (1988), S. 273-309.

[2] So Georg Simmel, Exkurs über den Adel, in: ders., Soziologie. Untersuchungen über die Formen der Vergesellschaftung, Leipzig 1908, S. 732-746; vgl. Norbert Elias, Die höfische Gesellschaft. Untersuchungen zur Soziologie des Königtums und der höfischen Aristokratie, (1. Aufl. Neuwied 1969) Frankfurt/Main 1983, S. 144ff.: 'Ehre' bedeute soziale Zugehörigkeit, wobei in einer Adelsgesellschaft die 'Meinung' der Gesellschaftsmitglieder – anders als in einer berufsbürgerlichen Gesellschaft – eine schlechthin konstitutive Bedeutung habe. Vgl. allg. Friedrich Zunkel, Ehre, Reputation, in: Geschichtliche Grundbegriffe. Historisches Lexikon zur politisch-sozialen Sprache in Deutschland, hrsg. v. Otto Brunner u.a., Bd. 2, Stuttgart 1975, S. 1-63; ferner zuletzt Friedrich Guttandin, Das paradoxe Schicksal der Ehre. Zum Wandel der adeligen Ehre und zur Bedeutung von Duell und Ehre für den monarchischen Zentralstaat, Berlin 1993.

der Marktgesellschaft von sachlichen Interessen beherrscht seien – "der Markt weiß nichts von Ehre" – bedeute ständische Ordnung gerade umgekehrt Ordnung durch ständische Konventionen der Lebensführung. Sie zeichne sich dadurch aus, daß sie sowohl den Güterkonsum ständischen Beschränkungen unterwerfe, als auch bestimmten Formen des Erwerbs – so u.a. dem Handel – eine sozial disqualifizierende Wirkung beilege. Beides erscheint unter modernen marktökonomischen Maßstäben als irrational. Die ständische Ordnung sei in ihrer Wurzel bedroht, so Weber, wenn ökonomische Macht allein Ehre verleihen könne: Die ständische Ehre "steht normalerweise mit den Prätentionen des nackten Besitzes als solchem in schroffem Widerspruch".³ Nichts anderes meint ein Zeitgenosse wie Bodin, wenn er sagt: *Gäbe es denn etwas Widersinnigeres und Gefährlicheres, als Würde am Besitz, Stand am Geld und Adel am Reichtum messen zu wollen?*⁴

Andererseits ist die Standesehre offensichtlich von ökonomischen Gütern keineswegs unabhängig, ganz im Gegenteil: Das standesgemäße Leben des Adels erfordert erhebliche und im Laufe der Frühen Neuzeit immer umfangreichere ökonomische Mittel. 'Ehre und Gut' gehören für gewöhnlich zusammen. Es bedarf eines umfassenderen Konzepts von sozialem Austausch, um die komplexen Wechselwirkungen zwischen ökonomischen und anderen sozialen Faktoren bei der Herausbildung, Verfestigung und Behauptung sozialer Stände angemessen zu beschreiben. Es gilt einerseits, der Gefahr eines einseitigen Ökonomismus zu entgehen und alle sozialen Strategien am Maßstab ökonomischer Rationalität zu messen. Ebenso muß andererseits die Verschleierung oder Verdrängung des ökonomischen Faktors in Rechnung gestellt werden, die Bestandteil einer sozialen Strategie sein kann.

Neuerdings hat man Ehre daher als 'symbolisches Kapital' beschrieben, das dem 'ökonomischen Kapital' (oder besser allgemein: Vermögen) zur Seite zu stellen sei: Beide Formen des 'Vermögens' sichern die Zugriffschancen auf knappe Güter, wobei symbolisches in ökonomisches Vermögen umgeformt werden kann und umgekehrt: Die Ehre dient dem Gut und das Gut dient der Ehre. Dabei wird dem symbolischen Vermögen der Ehre gegenüber dem ökonomischen Vermögen durchaus eigenständige Bedeutung eingeräumt: Ehre kann eben nicht auf ein Mittel zum letztlich ökonomischen Zweck reduziert werden.⁵

---

³ Max Weber, Wirtschaft und Gesellschaft. Grundriß der verstehenden Soziologie. Studienausgabe, hrsg. v. Johannnes Winckelmann, 5. Aufl., Tübingen 1972, S. 534ff., 179f.

⁴ Jean Bodin, Sechs Bücher über den Staat, übers. und mit Anm. vers. v. Bernd Wimmer, eingel. und hrsg. v. Peter Cornelius Mayer-Tasch, Bd. 1, München 1981, III, 8, S. 559.

⁵ Vgl. allg. zuletzt Martin Dinges, Die Ehre als Thema der Stadtgeschichte. Eine Semantik im Übergang vom Ancien Régime zur Moderne, in: ZHF 16 (1989), S. 409-440, in Anknüpfung an Pierre Bourdieu, Ökonomisches Kapital, kulturelles Kapital, soziales Kapital, in: Soziale Ungleichheit, hrsg. v. Reinhard Kreckel, Göttingen 1983, S. 183-198, hier S. 195f.: Kapital ist aufzufassen als akkumulierte soziale 'Arbeit' im weitesten Sinne (Aufwendung von Zeit, Sorge,

I.

Die fundamentale Anpassungskrise, in die vor allem der niedere deutsche Adel im 15./16. Jahrhundert geriet,[6] läßt sich auch so beschreiben, daß nicht nur sein ökonomisches Vermögen entwertet wurde (Verlust militärischer Funktionen, Verfall der Grundrenten, Preissteigerung, gleichzeitig aber steigende finanzielle Ansprüche an adlige Lebensführung), sondern daß ihm dadurch auch sein symbolisches, sozial-kulturelles Kapital streitig gemacht zu werden drohte. Das Problem, das sich dem Adel nun mit besonderer Schärfe stellte, lautet: Wie kann den gewandelten wirtschaftlichen und politischen Bedingungen Rechnung getragen werden, ohne die Prinzipien ständischer Distinktion und Exklusivität preiszugeben? Die herkömmlichen Grundlagen adligen Reichtums, nämlich Verfügung über Grund und Boden, Herrschaft über Land und Leute, konnten seine soziale Vorzugsstellung immer weniger gewährleisten. Das bürgerliche Kapital strömte von der Stadt auf das Land; Adelsgeschlechter mußten verarmen, wenn sie ihre Güter veräußerten, um den Geldbedarf für ihren adligen Lebensstil zu decken.[7] Der Adel geriet strukturell ins Hintertreffen gegenüber jener Art des Erwerbs, der traditionell als

---

Mühe etc.), die produktiv eingesetzt werden kann. Außer dem ökonomischen handelt es sich um kulturelles Kapital (z.B. Bildung) oder soziales Kapital (z.B. Patronagebeziehungen). Ökonomisches Kapital liegt einerseits allen anderen Kapitalarten zugrunde, diese sind aber nie ganz auf ökonomisches Kapital zurückzuführen, "weil sie ihre spezifischsten Wirkungen überhaupt nur in dem Maße hervorbringen, wie sie verbergen (und zwar zu allererst vor ihrem eigenen Inhaber), daß das ökonomische Kapital ihnen zugrundeliegt". Die verschiedenen Arten des Kapitals sind gegeneinander konvertierbar; Gewinne auf einem Gebiet werden durch Kosten auf einem anderen bezahlt. – Vgl. auch das Konzept von 'moral economy' zum Verhältnis zwischen ökonomischen und nicht-ökonomischen Werten: Edward P. Thompson, Plebeische Kultur und moralische Ökonomie. Aufsätze zur englischen Sozialgeschichte des 18. und 19. Jahrhunderts, ausgew. u. eingel. von Dieter Groh, Frankfurt/Main 1980; im Zusammenhang der Handwerkerkultur des 18. Jhs. ist dieses Konzept modifiziert verwendet worden von Andreas Grießinger, Das symbolische Kapital der Ehre. Streikbewegungen und kollektives Bewußtsein deutscher Handwerksgesellen im 18. Jahrhundert, Frankfurt/Main 1981.

6 Zur Anpassungskrise des Adels vgl. allg. Deutscher Adel 1430-1555 (Büdinger Vorträge 1963), hrsg. v. Hellmuth Rössler (Deutsche Führungsschichten in der Neuzeit, Bd. 1), Darmstadt 1965; Roger Sablonier, Rittertum, Adel und Kriegswesen im Spätmittelalter, in: Das ritterliche Turnier im Mittelalter, hrsg. v. Josef Fleckenstein (Veröffentlichungen des Max-Planck-Instituts für Geschichte, Bd. 80), Göttingen 1985, S. 532-567; Adel in der Frühneuzeit. Ein regionaler Vergleich, hrsg. v. Rudolf Endres, Köln, Wien 1991; zuletzt ders., Adel in der Frühen Neuzeit (Enzyklopädie deutscher Geschichte, Bd. 18), München 1993, mit ausführlichen Literaturhinweisen; zum wirtschaftlichen Strukturwandel allg. Leonhard Bauer, Herbert Matis, Geburt der Neuzeit. Vom Feudalsystem zur Marktgesellschaft, München 1988, S. 120ff.

7 Anschauliche Beispiele dafür bietet die Chronik der Grafen von Zimmern (Hss. 580 und 581 der F. F. Hofbibliothek Donaueschingen), hrsg. v. Hansmartin Decker-Hauff, Rudolf Seigel, 3 Bde., Konstanz 1966-1972, Bd. II, S. 112ff., 225ff., 315ff., 352ff.; Bd. III, S. 52ff., 126, 130f. u.ö.

dem adligen Stand unangemessen galt,[8] nämlich dem Handel, seitdem dieser die Schranken des lokalen, bedarfsdeckenden, korporativ reglementierten Wirtschaftens zunehmend sprengte. Mit einem Mal sah sich der Adel vor dem Dilemma, daß sich standesgemäße Lebensführung am besten durch unstandesgemäßen Erwerb sichern ließ.

Dahinter stand mehr als nur das klassische Problem des bürgerlichen Aufsteigers, der die Schranken adliger Exklusivität zu durchbrechen sucht. Sozialer Aufstieg über mehrere Generationen hinweg wurde vom Adel stets toleriert, solange er wesentliche Kriterien der Zugehörigkeit selbst formulieren und den Zugang kontrollieren konnte.[9] Die Adelskrise der Epochenwende wog hingegen schwerer. Die Entwicklung von Handel und Geldwirtschaft schien die Grundsätze ständischer Distinktion schlechthin zu vernichten, indem sie alle angestammten Grundlagen adliger Existenz, Grundherrschaft, Kriegswesen, geistliche Pfründen und weltliche Ämter, zusammen mit den Adelstiteln selbst dem Geldmarkt auszuliefern drohte.

Die Fugger wurden in ihrer Blütezeit geradezu als Personifikation dieser strukturellen Anfechtung wahrgenommen.[10] Sie sprengten die Konventionen der ständischen Lebensführung in beiderlei Hinsicht: Als reichsstädtische Zunftbürger ignorierten sie die bürgerlichen Konsumschranken, als Reichsgrafen verletzten sie die adligen Erwerbsbeschränkungen. Ihre immensen Mittel ermöglichten ihnen bekanntlich einen adligen Lebensstil, der den des städtischen Patriziats und des Landadels weit in den Schatten stellte.[11] Aber grundsätzlicher noch: Indem sie maßgeblich dazu beitrugen, alle Bereiche des zeitlichen und ewigen Lebens, von der höchsten weltlichen Würde bis zum Seelenheil, der Geldwirtschaft zu unter-

---

[8] Vgl. Sachsenspiegel, Lehnrecht Art. 2,1: Kaufleute, Kleriker, Bauern und Frauen sind nicht lehnsfähig. Es trifft also nicht zu, daß dem Mittelalter die ständische Unterscheidung zwischen Edelmann und Händler noch völlig ferngelegen habe, wie Ingrid Bátori annimmt: Ingrid Bátori, Das Patriziat der deutschen Stadt, in: Zeitschrift für Stadtgeschichte, Stadtsoziologie und Denkmalpflege 2 (1975), S. 1-30, hier S. 12.

[9] Vgl. z.B. das Modell sozialen Auf- und Abstiegs in dem 'Ritterspiegel' des Thüringer Stiftskanonikers Johannes Rothe (entstanden um 1415, hrsg. v. Hans Neumann, Halle 1936, Verse 409ff.). Wenn man die Überzeichnungen in Rechnung stellt, die Rothes didaktischer Absicht zuzuschreiben sind (die Beschreibung eines potentiellen Aufstiegs vom Leibeigenen zum Kaiser folgt dem Fortuna-Motiv und dient als Mahnung zu Demut und Gottesfurcht), so ergibt sich doch ein zutreffendes Bild von den sozial akzeptierten, generationsübergreifenden Mobilitätskanälen.

[10] Zur 'fuckerey' als Schlagwort der Antimonopolbewegung vgl. Adolf Laube, Zur Rolle sozialökonomischer Fragen in frühreformatorischen Flugschriften, in: Flugschriften als Massenmedien der Reformationszeit. Beiträge zum Tübinger Symposium 1980, hrsg. v. Hans-Joachim Köhler, Stuttgart 1981, S. 205-224, hier S. 219f.; Johannes Burkhardt, Die Entdeckung des Handels. Die kommerzielle Welt in der Wissensordnung der Frühen Neuzeit, in: Wirtschaft in Wissenschaft und Literatur. Drei Perspektiven aus historischer und literaturwissenschaftlicher Sicht (Augsburger Universitätsreden, Bd. 23), Augsburg 1993, S. 5-28, hier S. 12f.

[11] Vgl. Olaf Mörke, Die Fugger im 16. Jahrhundert. Städtische Elite oder Sonderstruktur? in: ARG 74 (1983), S. 141-162, und den Beitrag von Dana Koutná-Karg in diesem Band.

werfen und *zum Kauffhandel zu machen*, drohten sie die herkömmliche Wertehierarchie – Ehre vor Gut – unwiderruflich umzukehren.

Ein prägnantes Beispiel: Ulrich von Hutten, der Ritter, benutzt ebenso wie Luther den Fuggerschen Namen als Synonym für diese diffus wahrgenommene Bedrohung. In seinem Dialog über die *Räuber* in allen Ständen diskutiert er am Exempel der Fugger den schlechthin verbrecherischen Charakter der von Geldgier getriebenen Kaufleute.[12] Die Nobilitierung der Fugger wird als Indiz dafür angeführt, daß das Verhältnis von Ehre und Gut, Tugend und Reichtum auf den Kopf gestellt sei: *Was ist das für ein Adel, der [...] durch ehrlosen Geldreichtum (infamis pecuniarum possessio) erworben wird und den Mangel an Tugend durch Güter ersetzt?* Pecunia und honor erscheinen als konkurrierende, einander ausschließende Wertmaßstäbe: *Wenn das Geld zu Ehren kommt, dann ist jeder Maßstab für den wahren Wert der Dinge dahin (quo in honore esse coeperit pecunia, verum cecidisse rerum honorem).*[13]

Gegenüber dem Dilemma, das die Fugger exemplarisch verkörperten, schien es für den Adel überspitzt gesprochen nur zwei gegensätzliche Möglichkeiten zu geben: Entweder man hielt an den Prinzipien der ständischen Distinktion fest, also auch an der Stigmatisierung des Handels als unstandesgemäßer Erwerb – dann riskierte man womöglich das ökonomische zugunsten des symbolischen Vermögens. Oder man paßte sich den veränderten wirtschaftlichen Umständen an – dann drohte die ständische Distinktion zugunsten des ökonomischen Erfolgs verlorenzugehen, und die Ständegrenzen zwischen Kaufleuten und Adel drohten sich völlig aufzulösen.

In der Praxis stellte sich 'Gut vor Ehre' oder 'Ehre vor Gut' indessen keineswegs als unversöhnlicher Gegensatz dar. Tatsächlich waren die Reaktionen des Adels auf die neue Lage höchst vielfältig. Einerseits, so haben zahlreiche Regionaluntersuchungen gezeigt, engagierten sich Mitglieder aller Adelsränge im 16. Jahrhundert in verschiedener Weise und in verschiedenem Maße im Handel. Sie wandten sich – nicht nur östlich der Elbe – als agrarische Großunternehmer der überregio-

---

[12] Ulrich von Hutten, Praedones (1520), in: Schriften, hrsg. v. Eduard Böcking, Leipzig 1859-1861, Bd. IV, S. 363ff. Es geht um die Frage, welcher Stand die gefährlichsten Räuber hervorbringe: die Ritter oder vielmehr die Kleriker, Juristen und Kaufleute. S. 371ff.: der betrügerische und kunstfertig betriebene Raub, wie ihn die fuggerische Monopolpraxis darstelle, sei gefährlicher als offene Gewalt. – Vgl. Luthers Kleinen und Großen Sermon vom Wucher (1519 und 1520) (WA, Bd. VI), S. 3ff. und 36ff.; An den christlichen Adel deutscher Nation (1520) (WA, Bd. VI), S. 466; Von Kauffshandlung und Wucher (1524) (WA, Bd. XV), S. 295, 312ff. u.ö. Dazu jetzt Hans-Jürg Prien, Luthers Wirtschaftsethik, Göttingen 1992.

[13] U. von Hutten, Praedones (Anm. 12), Opera Bd. IV, S. 371, 373 (nach Seneca, Epistolae 115,10). – Umgekehrt betonen Lobredner der Fugger, daß deren Handel niemandem zum Schaden gereiche, im Gegenteil: *Ir groser handel mit kauffmanschafft, on anderer nachtail, sunder zuo gemeinem nutz und auffenthaltung der armen ist mit grosem lob durch die gantzen welt gangen*, so die Chronik von Clemens Sender: Die Chroniken der schwäbischen Städte: Augsburg, Bd. 4 (Die Chroniken der deutschen Städte vom 14. bis ins 16. Jahrhundert, Bd. 23), Leipzig 1894, S. 165ff.

nalen Marktproduktion zu und profitierten von der zunehmenden Kommerzialisierung der Landwirtschaft. Die verschiedensten herrschaftlichen Rechte ließen sich unternehmerisch nutzen, von Brauerei und Mühlenbetrieb bis hin zu Bergbau und Hüttenwesen. Auch die Beteiligung Adliger an Fern- und Geldhandel ist vielfältig nachgewiesen worden. Welche Rolle dabei regionale Unterschiede der Agrarstruktur, die Nähe zu den Handelszentren, das Verhältnis zur politischen Zentralgewalt usw. gespielt haben, kann hier nicht erörtert werden. Fest steht jedenfalls, daß der Adel sich da, wo sich ihm die Möglichkeit bot, keineswegs grundsätzlich des Handels enthalten hat.[14] Damit mußte er allerdings in Konflikt mit dem städtischen Bürgertum geraten, für das er aufgrund seiner Steuerprivilegien eine unlautere Konkurrenz darstellte. Viele Städte gingen daher ihre Landesherren immer wieder darum an, dem Adel bei Strafe des Privilegienverlusts zu verbieten, den Bürgern ihre 'standesgemäße Nahrung' streitig zu machen. Die Landesherren kamen dem meist nur halbherzig nach, weil sie selbst wirtschaftliche Interessenten in diesem Konflikt und oft die potentesten Großunternehmer waren.[15]

Anpassung an die gewandelten Umstände war die eine mögliche Strategie, Abgrenzung die andere. Sie findet sich gerade da, wo niederer Adel und reichsstädtisches Patriziat besonders eng verflochten waren. Vor allem die sich formierende Reichsritterschaft suchte sich zunehmend von den handeltreibenden städtischen Eliten abzugrenzen. Als Instrument der ständischen Distinktion wurde das ritterliche Turnier als exklusiv adlige Veranstaltung neu belebt und dabei unter anderem die Enthaltung vom Handel zu einem wesentlichen Exklusivitätskriterium stilisiert. So legten die Zulassungsordnungen der großen ritterlichen Turniergesellschaften fest, daß nicht nur Lücken in der Reihe adliger Ahnen, sondern auch Ansässigkeit und Steuerleistung in einer Stadt und bürgerliche Handlung mit Turnierfähigkeit als dem Inbegriff stilisierter ritterlicher Lebensführung unvereinbar seien.[16] Die Kriterien der Standeszugehörigkeit wurden damit erfolgreich verschärft

---

[14] Vgl. schon Wolfgang Zorn, Unternehmer und Aristokratie in Deutschland. Ein Beitrag zur Geschichte des sozialen Stils und Selbstbewußtseins in der Neuzeit, in: Tradition 8 (1963), S. 241-254; die Zusammenfassung der älteren Literatur bei Adelheid Simsch, Der Adel als landwirtschaftlicher Unternehmer im 16. Jahrhundert, in: Studia historiae oeconomicae 16 (1981), S. 95-115; ferner dies., Die Elbe als Grenze für die kaufmännisch-unternehmerische Tätigkeit des Adels im 16. Jahrhundert, in: Schichtung und Entwicklung der Gesellschaft in Polen und Deutschland, hrsg. v. Marian Biskup, Klaus Zernack (VSWG, Beih. 74), Wiesbaden 1983, S. 42-54; zuletzt Herbert Knittler, Adel und landwirtschaftliches Unternehmen im 16. und 17. Jahrhundert, in: Adel im Wandel. Politik – Kultur – Konfession 1500-1700 (Katalog des Niederösterr. Landesmuseums, N.F. 251), Wien 1990, S. 45-55.

[15] Vgl. B. Stollberg-Rilinger, Handelsgeist (Anm. 1), S. 276, mit Literaturangaben, und S. 286ff.

[16] So die Ordnungen der Turniere in Bamberg 1478, Würzburg 1479, Heidelberg 1481. Im 'Heilbronner Vertrag' wurde 1485 eine gemeinsame Ordnung der großen Turniergesellschaften der Ritterschaften von Schwaben, Franken, Bayern und dem Rheinstrom geschaffen, die die Patrizier ausschloß. Man führte in der Folgezeit diese Zulassungsbeschränkungen auf Kaiser Heinrich I. zurück, um sie mit der Würde eines uralten Ursprungs zu umgeben. Vgl. die Schrift des Reichsherolds Ge-

und formalisiert – nicht zuletzt zu dem handfesten ökonomischen Zweck, den Zugang zu Ritterorden und Domstiftern als Zuflucht für den Geburtsadel zu monopolisieren. Damit brachte der niedere Adel sich allerdings selbst in die mißliche Lage, zwischen Heiraten nach *freundtschaft und ehr* und solchen nach *gelt und guet* entscheiden zu müssen.[17]

Das bis dahin in seiner Ebenbürtigkeit kaum angefochtene reichsstädtische Patriziat geriet durch diese Abgrenzungsstrategie in eine ständisch diffuse Zwischenposition, auf die es in verschiedenen Städten unterschiedlich reagierte. Frankfurt, Nürnberg und Ulm – allerdings nicht Augsburg[18] – sind signifikante Beispiele dafür, daß sich das Patriziat den vom Landadel diktierten Distinktionskriterien unterwarf und sich von 'bürgerlicher Nahrung' zunehmend zurückzog. Nach dem Vorbild Ulms (1552) ließen es sich die Geschlechter vieler Reichsstäd-

---

org Rüxner, Anfang, ursprung unnd herkommen des Thurniers in Teutscher nation, 1. Aufl., Simmern 1527 (ND der Ausg. Frankfurt/Main 1566, 1964), die zahlreiche Neuauflagen erlebte und noch im 18. Jh. zum Kanon der juristischen Literatur über den Ritterstand zählte. – Vgl. zum Turnier: Karl Heinrich Roth von Schreckenstein, Die Ritterwürde und der Ritterstand. Historisch-politische Studien über deutsch-mittelalterliche Standesverhältnisse auf dem Lande und in der Stadt, Freiburg i.Br. 1886, S. 610ff.; Thomas Zotz, Adel, Bürgertum und Turniere in deutschen Städten vom 13. bis 15. Jahrhundert, in: Das ritterliche Turnier im Mittelalter (Anm. 6), S. 450-499, bes. S. 488ff.; Werner Meyer, Turniergesellschaften. Bemerkungen zur sozialgeschichtlichen Bedeutung der Turniere im Spätmittelalter, in: Das ritterliche Turnier im Mittelalter (Anm. 6), S. 500-512; Rudolf Endres, Adel und Patriziat in Oberdeutschland, in: Ständische Gesellschaft und soziale Mobilität, hrsg. v. Winfried Schulze (Schriften des Historischen Kollegs, Kolloquien, Bd. 12), München 1988, S. 221-238, hier S. 225f.

17 Die Chronik der Grafen von Zimmern beschreibt anschaulich die schwere Entscheidung gegen eine Heirat nach *gelt und guet*, nämlich des Freiherrn Zimmern mit einer Straßburger Patriziertochter, und für eine nach *freundtschaft und ehr* (Bd. I, S. 358ff.). An anderer Stelle wird das lobwürdige Beispiel zweier Grafen angeführt, die *nach ehrn und merung freundtschaft und nit nach reichthumb sich zu verheiraten begerten* (Bd. II, S. 21) und deshalb die Zimmerschen Töchter heimführten. – Allg. dazu jetzt Karl-Heinz Spieß, Familie und Verwandtschaft im deutschen Hochadel des Spätmittelalters (13. bis Anfang des 16. Jahrhunderts), Stuttgart 1993.

18 Das Augsburger Patriziat verabschiedete sich nicht grundsätzlich vom Handel. Nach der Zunftverfassung von 1368 sollten sich handeltreibende Geschlechter zwar einer Zunft anschließen, was umgekehrt bedeutete, daß die fortgesetzte Zugehörigkeit zu den Geschlechtern Verzicht auf Handel erfordert hätte. Dies wurde aber nur kurzfristig befolgt. Vgl. Die Chroniken der schwäbischen Städte: Augsburg, Bd. 3 (Die Chroniken der deutschen Städte vom 14. bis ins 16. Jahrhundert, Bd. 22), Leipzig 1896, S. 338ff., 345. Die 'Patriziervermehrung' von 1538, bei der auch die Fugger aufgenommen wurden, stellte für die neurezipierten Geschlechter nur die Bedingung, keinen Kramhandel mit Maß und Elle im offenen Laden zu treiben. – Vgl. Jakob Strieder, Zur Genesis des modernen Kapitalismus. Forschungen zur Entstehung der großen bürgerlichen Kapitalvermögen am Ausgange des Mittelalters und zu Beginn der Neuzeit, zunächst in Augsburg (ND der 2. Aufl. München 1935), New York 1968, S. 36, 166; Pius Dirr, Studien zur Augsburger Zunftverfassung, 1368-1548, in: ZHVSN 39 (1913), S. 144-243, hier S. 192ff.; demnächst allg. Jörg Rogge, "Daß arm und reich bei einander bleiben mögen in rechter ainigkeit". Politisches Handeln und Politikverständnis von Rat und Bürgerschaft in Augsburg 1460-1525, Tübingen 1995.

te in der Folgezeit etwas kosten, ihre althergebrachte Adelsqualität[19] vom Kaiser verbrieft zu bekommen. Das Argument für ihre Ebenbürtigkeit war dabei stets, daß sie von ihren Gütern und Rechten lebten und sich 'unadeliger Nahrung' stets enthalten hätten.[20] Diese Patrizier erkauften ihre adlige 'Ehre' tatsächlich mit dem Verzicht auf die lukrativste Erwerbsquelle und bezahlten die standesmäßige Exklusivität langfristig mit dem Verlust ihrer ökonomischen Macht.

II.

Wie wurde das Dilemma von Anpassung und Abgrenzung innerhalb der ständischen Gesellschaft selbst reflektiert?

In den Adelstraktaten des 15. und 16. Jahrhunderts, die auf die wirtschaftliche Krise antworteten, verschaffte sich eine ständisch-konservative Position Gehör, die ein adliges Ritterideal von erstaunlicher Kontinuität propagierte.[21] Als exem-

---

[19] Die Adelsqualität der städtischen Geschlechter wurde mit der Legende begründet, daß Kaiser Heinrich I. in den Städten jeden fünften Mann zum Kriegsmann und Beschützer der übrigen Einwohner bestimmt und verfügt habe, daß diese ihn unterhalten müßten. Vgl. Cyriacus Spangenberg, Adels-Spiegel. Historischer Ausführlicher Bericht: Was Adel sey und heiße/ Woher er komme/ Wie mancherley er sey/ Und was denselben ziere und erhalte/ auch hingegen verstelle und schwäche, 2 Thle., Schmalkalden 1591-94, hier Teil I, S. 354f.: *Von der Geschlechter Adel in Städten*.

[20] Vgl. R. Endres, Adel und Patriziat (Anm. 16), S. 230ff.; W. Zorn, Unternehmer und Aristokratie (Anm. 14), S. 244ff.; Siegmund Keller, Der Adelsstand des süddeutschen Patriziats, in: Festschrift für Otto Gierke, Weimar 1911, S. 741-758; Deutsches Patriziat 1430-1740, hrsg. v. Hellmuth Rössler, Limburg/Lahn 1968, dort insbesondere der Beitrag von Erwin Riedenauer, Kaiserliche Standeserhebungen für reichsstädtische Bürger 1519-1740. Ein statistischer Vorbericht zum Thema "Kaiser und Patriziat", S. 27-98; ferner Johann Jakob Moser, Teutsches Staatsrecht, Bd. 42, (ND der Ausg. Leipzig 1750) Osnabrück 1969, S. 456ff. – Allg. zur Distinktion Patriziat – Landadel: Karl Heinrich Roth von Schreckenstein, Das Patriziat in den deutschen Städten, besonders Reichsstädten. Als Beitrag zur Geschichte der deutschen Städte und des deutschen Adels, (ND der Ausg. Tübingen 1856) Aalen 1970, S. 509ff.; I. Bátori, Das Patriziat der deutschen Stadt (Anm. 8); Heinz Schilling, Wandlungs- und Differenzierungsprozesse innerhalb der bürgerlichen Oberschichten West- und Nordwestdeutschlands im 16. und 17. Jahrhundert, in: Schichtung und Entwicklung der Gesellschaft (Anm. 14), S. 121-173, dort Literaturnachweise zu den einzelnen Reichsstädten.

[21] Wie ausgeprägt diese ideelle Kontinuität war, veranschaulicht z.B. der Umstand, daß die Turnierregeln von 1485, die dem Adel kaufmännische Tätigkeit untersagen, noch im 17. Jh. als Norm angeführt wurden, obwohl tatsächlich seit 1487 (Worms) kein Turnier mehr nach diesen Regeln abgehalten worden war. – Vgl. allg. zur Kontinuität des Adels als Stand zuletzt Otto Gerhard Oexle, Aspekte der Geschichte des Adels im Mittelalter und in der Frühen Neuzeit, in: Europäischer Adel 1750-1950, hrsg. v. Hans-Ulrich Wehler, Göttingen 1990, S. 19-56; Gerhard Dilcher, Der alteuropäische Adel – ein verfassungsgeschichtlicher Typus? in: Europäischer Adel 1750-1950 (Anm. 21), S. 57-86; zur Adelstheorie allg. Klaus Bleeck, Jörn Garber, Nobilitas. Standes- und Privilegienlegitimation in deutschen Adelstheorien des 16. und 17. Jahrhunderts, in: Daphnis 11 (1982), S. 49-114. Zur Kontinuität des Ritterbildes ferner Andreas Wang, Der "miles christianus" im 16. und 17. Jahr-

plarisch für diese Position kann der Traktat des Grafen Reinhard zu Solms gelten, der für seine Person mit der empfohlenen Strategie allerdings wenig Erfolg hatte.[22]

Solms' Strategie, die in der Adelskrise des späten 18. Jahrhunderts wieder aufgegriffen wurde,[23] besteht darin, den Adel als einheitlichen herrschaftlich-militärischen Funktionsstand zu definieren. Jeder bürgerlichen Betätigung einschließlich des Handels hat er zu entsagen, um die herkömmlichen ökonomischen Ressourcen – vor allem politisch-militärischen Fürstendienst sowie patrimoniale Herrschaft – desto wirksamer monopolisieren zu können. So heißt es, wenn der Adel über die *gemein* herrschen, richten und sie verteidigen wolle – sei es kraft eigenen Rechts, sei es kraft landesherrlicher Konzession –, so müsse er von ihr abgehoben bleiben und sich in der ganzen Lebensführung von ihr unterscheiden: *dann solt er mit der Gemeyn mit Blut vermenget unnd verwandt oder gesellet seyn/ so were zu besorgen/ daß er sie nicht gern straffen oder rechtfertigen würde/ wann sie sträfflich würden/ darumb seynd sie von der gemeyn abgezogen.*[24]

Die Adelsqualität beruht nach dieser Sicht auf der über Generationen hinweg bewährten Standestugend, d.h. konkret: auf militärischer Tätigkeit und ritterlicher Lebensführung, deren Attributen – Rüstung und Waffen, Pferd und Wappen – eine geradezu essentielle Bedeutung beigemessen wird. Das Rittermodell dient dazu, den Adel zu einer einheitlichen sozialen Gruppe zu stilisieren, die erhebliche Binnendifferenzierung herunterzuspielen und zugleich die Grenzen nach unten schärfer zu ziehen. Das Modell qualifiziert den Adel sowohl als Geburts- wie als Berufsstand; Geburt und Tugend stehen keinesfalls im Gegensatz zueinander.[25]

---

hundert und seine mittelalterliche Tradition. Ein Beitrag zum Verhältnis von sprachlicher und graphischer Bildlichkeit, Bern 1975.

22 S. oben Anm. 1; zu Solms, dem renommierten Kriegstheoretiker, Festungsbaumeister und (seit 1554) kaiserlichen Feldmarschall, vgl. Friedrich Uhlhorn, Reinhard Graf zu Solms, Herr zu Münzenberg 1491-1562, Marburg 1952, insbes. S. 153ff. zu den zitierten sowie zwei weiteren, vorausgegangenen Adelstraktaten des Grafen. – Während der Vater, Philipp Graf zu Solms-Lich, sein ohnehin beträchtliches Vermögen durch Geldgeschäfte (!) mit den Erzbischöfen von Mainz und Köln erheblich vermehrt hatte, büßte Reinhard als kaiserlicher Feldmarschall und Truppenwerber den größten Teil des Familienvermögens wieder ein, denn seine umfangreichen Soldforderungen und Vorschüsse für Werbungen wurden ihm vom Kaiser nie vollständig erstattet. – In der übernächsten Generation verschwägerte sich das Haus Solms ausgerechnet mit den Fuggern: Eine Enkelin Reinhards, die aus der Ehe von dessen Tochter Ursula mit dem Grafen Ulrich von Montfort stammte, Gräfin Barbara von Montfort, heiratete Anton Fugger III. (1563-1616), einen Enkel Anton Fuggers I.

23 Vgl. dazu B. Stollberg-Rilinger, Handelsgeist und Adelsethos (Anm. 1), S. 301ff.

24 R. Graf zu Solms, Ursprung des Adels (Anm. 1), S. iii.

25 Der klassische 'sola-virtus'-Topos (wahrer Adel beruht nur auf Tugend) darf nicht schlechthin als Indikator für Adelskritik mißverstanden werden [vgl. dazu ausführlich K. Bleeck, J. Garber, Nobilitas (Anm. 21)]. Die Rede vom 'wahren Seelenadel', der auch in den niederen Ständen möglich sei, ist in der Regel nichts als eine Metapher, die an der ständischen Ordnung nicht rüttelt, sondern sie vielmehr voraussetzt: Den geordneten Zustand der Welt kennzeichnet es gerade, daß Tugend und Adel zur Deckung kommen. Die klassischen Autoritäten zu diesem Topos sind gesammelt bei C. Span-

Zwar spielt die adlige Geburt eine wesentliche Rolle, aber keineswegs in einem rein biologistischen Sinne, sondern im Sinne von kultureller Tradition und historisch-genealogischem Bewußtsein. Adel als durch Tugend erworbene und zu bewahrende erbliche Würde eines Geschlechts kann nach diesem Verständnis über die Generationen hinweg erlangt werden, aber ebensogut verloren gehen.[26] Die langfristige Wirkung der konservativen Strategie liegt nicht in der tatsächlichen Ausgrenzung der Neunobilitierten, sondern darin, ihnen die Maßstäbe adliger Lebensführung, adliger 'Ehre', zu diktieren.

Im Effekt konvergiert diese adelige mit der traditionellen bürgerlichen Standesnorm: Beide Seiten beschwören die Aufrechterhaltung der ständischen Grenzen und die Sicherung der jeweiligen 'Nahrung'. Ebenso wie Leuten geringeren Standes die adeligen Ämter und Würden verschlossen seien, heißt es aus der Sicht bürgerlicher Juristen, so müsse umgekehrt dem Adel der bürgerliche Erwerb verboten sein; Gerechtigkeit bedeute, *non singulorum iura confundere*.[27]

Die Adelsqualität über Herrschaft und Kriegsdienst zu definieren hat nicht zuletzt den Zweck, die Bedeutung des wirtschaftlichen Kriteriums für das adlige Selbstverständnis herunterspielen zu können. Man diskutiert nun eindringlich die aristotelische Definition, wonach Adel nicht nur in ererbter Tugend, sondern auch in Wohlhabenheit bestehe,[28] und beklagt mit Plautus, Horaz und Plutarch, daß materieller Reichtum unerachtet seiner Herkunft *edel mache für der Welt*. Obwohl man nicht umhin kann zuzugestehen, daß Reichtum und Adel *nicht übel bei einander stehen*, weil standesgemäßes Leben und politische Ämter erhebliche Güter erforderten und umgekehrt Armut zu verbrecherischem Erwerb und Bestechlichkeit verleite, so kommt man doch gemeinhin zu dem Ergebnis, daß *wie Reichthumb an und für sich selbst den Adel nicht bringt noch gibt/ also auch Armut an*

---

genberg, Adels-Spiegel (Anm. 19), Teil I, 1. Buch; Teil II, 5. Buch u.ö.; Reiner Reineccius, Von deß Adels gemeinem herkommen/ darob der fürnembsten Völcker gebreuche und unterscheid/ Auch woher die Wapen unserm Deudschen Adel zukommen, Leipzig o.J. (1576), S. 5ff., 58ff.; vgl. ferner die Aristoteliker Simon Simonius, De vera nobilitate, Leipzig 1572, c. 5; Adam Rassius, Tractatus politico-iuridicus de nobilitate et mercatura, Wittenberg 1624, c. 3-4.

[26] Vgl. R. Graf zu Solms, Ursprung des Adels (Anm. 1), S. xx: Nobilitierte haben sich durch adelige, 'gerüstete' Lebensführung zu bewähren und steigen durch entsprechende Heiraten in der vierten Generation schließlich zur Turnierfähigkeit auf.

[27] So z.B. Matthäus Stephani, Tractatus de nobilitate civili, Frankfurt/Main 1617, S. 159ff. – C. Spangenberg, Adels-Spiegel (Anm. 19), Teil II, S. 347ff., kritisiert den *heßlichen übelstand*, daß Adlige bürgerliche Nahrung an sich zögen und Vorkauf trieben. Er zitiert dazu u.a. Luthers Predigt über Matth. 6: das weltliche Recht habe es so geordnet, *das ein jeglicher seine nahrung und handel führe [...] Nun aber kan für den Greiffen und Lewen niemand bleiben, sie reissen alle Hendel zu sich.*

[28] Aristoteles, Politik 1294 a 20; weitere Belege zur Erörterung des Verhältnisses von Ehre und Reichtum bei Aristoteles: Christian Meier, Adel (II), in: Geschichtliche Grundbegriffe (Anm. 2), Bd. 1, Stuttgart 1972, S. 1-11, hier S. 5f.; zur Gesamtproblematik zuletzt Aloys Winterling, "Arme" und "Reiche". Die Struktur der griechischen Polisgesellschaften in Aristoteles' Politik, in: Saeculum 44 (1993), S. 179-205.

und für sich selbst den Adel nicht nimpt noch auffhebt.[29] Zu der Strategie der Adelsreformer gehört es entsprechend, die eigenen Standesgenossen vor übermäßiger Prachtentfaltung zu warnen, das Ideal eines einfachen Lebens zu beschwören und gesetzliche Aufwandsbeschränkungen – z.B. für Turniere – zu fordern.[30] Die Theoretiker beklagen indessen selbst die geringen Chancen einer Abgrenzungsstrategie, die darin besteht, die soziale Zeichenwirkung des Reichtums zu leugnen.[31]

Je mehr der Landadel tatsächlich zur wirtschaftlichen Anpassung an den sich entfaltenden Agrarkapitalismus genötigt ist, desto wichtiger wird die theoretische Abgrenzung gegenüber dem *Seckeladel*. Dabei kommt ihm die traditionelle aristotelisch-scholastische Wirtschaftsethik zustatten. Der Handel treibende Adel kann sich auf die alte Unterscheidung zwischen *negotiatio oeconomica* und *negotiatio lucrativa* berufen: Danach wird der Handel ethisch unterschiedlich bewertet, je nachdem, welches Ziel er verfolgt. Die *mercatura oeconomica* dient dem Unterhalt des *Hauses* und besteht darin, den Ertrag der eigenen Güter zu verkaufen und das zum Leben Notwendige zu kaufen. Sie ist Gegenstand der klassischen Ökonomik und dem Adel vollkommen angemessen, da sie die Voraussetzungen für das *gute Leben* schafft, das jenseits der ökonomischen Sphäre liegt. Die *mercatura lucrativa* hingegen ist dadurch bestimmt, daß sie dem reinen Gelderwerb als Selbstzweck dient und daher so verächtlich und naturwidrig ist wie dieser, der an sich selbst keine Grenze findet.[32] Mit der Tugend des 'Bürgers' im aristotelischen Sinne ist er unvereinbar. Die soziale Stigmatisierung des Kaufmanns speist sich also aus der allgemein moralischen Anrüchigkeit des Gewinnstrebens; die aristotelisch-scholastische Wirtschaftsethik wird als adlige Standesmoral nachhaltig konserviert.[33]

---

[29] Die Zitate bei C. Spangenberg, Adels-Spiegel (Anm. 19), Teil I, S. 135 und 140, mit den antiken Autoritäten; vgl. auch die Auseinandersetzung mit der aristotelischen Definition bei Peter von Andlau, Libellus de Caesarea monarchia (1469), in: ZRG GA 12 (1891), S. 34-103; 13 (1892), S. 163-219, hier 13, S. 190 (II, 11); S. Simonius, De vera nobilitate (Anm. 25), c. IX; R. Reineccius, Von deß Adels gemeinem herkommen (Anm. 25), S. 63; A. Rassius, De nobilitate (Anm. 25), S. 102f.

[30] R. Graf zu Solms, Ursprung des Adels (Anm. 1), S. xxi.

[31] Allgemein wird beklagt, daß der Adel selbst lieber nach dem Geld als nach der Ehre heirate: C. Spangenberg, Adels-Spiegel (Anm. 19), Teil I, S. 136; R. Graf zu Solms, Ursprung des Adels (Anm. 1), S. XIII.

[32] So bei S. Simonius, De vera nobilitate (Anm. 25), S. 134ff.; A. Rassius, De nobilitate (Anm. 25), S. 94f.; M. Stephani, De nobilitate civili (Anm. 27), Teil I, S. 168f. – Auch das Standardwerk des Lübecker Ratsherrn Johannes Marquard, De jure mercatorum et commerciorum, Frankfurt/Main 1662, S. 84ff., referiert diese Unterscheidung noch, lehnt sie aber ausdrücklich ab. – Vgl. zur Auseinandersetzung der traditionellen Hausväterliteratur mit der Geldwirtschaft Gotthardt Frühsorge, Die Krise des Herkommens. Zum Wertekanon des Adels im Spiegel alteuropäischer Ökonomieliteratur, in: Ständische Gesellschaft (Anm. 16), S. 95-112.

[33] Zur vormodernen Ökonomik allg. vgl. Johannes Burkhardt, Otto Gerhard Oexle, Peter Spahn, Wirtschaft (I-VI), in: Geschichtliche Grundbegriffe (Anm. 2), Bd. 7, Stuttgart 1992, S. 511-594; Raymond de Roover, Business, Banking and Economic Thought in Late Medieval and Early Modern

Aufgeweicht wird die aristotelische Unterscheidung allerdings durch eine andere, die quer dazu verläuft und die den Handel nicht nach seinen Zielen, sondern nach der Großartigkeit oder Geringfügigkeit seiner Mittel beurteilt: Danach ist nicht die *mercatura magna et copiosa*, der Groß- und Fernhandel, wohl aber die *mercatura tenuis et sordida*, der Klein- und Kramhandel, sozial (und moralisch!) anstößig.[34]

Trotz aller Ansätze zu einer Relativierung der ständischen Erwerbsschranken stilisiert man indessen aus ständisch-konservativer Perspektive Adel und Kaufmannsstand hartnäckig zum Gegensatz und läßt sich bis ins 18. Jahrhundert hinein nicht davon irritieren, daß dies angesichts der merkantilistischen Wirtschaftsförderung immer anachronistischer wird. Den beiden Ständen werden gegensätzliche moralische Dispositionen zugeordnet: Der Adel (und mit ihm die Monarchie) ist kriegerisch, der Handel (und mit ihm die Republik) friedlich; dem Adel entsprechen männliche Zucht und Härte, dem Kaufmann milde, verfeinerte Sitten und weiblicher Luxus; den Adel kennzeichnen Dauer und Beständigkeit, den Kaufmann hingegen Mobilität und Bindungslosigkeit. Der Eckpfeiler der adligen Selbststilisierung bleibt das antike Ideal der Freiheit von materiellen Zwecken: Während dem Adel die soziale Achtung – Ruhm und Ehre – Selbstzweck und der Reichtum nur Mittel zu diesem Zweck sei, so heißt es, richte sich der Kaufmann umgekehrt auf den ökonomischen Vorteil als Selbstzweck, soziales Ansehen diene ihm nur als Mittel dazu. Wer nicht um des Ruhmes willen, sondern aus Gewinnsucht Großes und Gefährliches wage, verdiene nicht Edelmann, sondern ein ganz gemeiner Kaufmann genannt zu werden.[35] Die Adelsehre beruht geradezu darauf, daß sie ihre eigenen ökonomischen Grundlagen verleugnet: *pecuniam contemnimus*, behauptet Hutten lapidar.[36] Diese Sicht wirkt lange nach: Noch Sombart nennt den Erwerbstrieb eine "spezifisch plebejische Seelenstimmung".[37]

Europe, Chicago, London 1974; Joseph Höffner, Wirtschaftsethik und Monopole im 15. und 16. Jahrhundert, (1. Aufl. Jena 1941) 2. Aufl., Darmstadt 1969; Wolf-Hagen Krauth, Wirtschaftsstruktur und Semantik. Wissenssoziologische Studien zum wirtschaftlichen Denken in Deutschland zwischen dem 13. und 17. Jahrhundert (Soziologische Schriften, Bd. 42), Berlin 1984; Jacques LeGoff, Wucherzins und Höllenqualen. Ökonomie und Religion im Mittelalter, Stuttgart 1988.

[34] So A. Rassius, De nobilitate (Anm. 25), S. 95; M. Stephani, De nobilitate civili (Anm. 27), S. 168; J. Marquard, De jure mercatorum (Anm. 32), S. 86f.; unter Berufung auf Cicero, De officiis 1, S. 150f.; auch dort heißt es allerdings, einem freien Manne sei die Landwirtschaft am gemäßesten.

[35] So Baldassare Castiglione, Il Cortegiano, Teil I, S. 43 (Das Buch vom Hofmann, übers. und erläutert von Fritz Baumgart, München 1986, S. 78f.). Diese Zuordnung geht z.B. so weit, daß man das Engagement des Adels in See- und Fernhandel noch im 18. Jh. damit erklärt, daß dort ritterliche Tugenden, Kühnheit und Tapferkeit erfordert würden. – Belege für das 17. und 18. Jh. bei B. Stollberg-Rilinger, Handelsgeist (Anm. 1), S. 298ff.; vgl. auch John G. A. Pocock, Die andere Bürgergesellschaft, Frankfurt/Main 1993, S. 70ff.; allg. ders., The Machiavellian Moment, Princeton 1975.

[36] U. von Hutten, Praedones (Anm. 12), Bd. IV, S. 376.

[37] Zitiert nach J. Strieder, Genesis des modernen Kapitalismus (Anm. 18), S. 211. Für Sombarts Begriff des kapitalistischen Geistes ist – wie für die Zeitgenossen selbst – die Umkehrung des Zweck-

Gut vor Ehre oder Ehre vor Gut? 43

Die ständisch-konservative Reaktion des Adels auf die marktwirtschaftliche Bedrohung der Ständegrenzen verschleierte also die tatsächlich oft erfolgreich geübten ökonomischen Anpassungsstrategien. Die theoretische Gegenposition zu dem traditionellen Adelsethos, auf die hier nur ganz kurz hingewiesen werden kann,[38] wurde aus einer tendenziell überständischen Perspektive formuliert und verschaffte sich im Laufe des 17. Jahrhunderts zunehmend Geltung. Es war die etatistische Sicht der Juristen und Staatsökonomen, eine Sicht, die für 'Standesehre' keinen Platz mehr hatte. Das Wohl des Staates wurde nun als den einzelnen Ständen übergeordneter Maßstab etabliert. Das Gewinnstreben verlor seine Anrüchigkeit und wurde geradezu zum Konstituens des Gemeinwohls aufgewertet; moralisch anrüchig und sozial stigmatisierend erschien jetzt vielmehr der Müßiggang. Das Ergebnis war ein von aller Standesethik gereinigter formaljuristischer Adelsbegriff einerseits und ein verinnerlichter, individualisierter Tugendbegriff andererseits. Adel hatte danach weder mit Geburt noch mit Tugend zu tun, sondern wurde als rein rechtliche Qualität begriffen, die auf obrigkeitlicher Verleihung beruhe. Ob sie Handel trieben oder nicht, erschien nun als *indifferentes Thun und Lassen der Herren von Adel*.[39] Gelegentlich wurde geradezu ungeniert gefordert, die Adelsqualität müsse zu einer Prämie auf wirtschaftlichen Erfolg werden.

Allerdings: Bis ins 19. Jahrhundert hinein behauptete sich die ständisch-konservative Position gegen die rationalisierende Dynamik der Marktbeziehungen. Noch im späten 18. Jahrhundert fand eine intensive Kampagne gegen das adlige Erwerbsverbot und für die Nobilitierungswürdigkeit erfolgreicher Kaufleute statt.[40] Die Heftigkeit dieser Debatte zeigt, daß der alte Adel mit seiner 'Standesehre' noch immer die Kriterien des sozialen Ranges diktierte.

Mittel-Verhältnisses zwischen Ehre und Reichtum grundlegend. Vgl. Werner Sombart, Der Bourgeois. Zur Geistesgeschichte des modernen Wirtschaftsmenschen, München, Leipzig 1913; ders., Der moderne Kapitalismus. Historisch-systematische Darstellung des gesamteuropäischen Wirtschaftslebens von seinen Anfängen bis zur Gegenwart, 6 Bde., (ND der 2. Aufl. München, Leipzig 1916) München 1987, hier Bd. I, S. 319ff.; ders., Luxus und Kapitalismus, München, Leipzig 1922, S. 18ff.

38 Vgl. dazu ausführlich B. Stollberg-Rilinger, Handelsgeist (Anm. 1), S. 286ff.; J. Burkhardt, Wirtschaft (Anm. 33), S. 559ff., mit weiteren Literaturhinweisen.
39 So z.B. Christian Gottlieb Riccius, Zuverläßlicher Entwurff von dem Landsäßigen Adel in Teutschland, Nürnberg 1735, S. 454f.
40 (Johann Michael von Loen), Der Kaufmanns-Adel. Untersucht von einem unpartheyischen Rechts-Gelehrten, Frankfurt/Main 1742, mit zwei weiteren Auflagen bis 1745. – Der Handelnde Adel, Dem der Kriegerische Adel entgegen gesetzt wird. Zwey Abhandlungen über die Frage: Ob es der Wohlfarth des Staats gemäß sey, daß der Adel Kauffmannschaft treibe? Aus dem Frz. übers. und mit einer Abhandlung über eben diesen Gegenstand versehen von Johann Heinrich Gottlob von Justi, Göttingen 1756.

III.

Wenn die Fugger – um abschließend den Bezug zum Thema dieser Tagung zu explizieren – zunehmend ihr Geld in Grundherrschaften investierten und damit der allgemeinen Tendenz zur 'Refeudalisierung des Handelskapitals' folgten, so geschah das – nach einer Aussage Anton Fuggers – vornehmlich *um der Ehre willen*.[41] Es widersprach damit aber durchaus nicht den Grundsätzen ökonomischer Rationalität. Lebensführung und Wirtschaftsverhalten der Fugger entziehen sich nicht nur einer unzweideutigen Einordnung in die Kategorien Zunftbürgertum/Patriziat/Landadel – man denke etwa daran, daß sie Reichsgrafen waren, bevor sie in das Augsburger Patriziat aufstiegen.[42] Sie lassen auch den von Sombart und Weber pointierten Gegensatz von bürgerlicher ökonomischer Rationalität (Erwerb um des Erwerbs willen) und adliger ökonomischer Irrationalität (Muße und Verschwendung) obsolet erscheinen. Die Frage, wann die Familie sich nicht mehr als bürgerlich, sondern als adelig verstand und verhielt, ist in der Forschung nicht zuletzt deshalb sehr unterschiedlich beantwortet worden, weil man stets im Banne dieses Gegensatzes stand.[43]

---

[41] Brief Anton Fuggers an Georg Hörmann d.Ä. vom 18.11.1531, im Kontext der Frage, unter welchem Titel die Markgrafschaft Burgau in Fuggers Besitz kommen sollte (Landvogtei, Pfandherrschaft, Herrschaft), zitiert nach Götz Frhr. von Pölnitz, Anton Fugger, Bd. 1 (Studien zur Fuggergeschichte, Bd. 13), Tübingen 1958, S. 573, Anm. 107. – Zum adligen Selbstverständnis der späteren Generationen vgl. Chronik der Familie Fugger vom Jahre 1599, hrsg. v. Christian Meyer, München 1902. Es handelt sich dabei um eine erweiterte genealogische Chronik fast ohne jeden Hinweis auf die Handels- und Unternehmertätigkeit der Familie. Erwähnung finden stattdessen außer Eheschließungen, Geburten, Todesfällen und den entsprechenden Feierlichkeiten kennzeichnenderweise der Erwerb von Graf- und Herrschaften, milde Stiftungen, Turniererfolge, Erziehung und Reisen der Söhne etc. Ganz im Sinne der adligen Tugendtopik heißt es darin über Hans Jakob Fugger: *Da [...] der ware adel aus gueten künsten und tugenten herfliesset, so mag diser herr Hanns Jacob Fugger mit aller warhait also genannt werden* (S. 40).
[42] So O. Mörke, Fugger (Anm. 11), S. 157f.
[43] Götz Frhr. von Pölnitz, Die Fugger, (1. Aufl. Frankfurt/Main 1959) 3. Aufl., Tübingen 1970, S. 305ff., etwa sieht den wichtigsten Schritt zum Verlassen des "bürgerlichen Milieus" bereits darin, daß die Fuggerschen Liegenschaften in einen Fideikommiß verwandelt wurden. Die Generation nach Anton Fugger habe dann "die soziale Umschichtung von der Kaufmannsfamilie zum landgesessenen Adel, wenn nicht gar zum Provinzialfürstentum" weiter vorangetrieben. – Reinhard Hildebrandt, Die "Georg Fuggerischen Erben". Kaufmännische Tätigkeit und sozialer Status 1555-1600 (Schriften zur Wirtschafts- und Sozialgeschichte, Bd. 6), Berlin 1966, S. 184ff., stellt bezüglich Philipp Eduard und Octavian Secundus Fugger (also der 4. Generation nach der Erhebung in den Reichsgrafenstand) fest, sie hätten nicht mehr "nach Gewinn um des Verdienens willen" gestrebt, "sondern um in erster Linie die eigene soziale Position zu festigen und auszubauen". – Robert Mandrou, Les Fugger, propriétaires fonciers en Souabe 1560-1618. Étude de comportements socio-économiques à la fin du XVIe siècle, Paris 1969, S. 235ff. betont hingegen die rein ökonomische Rationalität des planmäßigen Fuggerschen Grundherrschaftserwerbs seit Jakob dem Reichen, die keineswegs um des "vivre noblement" willen betrieben worden sei.

Vielmehr machten die Fugger – vor allem nach der Konkurswelle in der zweiten Hälfte des 16. Jahrhunderts – gewissermaßen aus der ökonomischen Not eine sozialständische Tugend, wenn sie ihr Geld sicher und gewinnbringend anlegten, sich vom bürgerlichen Erwerb allmählich zurückzogen und schließlich dem Landadel so vollständig assimilierten, daß ihre niedrige Herkunft – obwohl sie sie nie verleugneten – selbst unter Experten des Adelsrechts in Vergessenheit geriet.[44] Es spricht für die erfolgreiche soziale Anpassung der Familie, daß gerade der ahnenstolze Historiker Karl Heinrich Roth von Schreckenstein die Fugger im 19. Jahrhundert als "wahrhaft aristokratisch gesinntes Geschlecht" rühmt, das "den Handel in würdiger, großartiger Weise betrieben" habe,[45] während der bürgerliche Protestant Ranke, anknüpfend an die Kritik der Reformatoren, sie abfällig "die Wechsler" nennt.[46]

'Ehre' und 'Gut' erweisen sich damit aus generationenübergreifender Sicht – und das ist schließlich eine genuin adlige Perspektive – als gleichwertige, einander ergänzende Arten des sozialen Vermögens. Das Bemühen der Fugger um 'Ehre' im Sinne adeliger Standesnormen war zwar kaum eine rational kalkulierte, aber eine standespolitisch richtige und letztlich eben auch ökonomisch erfolgreiche Strategie.[47] Indem die sozialen Aufsteiger diese Strategie übernahmen, bekräftigten gerade sie desto nachhaltiger die Macht ständischer Distinktion.

---

44 So verzeichnet z.B. ein vielbenutztes Handbuch der ständischen Ränge aus dem frühen 18. Jh. die Fugger als Reichsgrafen und behauptet, sie gehörten zu den reichsten Familien Bayerns und Schwabens und stammten *aus einer alten vornehmen Augspurgischen familie her* (Zacharias Zwantzig, Theatrum praecedentiae, [1. Aufl., Berlin 1706] hier 2. Aufl., Frankfurt/Main 1709, Bd. II, S. 177).
45 K. H. Roth von Schreckenstein, Das Patriziat (Anm. 20), S. 553, 560.
46 Vgl. den Beitrag von Wolfgang Weber in diesem Band.
47 P. Bourdieu, Kapital (Anm. 5), S. 195, betont den Faktor der verflossenen Zeit für die Anerkennung des sozialen Status. Dabei sei langfristige symbolische Praxis nicht rationales Kalkül, sondern folge eher der "Logik affektiver Investition".

"Die Tag und Nacht auff Fürkauff trachten". Augsburger Großkaufleute des 16. und beginnenden 17. Jahrhunderts in der Beurteilung ihrer Zeitgenossen und Mitbürger

Mark Häberlein

I.

Die Wahrnehmung und Beurteilung zeitgenössischer Phänomene durch Augsburger Bürger des 16. und beginnenden 17. Jahrhunderts ist durch zahlreiche Quellen dokumentiert. Zum einen verfügen wir mit den autobiographischen Aufzeichnungen des Kaufmanns Lukas Rem über eine der wichtigsten Quellen zum Selbstverständnis eines oberdeutschen Kaufmanns, zum anderen dokumentieren eine Vielzahl von Chroniken, deren Verfasser unterschiedlichen Gruppen der ständischen Gesellschaft angehörten, wie Augsburger Bürger ihre Umwelt und die Ereignisse ihrer Zeit interpretierten. Der Patrizier Matthäus Langenmantel, der Kaufmann Wilhelm Rem, der Mönch Clemens Sender, der Ratsdiener Paul Hektor Mair, der Arzt und Humanist Achilles Pirmin Gasser, der Kaufmannsdiener Georg Kölderer, der Maler Jörg Breu und der Bierbrauer Jörg Siedeler repräsentieren das breite soziale Spektrum, aus dem sich die Chronisten rekrutierten.[1]

---

[1] Zu Langenmantel vgl. Die Chroniken der schwäbischen Städte: Augsburg, Bd. 8 (Die Chroniken der deutschen Städte vom 14. bis ins 16. Jahrhundert, Bd. 33), Stuttgart, Gotha 1928, S. 249-258. Zu Sender, Breu, Rem und Mair: Carla Kramer-Schlette, Vier Augsburger Chronisten der Reformationszeit. Die Wahrnehmung und Deutung der Zeitgeschichte bei Clemens Sender, Wilhelm Rem, Georg Preu und Paul Hektor Mair (Historische Studien, Bd. 421), Hamburg, Lübeck 1970. Zu Gasser: Josef Bellot, Achilles Pirmin Gasser und seine "Annales Augustani", sowie Josef Bellot, Zur Editionsgeschichte der Welserchronik, beides in: Kommentar zur Faksimile-Ausgabe der Welser-Chronik, Augsburg 1984, S. 33-43, 44-51; ausführlich Karl-Heinz Burmeister, Achilles Pirmin Gasser 1505-1577. Arzt und Naturforscher, Historiker und Humanist, 3 Bde., Wiesbaden 1970-1975. Zu Kölderer und Siedeler: Bernd Roeck, Eine Stadt in Krieg und Frieden. Studien zur Geschichte der Reichsstadt Augsburg zwischen Kalenderstreit und Parität, 2 Bde. (Schriftenreihe der Historischen Kommission bei der Bayerischen Akademie der Wissenschaften, Bd. 37), Göttingen 1989, Teil I, S. 36-41 und passim. Zu Kölderer vgl. ferner Bernd Roeck, Als wollt die Welt schier brechen. Eine Stadt im Zeitalter des Dreißigjährigen Krieges, München 1991, S. 18-19, 24-25.

Augsburger Großkaufleute 47

Welchen Quellenwert besitzen Rems Autobiographie und die Chroniken im Hinblick auf die Frage nach der Rezeption und Deutung der Entwicklung großer Augsburger Handelshäuser im 16. und beginnenden 17. Jahrhundert? Betrachtet man zunächst den Informationsgehalt dieser Quellen, so scheint die Ausbeute eher mager zu sein. Zwar schildert Lukas Rem seine kaufmännischen Aktivitäten in den ersten beiden Jahrzehnten des 16. Jahrhunderts, und die Chronisten berichten gelegentlich über spektakuläre Ereignisse der Handelsgeschichte – etwa über die Beteiligung oberdeutscher Handelshäuser an einer portugiesischen Ostindienflotte[2] oder Raubüberfälle auf Kaufmannszüge.[3] Diesen Berichten steht jedoch ein Sammelsurium von Nachrichten über Augsburgs Großkaufleute gegenüber, die zunächst völlig zusammenhanglos und reichlich trivial erscheinen. So erfahren wir beispielsweise, daß Lukas Pfister, ein Mitglied der Welser-Gesellschaft, in Konstanz einer Magd irrtümlich eine Kugel in den Kopf schoß; daß Anton Welser mit der Betrügerin Anna Laminit ein Verhältnis hatte und mit ihr ein Kind zeugte; daß Hieronymus Fugger bei einer Hochzeitsfeier im Vollrausch einer Dienerin den Zopf abschnitt; oder daß David Manlich, der um die Jahrhundertmitte einer der großen Augsburger Handelsgesellschaften angehörte, einen Wagnergesellen erstach, den er nachts bei seiner Dienstmagd erwischte.[4]

Reduziert sich damit der Wert dieser Quellen auf die bloße Wiedergabe von Kuriosa und Skandalgeschichten oder lassen sich bei näherem Hinsehen bestimmte Kriterien und Intentionen der Auswahl und Interpretation der Nachrichten erkennen? Hier soll die These verfolgt werden, daß die Aussagekraft der zeitgenössischen Texte primär im Bereich der Normen und Wertvorstellungen der ständischen Gesellschaft zu suchen ist. Wenn von der Handelstätigkeit der Kaufleute selbst die Rede ist, dann ist dies meist in einem Kontext der Fall, der es den Autoren erlaubt, über Zusammenhänge zwischen Ökonomie und Moral, über den Gegensatz zwischen ehrbarem Handel auf der einen Seite, Wucher, Betrug und schneller Bereicherung auf der anderen Seite zu reflektieren. Darüber hinaus beschäftigt die Autoren das Normensystem, welches das Zusammenleben von reich und arm in der Stadt reglementiert: die Episoden, in denen die großen Handelsherren zumal in den Chroniken erscheinen, illustrieren den Konflikt zwischen Eigen-

---

2 Die Chroniken der schwäbischen Städte: Augsburg, Bd. 5 (Die Chroniken der deutschen Städte vom 14. bis ins 16. Jahrhundert, Bd. 25), Leipzig 1896, S. 277-279; Achilles Pirmin Gasser, Wolfgang Hartmann, Ander Theil Der Weitberümpten Keyserlichen Freyen und deß H. Reichsstatt Augspurg in Schwaben Chronica [...], Basel 1595 (Faksimile-Ausgabe Augsburg 1984), S. 268-269.

3 Die Chroniken der schwäbischen Städte: Augsburg, Bd. 4 (Die Chroniken der deutschen Städte vom 14. bis ins 16. Jahrhundert, Bd. 23), Leipzig 1894, S. 196; Chroniken, Bd. 5 (Anm. 2), S. 40-41, 70-71.

4 Chroniken, Bd. 5 (Anm. 2), S. 30, 86, 241-242; Chroniken, Bd. 8 (Anm. 1), S. 101-102.

nutz und Gemeinnutz – zwischen dem privaten Interesse der wirtschaftlichen Elite Augsburgs und dem 'gemeinen Mann'.[5]

Wenn hier der Zeitraum zwischen 1500 und dem Beginn des Dreißigjährigen Krieges untersucht wird, so geschieht das durchaus in dem Bewußtsein, daß auch die Chronistik des 15. Jahrhunderts das Verhalten der großen Augsburger Kaufleute und dessen Zusammenprallen mit den Normen städtischen Zusammenlebens thematisiert.[6] Für die Wahl des Untersuchungszeitraums war jedoch weniger die traditionelle Periodisierung von 'Mittelalter' und 'Neuzeit' ausschlaggebend als vielmehr die Überzeugung, daß gerade im Falle Augsburgs die Organisation, die Reichweite und der Umfang des Fernhandels in den ersten Jahrzehnten des 16. Jahrhunderts eine neue Dimension erreichten,[7] und dieser qualitative Sprung auch von den Zeitgenossen wahrgenommen wurde. Die Chronisten Achilles Pirmin Gasser und Wilhelm Rem etwa berichten übereinstimmend, die Stadt Augsburg sei gerade zwischen 1500 und 1520 *in grossem auffnemen* gewesen.[8]

II.

Die Aufzeichnungen Lukas Rems, die gewöhnlich als Tagebuch bezeichnet werden, sind bislang vor allem als Quelle zur oberdeutschen Handelsgeschichte des frühen 16. Jahrhunderts, insbesondere zu den Handelsbeziehungen nach Portugal und Indien sowie zur Struktur der Welser-Vöhlin-Gesellschaft, der Rem als Faktor angehörte, benutzt worden.[9] Bei genauerem Hinsehen zeigt sich allerdings, daß

---

[5] Zum Themenkomplex frühneuzeitlicher Normen und Wertvorstellungen vgl. Hans-Christoph Rublack, Grundwerte im späten Mittelalter und in der Frühen Neuzeit, in: Literatur in der Stadt. Bedingungen und Beispiele städtischer Literatur des 15. bis 17. Jahrhunderts, hrsg. v. Horst Brunner, Göppingen 1982, S. 9-36; Winfried Schulze, Vom Gemeinnutz zum Eigennutz. Über den Normenwandel in der ständischen Gesellschaft der Frühen Neuzeit, in: HZ 243 (1986), S. 591-626; Paul Münch, Grundwerte in der ständischen Gesellschaft: Aufriß einer vernachlässigten Thematik, in: Ständische Gesellschaft und soziale Mobilität, hrsg. v. Winfried Schulze (Schriften des Historischen Kollegs, Kolloquien, Bd. 12), München 1988, S. 53-72.

[6] Vgl. etwa die Aufzeichnungen Burkhard Zinks, der selbst kaufmännisch tätig war: Die Chroniken der schwäbischen Städte: Augsburg, Bd. 2 (Die Chroniken der deutschen Städte vom 14. bis ins 16. Jahrhundert, Bd. 5), Leipzig 1866, S. 72-73, 99-101, 196-206.

[7] Vgl. dazu Winfried Schulze, Deutsche Geschichte im 16. Jahrhundert, 1500-1618 (Neue Historische Bibliothek), Frankfurt 1987, bes. S. 35-37, 48-53.

[8] Chroniken, Bd. 5 (Anm. 2), S. 116; A. P. Gasser, W. Hartmann, Ander Theil Der Weitberümpten (Anm. 2), S. 258-259, 268-269.

[9] Vgl. z.B. Konrad Haebler, Die überseeischen Unternehmungen der Welser und ihrer Gesellschafter, Leipzig 1903, Kap. 1-2; Walter Großhaupt, Commercial Relations between Portugal and the Merchants of Augsburg and Nuremberg, in: La Découverte, le Portugal et l'Europe. Actes du Colloque Paris, les 26, 27 et 28 mai 1988, hrsg. v. Jean Aubin, Paris 1990, S. 359-397, bes. S. 369-378. Hubert Frhr. von Welser, Lucas Rem, in: Lebensbilder aus dem Bayeri-

Rems Text nur sehr bedingt den Charakter eines Tagebuches hat, denn zahlreiche Einträge fassen die Entwicklungen von Monaten und Jahren lediglich summarisch zusammen. In Komposition und Aussage erscheinen sie vielmehr als autobiographisches Vermächtnis, als Ausdruck des Selbstverständnisses eines 'ehrbaren' Kaufmanns. Das Schlüsselereignis in Rems beruflichem Leben war offenkundig sein Ausscheiden aus der Welser-Gesellschaft 1517, nachdem er vorher zwei Jahrzehnte für die Firma gearbeitet hatte. Durch die Trennung von den Welsern verlor Rem seinen eigenen Aufzeichnungen zufolge viel Geld, doch räumt er selbst ein, daß sein Ausscheiden in rechtlicher Hinsicht problematisch war, da er den Welsern vertraglich noch zwei weitere Jahre lang als Diener verpflichtet war.[10] Dagegen verschweigt er völlig, daß er bereits 1515, also zwei Jahre vor seinem Ausscheiden aus der Welser-Firma, den Gesellschaftsvertrag der Höchstetter mitunterzeichnet hat – einer Gesellschaft, die damals geradezu als Synonym für skrupelloses Geschäftsgebaren stand und 1529 unter unrühmlichen Umständen Bankrott machte.[11] Vor diesem Hintergrund ging es Rem offensichtlich vor allem darum, sein Leben und seine Leistungen selbst in das rechte Licht zu rücken. Rems Aufzeichnungen werden gleichsam zur Apologetik des treuen, unermüdlichen und kompetenten Handelsmanns, der beständig mit der Inkompetenz, Treulosigkeit und Unehrlichkeit seiner Gesellschafter konfrontiert wird.

Rem beschreibt eine Reihe von Situationen, in denen er für die Gesellschaft in schwieriger Lage zum Retter in der Not wird. 1498 in Mailand und 1511 in Freiburg im Uechtland hilft er den dortigen Faktoren, die Jahresrechnung abzuschließen, *darin Si gar verwirt gewesen.*[12] Als er 1509 die Welser-Vertretung auf Madeira besucht, stellt er fest, daß die Faktoren *ain erbermlichs Regiment, unerbers wesen* führten. Rem setzt alles daran, Ordnung in das Chaos zu bringen: *het tag noch nacht (weder) ruo noch frid, tatt boest ich vermocht, verordnet al ding, boest*

---

schen Schwaben, Bd. 6, hrsg. v. Götz Frhr. von Pölnitz (Schwäbische Forschungsgemeinschaft bei der Kommission für Bayerische Landesgeschichte, Veröffentlichungen, Reihe 3, Bd. 6), München 1958, S. 166-185 konzentriert sich ebenfalls auf die von Rem beschriebenen Ereignisse, bezieht aber auch Selbstverständnis und Motivation des Autors mit ein. In den letzten Jahren ist Rems Autobiographie auch von der historischen Familienforschung als Quelle entdeckt worden: vgl. z.B. Erich Maschke, Die Familie in der deutschen Stadt des späten Mittelalters (Sitzungsberichte der Heidelberger Akademie der Wissenschaften, Philosophisch-historische Klasse, Jahrgang 1980, 4. Abhandlung), Heidelberg 1980, bes. S. 19-22, 39, 44-47, 49, 55-57; Anette Völker-Rasor, Bilderpaare – Paarbilder. Die Ehe in Autobiographien des 16. Jahrhunderts (Rombach Wissenschaften, Reihe Historiae, Bd. 2), Freiburg 1993.

[10] Tagebuch des Lucas Rem aus den Jahren 1494-1541. Ein Beitrag zur Handelsgeschichte der Stadt Augsburg, hrsg. v. Benedikt Greiff, in: 26. Jahresbericht des historischen Kreisvereins im Regierungsbezirk von Schwaben und Neuburg, Augsburg 1861, S. 1-110, hier S. 18-19.

[11] Hans Niedermayr, Ein Gesellschaftsvertrag der Höchstetter von 1515, in: ZHVS 76 (1982), S. 76-91.

[12] Tagebuch des Lucas Rem (Anm. 10), S. 5-6, 16.

ich mocht.[13] Und einige Jahre später habe der Sohn des Firmenleiters, Anton Welser der Jüngere, in Antwerpen *übel haus gehalten* und eine Menge Geld verspielt.[14] Immer wieder kontrastiert Rem seine eigene Ehrbarkeit und seine Fähigkeit, Ordnung zu schaffen, mit dem unehrlichen und unordentlichen Verhalten der anderen Welser-Gesellschafter. Die Begriffe der Ordnung und der Ehre, die Paul Münch als Grundwerte der ständischen Gesellschaft charakterisiert hat, haben somit auch in Rems Ausführungen quasi leitmotivischen Charakter.[15]

Die komplexen und weit ausgreifenden Unternehmungen der Welser-Gesellschaft hätten dem Faktor darüber hinaus schier übermenschliche Anstrengungen abverlangt. Zu den Vorbereitungen für das Auslaufen der ersten Ostindienflotte unter deutscher Beteiligung bemerkt er etwa: *Die on mas enxtig mie, uberflisig arbait, gros widerwertigkait mir damit gegnet, ist unerschreiblich.*[16] Doch obwohl er sich im Dienst der Firma aufgearbeitet und seine Gesundheit ruiniert habe, hätten ihn die Welser *unehrbar* behandelt. 1509 hätten sie ihn bereits entgegen ihrem Versprechen ein zweites Mal nach Portugal geschickt, und 1517 hätten sie die Generalrechnung manipuliert – *fil guot bös gemacht, schentlich hendel darin geiept* – und damit ihre Einleger übervorteilt.[17] Auch die Aufzeichnungen, die Rems Tätigkeit nach seinem Ausscheiden aus der Welser-Gesellschaft betreffen, spiegeln diese Erfahrungen wider: Rem unterstreicht sein gutes Verhältnis zu anderen ehemaligen Gesellschaftern, namentlich zu Jakob Welser in Nürnberg, und sein Vertrauensverhältnis zu den Fuggern. Das stetige Anwachsen von Rems Kapital in der Gesellschaft, die er nach 1517 zusammen mit seinen Brüdern betreibt, ist ihm schließlich der Beweis dafür, daß sich auch 'ehrbarer' Handel lohnt.[18]

III.

Konflikte innerhalb von Augsburger Handelsfirmen des 16. Jahrhunderts, wie sie Lukas Rem in der Welser-Vöhlin-Gesellschaft erfahren und beschrieben hat, werden auch von der zeitgenössischen Chronistik aufmerksam verfolgt. Besonderes Interesse findet dabei der Konflikt zwischen Ambrosius Höchstetter und Bartholomäus Rem, dem langjährigen Buchhalter der Höchstetter-Gesellschaft. Als Rem

---

[13] Tagebuch des Lucas Rem (Anm. 10), S. 15.
[14] Tagebuch des Lucas Rem (Anm. 10), S. 17.
[15] P. Münch, Grundwerte (Anm. 5), S. 69-72.
[16] Tagebuch des Lucas Rem (Anm. 10), S. 8.
[17] Tagebuch des Lucas Rem (Anm. 10), S. 19. *Also mochtz der welt nennen, uns geselschaftern abgerapt, den andern abgestolen.*
[18] Tagebuch des Lucas Rem (Anm. 10), S. 21, 22, 27, 32-42.

aus der Firma ausschied und sich mit Ambrosius Höchstetter nicht über die Höhe seiner Gewinnbeteiligung einigen konnte, verklagte er die Höchstetter vor dem Stadtgericht, lehnte anschließend den Schiedsspruch des Gerichts aber ab und ging mit seinem Anliegen vor die Reichsgerichte.[19] Der Chronist Matthäus Langenmantel stellt den Konflikt vor allem als internen Streit um kaufmännische Ehre und die Prinzipien, nach denen die Handelsgesellschaft organisiert war, dar. Nach Langenmantel beschuldigten sich Höchstetter und Rem gegenseitig, sie hätten *Kauffmanß glauben nit gehalten*, und Rem habe außerdem Höchstetter beschuldigt, er hätte *gelt auss der gesellschaft genomen und zu seinem nutz gebraucht on wissen und willen der gesellschaft, Hochstetter hette auch Inen ain hauptguett von gemeiner gesellschaft gewin geschepft nach seinem gefallen.*[20]

In Clemens Senders Schilderung treten hingegen die weitergehenden gesellschaftlichen Implikationen des Konflikts zutage. Sender macht deutlich, daß Rem sich nach Kräften bemühte, die Geschäftspraktiken der Höchstetter-Gesellschaft publik zu machen. Rem habe vor allem den Reichsadel für sich gewinnen können, *von wegen daß er inen hat anzeigt solichen überschwencklichen gewinn der kauffleut in so kurtzer zeit, darab sie ain fraid hetten und sagten, der kauffleut gewinn übertreff der juden wuocher sibenveltig.* Er selbst habe *offt von im gehört, wie es ist zugangen, daß so in kurtzer zeit die Hechsteter so groß gut gewunen haben.*[21] Rems Kompromißlosigkeit, die darin gipfelte, daß er einen Kaufmannszug der Höchstetter überfiel, brachte ihn schließlich ins Gefängnis. Daß seine Tiraden gegen das Geschäftsverhalten der Höchstetter populär waren, zeigt sich aber nicht zuletzt daran, daß im Aufstand der Gemeinde gegen den Rat von 1524 die Aufständischen unter anderem die Freilassung Rems forderten.[22]

Die Chronik Wilhelm Rems, eines entfernten Verwandten von Lukas und Bartholomäus Rem, reflektiert diese Konflikterfahrungen auf einer allgemeineren Ebene. Im Jahre 1519, so berichtet Rem, habe die Stadt Augsburg alle anderen oberdeutschen Städte an Reichtum übertroffen. Der Chronist fährt fort:

Es waren vil reicher burger, die kafleut waren, die hetten gros geselschafftn mit ainander und waren reich; aber ettlich waren unter ainander untreu, sie beschissend ainander umb vil tausent guldin. darumb so wurden die öbresten

---

[19] Für eine Darstellung der Auseinandersetzung, in der sich auch Jakob Fugger als Vermittler bemühte, vgl. Götz Frhr. von Pölnitz, Jakob Fugger. Kaiser, Kirche und Kapital in der oberdeutschen Renaissance, Bd. 1, Tübingen 1949, S. 481-482, 506. Pölnitz bringt allerdings wenig Verständnis für Rems Haltung auf. Vgl. daneben auch Peter Burschel, Mark Häberlein, Familie, Geld und Eigennutz: Patrizier und Großkaufleute im Augsburg des 16. Jahrhunderts, in: "Kurzweil viel ohn' Maß und Ziel". Alltag und Festtag auf den Augsburger Monatsbildern der Renaissance, hrsg. v. Deutschen Historischen Museum Berlin, München 1994, S. 48-65, bes. S. 63-64.
[20] SStBAug, 2° Cod. Aug. 51, S. 691-692.
[21] Chroniken, Bd. 4 (Anm. 3), S. 147-148.
[22] Chroniken, Bd. 5 (Anm. 2), S. 207.

in den geselschaften, die die rechnung machten, fast reich weder die andren, die nicht bei der rechnung waren. die also reich wurden, die hies man geschickt leutt, man sagt nicht, daß sie so gros dieb weren.[23]

Der wachsende Reichtum der Stadt und insbesondere ihrer wirtschaftlichen Führungsschicht ist nach Rem also auf einen allgemeinen Normenwandel zurückzuführen. Nicht allein in der Tatsache, daß die Kaufleute sich vom ehrlichen Handel abwenden und zu den Mitteln des Betrugs und der Veruntreuung greifen würden, sieht Rem eine Gefahr für das Gemeinwesen, sondern vor allem auch in den Auswirkungen auf die Werte der Gesamtgesellschaft, welche das Geschäftsverhalten der großen Kaufleute akzeptiere und Diebe als geschickte Leute bezeichne. Bezeichnenderweise tauchen in den Chroniken immer wieder drei Grundsituationen auf, welche die negativen Auswirkungen kaufmännischer Praktiken auf den 'gemeinen Nutzen' der ständischen Gesellschaft illustrieren: Wucher, Falschmünzerei und Bankrott.

Wilhelm Rem und Matthäus Langenmantel berichten übereinstimmend, daß Jakob Höchstetter, ein Bruder des genannten Ambrosius, 1517 vom Rat mit einem Verbot belegt wurde, Tuch auszuschneiden. Höchstetter habe drei Ellen Tuch für einen Gulden verkauft und damit einen mehr als doppelt so hohen Preis wie andere Gewandschneider verlangt, teilweise das Eigentum von säumigen Schuldnern konfisziert und damit insbesondere *die armen layt auff dem landt [...] hart beschwert*. Langenmantel vertritt dabei die Auffassung, daß der Rat bereits viel früher Gelegenheit gehabt hätte, gegen Höchstetter vorzugehen, jedoch erst eingeschritten sei, als *dess dingß gar zuo vill werden wolte*.[24] Als 1531 der gerade zum Bürgermeister gewählte Großkaufmann Anton Bimmel überraschend verstarb, berichteten sowohl Clemens Sender als auch der Maler Jörg Breu, daß Bimmel kurz vor seinem Tod für mehrere tausend Gulden eine große Menge an Schmalz – Breu spricht von 1500 Fässern, Sender von 500 Zentnern – aufgekauft habe, um den Preis in die Höhe zu treiben. Das Schmalz sei jedoch nach seinem Tod verdorben und wertlos geworden, so daß es nur noch als Wagenschmiere verwendet werden konnte und teilweise in den Lech geschüttet werden mußte. Für beide Chronisten ist der Fall ein moralisches Exempel: Eigennutz zahle sich nicht aus. *da ist Got ein richter gewesen*, schreibt Breu, *zu offenbarn, wie, die den gemeinen nutz betrachten sollen, (handlen). wee denen, die ains solchen scheins leben!* Der ganze Reichtum der Bimmel ist für Breu das Produkt systematischer Ausbeutung des 'gemeinen Mannes'.[25]

---

23 Chroniken, Bd. 5 (Anm. 2), S. 116.
24 Chroniken, Bd. 5 (Anm. 2), S. 81; SStBAug, 2° Cod. Aug. 51, S. 678-679.
25 Chroniken, Bd. 4 (Anm. 3), S. 328-329; Die Chroniken der schwäbischen Städte: Augsburg, Bd. 6 (Die Chroniken der deutschen Städte vom 14. bis ins 16. Jahrhundert, Bd. 29), Leipzig 1906, S. 47-48. Als ein Jahr später auch Anton Bimmels Bruder Hans verstarb, notierte Breu: *also sindt dieselbigen zwen brueder in kurtzen jarn nacheinander abgangen, und haben den*

In den 30er Jahren des 16. Jahrhunderts registriert Breu außerdem mehrere Fälle, in denen Kaufleute durch ihre Diener Lebensmittel aufkaufen ließen, um die Preise in die Höhe zu treiben.²⁶ 1533 sollen der Bürgermeister Simprecht Hoser und die Zunftmeister Markus Müller und Pankraz Böcklin Getreide aufgekauft und nach Venedig geschickt haben, während die Preise in Augsburg unaufhörlich stiegen.²⁷ Zwei Jahre später organisierten fünf bekannte Großkaufleute, die Breu zufolge *in ainer gesellschaft und schweger miteinander* waren, einen ähnlichen Fürkauf. Unter ihnen befanden sich der Ratsherr und spätere Stadtpfleger Leo Ravenburger und der unter anderem durch seine finanzielle Beteiligung an der Südamerika-Expedition des Pedro de Mendoza (1535) bekannt gewordene Sebastian Neidhart.²⁸ Breu verbindet diese Schilderungen mit einer scharfen Kritik an der Politik des Rates, aus dessen Reihen sich mehrere der Drahtzieher dieser Aufkäufe rekrutierten: *ein rath solts thuen, aber er thets selb und straffet kain parthei die ander.*²⁹

Wie umfassend und undifferenziert die Begriffe Wucher und Fürkauf in verschiedensten Kontexten gebraucht wurden, zeigt die Darstellung der finanziellen Manipulationen, die Bartholomäus Welsers Schwiegersohn Hieronymus Sailer und Alexius Grimmel, der Faktor des bereits erwähnten Sebastian Neidhart, gegen Ende der 1540er Jahre auf dem Antwerpener Geldmarkt durchführten, in den Chroniken Paul Hektor Mairs und Achilles Pirmin Gassers. Sailer und Grimmel hatten zusammen mit dem italienischen Bankier Caspar Ducci große Geldsummen von Antwerpen nach Lyon transferiert, wo sie das Geld zu überhöhten Zinssätzen an den fanzösischen König verliehen. Die Transaktionen wurden jedoch von kai-

---

gemeinen mann in iren schreibstuben großmechtig beschwert (S. 51). Die Bimmel erwarben ihr Vermögen vor allem im Tuchhandel und traten in der zweiten Hälfte der 1520er Jahre durch Darlehen an König Ferdinand sowie durch die Gründung einer großen Tiroler Montangesellschaft, des Schwazer Berg-, Schmelz- und Pfennwerthandels, zusammen mit Anton Fugger und Christoph Herwart hervor. Vgl. Jakob Strieder, Die Inventur der Firma Fugger aus dem Jahre 1527 (Zeitschrift für die gesamte Staatswissenschaft, Ergänzungsheft 17), Tübingen 1905, S. 20-21, 24, 69; Jakob Strieder, Zur Genesis des modernen Kapitalismus. Forschungen zur Entstehung der großen bürgerlichen Kapitalvermögen am Ausgange des Mittelalters und zu Beginn der Neuzeit, zunächst in Augsburg, 2. Aufl., München, Leipzig 1935, S. 119.

26 Chroniken, Bd. 6 (Anm. 25), S. 57-58, 67-68.
27 Chroniken, Bd. 6 (Anm. 25), S. 57-58.
28 Chroniken, Bd. 6 (Anm. 25), S. 67-68. Zu Neidhart vgl. unter anderem Ernst Daennell, Ein Geldgeschäft Karls V. mit einem Augsburger Kaufmann, in: ZHVSN 37 (1911), S. 138-139; Theodor Gustav Werner, Die Beteiligung der Nürnberger Welser und der Augsburger Fugger an der Eroberung des Rio de la Plata und der Gründung von Buenos Aires, in: Beiträge zur Wirtschaftsgeschichte Nürnbergs, Bd. 1, hrsg. v. Stadtarchiv Nürnberg, Nürnberg 1967, S. 494-592, bes. S. 551-557; Hermann Kellenbenz, Die Finanzierung der spanischen Entdeckungen, in: VSWG 69 (1982), S. 153-181, bes. S. 174-175.
29 Chroniken, Bd. 6 (Anm. 25), S. 57-58.

serlichen Beamten entdeckt und die Hauptbeteiligten verhaftet.[30] Obwohl diese spekulativen Geldgeschäfte in der Zeit des Schmalkaldischen Kriegs von großer politischer Bedeutung waren – der französische König verwendete die Kredite seinerseits zur Unterstützung der deutschen Protestanten – charakterisierten Mair und Gasser sie in der selben Terminologie wie Sender und Breu die Schmalz- und Getreideaufkäufe der 30er Jahre: als *großen wucher* (Mair) bzw. *listigen und gantz geschwinden Fürkauff* (Gasser).[31]

Wie die Fälle von Wucher und Fürkauf zieht sich auch der Handel mit falschen Münzen wie ein roter Faden durch die meisten Chroniken des 16. Jahrhunderts – und wie Wucher und Fürkauf ist auch die *böse Müntz* ein Schlagwort, das sehr unterschiedliche Verstöße gegen die Normen der ständischen Gesellschaft charakterisiert. Im Jahre 1520, so der Patrizier Matthäus Langenmantel, habe der Salzfertiger Sebastian Günzburger – ein Mann, der *sunst auch mit etlichen hendlen* beschäftigt war – einem Nürnberger eine große Menge falscher Kreuzer abgenommen, die dieser von Venedig nach Oberdeutschland gebracht habe, die falschen mit guten Münzen vermischt und in München ausgegeben, was zu Mißhelligkeiten zwischen dem bayerischen Herzog und dem Augsburger Rat führte.[32] 1526 führt Wilhelm Rem die Enteignung der Fuggerschen Bergwerke durch den König und die Stände von Ungarn darauf zurück, daß die Fugger und ihr Schwager Georg Thurzo *fast bese mintz gemacht* hätten und deswegen *ain gros, bös geschrai über sie gieng*.[33]

Als der Rat 1543 eine ganze Reihe von Augsburger Kaufleuten wegen Münzbrechung bestrafte, widmete Matthäus Langenmantel den Vorgängen große Aufmerksamkeit. Hieronymus Krafter etwa hätte fast 100 Gulden Strafe bezahlen müssen, weil er *die guote mintz auß gesucht und sylber groschen an ander orten zuo bayrn Kempten etc machen lassen, vir daller auß geben und also vorthaylig und aygen nützig gehandlett*. Daneben erhielten auch Krafters Bruder Alexander, Hieronymus Wirsing, Ambrosius Stapf und Ambrosius Mair teilweise drastische

---

[30] Zu den Ereignissen und Hintergründen vgl. Richard Ehrenberg, Das Zeitalter der Fugger. Geldkapital und Creditverkehr im 16. Jahrhundert, Bd. 1: Die Geldmächte des 16. Jahrhunderts, Jena 1896, S. 221-222; Bd. 2: Die Weltbörsen und Finanzkrisen des 16. Jahrhunderts, S. 90, 95; Hermann Kellenbenz, Hieronymus Sailer 1495-1559, Faktor der Welser, in: Lebensbilder aus dem Bayerischen Schwaben, Bd. 14, hrsg. v. Wolfgang Haberl (Schwäbische Forschungsgemeinschaft bei der Kommission für Bayerische Landesgeschichte, Veröffentlichungen, Reihe 3, Bd. 14), Weißenhorn 1993, S. 33-54.

[31] Die Chroniken der schwäbischen Städte: Augsburg, Bd. 7 (Die Chroniken der deutschen Städte vom 14. bis ins 16. Jahrhundert, Bd. 32), Leipzig 1917, S. 197-199; Achilles Pirmin Gasser, Wolfgang Hartmann, Der Weitberuempten Keyserlichen Freyen unnd deß H. Reichsstatt Augspurg in Schwaben Chronica, 3. Theil, Basel 1596 (Faksimile-Ausgabe Augsburg 1984), S. 78.

[32] SStBAug, 2° Cod. Aug., S. 719-721.

[33] Chroniken, Bd. 5 (Anm. 2), S. 234-235. Die Ereignisse in Ungarn werden ausführlich behandelt in G. Frhr. v. Pölnitz, Jakob Fugger (Anm. 19), S. 602-640.

Strafen.³⁴ So wie der Maler Jörg Breu in seiner Diskussion der Fürkäufe, vertritt in diesem Falle der Patrizier Langenmantel die Auffassung, daß der Rat eine viel zu nachlässige Haltung gegenüber den Kaufleuten eingenommen hätte. Hieronymus Kraffter etwa hätte seiner Meinung nach eine höhere Strafe verdient gehabt, da er unter den ersten gewesen sei, die gute Münzen einschmelzen und minderwertige prägen ließen. Und wie Breu beklagt Langenmantel die mangelnde Aufklärung derartiger Fälle, die auf die Verflechtung der Großkaufleute mit dem Rat zurückzuführen sei. Hätte man die Sache weiter untersucht, so Langenmantel, wären noch *vill solicher verderblicher hendell an tag komen*.³⁵ Doch bereits 1549 können die Chronisten über einen weiteren Fall von *Betriegerey* mit verbotenen Münzen berichten, in den diesmal der ehemalige Fugger-Syndikus Sylvester Raid, der Weberzunftmeister Hans Schaller und die Brüder Karl und Kaspar Kron verwickelt waren.³⁶

Als Georg Kölderer schließlich 1587 den Fall des Kaufmanns Hans Herzel schildert, der falsche Münzen prägen ließ und in Umlauf brachte, ist seine Perspektive nicht nur durch die traditionellen Normen des städtischen Zusammenlebens geprägt, sondern zusätzlich durch die im Kalenderstreit zutage getretenen konfessionellen Spannungen in der Stadt stark beeinflußt. Als überzeugter Protestant ist Kölderer geneigt, den neuen Kalender und seine Befürworter für alle negativen Entwicklungen in Augsburg verantwortlich zu machen. Herzel, so Kölderer, sei ein *Fürnemmer, und bey allen Augspurgern wol gewöllter, und angesehner Mann* gewesen, dem niemand ein derartiges Vergehen zugetraut hätte. In der durch den Kalenderstreit vergifteten Atmosphäre der 1580er Jahre seien die traditionellen moralischen Kategorien jedoch fragwürdig geworden: *aber was sag Ich, es ist dz ubell so hochgestigen, dz mann zue Augspurg Niemandt kennen kann, wie seiner anzuesehen*.³⁷

Auch die Darstellung von Konkursen ist aufgrund der mitunter dramatischen Umstände, unter denen bekannte Handelsfirmen zusammenbrachen, sowie aufgrund ihrer moralischen und normativen Implikationen Bestandteil fast aller Chroniken. Für Clemens Sender ist bereits der Bankrott des Kaufmanns Hans von

---

34 SStBAug, 2° Cod. Aug. 51, S. 1012-1014. Zu den Kraffter vgl. J. Strieder, Genesis (Anm. 25), S. 198-200; Hermann Kellenbenz, Der Konkurs der Kraffter in Augsburg, in: Die alte Stadt 16 (1989), S. 392-402.
35 *sy heten aber guote schweger und andre schwecher und frendt Im Rat und sunst die Krafter ein grossen hansen und schwager der wyrsing ain schwecher und schwager die andern des gleychen, darmit der Recht grundt nit herfur kam etc.* SStBAug, 2° Cod. Aug. 51, S. 1014-1015.
36 Chroniken, Bd. 7 (Anm. 31), S. 182-183; A. P. Gasser, W. Hartmann, Der Weitberuempten, III. Theil (Anm. 31), S. 75. Vgl. dazu Friedrich Roth, Sylvester Raid, der Brand-, Proviant- und spätere Rentmeister des Markgrafen Albrecht Alcibiades von Brandenburg-Kulmbach, und Georg Frölich, der Verfasser der "Historia belli Schmalcaldici", in: ARG 9 (1911/12), S. 1-22, bes. S. 4-6.
37 SStBAug, 2° Cod. S 42, fol. 19ʳ-19ᵛ.

Hoy im Jahre 1456 nicht nur das Resultat unglücklicher Umstände – Sender zufolge war ein Schiff, das Gewürze und andere Waren, die für Hans von Hoy bestimmt waren, untergegangen –, sondern vor allem auch das Resultat der eigennützigen Geschäftspraktiken des Bankrotteurs: *dann er hat den andern kauffleutten zuo nachtail die woll auffkaufft, theurer dann der gemein kauff was.* Der Ablauf des Bankrotts selbst gereicht dann auch zum anschaulichen moralischen Exempel: Während von Hoy mit seinen Verwandten und Freunden ein Festmahl hält, kommt der Stadtvogt in sein Haus und beschlagnahmt seinen gesamten Besitz, der später öffentlich versteigert wird.[38] Für das Jahr 1506 berichtet Sender, daß die Brüder Stammler, die er als *frum erber leut und fast namhafftig kaufleut* charakterisierte, *in kurtzer garr verdorben* seien, nachdem sie begonnen hätten, sich auf spekulative Geschäfte einzulassen.[39] Besonders ausführlich jedoch widmet er sich dem spektakulären Bankrott der Firma Höchstetter im Jahre 1529.

Wie bereits im Falle Hans von Hoys stellt Sender auch im Fall der Höchstetter die Unwägbarkeiten des Fernhandels – den Untergang eines mit Gewürzen beladenen Schiffes und den Überfall von Straßenräubern auf einen Kaufmannszug aus den Niederlanden, der nach Augsburg unterwegs war – in Rechnung. Ausschlaggebend für den Bankrott, so Sender, seien jedoch nicht diese Rückschläge gewesen, sondern die skrupellosen Geschäftspraktiken Ambrosius Höchstetters des Älteren und der verschwenderische Lebensstil seiner Söhne und Neffen. Der ältere Höchstetter sei zwar *ain feiner, herlicher, langer, groser starcker mann gewessen, aines fürstlichen ansechens, auch groß trauens und glaubens geacht gewessen, der auch mit trau und glauben mit kinigen und kaiser, fürsten und herrn und allen menigklichen gehandlot hat bis auff das jar [...] und ist ain guotter crist gewessen und gantz wider die Lutherei.* Übergangslos jedoch fährt Sender dann fort, die Wucherpraktiken des zunächst so positiv Charakterisierten zu schildern: *aber mit seiner kauffmannschatz hat er offt den gemeinen nutz und armen mann truckt, nit allein mit groser, namhaffter guot und war sunder auch mit schlechter, klainer war. [...] und hat offt ain gantze war mit ainander auffkaufft, theurer, dann es wert ist gewessen, damit er die andern kauffleut nach gefallen truck, die solichs nit vermigt haben. darnach hat er in die war ain auffschlag in allen landen darein gemacht und sie verkaufft nach seinem willen.* Weiterhein habe Höchstetter versucht, ein europäisches Quecksilbermonopol zu errichten, *damit er durch dise listigkait die andern kauffleut truckte.*[40] Höchstetter wird somit geradezu zum

---

[38] Chroniken, Bd. 4 (Anm. 3), S. 36-37.
[39] Chroniken, Bd. 4 (Anm. 3), S. 112.
[40] Chroniken, Bd. 4 (Anm. 3), S. 219-220. Der wesentlich knapperen, inhaltlich aber Senders Darstellung sehr ähnlichen Version des Höchstetter-Bankrotts in der Chronik des Matthäus Manlich zufolge waren die Höchstetter *gar mechtig und groß angesehen bey Fürsten und Hern und In sunderhait bey dem Kayser.* Sie trieben jedoch *vil böser listig bübisch Sachen dardurch sy ander erbar Leut auch zu spot und schanden zu pringen und dardurch bemai-*

Prototyp des eigennützigen Kaufmanns, der der gesamten ständischen Gesellschaft – vom Kaiser über den Adel und seine eigenen Standesgenossen bis hin zum 'gemeinen Mann' – schweren Schaden zufügt und die traditionellen Normen des gesellschaftlichen Zusammenlebens rücksichtslos seinen eigenen Interessen unterordnet. Die jüngeren Mitglieder der Höchstetter-Gesellschaft wiederum pflegten Sender zufolge einen verschwenderischen Lebensstil, der sämtliche Grenzen standesgemäßer Repräsentation sprengte: Ambrosius Höchstetters Sohn Joachim und sein Schwiegersohn Hans Franz Baumgartner beispielsweise hätten bei einem einzigen Bankett bis zu 10000 Gulden verpraßt und auf einmal zehn-, zwanzig- oder dreißigtausend Gulden beim Glücksspiel verloren.[41]

Sender interpretiert den Bankrott der Firma als logische Konsequenz dieser Entwicklung. Mit ihren skrupellosen Fürkaufpraktiken hätten sich die Höchstetter letztlich in eine ausweglose Lage gebracht, und auf den scheinbar grenzenlosen sozialen Aufstieg folgte der Fall ins Bodenlose. Wie bereits die vorangegangenen Operationen der Höchstetter erscheint auch ihr Bankrott als Ereignis, das auf alle gesellschaftlichen Gruppen sehr negative Auswirkungen hatte. Dies liegt in der sozialen Zusammensetzung der Firmengläubiger begründet, die Sender in Form eines Ständepanoramas entfaltet:

zuo im haben fürsten, graffen, edel, burger, bauren, dienstknecht und dienstmägt ir gelt, was sie haben gehept, (zuo im) gelegt und von dem 100 genomen 5 fl. mengen baurknecht, und die nit mer haben gehapt dann 10 fl, die haben es im in sein geselschafft geben, haben gemeint, es sei inen gantz wol behalten und haben darzuo ain järliche nutzung.[42]

Schließlich offenbart auch der Ablauf des Konkurses nochmals in aller Deutlichkeit die Treulosigkeit und Unehrbarkeit der Höchstetter. Als die Gläubiger die Ausbezahlung ihrer Depositen forderten, hätten die Höchstetter versucht, Zeit zu gewinnen und währenddessen ihre Reichtümer heimlich aus der Stadt zu schaffen. Zwei der Gesellschafter, Joachim Höchstetter und Hans Franz Baumgartner, wä-

---

nen, Ir Sach gut zumachen. SStBAug, 2° Cod. Aug 71, fol. 271ʳ-272ʳ. Für Matthäus Langenmantels Darstellung der Ereignisse siehe SStBAug, 2° Cod. Aug. 51, S. 866-868.
41 Chroniken, Bd. 4 (Anm. 3), S. 220-221.
42 Chroniken, Bd. 23 (Anm. 3), S. 219. Zur Geschichte der Firma vgl. Ernst Kern, Studien zur Geschichte des Augsburger Kaufmannshauses der Höchstetter, in: AKG 26 (1936), S. 162-198. Die Auffassung, daß die Einlagen von Bauern, Knechten, Mägden und anderen 'kleinen Leuten' eine strukturelle Besonderheit der Höchstetter-Gesellschaft darstellten, hat auch die historische Forschung lange Zeit beherrscht; vgl. R. Ehrenberg, Das Zeitalter der Fugger (Anm. 30), Bd. 1, S. 212; Wolfgang Zorn, Augsburg. Geschichte einer deutschen Stadt, 2. Aufl., Augsburg 1972, S. 175. Sie ist erst in jüngerer Zeit durch eine Analyse der Gläubigerstruktur widerlegt worden: Ulrich Klinkert, Die Augsburger Handelsgesellschaft der Höchstetter. Zusammenbruch 1529, Gläubiger und soziale Verflechtung. Unveröffentlichte Zulassungsarbeit zur Ersten Staatsprüfung für das Lehramt an Gymnasien, Augsburg 1983. Vgl. daneben P. Burschel, M. Häberlein, Familie, Geld und Eigennutz (Anm. 19), S. 59-60.

ren *als die sag was, mit vil guots* aus der Stadt geflohen, und die Höchstetter hätten auch in den Vergleichsverhandlungen versucht, ihre Gläubiger zu übervorteilen, indem sie den Wert der Heiratsgüter ihrer Frauen gewaltig übertrieben.[43] Das Ende des alten Ambrosius Höchstetter, der 1534 unter elenden Umständen in Gefangenschaft starb,[44] zeigt jedoch, daß die strafende Obrigkeit des Rates, und damit auch der Wille Gottes, letztlich die Oberhand behielten.

Der Ratsdiener Paul Hektor Mair, Zeitzeuge der großen Augsburger Konkurswelle nach 1560, scheint durch die Vielzahl der Bankrotte, die sich innerhalb weniger Jahre ereigneten, als Chronist geradezu überfordert worden zu sein. So beschränkt er sich vielfach darauf, die Namen der betroffenen Firmen – darunter so bekannte wie die Rosenberger, Kraffter oder Ulstett – und die Schuldsummen, um die es ging, festzuhalten.[45] Die Fallimente, mit denen sich Mair ausführlicher beschäftigt, zeigen jedoch dieselbe Verknüpfung von sozialem Aufstieg, Eigennutz und Skrupellosigkeit, die Senders Charakterisierung des Höchstetter-Bankrotts ausgezeichnet hatte. Den Bankrott des aus Ulm nach Augsburg zugewanderten Kaufmanns Matthäus Pfanzelt im Jahre 1548 entlarvt Mair als betrügerisches Manöver eines ehrgeizigen sozialen Aufsteigers. Mair zufolge war Pfanzelt *nit vast reich, wolt aber mit anderer leut guot reich werden*. Pfanzelt soll innerhalb von wenigen Tagen große Warenmengen auf Kredit angenommen, diese billiger wieder verkauft und sich mit dem erlösten Bargeld in Höhe von 8000 Gulden nach Friedberg in die Freiung abgesetzt haben, wo er seinen Konkurs erklärte. Von Friedberg aus habe er mit seinen Gläubigern einen überaus vorteilhaften Vergleich ausgehandelt und sich anschließend wieder nach Augsburg begeben *und branget wider gleich wie vor*. Dies, so Mair, *seind solche hendel, die billich ainem ehrliebenden man übel gefallen. er ist jetzt nach der thädigung reicher, dann er zuvor sein leben lang ist gewesen. er ist aber ein kaufman*.[46] Nach einigen weiteren derartigen Fällen, in denen Bankrotteure, die große Summen aufgenommen hatten, durch Flucht oder die Manipulation der Heiratsgüter ihrer Frauen ihre Gläubiger schädigten, vertrat Mair die Auffassung, daß *solche puberei gar zu gemain werden will*. Der lapidare Satz, mit dem Mair auch diese Schilderung geschäftlicher Betrügereien abschließt – *sie seind aber kaufleut* – wird bei dem Chronisten zum Werturteil über einen ganzen Berufsstand.

Dieselbe Aufmerksamkeit, die Sender dem Konkurs der Höchstetter gewidmet hatte, richtet Mair auf den Bankrott des Jakob Herbrot und seiner Söhne im Jahre

---

[43] Chroniken, Bd. 4 (Anm. 3), S. 221-223.
[44] *Darnach am herbst ist der alt Ambrosi Hechsteter in dem stiblin in den eissen gestorben und hat solich groß scheden an den fiessen gehapt, daß er also fast gestuncken hat, daß nemants hat kunden bei im pleiben, auch er selbs disen gestanck mit groser beschwernus hat leiden miessen, er hat den wolf gehapt*. Chroniken, Bd. 4 (Anm. 3), S. 237.
[45] Chroniken, Bd. 8 (Anm. 1), S. 36, 42, 50, 54, 78-81, 97, 161, 177, 218, 219.
[46] Chroniken, Bd. 7 (Anm. 31), S. 65-66.

1563. Herbrot war, ebenso wie eine Generation vor ihm Ambrosius Höchstetter und seine Brüder, ein Musterbeispiel rapiden sozialen Aufstiegs in der Ausgburger Handelswelt. Der Sohn eines aus Schlesien eingewanderten Kürschners, der die Tochter des Kürschners Lorenz Krafter geheiratet hatte, war durch Luxuswarenhandel zum Großkaufmann aufgestiegen und hatte sich durch Kredite an Fürsten wie Johann Friedrich I. von Sachsen, Philipp von Hessen und Pfalzgraf Ottheinrich unter die großen oberdeutschen Finanziers eingereiht. Als Bürgermeister und Baumeister spielte er in den 40er Jahren des 16. Jahrhunderts eine zentrale Rolle bei der Gestaltung der pro-evangelischen, anti-kaiserlichen Politik des zünftischen Augsburger Rates.[47]

Wie Sender sieht auch Mair den Aufstieg seines Protagonisten vor allem in eigennützigem Handeln begründet. Sein Vermögen von einer halben Million Gulden habe er sich durch *argen list, betrug und übergroßen wucher* erworben.[48] Als die Bleicher Balthasar und Endris Schoch 1548 in den Verdacht gerieten, auf den Barchenttuchen armer Weber in betrügerischer Absicht falsche Zeichen angebracht zu haben, habe Herbrot – *one zweifel nit on seinen aigen nutz* – die beiden gedeckt und sei möglicherweise sogar ihr Auftraggeber gewesen.[49] Voller Sarkasmus berichtet Mair, wie Herbrot sogar versucht habe, König Ferdinand einen minderwertigen Zobelpelz zu einem überhöhten Preis anzudrehen, und dafür vom König in scharfer Form zurechtgewiesen worden sei.[50] Als sich seine finanzielle Situation dramatisch verschlechterte, hätten Herbrot und seine Söhne mit ihren Gläubigern Verträge abgeschlossen, die letztere übervorteilten.[51] In den wirtschaftlichen Ruin sei Herbrot, wie die Höchstetter in Senders Darstellung, vor allem *durch seinen großen bracht und übermessig hoffart* geraten.[52] Der Verlauf des Konkurses weist wiederum eine Reihe von spektakulären Elementen auf, die

---

[47] Zu Herbrot siehe Paul Hecker, Der Augsburger Bürgermeister Jacob Herbrot und der Sturz des zünftischen Regiments in Augsburg, in: ZHVSN 1 (1874), S. 34-98, bes. S. 39, 48-52, 79-81, 95-97. Sozialen Aufstieg und soziale Verflechtung Herbrots analysiert Katarina Sieh-Burens, Oligarchie, Konfession und Politik im 16. Jahrhundert. Zur sozialen Verflechtung der Augsburger Bürgermeister und Stadtpfleger 1518-1618 (Schriften der Philosophischen Fakultäten der Universität Augsburg. Historisch-sozialwissenschaftliche Reihe, Bd. 29), München 1986, bes. S. 109-116; vgl. ferner Lyndal Roper, The Holy Household. Women and Morals in Reformation Augsburg, Oxford 1989, S. 23-26.

[48] Chroniken, Bd. 8 (Anm. 1), S. 167.

[49] Chroniken, Bd. 7 (Anm. 31), S. 67.

[50] Chroniken, Bd. 7 (Anm. 31), S. 193-195.

[51] Als sich die Herbrot 1562 mit ihrem Gläubiger Georg Dilger aus München auf einen Nachlaß von 1000 Gulden an einer Schuld von 5000 Gulden sowie einen Verzicht des Gläubigers auf alle Zinsen einigten, kommentierte Mair diesen Vertrag mit den Worten: *und also muß der Tilger an den hochmütigen und verdorbnen Herbrotten verlieren, denen er doch das treulich dargelichen und fürgstreckt hat.* Es sei offenkundig, *daß sie disen Tilger, auch sonst ander mer leut nit bezalen kinden und mit allem vortail, list und betrug umbgehn, die leut umb das ir zu bringen.* Chroniken, Bd. 8 (Anm. 1), S. 165-166.

[52] Chroniken, Bd. 8 (Anm. 1), S. 168-169.

wie im Fall der Höchstetter nochmals das eigennützige und unehrbare Verhalten der Protagonisten illustrieren: die Pfändung und Versteigerung der Besitztümer, unter denen sich kostbare Pelze, Teppiche und Kleinodien befanden,[53] die mißglückte Flucht des Herbrot-Sohnes Hieronymus auf einem Donau-Schiff,[54] den gleichfalls erfolglosen Versuch des Herbrot-Schwiegersohnes Christoph Tiefstetter, sich durch Bestechung die Gunst des Donauwörther Rates zu erwerben,[55] und schließlich den einsamen Tod und die geradezu gespenstische Beerdigung Jakob Herbrots im Neuburger Exil.[56]

Da Mair mit Herbrot entfernt verwandt war und Geld in seine Gesellschaft eingelegt hatte, das er offenbar durch den Bankrott verlor, kommt seinen Bemerkungen über Herbrot zu einem gewissen Grad der Charakter einer persönlichen Abrechnung zu.[57] In diesem Zusammenhang ist es nicht ohne Ironie, daß Mair selbst einige Jahre später krimineller Praktiken überführt wurde – er hatte als Ratsdiener jahrelang systematisch die Stadtkasse geplündert – und deshalb sogar 1579 auf dem Schafott endete, was von einigen Chronisten in auffallend ähnlicher Weise kommentiert wurde wie Mair selbst sich über Herbrot geäußert hatte. Als Mairs Besitztümer öffentlich versteigert wurden, meinte etwa der Chronist Georg Kölderer dazu: *was nur sein hat mogen dz hatt ermellter Mayr (doch mit unrechtem Guett) auff khaufft also dz die sag war. Wa doch der Man mueß hingedacht haben, das er ain Sollich bracht mir frembdem guett gefiert hat, was hilfft es Inn Jetzt.*[58] Andererseits weist Mairs Schilderung inhaltlich und sprachlich so viele Gemeinsamkeiten mit Senders Darstellung des Höchstetter-Bankrotts auf, daß Mairs Kritik nicht lediglich mit individueller Feindschaft erklärt werden kann. Vielmehr scheint es, als ob die Geschichte des Aufstiegs und Falls des skrupellosen Geschäftsmanns sich regelrecht zum Topos der reichsstädtischen Chronistik entwickelte. Darüber hinaus wurde gerade Jakob Herbrot in den 40er und 50er

---

[53] Chroniken, Bd. 8 (Anm. 1), S. 166, 188-190, 232.
[54] Chroniken, Bd. 8 (Anm. 1), S. 233-234.
[55] Chroniken, Bd. 8 (Anm. 1), S. 235.
[56] *Nachdem aber, wie er am morgen gestorben, hat in der her statthalter Fuchs zu nachts wöllen hinaus tragen und an ain schandlichs ort begraben lassen, aber der landvogt hat den hern statthalter gebeten, daß man in erst am andern morgen in aller frue hinaus in rechten gottesacker tragen hat, und send bei 6 personen gewesen, nemlich vier träger, sein man, der ime gewartet, [...] und sein magd. der wirt ist hinden nachgevolgt (wie Petrus) von ferren und hat ainen vischerberen über die achsel getragen, als wöll er visch aus seinem kasten holen. aber sonst sind etliche buben und medlen mitgelaufen, als wan man sonst die übelthäter ausfieren wolte. und hat in in ainen winckel graben in dem gottsacker, da man sonst die übelthäter hinlegt, [...].* Chroniken, Bd. 8 (Anm. 1), S. 467-468.
[57] K. Sieh-Burens, Oligarchie, Konfession und Politik (Anm. 47), S. 110, 114. Vgl. C. Kramer-Schlette, Vier Augsburger Chronisten (Anm. 1), S. 39, 88, die sich zu den Motiven für Mairs "maßlosen, unkontrollierten Haß" auf Herbrot jedoch nicht äußert.
[58] SStBAug, 2° Cod. S 39, fol. 39ʳ-39ᵛ. Vgl. auch den Bericht des Bierbrauers Jörg Siedeler in StadtAAug, Chroniken 20, fol. 146ʳ.

Jahren zur Zielscheibe einer Fülle von Schmähschriften, Pasquillen und Spottliedern, deren Polemik gegen Herbrot eher noch schärfer und beißender ist als die Paul Hektor Mairs.[59] Herbrot wird in diesen Texten zu einem geradezu dämonischen Anti-Helden der reichsstädtischen Gesellschaft hochstilisiert, der seine Seele dem Teufel verschrieben habe, dem man jedes Verbrechen zutrauen müsse und welcher der Hauptverantwortliche für alle ökonomischen und politischen Fehlentwicklungen in Augsburg sei. Dabei konzentrieren sich diese Schmähschriften zwar auf die politische Rolle Herbrots im für Augsburg unglücklich verlaufenden Schmalkaldischen Krieg und während des Fürstenaufstands, doch beziehen sie auch seinen wirtschaftlichen Aufstieg in ihre Polemik mit ein und interpretieren diesen als notwendige Voraussetzung seiner politischen Machtstellung. Ein Spottlied aus dem Jahre 1552 bringt Herbrots Karriere in Reimform, folgt aber ansonsten dem aus der Chronistik bekannten Interpretationsmuster:

Ist vor ain armer kirschner gwest,
iez wil er sein der hechst und best,
hat gleichwol groß vermegen,
wie aber ers gewunnen hat
durch wuocher, geiz und ubelthat,
kind baß am tag nit ligen!

Dann er ist ain gschwinder beserman,
daß er betrogen iederman
vom maisten uf den münsten,
in untrew und durch arge list
erlangt, daß er so reich iez ist;
das seind sein erbarn künsten.[60]

Herbrots wirtschaftlicher Erfolg und, darauf aufbauend, seine zeitweise überragende politische Stellung riefen somit ähnliche Befürchtungen und Abwehrreaktionen unter seinen Mitbürgern hervor wie im 15. Jahrhundert die Machtposition eines anderen Zunftbürgers, Ulrich Schwarz. Beide gehörten nach Ansicht zeitgenössischer Beobachter zu den "großen Individuen" der reichsstädtischen Gesell-

---

[59] Mair nimmt in seiner Chronik auch auf diese Schmähschriften direkt Bezug: Chroniken, Bd. 8 (Anm. 1), S. 167. Vgl. Friedrich Roth, Augsburgs Reformationsgeschichte, Bd. 2: 1547 bis 1555, München 1911, bes. S. 519-527.

[60] Zit. nach: Die historischen Volkslieder der Deutschen vom 13. bis 16. Jahrhundert, Bd. 4, hrsg. v. Rochus von Liliencron, Leipzig 1869, S. 576. Ein weiteres Spottlied, das sich ebenfalls in Liliencrons Sammlung findet, läßt Herbrot seinen sozio-ökonomischen Aufstieg folgendermaßen erzählen: *Darnach zuom Krafter heirat ich,/ der het ain dochter, was für mich,/ achthundert gulden bar het ich/ zuo heirathguot, der trest ich mich,/ damit fieng an zuo handlen ich;/ schlecht war und kaufmanschatz fuort ich,/ ain klainen glauben het noch ich,/ betrugs und falschs doch fliß ich mich,/ groß wuocher und beschiß trib ich,/ warf ubers sail gar maisterlich/ künig, fürsten, herren menigklich,/ dardurch zuo großem guot kam ich.* (S. 578).

schaft, "die das Gleichgewicht des sozialen und politischen Regimes zu unterlaufen versuchten".[61]

Auch wenn in späteren Chroniken nicht mehr einzelne Protagonisten derart im Mittelpunkt stehen wie Ambrosius Höchstetter bei Clemens Sender und Jakob Herbrot bei Paul Hektor Mair, bleibt die Darstellung von Konkursen ein integraler Bestandteil der Augsburger Chronistik. Georg Kölderer, der eine weitere Bankrottwelle in Augsburg in den späten 80er und frühen 90er Jahren des 16. Jahrhunderts miterlebt, begreift zwar einerseits diese Konkurse als Ausdruck von – freilich nur vage umrissenen – größeren ökonomischen Veränderungen.[62] So ordnet Kölderer etwa das Falliment der Gebrüder Sulzer im Jahr 1589 in ein Szenario des wirtschaftlichen Niedergangs und der Knappheit materieller Güter ein: *Inn Summa alle welltt will verarmen, und Ist kain gelltt unter denn Leuthen so wol auch gar Schmale und Kleine Narung, das man wol ains goldt und Silbermachers bedörffte.* Daneben verweist Kölderer bei der Darstellung dieses Konkurses jedoch auch auf individuelle Faktoren, welche erneut die starke Prägung des Chronisten durch die konfessionelle Polarisierung in Augsburg und die Erfahrung des Kalenderstreits widerspiegeln. So sei Anton Sulzer, der in die Freiung flüchten mußte, ein guter, ehrlicher und frommer Mann gewesen, der zu den Gegnern des neuen (päpstlichen) Kalenders gehört habe. Sein Bruder Wilhelm jedoch, ein Anhänger des neuen Kalenders, fordert Kölderers beißenden Spott heraus: *von dem hört ich nicht, dz er ausgewichen: Sondern verließ sich villeicht auff den Kalender.*[63] Weitere Bankrotte, die Kölderer in diesen Jahren beschreibt, fügen sich in ein Bild des moralischen Verfalls ein. Als der Ratsherr Jakob Baumgartner, ein Mann, der Kölderer zufolge noch dem *Blauen Hümell* Geld wegnahm, wegen seiner Schulden aus der Stadt fliehen mußte, fragt der Chronist besorgt, wohin es noch führen werde, wenn bereits die Mitglieder des Rates sich so verhielten.[64] Und der Zusammenbruch der Jenisch-Gesellschaft, die 1592 170000 Gulden schuldig gewesen sein soll, habe große Bestürzung hervorgerufen, da die Jenisch stets als vermögende und ehrliche Leute angesehen worden seien.[65]

---

[61] H. Rublack, Grundwerte (Anm. 5), S. 18-20 (Zitat S. 18). Zum Phänomen der 'Vereinzelung' gegenüber der städtischen Gesellschaft vgl. auch Rolf Kießling, Städtischer Republikanismus. Regimentsformen des Bürgertums in oberschwäbischen Stadtstaaten im ausgehenden Mittelalter und der beginnenden Frühneuzeit, in: Politische Kultur in Oberschwaben, hrsg. v. Peter Blickle, Tübingen 1993, S. 175-205, bes. S. 184-185, 187. Am Beispiel der Augsburger Chronistik des 15. Jahrhunderts bemerkt Kießling ebenfalls eine "prinzipielle negative Bewertung dessen, der die korporative Werteordnung zu sprengen versuchte".

[62] *Es gab umb dise Zeitten allumb grosse Falimenten und Panckrotta unter den Kauffleuttn, das sich dann zue seltzamer verenderung ansehen liesse, und grosse gelltts nott verursacht, sonderlich zuo Augspurg Nürmberg Franckfuortt am Mayn und anderer Stett.* SStBAug, 2° Cod. S 42, fol. 5ᵛ.

[63] SStBAug, 2° Cod. S 43, fol. 18ᵛ.

[64] SStBAug, 2° Cod. S 43, fol. 20ᵛ.

[65] SStBAug, 2° Cod. S 43, fol. 237ʳ.

Daß die Bankrotte angesehener Handelsfirmen jede Generation der Augsburger Chronisten von neuem beschäftigten, zeigt schließlich auch die Reaktion des Bierbrauers Jörg Siedeler auf den Welser-Konkurs von 1614. Siedeler hielt den Zusammenbruch der Welser-Firma für den spektakulärsten unter all den Bankrotten, *so in wenig Jaren alhie zu Augspurg gar vil fürgangen sein, und gleichsam schier ein gmein ungescheuchter Handel darauß hat werden wellen* und berichtet, daß die Welser Millionenbeträge schuldig gewesen sein sollen. Die ungebrochene soziale Sprengkraft solcher Bankrotte klingt in Siedelers Bemerkung an, der Rat habe *es nit lang under dem gemeinen Man wellen aufkomen lassen.*[66]

Mit Hinweisen auf ein großes *geschrai* in und außerhalb Augsburgs oder in Wendungen wie *beschach fil red von reich und armer in der statt*[67] vermitteln die Chronisten den Eindruck, daß ihre Kritik an den Verhaltensweisen und den Geschäftspraktiken der großen Kaufleute von beträchtlichen Teilen der städtischen Bevölkerung geteilt wurde. Den 'öffentlichen' Charakter dieser Urteile bestätigen auch einige Quellen, in denen sich die Kritisierten gegen die Vorwürfe, denen sie ausgesetzt waren, zur Wehr setzten und versuchten, selbst auf die Meinung ihrer Zeitgenossen und Mitbürger Einfluß zu nehmen. So ließ sich Ambrosius Höchstetter der Jüngere, der, wie bereits erwähnt, aufgrund seines verschwenderischen Lebenswandels für den Bankrott der Höchstetter-Firma mitverantwortlich gemacht wurde, 1531 von einem Antwerpener Notar ein Zeugnis ausstellen, in dem ihm sechzehn Kaufleute der Stadt – darunter so angesehene Männer wie Rui Fernandes, der Faktor der portugiesischen Krone, und Erasmus Schetz – bescheinigten, *daß er als ein lobenswerter, treuer, verschwiegener, umsichtiger und gewissenhafter Kaufmann [...] bei allen Kaufleuten galt*. Ausdrücklich betonen die Zeugen weiterhin, daß sie nie etwas von Höchstetters angeblichem verschwenderischen Lebensstil, seiner Vorliebe für Glücksspiele oder Bankette gehört oder gesehen hätten.[68]

Sebastian Neidhart, der durch seine großen Geldtransaktionen zwischen Antwerpen und Lyon ins Gerede gekommen war, beklagte sich 1546, als die Lage Augsburgs durch die drohende Belagerung durch kaiserliche Truppen äußerst prekär war, vor dem Rat der Stadt, daß *Inn diser Stat ausgeben unnd gesagt würde, das Er Inn disem werenden Krieg mit der Kay. Mt. ain wechssel umb etlich hundert tausent Cronen troffenn, unnd wo Er solch gelt nit erlegt, so hette der von Peurn nit herauff in dise Lanndtsort komen mögen*. Als Urheber dieser Beschuldigungen benennt Neidhart die Fugger-Angestellten Matthäus Schwarz, Nikolaus Müller und Jakob Saurzapf. Namentlich Saurzapf gesteht unumwunden, diese Gerüchte über Neidhart verbreitet zu haben und fügt hinzu, *Er hab solche rede dar-*

---

[66] StadtAAug, Chroniken 20, fol. 306ʳ.
[67] Chroniken, Bd. 4 (Anm. 3), S. 436.
[68] Hans Niedermayr, Ein Leumundszeugnis für Ambrosius Hoechstetter jun. (1501-1550), in: ZHVS 74 (1980), S. 120-130 (Zitat S. 124).

umb dest(o) lieber gethann, das Herr Neidhart seine Herrn die Fugger Inn diser Stat umbtrag unnd ausgieß.[69] Vor dem Hintergrund der engen Geschäftsbeziehungen, die Neidhart und die Fugger in den 30er und 40er Jahren des 16. Jahrhunderts miteinander unterhielten,[70] zeigen diese gegenseitigen Anschuldigungen, wie eng Kooperation und Konkurrenz bei den großen Augsburger Kaufleuten zusammenlagen, und wie das Ausstreuen von Gerüchten, die Manipulation der 'öffentlichen Meinung' dazu benutzt werden konnte, einem geschäftlichen Konkurrenten zu schaden. Auch Jakob Herbrot ersuchte um die Jahrhundertmitte wiederholt den Rat, gegen die Urheber und Verbreiter der gegen ihn gerichteten Schmähschriften und Spottgedichte vorzugehen.[71]

IV.

Über die Beschreibung von Einzelereignissen hinaus versuchen die Chronisten nur sehr selten, auch die längerfristig wirksamen strukturellen Bedingungen für den Aufstieg Augsburgs im 16. Jahrhundert zu erläutern. Ansätze für eine solche strukturelle Betrachtungsweise finden sich jedoch bei Wilhelm Rem und insbesondere Achilles Pirmin Gasser. Rem nimmt den Tod Kaiser Maximilians I. zum Anlaß für einige Reflexionen über das Verhältnis des Kaisers zur Augsburger Kaufmannschaft:

Der kaiser was den von Augspurg günstig und besunderlich den burgern. es waren vill kauffleut hie, die handleten mit im, wan er gelt dorft, so lichen die im gros gutt auff die silber und kupfer zu Schwotz. die selben kafleut gewunen vil gelt an im, dan er was frum und hielt die keff redlich. so kunden die kaffleut wol scheren. und wan der kaiser kupfer oder silberkeuff macht mit den kauffleuten, so lagen zu zeiten des kaisers rätt ettlich mit den kauffleuten auch an irem gelt, doch nur in gehaim.[72]

Dem häufig idealisierten Verhältnis zwischen dem Kaiser und den Augsburgern stellte der Verfasser also die ökonomische Interessengemeinschaft von Kaufleuten

---

[69] StadtAAug, Ratsbuch 20/II, fol. 77ᵛ-78ᵛ (20.12.1546).
[70] R. Ehrenberg, Das Zeitalter der Fugger (Anm. 30), Bd. 1, S. 135, 138; Götz Frhr. von Pölnitz, Anton Fugger, Bd. 2: 1536-1548, Teil I (Schwäbische Forschungsgemeinschaft, Reihe 4, Bd. 8; Studien zur Fuggergeschichte, Bd. 17), Tübingen 1963, S. 30, 244, 309 (Anm. 55), 311 (Anm. 73) und passim.
[71] StadtAAug, Ratsbuch 25/I, fol. 42ᵛ (28.4.1551); Ratsbuch 26/I, fol. 39ᵛ (6.4.1552).
[72] Chroniken, Bd. 5 (Anm. 2), S. 101.

und kaiserlichen Beratern gegenüber, welche die Gunst und den Geldbedarf des Monarchen für ihre Zwecke auszunutzen verstanden.[73]

Gasser sieht den Aufstieg Augsburgs in engem Zusammenhang mit den Entdeckungsreisen und der europäischen Expansion des ausgehenden 15. und beginnenden 16. Jahrhunderts, deren Potential für große geschäftliche Profite die Kaufmannschaft der Stadt frühzeitig erkannte. Um 1500, also genau zu der Zeit, *da auch die Gewerbe und Kauffhändel/ under der Burgerschafft allhie je lenger je grösser wurden/ begundten von allen Orthen viel newe Zeitungen alher geschrieben zuwerden.* Insbesondere die Berichte über die Fahrten von Vasco da Gama, Christoph Kolumbus und Amerigo Vespucci hätten Gasser zufolge in Augsburg große Aufmerksamkeit erregt, seien aber von den verschiedenen Gruppen der Stadtbevölkerung auch auf sehr unterschiedliche Weise rezipiert worden:

Welches alles wie es den fürwitzigen und einfältigen ein seltzam und unerhört Wunderding/ also hinwider den Geitzhälsen/ und denen so Tag und Nacht auff Fürkauff trachten/ gute liebliche und angeneme Zeitungen gewesen. Wie dann von derselben Zeit an sehr grosses Gut allhie erworben/ unnd diese unsere Statt/ für all andere Stätte in Teuschlandt/ wegen underfahung gewaltiger Händel unnd großer Gewerben (daß ich von dem Pracht und Schinderey nicht sage) für die berhümbteste und fürnembste Statt gehalten worden.[74]

So hätten die Augsburger Kaufleute das Eintreffen der ersten portugiesischen Gewürzflotten in Antwerpen und den Aufschwung der niederländischen Metropole aufmerksam verfolgt,[75] und durch die Gewinne, die ein Augsburger Firmenkonsortium aus seiner Beteiligung an einer Ostindienflotte in den Jahren 1505/6 erzielte, sei die Stadt *in groß auffnemmen kommen.*[76] In prägnanter Weise faßt Gasser als einziger der hier untersuchten Chronisten auch die Entwicklung des Venezuela-Unternehmens der Welser zusammen – die Einnahme der Kolonie durch Ambrosius Talfinger, die Verträge der Welser mit Karl V., die hohen Kosten der Verwaltung und die Streitigkeiten zwischen den Welser-Statthaltern und den spanischen Behörden, die letztendlich zum Verlust der Kolonie führten.[77]

Bezeichnenderweise sieht Gasser aber auch die Beteiligung Augsburger Kaufleute am Überseehandel wiederum vor der Folie der Mentalität dieser Gruppe. Unternehmerischer Weitblick und die Wahrnehmung neuer geschäftlicher Mög-

---

[73] Rem dachte dabei vermutlich an Männer wie den kaiserlichen Großschatzmeister Jakob Villinger, der verwandtschaftliche Beziehungen zur Augsburger Elite hatte und sich an mehreren Firmenkonsortien – so unter anderem am Quecksilbermonopolvertrag der Höchstetter von 1525 – finanziell beteiligte. Vgl. Clemens Bauer, Jakob Villinger, Großschatzmeister Kaiser Maximilians. Ein Umriß, in: ders., Gesammelte Aufsätze zur Wirtschafts- und Sozialgeschichte, Freiburg u.a. 1965, S. 238-252, bes. S. 247-250.
[74] A. P. Gasser, W. Hartmann, Ander Theil der Weitberümpten (Anm. 2), S. 258-259.
[75] A. P. Gasser, W. Hartmann, Ander Theil der Weitberümpten (Anm. 2), S. 262.
[76] A. P. Gasser, W. Hartmann, Ander Theil der Weitberümpten (Anm. 2), S. 268-269.
[77] A. P. Gasser, W. Hartmann, Der Weitberuempten, III. Theil (Anm. 31), S. 14.

lichkeiten werden als Folgen ständigen Strebens nach Gewinn und Eigennutz interpretiert. So sind auch die Einrichtung der ersten Zuckersiederei durch Konrad Roth und die Torfstecherei der Gebrüder Stammler in den 70er Jahren des 16. Jahrhunderts vor allem Beispiele dafür, *wie man allhie zu Augspurg dem Gut nachsetzen kan/ und daß nichts/ darmit etwas zugewinnen/ underwegen und unversucht bleibt.*[78]

Zusammenfassend läßt sich feststellen, daß die hier untersuchten Quellen im Hinblick auf die Darstellung und Beurteilung der Augsburger Handelshäuser eine Reihe von Gemeinsamkeiten aufweisen. Zunächst ist festzuhalten, daß, obgleich positive Urteile über die philanthropischen und mäzenatischen Aktivitäten einzelner Kaufleute nicht fehlen,[79] das ökonomische Verhalten der Kaufmannschaft fast durchweg negativ beurteilt wird. Dabei werden sehr verschiedenartige Phänomene von den Chronisten auf recht einfache Formeln gebracht: die Ausgabe falscher Kreuzer in Augsburg gilt ebenso als *böse Müntz* wie die für das 16. Jahrhundert äußerst komplexen Montanunternehmungen der Fugger in Südosteuropa, und das Aufkaufen von Schmalz und Getreide auf dem Augsburger Markt wird genauso wie komplizierte Finanzoperationen auf internationalen Geldmärkten auf die Begriffe *Wucher* und *Fürkauf* reduziert. Darüber hinaus ist auffällig, daß Darstellungsweise und Beurteilung kaufmännischer Praktiken weitgehend unabhängig von sozialer Herkunft und Bildungsniveau der Chronisten sind. Der konservative Patrizier Matthäus Langenmantel und der sozialkritische Maler Jörg Breu, der altgläubige Mönch Clemens Sender und der überzeugte Protestant Georg Kölderer sind gleichermaßen besorgt, daß das Wirtschaftsverhalten der Kaufleute dem gemeinen Nutzen der Stadt abträglich sei. Selbst der Kaufmann Wilhelm Rem ist in dieser Hinsicht keine Ausnahme. Im Hinblick auf ihre Terminologie und ihre normativen Kategorien stehen die Chronisten somit, zumindest was ihre Beurteilung zeitgenössischer wirtschaftlicher Phänomene betrifft, der Flugschriftenliteratur der Reformationszeit sehr nahe. Wo die Autoren der Flugschriften in allgemeiner Form bestimmte ökonomische Verhaltensweisen anprangern, machen die Augsburger Chronisten ihre Kritik an konkreten Vorkommnissen und bestimmten

---

[78] A. P. Gasser, W. Hartmann, Der Weitberuempten, III. Theil (Anm. 31), S. 137, 139.
[79] Vgl. besonders den 'Nachruf' Clemens Senders auf Jakob Fugger: Chroniken, Bd. 4 (Anm. 3), S. 165-168. Wilhelm Rem berichtet bezeichnenderweise vor allem über seine eigenen philanthropischen Bemühungen: Chroniken, Bd. 5 (Anm. 2), S. 73-75. Jörg Breu erwähnt, daß Anton Fugger während einer Versorgungskrise im Jahre 1534 billiges Korn verkaufen ließ: Chroniken, Bd. 6 (Anm. 25), S. 59-60. Paul Hektor Mair hebt die testamentarische Stiftung des Patriziers Anton Rudolf für den Bau der Evangelischen Heilig-Kreuz-Kirche hervor: Chroniken, Bd. 8 (Anm. 1), S. 70. Achilles Pirmin Gassers Chronik berichtet über die Stiftungen der Fugger und Hans Honolds: A. P. Gasser, W. Hartmann, Der Weitberuempten, III. Theil (Anm. 31), S. 1, 42, 43, 101. Georg Kölderer nimmt den Tod reicher evangelischer Kaufleute wie Martin Zobel, Jonas Weiß und Hans Retzer zum Anlaß, ihre Verdienste um das Kirchen-, Schul- und Almosenwesen der Stadt zu würdigen: SStBAug, 2° Cod. S 41, fol. 109^r; 2° Cod. S 42, fol. 104^r; 2° Cod. S 43, fol. 235^v.

Personen fest. Was die Chronisten über die Bimmel, Höchstetter, Neidhart oder Herbrot berichten, erscheint so wie eine Illustration der Vorwürfe, die etwa der tote Franz von Sickingen in einer anonymen Flugschrift der 1520er Jahre im Gespräch mit den Heiligen Petrus und Georg gegen die Großkaufleute insgemein erhebt: *den großen wuocher, bedriegerei, fürkauf, eigennützigkeit oder bedeurung aller gewar und kaufmanschaft, daß nichts sicher uf der welt ist, es sei under den großen kaufleuten oder derselben geselschaften gewalt und verbüntnüs.*[80]

Angesichts der personellen Verflechtungen zwischen wirtschaftlicher Elite und Ratsoligarchie in Augsburg nimmt die Kritik am Wirtschaftsverhalten der Handelsherren immer wieder auch politische Dimensionen an. Die Chronisten weisen in ihrer Darstellung von Fürkäufen, Münzhändeln und Bankrotten häufig darauf hin, daß die Praktiken der Handelsherren straffrei geblieben oder die Strafen zu milde ausgefallen seien. Besonders auffällig ist dieser Aspekt in Jörg Breus Chronik. Breu empört sich vor allem über die Tatsache, daß sich einige der großen Kaufleute an die Spitze der evangelischen Partei stellten, um anschließend die Durchführung der Reformation zu bremsen. Breus Darstellung des politischen Handelns der Großkaufleute gipfelt in der lapidaren Feststellung: *ja, die ballen, saffran, goldt und silber auf wasser und landt hetten, da war es um Got aus.*[81]

Schließlich richtet sich die Kritik der Autoren vorwiegend gegen Aufsteiger – Männer aus dem Zunftmilieu, die zumeist in relativ kurzer Zeit ein großes Vermögen aufgehäuft hatten. In der Darstellung der Karrieren sozialer Aufsteiger wie Anton Bimmel, Ambrosius Höchstetter oder Jakob Herbrot spiegeln sich besonders deutlich die Grundüberzeugungen wider, die das Zusammenleben von arm und reich in der städtischen Gesellschaft der Frühen Neuzeit konstituierten und regulierten. Denn zum einen lag dieser Gesellschaft ein prinzipiell statisches Ordnungsmodell zugrunde, innerhalb dessen soziale Mobilität zwar möglich war und toleriert wurde, ein allzu rascher, allzu steiler Aufstieg aber die ganze ständische Ordnung in Frage stellen konnte und daher mit großem Mißtrauen betrachtet wurde. Zum anderen dominierte in der frühneuzeitlichen Gesellschaft die Vorstellung, daß materielle Güter begrenzt seien. Wenn einige innerhalb dieser Gesellschaft schnell zu großem Reichtum gelangten, dann konnte dies nur auf Kosten anderer

---

[80] Zitiert nach Satiren und Pasquille aus der Reformationszeit, hrsg. v. Oskar Schade, Bd. 2, 2. Aufl., Hannover 1863, S. 56. Vgl. in diesem Zusammenhang auch Johann Eberlin von Günzburg, Mich wundert das kein gelt ihm land ist, in: Johann Eberlin von Günzburg, Ausgewählte Schriften, hrsg. v. Ludwig Enders, Halle 1902, Bd. 3, S. 148-181, bes. S. 158-160; sowie allgemein Adolf Laube, Zur Rolle sozialökonomischer Fragen in frühreformatorischen Flugschriften, in: Flugschriften als Massenmedium der Reformationszeit. Beiträge zum Tübinger Symposium 1980, hrsg. v. Hans Joachim Köhler (Spätmittelalter und Frühe Neuzeit. Tübinger Beiträge zur Geschichtsforschung, Bd. 13), Stuttgart 1983, S. 205-224.
[81] Chroniken, Bd. 6 (Anm. 25), S. 45.

– des Kaisers, der Fürsten, anderer Kaufleute, vor allem aber des 'gemeinen Mannes' – gehen.[82] Auch wenn einzelne reichsstädtische Autoren wie Konrad Peutinger und Leonhard Fronsberger bereits im 16. Jahrhundert postulierten, daß individueller Eigennutz durchaus auch dem Gemeinwohl förderlich sein konnte,[83] so waren die Autoren der hier untersuchten Texte offenkundig der Ansicht, daß ungehemmtes kaufmännisches Gewinnstreben nicht mit dem gemeinen Nutzen aller vereinbar war. Das letztliche Scheitern von Männern wie Ambrosius Höchstetter und Jakob Herbrot wird somit zum moralischen Exempel für andere und zur Bestätigung der gottgewollten ständischen Ordnung.

---

[82] W. Schulze, Gemeinnutz (Anm. 5), S. 622-623 konstatiert einen "Zusammenhang [...] zwischen der Ressourcenknappheit dieser (ständischen) Gesellschaft und ihrer Unfähigkeit, Mobilität im Sinne eines Zuwachses privilegierter Positionen zuzulassen oder gar positiv zu bewerten"; siehe auch Johannes Burkhardt, Der Umbruch der ökonomischen Theorie, in: Verhaltenswandel in der Industriellen Revolution. Beiträge zur Sozialgeschichte, hrsg. v. August Nitschke, Stuttgart 1975, S. 57-72, sowie ders., Wirtschaft, in: Geschichtliche Grundbegriffe. Historisches Wörterbuch zur politisch-sozialen Sprache in Deutschland, hrsg. v. Otto Brunner, Werner Conze, Reinhard Koselleck, Bd. 6, Stuttgart 1992, S. 511-513 und S. 550-594.

[83] W. Schulze, Gemeinnutz (Anm. 5), bes. S. 608-609, 618.

Das Bild der Fugger in der Reichsstadt Augsburg und in der Reiseliteratur

Wolfgang Wüst

Fuggerrezeption muß, soweit sie sich aus den Familienarchiven[1] zeitgenössischer Augsburger Patrizier und Kaufleute, Reiseberichten und der urbanen Chronistik[2] rekonstruieren läßt, zeitlich und familiär sehr differenziert gesehen werden. Differenzierung ist, wie sich zeigen wird, auch bei der zeitgenössischen Akzeptanz dieser Familien nach Augsburger (Innenperspektive) und außerstädtischen Quellen (Außenperspektive) angesagt. Nicht nur Olaf Mörke[3] stellte zurecht die Frage, ob die Fugger ihrem eigenen Selbstverständnis nach und in der Beurteilung ihrer Augsburger Zeitgenossen vor 1538 (Aufnahme in das Patriziat) bzw. 1548 in den politischen und sozialen Ämterlaufbahnen überhaupt integriert waren. Ob sie nicht vor dem Zugang Anton Fuggers[4] zum Geheimen Rat und den inneren Entschei-

---

[1] In den Familienarchiven der Augsburger Patrizier spiegeln sich in erster Linie die administrativen Kontakte innerhalb des reichsstädtischen Verfassungslebens wider. Unternehmerische Handelsaktivitäten, zumal wenn sie bei überregionalem Zuschnitt eine suprafamiliäre Ebene erreichten, lassen sich in der Korrespondenz der städtischen Oberschicht mit den Fuggern kaum konkretisieren. Vielleicht stehen wir in diesem Bereich auch in Augsburg vor einem Phänomen, das für einige Nürnberger Handelsfamilien nachgewiesen werden konnte. Die Nobilitierungsabsichten der patrizischen Familien setzten dort – geregelt durch Bestimmungen der reichsritterschaftlichen Korporationen – eine unternehmerische Abstinenz voraus. Die Abkehr von vergangener Handelsaktivität pervertierte mancherorts in der Vernichtung der eigenen Archive immer dann, wenn sich dort der bürgerlich-geschäftsmäßige Charakter der Vorfahren zu deutlich offenbarte. Vgl. hierzu: Michael Diefenbacher, Stadt und Adel – Das Beispiel Nürnberg, in: ZGO 141 (1993), S. 51-69, hier S. 64f.

[2] Carla Kramer-Schlette, Vier Augsburger Chronisten der Reformationszeit. Die Behandlung und Deutung der Zeitgeschichte bei Clemens Sender, Wilhelm Rem, Georg Preu und Paul Hektor Mair (Historische Studien, Bd. 421), Lübeck, Hamburg 1970, S. 10-41.

[3] Olaf Mörke, Die Fugger im 16. Jahrhundert. Städtische Elite oder Sonderstruktur? Ein Diskussionsbeitrag, in: ARG 74 (1983), S. 141-162; Olaf Mörke, Katarina Sieh, Gesellschaftliche Führungsgruppen, in: Geschichte der Stadt Augsburg von der Römerzeit bis zur Gegenwart, hrsg. v. Gunther Gottlieb u.a., Stuttgart 1984, S. 301-311.

[4] Vgl. an zusammenfassender Literatur zur Biographie Anton Fuggers: Götz Frhr. v. Pölnitz, Anton Fugger, Bd. 1 [1453-1535], Bd. 2/1 [1536-1543], Bd. 2/2 [1544-1548], Bd. 3/1 [1548-

dungszirkeln der Reichsstadt nach der Entmachtung des zünftig dominierten Stadtregiments durch die karolinische Verfassungsreform Mitte des 16. Jahrhunderts zunächst als 'Sonderstruktur' ein binnenstädtisches Schattendasein führten, das zu einem Teil zumindest vielleicht auch reichspolitisch opportun und somit selbstgewollt war.

Gesellschafts- und wirtschaftspolitische Rezeption der Fugger steht im wesentlichen auch in Zusammenhang mit der Heiratspolitik innerhalb der Augsburger Familienverbände und der spezifischen Vernetzung oberdeutscher Handelshäuser.[5] Katarina Sieh-Burens[6] konnte aufzeigen, daß das Fugger-Netz, das nach den Kriterien Familie und Verwandtschaft, rechtliche Interaktionen, Wirtschaftsbeziehungen und Nachbarschaft innerhalb derselben Steuerbezirke erarbeitet wurde, im Zeitraum von 1518 bis 1618 gravierende Unterschiede zu anderen patrizischen Familienverbänden, insbesondere zum Herbrot- und Welser-Netz,[7] aufweist.

Im Gegensatz zu den Fuggern widerfährt den Welsern in der Augsburger Chronistik eine fast durchweg positive Beurteilung, da sie als die am längsten in der Stadt etablierte Oberschicht sowohl die traditionellen ständischen als auch durch ihre dynamische, gesellschaftlichen Veränderungen angepaßte Heiratspolitik die aktuellen Voraussetzungen erfüllte, um in der 'intra muros' tätigen Publizistik einen hohen Stellenwert zu genießen. Auf ein nicht ungetrübtes Verhältnis zwischen städtischem Gemeinwesen und den Fuggern in der ersten Hälfte des 16. Jahrhunderts oder zumindest auf eine unterschiedliche Interessenlage zwischen Inhabern wichtiger Ratsfunktionen und den erfolgreichen Kaufleuten läßt die Enthaltsamkeit der Familie im Kandidatenkarussell der reichsstädtischen Ämterhierarchie schließen. In dem von Olaf Mörke näher untersuchten Zeitraum von 1520 bis 1548 fielen bei einer Addition der Amtszeiten aller reichsstädtischen Ämter 355 Amtsjahre auf die Rehlinger und 317 auf die Familie Langenmantel, gefolgt von den Herwart mit 136 und den Welsern mit 131 Jahren. Vor allem die Abstinenz im verfassungsrechtlich wichtigen Kleinen Rat ist augenfällig, dort waren weder

---

1554], bearb. v. ders., Hermann Kellenbenz: Bd. 3/2 [1555-1560] (Studien zur Fuggergeschichte, Bde. 6, 8, 11, 13, 20), Tübingen 1958-1986.

[5] Vgl. grundlegend zur inhaltlichen/terminologischen Abgrenzung und Begriffsgeschichte zwischen Handel/Kommerzien und Wirtschaft/Ökonomie: Johannes Burkhardt, Wirtschaft, in: Geschichtliche Grundbegriffe. Historisches Lexikon zur politisch-sozialen Sprache in Deutschland, hrsg. v. Otto Brunner, Werner Conze, Reinhard Koselleck, Bd. 7, Stuttgart 1992, S. 511-594; Ders., Der Begriff des Ökonomischen in wissenschaftsgeschichtlicher Perspektive, in: Die Institutionalisierung der Nationalökonomie an deutschen Universitäten. Zur Erinnerung an Klaus Hinrich Hennings, hrsg. v. Norbert Waszek, St. Katharinen 1988, S. 55-76.

[6] Katarina Sieh-Burens, Oligarchie, Konfession und Politik im 16. Jahrhundert. Zur sozialen Verflechtung der Augsburger Bürgermeister und Stadtpfleger 1518-1618 (Schriften der Philosophischen Fakultäten der Universität Augsburg, Bd. 29), München 1986, S. 90-106.

[7] Vgl. die graphische Darstellung der Verflechtungskategorien mit anderen Augsburger Familien mit und ohne Amtsfunktionen: K. Sieh-Burens, Oligarchie, Konfession und Politik (Anm. 6), S. 131.

Jakob d. Reiche noch sein Neffe Anton Fugger als die einflußreichsten Vertreter des Hauses vertreten.[8] Erweitert man den Untersuchungszeitraum bis zum Beginn des Dreißigjährigen Kriegs, so stellten zwar die Fugger im 16. Jahrhundert mit 21 Amtspersonen (Bürgermeister und Stadtpfleger) nach den Welsern die zweitgrößte eigenständige reichsstädtische Führungsgruppe, doch haftet an ihnen infolge ihrer zünftigen Herkunft in patrizischen Kreisen und infolge ihrer auf die Schaffung eines kleinen adelig-elitären Personenverbands ausgerichteten Ehepolitik, die als Familismus bezeichnet werden kann,[9] in zünftigen Kreisen weiter ein Makel, der sich zunächst in einem kritischen öffentlichen Urteil niederschlägt.

Zu diesen Gesichtspunkten tritt aber noch eine dritte Ebene, die die Kaufleutestube ebenfalls im Streben um soziale Sonderstellungen spaltete. Diese Richtung, die sich in den vierziger Jahren des 16. Jahrhunderts unter dem Kürschner und Zunftbürgermeister Jakob Herbrot in dessen engagierter Politik sowohl gegen die Patrizier als auch gegen führende Kaufleute (Fugger) deutlich artikulieren konnte, mündete unter Berufung auf altes Herkommen[10] und bei herber Kritik gegen eine als negativ empfundene soziale Mobilität in die Identifikation mit den politischen Anliegen des gemeinen Mannes.[11] Denn die Fugger standen ihrerseits außerhalb des Herbrot-Netzes.

1. Die Augsburger Chronistik

Diese kritische Sicht spiegelt sich vor allem in der Chronik Wilhelm Rems wider, der 1462 in Augsburg geboren wurde und dessen Sohn 1538 in das städtische Patriziat aufgenommen wurde.[12] Dort finden sich, trotz (oder gerade wegen?) der Ehe des Chronisten mit Walburga Fugger, einer Schwester Jakob d. Reichen, nicht nur geschönte Informationen, wenn Rem von zahllosen Intrigen gegen die Augsburger Konfessionsangehörigen, von dem unflätigen Umgang mit dem Evangelium durch Raymund Fugger (1489-1535), von Streitsucht und Unzucht im Umkreis von Hieronymus Fugger (1499-1538) oder von der mit *grosse[r] hoffart*[13]

---

[8] O. Mörke, Die Fugger im 16. Jahrhundert (Anm. 3), S. 143f.
[9] Familismus im Sinne einer einseitigen Interessenwahrnehmung zugunsten der Firma und der Familie: Vgl. hierzu: O. Mörke, Die Fugger im 16. Jahrhundert (Anm. 3), S. 158; Jakob Strieder, Jakob Fugger d. Reiche, Leipzig o.J., S. 71, 74f., 80-85.
[10] StadtAAug, Reichsstadt, Geschlechter A-Z, Nr. 47, fol. 10.
[11] Paul Hecker, Der Augsburger Bürgermeister Jacob Herbrot und der Sturz des zünftischen Regiments in Augsburg, in: ZHVSN 1 (1874), S. 34-98.
[12] Vgl. Friedrich Roth, Wilhelm Rem, in: ADB 53 (1907), S. 302.
[13] *Es ward grosse hoffart getriben, daß man maint, es mecht ettwan bös alter nemen.* Vgl. Die Chroniken der schwäbischen Städte: Augsburg, Bd. 5 (Die Chroniken der deutschen Städte vom 14. bis ins 16. Jahrhundert, Bd. 25), Leipzig 1896, S. 66. Vgl. neuerdings zu Hochzeiten

ausgerichteten Hochzeit Ulrich Fuggers (1490-1525) mit der Tochter von Laux Gassner berichtet. Auch Georg Preu d.Ä. (um 1480-1537), der als Maler aus zünftiger, kleinbürgerlicher Tradition zur Gilde der Augsburger Chronisten stieß, berichtete trotz eines künstlerischen Auftrags im Stadtpalais Anton Fuggers im Jahr 1536 zunächst durchaus kritisch und schadenfreudig über die Fugger. So kritisierte er 1533 in einem Streit zwischen Anton Fugger und den reformatorischen Zechpflegern zu St. Moritz um kirchliches Brauchtum am Himmelfahrtstag und der in diesem Zusammenhang gegen den Patronatsherrn Anton Fugger verhängten eintägigen Turmstrafe das Strafmaß und die viel zu milde Haltung des Augsburger Rats.[14] Bei Preu tritt uns erstmals auch eine sozial wurzelnde, konfessionsgebundene Ablehnung der Fugger gegenüber, da die Chronisten bei allen Verflechtungen[15] zwischen den in Glaubensfragen polarisierenden Gruppen doch gelegentlich eindeutig Position bezogen. Nachdem Anton Fugger das *hergotznbild* und *den götzn* zu St. Moritz am 22. Mai 1533 inszeniert hatte, *da ist der vogt und Marx Echem und die statknecht kumen und haben das pild mitsambt den engeln zum himel herab geworfen und gestoßen, daß den engeln der hergot ist zuo schwer worden und seien alle zerfallen. Da haben sich die Fugger und die pfaffen hinaus gemacht, daß nit der teufel hernach komme.*[16] Den anschließenden Rückzug Antons auf seinen Weißenhorner Landsitz deutete Preu d.Ä. zudem als bewußte Provokation der Bürgerschaft: *Item auf die zeit zog Anthoni Fugger hinaus gein Weissenhoren auf sein grafschaft Kirchperg und maint den burgern ain groß laid zethun und maint, er wollt ein gantze commun bochen von der auffart des hergots wegen.*[17] Generell schilderte Preu d.Ä. darüber hinaus die Augsburger Oberschicht und insbesondere die großen Kaufleute als selbstsüchtige, machtbesessene, hab-

---

und anderen Festlichkeiten mit weiterführenden Literaturangaben: Dana Koutná-Karg, Feste und Feiern der Fugger im 16. Jahrhundert, in: "lautenschlagen lernen und ieben": Die Fugger und die Musik, Anton Fugger zum 500. Geburtstag (Ausstellungskatalog), hrsg. v. Renate Eikelmann, Augsburg 1993, S. 89-98.

[14] Die Chroniken der schwäbischen Städte: Augsburg, Bd. 6 (Die Chroniken der deutschen Städte vom 14. bis ins 16. Jahrhundert, Bd. 29), Leipzig 1906, S. 53f; Götz Frhr. v. Pölnitz, Anton Fugger, Bd. 1 (Studien zur Fuggergeschichte, Bd. 6), Tübingen 1958, S. 264-274.

[15] Vgl. Katarina Sieh-Burens, Bürgermeisteramt, soziale Verflechtung und Reformation in der freien Reichsstadt Augsburg 1518 bis 1539, in: Augsburger Beiträge zur Landesgeschichte Bayerisch-Schwabens, Bd. 3, hrsg. v. Pankraz Fried, Sigmaringen 1985, S. 61-88. Vgl. außerdem zum sozialen Hintergrund der verschiedenen religionspolitischen Gruppen in Augsburg zur Zeit der Konfessionalisierung: Friedrich Roth, Augsburgs Reformationsgeschichte, 4 Bde., 2. Aufl., München 1901, 1904, 1907, 1911; Wolfgang Reinhard, Zwang zur Konfessionalisierung? Prolegomena zu einer Theorie des konfessionellen Zeitalters, in: ZHF 10 (1973), S. 257-277; Ders., Konfession und Konfessionalisierung in Europa, in: Bekenntnis und Geschichte, hrsg. v. W. Reinhard, München 1981, S. 165-189; Ders., Gegenreformation als Modernisierung? Prolegomena zu einer Theorie des konfessionellen Zeitalters, in: ARG 68 (1977), S. 226-252.

[16] Chroniken, Bd. 6 (Anm. 14), S. 53f.

[17] Chroniken, Bd. 6 (Anm. 14), S. 59.

gierige und ausbeuterische Wesen. Lediglich die auch unter Zeitgenossen fast schon sprichwörtliche Mildtätigkeit der Fugger findet bei ihm Erwähnung, wenn er Raymund Fugger eigens von den Vorgängen bei einer Hochzeit im Hause der Augsburger Baumgartner, die neben den Artzt, Ilsung und Rehlinger als angesehene Ratsfamilien zur Kontaktzone des Fugger-Netzes zählen, ausnimmt: *und da man [nach dieser Hochzeit] den armen hat sollen geben, da hat man inen spielachsuppen [Spülicht], pfeffer und mues durcheinander geschuet, und da es zerrunnen ist, da hat man ainen ain pfennig geben.*[18] Raymund Fugger verstarb nach Preus Bericht am 3. 12. 1535 *ungsengnet und [getroffen von] des herren gwalt aus diser welt. Er ist gewesen ain mechtiger, milter mann, sonderlich den armen zuo geben, niemant von im leer geen lassen. Ain tugenthaftiger herr, hat seinen handtwercksleuten essen und trincken geben und an seinen tisch geladen.*[19]

Ganz anders fällt die Beurteilung der Fugger bei Clemens Sender (1475-1537?) aus, der als Mönch im Benediktinerreichsstift St. Ulrich und Afra nicht wie Wilhelm Rem konfessionelle Ressentiments gegen die altgläubigen Repräsentanten des Hauses Fugger hegte, der infolge seiner zahlreichen Aufenthalte im Augsburger Fuggerhaus als 'Vertrauter der Familie' bezeichnet wurde[20] und der schließlich aus Dankbarkeit und finanzieller Abhängigkeit seine beiden Augsburger Chroniken, deren zweite Fassung von 1536 in die Edition der Deutschen Städtechroniken aufgenommen wurde,[21] Hieronymus und Anton Fugger widmete. Die Bedeutung literarischer Widmungen dürfen wir andererseits auch nicht überschätzen, und es fällt auf, daß Sender trotz einseitiger Parteiergreifung für die Fugger 'extra muros'[22] kein persönliches Bild so wichtiger Vertreter der Reichsgeschichte vor Ort, wie sie uns in Jakob d. Reichen oder Anton Fugger gegenübertreten, entwerfen kann. Pölnitz deutete diese Augenfälligkeit damit, daß der äußere Erfolg beispielsweise die Persönlichkeitsstruktur Jakob Fuggers völlig überdeckte. Vielleicht liegen aber die Gründe doch eher in der spezifischen Situation der innerstädtischen Fuggerakzeptanz, der eine allzu idealisierende Darbietung Fuggerschen Lebensstils mit Rücksicht auf die anderen Augsburger Kaufmanns- und Handelsfamilien nicht opportun erscheinen ließ. Dies kann man zumindest vermuten,

---

[18] C. Kramer-Schlette, Vier Augsburger Chronisten (Anm. 2), S. 39.
[19] Chroniken, Bd. 6 (Anm. 14), S. 69.
[20] Götz Frhr. v. Pölnitz, Anton Fugger, Bd. 2/1 (Studien zur Fuggergeschichte, Bd. 8), Tübingen 1963, S. 17.
[21] Vgl. Die Chroniken der schwäbischen Städte: Augsburg, Bd. 4 (Die Chroniken der deutschen Städte vom 14. bis ins 16. Jahrhundert, Bd. 23), Leipzig 1894, S. XIIff; G. Frhr. v. Pölnitz, Anton Fugger, Bd. 1 (Anm. 14), S. 141.
[22] So beurteilen die Chronisten Sender und Langenmantel Übergriffe des Ortsherrn zu Langenneufnach (Lkr. Augsburg) gegen Fuggersche Hintersassen und ihre anschließende Freisetzung durch Hieronymus Fugger diametral entgegengesetzt, wenn im einen Fall die gewalttätige Freisetzung aus der Hand des Gerichtsherrn als rechtmäßig und im anderen Fall als Landfriedensbruch interpretiert wurden.

wenn man Sendersche Portraits anderer Augsburger Kaufleute zum Vergleich hinzusetzt. So erhielt Ambrosius Höchstetter (1463-1535) ein weitgehend individuell geprägtes Darstellungsbild. Der Familienverband des *berempten kauffman im gantzen Europa* zählte zur ständisch-sozialen Prestigesphäre der Mehrer der Gesellschaft[23] und Ambrosius hatte über seine Ehe mit Anna Rehlinger seit 1483 Zugang zu jenem Kreis der ratsfähigen Geschlechter, die seit der Regimentsänderung von 1368 zur 'Herrenstube' zählten. Ambrosius Höchstetter – überschüttet mit sinnlichen und leiblichen Vorzügen (*fein, herlich, lang, gros* und *starck*) – sei ein *mann gewesen, der auch mit trau und glauben mit kinigen und kaiser, fürsten und herrn und allen menigklichen gahandlot hat bis auff das jar. Zuo im haben fürsten, graffen, edel, burger, bauren, dienstknecht und dienstmägt ir gelt, was sie haben gehept, (zuo im) gelegt und von dem 100 genomen 5 fl. [...] Diser Hechsteter hat ain zeit lang in seiner geselschafft zechenhundert tausent fl. verzinst. [...] Kain mensch hat gewist, daß er sovil geltz verzinst hat.*[24] Die Tatsache aber, daß Anton Fugger persönlich im Juni 1528 die Vermögensaufstellungen der Höchstetter geprüft und negativ kommentiert hatte, entging dem Chronisten. Wir finden dort eine Höchstetterrezeption durch die Fugger, die wahrscheinlich spiegelbildlich der Fuggerrezeption früherer Jahre in den Registraturen anderer Augsburger Handelsfirmen entsprach. Der Vorwurf der Schönfärberei in den Rechnungen, der interessensbezogenen einseitigen Bilanzpräsentation und der Irreführung der Gläubiger war der Kern einer dreiseitigen Kommentierung seitens Anton Fuggers mit dem Ergebnis: *Ich* [Anton Fugger] *glaube aber, daß ihrer noch viel mehr sind der bösen Schulden.*[25] Selbst nach dem Zusammenbruch des Höchstetter Quecksilberimperiums 1528, nachdem Anton Fugger von dem Hilferuf des früheren Monopolkonkurrenten unberührt geblieben war, schlug aber – im Gegensatz zur internen Beurteilung seitens der Fugger – die bei Sender veröffentlichte Rezeption nicht in heftige Kritik um, sondern verlief in objektiven Bahnen, wenn der Chronist für das Jahr 1534, dem Ende des Schuldners im Augsburger Eisenhaus, sachlich notierte: *Am herbst ist der alt Ambrosi Hechsteter in dem stiblin in den eissen gestorben.*[26] Die gegenseitige Wahrnehmung der Häuser Höchstetter und Fugger

---

[23] Pius Dirr, Zur Geschichte der Augsburger Zunftverfassung 1368-1548, in: ZHVSN 39 (1913), S. 144-243.

[24] Chroniken, Bd. 4 (Anm. 21), S. 219.

[25] FA 2,2, 1/11; G. Frhr. v. Pölnitz, Anton Fugger, Bd. 1 (Anm. 14), S. 133. Die negative Beurteilung des Ambrosius Hoechstetter in Teilen der Fuggerforschung (Pölnitz: "Jedenfalls blieb der Versuch des Ambrosius, einen Kaufmann vom Rang Fuggers durch primitive Manöver irrezuleiten, aussichtslos und töricht.") spiegelt die besserwisserische Sicht der Retrospektive wider, die zudem ohne Auswertung des Höchstetter-Archivs erfolgte.

[26] Vgl. zum Wortlaut des Briefs von Ambrosius Höchstetter an Anton Fugger: Ernst Kern, Studien zur Geschichte des Augsburger Kaufmannshauses der Höchstetter, in: AKG 26 (1936), S. 196-198. Vgl. zur Verzahnung der Höchstetter mit anderen Augsburger Firmen im englischen Montanbergbau neuerdings: Adelheid Höchstetter-Müller, Die "Company of Mines Royal" und die Kupferbergwerke in Keswick, Cumberland, zur Zeit Joachim und Daniel Hoechstetters

blieb aber als Folge unterschiedlicher Firmeninteressen nicht von der Maxime gekennzeichnet, die Ambrosius in seinem Bittbrief an Anton Fugger so formuliert hatte: *Des wir warlichen wol trew ret bedurffen, die es behertzigen unnd mit fleiss dem nachkhomen. Dann daran ligt unns eer, leib und guet, das sollichs wol zu erwegen ist.*[27]

Hektor Mülich (1418/30-1489/90), um ein abschließendes Beispiel aus der Augsburger Geschichtsschreibung zu wählen, entstammte einer angesehenen städtischen Kaufmannsfamilie, war über seine zweite Ehe mit den Fuggern verwandt und vertrat engagiert bürgerliche Belange, notfalls gegen kaiserliche und fürstenstaatliche Interessen. In diesem Zusammenhang stützte er das Bemühen Marx Fuggers (1448-1478) in seiner Anwartschaft um ein Augsburger Domkanonikat. Mülich bezog dezidiert Gegenposition zum Bemühen des örtlichen Domkapitels, über eine Art 'lex Fugger' 1475 zur endgültigen Abwehr jeglicher bürgerlicher Ansprüche auf die Dompfründen zu kommen:[28] *Desselben jars am 10. tag julii hond unser thuomherrn hie erlangt vom bapst, das kain geporner Augspurger nimmer mer auf den thuom zuo ainem chorherrn genommen sol werden. Es wird aber geprochen, wenn man will. Und* [die Domherren] *prachten das mit erlogen worten zuowegen.*[29]

Mülichs unterstützende Haltung des Fuggerschen Standpunkts, ohne Markus Fugger in seiner großen Chronik namentlich zu erwähnen, brachte ihn sogar zusammen mit Georg Fugger (1453-1506) an den Rand des wirtschaftlichen Ruins, als Kaiser Friedrich III., der die Position des Domkapitels stützte, seine Hand auf der beiden *ligend und varend hab und gut* legte. Erst der Tod Marx Fuggers 1478 glättete die Wogen, so daß Mülich im Folgejahr wieder in Ehrenämtern zu finden ist und seine Steuersumme das Vorjahresniveau erreichte.[30] Auffallend ist aber auch bei Mülich, daß er trotz seiner Ehe mit Anna Fugger (1444-1485) und der Sympathie für die Brüder seiner Frau Marx und Georg Fugger in seiner Chronik die Fugger lediglich einmal expressis verbis erwähnte.[31]

(1526-1580), in: Aus Schwaben und Altbayern, hrsg. v. Peter Fassl, Wilhelm Liebhart, Wolfgang Wüst (Augsburger Beiträge zur Landesgeschichte Bayerisch-Schwabens, Bd. 5), Sigmaringen 1991, S. 75-91.

27 FA 2,2, 1, fol. 1,5; Zitiert nach: Ernst Kern, Höchstetter (Anm. 26), S. 196-198.
28 Ausführlich zu den Hintergründen dieses Streits: Rolf Kießling, Bürgerliche Gesellschaft und Kirche in Augsburg im Spätmittelalter. Ein Beitrag zur Strukturanalyse der oberdeutschen Stadt (Abhandlungen zur Geschichte der Stadt Augsburg, Bd. 19), Augsburg 1971, S. 323ff.
29 Die Chroniken der schwäbischen Städte: Augsburg, Bd. 3 (Die Chroniken der deutschen Städte vom 14. bis ins 16. Jahrhundert, Bd. 22), Leipzig 1892, S. 249; Dieter Weber, Geschichtsschreibung in Augsburg. Hektor Mülich und die reichsstädtische Chronistik des Spätmittelalters (Abhandlungen zur Geschichte der Stadt Augsburg, Bd. 30), Augsburg 1984, S. 189ff.
30 StadtAAug, Reichsstadt, Steuerbuch von 1429.
31 Vgl. zur Fuggergenealogie: Gerhart Nebinger, Albrecht Rieber, Genealogie des Hauses Fugger von der Lilie, Stammtafeln (Studien zur Fuggergeschichte, Bd. 17), Tübingen 1978, Nr. 2a.

Die von Olaf Mörke unterstellte 'Sonderstruktur', die den Fuggern in der Reichsstadt zukam, schien sich auch in der Beurteilung der Augsburger Chronisten niederzuschlagen. Die Chronistik entwarf ein insgesamt kritisches Familienbild, das bei Wilhelm Rem nicht frei von Gehässigkeiten gegenüber einzelnen Protagonisten des Hauses Fugger bleiben sollte. Der zurückhaltende Tenor bei Clemens Sender gegenüber den Fuggern stand ferner in augenfälligem Kontrast zu dem überschwenglichen Portrait, das er zu Ambrosius Höchstetter entworfen hatte.

2. Das Fuggerbild in der Reiseliteratur

Eine äußerst positive Bewertung erfahren die Fugger in der gängigen Reiseliteratur, die vor allem die hergebrachte innerstädtische Hierarchie negierte oder zumindest anders pointierte. Die Fuggerrezeption der Augsburg-Reisenden setzte zwar andere Akzente, vermittelte aber keineswegs ein umfassendes Bild der Familie und ihrer Besitzungen in der Stadt. Stereotypen und bildliche Topoi können in der Reiseliteratur die Farbigkeit des lokalen Deskriptionsbefundes egalisieren. Trotzdem lassen sich aus der deutlichen Grundtendenz dieser Quellen zur Stadt- und Familiengeschichte Schlüsse ziehen. So konzentrierte sich das Interesse der Reiseliteraten einseitig auf die Gebäude am Weinmarkt, während die repräsentativen anderen Fuggerhäuser, wie das von Hieronymus Fugger 1527/28 *auch viel höher und formlicher* ausgebaute Doppelanwesen am Rindermarkt oder das von Raymund Fugger favorisierte Haus an der Kleesattlergasse (*die obere behausung bei St. Ulrich*) meist ungenannt blieben.[32] Die Fuggerchronik selbst wertet dort verständlicherweise anders, wenn z.B. das Fuggersche Ehrenbuch berichtete, daß Raymund mit der Neugestaltung seines Anwesens in der Kleesattlergasse, *zu guter gedechtnus des Fuggerischen Namens* beigetragen und diesen *mit erbawung ainer gar lustigen vnnd kostlichen behausung auff sein aigen costen gezieret* hätte.[33]

Antonio de Beatis, Weggefährte des Kardinals Luigi d' Aragona, den seine Reise von Ferrara nach dem holländischen Middelburg auch über Augsburg führte, ist mit seinem Bericht aus dem Jahre 1517 in diesem Zusammenhang in mehrfacher

---

[32] Eine Ausnahme bildete hier der während des Reichstags 1530 in Augsburg anwesende elsässische Humanist Beatus Rhenanus, der ausführlich zu Raymund Fuggers Besitz notierte: *Raimundi illa domus altera paulo semotior, quam est item plane regia, amoenissimum utrinque prospectum in hortis habens, quorum alter aedibus cohaeret, alter interstite via publica, sed angusta seperatur; quid plantarum nutrit Italia, quod domesticus hortus non habet?* Vgl. Norbert Lieb, Die Fugger und die Kunst im Zeitalter der hohen Renaissance (Studien zur Fuggergeschichte, Bd. 14), München 1958, S. 36.

[33] Zitate nach N. Lieb, Die Fugger und die Kunst (Anm. 32), S. 3f., 16ff., 33ff.

Hinsicht aufschlußreich. Der weitgereiste Kardinalssekretär und akademisch gebildete Augsburg-Reisende war zunächst vom Reichtum der Gesellschafter und der Pracht der Fuggerbauten geblendet:

Man erblickt hier den Palast der Fugger [Fuccari], der einer der schönsten Deutschlands ist, reich geschmückt mit weißem und farbigem Marmor. Seine auf die Straße gehende Fassade trägt historische Bilder, reich an Gold und satten Farben. Sein dach besteht ganz aus Kupfer. Unter seinen Gemächern nach deutscher Art sind auch einige nach italienischer Mode sehr schön und ziemlich gut ausgeführt. [...] Diese Fugger gehören heute zu den größten Kaufleuten der ganzen Christenheit, denn sie haben ohne ihre sonstigen, keineswegs geringen Rücklagen, jederzeit 300 000 Dukaten flüssig.

Die Relationen zu anderen Augsburger Handelsfamilien schließlich sieht er ganz aus der Perspektive des außerstädtischen Betrachters: *Hier leben die auch zum Stadtpatriziat gehörenden Welser, wohlbekannt in Italien, gute Kaufleute, doch nicht im mindesten den Fuggern vergleichbar.*[34] Auch Reisende aus norddeutschen Territorien beurteilen die Stellung der Fugger in der Stadt nicht grundlegend anders, so als 1587 der Dramatiker Barthold von Gadenstedt, Sproß einer Adelsfamilie aus dem östlichen Westfalen, zur Zeit des Kalenderstreits auf seiner Kavalierstour nach Italien und Malta auch in Augsburg innehielt. Fuggerei, das Fuggerpalais am Weinmarkt und die Stadtresidenzen von Hans (1531-1598) und Stadtpfleger Markus Fugger (1529-1597) zählen zu den herausgehobenen Objekten seiner Reisebeschreibung:

Die hern Fuckarten haben auch den rhum, das sie den armen viel guts thun, wie sie dann ein gantzen ortt der stad inhaben vnd bebauen lasen, welche heiser sie armen vnvermoegensen leuten zum theill vmbsonst, zum theill vmb einen gar geringen zins einthun, welcher ortt genantt wird suburbium Jacobaeum Vicus Fuggeranorum [...]. Sonsten hatt es in der stadt viel herliche statliche gebaue, de heuser gantz prechtig, darunter der hern Fuckarten pallatia, herliche wolzugerichtete lustgarten sonderlich der hern Fuckarten, in welchem künstliche wasserwerk. In hern Hans Fuckarten gartten wird der Actaeon mitt seinen hunden vnd andern thierenn durch kunst des wasserwercks herumb getrieben. Imselben gartten ein vogelhaus von dratt geflechten darinn allerlei vogell fliegen vnter andern 2 phasanen. In diesem gartten hatt auch heer Marx Fuckartt ein schön lusthaus mit hübschen gemachenn vnd einem grosen shaal gezieret von künstlichen mhalwerck allerlei historien zugerichtt.[35]

---

34 Paraphrasierter übersetzter Bericht, gedruckt in: Reisen und Reisende in Bayerisch-Schwaben. Reiseberichte aus elf Jahrhunderten, hrsg. v. Hildebrand Dussler (Schriften der Schwäbischen Forschungsgemeinschaft, Bd. 6/1), 2. Aufl., Augsburg 1989, S. 72f.
35 Vgl. Reisen und Reisende (Anm. 34), Bd. 1, S. 93f.

Die Renaissancepaläste anderer Augsburger Patrizier und Mehrer finden in diesem Itinerar keine Erwähnung. Die herausgehobene Stellung der Fuggerhäuser blieb in den Impressionen der Bildungsreisenden auch in einer Zeit manifest, als die Fugger längst damit begonnen hatten, ihre baulichen Aktivitäten auf die schwäbischen Landschlösser zu konzentrieren. Als 1697 der berühmte Kartograph und Geograph, der Franziskanergeneral Vinzenz Maria Coronelli (1650-1718), Süddeutschland bereiste, notierte er in Augsburg: *Man kann über den üppigen Palast der Fugger* [de' signori Fuckeri], *eine der reichsten Familien Deutschlands, und den Glanz der Stadt nur staunen.*[36] Andere Patrizierhäuser oder die zahlreichen Domherrenhöfe bleiben ungenannt. Ähnliche Kategorien der Wahrnehmung, wenngleich ergänzt um den Hinweis auf die nicht unumstrittene Stellung der Fugger in der Stadt, legte Herzog August d.J. von Braunschweig-Wolfenbüttel 1598 an, als er bei Antritt seiner zweijährigen Italienreise die oberdeutsche Reichsstadt besuchte und als sich sein Stadtrundgang wiederum auf die Fuggerbauten konzentrierte. Die Eindrücke des Welfenherzogs sind besonders gewichtig, da August d.J. sich für seine Reiseziele Zeit nahm und in kenntnisreiche Berichte umsetzte und da er nicht zu Unrecht von Zeitgenossen dank seiner Gelehrsamkeit und Frömmigkeit als ein 'Wunder' unter den Fürsten bezeichnet wurde. Wiederum standen das Fuggerpalais am Weinmarkt und die sich bis zum Zeugplatz anschließenden Sammlungen Hans Fuggers (1531-1598),[37] jedoch ohne Berücksichtigung der älteren Fuggerhäuser im Stadtgebiet,[38] im Fokus des Betrachters:

> *[...] weyter gesehen deß Marci Fuggerß sein schloß, darinnen ein großer saall, wo schönen gemeldten vnd perspectiven. [...] Ein anderer schöner gewelbter saall, darinne die 12 Ethnici Impp.* [imperatores] *a Julio Caesare angefangen zu besehen, welches des sommers külle, deß winterß aber warm ist. [...] Grosse stucke im hoffe, welche die Fugger zur zeitt deß aufruhrs* [zuletzt während des Schmalkaldischen Kriegs] *gebrauchen vnd für die thore stellen lassen. Einen jndianischen geyß oder ziege. Ein altt heidnisch epitaphium daranne Amazones wie ßie mitt den männern streyten. Zu ros vnd fueß, gehawen, welches die Fugger auß Cypern biß Napoli bringen lassen vnd von dannen nach Augspurgk. Eß soll 2000 jahr altt sein. Daryber eine kammer, die güldene genandt, besehen.*

---

[36] Reisen und Reisende (Anm. 34), Bd. 1, S. 205.

[37] Diese Quelle wurde erstmals mit Hans Fuggers 'studio' in Zusammenhang gebracht bei: Dorothea Diemer, Hans Fuggers Sammlungskabinette, in: "lautenschlagen lernen und ieben" (Anm. 13), S. 13-40, hier S. 18.

[38] Die Lokalisierung aller älteren Fuggeranwesen in der Stadt ist bis heute nicht vorgenommen worden. Das Bekannteste ist darunter jenes um 1490 als Doppelhaus errichtete kleinere Stadtpalais (Annastr. 19), in dem sich Jakob Fuggers d. Reichen 'Goldene Schreibstube' befand und das bis 1776 in Familienbesitz blieb. Vgl. Franz Häußler, Augsburg-Album, Augsburg 1990, S. 16.

Darinnen viell bildnuß vnd oben daß tabulat von messing gar starck vberguldett gemachett.[39]

Unerwähnt blieben die architektonischen Pretiosen der anderen Augsburger Kaufmanns- oder Stadtherrengeschlechter. Zu denken wäre hier etwa an das 1506/07 am Kesselmarkt von Jakob Zwitzel erbaute Höchstetterhaus[40] mit seinem stadtintern sehr bestaunten, zweigeschossigen Erker – schließlich war Zwitzel[41] maßgeblich auch am Bau der Fuggerhäuser (1512-1515) und des gotischen Rathauses beteiligt gewesen – oder an das bis 1422 von den Ilsung bewohnte Patrizierhaus, das 1539 die Welser als neue Hauseigner als ihre Stadtresidenz repräsentativ umgestalteten.[42]

Der englische Gesandte Sir Thomas Hoby (1530-1566), den seine Wege trotz eines kurzen Diplomatenglücks zweimal 1548/49 und 1554/55 nach Augsburg führten, nahm auch eine externe Wertung der städtischen Geschlechter vor:

Augsburg. Das ist eine der allerschönsten Reichsstädte des Reiches. Sie hat keinen [größeren] Landbesitz, aber in ihr wohnen reiche Kaufleute, wie die Fugger [Folkers], die Welser [Velsers], die Baumgarten [Poungarts], die Herbrod [Herbrothers][43]*und andere solche, die tatsächlich Landbesitz haben, aber nicht um die Stadt herum.*[44]

Die genannte Reihenfolge der Augsburger Handelsgeschlechter, unterstellt man eine beabsichtigte Gewichtung, ließ wiederum die traditionelle stadtpatrizische Werteskala außer acht.

Die Feudalisierung der Familie, die die Fugger im Vergleich mit anderen Vertretern der Augsburger Oberschicht äußerst erfolgreich betrieben und die ihre späte Aufnahme in das Augsburger Patriziat 1538 aus ständestaatlicher Sicht vollständig kompensierte, wurde zum Gegenstand uneingeschränkter Anerken-

---

39 Herzog August Bibliothek Wolfenbüttel, Cod. Guelf. 42.19 Aug., fol. 5ᵛ. Textabdruck in: Reisen und Reisende (Anm. 34), Bd. 1, S. 108.

40 Dieses Haupthaus des Ambrosius Hoechstetter kam im Gefolge des Familienkonkurses kurzfristig an die Fugger, die es aber offenbar nicht nutzten und 1541/42 an Hans d.J. Langnauer veräußerten. In den reichsstädtischen Steuerbüchern 1540/41 wurde es als *vacua domus der Fugger* bezeichnet. Vgl. StadtAAug, Reichsstadt, Steuerbuch von 1540/41.

41 Norbert Lieb, Die Augsburger Familie Zwitzel (seit 1470-17. Jhdt.), in: Lebensbilder aus dem Bayerischen Schwaben, Bd. 8, hrsg. v. Götz Frhr. von Pölnitz (Schwäbische Forschungsgemeinschaft bei der Kommission für Bayerische Landesgeschichte, Veröffentlichungen, Reihe 3, Bd. 8), München 1961, S. 84-107.

42 Beide Anwesen wurden um 1720 von dem Augsburger Zeichner und Kupferstecher Karl Remshard detailliert gestochen. SStBAug, Graphische Sammlung; Augsburg: Geschichte in Bilddokumenten, hrsg. v. Friedrich Blendinger, Wolfgang Zorn, München 1976, Bildteil Nr. 128, 130.

43 Lese- oder Druckfehler bei H. Dussler: Herbord.

44 Reisen und Reisende in Bayerisch-Schwaben. Reiseberichte aus sechs Jahrhunderten, hrsg. v. Hildebrand Dussler (Schriften der Schwäbischen Forschungsgemeinschaft, Bd. 6/2), Augsburg 1974, S. 42.

nung bei einem der führenden Vertreter der beginnenden Gegenreformation, Antonio Maria Graziani (1524-1584). Der Sekretär des Kardinal Commendone, der zuvor zahlreiche deutsche Fürstenhöfe bereist hatte, um die Bulle zur Teilnahme am Trienter Konzil zu überbringen, weilte 1562 in Augsburg:

Besonders ein Geschlecht macht diese seine Vaterstadt berühmt. Sein Name heißt Fugger: Mit ihrem Handel haben sie solche Reichtümer gesammelt, daß sie auch im Ausland den Namen ihrer Familie durch das Gerücht ihres Reichtums berühmt gemacht haben. Obwohl die Deutschen durch die strengsten Gesetze ihren Adel exklusiv halten und es für Kaufleute äußerst schwierig ist, unter irgend einem Anerbieten mit ihm das Blut zu mischen und Ehen einzugehen, so haben sich diese Fugger in die Adelsfamilien doch verwandtschaftlich eingegliedert und nicht nur die Rechte von Ritter- und Adelsgeschlechtern erworben, sondern sich auch die Titel von vielen Herrschaften, die sie besitzen, beigelegt, mit denen sie glänzen. Von ihnen heißt es, daß sie für die Würdigkeit, solch große Reichtümer zu besitzen, durch Wohltätigkeit für die Armen und durch Freigebigkeit gegen alle Sorge tragen und daß sie es Fürsten sowohl in ihrem privaten Leben als auch in der Pracht und im Glanz ihrer Bauten gleich tun, da sie ja oft in wahrhaft königlicher Weise selbst die Kaiser bei sich als Gäste aufnehmen.[45]

Das positive Fugger-Bild der Reisenden konzentrierte sich zwar auf Augsburg, schloß aber auch die schwäbischen Herrschaftssitze der Familie ein. Auch dort bleibt der Landbesitz anderer Augsburger Kaufleute meist ungenannt, während die Würdigung der ruralen Fuggerschlösser der Beschreibung der Augsburger Stadtresidenzen in nichts nachsteht. Wieder war es der Herzog v. Braunschweig-Wolfenbüttel, der 1598 z.B. über Schloß Kirchheim ausführlich berichtete:

Den 19 october alda besehen der Fugger Schloß [Markus Fugger, 1529-1597], so in 8 jahren alda erbawett vnd 4 tonnen goldts kosten soll. Einen schönen saall von statugen vnd grossen bildern, in welchem zwey schöne gemeldte eines des bappst vnd [...] daß andere des keyserß [...]. Die vornehmste sachen, so da haben kennen in der eyll betrachtet [?] werden, sindt diese: Ein drache von 7 köpfen mit 6 füssen, auf 4 ist er gestandten, die andern 2 hatt er vorchen aufhebbt getragen; 4 schwäntze; ist nicht sehr groß, sondern wie ein kleines hündlein. Ein camaeleon [...]. Instrumenta per sacrificiis Judaicis. Leinwadt von holtz gemachett. Zween damentstein [...]. Aegyptische abgötter, auß welchen der teuffel vor zeiten geredt.[46]

---

[45] Vgl. Reisen und Reisende (Anm. 44), Bd. 2, S. 46.
[46] Reisen und Reisende (Anm. 34), Bd. 1, S. 108f.

Fuggerbesitz[47] wird aber auch von eiligen Reisenden gegenüber meist ungenanntem anderen Augsburger Bürgerbesitz in Schwaben herausgestellt. So notierte der englische Jurist Fynes Morysen (1566-1629) 1592 von Nürnberg kommend nördlich von Augsburg:

Hier überschritten wir zweieinhalb Meilen nach Westendorf [Weschendorff] durch fruchtbares Acker- und Weideland, das den Fuggern [Fugares], einem Augsburger Bürgergeschlecht, und anderen Herren gehört. Das Schloß zu Westendorf gehört den genannten Fuggern, die wegen ihres Besitzes reich und berühmt sind.[48]

Es bleibt festzuhalten, daß die Fuggerrezeption in der regionalen Reiseliteratur einseitig zuungunsten anderer Augsburger Kaufmannsfamilien ausfällt, obwohl deren inner- und außerstädtischer Besitz durchaus notierenswert gewesen wäre. Zahlreichen Augsburger Bürgern, und bei weitem nicht nur dem einflußreichen Bürgermeister Peter Egen,[49] der sich um die Stadt Burgau eine größere Niedergerichtsherrschaft aufbaute, gelang es, im 15./16. Jahrhundert aus unterschiedlichen Motiven respektable Schloßherrschaften zu erwerben, um bisweilen dort einen Aristokratisierungsprozeß zu vollziehen. Die Baumgartner,[50] Ehem, Gossembrot, Haug, Manlich, Meuting, Pimmel, Rehlinger[51] und Welser zählten zu dieser Gruppe.[52] Reisende aus der europäischen Hocharistokratie nahmen auch keinen Anstoß daran, daß der Fuggersche Herrschaftsausbau in Schwaben zum Teil gegen den großen Widerstand des alteingesessenen Landadels erfolgte, der vor allem

---

[47] Vgl. zur besitzgeschichtlichen Entwicklung der Fugger: Thea Düvel, Die Gütererwerbungen Jacob Fuggers des Reichen (1494-1525) und seine Standeserhöhung. Ein Beitrag zur Wirtschafts- und Rechtsgeschichte (Studien zur Fuggergeschichte, Bd. 4), München, Leipzig 1913; Heinz Friedrich Deininger, Die Gütererwerbungen unter Anton Fugger 1526-1560, Diss. masch. München 1924; Pankraz Fried, Die Fugger in der Herrschaftsgeschichte Schwabens (Schriften der Philosophischen Fachbereiche der Universität Augsburg, Bd. 9), München 1976.
[48] Reisen und Reisende (Anm. 34), Bd. 1, S. 98.
[49] H. v. Frensdorff, Zur Geschichte Peters von Argon, in: Die Chroniken der deutschen Städte, Bd. 5, Beilage 6, 2. Aufl., Göttingen 1965, S. 395-420.
[50] Wilhelm Krag, Die Paumgartner von Nürnberg und Augsburg. Ein Beitrag zur Handelsgeschichte des 15. und 16. Jahrhunderts. Mit einem Anhang: Die bayerischen Baumgartner von Kufstein und Wasserburg (Schwäbische Geschichtsquellen und Forschungen, Bd. 1), München 1919.
[51] Franz J. Schöningh, Die Rehlinger von Augsburg. Ein Beitrag zur deutschen Wirtschaftsgeschichte des 16. und 17. Jahrhunderts, Paderborn 1927.
[52] Rolf Kießling, Herrschaft-Markt-Landbesitz. Aspekte der Zentralität und der Stadt-Land-Beziehungen spätmittelalterlicher Städte an ostschwäbischen Beispielen, in: Zentralität als Problem der mittelalterlichen Stadtgeschichtsforschung, hrsg. v. Emil Meynen (Veröffentlichungen des Instituts für vergleichende Städtegeschichte in Münster, Bd. A/8) Köln, Wien 1979, S. 180-218.

bei den frühen Erwerbungen in der Grafschaft Kirchberg und der Herrschaft Weißenhorn lauthals ausgefochten worden war.[53]

3. Oligarchie und Ämterlaufbahnen

Aufschlußreich für die Stellung der Fugger in der Stadt bleibt schließlich die Frage, ob der hohe Bekanntheitsgrad der Familie, wie er sich in der europäischen Reiseliteratur manifestierte, im Umgang mit der städtischen Oligarchie Vorteile brachte und den Zugang zu exponierten Ämterlaufbahnen erleichterte.

Ressentiments auf der einen und Zustimmung auf der anderen Seite erfuhren die Fugger seitens anderer Augsburger Handelsfamilien nicht nur über familiäre Geldgeschäfte bzw. Wirtschafts- und Handelsverbindungen in nahezu allen Handelszonen der frühmodernen Welt,[54] sondern auch über die Ämterlaufbahnen innerhalb der Stadt. Freilich waren die Fugger 1538 mit Zustimmung des Großen Rats ins städtische Patriziat aufgenommen worden, doch darf dies keinesfalls als ein Schlußstrich für die vorausgegangene große Diskrepanz zwischen externer und interner (innerstädtischer) Rezeption gewertet werden. So galt die Standeserhöhung 1538 auch nicht nur den Fuggern (Anton und Hieronymus Fugger), denn auch die Öhem als Emporkömmlinge aus der Weberzunft erhielten zusammen mit 38 weiteren Familien,[55] die allerdings meist schon zu den Mehrern gehörten, Zugang zum Patriziat und den damit verbundenen Exklusivrechten in der städtischen Ämterlaufbahn. Die Bürgermeister Georg Herwart und Simprecht Hoser machten 1538 die Kriterien für die Standeserhöhungen in einer umfangreichen Amtsschrift explizit:

Nemlich die weil der erbern gemainen burgerschafft vil geschlecht der gestalt von erberm altem herkomen send, das si ab menschen gedechtnus zu den herrn geschlechtern geheyrat, irer der herrn merer gesellschafft vnd gerechtigkait gepraucht vnd genossen haben, das die selben so iber funfzig jar lang neben vnd mit den herrn geschlechtern gemelter merern geselschafft vnd gerechtigkait vehig worden, genossen vnd gebraucht haben. Erkenne ich, das die selben, vnd ire eeliche leibserben, so in solchem altem herkomen send vnd erfunden

---

[53] Zur Pfandherrschaft in Kirchberg: Götz Frhr. v. Pölnitz, Jakob Fugger. Kaiser, Kirche und Kapital in der oberdeutschen Renaissance, Bd. 1, Tübingen 1949, S. 179-182. Als informativer Überblick für den Zeitraum bis zum Dreißigjährigen Krieg: Franz Karg, Die Fugger im 16. und 17. Jahrhundert, in: "lautenschlagen lernen und ieben" (Anm. 13), S. 99-110.

[54] Über ein derartiges gemeinsames Handelsinteresse vgl. u.a.: Friedrich Dobel, Ueber einen Pfefferhandel der Fugger und Welser 1586-91, in: ZHVSN 13 (1886), S. 125-138.

[55] Dazu zählten u.a. die Artzt, Baumgartner, Imhof, Lauginger, Meuting, Neidhart, Peutinger, Pfister, Rem, v. Stetten, Vittel und Vöhlin. Vgl. Wolfgang Zorn, Augsburg. Geschichte einer deutschen Stadt, 2. Aufl., Augsburg 1972, S. 184.

worden, zu erweiterung vnd merung der herrn geschlechter soln genomen werden.[56]

Innerfamiliäre Zwistigkeiten, wie sie von Reinhard Hildebrandt zwischen Philipp Eduard und Octavian Secundus einerseits und Anton andererseits aufgezeigt werden konnten, vertieften wahrscheinlich ihrerseits die Gräben zwischen Stadtoligarchie und den Fuggern.[57] So wollte und konnte (?) es Stadtpfleger Octavian Secundus Fugger (1549-1600) nicht verhindern, daß während seiner Amtszeit auf Betreiben anderer Familien unter Einschluß *der edlen vnnd vessten, auch tugentsamen herren Hannßen vnnd Otho der Laugnger gebrüed, Caspar Lanngenmanntells, frawen Magdalenae Rechlingerin, Josinae Lanngenmänttlin, Reginae Heugin vnnd Annae Höchstetterin, aller vier wittibinen, gerichttlich beschehen anrueffen, zue mennigklichs rechtt vnnd gerechttigkheitten, auff sein herren Anthonien Fuggers etc. hiesige haab vnnd güetter nitt allein ein arrest: sonndern auch vffermeldts anwalden ferner begeren, ein offen edict [...] erkhanndt worden ist.*[58] Der Rat distanzierte sich keineswegs von den parteiischen Gläubigern, so daß Anton Fugger (1552-1616) vergeblich bemüht war, diesen *hessigen vnd spöttischen proceß* als Parteienverfahren und nicht als Offizialprozeß darzustellen. Er zitierte ein Ratsschreiben, *darinn vermeldt, das der arrest nit ex officio, sonder auf anrueffen des [...] anwaldts vnd ander in Augspurg gesessner gläubiger fürgenohmen worden* sei.[59]

Gründe für die verspätete Akzeptanz der Fugger in der städtischen Oligarchie sind sicherlich auch in der Handelskonkurrenz zu den übrigen Augsburger Geschlechtern zu suchen. Typische Konflikte zwischen Handels- und Rohstoffabsatzinteressen auf der einen und der städtischen Familienhierarchie auf der anderen Seite entbrannten bereits im 15. Jahrhundert, als die Fugger im Bergbau[60] und Kupferhandel über Venedig versuchten, Augsburger Konkurrenten auszuschalten. Die Augsburger Familien Adler, Baumgartner, Höchstetter und insbesondere die Gossenbrot/Gessembrot, die seit 1441 dem Patriziat angehörten,[61] die bereits 1373

---

[56] StadtAAug, Reichsstadt, Geschlechter A-Z, fol. 11f.
[57] Reinhard Hildebrandt, Die "Georg Fuggerischen Erben". Kaufmännische Tätigkeit und sozialer Status 1555-1600 (Schriften zur Wirtschafts- und Sozialgeschichte, Bd. 6), Berlin 1966, S. 16, 71-79.
[58] StadtAAug, Reichsstadt, Literaliensammlung 1595 I 21.
[59] StadtAAug, Reichsstadt, Literaliensammlung 1595 I 16.
[60] Vgl. hierzu grundlegend: Ludwig Scheuermann, Die Fugger als Montanindustrielle in Tirol und Kärnten (Studien zur Fuggergeschichte, Bd. 8), München 1919 und Eike Eberhard Unger, Die Fugger in Hall in Tirol (Studien zur Fuggergeschichte, Bd. 10), Tübingen 1967. Als neuerer zusammenfassender Überblick: Hermann Kellenbenz, Schwäbische Kaufherren im Tiroler Bergbau (1400-1650), in: Schwaben-Tirol. Beiträge, hrsg. v. Wolfram Baer, Pankraz Fried (Ausstellungskatalog), Augsburg 1989, S. 208-219.
[61] Karl Schädle, Sigmund Gossembrot: Ein Augsburger Kaufmann, Patrizier und Frühhumanist, Diss. phil. München, Augsburg 1938, S. 27-36.

erstmals mit dem Bürgermeisteramt betraut waren und die unter Sigmund Gossembrot (1417-1493) dieses Amt fast ohne Unterbrechungen bekleideten und die über die Ehe zwischen der Tochter Sigmunds und dem Lucas Welser mit dem späteren Hauptkonkurrenten der Fugger blutsverwandt waren, beschlossen aus selbstischem Interesse mit den Fuggern 1498 ein Kupfersyndikat zu gründen, um das für die Fugger vor allem gewinnbringende ungarische Kupfer von der Börse am Rialto abzuschneiden und einen Preisverfall zu verhindern. Jakob Fugger reagierte durch die Geschäftsverlagerung zugunsten der Firma Thurzos, die über die Hochzeit Georg Thurzos mit Ulrich Fuggers Tochter Anna zu Augsburg im Jahr vor der Syndikatsgründung zum verlängerten Hebel der Fuggerschen Gesellschaft geworden war. So wurde das Verhältnis der Fugger zu den älteren Augsburger Firmen nicht nur vordergründig durch das ungarisch-polnischer Mode nachempfundene Brautkleid der Anna Fugger belastet, das der reichsstädtischen Kleiderordnung entgegenstand und die städtisch-damenhafte Ständeelite verunsicherte, sondern durch den gezielt propagierten Ruin Augsburger Konkurrenten im venezianischen Kupfergeschäft über die Thurzo bei formaler Vertragstreue im Syndikat.[62] Getroffen war nicht nur das Augsburger Patriziat, sondern auch die städtische Vermögensoligarchie, die im Steuerbuch von 1498 immer noch von den Gossembrot, Rehlinger und Lauginger als größten Steuerzahlern angeführt wurde.[63]

Bezeichnend ist ferner auch, daß das negative Fuggerbild bei den konkurrierenden Augsburger Handelsfirmen durch den Einfluß der Territorialfürsten und des Reichs in den entscheidenden Jahrzehnten des Firmenaufstiegs stark neutralisiert wurde. So wandte sich Herzog Wilhelm IV. v. Bayern 1529 erfolgreich an den Rat, Raymund Fugger (1489-1535) nach dem Schuldspruch in einem Prozeß gegen die Öhem/Ehem die ehrenrührige Turmstrafe zu erlassen:

Nun tragen wir [Herzog Wilhelm] *des hanndls* [der Händel] *kain grundtlichs wissen. Ime seie aber wie im wölle. Dieweil die Fugger nit allain bey Puch* [Buch, Lkr. Neu-Ulm], *sonnder auch anndern orrten in erbern wesen vnnd namen erkhannt, auch bey euch eerlich herkumen vnnd das wir gedachtem Raymundus vnnd anndern Fuggern mit sonndern gnaden genaigt seien. So ist demnach vnnser gnedigs begern vnnd ersuechen [...] vnns zu eren vnnd gefallen obberuerten Raymunden Fugger der furgefassen straffe erlassen vnnd vnns diser vnnser pete, kains wegs verzeihen, wie wir vnns dess vnnd aines merern genediglich zu euch versehen.*[64]

---

[62] G. Frhr. v. Pölnitz, Jakob Fugger (Anm. 53), S. 96-100.
[63] StadtAAug, Reichsstadt, Steuerbuch von 1498; Vgl. zur Auswertung dieser seriellen Quellengattung in späterer Zeit: Claus Peter Clasen, Die Augsburger Steuerbücher um 1600, Augsburg 1976.
[64] StadtAAug, Reichsstadt, Literaliensammlung 1529 VIII 31. Vgl. außerdem zum Verhältnis der Reichsstadt zu seinem östlichen Anrainerstaat: Wolfgang Wüst, Kurbayern und seine westli-

Es scheint, als hätte sich die vermittelnde Rolle der Reichsorgane zwischen den Fuggern und den Augsburger Geschlechtern auch über das 16. Jahrhundert hinaus fortgesetzt. So konnte jedenfalls Georg Fugger (1577-1643) als Landvogt in Schwaben gepfändeten Besitz der Familie Rehlinger 1631 in der bischöflichen Straßvogtei nur mit Hilfe des Reichspfennigmeisteramts seinem Besitz angliedern. Georg Fugger teilte jedenfalls in dieser Angelegenheit dem Augsburger Rat zur Zeit der Stadtpflegerschaft Bernhard Rehlingers mit: *Solle denen herren darauf nit verhalten, daz ich* [Georg Fugger] *eben im werckh bin, crafft tragender kays. commission alle vnnd jeden herren Marx Conradt vom Rehelingen haab vnnd güetter, vnnd waß darzue gehörig, zueübernemmen.* Die Rehlinger weigerten sich allerdings, zu ihrem Bobinger Besitz die Schlüssel auszuhändigen, so daß es Georg Fugger nur dank seiner Beziehungen zum Reichspfennigmeister gelang, die Augsburger Steuerherren Jakob Rembold und Daniel Stetten in Aussicht auf Reichssteuerreduzierung zu einer tatkräftigen Mithilfe bei der Gütertransferierung zu bewegen. *Sobald mir nur ermelte schlissel zue der Rehlinischen behausung gelifert werden, [...] will ich mich alßdan auf der herren begeren* [Augsburger Steuerherren] *vnverlangt also erhörenn vnnd verhaltenn, daß es ihnen zue guetem beniegen vnnd gefallenn geraichen wirdt.*[65]

4. Zusammenfassung

Die Diskrepanz zwischen inner- und außerstädtischer Akzeptanz und Wertschätzung der Augsburger Fugger wirft Probleme auf, deren Lösungen wahrscheinlich weniger – wie in der älteren Forschung geschehen – in der Augsburger Stadtgeschichte als vielmehr in der gesamteuropäischen Veränderung der reichsstädtisch-fürstenstaatlichen Rahmenbedingungen während des 16./17. Jahrhunderts, in der Reichsgeschichte und in den Außenverflechtungen der Augsburger Oligarchie zu suchen sind. Gerade die Wertungen in der Gattung Reiseliteratur wurden von den meist eiligen Beobachtern von vorgeprägten Meinungen beherrscht, die in der Frühneuzeit in zunehmendem Maße an den Fürstenhöfen ausreiften. So ist die Untersuchung Peter Steuers[66] in diesem Zusammenhang sicher aufschlußreich, wenn er zwischen 1500 und 1620 maßgeblichen Einfluß der Fugger an den Höfen

---

chen Nachbarn. Reichsstadt und Hochstift Augsburg im Spiegel der diplomatischen Korrespondenz, in: ZBLG 55 (1992), S. 255-278.
[65] StadtAAug, Reichsstadt, Fugger 1522-1681, Schreiben Georg Fuggers aus Bobingen vom 7.11.1631.
[66] Peter Steuer, Die Außenverflechtung der Augsburger Oligarchie von 1500-1620. Studien zur sozialen Verflechtung der politischen Führungsschicht der Reichsstadt Augsburg (Materialien zur Geschichte des Bayerischen Schwaben, Bd. 10), Augsburg 1988, S. 81-146.

zu Wien, Prag, Innsbruck und München konstatierte. Zu dieser Gruppe zählten Marx Fugger (1564-1614), der Neffe des gleichnamigen Augsburger Stadtpflegers, als Präsident des Reichskammergerichts, Kämmerer unter Erzherzog Ernst und Hofrat bzw. Pfleger unter Herzog Maximilian I. v. Bayern, Georg Fugger (1577-1643) als Landvogt in Schwaben oder Georg Fugger d.Ä. (1560-1634) als Reichshofratsvizepräsident und kaiserlicher Orator in Venedig. Sie und andere Mitglieder des Hauses Fugger sorgten für den hohen stadtübergreifenden Bekanntheitsgrad der Familie; doch finden sich auch andere Augsburger Patrizier und Kaufleute in angesehenen Reichsstellungen. So war Johann Baptist Weber als Reichsvizekanzler mit der Augsburger Patriziertochter Sibylla Langenmantel verehelicht, Daniel Rehlinger und Johann Chrysostomus Höchstetter waren Regimentsräte unter Erzherzog Ferdinand II. v. Tirol. Auch Georg Ilsung steigerte als Reichspfennigmeister ebenso wie sein Sohn Maximilian Ilsung – Neffe einer Rehlinger – als Reichshofrat in nennenswertem Maße den Bekanntheitsgrad seiner Familie. Hinzu trat der Einfluß der Frauen des Hauses Fugger von der Lilie, die europaweit in den niederen Adel und einflußreiche Kaufmanns- oder Patriziergeschlechter einheirateten, während Konnubien mit dem Hochadel sich auf Süddeutschland und Österreich beschränkten.[67] So dürfte weniger das verdienstvolle Wirken zahlreicher Exponenten auch anderer Augsburger Geschlechter in der außerfamiliären Rezeption die entscheidende Rolle gespielt haben. Kontinuität und hohe Intensität der Beziehungen zu Kaiser und Papst, wie sie die Fugger aufzuweisen hatten, waren da geeignetere Paare, um eine nachhaltig positive Rezeption zumindest in der altgläubigen Welt 'extra muros' zu erfahren.

---

[67] Martha Schad, Die Frauen des Hauses Fugger von der Lilie (15.-17. Jahrhundert): Augsburg-Ortenburg-Trient (Studien zur Fuggergeschichte, Bd. 31), Tübingen 1989, S. 16-24.

Die Ehre der Fugger.
Zum Selbstverständnis einer Familie

Dana Koutná-Karg

Ein abstrakter Begriff wie 'Ehre' erlaubt viele Konnotationen: in der Stadt des 16. Jahrhunderts mag es an die ehrliche Geburt, den ehrlichen Beruf oder gar die Mannesehre gemahnen. Worauf es hier ankommt, ist die 'Standesehre' und Ehre der Familie – als 'honor' oder 'decus' faßbar –,[1] so wie sie von den Fuggern verstanden wurde. Die Untersuchung gilt den verschiedenen Kommunikationsformen: der Selbstdarstellung durch äußere Erscheinung ebenso wie der symbolischen Verewigung durch Stammbücher oder Chroniken, insgesamt also der externalen Darstellung von internalen Werten. Schließlich soll die Frage gestreift werden, welche Reaktionen unter den Mitmenschen, die ja letztlich über die Ehre entscheiden, die Botschaft der Repräsentation hervorrief.[2]

---

[1] So das Epitaph des Marx Fugger, dazu Georg Lutz, Marx Fugger (1529-1597) und die "Annales Ecclesiastici" des Baronius, in: Baronio storico e la controriforma, Sora 1982, S. 431f. Das Titelblatt der Imagines Fuggerorum et Fuggerarum (1593) nennt programmatisch: *Fama, gloria, aeternitas*; ferner *virtus* und *honor*. Zur Ehre als 'Reputation' vgl. Friedrich Zunkel, Ehre, Reputation, in: Geschichtliche Grundbegriffe. Historisches Lexikon zur politisch-sozialen Sprache in Deutschland, hrsg. v. Otto Brunner u.a., Bd. 2, Stuttgart 1975, S. 1-63, bes. S. 5-17. Zur Ehre und den Kommunikationsformen als Forschungsüberblick Martin Dinges, Die Ehre als Thema der Stadtgeschichte. Eine Semantik im Übergang vom Ancien Régime zur Moderne, in: ZHF 16 (1989), S. 409-440, bes. S. 436f., und Elisabeth Wechsler, Ehre und Politik. Ein Beitrag zur Erfassung politischer Verhaltensweisen in der Eidgenossenschaft (1440-1500) unter historisch-anthropologischen Aspekten, Zürich 1991. Die Auffassung von 'honor' in politischer Sphäre beleuchtet Jean-Marie Moeglin, L'honneur des princes du saint empire (XIVe-XVe siècles), in: Journal des Savants (1992), S. 317-344.

[2] Den Ansatz der Semiotik bzw. des Strukturalismus' bei der Untersuchung von Kommunikationsprozessen faßt Umberto Eco, Semiotik. Entwurf einer Theorie der Zeichen, 2., korr. Aufl., München 1991, bes. S. 28-35, zusammen; ebd. S. 21f. auch zur Einbeziehung von Kommunikation in die Semiotik. Eine ergänzende Sichtweise sowie eine Literaturübersicht bietet Albert Müller, Mobilität-Interaktion-Kommunikation. Sozial- und alltagsgeschichtliche Bemerkungen anhand von Beispielen aus dem spätmittelalterlichen und frühneuzeitlichen Österreich, in: Kommunikation und Alltag in Spätmittelalter und Früher Neuzeit, hrsg. v. Harry Kühnel (Veröffentlichungen des Instituts für Realienkunde des Mittelalters und der Frühen Neuzeit,

I.

Zunächst ist zu fragen, wie sich die Fugger einschätzten. Gibt es dafür Selbstzeugnisse? Beispiele von Selbstzeugnissen, die Auskunft über die Einschätzung der eigenen Person oder des Familienverbandes in Augsburg oder außerhalb geben, sind nicht zu häufig. Außerdem bewegen sich die Selbstreflexionen auf unterschiedlichen Ebenen. Manches gibt Auskunft über die soziale Stellung, anderes über die Werte und Glaubenssätze eines Einzelnen. Da gibt es den vielzitierten Ausspruch Marx Fuggers: *Nichts Angenehmeres ist auf der Erd, als eine schöne Dama und ein schönes Pferd.* Daneben findet sich eine breite Palette an Wahlsprüchen oder Devisen: so *Gott gibt, Gott nimbt* von Hans Jakob Fugger oder *Stillschweigen stehet wohl an* des Anton Fugger.[3] Die Bitte Antons des Älteren um die Leihe von 7 Talern (1572) quittert der Bruder Philipp Eduard, es sei *nit fuggerisch, bettln, weil selben gotthablob genueg haben.*[4] Sahen sich die Fugger womöglich einfach als Fugger?

Eine ausgesprochen kryptische Aussage über die soziale Zugehörigkeit bilden die Anweisungen für die Begräbnisfeiern in den Testamenten seit Anfang des 16. Jahrhunderts: *wie mein und meinesgleichen stannd zuegehört.*[5] Georg Fugger verfügt über die Aussteuer der Töchter (1563): *das es auch sonnst undter dem adll*

Bd. 15), Wien 1992, S. 219-249. Hingegen wird im vorliegenden Beitrag nicht die Selbstdarstellung in Richtung phänomenologischer Sozialtheorie untersucht, dazu Hans-Georg Soeffner, Appräsentation und Repräsentation. Von der Wahrnehmung zur gesellschaftlichen Darstellung des Wahrzunehmenden, in: Höfische Repräsentation. Das Zeremoniell und die Zeichen, hrsg. v. Hedda Ragotzky, Horst Wenzel, Tübingen 1990, S. 43-63.

[3] Zum Wahlspruch von Marx Fugger vgl. Götz Frhr. von Pölnitz, Die Fugger, Frankfurt/M. 1960, S. 317. Die Devise von Hans Jakob enthält das Fuggersche Ehrenbuch: vgl. Nürnberg, Germanisches Nationalmuseum, 2 1668, Bg. 3731, Fuggersches Ehrenbuch, S. 11; zu Anton Fugger vgl. Götz Frhr. von Pölnitz, Jakob Fugger, Bd. 1: Kaiser, Kirche und Kapital in der oberdeutschen Renaissance, München 1949, S. 103. Dieser führte auf einer Schaumünze außerdem *Sera in fundo parsimonia*, vgl. die Abb. in: "lautenschlagen lernen und ieben": Die Fugger und die Musik, Anton Fugger zum 500. Geburtstag (Ausstellungskatalog), hrsg. v. Renate Eikelmann, Augsburg 1993, S. 129. Die gänzlich anders orientierten Wertvorstellungen seines Bruders Raymund kommentiert Götz Frhr. von Pölnitz, Anton Fugger, Bde. 1-3/1 (Studien zur Fuggergeschichte, Bde. 13, 17, 20, 22), Tübingen 1958-1971, und Götz Frhr. von Pölnitz, Hermann Kellenbenz, Anton Fugger, Bd. 3/2 (Studien zur Fuggergeschichte, Bd. 29), Tübingen 1986, hier Bd. 1, S. 348f.; zu weiteren Devisen vgl. Johann Veit Kull, Die Münzen des gräflichen und fürstlichen Hauses Fugger, München 1889, passim.

[4] Reinhard Hildebrandt, Die "Georg Fuggerischen Erben". Kaufmännische Tätigkeit und sozialer Status 1555-1600 (Schriften zur Wirtschafts- und Sozialgeschichte, Bd. 6), Berlin 1966, S. 41. Ebenso unterstrich Philipp Eduard, daß er *als Fugger* nicht wegen des Geldes heiraten müsse, vielmehr die Braut frei wählen könne (ebd., S. 41).

[5] Testament des Ulrich Fugger d.J. vom 14. Februar 1516: Die Fuggertestamente des 16. Jahrhunderts, hrsg. v. Maria Gräfin von Preysing (Studien zur Fuggergeschichte, Bd. 34), Weißenhorn 1992, S. 15.

*herkhumen unnd gepreuchig.*⁶ 1592 bezeichnen sich die Fugger: *burger zu Augsburg und Stend des römischen Reichs.* Im Ehrenbuch und in der Chronik werden Raymund, Anton u.a. als *guter bürgerlicher Herr* charakterisiert, doch in dem Entwurf des Ehrenbuchs korrigierte Hans Jakob ganz säuberlich die Titulatur der Elterngeneration von *edel und fest* zu *wohlgeboren*.⁷ Auf die scheinbaren Widersprüche hat schon Olaf Mörke hingewiesen und die Fugger als 'Sonderstruktur' apostrophiert.⁸ Wie sich die Fugger noch sahen, belegen schließlich die Prinzipien für die Erziehung der Söhne. Sie machen einen Wertewandel sichtbar. Am auffallendsten sind hier die Äußerungen Anton Fuggers: noch 1546 schreibt er, daß sie als *Männer mit Vermögen, ausgezeichnet durch alten Glauben* zu *salute e traquillità della christianità* erzogen werden sollen. 1550 bestimmt er, daß die Kinder reisen, studieren, fremde Sprachen lernen, ähnlich also wie seine Generation, darüberhinaus aber an den kaiserlichen oder königlichen Hof gehen, um sich dort für die Übernahme von Ämtern vorzubereiten.⁹ Um die Fragestellung noch etwas facettenreicher zu gestalten, ein weiterer Hinweis: 'Die Fugger' gab es letztlich nicht, vielmehr schon frühzeitig miteinander konkurrierende Familienzweige, bzw. seit 1575 sogar zwei Firmen,¹⁰ zudem den Gegensatz deren 'von der Lilie' zu den armen Verwandten 'vom Reh'.¹¹

---

6   Testamente vom 25. Oktober 1563: Die Fuggertestamente (Anm. 5), S. 175.
7   Fuggersches Ehrenbuch (Anm. 3). Zur Titelführung erschöpfend Gerhart Nebinger, Die Standesverhältnisse des Hauses Fugger (von der Lilie) im 15. und 16. Jahrhundert, in: Blätter des Bayerischen Landesvereins für Familienkunde 49 (1986), S. 261-276, bes. S. 269; speziell zu Marx Fugger, der städtische Ämter innehatte, G. Lutz, Marx Fugger (Anm. 1), S. 446f.
8   Olaf Mörke, Die Fugger im 16. Jahrhundert. Städtische Elite oder Sonderstruktur? in: ARG 174 (1983), S. 141-162.
9   Vgl. G. Frhr. v. Pölnitz, Anton Fugger (Anm. 3), Bd. 2,2, S. 160f. und S. 680, Anm. 2. Zur Ausbildung ferner G. Lutz, Marx Fugger (Anm. 1), S. 434. U.a. riet Hans Fugger Sohn Marx, er solle sich Ernst von Montfort zum Vorbild nehmen: *das ist ein Hofmann und kann dich in vielen sachen unterweisen* (FA 1.2.43, Brief vom 10. Oktober 1584). Ein naheliegender Grund für den Gesinnungswandel dürfte das Anwachsen der Familie gewesen sein, und die damit verbundene Knappheit an 'Arbeitsstellen' in der Firma. Einführend zur Diskussion über Wertevorstellungen in der Frühen Neuzeit vgl. Paul Münch, Grundwerte der frühneuzeitlichen Gesellschaft? Aufriß einer vernachlässigten Thematik, in: Ständische Gesellschaft und soziale Mobilität, hrsg. v. Winfried Schulze (Schriften des Historischen Kollegs. Kolloquien, Bd. 12), München 1988, S. 53-72, und Gotthard Frühsorge, Zum Wertekanon des Adels im Spieg alteuropäischer Ökonomieliteratur, in: Ständische Gesellschaft (Anm. 9), S. 95-112.
10 Zur Trennung beider Linien vgl. G. Lutz, Marx Fugger (Anm. 1), S. 452 und ausführlich zur Firma R. Hildebrandt, Die "Georg Fuggerischen Erben" (Anm. 4), S. 57-71. Einen Überblick über die wachsenden Unterschiede bei Besitzarrondierungen und Stiftungen bietet Franz Karg, Die Fugger im 16. und 17. Jahrhundert, in: "lautenschlagen lernen und ieben" (Anm. 3), S. 99-109.
11 Zu den ganz anders gearteten sozialen Beziehungen der Fugger vom Reh vgl. Katarina Sieh-Burens, Oligarchie, Konfession und Politik im 16. Jahrhundert. Zur sozialen Verflechtung der Augsburger Bürgermeister und Stadtpfleger 1518-1618 (Schriften der Philosophischen Fakultäten der Universität Augsburg, Bd. 29), München 1986, S. 92; eine reiche Stoffsammlung zu

II.

Einen Weg zur Klärung, ergänzend zu den Worten der Selbstreflexion, bietet die Untersuchung der Repräsentationsformen, der Handlungen ebenso wie Verhaltensweisen als nicht-sprachlicher Zeichen. Zunächst soll es um die ephemeren Formen, welche der Selbstdarstellung gegenüber den Zeitgenossen dienten, gehen: meist großes Publikum konnte wahrnehmen, wie die Fugger gesehen werden wollten. Die flüchtigsten aller Formen, die Gestik und Bewegung, müssen infolge mangelnder Nachrichten jedoch außer acht gelassen werden.[12]

Die Repräsentation der Familie gelang vorzüglich in Festen und Feiern.[13] So war ein Fest anläßlich einer Vermählung nicht nur eine willkommene Unterbrechung des Alltags. Zudem vertiefte es soziale Beziehungen, darüber hinaus ermöglichte es, öffentlich den Lebensstil zur Schau zu stellen. Allein schon aus kirchenrechtlichen Gründen waren die Hochzeiten ein öffentliches Ereignis. Zum Teil fanden sie auf städtischen Plätzen, wie dem Weinmarkt, oder Räumen, wie dem Tanzhaus, statt.[14] Außerdem war auch das Raumausgreifen bei solchen Anlässen durch Umzüge in die Kirche, Verköstigung oder Turnier ein deutliches Zeichen für die Würde der Familie und ihrer illustren Gäste. Die Prachtentfaltung in der Bekleidung, Dekoration, aber auch in der Auswahl an Speisen, diente vorrangig der Darstellung beider beteiligten Familien. Unterstrichen wurde dies durch die Einladungen, konkret den Rang und die Anzahl der Gäste. Nicht selten betont daher die Fuggersche Chronik, daß die Hochzeit im Beisein *etlicher fürsten und*

---

diesem Familienzweig listet auf Norbert Lieb, Die Fugger und die Kunst im Zeitalter der Spätgotik und frühen Renaissance (Studien zur Fuggergeschichte, Bd. 10), München 1952, S. 315-324.

[12] Über die jeweils standesgemäßen Manieren und Gebärden informieren nur die spärlich erhaltenen Anweisungen für die Präzeptoren, d.h. was das Einüben betrifft, z.B. FA 1.1.8 c 1/2, fol. 3 (um 1560). Zusammenfassend vgl. den Forschungsbericht zur Gestik von Jean-Claude Schmitt, Introduction and General Bibliography, in: Gestures, hrsg. v. ders., History and Anthropology 1 (1984), S. 1-23.

[13] Einführend zur fuggerischen Festkultur des 16. Jahrhunderts vgl. Dana Koutná-Karg, Feste und Feiern der Fugger im 16. Jahrhundert, in: "lautenschlagen lernen und ieben" (Anm. 3), S. 89-98. Erst nach Abschluß des vorliegenden Beitrags erschien "Kurzweil viel ohn' Maß und Ziel". Alltag und Festtag auf den Augsburger Monatsbildern der Renaissance, hrsg. v. Deutschen Historischen Museum Berlin, München 1994, wobei der Sammelband zu den hier untersuchten Fragen im wesentlichen wenig ergiebig ist.

[14] Nur ausnahmsweise fanden Hochzeiten außerhalb von Augsburg statt: teils aus geschäftlichen Rücksichten (Raymund Fugger zu Krakau, 1513), teils wegen der Dienstverhältnisse (Georg Fuggers Sohn Raymund zu Innsbruck, 1583). Hochzeiten einiger Töchter des Raymund Fugger in den 30er Jahren wurden möglicherweise wegen städtischer Restriktionen im Hinblick auf die Repräsentation bzw. während religiös gespannter Zeit in Schmiechen und Weißenhorn gefeiert.

fürstin stattgefunden habe.[15] Dies hatte wiederum den Ehrgeiz zur Folge, dem Rang der Gäste durch angemessenen Aufwand gerecht zu werden. Einen nachhaltigen Eindruck über die beabsichtigte Repräsentation vermitteln die Ausgaben für die fuggerischen Hochzeiten. Die Hochzeit Antons des Jüngeren (1591) kostete über 48.000 Gulden, selbst für die Fugger ein Spitzenwert.[16] Das bewog Marx Fugger, den Vater, in seinem Testament auf Sparmaßnahmen zu drängen, zumal der Aufwand *mehr spöttlich als ruemblich* sei.[17]

Soweit Informationen über Aufzüge anläßlich fuggerischer Feste vorliegen, verrät das Programm kaum Ambitionen zur Selbstdarstellung, jedenfalls nicht über die bloße Tatsache hinaus, daß sie stattfanden. In erster Linie sorgten sie für Unterhaltung, boten breiten Raum für ein ungezwungenes Verhalten. Eine Ausnahme mag hier Anton der Jüngere darstellen, der bei seiner Hochzeit als Hercules einritt: in einer beliebten Kostümierung und Symbolfigur des (Hoch-)Adels, namentlich der Habsburger.[18]

Nicht minder als eine Hochzeit oder Taufe war das bewußte Sterben und die nachfolgenden Zeremonien als Zeichen für die Würde des einzelnen und der Gesamtfamilie zu verstehen. Überdies betonte der Ablauf in der protestantischen Umgebung das Festhalten am alten Glauben. Die Repräsentationsformen reichen von der Anzahl der Fackelträger, über die Qualität des Sargs bis hin zur Ausschmückung der Kirche und der musikalischen Ausgestaltung der Messe. Eine herausragende Rolle kam wiederum dem gemeinsamen Speisen, dem Leichen-

---

15 Chronik der Familie Fugger, hrsg. v. Christian Meyer, München 1902, S. 43. Ein frühes Beispiel für hochrangige Gäste bietet die Hochzeit der Ursula Fugger (1503), bei welcher sich der Kaiser von Adolf von Nassau vertreten ließ, dazu G. Frhr. v. Pölnitz, Jakob Fugger (Anm. 3), Bd. 1, S. 142. Vereinzelt sind vollständige Teilnehmerlisten bzw. Listen der Absagen erhalten: so anläßlich der Vermählung von Jakob Fugger und Anna Ilsung 1570 (FA 1.2.21), Ursula Fugger mit Caspar von Meckau 1585 (FA 1.2.43), Christoph Fugger und Maria von Schwarzenberg 1589 (FA 1.2.44), Katharina Fugger und Ladislaus von Törring 1590 (FA 1.2.57), Philipp und Barbara Fugger 1594 (FA 1.2.36 und 37), Anna Fugger und Georg Konrad Törring 1602 (FA 1.2.57). Eine Liste der 'Entschuldigten' bei der Hochzeit von Barbara Montfort und Anton Fugger 1591 (FA 1.2.4 1/7). Von den Verlobungsfeiern scheint nur ein Verzeichnis (StadtAAug, Literaliensammlung, 15. Oktober 1586) überliefert worden zu sein, ansonsten sind sie chronikalisch faßbar, z.B. ebenfalls 1586 bei SStBAug, 2 Cod. S. 42, Georg Kölderer, Chronik, Bd. 4, fol. 70ʳ.
16 Zu den Kosten und Auflagen der Feste vgl. D. Koutná-Karg, Feste und Feiern (Anm. 13), S. 92. Zur Einschätzung der Kosten durch die Zeitgenossen als Qualitätsunterschied innerhalb der Augsburger Elite vgl. O. Mörke, Die Fugger (Anm. 8), S. 147.
17 Testament vom 4. Dezember 1592: Die Fuggertestamente (Anm. 5), S. 242. Eine reizvolle Aufgabe wäre, die unterschiedlichen Kosten der Raymund- und Anton-Linie zu untersuchen, sofern allerdings hierfür Quellen erhalten sind.
18 FA 1.2.28 1/3, S. 9. Zu Hercules vgl. Ulrike Knall-Brskovsky, Ethos und Bildwelt des Adels, in: Adel im Wandel. Politik – Kultur – Konfession 1500-1700 (Katalog des Niederösterr. Landesmuseums, N.F. 251), Wien 1990, S. 481-489, hier S. 486f.

schmaus, zu.[19] Eine sichtbare Würdigung als 'öffentliche Person' bekam Hans Fugger 1598 in Form eines 'Castrum doloris'.[20] Zusätzliches Gedenken an den Verstorbenen, aber wiederum eine Form der Repräsentation der gesamten Familie, bildeten die Almosen. Die Testamente zeugen von ungewöhnlich hohen Summen, häufig eintausend und mehr Gulden, die zumeist von den Verwandten zu verteilen waren, seltener dem städtischen Armensäckel zukamen.[21]

Eine eigene Kategorie der Selbstdarstellung bildet die Gruppe derjenigen Feste, die nicht anläßlich eines Familienereignisses, sondern für fremde Personen, Gäste der Reichsstadt etwa, von den Fuggern veranstaltet wurden. Seit dem zweiten Drittel des 16. Jahrhunderts künden etliche Festivitäten deutlich von der Verknüpfung der städtischen und fuggerischen Repräsentation, beispielsweise während des Besuchs der Wittelsbacher 1561. Das Bankett wurde von der Stadt im Hause von Marx Fugger ausgerichtet, ebenso noch ein Feuerwerk, ein Schwerttanz und ein Freudentanz. Hans Fugger sorgte hingegen für ein Fischerstechen in seinem Garten.[22]

Des weiteren ist es durchaus lohnend, auf die Zeichenfunktion von Festessen, Kleidung, Geschenken und Tierbesitz einzugehen. Als Bestandteil von Festen waren die Bankette bestens dafür geeignet, den Reichtum und die Macht des Gastgebers zu demonstrieren. Die Vielfalt und Menge, ebenso die Wahl der Rohstoffe von ausgezeichneter Qualität, z. B. italienische Weine, Zucker und Meerestiere (Austern, Garnelen), unterstrichen dessen soziale Stellung. Überdies belegten sie eine gut funktionierende Versorgung aus weit entfernten Ländern, was wiederum

---

[19] Einen knappen Überblick zum Thema Leichenschmaus bietet Ulrike Zischka, Der Leichenschmaus, in: Die letzte Reise. Sterben, Tod und Trauersitten in Oberbayern, hrsg. v. Sigrid Methken, München 1984, S. 224-226. Einen Überblick über den ritualisierten Umgang mit dem Tod bietet Beatrix Bastl, Der gezähmte Tod. Bemerkungen zu den Riten um Sterben und Tod im österreichischen Adel der frühen Neuzeit, in: Unsere Heimat 62 (1991), S. 259-269, speziell zur Familie Fugger S. 265 und 267.

[20] FA 1.2.19. Zur sprachlichen Funktion von 'öffentlich' vgl. Lucian Hölscher, Öffentlichkeit und Geheimnis. Eine begriffsgeschichtliche Untersuchung zur Entstehung der Öffentlichkeit in der frühen Neuzeit (Sprache und Geschichte, Bd. 4), Stuttgart 1979, S. 69 und 74f. Weiteres zu Exequien bei D. Koutná-Karg, Feste und Feiern (Anm. 13), S. 91f. Die Gesamtkosten für die nachfolgenden Arbeiten für das Epitaph und dergleichen belegen vereinzelte Rechnungen, so für Christoph Fugger 1580-1588 (FA 1.1.1n).

[21] Anton Fugger unterscheidet z.B. im Testament (22. März 1550) zwischen der städtischen und anderen Armenfürsorge, s. Die Fuggertestamente (Anm. 5), S. 115. Zusammenfassend zu Almosen Georg Simnacher, Die Fuggertestamente des 16. Jahrhunderts (Studien zur Fuggergeschichte, Bd. 16), Tübingen 1960, S. 84-94.

[22] Paul Hector Mair, Diarium von 1560-1563, hrsg. v. Friedrich Roth (Chroniken der deutschen Städte vom 14. bis ins 16. Jahrhundert, Bd. 33), Stuttgart, Gotha 1928, S. 117f. Einige Feste mögen auch den sozialen Ehrgeiz der Fugger unterstreichen. So vermerkt das Ehrenbuch zu Jakob dem Reichen, er habe zahlreiche Feste für die Stadt veranstaltet: Fuggersches Ehrenbuch (Anm. 3), S. 31.

ein gutes Zeugnis für die Firma abgab.[23] Die erhaltenen Bestellisten und Speisenfolgen lassen keine Zweifel daran, daß die fuggerischen Hochzeitsbankette erheblich über dem in Augsburg gewünschten Maß lagen. Auch ein Vergleich mit den Menufolgen bei Rumpolt zeugt von fürstlicher Prachtentfaltung.

Keinesfalls nur das Was, sondern auch das Wie gegessen wurde, gibt Auskunft über die Position des Gastgebers. Zu den distinktiven Merkmalen gehören genauso wie die Zubereitung auch das Anrichten. Ein weiteres repräsentatives Element waren somit Tischgeschirr, Bestecke, Tischwäsche.[24] Zudem ist die Tatsache bemerkenswert, daß an mehreren Tagen etliche Hundert Menschen verpflegt werden konnten und von einer ziemlichen Zahl Diener umsorgt wurden.[25]

Anläßlich des Auftritts in der Öffentlichkeit wurden hohe Beträge für die Kleidung aufgewendet. Die Bedeutung der kostbaren Kleidung belegen regelmäßig die

---

[23] Einen summarischen Überblick über die importierten Nahrungsmittel gibt Georg Lill, Hans Fugger (1531-1598) und die Kunst (Studien zur Fuggergeschichte, Bd. 2), Leipzig 1908, S. 23f., zur Selbstversorgung durch Gemüse (Artischocken u.ä.) vgl. Michel Montaigne, Journal de voyage en Italie, Paris 1930, S. 46. Weitere Beispiele für Versorgung bei Christina Dalhede, Zur Erforschung des Augsburger Metzgerhandwerks im 16. Jahrhundert, in: Scripta Mercaturae 24 (1990), S. 81-131, bes. S. 117. Zu ständisch gestaffelten Menufolgen vgl. Marx Rumpolt, Ein new kochbuch, Frankfurt/M. 1581, fol. 11^r-41^v. Festessen im städtischen Rahmen untersucht Gerhard Fouquet, Das Festmahl in den oberdeutschen Städten des Spätmittelalters. Zur Form, Funktion und Bedeutung, in: AKG 74 (1992), S. 83-123, zum luxuriösen Konsum bes. S. 121. Zu strukturalistischen Fragestellungen in bezug auf das Essen vgl. einführend Stephen Mennell, Die Kultivierung des Appetits. Die Geschichte des Essens vom Mittelalter bis heute, Frankfurt/M. 1988, S. 22-39, und Werner Enninger, Auf der Suche nach einer Semiotik der Kulinarien. Ein Überblick über zeichenorientierte Studien kulinarischen Handelns, in: Zeitschrift für Semiotik 4 (1982), S. 319-335. Zur Kritik der kommunikationsorientierten Forschungsansätze vgl. schließlich Waltraud Pulz, Nahrungsforschung, in: Wege der Volkskunde in Bayern, hrsg. v. Edgar Harvolk (Beiträge zur Volkstumsforschung, Bd. 23), München, Würzburg 1987, S. 217-238, hier S. 218-220.

[24] Den organisatorischen Aufwand für die Bereitstellung von Silbergeschirr belegen manche Anweisungen, etwa FA 1.1.13, fol. 105^r. Beispiele für das rangmäßig gestaffelte Servieren und Anrichten finden sich in etlichen Hochzeitsunterlagen, so 1578: Teller, Löffel und Gabel, Serviette für jeden Teilnehmer am Herrentisch und aus der Bürgerschaft (FA 1.1.13); Unterscheidung zwischen Silber und Zinn auch 1570 (FA 1.2.21), 1590 und 1602 (beide 1.2.57). Auf die ungewöhnliche Ausstattung und Bewirtung in fuggerischen Haushalten weisen wiederholt Reiseberichte hin, so der des Ritters Hans von Schweinichen (1575) bei Anton Stauber, Das Haus Fugger von seinen Anfängen bis zur Gegenwart, Augsburg 1900, S. 125ff.

[25] Beispiele für die Tafelzahl bei Hochzeiten enthalten vereinzelt Hochzeitsrechnungen und Berichte, z.B. zu den Festen von Jakob Fugger (1570: FA 1.2.21), Ursula Fugger (1585: FA 1.2.43). Bei Anton dem Jüngeren waren es 120 Tafeln pro Tag (1591), bei Octavian Secundus Fugger angeblich 200 Tafeln (1579), vgl. Chronik (Anm. 15), S. 74 und S. 54. Die Tafelzahl im fuggerischen Haushalt war gewöhnlich vier, so etwa bei Hans Fugger (FA 1.2.19, fol. 4^r). Die Anzahl der Diener bei Hochzeiten bewegte sich bei über Hundert, 1590 z.B. 176 Personen, das Küchenpersonal nicht mitgerechnet (FA 1.2.57).

Ausgaben bei Hochzeiten, ebenso die Inventare.[26] Die Distinktion von anderen Zeitgenossen erfolgte durch die Qualität des Materials und des Schnitts – besonders bei Kleidung nach spanischer Mode- und die Quantität des Schmucks sowie Accessoirs wie Borten, Goldknöpfe. Auf die Familienidentität verwies schließlich die Verwendung der Wappenfarben Blau und Gelb, sei es bei den Fastnachtskostümen oder auch der Ausstattung der Dienerschaft.[27]

Eine weitere Möglichkeit, den Stand sichtbar zu machen, bildete der Besitz von Tieren: Hunden, Vögeln und Affen, von Pferden ganz zu schweigen.[28] Bei Hunden handelt es sich nicht allein um Jagdhunde, die wiederum deutlich auf einen bestimmten, nicht städtischen Lebensstil hinweisen. Speziell Frauen besaßen unterschiedlich *hüntlin*.[29]

---

[26] Die Hochzeitsrechnung von Anton dem Jüngeren (1591: FA 1.2.28) dokumentiert, daß von 48.227 Gulden etwa ein Viertel auf die Kleidung entfiel, in der Rechnung des Hans Fugger (1604: FA 1.2.52) war es von 22.460 Gulden rund ein Drittel. Zur Anschaffung von Kleidung anläßlich von Trauerfeierlichkeiten vgl. Beatrix Bastl, Das Tagebuch des Philipp Eduard Fugger (1560-1569) als Quelle zur Fuggergeschichte (Studien zur Fuggergeschichte, Bd. 30), Tübingen 1987, S. 380ff., ferner das Nachlaßinventar des Philipp Eduard, S. 374ff. Die hervorragende Ausstattung für alle Anlässe dokumentieren auch weitere Inventare, so das von Octavian Secundus, dazu Karen Stolleis, Die Kleidung des Octavian Secundus Fugger (1549-1600) aus dem Nachlaßinventar von 1600/01, in: Waffen- und Kostümkunde 23,2 (1981), S. 113-131, oder von Maria Jakobäa, dazu dies., Kleider der Maria Jakobäa Fugger, in: Documenta Textilia. Festschrift für Sigrid Müller-Christensen, hrsg. v. Mechthild Flury-Lemberg, dies., München 1981, S. 357-370.

[27] Zur Funktion der Kleidung vgl. einführend Gerhard Jaritz, Kleidung und Prestige-Konkurrenz. Unterschiedliche Identitäten in der städtischen Gesellschaft unter Normierungszwängen, in: Saeculum 44 (1993), S. 8-31, zu Aspekten der Distinktion Martin Dinges, Der "feine Unterschied". Die soziale Funktion der Kleidung in der höfischen Gesellschaft, in: ZHF 19 (1992), S. 49-76. Ein anschauliches Beispiel für die Distinktion durch Kleidung zeigt der Augsburger Geschlechtertanz des ausgehenden 16. Jahrhunderts, mit fuggerischen Brautleuten (Barbara von Montfort und Anton der Jüngere Fugger), Abb. in: "lautenschlagen lernen und ieben" (Anm. 3), S. 191. Zur Farbwahl vgl. dort das Faschingskostüm des Hans Fugger von 1561, S. 87.

[28] Über den bloßen Kauf von edlen Pferden hinaus, befaßte sich namentlich Marx Fugger mit der Reiterei und der Pferdezucht. Seine Erfahrungen veröffentlichte er 1578 in Frankfurt in 'Von der Gestüterey'; dazu G. Lutz, Marx Fugger (Anm. 1), S. 462.

[29] Beispielsweise vermerkt eine Monatsrechnung von 1562 vier *hetzhund*, die von Prag transportiert wurden, ebenso wie den Unterhalt der Falknerei (BayStBM, Cgm 5081,1). Marx Fugger wurde 1584 gebeten, einen Wachtelhund *von guter maylendischer Art* abzurichten (FA 1.2.43), ein Jahr später wurden ihm Jagdhunde nach Wien nachgeschickt (FA 1.2.43). Weitere Hinweise auf Tierkäufe in England und Antwerpen bei Norbert Lieb, Die Fugger und die Kunst im Zeitalter der hohen Renaissance (Studien zur Fuggergeschichte, Bd. 14), München 1958, S. 401. Abbildungen etlicher Schoßhunde finden sich auf den Porträts. Rechnungen belegen zudem Geschenke dieser Art, z.B. werden 1604 zwei *französisch hündlin* von der Gemahlin des Christoph Fugger überbracht (FA 21.6c, fol. 142^r). Eine Voliere im Garten beschreibt M. Montaigne, Journal de voyage (Anm. 23), S. 46. Sowohl in der Schreibstube als auch in den Privaträumen hielt man vorzugsweise Kanarienvögel (z.B. FA 21.6a, fol. 73^v; 21.6c, fol. 72^r). Auf die Rolle von Vögeln, vor allem der Papageien, verweist Hermann Diener,

Im übrigen zählten die Tiere zu den respektablen Gaben, ebenfalls an Höhergestellte. Einen näheren Blick verdienen schließlich die Geschenke und ihre Rolle in der Selbstdarstellung. Einmal bewirkten sie als 'Verehrung' eine Verpflichtung, damit der Empfänger "desto fleißiger oder williger sei".[30] Zudem waren sie ein Zeichen der Dankbarkeit und Freundschaft, ebenso jedoch ein Hinweis auf die Macht des Schenkers. Gewichtet wurden die Geschenke nach dem Stand des Empfängers. Die fuggerischen Diener bzw. deren Frauen erhalten eine 'Verehrung' in Form von Stoff, einer Münze oder eines Geldbetrags. Zum Teil handelt es sich um eine zusätzliche Bezahlung oder Gehaltsaufbesserung. In jedem Fall galt es, das rechte Maß zu treffen.[31] Für die befreundeten Familien übergab man vorzugsweise bei Hochzeiten silbernes Trinkgeschirr.[32] Eine häufige Repräsentationsgabe waren Besteckgarnituren, bestehend aus Futteral mit Löffel, Gabel und anderem.[33] Stark persönlich gefärbt waren Geschenke mit dem Porträt des Schenkers oder seiner Familie: nicht allein Bilder, vielmehr auch die Porträtmedaillen. Eine freundschaftliche Gabe, wie es scheint von gleich zu gleich, waren Lebensmittel, vor allem Wild, ferner *indianisch Vogel*, Austern oder Zitrusfrüchte.[34]

Was für die Familie galt, galt genauso für die Repräsentation der Handelsfirma und deren Filialen: Die sog. goldene Schreibstube muß hier nicht weiter erwähnt werden. Die kostbare Ausstattung der Faktorei in Venedig war berühmt. Im Fondaco dei Tedeschi nahmen die Fugger die schönsten Räume ein, auf eigene Ko-

---

Die "Camera Papagalli" im Palast der Päpste. Papageien als Hausgenossen der Päpste, Könige und Fürsten des Mittelalters und der Renaissance, in: AKG 49 (1967), S. 43-97.

[30] N. Lieb, Die Fugger und die Kunst (Anm. 29), S. 142, mit einer breitgefächerten Übersicht der Geschenke zwischen den Jahren 1527-1554 (S. 142-146).

[31] Zur Einschätzung der Geschenke als Gehaltszahlung vgl. G. Frhr. v. Pölnitz, Jakob Fugger (Anm. 3), Bd. 2, S. 126. Über das rechte Maß sinnierte Hans Fugger (Kopierbuch von 1573 zum 2. und 7. Oktober: FA 1.2.6b), damit etwa nicht die Gabe wertvoller sei als die des Herzogs von Bayern. Für diesen Hinweis danke ich Prof. Krautwurst.

[32] Hiervon zeugen zahlreiche Rechnungen. Weit seltener sind die Hinweise auf die empfangenen Gaben, so die Zuordnung der Hochzeitsbecher im Inventar Jakob Fuggers von 1592 (FA 1.2.21, fol 1^v, 5^{r-v}); eine Liste der empfangenen Gaben des Octavian Secundus bietet Norbert Lieb, Octavian Secundus Fugger 1549-1600 und die Kunst (Studien zur Fuggergeschichte, Bd. 27), Tübingen 1980, S. 51f.

[33] 1603 an *welschen Naren* im Gefolge des Herzogs von Lothringen bestehend aus Futteral, einer Silberschale, einem Salzbüchse, einem Löffel, Gabel, Messer, Zahnstocher und einem Eierlöffel (FA 21.6b, fol. 136^r). Ähnliche Garnituren, freilich etwas wohlfeiler, gingen an Wöchnerinnen befreundeter Familien, so an die *Frau Rehlingerin* (ebd.).

[34] Hans Fugger läßt Porträts zum Verschenken kopieren, dazu G. Lill, Hans Fugger (Anm. 23), S. 130f.; zu Medaillen vgl. N. Lieb, Octavian Secundus (Anm. 32), S. 53f. Einen Querschnitt durch eßbare Geschenke bietet etwa die Rechnung des Marx Fugger von 1604 (FA 21.6c): 200 Austern erhielt Marquard von Königsegg (fol. 135^r), andere Personen zwei Puten (fol. 136^r) oder als 'Reiseproviant' einige Artischocken, Orangen, Granatäpfel und Zitronen (fol. 138^r, 143^r).

sten ließen sie sogar ihr Wappen an der Außenwand anbringen, zumal sie nach dem Brand des Fondaco ganz beträchtliche Summen für den Wiederaufbau investierten. Ähnliches über gute Repräsentation – gute 'PR-Maßnahmen' – läßt sich für Rom, wo bei päpstlichen Entrees eigene Triumphbogen aufgestellt wurden, ebenso wie für Antwerpen oder Spanien sagen.[35] Dabei gingen gelegentlich manche Faktoren etwas zu weit, wie etwa Kurz, der in Süditalien mit einem Gefolge aufzutreten pflegte. Die Firmenzugehörigkeit unterstrich im übrigen in angemessener Weise die Kleidung, oft in den Wappenfarben gehalten.[36]

III.

Zu eeren dem gantzen fuggerischen Namen oder *auf das die Fuggerisch Eer über lange jar und künfftig zeit in guter gedechtnus bleibe* oder zu den Kommunikationsformen, die der 'Verewigung' dienten.[37] Im Gegensatz zu den ephemeren Formen waren sie vielfach nur einem kleinen Publikum zugänglich (wie die Chronik etwa) oder aber sie blieben bis heute – wie die meisten Bauten – überaus sichtbar.

Zu den wichtigsten Zeugnissen dieser Art gehören das sog. 'Ehrenbuch' und die 'Fuggerchronik'. Der Anreger einer fuggerischen Familiengeschichte dürfte Raymund Fugger gewesen sein. Der eigentliche Fundator war jedoch sein Sohn Hans Jakob, der, wie es scheint, ein großes Bedürfnis hatte, das Herkommen der Familie aufzeichnen zu lassen, weit über das modische Maß der Zeit hinaus.[38] In

---

[35] Einführend zu den Niederlassungen und deren Ausstattung vgl. N. Lieb, Die Fugger und die Kunst (Anm. 29), S. 90-124 bzw. 378-387, speziell zu Venedig und Antwerpen auch G. Frhr. v. Pölnitz, Anton Fugger (Anm. 3), Bd. 1, S. 628ff. Nach wie vor unentbehrlich zur römischen Niederlassung Aloys Schulte, Die Fugger in Rom 1495-1523, Leipzig 1904, bes. S. 197-202. Den Triumphbogen und die Aufschrift erwähnt Clemens Sender, Chronik, hrsg. v. Friedrich Roth (Chroniken der deutschen Städte vom 14. bis ins 16. Jahrhundert, Bd. 23), Leipzig 1894, S. 103. Ein Inventar der spanischen Niederlassung von Medina del Campo publizierte Hermann Kellenbenz, Die Fugger in Spanien und Portugal bis 1560. Dokumente (Studien zur Fuggergeschichte, Bd. 33), München 1990, Nr. 91, S. 370-379. Zur Kleidung der Angestellten vgl. N. Lieb, Die Fugger und die Kunst (Anm. 29), S. 387.

[36] Durch die extravaganten Repräsentationsformen zeichneten sich einzelne fuggerische Diener aus wie Sebastian Kurz, dazu G. Frhr. v. Pölnitz, Anton Fugger (Anm. 3), Bd. 2,1, S. 152 oder die beiden Schwarz, vgl. August Fink, Die Schwarzschen Trachtenbücher, Berlin 1963.

[37] Auszug aus der Einleitung zum fuggerischen Ehrenbuch abgedruckt bei Georg Lill, Fuggerorum et Fuggerarum Imagines, München 1938, S. III.

[38] Zum Geschichtsinteresse Raymunds vgl. N. Lieb, Die Fugger und die Kunst (Anm. 29), S. 62, zu Hans Jakob vgl. Wilhelm Maasen, Hans Jakob Fugger (1516-1657). Ein Beitrag zur Geschichte des 16. Jahrhunderts, hrsg. v. Paul Ruf (Historische Forschungen und Quellen, Bd. 5), München, Freising 1922, bes. S. 59-73. Zu den Auftraggebern sowie der Entstehungszeit vgl. Götz Frhr. von Pölnitz, Clemens Jäger, der Verfasser der Fugger-Chronik, in: HZ 164 (1941),

der Einleitung des Ehrenbuchs schreibt er, daß er dafür vier Jahre Informationen gesammelt habe und das Ziel eben das erwähnte 'Verewigen' sei. Verfaßt wurde die Schrift von Clemens Jäger, der schon andere Werke dieser Art kompiliert hatte.[39] Entstanden ist es zwischen 1545 bis spätestens 1548. Das sog. 'Ehrenbuch' der Fugger, das in zwei Handschriften auf uns gekommen ist, umfaßt die Genealogie der männlichen Familienmitglieder, klar nach Linien getrennt. Der Text wurde in der Entwurfsfassung (Nürnberg) bis Anton Fugger ausgeführt, die eigentliche Prachthandschrift (Babenhausen) enthält Lebensläufe bis einschließlich Jakob den Reichen.[40] In dieser Handschrift folgen außerdem weitere Porträts mit den jeweiligen Wappen, bis ca. 1560, wobei allerdings die Wappenführung bei den früheren Generationen zweifelhaft ist. Eine Abteilung gehört der Linie vom Reh. Sie ist nur mit Wappen und äußerst knappen Titeln vertreten. So wird beispielsweise Andreas Fugger charakterisiert: *ist noch ledigen stands, wiewol redlich, aber der narunghalben gar nichts werdt*.[41]

Äußerlich unterscheidet sich das 'Ehrenbuch' durchaus von vergleichbaren Stammbüchern oder Genealogien Augsburger Geschlechter aus gleicher Zeit: es ist zwar nicht auf Pergament, wie das Pfistersche, doch die malerische Ausstattung mit Porträts, Wappen und Randleisten aus der Werkstatt von Breu übertrifft andere Exemplare an Qualität. So besitzt das Herwartsche Buch nur ansatzweise ganzseitige Abbildungen und relativ unbeholfenes Rankenwerk. Inhaltlich enthält das Fuggersche Buch ausführliche Biographien, die über das übliche Genealogiewerk hinausgehen. Die Darstellung beginnt mit der Ankunft von Hans Fugger in Augsburg. Im Gegensatz zu den Welsern werden keine ehrwürdigen, antiken Vorfahren erwähnt.[42] Deutlich findet all das Beachtung, was das Ansehen unter-

---

S. 91-101, bes. S. 93, und ders., Anton Fugger (Anm. 3), Bd. 2,2, S. 550-552 mit Teilabdruck der Lebensbeschreibung des Anton Fugger nach: Fuggersches Ehrenbuch (Anm. 3), S. 48.

[39] Hierzu gehören die Ehrenbücher der Herwart, Pfister und Rehlinger; vgl. Pius Dirr, Clemens Jäger und seine Augsburger Ehrenbücher und Zunftchroniken, in: ZHVSN 36 (1910), S. 1-32, bes. S. 15-19. Zu seiner Arbeit am Ehrenbuch des Hauses Österreich (BayStBM, Cgm 895/896) vgl. Friedrich Roth, Clemens Jäger, nacheinander Schuster und Ratsherr, Stadtarchivar und Ratsdiener, Zollnehmer und Zolltechniker in Augsburg, der Verfasser des Habsburgisch-österreichischen Ehrenwerks, in: ZHVSN 46 (1926), S. 1-75 und 47 (1927), S. 1-105. Einzelne Abb. auch in Welt im Umbruch. Augsburg zwischen Renaissance und Barock, Bd. 1: Zeughaus (Ausstellungskatalog), Augsburg 1980, S. 221-225. Zur Vorbildfunktion anderer Ehrenbücher vgl. G. Lill, Imagines (Anm. 37), S. IIIf.

[40] Von späterer Hand stammt *Genealogische Deduction der Herrn Grafen Fugger Weißenhorn-Kirchbergischen-Geschlechts bis auf izigen Zeiten* (Babenhausen), Fuggermuseum, Nr. 544, ab S. 226).

[41] Babenhausen, Fuggermuseum, Nr. 544, S. 407.

[42] Die Welser Chronik nennt Franciscus Belizarius als Vorfahren (SStBAug, 2 Cod. H 8), das Ilsungsche Wappenbuch enthält weit zurückreichende Urkunden (SStBAug, 2 Cod. Aug. 452). Die glorreichen Ursprünge wurden von den Fuggern nicht angestrebt, denn einerseits war dies kaum notwendig, obendrein wäre es wegen des allen bekannten, kurzen sozialen Aufstiegs auch nicht möglich gewesen.

streicht; nämlich aus guten Familien stammende Ehepartner, Ausbildungsweg, Erwerb von Besitz und dessen Ausbau. Eine besondere Aufmerksamkeit erfährt überdies das gute Sterben.

Das zweite Werk, das der Verewigung von Fuggerscher Ehre dienen sollte und ebenfalls von Hans Jakob angeregt wurde, ist die Fuggerchronik. Begonnen wurde sie ebenfalls durch Clemens Jäger, was aus den textlichen Übereinstimmungen mit dem Ehrenbuch ersichtlich ist. Wer sie freilich nach dessen Tod 1561 bis ungefähr 1600 fortgeführt hat, ist nicht zu beantworten.[43] Geplant war die Chronik möglicherweise als eine Art Jubiläumswerk anläßlich der Bürgerrechtsverleihung an die Fugger.[44] Überliefert ist sie in zahlreichen Abschriften, wovon nicht wenige Exemplare vermutlich auch als repräsentatives Geschenk weitergereicht wurden.[45] Zumindest zwei Überlieferungsstränge lassen sich ausmachen: eine Variante der Chronik, wohl die ältere, enthält als eigenen Abschnitt eine Zusammenfassung der Gebietserwerbungen, als *Recapitulatio* gekennzeichnet. In der jüngeren entfiel dieser Teil.[46]

Indirekt erhielten die Fugger eine weitere Darstellung in dem gleichfalls von Hans Jakob Fugger angeregten Habsburgisch-österreichischen Ehrenwerk. In die Habsburgische Geschichte sind einzelne Ereignisse der Familie miteingeflochten, einige Besitzungen gar bildlich festgehalten.[47]

Dem Standesbewußtsein kamen schließlich das *Verzeichnuß waß für Geschlechter, Grafen vndt Freyherrn, auch sunst fürneme Personen [...] verheurat* ebenso wie weitere genealogische Arbeiten des ausgehenden 16. Jahrhunderts entgegen.[48]

---

43 Zum Autor der Fortsetzung G. Frhr. v. Pölnitz, Clemens Jäger (Anm. 38), S. 100, Anm. 2.
44 G. Frhr. v. Pölnitz, Clemens Jäger (Anm. 38), S. 100.
45 So das Exemplar des Pfalzgrafen Philipp Wilhelm (BayStBM, Cgm 3138), ferner das Innsbrucker Exemplar, dazu G. Frhr. v. Pölnitz, Clemens Jäger (Anm. 38), S. 98. Die Übersicht über die Überlieferung der Fuggerchronik bei Norbert Lieb, Die Fugger und die Kunst im Zeitalter der Spätgotik und frühen Renaissance (Studien zur Fuggergeschichte, Bd. 10), München 1952, S. 299f., läßt sich noch um folgende Exemplare ergänzen: Studienbibliothek Dillingen, Hs. 144, BayStBM, Cgm 2276, 2278, 3138; zusammen mit einer Kompilation des 18. Jahrhunderts StadtAAug, Schätze 198.
46 Zur Recapitulatio G. Frhr. v. Pölnitz, Clemens Jäger (Anm. 38), S. 99, Anm. 1.
47 Original der Prachthandschrift BayStBM, Cgm 895 und 896, schmucklose Abschriften Cgm 898-900b. Cgm 896 enthält u.a. den Erwerb von Kirchberg und Weißenhorn durch Jakob den Reichen (fol. 226ʳ), Bericht über die Geschenke einer ungarischen Gesandtschaft (fol. 244ʳ). In der Druckfassung 'Spiegel der Ehren des Erzhauses Österreich' (Nürnberg 1668) beschreibt dann ein kleiner Absatz *die Fuggerische Stammstiege zum Ehrenthron*, der Aufstieg über fünf *gradus* oder *Stammstufen* und jede *sie in höheren Stand erhoben* (S. 785). Zur Rolle der Historiographie für die Familienidentität vgl. Jean-Marie Moeglin, Dynastisches Bewußtsein und Geschichtsschreibung. Zum Selbstverständnis der Wittelsbacher, Habsburger und Hohenzollern im Spätmittelalter, in: HZ 256 (1993), S. 593-635.
48 Hiervon sind verschiedene Exemplare erhalten, z.B. FA 3.6, und BayStBM, Cgm 3139, weitere Genealogien finden sich in BayStBM, Cgm 2279 (bis ca. 1618), BayHStA, Personenselekt

Die Ehre der Fugger

Neben diesen langfristigen Gesamtdarstellungen der Herkunft und des Aufstiegs gehören zu den Zeugnissen von Selbstdarstellung Erinnerungen und Nachrichten über oder an das Ephemere, namentlich die Festbeschreibungen oder Gelegenheitsdichtungen. Die fuggerischen Studenten besaßen, wie es scheint, keine Stammbücher, obgleich sie sich wiederholt in solche eintrugen. Von ähnlicher Form, jedoch anderer Funktion, ist das Willkommbuch. Hans Fugger erwarb 1585 für das Schloß Kirchheim einen Willkommbecher, ein Straußenei mit ziseliertem Fuß. Sein Sohn Marx legte das erwähnte Buch an, das bis 1626 fortgeführt wurde. Es soll die vielfältigen Besucher und wahrscheinlich sehr fröhliche Feste festhalten, wie einige der ausgelassenen Einträge nahelegen.[49] Neben diesem eher ungewöhnlichen, aber schlichten Erinnerungsstück an Feste gab es weit repräsentativere Produkte. In erster Linie seien hier die Hochzeitsgedichte[50] erwähnt, die sich vor allem durch ein gediegenes Latein und einen exaltierten panegyrischen Stil auszeichnen. Gleichwohl ist deren bloße Existenz ein Zeichen für sich, Lob der beiden Familien, deren Mitglieder vorzugsweise Heroen sind. Das älteste gedruckte Exemplar verfaßte der 'poeta laureatus' Mameranus anläßlich der Hochzeit der Katharina Fugger, weitere stammen aus den Siebziger Jahren.[51] Eine sehr massive Variante davon sind Tische mit Marmorplatten mit darauf eingravierten Panegyriken.[52] An einzelne Ereignisse erinnerten auch Gedenkmünzen.[53] Eigentliche Festbeschreibungen, ob schriftlich oder bildlich, haben sich dagegen recht sporadisch

---

cart. 91,1, und StadtAAug, Schätze 114 (Text aus dem 17. Jahrhundert). Vollkommen anderen Bedürfnissen entsprangen die aus etwas jüngerer Zeit häufig überlieferten genealogischen Tabellen. Sie dienten vornehmlich dem Nachweis einer standesgemäßen Herkunft für die Aufnahme in Stifte u.ä.

[49] Wolfgang Klose, Corpus Alborum Amicorum. Beschreibendes Verzeichnis der Stammbücher des 16. Jahrhunderts (Hirsemanns bibliographische Handbücher, Bd. 8), Stuttgart 1988, passim, erfaßt die Einträge bis 1573. Zum Willkommbuch vgl. Georg Lill, Das Willkommbuch des Grafen Markus Fugger des Jüngeren zu Kirchheim, in: Hermann Grauert zur Vollendung des sechzigsten Lebensjahres, hrsg. v. Max Jansen, Freiburg 1910, S. 260-283.

[50] Zu Hochzeitsgedichten vgl. einführend Karl Vocelka, Habsburgische Hochzeiten 1550-1600. Kulturgeschichtliche Studien zum manieristischen Repräsentationsfest (Veröffentlichungen der Kommission für neuere Geschichte Österreichs, Bd. 65), Wien, Köln, Graz 1976, S. 39f., und Juliane Fuchs, Wünsche und Glückwünsche. Gelegenheitsgedichte zur Hochzeit vom 17. bis zum 19. Jahrhundert, in: Über die Ehe. Von der Sacheehe zur Liebesheirat, hrsg. v. Ursula Rautenberg, Schweinfurt 1993, S. 98-102.

[51] Nicolaus Mameranus, Epithalamium [...] Augustae in nuptiis 7. Idus Ianuarii celebratis, Augsburg 1553. Weitere Drucke beziehen sich auf Hochzeiten der Jahre 1570, 1573, 1578, 1579, 1585, 1589, 1591, 1594.

[52] Vgl. Dorothea Diemer, Hans Fuggers Sammlungskabinette, in: "lautenschlagen lernen und ieben" (Anm. 3), S. 13-32, hier S. 31, Anm. 20. Erhalten haben sich zudem Lobgedichte für Marx Fugger (BayStBM, Clm 10785), von den Schülern bei St. Anna für Hans Jakob Fugger (BayStBM, Clm 711).

[53] So die Sterbemedaille für Jakob den Reichen und die Brautwerbungsmedaille Georgs II. in: "lautenschlagen lernen und ieben" (Anm. 3), S. 128, 133.

erhalten und gedruckt wurden sie, soweit bekannt, nicht.[54] Zur Gelegenheitsdichtung und Festerinnerung lassen sich schließlich die von den Fuggern in Auftrag gegebenen oder empfangenen Musikstücke hinzuzählen.[55] Bedeutsam als Zeremoniellaufzeichnungen, indes nur für den internen Gebrauch, sind die Memoriale anläßlich der Exequien, *in Eventum, wo sich in kunfftig dergleichen Todfell begeben, das man sich in allem desto richtiger wiß zuverhallten.*[56]

Den Willen zur langfristigen Repräsentation spiegeln die Porträts auf Leinwand oder Medaille wider. Eine Mischung aus schriftlicher und bildlicher *gedechtnus* bilden die 'Imagines Fuggerorum et Fuggerarum' des Dominikus Custos. Eine rein bildliche Parallele stellen hingegen die Ahnengalerien dar, die heute auf Schloß Babenhausen oder Kirchheim erhalten sind.[57] Vermißte man noch in den Darstellungen des Ehrenbuchs weitgehend die Ähnlichkeit, so wird sie nunmehr von entscheidender Bedeutung. Hans Fugger, der viele Bilder in Auftrag gab, suchte einen Porträtisten unter folgender Bedingung: *Ich het gern ein guten Conterfetter, ob er schon sonst mit malen nit kunstreich, wann er nur mit Conterfettung ain maister wer.*[58]

Die Darstellungsform war ein Indiz für das Standesbewußtsein: vorrangig die Körperhaltung, der Ausschnitt, nach Möglichkeit auch der Künstler. Angemessene Bildform findet sich z.B. schon bei den Porträts von Christoph und Hans Jakob Fugger aus dem Jahr 1541. Die Kleidung ist wertvoll, hinter dem Porträtierten hängt ein seidener Vorhang, Accessoirs wie Degen und Handschuh unterstreichen den hohen Stand.[59]

---

[54] Das wichtigste Beispiel ist eine anonyme Festbeschreibung von 1591 (FA 1.2.28 1/3), von den zahlreichen Turnieraufzügen hat sich etwa ein Fragment von 1594 erhalten (Babenhausen, Fuggermuseum), Abb. in: "lautenschlagen lernen und ieben" (Anm. 3), S. 86. Weitere Hinweise bei D. Koutná-Karg, Feste und Feiern (Anm. 13), S. 94.

[55] Vgl. die Übersicht bei Franz Krautwurst, Die Fugger und die Musik, in: "lautenschlagen lernen und ieben" (Anm. 3), S. 41-48, hier S. 47f.

[56] Auf dem Einband des Memorials für Magdalena Freiin von Königsegg von 1597 (FA 1.1.8a).

[57] Zu der im späten 16. Jahrhundert angelegten Porträtserie in Babenhausen vgl. N. Lieb, Die Fugger und die Kunst (Anm. 29), S. 256. Eine zweite, kleinformatige befindet sich im Fuggermuseum daselbst. Zu der Bildnisreihe aus der Zeit Hans Fuggers auf Kirchheim vgl. G. Lill, Hans Fugger (Anm. 23), S. 135, zu ähnlichen Aufträgen von Octavian Secundus vgl. N. Lieb, Octavian Secundus (Anm. 32), S. 78f.

[58] G. Lill, Hans Fugger (Anm. 23), S. 31.

[59] Zu den beiden Porträts von Amberger vgl. Kurt Löcher, Christoph Amberger, in: Welt im Umbruch. Augsburg zwischen Renaissance und Barock, Bd. 3: Beiträge (Ausstellungskatalog), Augsburg 1981, S. 134-150, bes. S. 145 und Abb. 13, zum zeitgleichen 'Hofporträt' in Ganzfigur des Georg Fugger von Jakob Seisenegger vgl. ebenfalls Kurt Löcher, in: Welt in Umbruch. Augsburg zwischen Renaissance und Barock, Bd. 2: Rathaus (Ausstellungskatalog), Augsburg 1980, Nr. 477, S. 129. Auf die Bildnismalerei in ihrer repräsentativen Funktion geht ein Sabine Fellner, Das adelige Porträt. Zwischen Typus und Individualität, in: Adel im Wandel (Anm. 18), S. 499-508.

Die 'Conterfett' in Kleinstformat waren demgegenüber die Medaillen. Sie sind seit Jakob dem Reichen belegt. Unterschiedliche Bedürfnisse und Interessen dürfte die Tatsache andeuten, daß von Raymund an die 13 Medaillen, von Anton lediglich sechs bekannt sind. Im übrigen signalisiert die Kleidung ähnlich wie bei den Porträts seit den 40er Jahren ein verändertes Selbstbewußtsein.[60]

Pantaleon rühmt die Fugger als *mecenates* und lobt ihre *wohlgerüste liberey, so ander in Europa übertroffen*, ein zeitgleiches Gedicht preist *Fuggeri, musarum portus*.[61] Die Förderung von Gelehrten und Künstlern legt nicht allein beredtes Zeugnis von Bildung und finanziellen Möglichkeiten ab, sondern verewigt dank der 'captatio benevolentiae', eines Wappens oder auch einer Gelegenheitsdichtung den betreffenden Förderer, seinen guten Geschmack.[62] Die Patronage hatte dennoch auch ihre Schattenseiten, denn viele der Geförderten, besonders hoffnungsvolle junge Leute, wanderten von den Fuggern ab. Ein markantes Beispiel ist hierfür Jacopo Strada.[63]

Neben der reinen Liebhaberei kamen die Sammlungen und Bibliotheken vorzüglich den Repräsentationszwecken entgegen. Der Wunsch nach Anerkennung, zugleich Abgrenzung von ehrwürdiger Tradition des Adels, durch Anknüpfen an eine noch ältere, mag hier genauso eine Rolle gespielt haben wie das Vorbild Italien mit seinen Kunstkammern.[64] Zu beobachten ist ferner eine Konkurrenz der Sammler beider Familienlinien untereinander, indes auch gegenüber dem Herzog von Bayern.[65]

---

[60] Einführend vgl. J. V. Kull, Die Münzen (Anm. 3); einen Querschnitt mit Abbildungen s. im Katalog "lautenschlagen lernen und ieben" (Anm. 3), mit Beiträgen von Gerlind Werner (Nr. 9-20, S. 128-139).

[61] So Heinrich Pantaleon, Teutscher Nation Heldenbuch, Basel 1570, S. 314, sowie der Lob der Bibliothek im Hochzeitsgedicht von Thomas Stanger und Johannes Geilkirchner, Bologna 1570.

[62] Zu Widmungen G. Lutz, Marx Fugger (Anm. 1), S. 442. Beispiele abgedruckt bei Paul Lehmann, Eine Geschichte der alten Fuggerbibliotheken, 2 Bde. (Studien zur Fuggergeschichte, Bd. 13 und Bd. 15), Tübingen 1956 und 1960, hier Bd. 2, S. 3-40. Vgl. auch den Beitrag von Markus Völkel zur Panegyrik in diesem Band.

[63] Dirk Jakob Jansen, The Instruments of Patronage. Jacopo Strada at the Court of Maximilian II., in: Kaiser Maximilian II. Kultur und Politik im 16. Jahrhundert, hrsg. v. Friedrich Edelmayer (Wiener Beiträge zur Geschichte der Neuzeit, Bd. 19), München 1992, S. 182-202, hier S. 184. Weiter lassen sich einzelne Musiker (an Hohenzollern, Nürnberg) oder Künstler (wie Sustris an den Herzog von Bayern) anführen.

[64] Zu den Sammlungen vgl. als Überblick Hermann Kellenbenz, Augsburger Sammlungen, in: Welt im Umbruch, Bd. 1 (Anm. 39), S. 76-88, bes. S. 77-84. Zu der repräsentativen Ausstattung der Sammlungsräume D. Diemer, Sammlungskabinette (Anm. 52), S. 21-26; die Antikensammlung untersucht Renate von Busch, Studien zu deutschen Antikensammlungen des 16. Jahrhunderts, Diss. Tübingen 1973, bes. S. 88-99, dort auch Hinweise auf die Reaktionen der Zeitgenossen, die nicht immer positiv waren, S. 98f. Zu den Buchbeständen umfassend Paul Lehmann, Fuggerbibliotheken (Anm. 62).

[65] Zur Konkurrenz einzelner Familienmitglieder vgl. H. Kellenbenz, Sammlungen (Anm. 64), S. 79, auf die Unterschiede zwischen Raymund und Anton in den Bibliotheksbeständen verweist

Die Stiftungen waren als Vorsorge für das Jenseits und Gedenken an den Verstorbenen ersteinmal gemeinsame Institutionen beider Linien. Das bekannteste Beispiel ist die bis heute existierende Fuggerei. Waren sie zunächst für die Augsburger Mitbürger gedacht, dehnte sich zunehmend der Personenkreis aus. Das von Anton Fugger gegründete Spital in Waltenhausen zeigt die neue Ausrichtung: in der eigenen Herrschaft zum Wohl der Untertanen. Ursprünglich für Augsburg geplant, scheiterte es an dem Widerspruch der Stadt, die keine 'Fremden' dulden wollte. Ähnlich kam dem Wohl der Untertanen die Schulstiftung in Babenhausen entgegen, die freilich zudem für gebildeten Beamtennachwuchs sorgte.[66] Die wachsende Trennung zwischen den Anton- und Raymund-Nachkommen, das Bewußtsein von zwei Familienlinien, illustrieren weitere Stiftungen, z. B. das von Marx Fugger gestiftete Dominikanerkloster in Kirchheim (1601), welches überhaupt die einzige Klostergründung in einer fuggerischen Herrschaft war. Darüber hinaus bevorzugte die Antonlinie die Orgelstiftungen. Die Raymundlinie unterstützte hingegen das Jesuitenkolleg in Augsburg.[67]

Schließlich zählen zu den Äußerungen, die offenkundig und bis heute von der *Eer des fuggerschen Stammens* zeugen, die Baumaßnahmen. Den sozialen Aufstieg dokumentieren recht plastisch die Umzüge innerhalb der Stadt, bis hin zu den Fuggerhäusern auf dem Weinmarkt mit italienisch angehauchten Innenhöfen und modisch ausgestatteten Innenräumen. Spektakuläres Wahrzeichen bildete das von Jakob Fugger angebrachte Kupferdach.[68] Die nachfolgenden Generationen investierten bemerkenswerte Summen für den Ausbau von Landsitzen. Teilweise ist dies als Zeichen der Resignation im Hinblick auf die Situation in der Reichsstadt zu verstehen. Raymund war wegen *des pawenslust* sprichwörtlich,[69] Anton stand kaum nach. Im Gegenteil: er schuf mit Babenhausen ein Novum – eine Schloßanlage mit Wällen, Bastionen und Grablege. Ein bemerkenswertes Bau-

---

P. Lehmann, Fuggerbibliotheken (Anm. 62), Bd. 1, S. 10-40. Zur Beziehung des Hans Fugger zu Herzog Albrecht vgl. G. Lill, Hans Fugger (Anm. 23), S. 167 und 172.

[66] Zum Spital in Waltenhausen, das im Fuggerschen Ehrenbuch (Anm. 3), S. 28 rühmend erwähnt wird, vgl. N. Lieb, Die Fugger und die Kunst (Anm. 29), S. 286-290; zur Schulstiftung Babenhausen ebd. S. 257. Als Überblick zu Kirchheim vgl. Ernst und Helmut Striebel, Geschichte des Marktes Kirchheim und seiner Ortsteile, Kirchheim 1990, S. 298-314.

[67] Über die Orgelstiftungen informiert F. Krautwurst, Die Fugger und die Musik (Anm. 55), S. 43f. Zur Förderung der Jesuiten von St. Salvator vgl. N. Lieb, Octavian Secundus (Anm. 32), S. 30f., und Die Jesuiten und ihre Schule St. Salvator in Augsburg 1582, hrsg. v. Wolfram Baer, Hans J. Hecker, Augsburg, München 1982, S. 17-22.

[68] Zu der Ansiedlung in 'bester Wohnlage' vgl. K. Sieh-Burens, Oligarchie, Konfession und Politik (Anm. 11), S. 106ff. Zu den Kupferdächern vgl. N. Lieb, Die Fugger und die Kunst (Anm. 45), S. 93.

[69] Fuggersches Ehrenbuch (Anm. 3), S. 46. Zu seinen Bauvorhaben N. Lieb, Die Fugger und die Kunst (Anm. 29), S. 27-40, und Klaus Merten, Die Landschlösser der Familie Fugger im 16. Jahrhundert, in: Welt im Umbruch, Bd. 3 (Anm. 59), S. 66-81, besonders zu dessen letztem Neubau Oberndorf S. 68.

Die Ehre der Fugger 103

werk verwirklichte Marx Fugger mit dem Neubau über mittelalterlichen Resten in Niederalfingen. Denkbar ist hier die Bemühung, eine Stammburg zu kreieren. Einen völligen Neubau anstelle einer abgebrochenen Burg errichtete ab 1578 schließlich Hans Fugger in Kirchheim.[70] Auf die Loslösung von Augsburg deuten seit der Zeit des Anton Fugger zudem die Grablegen als *Gedächtnus von stain oder metall*, nämlich in Babenhausen, Kirchheim und Wiblingen. Dadurch reagierten die Fugger auf die jeweilige religiöse Situation in der Reichsstadt, aber sie begründeten zugleich eine neue Tradition *sibi posterisque suis* und brachten ein neues Selbstgefühl zum Ausdruck, wenn sie sich an ihren Herrschaftssitzen begraben ließen.[71]

Abschließend sollen jedoch an dieser Stelle Bauwerke erwähnt werden, die nicht ausgeführt wurden. Sie zeugen von mißlungener Repräsentation. Die Fugger stießen zum jeweiligen Moment an die Grenzen ihrer Akzeptanz, die Selbstdarstellung hatte sich der Situation anzupassen. Jakob der Reiche bot sich beispielsweise an, den Umbau der Herrentrinkstube vorzunehmen, allerdings unter der Bedingung, daß sein Wappen an das Gebäude angebracht werden würde. Man lehnte dankend ab.[72] Jahrzehnte später plante Marx Fugger eine Reitbahn in Augsburg neben St. Anna anstelle des städtischen Ballhauses. Dieses Vorhaben wurde ebensowenig ausgeführt.[73] Vergleichbares läßt sich im übrigen auch beim Verhalten ausmachen. Mit das bekannteste Beispiel dürfte der Versuch Jakob Fuggers sein, so wie Jakob Villinger und Ambrosius Höchstetter für Karl V. ein Feuerwerk zu veranstalten. Städtischerseits stießen sie damit auf einen entschiedenen Widerspruch. 1578 war dagegen Anton der Ältere während seiner Hochzeitsfeierlichkeiten in wiederholte Rangstreitigkeiten mit adeligen Damen verwickelt. Erneut wurde das unziemliche Ansinnen von den in ihrem höheren sozialen Status 'Bedrohten' vehement zurückgewiesen.[74]

---

[70] Zu den Antonschen Bauten Babenhausen und der Wasserburg Glött vgl. K. Merten, Die Landschlösser (Anm. 69), S. 68f., und N. Lieb, Die Fugger und die Kunst (Anm. 29), S. 240-246. Zu Niederalfingen K. Merten, Die Landschlösser (Anm. 69), S. 72-75; zu Kirchheim ebd., S. 75-80, und G. Lill, Hans Fugger (Anm. 23), S. 86-127.

[71] Die Grablege in Babenhausen wird erstmals 1548 für die Ehefrau, anschließend für eine Tochter Antons benutzt (1549), dazu N. Lieb, Die Fugger und die Kunst (Anm. 29), S. 257, und G. Frhr. v. Pölnitz, Anton Fugger (Anm. 3), Bd. 3,1, S. 118 und 611 (zum Fragment der Stifterinschrift). Zu Kirchheim vgl. das Testament von Hans Fugger (1589) in: Die Fuggertestamente (Anm. 5), S. 193. Den Ausdruck *gedechtnus* verwendet Georg Fugger (1563), ebd., S. 169.

[72] Fuggersches Ehrenbuch (Anm. 3), S. 31.

[73] Vgl. Paul von Stetten, Geschichte der heiligen römischen Reichs freyen Stadt Augsburg, Bd. 1, Frankfurt, Leipzig 1743, S. 516, sowie G. Lutz, Marx Fugger (Anm. 1), S. 462.

[74] Zum Feuerwerk vgl. Wilhelm Rem, Chronik, hrsg. v. Friedrich Roth (Chroniken der deutschen Städte vom 14. bis ins 16. Jahrhundert, Bd. 25), Leipzig 1896, S. 109f., dazu O. Mörke, Die Fugger (Anm. 8), S. 147. Über das übersteigerte Selbstbewußtsein des Bräutigams berichtet Georg Kölderer, Chronik, Bd. 1 (SStBAug, 2 Cod. S. 39, fol. 9ʳ-10ᵛ), dazu auch K. Sieh-

IV.

Finanzielle Unternehmungen, Vorfinanzieren und der daraus resultierende Wohlstand ermöglichten den Fuggern einen sozialen Aufstieg, der in unterschiedlicher Weise für die Zeitgenossen sowie die Nachkommen sichtbar gemacht und festgehalten wurde: auf das *die fuggersche Eer in guter gedechtnus bleibe*. Wie reagierten die Zeitgenossen auf diese Mitteilungen, auf das Verhalten und die Zeichen?

Die auswärtigen Berichterstatter reagieren auf die Fugger und deren Verhalten durchaus positiv. In der Regel sind sie von deren Repräsentation beeindruckt. Die Fugger werden als reiche Kaufmannsfamilie akzeptiert, die Botschaft wohl wie erwünscht interpretiert.[75] Von Gelehrten werden sie gar den Medici gleichgestellt. Andererseits ruft ihr geschäftliches Verhalten, unter dem Begriff 'raffgierige Wucherer' summiert, durchaus heftige Abneigung hervor, wie etwa das Tagebuch von Wolfram von Waldeck belegt.[76] Einen besonderen Ausläufer des fuggerischen Ruhms bietet die Fabel von Montefiascone. Die Initialen vom Grabstein des 'Prälaten' werden selbstverständlich als Johannes Fugger aufgelöst. Die Geschichte kam vermutlich bereits im 16. Jahrhundert auf und wurde mit wissenschaftlicher Akribie 1680 widerlegt. Ohne großen Erfolg, denn sie ziert heute noch manch einen Reiseführer.[77] Die Reaktionen der Augsburger Zeitgenossen sind gemischt,

---

Burens, Oligarchie, Konfession und Politik (Anm. 11), S. 128. Vgl. außerdem Katharina Simon-Muscheid, Gewalt und Ehre im spätmittelalterlichen Handwerk am Beispiel Basels, in: ZHF 18 (1991), S. 1-31, hier S. 3.

[75] Dies belegen etwa die Reiseberichte des 16. Jahrhunderts, in Auswahl abgedruckt bei Hildebrand Drussler, Reisen und Reisende in Bayerisch-Schwaben, 2. Bde., Weißenhorn 1968-1974. Einen besonders überschwenglichen Bericht mit Lob der bürgerlichen Tugend verfaßte Beatus Rhenanus im März 1531, vgl. Briefwechsel des Beatus Rhenanus, hrsg. v. Adalbert Horawitz, Karl Hartfelder, Leipzig 1886, ND 1966, Nr. 274, S. 393f. Zu der bewußten/unbewußten kommunikativen Absicht und deren Interpretation U. Eco, Semiotik (Anm. 2), S. 41ff. Die Frage der Mobilität innerhalb der Gesellschaft erörtert Winfried Schulze, Die ständische Gesellschaft des 16./17. Jahrhunderts als Problem von Statik und Dynamik, in: Ständische Gesellschaft (Anm. 9), S. 1-17.

[76] 1534 vergleicht sie Melanchthon mit den Medici im Vorwort zu Apians Inscriptiones, Johannes Pierius Valerianus, im Vorwort zum zweiten Band von Hieroglyphica, Basel 1556, fol. 224ʳ, und Pantaleon, Heldenbuch (Anm. 61), S. 34. Wolrad von Waldeck, Tagebuch während des Reichstags zu Augsburg 1548, hrsg. v. Karl L. P. Tross (Bibliothek des Litterarischen Vereins in Stuttgart, Bd. 59), Stuttgart 1861, S. 27, etwas weiter zählen zu den Blutsaugern noch die Baumgart, Herbrot und *Goslei* (Gossembrot?), ebd. S. 34. Allgemein zu den Angriffen während des Monopolstreits vgl. Hermann Kellenbenz, Monopol, in: Handwörterbuch der deutschen Rechtsgeschichte 3 (Berlin 1984), Sp. 633-645, bes. Sp. 634f., und Wolfgang Zorn, Sozialgeschichte 1500-1648, in: Handbuch der deutschen Wirtschafts- und Sozialgeschichte, Bd. 1, hrsg. v. Hermann Aubin, Hermann Kellenbenz, Stuttgart 1971, S. 486-490.

[77] Johann Jakob Geysius, Fabula Montefiasconia, Altdorf 1680. Heute werbewirksam z.B. in Michelin, Italien, Clermont-Ferrand 1984, S. 130, aber auch Meyers Enzyklopädisches Lexikon, Bd. 16, Mannheim 1976, S. 465. Die historische Reiseliteratur erfaßt Claus Riessner,

schon eher negativ. Die Fugger frönen der Hoffahrt und stören mit ihrem Verhalten die hergebrachte Ordnung. Im übrigen werden die Fugger schärfer als andere Familien beobachtet. Zu fragen wäre, weshalb eigentlich, wenn die Welser über ähnliche Ressourcen verfügten. Weiter wäre zu fragen, wie nah oder fern die Beobachter der Kommunikationsprozesse sein müssen.[78] Einzelne Adelige reagieren auf die sozialen Aufsteiger ebenfalls nicht erfreut. Bemerkenswert ist in diesem Zusammenhang etwa die sehr späte Bestimmung des Grafen Hugo von Montfort bezüglich der Heiraten nur mit *bewährtem gräflichen Haus* (1652).[79] In beiden Fällen dürfte es sich bei der Kritik um einen Schutzmechanismus begründet mit völlig unterschiedlichen Wertvorstellungen handeln: finanziell konnten sie mit dem fuggerischen Lebensstil nicht mithalten, insofern erwies sich die Einschätzung 'verschwenderisch', daher unbürgerlich oder 'parvenuehaft', oder aber unadelig als zwingend. Die Unterdrückung oder Reglementierung funktionierte nur in Ausnahmefällen, führte seitens der Fugger zum Rückzug aus bestimmten (städtischen) Bereichen, was mithin wiederum als Provokation aufgefaßt wurde.[80]

Schließlich ist abzuwägen, ob sich Repräsentationsformen der Familie von der Firma trennen lassen. Genauer: diente die kostspielige Selbstdarstellung tatsächlich nur der Selbstdarstellung? War es nicht vielmehr häufig inszenierte Notwendigkeit, um die Finanzkraft der Firma mitzuteilen oder nachhaltig zu untermauern? So wie etwa der Auftritt Jakob Fuggers in Schmiechen 1509 oder das Fest anläßlich des Besuchs von Kardinal Luigi d'Aragona 1517.[81] Die demonstrative Präsenz

---

Viaggiatori tedeschi a Montefiascone e l'origine della leggenda dell'Est, Est, Est, in: Biblioteca e Società 4, 3-4 (1982), S. 3-14.

[78] O. Mörke, Die Fugger (Anm. 8), S. 146-152, vergleicht die Fugger und Welser anhand der Chroniken von Wilhelm Rem, Georg Preu und Clemens Sender. Als Auslöser für die Kritik sieht er unterschiedliche Werte der städtischen Gemeinschaft (ebd., S. 152). Ein zusätzlicher Vergleich mit anderen Reichsstädten wäre nötig, um den Mechanismus der Reglementierung oder Akzeptanz von sozialen Aufsteigern zu klären.

[79] B. Bastl, Das Tagebuch (Anm. 26), S. 299. Zu ähnlichen Abgrenzungstendenzen im 17. Jahrhundert vgl. Rudolf Endres, Adel und Patriziat in Oberdeutschland, in: Ständische Gesellschaft (Anm. 9), S. 221-238, bes. S. 233. Demgegenüber bürgten Hans und Philipp Eduard Fugger 1597 für die adelige Herkunft der Ursula geb. Villingerin Freiin zu Schönenberg, dazu G. Nebinger, Die Standesverhältnisse (Anm. 7), S. 274. Zudem vertraten (*repräsentieren*) einzelne Fugger anläßlich von Festlichkeiten abwesende hochgestellte Personen, so 1604 Philipp Eduard den Erzherzog Matthias während einer Hochzeit, dazu R. Hildebrandt, Die "Georg Fuggerischen Erben" (Anm. 4), S. 34.

[80] Zu dieser Doppelbindung O. Mörke, Die Fugger (Anm. 8), S. 149. Negative Reaktionen, wohl aus religiösen Gründen, finden sich etwa gegen Marx Fugger (1590), dazu Wolfgang Behringer, Hexen und Hexenprozesse, 2. Aufl. München 1993, S. 216; einführend zu ehrenrührigen Anschuldigungen vgl. Martin Dinges, Ehrenhändel als "kommunikative Gattung". Kultureller Wandel und Volkskulturbegriff, in: AKG 75 (1993), S. 359-393.

[81] Interpretation bei G. Frhr. v. Pölnitz, Jakob Fugger (Anm. 3), Bd. 1, S. 232f.; zu Schmiechen vgl. ebd. S. 234, zum Besuch des Kardinals S. 368. Als Beleg für die Solvenz wurde die St. Anna Kapelle gestiftet, s. ebd. S. 232f. Zur Funktion von Zeichen, die das 'Lügen' ermöglichen, U. Eco, Semiotik (Anm. 2), S. 89.

in Festen könnte zudem als Ausgleich für die teilweise deutliche Absenz in den städtischen Ämtern gedient haben. Andererseits ist fraglich, wieweit überhaupt das Interesse vorlag, sich in städtischen Ämtern zu betätigen. *Wegen Vielheit der obhandenen eigenen Geschäfte* will sich Marx Fugger mehrfach von den städtischen Ämtern entbinden lassen.[82]

Außerdem mag die aufwendige Repräsentation das Geschäft mit dem Kaiser und dem Adel erleichtert haben, das Geld wurde von einem ehrenwerten Kaufmann vorgestreckt; denn man sprach auch auf dieser Ebene die Sprache des Kunden. Andererseits dürfte die Übernahme von modischer Kleidung oder von Festformen ein Versuch von 'antizipatorischer Sozialisation' sein.[83] Hierzu gehört ebenfalls die eingangs erwähnte neue Einstellung zur Ausbildung. Ein vollkommener Verlust des kaufmännischen Wagemuts oder der Begabung für den Handel ging damit sicher nicht einher. Der Rückzug aus dem 'Gemeinen Handel' dürfte schon eher in den veränderten Ausbildungszielen bzw. begrenzten Möglichkeiten einer Karriere liegen. Im übrigen waren einige Fugger um 1600 weiterhin unternehmerisch tätig. Vielmehr lag das 'schicklichere' Verhalten, entsprechend der Selbsteinschätzung anderswo, nämlich im Mäzenatentum, Vermittlung von Kunstgegenständen, Künstlern, Musikern.[84] Im Falle der Fugger gelang das ehrgeizige Vorhaben eines sozialen Aufstiegs: kaum in das Augsburger Patriziat aufgenommen, löst sich die Familie nach dem Tod Anton Fuggers zusehens aus diesem aus. Sie stieg nunmehr in den Adel auf, zugleich war sie in den höchsten städtischen Ämtern vertreten, betrieb weiter eine Handelsfirma und hatte ihren Lebensmittelpunkt in Augsburg. Allesamt Lebensweisen, die von einem ganz besonderen Verständnis eigener Sonderstellung zeugen und durchaus mit der Devise *burger von Augsburg und stend des römischen reichs* im Einklang sind.

---

[82] G. Lutz, Marx Fugger (Anm. 1), S. 458.
[83] Zum Begriff vgl. Robert K. Merton, Social Theory and Social Structure, 3., erw. Aufl., New York 1968, S. 319-322.
[84] G. Frhr. v. Pölnitz, Die Fugger (Anm. 3), S. 316f., spricht nachgerade von Dekadenz und Abstieg, konträr dazu G. Lutz, Marx Fugger (Anm. 1), S. 454ff. Ein Zeichen wahrer und für einen Kaufmann verhängnisvollen Unflexibilität wäre das Festhalten an aussichtslosen Geschäftsformen. Ohnehin waren dem Zugang zum Geschäftsleben auch deshalb Grenzen gesetzt, weil die Firma nicht allen Mitgliedern der inzwischen reich verzweigten Familie ein Betätigungsfeld bieten konnte.

Der alte und der neue Adel.
Johannes Engerds panegyrische Symbiose von Fugger und Montfort

Markus Völkel

I.

In der Herzog August Bibliothek Wolfenbüttel findet sich, mit der persönlichen Signatur Lucas Geizkoflers, ein Druckwerk von 106 Seiten mit folgendem langatmigen Titel:

Epaenesis/Duarum Illustrium/Germaniae Familiarum, Domino/orum videlicet, Comitum Monfortio-/orum, et Fuggerorum, etc./ In Honorem/ Nobilissimi atque/ Magnificentissimi Almae/ Ingolstadiensis Academiae/ rectoris, D. Wolfgangi, Comitis de/ Montfort in Tetnang, Domini Brigantij, Argonae/ et Peckach, etc., ex multis fideque; dignis auctoribus/ conscripta, et in tres distinctae par-/tes; quarum/ I. Comitum Montfortiorum, etc. Familiae ipsius/ paternae res praeclarè gestas;/ II. Fuggerorum, Liberorum Baronum Kirchpergae et/ Weissenhorni, etc. Prosapiae maternae laudes;/ III. Acclamationem ad utramque Familiam continet:/ Auctore/ M. Ioanne Engerdo, Poeta/ Laureato, et Poetices in ea-/ dem Academiae celeberrima Professore/ Ordinario, etc./ Ingolstadii Ex Officina Weissenhorniana, apud Wolfgangum/ Ederum, Anno M.D.LXXIX.[1]

Lucas Geizkofler (Sterzing 1550 - Augsburg 1620), aus der zweiten Generation der bekannten Familie von Fugger-Faktoren, ist vor allem durch seine Autobiographie bekannt.[2] Er kann also durchaus als Träger eines historischen Gedächtnisses bezeichnet werden. Der Panegyricus des Ingolstädter Professors wird ihn an seine eigene bedeutende Rolle erinnert haben, die er als langjähriger Syndicus in den Rechtshändeln zwischen Montfort und Fugger spielte; genauer: in Prozessen zwischen den Neffen der Fugger-Familie.

---

[1] Herzog August Bibliothek Wolfenbüttel, Johannes Engerd, Epaenesis Duarum Illustrium Germaniae Familliarum [...] Ingolstadii 1579, WF 183.3 Quod 1. Neben der 'Epaenesis' finden sich in dem Sammelband noch Dissertationen aus Geizkoflers Studienzeit in Straßburg 1572.

[2] Vgl. Lucas Geizkofler und seine Selbstbiographie, hrsg. v. Adam Wolf, Wien 1873; vgl. auch Friedrich Blendinger, Geizkofler, in: NDB 6 (1964), S. 166-168.

Ich darf den Fuggerstammbaum als nicht weiter erklärungsbedürftig voraussetzen und mich deshalb kurz fassen. 1573 starb Graf Jacob von Montfort, der letzte der Linie Tetnang/Argen, und hinterließ seine Güter den fünf Söhnen aus seiner Ehe mit Katharina Fugger (1532-1585). Diese Erbschaft überließ Kaiser Maximilian II. erst nach einigem Zögern den Fuggerabkömmlingen. Doch 1590 heiratete Anton Fugger, Sohn von Marx Fugger aus der Antonlinie, d.h. des ältesten Bruders von Katharina, die Tochter Ulrichs IV. aus der zweiten Montfortlinie aus Bregenz, ebenfalls der letzte seines Stammes. Er beanspruchte forthin den Besitz seiner Cousins für sich. Nachdem man das Erbe somit mühsam von Erzherzog Ferdinand zurückerhalten hatte, gab es also Anlaß zu Zwietracht in der eigenen Familie. Erst 1596 konnte Geizkofler einen Vergleich zwischen den Fuggerlinien abschließen. Montfort und Fugger – ihre Beziehungen mußten ihm einiges bedeuten.

Auch dem Verfasser des Lehr- und Lobgedichts hatten diese Verhältnisse etwas zu sagen. Johannes Engerd, ein Konvertit aus Neustadt in Thüringen, zuerst Hofmeister der Familie Trenbach in Böhmen, zwischen 1572 und 1585/7 Rhetorikprofessor in Ingolstadt, zählt nicht zu den Größen seines Fachs. Nicht einmal seine genauen Lebensdaten sind bekannt; eigentlich weiß man nur über die Zeit seines Ingolstädter Aufenthaltes seit 1570 von ihm. Er veröffentlichte nur wenige Gelegenheitsschriften, so daß er, wäre da nicht seine sehr seltene Ingolstädter Universitätsgeschichte, wohl zu Recht ganz vergessen wäre.[3] Engerd war sehr arm und bewarb sich deshalb beständig um ein geistliches Benefizium, ohne es freilich zu erhalten. So ergab sich für ihn die existentielle Notwendigkeit, Mäzene zu suchen und sie auch im Umkreis der Ingolstädter Universität zu finden. Dort nun wimmelte es freilich von Montfort- und Fuggerkindern. Bevor sie nach Padua oder Paris weiterzogen, war die bayerische Landesuniversität ihre erste akademische Etappe. Um die hohen Herren zu ködern, trug ihnen die Universität gerne das halbjährige (Ehren-) Rektorat an. Eine kleine Auswahl mag diese Form sozialer Bindung erläutern: 1571 war der älteste der Söhne der Katherina Fugger, Georg Montfort, in Ingolstadt und bekleidete auch gleich das Rektorat; 1573 traf sein Bruder Wolfgang ein, er wurde 1578 Rektor. Ihm widmete Engerd die 'Epaenesis'.[4] Im gleichen Jahr war auch sein Cousin Johannes Fugger Student und Rektor

---

[3] Zu Engerd vgl. ADB 6 (1877), S. 144-145. Er gab vor allem die nachgelassenen Werke von Valentin Rotmar heraus, verfaßte auch ein Doppelleben von Luther und Calvin. Die Germanisten schreiben ihm frühe Verdienste um die deutsche Prosodie zu. 1587 wurde er seines Rhetoriklehrstuhls enthoben. Dies wohl nicht nur wegen seines auffälligen Betragens, sondern weil damals die gesamte Artistenfakultät von den Jesuiten übernommen wurde, vgl. Arno Seifert, Im Zeitalter der katholischen Reform, in: Ludwig-Maximilians-Universität. Ingolstadt, Landshut, München 1472-1972, hrsg. v. Laetitia Boehm, Johannes Spoerl, Berlin 1972, S. 135-154, bes. S. 140.

[4] Ein direkter Nachweis für den Begriff 'epaenesis' ist kaum zu erbringen. Im Standardwerk von Lausberg trifft man jedoch auf den Begriff 'epenthesis', 'Zwischenschaltung' als Teil der ersten

in Ingolstadt. In Valentin Rotmars und Engerds Universitätsgeschichte nehmen die Studenten aus beiden Häusern eine stattliche Abteilung ein.[5] Sich den beiden verschwägerten Familien angenehm bemerkbar zu machen, hatte also durchaus Sinn. Georg von Montfort war Mundschenk bei Kaiser Rudolf II. in Prag, Johann Präsident beim Reichskammergericht in Speyer, Sigismund diente am Hofe von Erzherzog Karl, Anton war Kardinal Andreas von Habsburg nach Rom gefolgt, Wolfgang studierte soeben in Ingolstadt. Von der sozialen Position der Fugger soll hier im allgemeinen Sinn nicht die Rede sein – Engerd selbst lenkt die Aufmerksamkeit auf einen besonderen Aspekt dieser Stellung.

II.

Auf 53 Folioseiten werden in drei Abteilungen zuerst die Montfort, dann die Fugger (als jüngeres und nur in mütterlicher Linie vertretenes Geschlecht) behandelt, während ein gemeinsamer Lobpreis sie auf der dritten Ebene vereinigt. Auch das Druckbild des Textes weist drei Ebenen auf. Das lateinische reimlose Gedicht folgt typographisch der venezianischen Klassikerkursive des Aldus Manutius; daneben, auf der Marge, finden sich, ebenfalls lateinische, Erläuterungen, darunter folgen auf der ganzen Breite der Seite die Nachweise der verwendeten Literatur. Nacheinander wendet sich die Schrift also an den literarisch genießenden Leser, an den noch literarisch zu bildenden Leser sowie an den kritischen Geschichtsforscher. Damit ist auch gleichzeitig der Bildungsanspruch für den noch jungen Wolfgang von Montfort angegeben. Er soll den Stil genießen, er soll die rhetorischen Teile des Gedichts unterscheiden lernen – pedantisch werden ihm dazu an den passenden Stellen die Fachbegriffe vorgestellt: exordium, amplificatio, digressio oder auch probabilis auctoris opinio,[6] – und außerdem soll er sich mit den Geschichtsquellen seines Hauses vertraut machen. Damit gibt Engerd gewiß kein literarisch vortreffliches, von der Methode her aber schlagendes Beispiel von Nutzen und Gebrauch der Historien in den damaligen Artistenfakultäten: Geschichte wird als literarische Form gelehrt, oder doch wenigstens in solcher Form, rhetorisch und quellenmäßig kommentiert und mit einem vorausgesetzten ethischen Zweck versehen. Im Falle der Gebrüder Montfort besteht die pädagogische Ab-

---

rhetorischen Veränderungskategorie 'adiectio', vgl. Heinrich Lausberg, Handbuch der literarischen Rhetorik, 2. Aufl., München 1973, § 462, 1b. Als 'Zwischenschaltung' ergibt 'epaenesis' auch einen klaren metaphorischen Sinn, sind die Fugger doch als eine genealogische 'Zwischenschaltung' im Stammbaum der Montfort zu sehen.

5   Vgl. Johannes Engerd, Valentin Rotmar, Almae Ingolstadiensis Academiae Tomus Primus, Ingolstadii 1581, fol. 58^v-59^r: Montfort; fol. 62^r-63^v: Fugger.
6   Vgl. J. Engerd, Epaenesis (Anm. 1), fol. 18^r.

sicht darin, die doppelte Abkunft zu einem einheitlichen Sozialverhalten zu verschmelzen. Wie Engerd ländlich-adelige Tradition und bürgerlich-städtisch-kapitalistische Abkunft in einer Art von historisierenden 'Fürstenspiegel' aufeinander abbildet, darum soll es im folgenden gehen.

III.

Wie schon erwähnt, wird im ersten Abschnitt die Familiengeschichte der Grafen Montfort vom Oberrhein behandelt.[7] Sie soll hier nur als eine Art Vorspiel zur Interpretation der Fugger zur Sprache kommen.

Engerd kennt natürlich die ältesten Ursprünge der Montfort nicht, aber er gibt sich alle Mühe, jede hervorragende Person, die einstmals den Namen 'Mon(t)fort' trug, mit dem Haus vom Oberrhein in Verbindung zu setzen. Eigentlich stammen sie als Franken aus Gallien, sind mit den Kapetingern verwandt, kämpfen gegen die Normannen. Dann wiederum stehen sie mit den frühen Sachsenkönigen in Verbindung und sind selbstverständlich mit den berühmten britischen Montfort verwandt, kämpfen auch während der Kreuzzüge in Syrien. Vor allem aber sind sie adelig, und zwar von dem besonderen, nur den Deutschen über ihre nationale Virtus einwohnenden Typ.[8] Wimpfeling wird erwähnt und eine erste Brücke zu den bürgerlichen Fuggern und ihrer Virtus geschlagen. In den Albigenser-Kriegen beweisen die Montfort erneut ihre Treue zum römischen Stuhl. Natürlich bilden die gegenwärtigen fünf Söhne die Krönung des Geschlechtes. Ihrer erneuten Invocatio folgt die Hinwendung zu den oberrheinischen Besitzungen der Grafen und ihren Taten. Hus wird in Konstanz verbrannt, und ein Montfort macht den Zügelhalter beim Einzug Kaiser Sigismunds. Von Hus kommt Engerd dann wie von selbst auf Luther zu sprechen. An die Grafen ergeht ein energischer Appell zur römischen Konfession, war doch erst 1571 ein Montfort auf Zypern als christlicher Märtyrer von den Türken getötet worden.

Diese Stelle wird sehr bewußt herausgearbeitet, denn genau an ihr treten nun die Fugger auf: *Tetnangiorum linea deficit* heißt es im Text.[9] Das bedeutet, genau in dem Moment, in dem man gegenreformatorische Glaubenshelden benötigte, bräche das illustre Haus ab, führten es nicht die Fugger fort. Engerds mythische Genealogie mit den Schwerpunkten Virtus, Religio und Treue zum Reich bzw. Haus Habsburg muß sich natürlich ins Unendliche fortsetzen, und genau hier tritt das Haus Fugger mit Notwendigkeit ein.

---

[7] Für das Folgende vergleiche J. Engerd, Epaenesis (Anm. 1), fol. 1^r-26^v.
[8] Vgl. J. Engerd, Epaenesis (Anm. 1), fol. 9^{r-v}.
[9] Vgl. J. Engerd, Epaenesis (Anm. 1), fol. 22^r.

Nur übernimmt es die Stellvertretung nicht ganz aus eigenem Recht, das auch, wie gleich gezeigt werden wird, sondern als Erbe von Werten, die bereits strikte Handlungsvorgaben machen.

IV.

Den Fuggern im zweiten Teil des historischen Lehrgedichts eine gesamteuropäische Genealogie mit den üblichen Abzweigen zu Karl dem Großen zuzuschreiben, das macht nun freilich wenig Sinn. Zu klar steht der historische Ursprung des Geschlechts mit Hans Fugger vor aller Augen. Erst 1367 war er nach Augsburg gekommen. Es mußte genügen, sie als Verschwägerte an der mythischen Vorzeit teilhaben zu lassen. Engerd erreicht das, indem er sich recht geschickt einer Überblendtechnik bedient, die bewußt fiktionale, aber gegen Fehlauslegungen gut geschützte Elemente gebraucht. Der Eingangsabschnitt zum Fuggerteil mag das illustrieren.[10] Meine sehr freie Übersetzung soll dabei als literarische Verständnishilfe voranstehen.

> *Vor zwei Lustren – 14 Jahren – fiel der starke Kriegsheld*
> *als letzter ohne männlichen Erben.*
> *Und Kirchberg, das Schloß, lag blutlos verwaist.*
> *Doch Kaiser Karl der Fünfte und Größte,*
> *weiter blickt er von seinem himmlischen Königssitz,*
> *sieht doch schon Wolken und Sterne unter seinen Füßen,*
> *schmerzlich betroffen vom herben Hingang so vieler Grafen.*
> *Daß also nicht Kirchbergs längst weltberühmter Ruf hinstürbe,*
> *nicht mit dem Blut verschwände der Name,*
> *Setzte er das löbliche Fuggersche Geschlecht,*
> *niemandem an Tugend nachstehend, eifrig im Dienst*
> *und wohlverdient um sein Haus Österreich,*
> *in die hohe Zier der alten Grafen*
> *und erhörte so Kirchbergs Bitte nach altem Geschlecht.*
> *Jenes Geschlecht also, welches unserem Namen nacheifert,*
> *nachstrebt Germaniens Tugend und seines Vaterlandes,*
> *ein wahres Geschlecht aus der Tugend entsprossen,*
> *vielen voranschreitend durch Vaterlandsliebe.*
> *Soviel also singe ich vom alten Ursprung der Starkenberg*
> *und also von der väterlichen Wurzel;*
> *Und doch war ihr Blut den Brautfackeln der unsern*
> *gar nicht verhaßt:*

---

[10] J. Engerd, Epaenesis (Anm. 1), fol. 28^v-29^r.

Denn jenes Grafen von Kirchberg, den keiner übertraf
(wenn die Fama nicht trügt),
Philipps Tochter verschmähte den Johann nicht zur Ehe,
gab also der Starken-(berg) dem Kirchberg großväterliches Blut.
Auch gereute jenen gräflichen Vater Jacob
die schöne kirchbergische Hochzeit wohl nicht.
Warum also ermüdest Du, das Lob der Mutter zu singen?
Wer denn auf dem ganzen Erdkreis kennt nicht die Fugger,
ihre Tugend, Männer und glänzenden Taten?
Auf denn, besinge würdig das Fuggergeschlecht!
Auf denn, trag den mütterlichen Ruhm lobpreisend zum Himmel.
Aus mütterlichem Geschlechte und Schoß tritt Tugend hervor,
verschafft Ehre der Tugend und Ruhm ihren Nachkommen.
Laß Dich nicht, schon unter so großen Mühen ermattet ,
einstmals gereuen, unsere Taten nicht gänzlich zu besingen.
So sprach ITHA.

28^v

Heroum quondam bello fortissimus, ante
Bis septem lustris, cecidit sine prole virili (sedes.
Ultimus, et KIRCHBERGA stetit sine sanguine
Maximus at Caesar CAROLUS cognomine Qint-
Amplius invidit quem Mundo regia coeli, (tus,
Et iam sub pedibus nubes et sidera spectat,
Tantorum casu Comitum concussus acerbo,
Ne vulgata diu KIRCHBERGAE fama per orbem
Occidat, occideritque simul cum sanguine nomen,
FUGGEREAM Gentem, nulli virtute secundam,
et pietate gravem et meritis in seque suosque
AUSTRIACAM domum, multo deligit honore,
KIRCHBERGAE quae volens Dominos priscaeque
Dicier, in veterum Comitum decora alta locavit.
Hanc etiam gentem, quod nominis aemula nostri,
Aemula Germanae virtutis, et aemula laudis
Sit patria, vera genus a virtute profectum
Multis ante ferens magno complector amore!
Hactenus antiqua de MONTIS origine FORTIS
Et patria de stirpe canis; nec sanguinis illa
Est penitus nostri taedas exosa iugales:
Nam KIRCHBERGIADAE (si vera est fama)
Illius Comitis, qui cunctis altior ibat, (Philippi
Filia Ioannem non didignata maritum est
Montis stantis adhuc abavi de sanguine FORTIS
Nec certe KICHBERGIACAE connubia

*Virginis erubuit Comitum Pater ille IACOBUS.
Cur igitur cessas maternam evolvere laudem?
Aut quis FUGGARICAE per totum nesciat orbem
Virtutesque virosque Domus et splendida facta?
Surge age, FUGGAREO dignas cane sanguine lau-
Surge age maternam dictis fer ad aethera famam: des?
Sanguine materno maternoque ubere virtus
Provenit et virtutis honos et gloria natis*

29ʳ

*Nec te, iam magnis defuncte laboribus, olim
Poeniteat nostros etiam exhaussisse labores.
Dixerat haec ITHA.*

Ich beginne mit dem zuletzt genannten Namen. Sankt Itha ist die Hausheilige der Grafen von Kirchberg, eine hohe Adelsdame, die dem Dichter Engerd erscheint und ihm von himmlischer Warte aus das erzählt, was eigentlich Zeitgeschichte der Montfort, Kirchberg und Fugger ist.[11] Sankt Itha gibt den himmlischen Perspektivpunkt für die Verschmelzung der drei Häuser ab. Dabei ist es kein Zufall, wenn die Muse des Dichters eine, wenn auch obskure, Heilige ist. Sie legt die providentielle Situation dar, innerhalb derer die neue soziale Konfiguration interpretiert werden muß. Kaiser Karl V., selbst mit den Prädikaten des 'Divus' – Vergöttlichten – bezeichnet, vergibt Kirchberg an die Fugger, wegen des Ruhms des Geschlechtes und der Verdienste der Fugger. Kirchberg wird dabei personifiziert und erhält als mythische Person mit den Fuggern vom Kaiser einen neuen Körper, d.h. eine Braut. Eigentlich stiftet der Kaiser hier eine Art von Ehe, die erste von vielen Ehen in diesem zentralen Abschnitt. In der folgenden Invocatio erscheinen die Fugger als Abkömmlinge der Tugend selbst (*vera genus a virtute profectum*).

Danach läßt Engerd die Heilige den Lauf ihrer Erzählung unterbrechen. Sie greift auf seinen ersten Teil – Lob der Montfort – zurück und erinnert ihn daran, daß ja auch die Kirchberger mit den Montfort verschwägert seien. Kirchbergs Blut kehrt also über die Montfort zu den Fuggern zurück, ja die Ehe zwischen beiden Häusern ist gleichsam die erneuerte Union zwischen den 'geistigen' und den 'sozialen' Erben. Der grammatische Bezugspunkt für die 'materna laus' an dieser Stelle erscheint denn auch bewußt zweideutig angelegt. Gemeint ist die Kirchbergerin und zugleich mit ihr Katherina Fugger, als eine imaginäre Vertreterin dieses Geschlechtes, die wieder – also eben nicht zum ersten Mal – eine Ehe mit einem Montfort eingeht. Vielleicht verfährt Engerd bei dieser Häufung von Spiegelungen

---

[11] Engerd verweist auf den dritten Oktober in Petrus Canisius' eben erschienenem Martyrologium. Dort ist eine heilige Itha freilich nicht aufzufinden. Wahrscheinlich handelt es sich um die heilige Ositha (Osgyth), eine angelsächsische Prinzessin des 9. Jahrhunderts, ohne daß geklärt wird, wie dieser Bezug im Patrozinium zustandekommt.

etwas penetrant, ihr Sinn ist jedenfalls deutlich. Der anstößige Geruch von 'homines novi', als die man die Fugger ja auch sehen könnte, wird vollkommen getilgt, indem ihr soziales Vorgehen bereits historisch-fiktiv zurückverlegt wird. Ihr neues Handeln ist altes Handeln – ihr neuer Adel mithin alter Adel. Auffällig ist auch hier wieder die Betonung des mütterlichen Schosses (*maternoque ubere*). Auch das mütterliche Blut der fünf Montfort-Söhne ist adelig, aus eigenem Recht und als bereits historisch präfiguriert.

Wenn Engerd sodann den Adel der neuen Herren in Kirchberg großzügig aus Augsburg ableitet, denn Augsburg sei die erste unter den deutschen Städten und die Fugger die ersten in Augsburg, dann wird sofort spürbar, wie schwächlich diese Selbstermächtigung doch ist.[12] Mag Augsburg die erste der Reichsstädte sein, die Fugger standen dort die meiste Zeit nicht an der Spitze der sozialen Hierarchie. Adel als das entweder ungreifbare 'je ne sais quoi' oder den unangreifbaren Stammbaum, konnten die Fugger eben nicht vorweisen.

Trotzdem war Engerd gezwungen, vor dem Hintergrund der ruhmreichen Geschichte des Hauses Montfort auch weiterhin von der viel kürzeren Fuggergeschichte zu sprechen und zwar in fortlaufend ambivalenten Begriffen. Eine klar bürgerliche Herkunft sollte als dem Adel ebenbürtig erscheinen – und damit etwas anderes als Adel sein –, gleichzeitig sollten schon die frühen Fugger potentiell adelige Werte verwirklichen. Ich möchte diese Ambivalenz zum Abschluß an zwei kurzen Beispielen aufzeigen.

An erster Stelle steht das Problem des fuggerischen Reichtums. Reichtum wäre eine adelige Eigenschaft, hätte man ihn nicht durch Bank- und Handelsgeschäfte erworben. Engerd hilft sich dadurch, daß er den Gelderwerb als innere soziale Kontinuität, als dem Adel gleichwertiges Traditionsmoment der Fugger darstellt:[13]

[...] *und nicht ihre niedrige Gier*
verlangte nach Reichtum, noch Reichtum verhaßte Wollust;
auch lagen sie nicht schlaff auf dem bereits Erworbenen,
sondern übergaben den Ihrigen einen Anteil,
und folgten hierin die fähigen Neffen dem Brauch der Onkel und
lernten nach väterlicher Sitte die väterlichen Reichtümer
zu mehren.

[...] *neque eos vesana libido*
Sollicitavit opum, neque opes exosa voluptas;
Nec bene divitiis tantum incubuere repertis,
Sed partem posuere suis; charique nepotes
Servavere Patrum morem, et de more paterno
Uti prudentes opibus didicere paternis.

---

[12] Vgl. J. Engerd, Epaenesis (Anm. 1), fol. 30^v.
[13] J. Engerd, Epaenesis (Anm. 1), fol. 38^v. Übersetzung Markus Völkel.

Löblich ist der sozial-karitative Gebrauch, den die Fugger von diesen Reichtümern machen, löblicher aber im Grunde noch die Methode des Erwerbs, denn das Kapital bildet hier eine deutliche Parallele zum unteilbaren adeligen Landbesitz, der, von mehreren bewirtschaftet, doch einer Familie gehört.

Mehr als eine Analogie adeligen Werts läßt sich, trotz des 'mos patrum', mit solchen Beschreibungen nicht gewinnen. Es fehlt eine unmittelbare Übertragung. Engerd gewinnt sie bezeichnenderweise aus der Verteidigung der Orthodoxie. Während die häretischen Wölfe die Stadt Augsburg umschleichen, erweisen sich die Fugger – nomen est omen – als einzige Fluchtburg des wahren Glaubens:[14]

Jeglicher Liebhaber alter Frömmigkeit drängt zu den einzigen
Fuggern. Oh Frömmigkeit, größte aller Eigenschaften,
die ihren Verfechtern alles ist! Sieh doch, wie doch die
menschlichen Mühen die göttliche Frömmigkeit fördert,
wie sie den Frommen noch Reichtum, Glück und irdischen Lohn
dazugibt, schützt wie in der Himmelsburg.
Daher nun steht der Namen der Fugger für eine Fluchtburg
der Deutschen, [...]

Omnis et antiquae cultor Pietatis ad unum
FUGGARIDES mansit. Pietas o maxima rerum
Quae fert cuncta suis cultoribus! Ecce piorum
Respicit humanos Pietas Divina labores,
Fortunasque viris et opes et praemia terra
Digna piis addens, coeli simul annuit arcem.
Ergo FUGGARICUM Germana per oppida
nomen, [...]

Frömmigkeit, Pietas, verschafft somit den Fuggern eine Art von Gefolgschaft, läßt sie zu Führern im adeligen Sinn werden. Diese Pietas ist nicht Ergebnis ihres Reichtums. Engerd sieht es umgekehrt: Die 'opes' sind eine bloße Folge der Frömmigkeit, wenngleich sie durchaus zu ihrem Beweis taugen mögen. Über die Frömmigkeit entstanden, ist der Reichtum der Fugger somit unmittelbar an die Verteidigung der katholischen Orthodoxie gebunden. Unter diesem Gesichtspunkt stellt der Poet aus Ingolstadt das Augsburger Geschlecht an einen Punkt, in dem es sich in historischer Perspektive mit den Vertretern des alten Adels überschneidet. Auch dieser war wirklicher Adel, d.h. im Einklang mit der göttlichen Providenz, nur als Verteidiger des Glaubens. Die Montfort waren in dieser Rolle überdeutlich vorgeführt worden. Wenn sie sich mit den Fuggern vereinen, dann aus Gründen eines übereinstimmenden ethischen Impulses.

---

14 J. Engerd, Epaenesis (Anm. 1), fol. 37ʳ. Übersetzung Markus Völkel.

Sehr überspitzt ausgedrückt: Feudalismus und früher Kapitalismus balancieren sich in der Verteidigung der Orthodoxie aus. Die heilige Itha stellte den ersten Fall dar, dieses hier ist das zweite Beispiel für eine soziale Nobilitierung im Glauben.

Johann Engerds Gedicht von 1579, künstlerisch gewiß kein Meisterwerk, stellt somit einen geschickten Ausgleichsversuch zwischen letztlich nur schwer zu vereinbarenden Welten dar. Genau deshalb ist es ein gutes Beispiel für die beharrliche Selbstaufwertung des Adels in der zweiten Hälfte des 16. Jahrhunderts. Den Adel der Fugger zu beschreiben, das heißt, sie auf ein älteres Geschlecht zurückzuprojizieren und sie, da nicht einmal dies ausreicht, unter den Schutz des Heiligen stellen. Unterhalb dieser Zone schwanken die Verhältnisse doch heftig hin und her. Bald erscheint die 'virtus' der Fugger als angeboren wie beim alten Adel, bald ist sie auch im Kaufmännischen vorhanden. Den Montfort gibt Engerd eine Vergangenheit, aber keine Gegenwart, den Fuggern keine Vergangenheit, dafür eine prächtige Gegenwart. Dafür sorgt schon eine ausführliche Beschreibung ihrer Stadtpaläste.[15] Man sollte deshalb im Auge behalten, daß auf dieser sozialen Vergleichsebene eine wirkliche Synthese nicht zustandekommen kann. Ganz unfreiwillig, dafür aber um so deutlicher, offenbart der Dichter sein Mißlingen, wenn er auf der letzten Stufe seines Fuggerlobpreises ein ganz falsches Vergleichsglied hervorholt. Plötzlich sind nicht mehr die Montfort der Bezugspunkt, sondern die de' Medici. Vielleicht hätte dieser Vergleich 1519 Sinn gemacht. 1579, nachdem sich Cosimo I. als Herr seiner Stadt, als Herrscher in seinem Land durchgesetzt und sich den Großherzogtitel erworben hatte, war der Statusunterschied bereits unüberbrückbar geworden. Cosimo I. war ein ganz andrer 'pater patriae' geworden, als dies die Söhne von Anton und Raymund Fugger von sich behaupten konnten.[16]

So bleiben nun doch die Montfort als Bezugspunkt für die Fugger. Mit ihnen können sie verschmelzen, d.h., sie sind, nach Engerds Meinung, in den fünf jungen Montfort bereits aufgegangen. Diese, so der pädagogische Zweck des Gedichts, sollen aber auch auf ihre mütterliche Abstammung stolz sein. Sie dürfen es, weil in ihr die alles entscheidende Sozialtugend Pietas angelegt ist. Es bedarf, das wurde in dieser kleinen Auslegung deutlich, schon der himmlischen Intervention, um alten Landadel und Kaufmannsaristokratie aufeinander abbilden zu können.

---

[15] Vgl. J. Engerd, Epaenesis (Anm. 1), fol. 42^v-45^v. Engerd überträgt dabei herrschaftliche Beschreibungsmodelle auf die Fugger. Ihre 'domus' erhalten fürstliche Attribute.

[16] Man vergleiche nur Engerds Beschreibung der politisch-sozialen Tätigkeit der Fugger mit einer zeitgleichen Aufstellung aus Florenz; siehe Sebastiano Sanleolino, Serenissimi Cosmi Medycis Primi Hetruriae Magniducis Actiones, Florentiae 1578, fol. 29^{r-v}, Index secundi libri.

Je mehr jedoch die gegenreformatorische Stoßrichtung in den Vordergrund tritt, desto mehr verschwimmt dieser Unterschied. Alter und neuer Adel verschmelzen in der Orthodoxie. Vielleicht hat die strikt katholische Haltung des Hauses Fugger (immer bezogen auf den engeren Bereich der Familie) auch damit zu tun, daß dies, verglichen mit dem Protestantismus, der einfachere Weg zu den Werten des süddeutschen Adels war?

Die Fuggerfaktoren Hörmann von und zu Gutenberg.
Werte und Normen einer kaufmännischen Familie im Übergang zum Landadel

Thomas Max Safley

Sebastian Ludwig Hörmann von und zu Gutenberg erlebte unmittelbar die Not und das Leid des Dreißigjährigen Krieges. Dieser Urenkel des 1528 von Karl V. mit Wappenbesserung zum Reichsadel erhobenen Georg Hörmann, damals Faktor der Fugger in Tirol und einstweiliger Rat des römischen Königs Ferdinand I. in Innsbruck, mußte 1636 die Felder auf seinem Gut zu Gutenberg selbst bebauen, um nicht zu verhungern.[1] Seinem jüngeren Bruder Johannes Christoph ging es kaum anders. Er mußte den Sold des Johann Probst zu Gutenberg annehmen und, wie das eine Familienchronik so schön zusammenfaßte, *das Land Leben erwöhlen*, um sich einen Lebensunterhalt zu verschaffen.[2] Seine Untertanen waren bis auf sehr wenige Ausnahmen gestorben oder geflohen, Wertsachen wurden von marodierender Soldateska weggetragen, Einkünfte und Kapitalien fehlten fast vollkommen. Das Bild des verarmten bäuerlichen, hinter dem Pfluge herstolpernden Adeligen gehörte zum Alltag in der Mitte des 17. Jahrhunderts – so unstandesgemäß, sogar komisch es uns auch erscheinen mag – und stellt nachdrücklich die Frage nicht nur nach Werten und Normen der zum Landadel aufgestiegenen Handelshäuser, sondern auch nach der Natur der ständischen Gesellschaft der Frühen Neuzeit.

Zwischen 1500 und 1800 wandelte sich langsam die herkömmliche ständische Gesellschaft zu einer 'Klassengesellschaft'. Frei nach der Formulierung Max Webers heißt das praktisch, daß sich die soziale Struktur von einer nach den Prinzipien des Güterkonsums in Gestalt spezifischer Arten der Lebensführung gegliederten Gruppierung zu einer nach der Beziehung zur Produktion und zum Erwerb der Güter entwickelte.[3] Schon vor diesem jahrhundertelangen Veränderungsprozeß

---

[1] StadtAKaufbeuren, B 89, Hs 178, Wolfgang Ludwig Hörmann von und zu Gutenberg, Familienchronik der Hörmann von und zu Gutenberg, 1474 ff., 1770, S. 85.
[2] W. L. Hörmann, Familienchronik (Anm. 1), S. 90.
[3] Max Weber, Wirtschaft und Gesellschaft, 5. Aufl., Tübingen 1980, S. 537-538.

waren die zeitgenössischen Gesellschaftsmodelle weitgehend überholt.[4] Nicht nur die Einteilung in drei beziehungsweise vier Stände (den Lehr-, Wehr- und Nährstand oder besser den Lehr-, Wehr-, Verkehr- und Nährstand), sondern auch der statische Charakter ohne jegliche soziale Mobilität täuschen erheblich.[5] Jeder Stand wies in der Tat beträchtliche Binnendifferenzierungen nach Stellung, Ansehen, und Besitz auf. Zudem gab es auf- und absteigende Bewegungen innerhalb des einzelnen Standes und zwischen den verschiedenen Ständen.

Das Verlassen eines gesellschaftlichen Standes setzte die Änderung bestimmter Qualifikationen voraus, unter denen Reichtum, Bildung, Heirat, Förderung und Tätigkeit hervorzuheben sind.[6] Durch Erwerben oder Ererben eines ausreichenden Vermögens, durch Erlangen einer trefflichen Bildung, durch Schließung eines klugen Ehevertrags, durch Begünstigung eines mächtigen Schutzherren oder durch Erfüllung eines Amtes oder einer Profession ließ sich ein sozialer Aufstieg langsam über Generationen hinweg bewerkstelligen. Erfolgreiches Aufwärtsstreben einzelner Familien oder Gruppen beruhte auf einer strategischen Denkensart, auf Selbstbewußtsein und Standesdenken ebenso wie auf Wagemut und Leistungsbereitschaft, die insgesamt Indizien für Werte und Normen darstellten. Gleichwohl konnte der Verlust eines Vermögens, ein unehrliches Unterfangen, oder die Ungunst eines Vorgesetzten den Abstieg in den sozialen Abgrund bedeuten. Unter solchen Umständen, die nicht nur Besitz und Stellung, sondern auch bloßes Überleben aufs Spiel setzen konnten, kämpften die Beteiligten mit allen politischen, wirtschaftlichen und sozialen Mitteln.[7]

Daß sich die Oberschicht immer neu zu gestalten und zu formieren wußte, um ihren Stand zu erhalten, deutet genauso auf Werte und Normen hin. So war es auch im Falle der Familie Hörmann von und zu Gutenberg.

---

[4] Winfried Schulze, Die ständische Gesellschaft des 16./17. Jahrhunderts als Problem von Statik und Dynamik, in: Ständische Gesellschaft und soziale Mobilität, hrsg. v. Winfried Schulze (Schriften des Historischen Kollegs, Kolloquien, Bd. 12), München 1988, S. 1-18.

[5] Paul Münch, Lebensformen in der frühen Neuzeit 1500 bis 1800, Berlin 1992, S. 65-124. 'Verkehrstand' bezieht sich auf die Kaufmannschaft, die in keinen der drei herkömmlichen Stände eingeordnet werden konnte.

[6] Vgl. die Betonung wirtschaftlicher Erfolge durch Rudolf Endres, Adel und Patriziat in Oberdeutschland, in: Ständische Gesellschaft (Anm. 4), S. 221-238.

[7] Vgl. Jonathan Dewald, The Formation of a Provincial Nobility: The Magistrates of the Parlement of Rouen, 1499-1610, Princeton 1980; Ders., Pont-St-Pierre, 1398-1789: Lordship, Community, and Capitalism in Early Modern France, Berkeley 1987; Robert Forster, The Nobility of Toulouse in the Eighteenth Century, Baltimore 1960; Ders., The Survival of the Nobility during the French Revolution, in: Past and Present 37 (1967), S. 71-86; Ders., The House of Saulx-Tavanes: Versailles and Burgundy, 1700-1830, Baltimore 1971; Ders., Merchants, Landlords, and Magistrates: The Dupont Family in Eighteenth-Century France, Baltimore 1980; Gregory W. Pedlow, The Survival of the Hessian Nobility, 1770-1870, Princeton 1988; Lawrence Stone, The Crisis of the Aristocracy, 1558-1641, Oxford 1965; Ders., An Open Elite? England, 1540-1880, Oxford 1984.

I.

Kehren wir zum Beispiel Sebastian Ludwig Hörmanns zurück, erkennen wir die Merkmale eines patrizischen Lebens, das doch auch von unstandesgemäßen, nichtsdestoweniger notwendigen Abweichungen verzerrt wurde, und an dem nur wenige Mitglieder der Familie teilgenommen hatten. Standesort, Bildung, Tätigkeiten, Vermögen und Eheschließungen sind alle so beispielhaft wie aufschlußreich. Sebastian Ludwig erlebte eine Wende in der Geschichte seines Landes und eine Umgestaltung in der Laufbahn seiner Familie.

Sein Leben verbrachte er fast ohne Unterbrechung an den zwei Hauptwohnsitzen der Familie, entweder im Hörmannschen Fideikomißhaus am Marktplatz in Kaufbeuren oder auf dem Familiengut zu Gutenberg ungefähr zehn Kilometer nordöstlich der Stadt.[8] Ursprünglich stammten die Hörmann im 15. Jahrhundert aus Kaufbeuren, aber ab Mitte des siebzehnten Jahrhunderts hielten sie sich als wohlhabende Kaufleute in verschiedenen schwäbischen und fränkischen Reichsstädten, besonders in Augsburg, Nürnberg, Memmingen und Kaufbeuren auf, ungeachtet, daß alle den Titel 'von und zu Gutenberg' getragen hatten, alle ein Recht auf Freisitz in Kaufbeuren behalten hatten und alle ein finanzielles Interesse an dem Patrizierhaus zu Kaufbeuren, dem Dorf Gutenberg und einem großen Bauernhof in Untergermaringen genossen hatten, die kraft eines 1545 von Georg Hörmann aufgestellten Testaments insgesamt als Stammgut der männlichen Mitglieder der Familie ungeteilt und unveräußert hatten erhalten bleiben müssen.[9] Dies hat hauptsächlich damit zu tun, daß die adelige Stellung und der Besitz nicht entfernt ausreichen, die ganze Sippe standesgemäß zu ernähren und zu unterhalten.

Die meisten Hörmann mußten noch weiterhin ihr Glück durch Gewinn im bürgerlichen Groß- und Fernhandel suchen.[10] Von den vier Söhnen des in den Adel erhobenen Georg wohnte nur Ludwig, der gemeinsam mit seinem Bruder Anton die Verwaltung der Familienbesitztümer in Händen hatte, in Kaufbeuren, und auch er erst im Alter. Früher beteiligte er sich an den Fuggerschen Unternehmungen und war mit Vater und Brüdern in Augsburg zu Hause. Über den ältesten Sohn Georgs, Hans Jörg, ist nur wenig und hauptsächlich Schlechtes bekannt.[11] Er

---

[8] W. L. Hörmann, Familienchronik (Anm. 1), S. 81-87.
[9] W. L. Hörmann, Familienchronik (Anm. 1), passim; StadtAAug, Archiv des Historischen Vereins für Schwaben, H 57, Chronik der Familie Hörmann von und zu Gutenberg. Vgl. Erwin Riedenauer, Kaiserliche Standeserhebung für reichsstädtische Bürger 1519-1740. Ein statistischer Vorbericht zum Thema 'Kaiser und Patriziat', in: Deutsches Patriziat: 1430-1740, hrsg. v. Hellmuth Rössler, Limburg/Lahn 1968, S. 27-98.
[10] Vgl. Albrecht Rieber, Das Patriziat von Ulm, Augsburg, Ravensburg, Memmingen, Biberach, in: Deutsches Patriziat (Anm. 9), S. 299-351.
[11] W. L. Hörmann, Familienchronik (Anm. 1), S. 35-40.

sollte sich dem Studium widmen, liebte aber eher Wein, Weib und Gesang, und bekam Ärger mit einem so strebsamen wie pflichtbewußten Vater. Obwohl sich Hans Jörg aller Wahrscheinlichkeit nach in Augsburg aufhielt, gibt es auf seine späteren Tätigkeiten keinen sicheren Hinweis. Christoph und Anton ließen sich in Augsburg nieder und blieben, dem Vater ähnlich, mit den Geschäften der Familie Fugger sehr eng verbunden.[12] Der sogenannte 'spanische Hörmann', Christoph, war lange Zeit Fuggerfaktor in Madrid, kehrte erst am Ende seines Lebens in die Lechstadt zurück und liegt in der ehemaligen Dominikanerkirche begraben.[13] In der dritten Generation, das heißt bei den Enkeln der Söhne und den Urenkeln Georgs, änderte sich der Schwerpunkt der Tätigkeiten in Richtung Kaufbeuren. Die Linien von Hans Jörg, Anton und Christoph starben bald aus.[14] Ludwigs Enkel – Sebastian Ludwig und sein Bruder Johannes Christoph – übernahmen die Aufsicht über die Familiengüter von ihrem Vater Tobias, der seinen Vater Ludwig abgelöst hatte, und pendelten zwischen Kaufbeuren und Gutenberg.[15] Möglicherweise förderten die Kriegsereignisse der Mitte des 17. Jahrhunderts eine stärkere, wenn auch nur vorübergehende Identifikation der Familie Hörmann mit Kaufbeuren und Gutenberg.[16] Zweifellos wohnten da die meisten Männer der vierten, fünften und sechsten Generation. Doch hielt diese Verbindung zum eigenen Land und eigenen Gut nicht an. Ein Enkel des Sebastian Ludwig, Wilhelm Gottfried, wanderte in den 90er Jahren des siebzehnten Jahrhunderts nach Nürnberg aus, wo sein sehr erfolgreich betriebenes Handelsunternehmen von seinen Söhnen weitergeführt wurde.[17] Mit der Zeit siedelten immer mehr Mitglieder der Familie in andere Städte und Orte um, manche wieder nach Augsburg und Memmingen, manche nach Nördlingen und Lindau, manche sogar nach Straßburg und Kaltenberg (?).

Nach wie vor reichte das Gut zum Unterhalt der ganzen Familie nicht aus. Selbst die, die in Kaufbeuren blieben, wohnten nur kurzfristig auf dem Land zu Gutenberg. Sie bevorzugten Kaufbeuren als ökonomisches und politisches Zentrum, abgesehen davon, daß das Fideikomißhaus und das Recht auf Freisitz wegen Verschuldung im Jahre 1670 verkauft wurden und daß die Familienmitglieder das

---

[12] W. L. Hörmann, Familienchronik (Anm. 1), S. 41-50. Vgl. Katarina Sieh-Burens, Oligarchie, Konfession und Politik im 16. Jahrhundert. Zur sozialen Verflechtung der Augsburger Bürgermeister und Stadtpfleger 1518-1618 (Schriften der Philosophischen Fakultäten der Universität Augsburg, Bd. 29), München 1986, S. 188.
[13] Richard Hipper, Die Beziehungen der Faktoren Georg und Christoph Hörmann zu den Fuggern, in: Familiengeschichtliche Beilage der ZHVSN 46 (1926), S. 1-33.
[14] Chronik der Familie Hörmann (Anm. 9), S. 6-9.
[15] W. L. Hörmann, Familienchronik (Anm. 1), S. 43-44.
[16] Vgl. Volker Press, Soziale Folgen des Dreißigjährigen Krieges, in: Ständische Gesellschaft (Anm. 4), S. 239-268.
[17] W. L. Hörmann, Familienchronik (Anm. 1), S. 113-115.

Kaufbeurer Bürgerrecht weiterhin regelmäßig kaufen mußten.[18] Trotz offenbarer Nachteile bevorzugten sie die Stadt, die für sie ein Zentrum des öffentlichen Lebens, der Wirtschaft und der Politik bildete. Sie kümmerten sich weniger um das Gut, da es nicht so sehr in ihren Interessen lag. So war es zum Beispiel der Nürnberger Handelsherr Wilhelm Gottfried Hörmann, der den Sitz zu Gutenberg aus weiter Entfernung und auf eigene Kosten (etwa 8.000 fl.) 1730 abreißen und wiederaufbauen ließ.[19] Aufgrund dieser Tatsache muß man feststellen, daß der Besitz von Land und Titel, der allein Vermögen und Ansehen nicht gewährleisten konnte, nichts Erhebliches an dem patrizischen Leben der Hörmann änderte.[20] Sicher stellte Gutenberg aus wirtschaftlicher und psychologischer Perspektive gesehen einen wichtigen Haltepunkt für die Familie dar. Es wurde nicht verkauft, und es erwirtschaftete allerlei Einkünfte.[21] Als Quelle des Reichtums und der Hochachtung war es aber nur eine unter vielen und mußte ständig in bezug auf die anderen neu bewertet und verwendet werden.[22] Schließlich konnten und wollten nur wenige Hörmann, von denen Sebastian Ludwig unter den ersten war, freiwillig auf Gutenberg leben. Geht man von der Vorstellung aus, daß es einen Übergang von der bürgerlich-städtischen zur adelig-ländlichen Lebensform gab, dann wäre er im Falle der Familie Hörmann unvollendet geblieben.

II.

Ein Blick auf Bildung und Ausbildung erbringt ebenfalls unterschiedliche Beobachtungen. Nur in seiner Jugend ging Sebastian Ludwig von zu Hause weg, weil er *seinem Stande gemäß hatte unterrichtet* werden müssen.[23] Er wurde von Gutenberg in die Fremde geschickt, um an Herrenhöfen, insbesondere denen der Markgrafen von Ansbach, *adeliche exercitia zu erlernen*.[24] Diesbezüglich verbrachte er einige Jahre beim Markgrafen von Ansbach, wo er der Chronik nach *seine Officio fleißig und getreu abwartete*. In der ganzen Geschichte der Familie ist Sebastian Ludwig der einzige, der eine solche 'Bildung' erhielt, und darin ähnelte er weder dem Vater noch dem Bruder.

---

[18] W. L. Hörmann, Familienchronik (Anm. 1), passim.
[19] W. L. Hörmann, Familienchronik (Anm. 1), S. 115.
[20] Man vergleiche die Bewertung von Titel und Besitz unter den zum Landadel aufstrebenden städtischen Patriziern auch durch R. Endres, Adel und Patriziat (Anm. 6).
[21] Als einfaches Beispiel führt man an: StadtAAug, Archiv des Historischen Vereins für Schwaben, HG 108/31, Der Hörmann Underthonen Handlon betreffend, 1545-1592. In den Jahren 1545-1588 bezahlten die Bauern zu Gutenberg mehr als 1425 fl. allein an Bestandgeldern.
[22] Vgl. L. Stone, The Crisis (Anm. 7), S. 273-334.
[23] W. L. Hörmann, Familienchronik (Anm. 1), S. 83.
[24] W. L. Hörmann, Familienchronik (Anm. 1), S. 86.

Sein Vater Tobias genoß privaten Unterricht zu Hause und setzte seine Ausbildung höchstwahrscheinlich mit einem Jurastudium an den hohen Schulen zu Tübingen und Padua fort.[25] In jeder Generation des sechzehnten, siebzehnten und achtzehnten Jahrhunderts studierte nur ein Sohn der Familie anfangs an den evangelischen Universitäten Tübingen oder Jena, anschließend an einer italienischen Universität, normalerweise Padua.[26] Man geht davon aus, daß Jura das bevorzugte Studium für aufwärtsstrebende Männer war, die Stadt-, Staats-, oder Herrendienst als Mittel der Standeserhaltung oder eines möglichen sozialen Aufstiegs verstanden.

Ob Tobias sein Brot als Jurist verdiente, läßt sich nicht belegen. Die Einzelheiten seines Lebens sind weitgehend vergessen worden. Er ist vor allem dadurch innerhalb der Familie berühmt und berüchtigt geblieben, daß er sich 1586 mit Susanna Palerin, Witwe seines verstorbenen Bruders David Hörmann, *in Puncto Sexti vergangen, daß sie unvermuthet eines unehelichen Kindes genesen, worauf er sich nach Basel geflüchtet.*[27] Diese Schandtat hätte die Lebenschancen des Tobias, ganz zu schweigen von denen seiner Söhne, schlimmstens beeinträchtigt, hätte er sich nicht mit der Stadt Kaufbeuren durch Abzahlung eines nicht unbeträchtlichen Strafgelds von 1.000 fl. versöhnt. Nichtsdestoweniger konnten seine Söhne, Sebastian Ludwig und Johannes Christoph, den freimütigen Lebensstil ihres Vaters nicht gleichermaßen fortsetzen, da die Kriegsereignisse die Erwartungen der beiden jungen Männer durchkreuzten. Ihr Vater war nach seiner Affäre nach Kaufbeuren zurückgekehrt, hatte eine Tochter des adeligen Sebastian Reichlin von Meldegg geheiratet, lebte von seinen Renten, und war – so die Familienchronik – *wegen seines angenehmen Umgangs, [...] bey adelichen und bürgerlichen Persohnen beliebt.*[28]

Wie in vielen evangelischen Familien, in denen die nachgeborenen Söhne nicht auf eine priesterliche Karriere hoffen konnten, mußte auch Johannes Christoph einen anderen Weg einschlagen; er verdingte sich 1613 bei Hans Beyr in Schaffhausen, um die Tugenden und Geschäfte eines Kaufmanns zu erlernen.[29] Trotz ihrer gesellschaftlichen Stellung als Adelige bekamen alle Männer der Familie Hörmann eine kaufmännische Ausbildung, mit Ausnahme derer, die die Universität besuchten – und das war in jeder Generation nur einer.[30] Durch oft in der Fremde geleistete Arbeit im Auftrag einer Handelsgesellschaft erlangten sie praktische Kenntnisse in den verschiedenen Bereichen des Handels und den Fremdsprachen, die für den internationalen Verkehr unentbehrlich waren. Interessanter-

---

[25] W. L. Hörmann, Familienchronik (Anm. 1), S. 69-71.
[26] W. L. Hörmann, Familienchronik (Anm. 1), passim.
[27] W. L. Hörmann, Familienchronik (Anm. 1), S. 69.
[28] W. L. Hörmann, Familienchronik (Anm. 1), S. 71.
[29] W. L. Hörmann, Familienchronik (Anm. 1), S. 89-90.
[30] W. L. Hörmann, Familienchronik (Anm. 1), passim.

weise blieb eine Verbindung zwischen den Handelsgesellschaften der Lechstadt und den Söhnen der Hörmann auch bestehen, nachdem die Familie von der Stadt weggezogen war. Die schwäbische Wirtschaftsmetropole hatte weiterhin eine Sogwirkung auf die Hörmann wie auf den Nachwuchs anderer Familien des Kaufbeurer Patriziats.[31] Unter den Söhnen Georgs waren Christoph, Ludwig und Anton bei verschiedenen Augsburger Handelsherren verdingt. Ein Enkel des Sebastian Ludwig, Wolfgang Ludwig Hörmann, arbeitete seit 1675 als Handelsdiener bei den Familien Mangold und Langenmantel; Wolfgang Ludwigs Sohn, Ernst Tobias, seinerseits bei Abraham Hosennestel.[32] Ein weiterer Enkel Sebastian Ludwigs, Johann Jakob, wurde als Lehrling den Kaufherren von Garb und Winkler zu Augsburg und anschließend als Bediener Wilhelm Gottfried Hörmann in Nürnberg anvertraut.[33] Diese Ausbildungswege der Hörmann deuten auf die dauerhafte Wichtigkeit des Handels für das Selbstverständnis und die Selbstdarstellung der Familie. Obwohl sie über Generationen dem Adel angehörten, pflegten die Hörmann nach wie vor das Wissen, das Können und die Erfahrung erfolgreicher Kaufleute. Sicher wirft die Ausbildung allein nur ein schwaches Licht auf Werte und Normen, aber die Vermutung liegt nahe, daß sich die Hörmann trotz Standeserhebung weiterhin als Mitglieder der städtischen Oberschicht des Patriziats und als Handelsherren betrachteten.

III.

Diese Selbstbewertung spiegelt sich auch in ihren Tätigkeiten. In den ersten drei Generationen nach Georg lebten einzelne Hörmann als 'Rentiers', das heißt in diesem Falle als Adelige, die keinem Beruf nachgingen und ihren Unterhalt allein aus grundherrschaftlichen Einkünften bezogen. Dies trifft vor allem für Tobias, den Vater von Sebastian Ludwig, zu. Die meisten Hörmann arbeiteten jedoch hauptsächlich als Großhändler. Jede Generation wies drei oder vier Kaufleute auf – sie waren entweder Faktoren anderer Gesellschaften oder selbständige Händler. Während des Dreißigjährigen Krieges konnte sich ausnahmsweise nur ein Hörmann kurze Zeit mit Handel halten.[34] Ansonsten bildete der Handel die wichtigste Beschäftigung und die reichste Einnahmequelle der Familie. Im Laufe der Zeit und insbesondere nach den Kriegsjahren und ihrer Umsiedlung nach Kaufbeuren und

---

[31] Fritz Junginger, Geschichte der Reichsstadt Kaufbeuren im 17. und 18. Jahrhundert, Neustadt a. d. Aisch 1965, S. 119.
[32] W. L. Hörmann, Familienchronik (Anm. 1), S. 107-112, 121-124.
[33] W. L. Hörmann, Familienchronik (Anm. 1), S. 127-130.
[34] Dies war Johannes Christoph Hörmann, der seinen Handel schließlich hatte aufgeben müssen. W. L. Hörmann, Familienchronik (Anm. 1), S. 89-90.

Gutenberg bekleideten sie auch städtische Ämter in Kaufbeuren, übten gelehrte Professionen aus, vor allem die des Juristen, und suchten ihr Glück im Herrendienst und im Militär.[35] In der vierten Generation, unter den Kindern des Sebastian Ludwig und des Johannes Christoph, erscheinen ein Rentier, zwei Kaufbeurer Stadtherren, zwei Handelsherren und einer im Fürstendienst. Die nächste Generation wies einen Bürgermeister, drei Kaufleute und einen Fürstenbediensteten auf, und die darauffolgende einen Gerichtsassessor, zwei Kaufleute und einen Juristen. Während des 19. Jahrhunderts zeigten die achte und neunte Generation einen stärkeren Hang zu den gebildeten bürgerlichen Berufen mit mehreren Juristen, Ärzten und sogar Künstlern. Eine solche Vielfalt ist wohl typisch für das ehemalige städtische Patriziat.

Diese Vielfalt läßt sich nicht nur im Ablauf der Generationen, sondern auch bei den Individuen erkennen. Beispielhaft dafür ist der Lebenslauf des Ernst Tobias Hörmann, eines Sohnes des Wolfgang Ludwig und Enkels des mehrfach genannten Sebastian Ludwig.[36] Mit den Söhnen des Freiherrn von Kaltenthal zu Osterzell besuchte er die 'schola Latina' zu Kaufbeuren. Obwohl er anschließend der Abraham Hosennestelschen Handlung zu Augsburg verdingt wurde, um die Kaufmannschaft zu erlernen, entdeckte er die Kunst der Malerei durch eine Bekanntschaft mit dem Sohn des Malers Ulrich Mayr. Nach sechs Unterrichtsjahren verreiste Ernst Tobias nach Nürnberg und Regensburg, nicht nur um seine Handelskenntnisse zu vertiefen, sondern auch um seine künstlerischen Fähigkeiten zu verbessern. Anschließend kehrte er nach Kaufbeuren zurück, ging seinen Geschäften nach, malte auch ab und zu und wurde 1716 Stadtgerichtsassessor. Dieses Amt war jedoch nur das erste unter vielen für Ernst Tobias. Er mußte sich ständig seinem Handelsgeschäft und verschiedenen Familienangelegenheiten widmen, zudem bekleidete er auch die Ämter des Eichmeisters 1724, des Bürgermeisters 1742 und war schließlich Mitglied des evangelischen Konsistoriums. Seine Tätigkeiten entsprachen eher den zu erwartenden Interessen eines Mitglieds der städtischen Oberschicht als denen eines Landadeligen.[37]

In bezug auf die historische Entwicklung ihrer Tätigkeiten waren die Hörmann während der Frühen Neuzeit immer typische Vertreter des reichsstädtischen Patriziats. Sie widmeten sich weder der höfischen Gesellschaft noch dem Fürsten- bzw. Staatsdienst, sondern sie kümmerten sich hauptsächlich um familiäre Interessen (Handelsgeschäfte und Besitztümer) und lokale Politik.[38] Nach Junginger bildete das Kaufbeurer Patriziat eine verhältnismäßig offene Schicht der städtischen

---

[35] W. L. Hörmann, Familienchronik (Anm. 1), passim.
[36] W. L. Hörmann, Familienchronik (Anm. 1), S. 121-126.
[37] In bezug auf die Tätigkeiten der Mitglieder des Patriziats vgl. A. Rieber, Das Patriziat (Anm. 10), S. 314-320.
[38] Das "Ausscheiden aus dem risikoreichen Geschäftsleben" fand scheinbar im Falle der Familie Hörmann nicht statt. Vgl. R. Endres, Adel und Patriziat (Anm. 6), S. 230-231.

Gesellschaft, die Emporkömmlinge aufgrund der hohen Wertschätzung des Vermögens als Maßstab der Mitgliedschaft aus den Reihen der erfolgreichen Kaufleute und sogar der wohlhabenden Handwerker integrierte.[39] Ein eher lockeres, von wirtschaftlichen Interessen gekennzeichnetes Standesbewußtsein erklärt vielleicht die vielfältigen Tätigkeiten der Hörmann und die sie bestimmenden Werte und Normen. Durch eine breite Streuung von Ämtern und Professionen, unter denen der Handel immer das wichtigste war, identifizierten sie sich stets mit der Kaufmannschaft und dem Patriziat der Stadt Kaufbeuren.[40] Daß sich dieser Variantenreichtum mit der Zeit veränderte, deutet auch eine gewisse Flexibilität an, das heißt, eine Bereitschaft, alle Mittel und Möglichkeiten auszuschöpfen, um Stand und Wohlstand zu erhalten, anstatt hartnäckig und starrköpfig am Standesbewußtsein zu kleben, wie es einem Emporkömmling zuzutrauen wäre.

IV.

Die zeitgemäßen Wandlungen der Hörmannschen Hauptwohnsitze und Tätigkeiten sind untrennbar ineinander verflochten und spiegeln sich auch in ihren Eheschließungen. Die Generationen nach Georg hatten ihren erworbenen Reichtum und ihr Ansehen, die in der Standeserhebung Ausdruck fanden, genossen und ausgenutzt. Sie blieben in Augsburg seßhaft, um Georgs Geschäftsverbindungen weiter vorteilhaft zu verwenden. Selbstverständlich waren die meisten von ihnen auch Geschäftsleute. Mit dem Krieg und dem damit verbundenen Rückgang des Familienvermögens und des Familienglücks konzentrierten sich die Interessen der Hörmann vorübergehend auf ihre Besitztümer in Kaufbeuren und Gutenberg. Die darauffolgenden Generationen der Familie erlangten endlich wieder einen gewissen, wenn auch bescheidenen Wohlstand. Ihre Heiratsstrategie entsprach dieser Entwicklung ziemlich genau.

Sebastian Ludwig, der immer im Mittelpunkt der Geschichte seiner Familie stand, heiratete dreimal. Seine erste Braut, Anna Jacobina Mertzin, war die Tochter des Christoph Mertz, Gerichtsassessor und Handelsmann zu Memmingen.[41] Die zweite und dritte Frau, Sabina Schweyerin und Ursula Jenisch, gehörten noch patrizischen Familien aus Kaufbeuren an.[42] Diese patrizischen Ehen kennzeichnen

---

[39] F. Junginger, Geschichte der Reichsstadt Kaufbeuren (Anm. 31), S. 118.
[40] Die Ergebnisse meiner Untersuchung der in den Stadtarchiven Augsburg und Kaufbeuren befindlichen Quellen bestätigen die Behauptung Jungingers leider nicht, daß die Familie Hörmann im 17. und 18. Jahrhundert nicht länger Groß- und Fernhandel betrieben hätte. Vgl. F. Junginger, Geschichte der Reichsstadt Kaufbeuren (Anm. 31), S. 125.
[41] W. L. Hörmann, Familienchronik (Anm. 1), S. 81.
[42] W. L. Hörmann, Familienchronik (Anm. 1), S. 82-83.

eine Familie auf dem Höhepunkt ihres Ansehens und ihrer Macht und zeigen doch gleichzeitig den Rückzug auf Kaufbeuren und einen eingeschränkten Wirkungskreis. Die vorherigen wie die nachfolgenden Verbindungen verweisen auf die weiteren Entwicklungsmöglichkeiten in der gesellschaftlichen Stellung der Hörmann.

Die Söhne Georgs heirateten Töchter aus Familien der Augsburger Kaufleutezunft und den 'Mehrern der Gesellschaft'.[43] Hans Jörg ehelichte Radigunda Herwartin, Tochter des Erasmius Herwart; Ludwig vermählte sich mit einer Tochter Anton Haugs, und Anton nahm Christina Mannlich, eine Tochter des Matthias Mannlich, zur Frau. Obwohl die Haug, Herwart und Mannlich zu den reichsten und bedeutendsten Familien Augsburgs gehörten, kann allein die Herwart-Tochter Mitte des 16. Jahrhunderts zweifelsfrei dem Patriziat zugeschrieben werden.[44]

Nur in der zweiten und dritten Generation läßt sich die Standeserhebung des 'pater familias' in den Eheschließungen der Nachkommen klar erkennen.[45] Sebastian Ludwig heiratete drei Patriziertöchter, was für die Familie der Zeit typisch war. In der zweiten Generation gab es dreizehn Eheschließungen mit patrizischen oder adeligen Familien und zwei weitere mit kaufmännischen Familien aus ganz Schwaben. In der dritten Generation lassen sich sechs Ehen mit Söhnen und Töchtern des Patriziats, drei mit Kindern aus der Kaufmannschaft und zwei mit Personen aus Akademikerfamilien ausmachen. Die Hörmann versuchten durch standesgemäße Ehen also ihre neugewonnene Stellung zu festigen.

Dieses Bild änderte sich langsam im Laufe des 17. und 18. Jahrhunderts. In der vierten bis siebten Generation heirateten die meisten Mitglieder der Familie immer noch standesgleich.[46] Dreiundzwanzig Ehepartner stammten aus dem Patriziat und der Kaufmannschaft, davon siebzehn aus Kaufbeuren, wo die Familie etabliert war, und weitere sechs aus Nürnberg, wo ein Zweig der Familie hochgestiegen war. Interessanterweise wuchs gleichzeitig die Zahl der Ehen mit Kindern gelehrter Väter und insbesondere mit Kindern aus Handwerkerfamilien – wie das Junginger für das Kaufbeurische Patriziat insgesamt beobachtet hat.[47] In der sechsten Generation Ende des 17. und Anfang des 18. Jahrhunderts gab es nicht weniger als sechs solcher Eheschließungen zwischen der Patrizierfamilie und Kindern von Kaufbeurer Schmieden, Metzgern und Webern. Es mag wohl sein, daß die Hörmann einen Rückgang ihres Vermögens oder ihres Ansehens erlebten und demzu-

---

43 Chronik der Familie Hörmann (Anm. 9), S. 5-10.
44 K. Sieh-Burens, Oligarchie, Konfession und Politik (Anm. 12), S. 348.
45 Chronik der Familie Hörmann (Anm. 9), S. 10-17.
46 W. L. Hörmann, Familienchronik (Anm. 1), passim.
47 Hier kann wohl keine Rede von sozialer Inzucht sein. Vgl. Hermann Mitgau, Geschlossene Heiratskreise sozialer Inzucht, in: Deutsches Patriziat (Anm. 9), S. 1-26.

folge in weniger gehobene Kreise einheirateten.[48] Andererseits mag es auch sein, daß sie die sozialen und wirtschaftlichen Potenzen emporkommender bürgerlicher Familien für ihre eigenen Zwecke zu nutzen wußten. Wie auch immer, die Hörmann blieben anerkannte Mitglieder des Kaufbeurer Patriziats bis zum Ende des reichsstädtischen Zeitalters.[49] Solche scheinbar unstandesgemäßen Ehen beeinträchtigten die gesellschaftliche Stellung der Familie nicht im geringsten. Ob durch ihre Ausbildung oder ihre Tätigkeiten oder schließlich durch eine flexible Heiratspolitik: die Hörmann vermochten es, sich veränderten Umständen geschickt anzupassen und ihre Familienverhältnisse vorteilhaft zu gestalten, um ihren Stand möglichst zu erhalten.

V.

Für die Hörmann war die Bezeichnung 'von und zu Gutenberg' zwar sehr wichtig, aber nicht allein maßgebend für ihre soziale Stellung und ihre wirtschaftliche Kraft. Alle Männer der Familie trugen stolz den Titel und hielten sorgfältig an ihrem finanziellen Anteil am Gut fest, zeigten also als Familie erhebliche ländliche Interessen. Doch interessierten sie sich als einzelne Persönlichkeiten kaum für das Land und Gut. Einige sahen sich gezwungen, sich auf dem Land niederzulassen und auf das ländliche Kapital zu vertrauen. Der adelig gebildete Sebastian Ludwig getraute sich, mit seinen Händen zu arbeiten, um Leben und Gut zu behalten. Trotz bitterer Armut und unstandesgemäßem Schaffen blieb er im Kreis der patrizischen Familien heiratsfähig. Seine Stellung verwirkte er nicht. Den Familienchroniken nach bevorzugte nur ein einziger Hörmann wirklich das Landleben. Ein Enkel des Ludwig und Vetter des Sebastian Ludwig, Matthäus Bernhard, wohnte freiwillig auf Gutenberg, fuhr nur selten in die Stadt und schrieb eigenhändig Bücher über 'Oeconomia' und Hausarznei.[50] Aus acht Generationen der Hörmann, die sich über drei Jahrhunderte erstreckten, war er allein ein beispielhafter ländlicher Hausvater, wie ihn sich Johannes Colerus vorstellte.[51] Ein Übergang der Hörmann zum Land und zum Landadel fand also nicht statt.[52]

---

[48] Die gesamte Geschichte der Familie Hörmann, aber vor allen Dingen ihre Heiratsstrategie, entspricht nicht im geringsten einer sozialen Abkapselung. Vgl. R. Endres, Adel und Patriziat (Anm. 6), S. 227-229.
[49] F. Junginger, Geschichte der Reichsstadt Kaufbeuren (Anm. 31), S. 117-125.
[50] W. L. Hörmann, Familienchronik (Anm. 1), S. 73-77.
[51] *[...] Haushaltung ist nichts anders denn eine sonderliche geschickligkeyt mit allem deme das ein Hauswirth in und ausser halb seines Hauses zu Erb und eigen hat allso unnd auff diese weiss umbzugehen und zu begehren das er nicht allein sich sein Weib Kinder Gesinde und Vieh zur Notdurfft aushalten, Sondern auch das Jahr durch etwas zimliches erubrigen kan*

Die Hauptwohnsitze der Familie änderten sich gemäß den Zeiten und Umständen, blieben aber vorwiegend in den Reichsstädten, den Zentren des wirtschaftlichen und politischen Lebens des oberdeutschen Patriziats.[53] Die Ausbildungswege richteten sich nach vorgesehenen Tätigkeiten, die in den meisten Fällen auf eine kaufmännische Tätigkeit orientiert waren. Selbst die Kreise der möglichen Heiratspartner schlossen überwiegend die Familien der Kaufmannschaft und des Patriziats ein. Auf diese Weise erhielten und pflegten die Hörmann die Erfahrungen und Eigenschaften, die ihnen der Adelstitel und das Landgut eingebracht hatten. Leistungsbereitschaft und Wagemut (und wahrscheinlich auch 'bürgerliche' Tugenden wie Fleiß und Sparsamkeit) spielten eine erhebliche Rolle. Mitglieder der Familie zeigten in ihren Lebensläufen nur vereinzelt und ausnahmsweise einen Hang zu engstirnigem Standesbewußtsein, zu exklusiver Denkart, zu Feindseligkeiten gegenüber Emporkömmlingen oder gar zur adeligen Lebensform. Als Familie waren und blieben die Hörmann bis zum Ende des Alten Reiches Kaufleute und Patrizier.

Betrachtet man die Familie Hörmann von und zu Gutenberg als typisch für die städtische Oberschicht und für den kleineren Landadel des oberdeutschen Raumes, erweist sich das Modell der ständischen Gesellschaft als unbefriedigend. Sie gehörten im engeren Sinn keinem der damals vorgestellten Stände an, doch bildeten sie mit vielen anderen gleichrangigen Familien aus Stadt und Land eine Gruppe, die sich Kennzeichen des Adels und der 'Gemeinde' zu eigen machte und die sich so gut wie reibungslos zwischen beiden bewegte. Meines Erachtens haben wir uns viel zu lang auf die Literatur von der ständischen Gesellschaft verlassen und demzufolge vergessen, daß sie Idealtypen darstellte und keine Realitäten beschrieb. Ich bin der festen Überzeugung, daß die Hörmann und die meisten Menschen der damaligen Zeit die Regeln einer sozialen Ordnung erkannten, sie aber nicht immer einhielten. Selbstverständlich suchten sie ihren Nutzen und ihren Vorteil und ließen sich in ihrem alltäglichen Verhalten durch theoretisches Standesdenken nicht zu sehr einengen.

[...]. M. Iohannis Coleri, Calendarium Perpetuum et Libri Oeconomici: Das ist ein stetswerender Calendar darzu sehr nutzliche und notige Hausbücher, Wittenberg 1592, S. 2.
52 Mindestens nicht im Sinne der gegenwärtigen geschichtswissenschaftlichen Literatur. Vgl. R. Endres, Adel und Patriziat (Anm. 6), passim.
53 A. Rieber, Das Patriziat (Anm. 10), passim.

"Voll Feuerdrang nach ausgezeichneter Wirksamkeit" – die Gebrüder von Obwexer, Johann Heinrich von Schüle und die Handelsstadt Augsburg im 18. Jahrhundert

Michaela Schmölz-Häberlein

I.

Die wirtschaftliche Bedeutung der Stadt Augsburg im 18. Jahrhundert schätzten Historiker und Publizisten bis zur Mitte unseres Jahrhunderts in der Regel gering ein. Dieses Urteil, welches erst vor dreißig Jahren durch Wolfgang Zorn revidiert wurde,[1] basierte vor allem auf den Reisebeschreibungen des 18. und beginnenden 19. Jahrhunderts, in denen sich die Verfasser in oft sarkastischer Form über den Niedergang der Augsburger Handelstradition seit dem Ende des Dreißigjährigen Krieges äußerten.[2] Die Wirtschafts- und Unternehmensgeschichte des 19. und frühen 20. Jahrhunderts, die sich seit Richard Ehrenberg intensiv mit der Augsburger Handelsgeschichte der Fuggerzeit beschäftigte, ließ das 18. Jahrhundert, von wenigen Ausnahmen abgesehen,[3] weitestgehend unbeachtet.

Schriften wie Anselmus Rabiosus' alias Wilhelm Ludwig Wekhrlins 'Reise durch Oberdeutschland'[4] verglichen die Handelsunternehmen des 18. Jahrhunderts

---

[1] Wolfgang Zorn, Handels- und Industriegeschichte Bayerisch-Schwabens 1648-1870. Wirtschafts-, Sozial- und Kulturgeschichte des schwäbischen Unternehmertums (Veröffentlichungen der Schwäbischen Forschungsgemeinschaft bei der Kommission für Bayerische Landesgeschichte, Reihe 1, Bd. 6), Augsburg 1961, bes. S. 12-70.

[2] Vgl. hierzu Ingrid Bátori, Reichsstädtisches Regiment, Finanzen und bürgerliche Opposition, in: Geschichte der Stadt Augsburg von der Römerzeit bis zur Gegenwart, hrsg. v. Gunther Gottlieb u.a., 2. Aufl., Stuttgart 1985, S. 457-468, bes. S. 457.

[3] Pius Dirr, Augsburger Textilindustrie im 18. Jahrhundert, in: ZHVSN 37 (1911), S. 1-106. Franz Freiherr von Karaisl, Bayerische Anleihen in Augsburg im 18. Jahrhundert, in: Schwabenland 1 (1934), S. 223-225. Jacques Waitzfelder, Der Augsburger Johann Heinrich Edler von Schüle, ein Pionier der Textilwirtschaft im 18. Jahrhundert, Würzburg 1929. Vgl. jüngst Mark Häberlein, Michaela Schmölz-Häberlein, Die Erben der Welser. Der Karibikhandel der Augsburger Firma Obwexer im Zeitalter der Revolutionen (Veröffentlichungen der Schwäbischen Forschungsgemeinschaft bei der Kommission für Bayerische Landesgeschichte, Reihe 1, Studien zur Geschichte des Bayerischen Schwabens, Bd. 21), Augsburg 1995.

[4] Wilhelm Ludwig Wekhrlin (Anselmus Rabiosus), Reise durch Oberdeutschland, Leipzig 1778 (Nachdruck München 1988), S. 45. *Troja fuit!* [...] *so seufzt man, wenn man sich zu Augsburg befindet. Diese Stadt, welche ehemals einen so schmeichelhaften Rang unter den euro-*

durchweg zu deren Nachteil mit den großen Handelshäusern der Fugger und Welser im 16. Jahrhundert.⁵ Dabei wurden gängige Vorurteile von den Reiseschriftstellern ohne jedes kritische Hinterfragen immer wieder kopiert. *Daß Augsburg groß und schön sey, daß es aber von seinem ehemaligen Reichthum und Ansehen sehr heruntergekommen sey*, so Johann Pezzl, *dieß wissen wir von allen Geographen und Reisebeschreibern.*⁶ Unter den wenigen Unternehmern des 18. Jahrhunderts, die den harten Urteilen auswärtiger Beobachter über die Provinzialität und Engstirnigkeit der Handelsherren in der Spätzeit der Reichsstadt entgingen und positiv bewertet wurden, nahm Johann Heinrich Edler von Schüle eine herausragende Stellung ein. Mit seiner Person und seinen Leistungen setzte sich nahezu jeder Reiseschriftsteller auseinander, und der Besuch der Schüleschen Kattunfabrik gehörte zum Standardprogramm aller Augsburg-Besucher des ausgehenden 18. und beginnenden 19. Jahrhunderts.⁷ Erwähnung fanden außerdem noch Josef Paul von Cobres als Eigentümer eines berühmten Naturalienkabinetts, die Gebrüder von Obwexer, Benedikt Adam von Liebert und Johann Conrad von Schwarz.⁸

Ein Grund für das negative Image der Handelsstadt Augsburg im 18. Jahrhundert mag darin liegen, daß die Außenbeziehungen ihrer Unternehmer bis vor wenigen Jahrzehnten weitgehend im Dunkeln lagen. Die Augsburger Bankiers und Handelsfirmen wie die Gebrüder von Obwexer hielten ihre Verbindungen vor der Öffentlichkeit verborgen, und der Verlust der Geschäftsunterlagen fast aller großen Augsburger Unternehmen des 18. Jahrhunderts macht die Rekonstruktion ihrer Beziehungen zu einer historischen Detektivarbeit. Selbst der kenntnisreiche Paul von Stetten der Jüngere stellt in seiner 1788 erschienenen 'Beschreibung der Reichs=Stadt Augsburg' lediglich allgemein fest: *Einige Häuser haben auf ver-*

---

päischen Handlungsstädten hatte, ist sich nicht mehr ähnlich. Sie gleicht einem von der Abzehrung angegriffenen Körper, welcher mit sich selbst kämpft. Weiter bemerkt er, daß *ihr meistes Ansehen von den Fuggers zu danken, welches die berühmtesten Weber in Europa waren. Davon erhält sie noch ihren Charakter.*

5   Johann Kaspar Riesbeck, Briefe eines reisenden Franzosen über Deutschland an seinen Bruder in Paris, Zürich 1783 (Nachdruck Stuttgart 1967), S. 33. Auch zitiert in Eduard Gebele, Augsburg im Urteil der Vergangenheit, in: ZHVSN 48 (1928/29), S. 1-165, hier S. 127.
6   Johann Pezzl, Reise durch den Beierischen Kreis, Salzburg und Leipzig 1784, S. 92-109, zit. nach E. Gebele, Augsburg im Urteil der Vergangenheit (Anm. 5), S. 129.
7   Vgl. hierzu beispielsweise W. L. Wekhrlin, Reise (Anm. 4), S. 51. Heinrich Sander, Beschreibung seiner Reisen durch Frankreich, die Niederlande, Holland, Deutschland und Italien [...], zweiter Teil, Leipzig 1784, S. 31. Rainer A. Müller hat bereits in einem Aufsatz die Person Schüles anhand der zeitgenössischen Publizistik näher untersucht. Rainer A. Müller, Johann Heinrich von Schüle – Aufstieg und Fall des Augsburger Kattunfabrikanten im zeitgenössischen Urteil, in: Unternehmer – Arbeitnehmer. Lebensbilder aus der Frühindustrialisierung in Bayern, hrsg. v. Rainer A. Müller, 2., erweiterte Aufl., München 1987, S. 160-170.
8   W. L. Wekhrlin, Reise durch Oberdeutschland (Anm. 4), S. 51; H. Sander, Beschreibung seiner Reisen (Anm. 7), S. 34-35.

schiedenen anderen Plätzen Commenditen und Fabriken und Antheil an großen Unternehmungen der ost- und westindischen Handlung, an Pachtung, und Plantagen in großen Königreichen und Republiken.[9]

Die Persönlichkeiten Johann Heinrich von Schüles, dem "Kattunkönig"[10] und Fabrikanten von Weltruf, und der Gebrüder Peter Paul und Joseph Anton von Obwexer, die ein Bank- und Handelshaus mit weltweiten Beziehungen betrieben und in spektakulären Geschäften investierten, haben vieles gemeinsam. Beide sind in der ersten beziehungsweise zweiten Generation nach Augsburg zugewandert, beiden gelang der Aufstieg in die ökonomische Spitzengruppe der Stadt,[11] beide repräsentierten Wirtschaftsbereiche, auf denen der Wiederaufstieg Augsburgs im 18. Jahrhundert vor allem beruhte,[12] und beide wurden in den 1770er Jahren nobilitiert.[13] Während Schüle bis heute als Prototyp des risikofreudigen und innovativen Unternehmers gilt und als solcher in eine Reihe von Standardwerken zur deutschen Geschichte Eingang fand,[14] gerieten die Obwexer im 19. Jahrhundert völlig in Vergessenheit, und ihre weltweiten wirtschaftlichen Beziehungen wurden erst in den 1950er Jahren von Wolfgang Zorn zu einem Teil wiederentdeckt.[15]

Ein weiterer Aspekt, der den Vergleich zwischen Schüle und Obwexer nahelegt, ist die aus der Schüle-Biographie des Freiherrn von Seida bekannte Tatsache, daß beide Familien in enger geschäftlicher Beziehung zueinander standen.[16] Seida

---

[9] Paul von Stetten, Beschreibung der Reichs=Stadt Augsburg [...], Augsburg 1788, S. 121.

[10] Hans-Ulrich Wehler, Deutsche Gesellschaftsgeschichte, Bd. 1: 1700-1815, 2. Aufl., München 1989, S. 109.

[11] Sowohl Schüle als auch die Obwexer zahlten 1779 die 'Reiche Steuer', eine im 16. Jahrhundert in Augsburg eingeführte Abgabe, die den Zahlenden davon befreite, seine Vermögensverhältnisse offenzulegen. StadtAAug, Geheimes Ratsbuch 1779, S. 15-18.

[12] Peter Fassl. Konfession, Wirtschaft und Politik. Von der Reichsstadt zur Industriestadt: Augsburg 1750-1850 (Abhandlungen zur Geschichte der Stadt Augsburg, Bd. 32), Sigmaringen 1988, S. 123. Etienne François, Die unsichtbare Grenze. Protestanten und Katholiken in Augsburg 1648-1806 (Abhandlungen zur Geschichte der Stadt Augsburg, Bd. 33), Sigmaringen 1991, S. 74.

[13] SStBAug, 2° Cod. Aug. 634, Adelsbrief Joseph Anton und Peter Paul Obwexer, 15. Juli 1778. Franz Eugen von Seida, Johann Heinrich Edler von Schüle, des heil. römischen Reichs Ritter, Kaiserlich-königlicher wirklicher Rath. Ein biographisches Denkmal, Leipzig 1805, Beilagen. Wolfgang Zorn, Joseph Anton und Peter Paul von Obwexer, in: Lebensbilder aus dem Bayerischen Schwaben, Bd. 5, hrsg. v. Götz Frhr. von Pölnitz (Schwäbische Forschungsgemeinschaft bei der Kommission für Bayerische Landesgeschichte, Veröffentlichungen, Reihe 3, Bd. 5), München 1953, S. 270-280, hier S. 272-273. W. Zorn, Handels- und Industriegeschichte (Anm. 1), S. 238-240.

[14] Vgl. beispielsweise H.-U. Wehler, Gesellschaftsgeschichte (Anm. 10), S. 107, 109. Hermann Aubin, Wolfgang Zorn, Handbuch der deutschen Wirtschafts- und Sozialgeschichte, Bd. 1: Von der Frühzeit bis zum Ende des 18. Jahrhunderts, Stuttgart 1971, S. 549, 552.

[15] W. Zorn, Obwexer (Anm. 13), S. 270-280. W. Zorn, Handels- und Industriegeschichte (Anm. 1), S. 45-49, 56-58, 60-61, 66-67.

[16] P. Dirr, Augsburger Textilindustrie (Anm. 3), S. 45. J. Waitzfelder, Schüle (Anm. 3), S. 79, 152.

behauptete, daß Obwexer Schüle *uneingeschränkten Kredit und die Mittel gab, immer lebhaftere Geschäfte zu machen. Die Lampe brannte je herrlicher und herrlicher, da ihr es niemals an Oel fehlte.* Seida ist damit übrigens der einzige zeitgenössische Autor, der die Obwexer auch explizit als weitblickende risikobereite Geschäftsleute würdigte. *Wer sieht und anerkennt nicht in dieser uneigennützigen Unterstützung des Talents und Fleißes das edle Herz und den biederen Sinn unseres verewigten wackeren Mitbürgers Johann Obwexer's.*[17] Warum Schüle und die Obwexer, die in vielfacher Hinsicht parallele Karrieren hatten und zusammenarbeiteten, so unterschiedlich stark von Zeitgenossen und Historikern beachtet wurden, soll im folgenden anhand zweier Themenbereiche näher erläutert werden: der familiären Beziehungen und der geschäftlichen Tätigkeit.

II.

Der 1727 aus Klausen in Südtirol nach Augsburg zugezogene Johann Obwexer und seine Familie standen zunächst, wie andere aufstrebende katholische Augsburger Unternehmer des 18. Jahrhunderts, außerhalb des protestantischen Establishments der Stadt. Vor diesem Hintergrund verfolgte Johann Obwexer eine Familienpolitik, die wirtschaftliche und konfessionelle Aspekte gleichermaßen berücksichtigte. So wurden die zwei Töchter des Hauses mit Angehörigen von aus Oberitalien stammenden katholischen Familien verheiratet: Tonella, Bacchiochi und Cobres, letzterer einer der beiden anderen großen katholischen Bankiers in Augsburg und Inhaber des berühmten Naturalienkabinetts. Johann Obwexers Sohn Peter Paul ehelichte mit Josepha Victoria Pogliese ebenfalls eine Italienerin.[18] Die starke konfessionelle Bindung der Obwexer ist unter anderem daran zu erkennen, daß vier der neun Kinder Johann Obwexers in kirchliche Orden eintraten,[19] und daß Johann Obwexer und seine Söhne Peter Paul und Joseph Anton zahlreiche Kirchenstiftungen tätigten,[20] sich massiv für die Beibehaltung katholischer Tradi-

---

[17] F. E. v. Seida, Schüle (Anm. 13), S. 55-57.
[18] Vgl. W. Zorn, Handels- und Industriegeschichte (Anm. 1), S. 60, 239, 292, 303. E. François, Die unsichtbare Grenze (Anm. 12), S. 128.
[19] W. Zorn, Obwexer (Anm. 13), S. 271. W. Zorn, Handels- und Industriegeschichte (Anm. 1), S. 298-299. E. François, Die unsichtbare Grenze (Anm. 12), S. 128.
[20] HHStA, Abt. Hofkammerarchiv, KR 444/2 fol. 176ʳ-176ᵛ. W. Zorn, Handels- und Industriegeschichte (Anm. 1), S. 299.

tionen – etwa in Form der Wallfahrt nach Violau – einsetzten[21] und Votivtafeln stifteten.[22]

Daß zwischen den Obwexer und den mit ihnen verschwägerten Familien auch räumlich enge Beziehungen bestanden, läßt sich anhand von Paul von Stettens Augsburg-Beschreibung sowie anhand der Augsburger Grundbücher und der Akten über die Veräußerung des Obwexerschen Immobilienbesitzes bei deren Konkursverfahren in den Jahren 1806 bis 1811 zeigen. So wohnten in dem Haus von Joseph Anton, der 1796 verstorben war, im Jahre 1808 seine Witwe Theresa und die Kinder seines Schwagers Johann Maria Bacchiochi, für die nach dem Tode ihrer Mutter Peter Paul und Joseph Anton von Obwexer als Pfleger bestimmt worden waren.[23] Im Hause von Peter Paul von Obwexer lebten dessen Bruder Johannes, der Haupterbe Joseph Antons, und die vier 'Hohenleiterischen Töchter', die wiederum mit dem Obwexerbuchhalter auf Curaçao, Georg Hohenleiter verwandt waren.[24] In das Rokokohaus 'Zur Himmelsleiter', in dem der Obwexerschwager Joseph Tonella mit seiner Frau Maria Anna lebte,[25] zog nach dem Tode Tonellas Josef Paul von Cobres, der der zweite Ehemann von Maria Anna war,[26] und damit Nachbar von Peter Paul von Obwexer wurde.[27] Die verwandtschaftlichen und nachbarschaftlichen Beziehungen der Obwexer bildeten Etienne François zufolge das Zentrum eines katholischen 'Gegen-Networks' zu den etablierten protestantischen Familien Augsburgs.[28]

Über die Frauen der Unternehmer wissen wir sehr wenig. Während für Schüles erste Frau, "die wie jeder Farbmacher und Farbknecht mit ihrem Mann gearbeitet, sogar in gesegneten Umständen und [...] nicht nur mit ihm, sondern auch allein

---

[21] Adolf Buff, Ein Augsburger Illuminatenprozeß 1787, in: ZHVSN 7 (1879), S. 70-82. W. Zorn, Obwexer (Anm. 13), S. 275-276. W. Zorn, Handels- und Industriegeschichte (Anm. 1), S. 299. E. François, Die unsichtbare Grenze (Anm. 12), S. 128.

[22] SStBAug, 2° Cod. Aug. 498.

[23] StaatsAAug, Reichsstadt Augsburg Lit. 573 Grundbuch P, S. 726. A-St-13 lit. A, Nr. 7 & 91. Reichstadt Augsburg Lit. 600 Nr. 1323. So hinterlegen P. P. und J. A. von Obwexer einen *Abkomsbrief zur Sicherstellung der Materne* über 12126 Gulden für die Kinder, den 18jährigen Johann Maria, die zwölfjährige Maria Elisabetha und die siebenjährige Maria Josepha am 6.10.1795.

[24] BayHStA, Bayerische Gesandtschaft London, Nr. 700, fol. 3^r, 7^{r-v}.

[25] StaatsAAug, Reichstadt Augsburg Lit. 573 Grundbuch P, S. 691.

[26] Die korrekten verwandtschaftlichen Beziehungen können nur in mühevoller Arbeit über Grundbücher und Pflegschaften rekonstruiert werden. Auf eine familiäre Verbindung verweist auch Zorn, jedoch sind ihm die genauen Beziehungen nicht bekannt. W. Zorn, Handels- und Industriegeschichte (Anm. 1), S. 287. Tonella verstarb bereits vor 1769, da die Pfleger des Sohnes Franz Anton Tonella, Carl Joseph Pogliese und Franz Borgias, am 18.11.1769 eine Geldsumme von 6300 Gulden auf dessen *zukünftigen Stiefvater Joseph Cobres* übertragen. StaatsAAug, Reichstadt Augsburg Lit. 555 No. 312, S. 119.

[27] P. von Stetten, Beschreibung (Anm. 9), S. 14.

[28] Vgl. E. François, Die unsichtbare Grenze (Anm. 12), S. 122-127.

mit der Ware die Messen besucht"[29] hatte, eine aktive Rolle innerhalb des Geschäftes belegt ist, läßt sich eine derartige Beteiligung der Frauen der Obwexer nur vermuten. Unwahrscheinlich ist sie nicht, da ein solcher Nebenverdienst für die Frühe Neuzeit durchaus üblich[30] und in der näheren Umgebung der Obwexer sowohl für Marianne von Liebert, die Ehefrau J. Lorenz von Schaezlers – darauf wird im Tagebuch ihres Mannes wiederholt lobend eingegangen –,[31] als auch für die Ehefrau des wichtigsten Amsterdamer Geschäftspartners der Obwexer, Carlo della Croce, die auf eigene Rechnung Stoffe nach Curaçao schickte und über den dortigen Obwexer-Faktor Pierre Brion absetzen ließ, dokumentiert ist.[32] Insgesamt scheint es sich beim Obwexer-'Network' um einen relativ festgefügten Verband von Familien gehandelt zu haben, aus dem einzelne Personen, mit Ausnahme vielleicht des Naturalien-Sammlers Cobres, kaum hervortraten.

Besonders augenfällig sind das geschlossene Auftreten der Familie nach außen, die Demonstration von Eintracht und Familiensinn in einem 1781 von Johann Jakob Mettenleiter geschaffenen Familienbildnis der Obwexer.[33] Im Zentrum des Bildes sind drei Ehepaare abgebildet, die sich um einen Eßtisch gruppieren. Peter Paul von Obwexer mit Frau und zwei Kindern, der kinderlose Joseph Anton mit Frau und zwischen den beiden, bereits in der Farbgebung deutlich zurückgenommen, ein drittes Paar mit Sohn. Dieses ist nicht eindeutig zu bestimmen. Entweder handelt es sich um Johannes Obwexer mit Frau und Sohn Johann Michael, der jedoch zu diesem Zeitpunkt in Amsterdam arbeitete, oder – wahrscheinlicher – um Johann Maria Bacchiochi mit Ehefrau und Sohn Johann Maria. Am linken Bildrand sind zwei weitere Brüder abgebildet, einer im Habit eines Franziskaners, der andere als Jesuit. Letzteres ist um so bemerkenswerter, da der Orden der Jesuiten 1773 von Papst Clemens XVI. verboten wurde und in Augsburg 1776 aufgehoben wurde. Die positive Haltung der Obwexer gegenüber den Jesuiten und die von den Aufklärern immer wieder verspottete Jesuitenfreundlichkeit[34] mag vor dem Hintergrund, daß zwei der vier Geistlichen aus dem Hause Obwexer dem Orden des

---

[29] W. Zorn, Handels- und Industriegeschichte (Anm. 1), S. 280.
[30] Vgl. hierzu Heide Wunder, "Er ist die Sonn', sie ist der Mond". Frauen in der Frühen Neuzeit, München 1992, bes. S. 125-129.
[31] W. Zorn, Handels- und Industriegeschichte (Anm. 1), S. 208, 310-342.
[32] Public Record Office London, (nachfolgend abgekürzt PRO), High Court of Admirality (nachfolgend abgekürzt HCA) 32/476/1, fol. 308^r-308^v, engl. Übs. eines Briefes von Pierre Brion an Turri & Co. vom 9. Juli 1779.
[33] Vgl. Die anständige Lust. Von Esskultur und Tafelsitten, hrsg. v. Ulrike Zischka u.a., München 1993, S. 234.
[34] W. Zorn, Obwexer (Anm. 13), S. 275-276. W. Zorn, Handels- und Industriegeschichte (Anm. 1), S. 299-300. E. François, Die unsichtbare Grenze (Anm. 12), S. 128-129. Nicolai, dem François unterstellt, die Obwexer mit der 'Jesuitenloge' in Verbindung zu bringen, hat diese in seiner Reisebeschreibung jedoch nicht namentlich genannt.

Ignatius von Loyola angehörten, relativiert werden.³⁵ Gerade aber ihre Verbindung mit den Jesuiten und ihr Engagement für traditionsreiche Wallfahrten in der näheren Umgebung von Augsburg waren es, die ihren Namen zum Sinnbild eines reaktionären katholischen Konservativismus machten.

Auch der aus Künzelsau im Hohenlohischen stammende und 1745 nach Augsburg zugezogene Protestant Johann Heinrich von Schüle beabsichtigte sowohl mit seinen eigenen Ehen als auch mit den Verbindungen seiner Kinder, seine Position innerhalb der städtischen Hierarchie zu stärken. Sein Ziel war dabei nicht nur wirtschaftlicher Aufstieg, sondern auch die Erhöhung seines Sozialprestiges, das mit der Einheirat in die etablierte protestantische Oberschicht Augsburgs verbunden war. Von seiner ersten Frau Catharina Barbara Christel, Tochter aus einem begüterten Handelshaus, die es ihm durch ihre beträchtliche Mitgift erst ermöglichte, seine ehrgeizigen Pläne umzusetzen, trennte er sich auf dem Höhepunkt seiner Laufbahn. Nach ihrem Tode heiratete er 1792 im Alter von 72 Jahren eine Schwester des Bankiers Benedikt Adam von Liebert.³⁶ Die Eheschließungen von Johann Heinrich von Schüle Junior mit Johanna Regina von Liebert und von Schüles zweitem Sohn Nicolaus Tobias mit Friederike von Garb Anfang der 1780er Jahre fanden durch ihre Extravaganz große Beachtung.³⁷ So erhielten die Söhne mehr als achtmal soviel Heiratsgut wie die zukünftigen Ehefrauen. Die Brautgeschenke des Schwiegervaters in Form von 100 Louis d'or, einem Tafelservice aus Porzellan im Wert von 4000 Gulden und Brillantschmuck³⁸ zeugen von einem sehr ausgeprägten Repräsentationsbedürfnis und verdeutlichen exemplarisch, wie Schüle immer wieder versuchte, Aufmerksamkeit zu erregen.

Auch der Ehevertrag zwischen dem jüngeren Johann Heinrich von Schüle und der Tochter von Lieberts stellt die Interessen des älteren Schüle in den Mittelpunkt. Besonderes Gewicht liegt auf den Erbansprüchen der zukünftigen Kinder des Paares: explizit wird festgelegt, daß nur direkte Nachkommen von Schüle dem Jüngeren Anspruch auf *die von ihren Verehrungswürdigsten Gross Eltern väterlicher Seits établierte Weltberühmte von Schülesche Fabrique* hätten.³⁹ Über die Ehe mit der Liebertschen Tochter wurden auch familiäre Verbindungen zu den

---

³⁵ Die Söhne Alois und Franz Xaver traten in den Jesuitenorden und ihre Brüder Clemens und Philibert in den Franziskanerorden ein. W. Zorn, Obwexer (Anm. 13), S. 271. W. Zorn, Handels- und Industriegeschichte (Anm. 1), S. 298-299. E. François, Die unsichtbare Grenze (Anm. 12), S. 128.
³⁶ Jacques J. Whitfield, Johann Heinrich von Schüle, in: Lebensbilder aus dem Bayerischen Schwaben, Bd. 9, hrsg. v. Wolfgang Zorn (Schwäbische Forschungsgemeinschaft bei der Kommission für Bayerische Landesgeschichte, Veröffentlichungen, Reihe 3, Bd. 9), München 1966, S. 211-230, hier S. 224, 229.
³⁷ W. Zorn, Handels- und Industriegeschichte (Anm. 1), S. 68, 267. J. Waitzfelder, Schüle (Anm. 3), S. 116. J. J. Whitfield, Schüle (Anm. 36), S. 224.
³⁸ F. E. v. Seida, Schüle (Anm. 13), S. 124. Vgl. auch W. Zorn, Handels- und Industriegeschichte (Anm. 1), S. 267-268.
³⁹ W. Zorn, Handels- und Industriegeschichte (Anm. 1), S. 267, 268-272, Zitat S. 271.

von Rads und von Schaezlers geschaffen.⁴⁰ Schüles Töchter hingegen wurden nicht mit der Augsburger Führungsschicht oder dem freiherrlichen Adel verheiratet, sondern mit leitenden Angestellten oder auswärtigen Unternehmern. So wurde der Colmarer Chemiker Jean-Michel Haussmann, der für die Schülesche Manufaktur tätig war, sein Schwiegersohn.⁴¹ Eine weitere Tochter heiratete 1804 Dietrich Erzberger aus Basel, einen Teilhaber des im selben Jahr begründeten Wechselhauses Erzberger & Comp. in Augsburg.⁴² Dabei ist auch interessant, daß – wie bei den Obwexern – Immobilien innerhalb der näheren und weiteren Familie vermietet beziehungsweise verkauft wurden. Lorenz Schaezler beispielsweise berichtet in seinem Tagebuch, daß er mit seiner Familie *an Georgi 1799 eine schöne gesunde Wohnung im 2. Stock des damalen Schieleschen, jetzt Erzbergerschen Hauses* bezog,⁴³ das am Alten Heumarkt gelegen war, und das Schüle 1748, drei Jahre nach seinem Zuzug nach Augsburg, dreigeschossig erbauen ließ.⁴⁴

Die unterschiedliche Familienpolitik Obwexers und Schüles ist Ausdruck verschiedener Selbstverständnisse. Die Obwexer heirateten innerhalb ihrer ethnischen und sozialen Gruppe. Die Ehepartner stammten wie sie selbst aus italienischen Kaufmannsfamilien und lebten in erster oder zweiter Generation in Augsburg. Diese starke Bindung der Obwexer an Italien zeigt sich auch in der Wahl ihrer Geschäftspartner.⁴⁵ Für Schüle hingegen ist Heiratspolitik eine Möglichkeit, innerhalb der etablierten Augsburger Oberschicht Fuß zu fassen. Nachdem Schüle ein großes Vermögen erworben hatte, gerieten die Eheschließungen der Nachkommen mit Angehörigen alteingesessener und renommierter Familien zunehmend zu Inszenierungen des eigenen Erfolgs.

---

40 W. Zorn, Handels- und Industriegeschichte (Anm. 1), S. 208, 213, 310-342.
41 W. Zorn, Handels- und Industriegeschichte (Anm. 1), S. 55-56.
42 W. Zorn, Handels- und Industriegeschichte (Anm. 1), S. 68.
43 W. Zorn, Handels- und Industriegeschichte (Anm. 1), S. 326.
44 F. E. v. Seida, Schüle (Anm. 13), S. 56.
45 Beispielsweise war Carlo della Croce, der Teilhaber bei Turri & Co. und der direkten Nachfolgefirma Tonella & Co., Mailänder. Daß es sich um die gleiche Firma handelt, beweisen zwei Einträge im Notariatsarchiv Amsterdam. GA Amst., Not. Arch. 15874, Nr. 1713 und 15856, Nr. 1023 (E. M. Dorper). Ebenso ist der Fabrikdirektor des Bregenzer Manufakturunternehmens, Bedevilla, ein Italiener. Auch andere Verbindungen nach Italien lassen sich rekonstruieren. HHStA, KR 444/2. Ein weiteres Indiz für die Italienbindung der Obwexer ist ihre noch erhaltene Geschäftskorrespondenz im Public Record Office, die in italienischer Sprache abgefaßt ist. PRO, HCA 32/476/1 und 32/476/2.

III.

Überhaupt scheint die Selbstdarstellung seiner Person und seiner Leistungen ein wesentlicher Zug in Schüles Charakter gewesen zu sein. Bereits die Reiseschriftsteller seiner Zeit stimmten darin überein, daß Schüle ein von seinen Augsburger Mitbürgern mißverstandener, in seinen Entwicklungsmöglichkeiten stark behinderter brillanter Kopf – *voll Feuerdrang nach ausgezeichneter Wirksamkeit* – gewesen sei. Diese Interpretation wurde durch die von Freiherr Eugen von Seida geschriebene hymnische Biographie, die Schüle selbst korrekturlas und mit eigenen Quellen bereicherte, um sie schließlich zur Veröffentlichung freizugeben, geradezu kanonisiert.[46] Allein Johann Pezzl läßt in seiner Reisebeschreibung Kritik anklingen. Schüle *hat ein großes Vermögen; aber er soll auch manchen nicht sehr ehrenvollen Kniff praktiziert haben, um sich seine Kenntnisse und sein Geld zu verschaffen,*[47] während Seida diese Tatsache zu verschleiern sucht. Daß ihm dies nicht gelingt, verdeutlicht seine gewundene Formulierung, bei Schüle sei ein *sichtbares Streben* vorhanden gewesen, *auf eine erlaubte, sich von dem Gewöhnlichen auszeichnende, raffinirte Art, Vortheile von Belange zu erwerben, und durch Neuheit und Größe der Unternehmung und kluge Erfindsamkeit in der Ausführung Andern den Rang abzulaufen.*[48]

Anhand einiger Ereignisse läßt sich konkret zeigen, wie Schüle immer wieder von neuem Aufsehen erregen konnte. Durch die Einfuhr großer Mengen fremder Tuche geriet Schüle seit Anfang der 1760er Jahre in scharfen Gegensatz zur Augsburger Weberschaft, die sich in ihren Lebensgrundlagen bedroht sah. Auf das Drängen der Weberschaft hin, diese Einfuhren zu verbieten, verschärfte der Augsburger Rat wiederholt die Einfuhrbestimmungen. Schüle setzte sich jedoch über alle Beschränkungen hinweg und wurde daraufhin im Jahre 1766 zu einer Geldstrafe in Höhe von mehr als 10.000 Gulden verurteilt; seine Importe wurden beschlagnahmt.[49] Die aufklärerische Publizistik und die späteren Schüle-Biographen stilisierten die Ereignisse zum exemplarischen Konflikt zwischen dem weitblickenden, zukunftsorientierten Unternehmer und seinen engstirnigen, rückwärtsgewandten zünftischen Widersachern. Die Haltung des Augsburger Rates diente da-

---

[46] J. K. Riesbeck, Briefe (Anm. 5), S. 35-36. Friedrich Nicolai, Beschreibung einer Reise durch Deutschland und die Schweiz im Jahre 1781. Nebst Bemerkungen über Gelehrsamkeit, Industrie, Religion und Sitten, Bd. 8, Berlin, Stettin 1787, Beilage IV.5, S. 24-25. R. A. Müller, Schüle (Anm. 7), S.160-170. F. E. v. Seida, Schüle (Anm. 13), S. 26. Vgl. hierzu J. Waitzfelder, Schüle (Anm. 3). J. J. Whitfield, Schüle (Anm. 36).

[47] J. Pezzl, Reise (Anm. 6), S. 129.

[48] F. E. v. Seida, Schüle (Anm. 13), S. 66-67.

[49] R. A. Müller, Schüle (Anm. 7), S. 160-161. E. François, Die unsichtbare Grenze (Anm. 12), S. 83-84, 123. W. Zorn, Handels- und Industriegeschichte (Anm. 11), S. 52, 65 und passim. P. Fassl, Konfession (Anm. 12), passim.

bei als Beispiel dafür, daß sich die reichsstädtische Regimentsform bereits überlebt hatte.⁵⁰ In einer drastischen Reaktion entsagte Schüle dem Augsburger Bürgerrecht und damit auch seiner Druckergerechtigkeit und zog nach Heidenheim an der Brenz, wo Herzog Karl Eugen von Württemberg ihm bessere Produktionsbedingungen gewähren wollte. Nachdem das Heidenheimer Unternehmen nicht den erwünschten Erfolg brachte – die Privilegien konnten den Standortvorteil Augsburgs besonders auf dem Kapitalmarkt nicht wett machen –, vergaß er den *kränkende[n] Undank seiner Mitbürger*, der ihn zum Verlassen der Stadt getrieben hatte, und bat den Kaiser 1768, den Augsburger Rat zu ersuchen, ihm erneut das Bürgerrecht und die Druckerlaubnis zu erteilen und ihm weitreichende Privilegien bei der Einfuhr fremder Kattune einzuräumen. Gerade wieder in Augsburg etabliert, begann er 1769 mit dem Neubau seines Fabrikschlosses am Roten Tor, – einem Bau, der einzigartig in der Geschichte der Frühindustrialisierung ist, und dessen Besichtigung schon nach kurzer Zeit als Muß für jeden aufgeklärten Reisenden bei einem Augsburgbesuch galt.⁵¹ Die Entstehung dieses Baues diente wiederum der Stilisierung des Unternehmers. In seiner Lebensbeschreibung Schüles nahm Seida das Gebäude, zu dessen Errichtung sich Schüle bereits als junger Mann bei der Betrachtung des Rohanschen Palastes in Straßburg entschlossen haben soll, als Beispiel dafür, daß Schüle von Jugend an zielstrebig an der Verwirklichung seiner großen Pläne gearbeitet habe. Das Gebäude selbst wurde zum Sinnbild für die Tugenden des Unternehmers.⁵²

Obwohl Johann Heinrich von Schüle seinen Söhnen eine baldige Beteiligung an seinem Unternehmen zugesichert hatte, hielt er sich nicht an seine Abmachungen. Ein spektakulärer Prozeß vor dem Reichshofrat in Wien war die Folge, der sich über mehrere Jahre hinzog und den Schüle 1792 letztendlich verlor. Der Prozeß der Söhne gegen den *wohlmeinendste[n] Gatte[n] und [...] beste[n] Vater*⁵³, bei dem sich sowohl Barbara, seine getrennt lebende Ehefrau, als auch die Väter der Schwiegertöchter gegen Schüle stellten, rückte den Fabrikanten einmal mehr in das Rampenlicht der Öffentlichkeit. Diese innerfamiliären Kämpfe paßten jedoch nicht zum Bilde, das die nachfolgenden Generationen sich von Schüle machen sollten. *Lassen wir indeß*, meint Seida, *das Vergangene vergangen seyn, um*

---

⁵⁰ Vgl. z.B. W. L. Wekhrlin, Reise (Anm. 4), S. 54-56. J. K. Riesbeck, Briefe (Anm. 5), S. 35. F. E. v. Seida, Schüle (Anm. 13), S. 77, 79-82.
⁵¹ Vgl. F. Nicolai, Beschreibung (Anm. 45), S. 24-25. H. Sander, Beschreibung (Anm. 7), S. 31-33. Karl Martin Plümicke, Briefe auf einer Reise durch Deutschland im Jahre 1791 zur Beförderung der National-Industrie und des Nahrungsstandes. Vornehmlich in Beziehung auf Manufaktur-, Kunst- und Ökonomie-Gegenstände, Liegnitz 1793, Teil II, S. 351-382, nach E. Gebele, Augsburg im Urteil der Vergangenheit (Anm. 5), S. 145-146.
⁵² F. E. v. Seida, Schüle (Anm. 13), S. 33-35.
⁵³ F. E. v. Seida, Schüle (Anm. 13), S. 125.

so mehr, da es hier nicht der Ort ist, von seinen Verdrüßlichkeiten, die teils genug bekannt sind, theils verborgen blieben, umständlich zu sprechen.[54]

Erst 1792 übergab er den Söhnen eine Firma, die ihren Zenit längst überschritten hatte und die sich in finanziellen Schwierigkeiten befand. Die Napoleonischen Kriege verschärften die Situation noch weiter, das Konkursverfahren war absehbar. Als letzte Tat von Schüles lebenslanger Selbstdarstellung kann in diesem Zusammenhang die erneute Übernahme der zahlungsunfähigen Fabrik im Jahre 1802 gesehen werden, die er für ein Darlehen des Augsburger Bankiers Liebert – dem Schwiegervater seines Sohnes und gleichzeitig seinem Schwager – verpfändete.[55]

Daß Schüle nicht der einzige war, der in dieser Zeit über seine Verhältnisse lebte, der die allgemeinen politischen und wirtschaftlichen Entwicklungen immer wieder falsch einschätzte, zeigt ein Gutachten des Augsburger Rates. Dort wird bereits 1794 konstatiert, daß die Gesellschaft in einem zu hohen Maße auf Kredit lebe und Spekulationsgeschäften nachginge:

Dabei überhäufte man sich mit großen Warenlagern, verfiel auf weitaussehende Spekulationen, nahm vielen Kredit und gab starken Kredit und der Debit entsprach nicht allemal. Jetzt hatte man starke Provisionen an Bankiers zu zahlen, die sich in die Geschäfte mischten, und stehende Schulden ohne Ende, die immer schlechter wurden. Teils konnte man sie nicht mehr retirieren, teils wollte man nicht, um nicht dafür angesehen zu sein, als ob man nicht ebensogut Geschäfte machen könne, als Herr von Schüle, und an den Luxus war man ebenfalls schon gewöhnt.[56]

Schüle konnte seine Zahlungsschwierigkeiten lange vertuschen. Als seine Illiquidität letztendlich doch zu Tage kam, gelang es ihm sogar noch, seinen Abgang so zu inszenieren, daß er der Nachwelt einen dauerhaften Eindruck hinterließ. Nachdem die Manufaktur 1808 geschlossen wurde, arbeitete Schüle bis zu seinem Tod im Alter von 91 Jahren (1811) als Lohnbleicher weiter und fand dafür die ungeteilte Bewunderung der zeitgenössischen Publizistik.[57]

Die Gebrüder Obwexer erweiterten ihren geschäftlichen Tätigkeitsbereich seit Anfang der 1770er Jahre über das internationale Bank- und Wechselgeschäft hinaus auf die Kattunproduktion, indem sie in Bregenz eine zahlungsunfähige Manufaktur übernahmen. Ihr spektakulärstes Engagement war jedoch die Beteiligung am illegalen und semilegalen Handel mit den französischen und spanischen Kolonien des karibischen Raumes über die niederländische Insel Curaçao.[58]

---

[54] F. E. v. Seida, Schüle (Anm. 13), S. 125.
[55] Vgl. hierzu J. Waitzfelder, Schüle (Anm. 3). J. J. Whitfield, Schüle (Anm. 36), S. 224-230. W. Zorn, Handels-und Industriegeschichte (Anm. 1), S. 68 und passim.
[56] Zitiert in P. Dirr, Augsburger Textilindustrie (Anm. 3), S. 43.
[57] W. Zorn, Handels- und Industriegeschichte (Anm. 1), S. 68. R. A. Müller, Schüle (Anm. 7), S. 167-168.
[58] W. Zorn, Obwexer (Anm. 13), S. 270-280.

Die Bedeutung des Bregenzer Unternehmens, die von den Zeitgenossen praktisch unbeachtet blieb, wurde bereits von Wirtschaftshistorikern[59] und von der Vorarlberger Landesgeschichte herausgearbeitet.[60] Jedoch waren die Autoren ausschließlich an der regionalen Bedeutung des Unternehmens für die Frühindustrialisierung des Vorarlberg interessiert. Jeder Versuch einer Einordnung in die Gesamtstruktur der Obwexerschen Unternehmungen unterblieb.

Auch anhand archivalischer Quellen, welche die Unternehmungen der Obwexer dokumentieren, läßt sich nur schwer ein persönliches Profil der Brüder rekonstruieren. Sowohl in der Verteidigungsschrift,[61] die die beiden Brüder um 1780 an die Hofkammer in Wien gegen den Vorwurf des Schmuggels und der Zolldefraudation richteten, als auch in den Aussageprotokollen der Gebrüder vor dem Admiralitätsgericht des Königs von England[62] bleiben die Persönlichkeiten blaß, allein der rein geschäftliche Sachverhalt ist ausschlaggebend.

Eine große Bedeutung in den Schriften und Aussagen der beiden Brüder liegt auf den Begriffen 'Ehre' und 'Gemeiner Nutzen'. Die Obwexer argumentieren, daß ein *in öffentlichem Credit, und daher in ganz Europa stehendes Hauß wie das unsrige ist*[63] es nicht wagen könne, *unser Ehre-Credit und gutten Namen* aufs Spiel zu setzen, um sich auf diese Weise zu bereichern und beschweren sich vehement, daß jemand versucht hätte, sie *an dem empfindlichsten Theile, an unserer Ehre und Credit* anzugreifen.[64] Sie hätten *lediglich in Ermangelung anderer Liebhaber, und thätiger Fabrikanten* die Fabrik in Bregenz von ihrem bankrotten Schuldner übernommen und Vorarlberg damit *einen ersichtlichen Nutzen verschaffet*.[65] Dabei hätten sie *fürs Land, für den armen Unterthanen, mit Aufopferung unserer eigenen Ruhe, Sicherheit, und Geld gearbeitet*,[66] um so *den Unterthanen durch Erzeugung eines neuen Articuls einen neuen Verdienst zu verschaffen*; durch ihr Engagement *würde der arme Unterthan mehr verdient haben*.[67] Mit dem Hinweis auf den Nutzen für die Allgemeinheit, den das ganze Land bezeugen

---

59 Vgl. Viktor Hofmann, Beiträge zur neueren österreichischen Wirtschaftsgeschichte. II. Teil, in: Archiv für österreichische Geschichte 110 (1926), S. 415-742, bes. S. 719-726.
60 Vgl. Benedikt Bilgeri, Geschichte Vorarlbergs, Bd. IV: Zwischen Absolutismus und halber Autonomie, Wien, Köln, Graz 1982, S. 261-262. Alois Niederstätter, Aspekte der Vorarlberger Wirtschaft in der Mitte des 18. Jahrhunderts, in: Gewerbe und Handel vor der Industrialisierung. Regionale und überregionale Verflechtungen im 17. und 18. Jahrhundert, hrsg. v. Joachim Jahn, Wolfgang Hartung (Regio Historica. Forschungen zur süddeutschen Regionalgeschichte, Bd. 1), Sigmaringendorf 1991, S. 142-151, S. 147.
61 HHStA, KR 444/2.
62 StadtAAug, Commercia XVI.
63 HHStA, KR 444/2, fol. 156^r.
64 HHStA, KR 444/2, fol. 178^r.
65 HHStA, KR 444/2, fol. 162^v.
66 HHStA, KR 444/2, fol. 164^r.
67 HHStA, KR 444/2, fol. 169^r.

könne,⁶⁸ verknüpfen sie die rhetorische Frage an *alle benachbarten Unterthanen, die sonsten in ihrem elende Dienstlos Seuftzen müßten [...], ob mit so nützlich Leuthen so zu verfahren seye, wie man mit uns verfährt?*⁶⁹

Auch in den Verhandlungen vor dem Londoner Admiralitätsgericht spielt der Ehrbegriff eine Rolle. Als die Gegenpartei den Verdacht äußerte, daß die Obwexer lediglich ihren Namen hergegeben hätten, um Warentransporte von Angehörigen feindlicher Nationen zu decken,⁷⁰ sagten 1785 die Gebrüder Obwexer und ihr Prokurist Martin Pozzi vor einer Deputation des Augsburger Rates aus, daß alle von den Engländern konfiszierten Güter *für die einzige und alleinige Rechnung, Nutzen, Schaden und Risico* der Obwexer nach Curaçao geladen worden seien und sowohl Turri & Co. in Amsterdam als auch der Faktor Brion auf der Insel nur als Kommissionäre fungiert hätten.⁷¹ Nach Aussage des Prokuristen seien *die Herren Gebrüder von Obwexer von einem so allgemein anerkannten und bewahrten Credit und Rechtschaffenheit, daß sie niemalen sich so weit würden herunter lassen, ihren ehrlichen Namen zu einem Vorwand, Maske und zu Bedeckung des Eigennutzes anderer Personen zu gebrauchen und damit ihren allgemeinen approbierten, offentlichen Credit auf eine niederträchtige Art dem Nutzen andere Ferniß zu geben.*⁷² Diese Aussagen wurden von allen in den Prozeß involvierten Parteien, dem Turri-Teilhaber Carlo della Croce⁷³ und dessen Buchhalter Johann Babtist Cobres⁷⁴, einem Bruder des Obwexerschwagers Josef Paul von Cobres, sowie dem Obwexerfaktor Brion⁷⁵ und dessen ehemaligem Buchhalter Pirrogalli bestätigt.⁷⁶

Das Vokabular der Obwexer und ihrer Geschäftspartner nimmt somit die Begriffe Ehre und Gemeinwohl auf, welche die Diskussion ökonomischer Fragen in der ganzen Frühen Neuzeit maßgeblich bestimmten. Ein weiterer Unterschied zu den Schüleschen Tugenden wie *Fleiß,*⁷⁷ *Trieb zur Vervollkommnung,*⁷⁸ Beharrlichkeit⁷⁹ und seiner *sich von dem Gewöhnlichen auszeichnende[n], raffinierte[n] Art, Vortheile von Belange zu erwerben,*⁸⁰ ist ihr immer wieder von ihnen selbst

---

68 HHStA, KR 444/2, fol. 162ᵛ.
69 HHStA, KR 444/2, fol. 162ᵛ.
70 Vgl. dazu StadtAAug, Commercia XVI, fol. 57ʳ-57ᵛ. PRO, HCA 32/476/1, fol. 364 und passim.
71 StadtAAug, Commercia XVI, fol. 62ʳ-148ᵛ. Zitat fol. 87ʳ-87ᵛ. Die Augsburger Verhöre finden sich auch in PRO, HCA 32/476/2, fol. 568ʳ-614ᵛ und HCA 32/484/2 fol. 22ʳ-65ᵛ.
72 StadtAAug, Commercien XVI, fol. 88ᵛ-89ʳ.
73 PRO, HCA 32/476/1, fol. 285ʳ-295ᵛ, Part Two, fol. 548ʳ-557ʳ. HCA 32/484/2, fol. 95ʳ-115ᵛ.
74 PRO, HCA 32/476/2, fol. 557ᵛ-567ᵛ. HCA 32/484/2, fol. 116ʳ-136ᵛ.
75 PRO, HCA 32/476/1, fol. 222ʳ-227ʳ, 384ʳ-389ᵛ. Part Two, fol. 615ʳ-625ᵛ.
76 PRO, HCA 32/476/2, fol. 537ʳ-545ʳ. HCA 32/484/2, fol. 66ʳ-84ʳ.
77 F. E. v. Seida, Schüle (Anm. 13), S. 12.
78 F. E. v. Seida, Schüle (Anm. 13), S. 27.
79 F. E. v. Seida, Schüle (Anm. 13), S. 111.
80 F. E. v. Seida, Schüle (Anm. 13), S. 66-67.

und auch in der Literatur[81] angesprochenes Engagement im religiösen und humanitären Bereich: Kirchenstiftungen und Armenfürsorge. So bezeichnen sie sich in der erwähnten Verteidigungsschrift *als Stifter der Kirchen, der Altäre, der Seminarien*[82] und weisen auf die wichtigsten hin. Neben einer Stiftung für das Priesterseminar der Augsburger Diözese hätten sie im Bistum Freising ein weiteres Seminar erbaut und reichlich ausgestattet. Außerdem hätten sie eine Kirche in St. Peter in Tirol errichtet, weitere religiöse Stiftungen getätigt[83] und *viele 1.000 fl zu Ehre Gottes verschenkt in den gewesnen Hungerszeiten.*[84] Diese den 'Gemeinen Nutzen' fördernden Aktivitäten liegen noch völlig in der Tradition frühneuzeitlicher Kaufleute, die religiöse Stiftungen als eine Art Ausgleichszahlung für den durch Kapitalgeschäfte erworbenen Reichtum ansahen. Im Gegensatz dazu steht Johann Heinrich von Schüle. Von ihm ist keine derartige Stiftung bekannt; sein einziges gesellschaftspolitisches Engagement diente wiederum nur dem eigenen Geschäft. Er ließ Waisenkinder in Wien und St. Pölten im Zeichnen unterrichten, "um sie als Arbeitskräfte zur Bemalung von gedruckten Kattunen heranziehen zu können".[85] Schüles Biograph Seida weist zwar auch darauf hin, daß Schüle *einige Tausend Menschen in Thätigkeit* gesetzt und sich dadurch mehr um die *Förderung des einheimischen Gewerbefleißes* verdient gemacht habe als jeder andere,[86] doch erscheint es sehr bezeichnend, daß Seida diese Verdienste seines Protagonisten in der Terminologie individueller 'bürgerlicher' Tugenden – Fleiß und Tätigkeit – zum Ausdruck bringt.

IV.

Da beide Unternehmen zu gleicher Zeit bestanden haben, kann das unterschiedliche Selbstverständnis der beiden Familien nur aus einem anderen Wertekatalog erklärt werden. Kann man also die Obwexer noch der ständischen Gesellschaft zuordnen, während Schüle bereits die entstehende bürgerliche Gesellschaft verkörpert? Für die Obwexer sind sicher die der ständischen Gesellschaft zugerechneten Begriffe der Reputation, der Ehre und des standesgemäßen Verhaltens noch von großer Bedeutung und der Eigennutz noch sozial negativ besetzt; für Schüle sind die dem bürgerlichen Zeitalter zugeordneten Begriffe Leistung, Fleiß, Aus-

---

[81] W. Zorn, Obwexer (Anm. 13), S. 275-276. W. Zorn, Handels- und Industriegeschichte (Anm. 1), S. 299-300. E. François, Die unsichtbare Grenze (Anm. 12), S. 128-129.
[82] HHStA, KR 444/2, fol. 174^r.
[83] HHStA, KR 444/2, fol. 176^r-176^v.
[84] HHStA, KR 444/2, fol. 162^r.
[85] J. J. Whitfield, Schüle (Anm. 35), S. 221.
[86] F. E. v. Seida, Schüle (Anm. 13), S. 66.

dauer und Verdienst zentral; Eigennutz erhält für ihn eine durchaus positive Bedeutung.[87] Schüles bürgerliches Selbstverständnis war noch nicht derartig gefestigt, daß er nicht versuchen mußte, seinen Aufstieg dadurch zu legitimieren, daß er die Nobilitierung anstrebte und Verbindungen mit Familien einging, die gerade innerhalb der alten ständischen Gesellschaftsordnung standen. Winfried Schulze entwickelt in seinem Aufsatz 'Vom Gemeinnutz zum Eigennutz' die These, daß die Verschiebung des Normenssytems nur in Verbindung "mit fundamentalen Veränderungen aller Lebensbedingungen im breitesten Sinne" erfolgen konnte und nicht in Zusammenhang mit den persönlichen moralischen Qualitäten des einzelnen gesehen werden kann.[88]

Die Periode, in der die beiden Unternehmerfamilien ihren ökonomischen Höhepunkt erlebten, ist gerade als Umbruchzeit der beiden Wertesysteme bekannt. Schüle verkörperte geradezu exemplarisch für nachfolgende Generationen den in der Frühindustrialisierung erfolgreichen Unternehmer, der es aus eigener Kraft und seinem ungemeinen *Trieb zur Vervollkommnung*[89] geschafft hatte, ein Unternehmen von Weltgeltung zu begründen. Dies gelang ihm durch ein enormes technisches Wissen, das ständige Experimentieren mit der Verbesserung der Produktionsmethoden, und indem er sich bewußt über die Schranken der ständischen Gesellschaft hinwegsetzte, wie sich wohl am deutlichsten in der Auseinandersetzung mit der Weberschaft und dem Rat der Stadt zeigt.[90] Daß Schüle in seiner Produktionsethik dem bürgerlichen Zeitalter angehörte, ist auch daran zu erkennen, daß er seine Arbeiter nach Leistung bezahlte und seine Waren nicht mehr für eine kleine Gruppe produzierte, sondern daß seine Qualitätsartikel für breitere Konsumentenschichten erschwinglich wurden und deren neuem Modebewußtsein entsprachen. So bemühte er sich, *mit der Güte der rohen Stoffe auch die Schönheit der Fabrikatur zu verbessern, und neben der Befriedigung der Bedürfnisse gewann zugleich der Luxus.*[91]

Die Obwexer hingegen leisteten nichts Innovatives, gingen keine neuen Wege. Sie engagierten sich auf alten, bekannten Pfaden – den gleichen, die Augsburger Kaufleute des 16. und 17. Jahrhunderts einschlugen –, in der Münzprägung, im

---

[87] Vgl. hierzu besonders Winfried Schulze, Vom Gemeinnutz zum Eigennutz. Über den Normenwandel in der ständischen Gesellschaft der Frühen Neuzeit, in: HZ 243 (1986), S. 591-626.
[88] W. Schulze, Gemeinnutz (Anm. 87), S. 626.
[89] F. E. v. Seida, Schüle (Anm. 13), S. 51.
[90] Zu den langwierigen Auseinandersetzungen zwischen Schüle, der Weberschaft und dem Augsburger Rat vergleiche die umfangreiche Literatur: Rainer A. Müller, Rebellion oder Revolution? Zu den Augsburger Weberunruhen im letzten Viertel des 18. Jahrhundert, in: Aufbruch ins Industriezeitalter, Bd. 2: Aufsätze zur Wirtschafts- und Sozialgeschichte Bayerns 1750-1850, hrsg. v. Rainer A. Müller, München 1985, S. 479-492. P. Dirr, Augsburger Textilindustrie (Anm. 3), passim. Etwas allgemeiner Peter Fassl, Wirtschaft, Handel und Sozialstruktur 1648-1806, in: Geschichte der Stadt Augsburg (Anm. 2), S. 468-480. W. Zorn, Handels- und Industriegeschichte (Anm. 1), S. 42-44 und passim.
[91] F. E. v. Seida, Schüle (Anm. 13), S. 71. F. Nicolai, Beschreibung (Anm. 45), S. 24-25.

Kredit- und Wechselgeschäft, im Handel und – wohl etwas unfreiwillig in Zusammenhang mit der Übernahme der Bregenzer Fabrik – in der Produktion von Textilien. Außerdem versuchten sie ihren Besitz in althergebrachter Weise in Grundbesitz und Landgütern anzulegen, was sich im Kauf der Adelsgüter Leutishofen und Reinhardshofen äußerte. Aufgrund dieser durchaus traditionellen Betätigung wurden die Gebrüder auch in den Adelsstand erhoben: Sie hätten von Jugend an versucht, *durch eifrigste Anwendung dem Deutschen Vaterlande und gemeinem Weesen nützlich zu seyn, und brauchbare Glieder des Staates zu werden, in dieser Absicht auch auf die grössere Handelsgeschäfte verleget, und es in selben so weit gebracht.*[92] Ihr Konkurs findet im Gegensatz zum Schüleschen ohne öffentliches Aufsehen statt. In ihren Petitionen ersuchen sie den bayerischen Staat, dem sie verschiedentlich finanziell zur Seite gestanden hatten,[93] ihnen zu ihrem Recht zu verhelfen und sie zu unterstützen, wenigstens einen Teil des im Curaçaohandel an die Engländer verlorenen Vermögens, ebenso wie Kredite einiger säumiger adliger Familien zurückzuerhalten. Sie verweisen dabei auf ihre Rolle als Familienväter und ihr hohes Alter.[94] Dabei argumentieren sie gerade mit den Tugenden der ständischen Gesellschaft: Ihr in *Unglück und Nothstand gerathenes Haus sei ein Haus, welches stets mit offener Redlichkeit den ganzen alt bayerischen Staat, dann denen Eurer Königlichen Majestät angefallenen ehemaligen Reichs=Ständen Dienste zu leisten, jeden Augenblick thätigst bereit war.*[95]

Bei den Gebrüdern von Obwexer und bei Heinrich von Schüle handelte es sich also um völlig unterschiedliche Unternehmerpersönlichkeiten. Während bei ersteren sowohl ihre familiären als auch ihre geschäftlichen Belange dem Blick der Öffentlichkeit weitgehend entzogen waren, waren diese beiden Bereiche für letzteren geradezu die Möglichkeit, im Gespräch zu bleiben und sich immer wieder selbst darzustellen. Daß diese neue Art, sich als Unternehmer zu verkaufen, gerade bei den aufgeklärten Besuchern der Stadt Augsburg ankam, ist nicht verwunderlich. Gerade sie propagierten ja die Transformation der Gesellschaft und das Aufbrechen der alten ständischen Ordnung. Die Art und Weise, wie die Obwexer in diese Literatur Eingang gefunden haben, als konservative, bigotte, den Fortschritt hemmende Katholiken, bot nachfolgenden Generationen von Historikern nicht gerade einen interessanten Ansatzpunkt, über das Unternehmen zu arbeiten. Das Unternehmen Schüle hingegen bot sich in doppelter Weise für eine Aufarbeitung an. Zum einen repräsentierte dieser den erfolgreichen Unternehmer, der aus eigener Kraft und Leistung sich emporgearbeitet hatte und mit seiner Massenferti-

---

[92] SStBAug, 2° Cod. Aug. 634, Adelsbrief von Joseph Anton und Peter Paul Obwexer, 15. Juli 1778. Auch erwähnt bei W. Zorn, Obwexer (Anm. 13), S. 272-273. W. Zorn, Handels- und Industriegeschichte (Anm. 1), S. 238.
[93] F. v. Karaisl, Bayerische Anleihen (Anm. 3), S. 224-225.
[94] BayHStA, Bayer. Gesandtschaft Paris, Nr. 6479 fol 1-2.
[95] BayHStA, Bayer. Gesandtschaft Paris, Nr. 6479 fol. 8.

gung von Waren das Industrielle Zeitalter einläutete, zum anderen verkörperte er den innovativen bürgerlichen Geschäftsmann, der in seiner Entwicklung durch die traditionellen Wertvorstellungen der ständischen Gesellschaft gehemmt wurde. Darauf wird auch immer wieder in zeitgenössischen Berichten hingewiesen. *Ein gewisser Schülin, welcher durch eine beträchtliche Kottonfabrik sein Glück gemacht, ist ein trauriges Beispiel dafür. Mit den Millionen, die er sich durch seinen Fleiß erworben, kann er wohl prächtiger leben als die Patrizier mit leeren Titeln, und deswegen ist er der unsinnigsten Verfolgung ausgesetzt.*[96]

Die Obwexer hingegen setzen ihren Reichtum und ihre Leistungen nicht der öffentlichen Diskussion aus. Ihre Geschäfte werden in der Regel via Angestellter und Mittelsmänner getätigt, sie bleiben geschäftlich und privat unauffällig und repräsentieren geradezu idealtypisch die Kaufleute und Bankiers der ständischen Gesellschaft, deren Ideale nun von neuen Tugenden abgelöst wurden. Die Ideale der neuen Zeit wurden durch die Person Schüles verkörpert, einem Mythos, an dem er sein Leben lang gearbeitet hatte. Er wie sein Biograph Seida wollten, daß der Name Schüle die neuen Tugenden wie Pioniergeist, Leistungswillen und Fortschritt repräsentierte.[97]

---

[96] J. K. Riesbeck, Briefe (Anm. 5), S. 35.
[97] Vgl. zu Schüles Idealen und seinem zeitgenössischen Nachruf in der Augsburger Presse: R. A. Müller, Schüle (Anm. 7), S. 168-169.

II. Vergessene Dimensionen eines Mythos

Diener und Herren.
Zur Anatomie großer Unternehmen im Zeitalter der Fugger
Reinhard Hildebrandt

> *Denn die einen sind im Dunkeln,*
> *und die andern sind im Licht.*
> *Und man siehet die im Lichte,*
> *die im Dunkeln sieht man nicht.*
> *(Bertolt Brecht)*

I.

Diese Schlußstrophe aus dem Werk eines berühmten, wenn auch nicht immer beliebten Sohnes der Stadt Augsburg charakterisiert sowohl die historische Situation im 16. Jahrhundert als auch den gegenwärtigen Forschungsstand.[1] Schon zu Lebzeiten standen die großen Kaufherren und Bankiers im Lichte **ihrer** Öffentlichkeit. Ob bewundert oder beneidet, gefeiert oder geschmäht – der Wahlspruch Anton Fuggers *Stillschweigen stehet wohl an*[2] entsprach eher einem persönlichen Wunsch und Wesenszug als der historischen Wirklichkeit.

Das 'Geheimbuch',[3] die 'Geheime Schreibstube' blieben der Öffentlichkeit unzugänglich. Aber die geschäftlichen Erfolge konnten und sollten nicht verborgen bleiben. Der Erwerb von Häusern und Herrschaften, festliche Empfänge und glanzvolle Familienfeste, Stiftungen und ein beachtliches Mäzenatentum weckten

---

[1] Überarbeitete Fassung eines öffentlichen Vortrags, der am 22. Juli 1993 an der Universität Augsburg im Rahmen der Tagung 'Augsburger Handelshäuser im Wandel des historischen Urteils' gehalten wurde. Dabei konnten naturgemäß nur einige grundlegende Entwicklungslinien aufgezeigt werden. Eine eingehende Behandlung der Thematik und Auswertung der vorliegenden Daten muß einer ausführlichen Darstellung vorbehalten bleiben.

[2] Götz Frhr. von Pölnitz, Hermann Kellenbenz, Anton Fugger, Bd. 3/II (Studien zur Fuggergeschichte, Bd. 29), Tübingen 1986, S. 440.

[3] Eine kurze Beschreibung von Inhalt und Funktion des 'Geheimbuches' durch den langjährigen Hauptbuchhalter der Fugger bei Alfred Weitnauer, Venezianischer Handel der Fugger. Nach der Musterbuchhaltung des Matthäus Schwarz (Studien zur Fuggergeschichte, Bd. 9), München 1931, S. 293. – Allerdings unterlag damals das Buchhaltungssystem noch ständigen Veränderungen und Weiterentwicklungen. Am Anfang des 17. Jahrhunderts enthielt das 'Geheimbuch' die mittel- und langfristigen Verbindlichkeiten (vgl. StaatsAMünchen, Familienarchiv der Frhrn. v. Rehlingen, Nr. 352, fol. 6-8, fol. 176'-177', fol. 186, sowie Nr. 25, fol. 3'-9: Bilanzen der Augsburger Firma Paler für die Jahre 1612-1615).

zwangsläufig die Aufmerksamkeit der Zeitgenossen.[4] Zugleich ließen sich durch diese subtilen Formen der Selbstdarstellung auch Kreditwürdigkeit, persönliche Reputation und gesellschaftliche Ambition demonstrieren und zumindest für eine gewisse Zeit sogar geschäftliche Krisen kaschieren.

Die Augsburger Konkursordnung von 1580 berichtet denn auch in ihrer bildhaften Sprache, daß *vielmaln die gläubiger deß Iren mit grossem schaden vnd nachtail manglen,* [aber] *Irer schuldner weib vnd Kinder noch Inn pracht vnd statlichem wesen teglich vor den Augen haben vnd eben das Jenig an Inen sehen müessen, darumb sy streflicher weiß angesetzt vnd betrogen worden sein.*[5] Während bei den Kaufherren das Bedürfnis nach gesellschaftlicher Repräsentation mit dem Gebot geschäftlicher Diskretion konkurrierte, orientierte sich das öffentliche Interesse am sichtbaren Erfolg oder Mißerfolg einzelner Handelsherren und ihrer Familien.

Diese Tendenz setzte sich in der Geschichte und ihrer Wissenschaft fort. Die großen 'merchant bankers' wurden zum Symbol für wirtschaftlichen Erfolg, kulturelles Engagement und sozialen Aufstieg. Straßen- und Häusernamen erinnern noch heute an ihre Leistungen in der Vergangenheit. In Biographien und Monographien wurden Familien und Firmen gewürdigt, Geschäftsentwicklung und -verbindungen, gesellschaftliches und politisches Engagement untersucht und dargestellt. Im Vordergrund stand dabei indes die Frage, **wer** welche Leistungen vollbrachte, nicht aber, **wie** sie vollbracht wurden.

Begünstigt wurde ein derartiger Brückenschlag zwischen Vergangenheit und Gegenwart durch eine spezifische Quellenüberlieferung. Gemessen an ihrer einstigen Bedeutung ist für die meisten Augsburger Firmen nur ein dürftiger Quellenfundus interner Provenienz überliefert. Das Fürstlich und Gräflich Fuggersche

---

[4] Zum Grundbesitz der Fugger vgl. Robert Mandrou, Les Fugger, propriétaires fonciers en Souabe 1560-1618, Paris 1969; eine Zusammenstellung für die vorausgehende Epoche bietet Heinz F. Deininger, Die Güterwerbungen unter Anton Fugger (1526-1560), seine Privilegien und Standeserhöhung sowie Fideikommissursprung, Diss. rer. pol. München 1924 (Masch.). Reiche Angaben zu Stiftungen auch von Augsburger Kaufleuten bei Anton Werner, Die örtlichen Stiftungen für die Zwecke der Wohlthätigkeit in der Stadt Augsburg, Augsburg 1899, sowie Robert Mandrou, Les fondations pieuses dans la ville d'Augsbourg à la fin du XVIe siècle, in: Études Européennes. Mélanges offerts à Victor Tapie, Paris 1973, S. 213-232. – Welches Echo solche Ereignisse und Vorgänge in der zeitgenössischen Öffentlichkeit fanden, zeigen nicht zuletzt die zahlreichen Erwähnungen durch Chronisten wie beispielsweise Paul Hektor Mair (vgl. Chroniken der deutschen Städte vom 14. bis ins 16. Jahrhundert, Bd. 32, Leipzig 1917, ND Göttingen 1966, S. 331, 341, und Bd. 33, Stuttgart, Gotha 1928, ND Göttingen 1966, S. 44, 55f., 59-62).

[5] StadtAAug, Ratsprotokolle 41, 1580, fol. 39. Zu den Augsburger Konkursordnungen, die in mehreren Intervallen erlassen wurden, und ihrem Kontext vgl. Reinhard Hildebrandt, Zum Verhältnis von Wirtschaftsrecht und Wirtschaftspraxis im 16. Jahrhundert. Die Fallitenordnungen des Augsburger Rates 1564-1580, in: Historische Studien zu Politik, Verfassung und Gesellschaft. Festschrift für Richard Dietrich, hrsg. v. Anita Mächler, Eberhard Grüner, Helmut Krämer, Klaus-Rudolf Seidel, Frankfurt/M. 1976, S. 152-163.

Familien- und Stiftungs-Archiv in Dillingen stellt in dieser Hinsicht eher eine Ausnahme dar. Einzelne Firmenarchive überlebten zwar den Dreißigjährigen Krieg, nicht aber das Desinteresse späterer Generationen.[6] So konzentrierte sich das Augenmerk nicht nur der zeitgenössischen Öffentlichkeit, sondern auch der späteren Forschung zwangsläufig auf die Außenbeziehungen und -wirkungen, während das 'Innenleben' der Firmen meist nur am Rande erwähnt wurde.

Das Gleiche gilt für die zahlreichen Mitarbeiter dieser Firmen. Standen die großen Handels**herren** im Lichte sowohl ihrer Zeit als auch der Forschung, so blieben die Handels**diener** weitgehend im Dunkeln. Ihre Namen werden gelegentlich erwähnt, einzelne fanden auch einen Biographen,[7] aber in ihrer Gesamtheit blieben sie bis heute ebenso anonym[8] wie die innere Organisation all jener Firmen, für die sie oft jahrzehntelang tätig waren.[9] Ziel dieses Beitrags ist es, in dieses Dunkel etwas Licht zu bringen. Das soll in mehreren Schritten versucht werden. Zunächst müssen einige grundlegende Veränderungen in der Firmenorganisation erörtert werden, gehören doch Organisation und Personal wie Zwillinge zusammen. Eine noch so wohl durchdachte Organisation kann ohne ein gut ausge-

---

[6] Eine 'Beschreibung der Brieflichen Vrkunden vber alle güeter vf dem Land vnd in der Stadt' (StaatsAMünchen, Familienarchiv der Frhrn. v. Rehlingen, Nr. 26, fol. 270-278) aus dem Jahre 1653 [!] nennt noch 81 Schuldbücher, 48 Kopierbücher, 47 Journale, 20 Unkostenbücher, acht Kassenbücher sowie weitere 27 Nebenbücher der Augsburger Firma Paler aus den Jahren 1547-1611, die damals noch vorhanden waren, aber wahrscheinlich im 19. Jahrhundert verloren gingen.

[7] Das gilt vor allem für Handelsdiener, die entweder besonders tüchtig und erfolgreich waren oder deren Leben in außergewöhnlichen Bahnen verlief wie beispielsweise bei Ferdinand CronCron, der als Sohn des Augsburger Kistlers Heinrich Cron zum Fugger-Faktor in (Indien) avancierte, nach Beendigung seines Dienstverhältnisses dort als selbständiger Kaufmann lebte bis er mit der Inquisition in Konflikt geriet. Vgl. Hermann Kellenbenz, Cron, Ferdinand (1559-1637), in: Dicionário de História de Portugal, Lissabon 1963, S. 752-753; Charles R. Boxer, Uma raridade bibliografica sobre Fernão Cron, in: Boletin International de Bibliografia Luso-Brasileira XII (1971), S. 323-364.

[8] Die Arbeit von Rudolf Ortner, Der Handlungsgehilfe, im besonderen der Faktor des süddeutschen Kaufmanns im 15. und 16. Jahrhundert, München 1932, befaßt sich zwar mit dieser Thematik, doch fehlen ihr klare Berufs- und Funktionsbezeichnungen, so daß es zu manchen Mißverständnissen und Fehlinterpretationen kommt. Vgl. dazu Reinhard Hildebrandt, Die "Georg Fuggerischen Erben". Kaufmännische Tätigkeit und sozialer Status 1555-1600 (Schriften zur Wirtschafts- und Sozialgeschichte, Bd. 6), Berlin 1966, S. 45-50.

[9] Ähnlich wie die klassische Studie von Clemens Bauer, Unternehmung und Unternehmungsformen im Spätmittelalter und in der beginnenden Neuzeit (Münchener volkswirtschaftliche Studien, Bd. 23), Jena 1936, gehen auch neuere Untersuchungen auf Fragen der innerbetrieblichen Organisation kaum näher ein. Vgl. Rudolf Bürger, Die Organisation der Fuggerschen Faktoreien unter Jakob Fugger dem Reichen, Diss. München 1955 (Masch.); Wolfgang von Stromer, Organisation und Struktur deutscher Unternehmen in der Zeit bis zum Dreissigjährigen Krieg, in: Tradition 13 (1968), S. 29-37; Hermann Kellenbenz, Die Struktur der Unternehmungen, in: Troisième Conférence Internationale d'Histoire Economique à München 1965 (Ecole Pratique des Hautes Etudes. Sixième Section X), Paris 1974, S. 9-32.

bildetes Personal nicht funktionieren. Umgekehrt wird eine schlechte Organisation auch noch so tüchtige und einsatzbereite Mitarbeiter auf Dauer demotivieren.

Erst vor diesem Hintergrund können Fragen der Rekrutierung und Herkunft sowie der Verdienst- und Karrierechancen von Handelsdienern untersucht werden. Organisatorische Veränderungen und Entwicklungen konnten nicht ohne Auswirkungen auf die Mitarbeiter bleiben, deren Tätigkeit im 16. Jahrhundert eine zunehmende Professionalisierung[10] erfuhr. 'Handelsdiener' wurde immer mehr zu einem auch in der damaligen Öffentlichkeit bekannten und anerkannten Beruf. Daraus ergibt sich zum Schluß die Frage, welche Stellung diese Handelsdiener nicht nur in der Firma, sondern auch in der damaligen Gesellschaft einnahmen.

II.

Seit der Mitte des 15. Jahrhunderts zeichnen sich in den großen oberdeutschen Handelshäusern grundlegende Veränderungen ab. Noch im Jahre 1477 trafen sich in Ravensburg etwa 50-70 Teilhaber der Großen Handelsgesellschaft zur üblichen Rechnungslegung.[11] Für die große Mehrzahl von ihnen bestand neben der Kapitaleinlage auch die Pflicht zur persönlichen Mitarbeit. 50 Jahre später wäre eine solche Gesellschafter-Versammlung kaum noch vorstellbar gewesen.

Die Ravensburger Gesellschaft ging ihrem Ende entgegen. Gleichzeitig entwickelt sich in Oberdeutschland ein neuer Firmentypus. Das Eindringen in den damals aufblühenden Bergbau und Textilverlag, der zunehmende Handel mit Massengütern und die Anfänge transeuropäischer Wirtschaftsbeziehungen bewirken eine innere Metamorphose dieser Firmen. Aus Fernhändlern, die mehr oder minder häufig auch Bankgeschäfte tätigen, werden Unternehmer. Ihre Handelshäuser wandeln sich zu multifunktionalen, horizontal und vertikal gegliederten Unternehmen, die verschiedene Stufen der Güterproduktion mit Fernhandels- und Bankgeschäften dauerhaft kombinieren.

Daraus ergab sich nicht nur ein erhöhter Kapital-, sondern auch ein wachsender Organisationsbedarf. Unternehmen, die sich von Ungarn bis Spanien, von der Ostsee bis Neapel gleichzeitig in verschiedenen Wirtschaftssektoren engagierten, be-

---

[10] Die historische Perspektive der meisten Untersuchungen zu dieser Thematik reicht nicht über das späte 18. Jahrhundert zurück, wie die Beiträge in: Professionalisierung in historischer Perspektive, hrsg. v. Hans-Ulrich Wehler (Geschichte und Gesellschaft 6, H. 3), Göttingen 1980, zeigen. Eine Ausnahme bildet Rolf Engelsing, Die wirtschaftliche und soziale Differenzierung der deutschen kaufmännischen Angestellten 1690-1900, in: Zeitschrift für die gesamte Staatswissenschaft 123 (1967), S. 347-380 (T. I), S. 482-514 (T. II).

[11] Alois Schulte, Geschichte der grossen Ravensburger Handelsgesellschaft 1380-1530, 3 Bde. (Deutsche Handelsakten des Mittelalters und der Neuzeit, Bde. 1-3), Stuttgart, Berlin 1923, ND Wiesbaden 1964, hier Bd. 1, S. 57.

durften einer anderen Organisation als eine mehr oder minder locker gefügte und zeitlich befristete Handelsgesellschaft. Mit dem Organisationsbedarf wuchs auch der Personalbedarf. Nun reichte es nicht mehr aus, nur an einigen wichtigen Handelszentren und auf den periodischen Messen durch ein meist jüngeres Familienmitglied vertreten zu sein. Vielmehr war eine dauerhafte und kontinuierliche Präsenz an allen wichtigen Knotenpunkten des Wirtschaftslebens gefragt. Die Gründung von Faktoreien und Niederlassungen, an denen je nach Bedeutung und Aufgabenstellung vier bis acht Mitarbeiter permanent beschäftigt sind, darf dafür als ein untrügliches Indiz gelten.

Für manche dieser auswärtigen Niederlassungen werden am jeweiligen Standort eigene Häuser erworben.[12] Einige Faktoreien entwickeln sich zu Kopf- oder Leitstellen mit einer unterschiedlichen Zahl von nachgeordneten lokalen Niederlassungen. Nimmt dagegen die wirtschaftliche Bedeutung eines Standortes oder einer Region ab, so erfolgt – manchmal in mehreren Teilschritten – auch ein Um- oder Abbau der Firmenorganisation. Lokale Niederlassungen werden geschlossen, Mitarbeiter versetzt und mit anderen Aufgaben betraut. Für die Abwicklung gelegentlicher kleinerer Geschäfte bedient man sich dann selbständiger und ortskundiger Makler oder Kommissionäre ('Agenten', 'Korrespondenten'), die das Unternehmen auch mit Nachrichten und Informationen versorgen.[13]

Im allgemeinen orientiert sich der Auf- und Ausbau eines solchen Netzwerkes also an den jeweils aktuellen Geschäftsbedürfnissen. Die Firmen bewahren sich dadurch ein hohes Maß an Flexibilität und vermeiden die Gefahr einer inneren bürokratischen Erstarrung. Da aus jener Zeit keine förmlichen Organisationspläne überliefert sind und auch Vorläufer von Geschäftsverteilungsplänen für die Firmenzentrale erst aus dem Beginn des 17. Jahrhunderts vorliegen,[14] muß der Historiker die innerbetriebliche Organisation und ihre mannigfachen Veränderungen aus ganz unterschiedlichen Einzelquellen herausfiltern und dann wie ein Puzzle zusammensetzen.

---

[12] Bereits 1486 erwarben die Hoechstetter in Antwerpen ein großes Grundstück, das sie später bebauten (Richard Ehrenberg, Das Zeitalter der Fugger, Bd. 1, Jena 1896, ND Hildesheim 1963, S. 242). Zum Hausbesitz der Fugger in Spanien und Tirol vgl. Konrad Häbler, Geschichte der Fugger'schen Handlung in Spanien (Socialgeschichtliche Forschungen, Bd. 1), Weimar 1897, S. 197; Hermann Kellenbenz, Die Fuggersche Maestrazgopacht (1525-1542) (Studien zur Fuggergeschichte, Bd. 18), Tübingen 1967, S. 33; Eike Eberhard Unger, Die Fugger in Hall i.T. (Studien zur Fuggergeschichte, Bd. 19), Tübingen 1967, S. 215-223.

[13] Eine eingehende Darstellung solcher Schwerpunktverlagerungen am Beispiel der fuggerischen Niederlassungen in Innsbruck, Hall i.Tirol und Schwaz bei E. E. Unger, Die Fugger (Anm. 12), S. 48-60, 118-128.

[14] Eines der frühesten Beispiele für einen Geschäftsverteilungsplan fand sich im StaatsAMünchen, Familienarchiv der Frhrn. v. Rehlingen, Nr. 25, fol. 33'-34', konzipiert ca. 1618 von Marx Conrad v. Rehlingen für die Zentrale der Firma seines Schwiegervaters Wolf Paler d.J.

Mit der organisatorischen Differenzierung wächst auch die berufliche Spezialisierung. Neben der herausgehobenen Position eines Hauptbuchhalters erscheinen nun in wachsender Zahl Faktoren, Buchhalter und Kassierer, Schreiber und Kopisten, deren Tätigkeit manchmal sogar auf einzelne räumlich oder sachlich abgegrenzte Aufgabenbereiche beschränkt ist. Solche Tätigkeitsmerkmale verfestigen sich im Laufe der Zeit zu Berufsbezeichnungen, die inhaltliche Veränderungen eher verdecken als erhellen. Das bekannte Bild aus der Kostümbiographie des Matthäus Schwarz[15] zeigt den Hauptbuchhalter, der noch eigenhändig die Geschäftsbücher Jakob Fuggers führt und die Gewinn- und Verlustrechnung durch den Firmenchef vorbereitet.

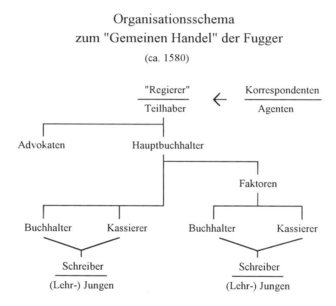

Organisationsschema
zum "Gemeinen Handel" der Fugger
(ca. 1580)

Die Nachfolger in diesem Amt nehmen dagegen eher die Rolle des Geschäftsführers in einem Familienunternehmen wahr. Bei ihnen laufen alle Fäden eines ausgedehnten Netzwerks zusammen. Je weniger Teilhaber sich aktiv und kontinuierlich um die Belange der Firma kümmern (können), desto mehr wachsen Aufgabenbereich und Informationsstand, Einfluß und Ansehen dieser leitenden Angestellten. Entsprechend steigen auch Gehalt, Vermögen und Sozialprestige. Ein Anton Biedermann, der ein halbes Jahrhundert nach Matthäus Schwarz als Hauptbuchhalter der Fugger amtiert, ist "die Seele des Geschäfts". Ähnlich wie sein Be-

---

[15] Vgl. die biographischen Angaben bei A. Weitnauer, Venezianischer Handel (Anm. 3), S. 5-8.

rufskollege Mathäus Vittel (ca.1570-1638)[16] von der Augsburger Firma 'Hans Oesterreicher sel. Erben' findet auch Anton Biedermann Aufnahme in die 'Gesellschaft der Mehrer' und in den – politisch allerdings einflußlosen – Großen Rat. Die Auseinandersetzungen zwischen den verschiedenen Linien und Teilhabern der Familie mögen einerseits seine Stellung innerhalb der Firma gestärkt haben, erleichtern ihm aber andererseits sicherlich nicht gerade seine Aufgabe. Im hohen Alter sieht er sich 1627 sogar mit der ebenso diffizilen wie undankbaren Rolle eines Zeugen in einem solchen familieninternen Streit konfrontiert.[17]

Mit der zunehmenden Differenzierung und Professionalisierung im kaufmännischen Bereich geht bei den Fuggern eine Ausgliederung der Haus- und Herrschaftsverwaltung aus der Firmenorganisation einher, wobei der ungewöhnlich große Güterbesitz und das Entstehen verschiedener Familienlinien sicherlich eine Rolle spielen. Sind die Grenzen zwischen beiden Bereichen um die Mitte des 16. Jahrhunderts auch noch durchlässig,[18] so entwickeln sich in der Folgezeit doch unterschiedliche Tätigkeitsfelder mit eigenen Berufsbezeichnungen.[19] Gemeinsam

---

[16] Wie die Entwicklung seiner Besoldung zeigt, arbeitete er sich aus bescheidenen Anfängen in diese Führungsposition empor. Sein Vermögen wuchs zwischen 1604 und 1632 von 8.700-17.400 fl. auf 18.000-36.000 fl. Von 1611 bis 1631 war er Mitglied des Großen Rats von der Mehrer-Gesellschaft: StadtAAug, Steuerbuch 1604, fol. 99b; 1632, fol. 95d; Ämterbuch, fol. 76; Robert Poppe, Die Augsburger Handelsgesellschaft Oesterreicher 1590-1618 (Abhandlungen zur Geschichte der Stadt Augsburg, Bd. 2), Augsburg 1928, S. 18-29.

[17] FA 2.2.51, Nr. 17: Sein Entschuldigungsschreiben, daß er wegen Erkrankung nicht als [kaufmännischer] Sachverständiger im Streit zwischen den Nachkommen von Marx, Hans und Jakob Fugger erscheinen könne. Augsburg, 15. Mai 1627. – Anton Biedermann (ca. 1542-1628), bereits unter Marx Fugger (1529-1597) in der Firmenzentrale tätig, war mit Anna Griesstetter, Tochter des fuggerischen Handelsdieners Melchior Griesstetter und der Regina Schellenberger, verheiratet (Die Hochzeitsbücher der Augsburger Bürgerstube und Kaufleutestube, hrsg. v. Albert Haemmerle, München 1936, Nr. 960). Sein steuerpflichtiges Vermögen wuchs zwischen 1575-1618 von 1.450-2.900 fl. auf 29.000-58.000 fl. (StadtAAug, Steuerbücher 1575, fol. 91c; 1618, fol. 92c). Bereits 1618 gehörte er zu den hundert größten Steuerzahlern in Augsburg; vgl. Anton Mayr, Die großen Augsburger Vermögen in der Zeit von 1618 bis 1717 (Abhandlungen zur Geschichte der Stadt Augsburg, Bd. 4), Augsburg 1931, S. 117. Spätestens 1610 nahm er als Hauptbuchhalter eine leitende Stellung in der Firmenzentrale ein, wie sein Prüfungsvermerk zur Spesenabrechnung der spanischen Niederlassung für die Jahre 1603/04 zeigt: *Wan wir vns Inn Augspurg erlusten wellen, geet es auf vnsern peitel* [Beutel], *es Ist ain guts ding, wann einer weit von sein Hrn: sein kan* (FA 4.3.3., fol. 280).

[18] So war Moritz Kronecker aus Kufstein spätestens seit 1537 bei den Fuggern zunächst im kaufmännischen Bereich tätig und 1545 sogar als Leiter der Niederlassung in Krakau vorgesehen, wechselte dann aber 1549 in die Haus- und Herrschaftsverwaltung und übernahm die Verwaltung der Stiftungen (Fuggerei, Blatternhaus, Kapellen) in Augsburg. Vgl. Götz Frhr. v. Pölnitz, Anton Fugger, Bd. 2/II (Studien zur Fuggergeschichte, Bd. 20), Tübingen 1967, S. 88, 123, 643; Norbert Lieb, Die Fugger und die Kunst im Zeitalter der hohen Renaissance (Studien zur Fuggergeschichte, Bd. 14), München 1958, S. 459; FA 5.1.3., fol. 4-6, Anstellungsvertrag für Moritz Kronecker per 1. November 1549.

[19] Vgl. beispielsweise StadtAAug, Hochzeitsamtprotokolle, Bd. 2, fol. 32b: Balthasar Kugelmann als *fuggerischer Stallmeister* 1570; Steuerbuch 1611, fol. 98b: Vitalis Stadler als *fuggerischer*

ist beiden Bereichen eine zunehmend formalisierte und hierarchisch gegliederte Organisation. Damit entstehen regelrechte innerbetriebliche 'Laufbahnen',[20] die 'Blitzkarrieren' zur seltenen Ausnahme werden lassen. Die sicherlich interessante Frage, ob in dieser Entwicklung auch ein zunehmend von juristischen Kategorien geprägtes Denken zum Ausdruck kommt, kann an dieser Stelle nicht näher verfolgt werden,[21] sondern bedarf einer eigenen Untersuchung.

Der Übergang von einer locker gefügten Handelsgesellschaft in "eine herrschaftlich geordnete Unternehmung"[22] verändert langfristig aber nicht nur die Organisation, sondern bewirkt auch eine Konzentration. Zunächst wird der Teilhaberkreis zunehmend auf Blutsverwandte eingeschränkt und begrenzt, wie die Entwicklung der Welser-Vöhlin-Gesellschaft und des Fugger-Thurzo-Unternehmens zeigt. Auf diese Weise soll eine möglichst straffe Unternehmensführung sowie eine Kapital- und Gewinnkonzentration erreicht werden. Mit welcher Rigorosität diese Ziele mitunter verfolgt und durchgesetzt werden, hat Lucas Rem geschildert.[23]

Ganz ähnlich ergeht es 1556 Paulus Behaim. Er besitzt damals bei der Nürnberger Imhof-Firma eine Einlage zu Gewinn und Verlust von 3.500 fl. und erhält außerdem für seine aktive Mitarbeit 200 fl. p.a. als Besoldung. Bei der Generalrechnung im August 1556 eröffnet ihm nun sein Schwager Endris Imhof, *welcher allzeit die Red gethan*, daß man diese Besoldung streichen und die Kapitaleinlage nur behalten wolle, wenn sich Paulus Behaim verpflichte, alle Frankfurter Messen zu besuchen, *allhie* [in Nürnberg] *des marck[t]s mit v[er]kauffen aus zu warttn*

Rentmeister. – In der Herrschaftsverwaltung werden im allgemeinen die tradierten Bezeichnungen ('Kastner', 'Vogt', 'Obervogt' etc.) beibehalten.

[20] FA 34.8., fol. 237-238, Bewerbungsschreiben von Hans Eschenloher aus Kirchheim um die Stelle eines Fuggerfaktors in Köln mit einer Schilderung seiner Laufbahn. Er hatte 1598 bereits 25 Jahre lang in der Firmenzentrale gearbeitet und war während dieser Zeit vom Schreiber zum Kassierer aufgestiegen. Am 18. Februar 1598 wird er nun zum Faktor befördert (FA 34.8., fol. 232-236), seine Verschreibung wird vier Jahre später verlängert (fol. 319-325). Zwei Berichte von ihm mit Wechselkursen aus dem Jahre 1600 in: FA 2.2.1a., Nr. 366 und Nr. 369.

[21] Es erscheint in diesem Zusammenhang immerhin bemerkenswert, daß die Fugger seit der Wende zum 17. Jahrhundert eigene promovierte Juristen beschäftigen. Vgl. FA 34.8., fol. 286-289, fol. 315-318: Anstellungsverträge für Dr. Nikolaus Everhard aus Ingolstadt vom 1. Juni 1598 und 1. Juni 1601 mit einer Jahresbesoldung von 400-600 fl. (zu dieser angesehenen Juristenfamilie vgl. ADB, Bd. 6, S. 435-437). – Sein Nachfolger wird Dr. Bartholomäus Kell[n]er v. Zinnendorf, ksl. Rat, der sich 1608 für ein Jahresgehalt von 300 fl. verpflichtet, den Fuggern vier Jahre lang *für einen Aduocaten zudienen* (FA 34.8., fol. 424-427: Anstellungsvertrag vom 5. März 1608). Sein Vermögen wuchs zwischen 1611 und 1618 von 10.000-20.000 fl. auf 22.500-45.000 fl. (StadtAAug, Steuerbuch 1611, fol. 89c; 1618, fol. 87c).

[22] C. Bauer, Unternehmung und Unternehmungsformen (Anm. 9), S. 83.

[23] Vgl. Tagebuch des Lucas Rem aus den Jahren 1494-1541. Ein Beitrag zur Handelsgeschichte der Stadt Augsburg, hrsg. v. Benedikt Greiff, in: 26. Jahresbericht des historischen Kreisvereins im Regierungsbezirk von Schwaben und Neuburg, Augsburg 1861, S. 1-110, hier S. 18-21.

und bei Bedarf auch die Buchhaltung zu übernehmen. Sonst wisse man ihn *dieser Zeitt Zu Nichtn anderst zu geprauchen.* Es war vorauszusehen, daß Paulus Behaim nach einer über zwanzigjährigen Dienstzeit für die Firma dieses Angebot nach Form und Inhalt – er muß *Vber 1/2 Stund* vor der Tür warten – als *fast schimpflich vnd spottlich* empfindet und lieber aus der Firma ausscheidet.[24]

Schließlich kommt es auch noch innerhalb des reduzierten Teilhaberkreises mindestens de facto zu einer weiteren Konzentration, die in der Gestalt des nahezu allmächtigen 'Regierers' ihren Ausdruck findet. Als geschäftsführender Gesellschafter sorgt er für eine einheitliche Willensbildung und eine zielgerichtete Geschäftspolitik. Dieser Vorgang setzt bei den Fuggern schon unter Jakob Fugger dem Reichen ein,[25] bleibt aber keineswegs auf diese Familie beschränkt. Ein Welser oder ein Endris Imhof nehmen in ihren Firmen eine durchaus vergleichbare Stellung ein, die auch nach außen im Firmennamen zum Ausdruck kommt.

Allerdings sieht sich dieser 'Regierer' schon bald mit einer Reihe von finanziellen, personellen und familiären Problemen konfrontiert. Durch seine beherrschende Stellung verlieren auch die restlichen Teilhaber zumindest de facto immer mehr an Einfluß. Sie widmen sich anderen Aufgaben und Interessen, pflegen einen aufwendigen Lebensstil, der zunehmend an adeligen Leitbildern orientiert ist. Angehörige der bürgerlich-kaufmännischen Führungsschicht verbinden sich familiär und gesellschaftlich mit dem niederen landsässigen Adel. Der Erwerb von Herrschaften und Landsitzen,[26] der oft aufwendige Um- und Ausbau von Schlössern, die Beteiligung an der sog. 'Kavalierstour',[27] der Ehrendienst für einen Landesfürsten können dafür als Indizien gelten.

---

[24] StadtANürnberg, Behaim-Archiv E 11, Nr. 601, fol. 36-39. – Seine Anstellungsverträge vom 23. August 1548 und 5. September 1552 in: Germanisches Nationalmuseum Nürnberg, Behaim-Archiv, Nr.62.

[25] Ausgangspunkt und Grundlage für diese frühe innerbetriebliche Konzentration bildete das Testament Jakob Fuggers vom 22. Dezember 1525, das neuerdings in einer gründlichen Edition vorliegt. Vgl. Die Fuggertestamente des 16. Jahrhunderts, hrsg. v. Maria Gräfin v. Preysing, T. 2 (Studien zur Fuggergeschichte, Bd. 34), Weissenhorn 1992, hier bes. S. 91. – Daraus leitete dann auch Anton Fugger seine 'Regierer'-Gewalt ab, wie der Gesellschaftsvertrag von 1532 zeigt. Vgl. dazu Götz Frhr. v. Pölnitz, Anton Fugger, Bd. 1 (Studien zur Fuggergeschichte, Bd. 13), Tübingen 1958, S. 252-257. – Zur Stellung der 'Regierer' in späterer Zeit vgl. R. Hildebrandt, Die "Georg Fuggerischen Erben" (Anm. 8), S. 58-71.

[26] Zahlreiche Beispiele und Hinweise dafür aus dem späten Mittelalter finden sich in den Arbeiten von Rolf Kießling, Augsburger Bürger, Klöster und Stifte als Grundherren, in: Jahresbericht des Heimatvereins für den Landkreis Augsburg 20 (1985/86), S. 99-120, bes. S. 99-105, sowie: ders., Bürgerlicher Besitz auf dem Land – ein Schlüssel zu den Stadt-Land-Beziehungen im Spätmittelalter, aufgezeigt am Beispiel Augsburgs und anderer ostschwäbischer Städte, in: Augsburger Beiträge zur Landesgeschichte Bayerisch-Schwabens, Bd. 1, hrsg. v. Pankraz Fried, Sigmaringen 1979, S. 121-140, bes. S. 130-138.

[27] Otto Brunner, Adeliges Landleben und europäischer Geist. Leben und Werk Wolf Helmhards von Hohberg 1612-1688, Salzburg 1949, S. 113.

Die gesellschaftliche und politische Dimension dieses Vorgangs ist in großen Zügen bekannt. Wenig beachtet wurden bisher dagegen die finanziellen Konsequenzen. Ein Leben in würdevoller Muße kostet Geld, erfordert eine regelmäßige und möglichst hohe Gewinnausschüttung. Marx Fugger, der Sohn und Nachfolger Anton Fuggers, hat die Gefahr, daß die inaktiven Teilhaber lediglich *ain stett einkomen* erstreben, aber langfristig dadurch der *handel ausgesaigert* werde, sehr klar erkannt.[28] Ständige hohe Gewinnentnahmen – z.T. sogar in Form von Vorschüssen – schwächten zwangsläufig die Eigenkapitalbasis der Firma, so daß die Geschäfte in wachsendem Maße fremdfinanziert werden müssen. Die Folge sind steigende Kapitalkosten und sinkende Gewinne sowie eine zunehmende Abhängigkeit von den schwankenden Bedingungen auf dem Geld- und Kapitalmarkt, die leicht zu einer Illiquidität oder gar Überschuldung führen konnte. Diese bittere Erfahrung haben gerade Augsburger Unternehmen in den kritischen Jahrzehnten zwischen 1560-1580 vielfach machen müssen, wie die 'Fallitenakten' im Augsburger Stadtarchiv zeigen.[29]

So bilden die arbeits- und funktionslosen Teilhaber für viele Unternehmen nicht nur ein personelles, sondern auch ein finanzielles Problem, das prinzipiell nie gelöst wurde. Die 'Auslösung' und Auszahlung dieser 'stillen' Teilhaber erweist sich oft als eine durchaus ambivalente Lösung. Sie fördert zwar die innere Konsolidierung, mindert aber das Eigenkapital, erfordert einen erhöhten Einsatz von Fremdmitteln, der nur bei einer Ausweitung des Geschäftsvolumens nennenswerte Gewinne erwarten läßt, und führt manchmal sogar zur Gründung von Konkurrenzunternehmen.[30] Die gleichzeitige Existenz rechtlich getrennter, aber namensverwandter Unternehmen hat schließlich auch in der Forschung zu manchen Verwechslungen und Irrtümern beigetragen.

---

[28] FA 33.1., Ansagebrief von Marx Fugger für die Erben Georg Fuggers, 30. September 1580, Ausf.

[29] StadtAAug, Fallitenakten. Dort Zusammenstellungen der Verbindlichkeiten u.a. der Firmen Jakob Hörbrot & Söhne, Melchior Manlich & Co., Joachim Höchstetter & Friedrich Renz, Martin Horngacher, Marx & Mathäus Welser aus den Jahren 1564-1614.

[30] Zur selbständigen kaufmännischen Tätigkeit der ausgelösten Erben Georg Fuggers vgl. R. Hildebrandt, Die "Georg Fuggerischen Erben" (Anm. 8), S. 80-183. Auch der erwähnte Paulus Behaim betätigte sich nach seinem Ausscheiden aus der Imhof-Firma als selbständiger 'merchant banker', wie seine Wechselgeschäfte mit Lyon und Antwerpen, aber auch seine Beteiligung an Anleihen für die französische Krone belegen (Germanisches Nationalmuseum Nürnberg, Behaim-Archiv, Nr. 62, Einnahmen- und Ausgabenbuch 1557-1564; StadtANürnberg, Behaim-Archiv E 11, Nr. 601, fol. 93-95). Auch Lucas Remgründete nach seinem Ausscheiden aus der Augsburger Welser-Firma gemeinsam mit seinen Brüdern eine eigene Gesellschaft. Vgl. seine Darstellung dazu in: Tagebuch des Lucas Rem (Anm. 23), S. 31-42.

III.

All diese Veränderungen gehören zu einem Prozeß, der sich in mehreren Phasen und Stufen über das ganze 16. Jahrhundert erstreckt und allmählich die Anatomie der großen Unternehmen grundlegend verändert. An die Stelle einer Erwerbsgemeinschaft von prinzipiell Gleichberechtigten tritt die hierarchisch gegliederte Firma als Großfamilie mit einem 'Regierer' quasi als 'pater familias' an der Spitze. Deutlich getrennt von ihm und seinen wenigen Mit-Gesellschaftern erscheint nun eine wachsende Zahl von Handelsdienern, die innerhalb dieser 'Familien'-Firma eine eigene Gruppe bilden. Wenn selbst in amtlichen Quellen Termini wie *fuggerischer Diener* verwendet werden, so kommen darin **beide** Komponenten zum Ausdruck: Die Zugehörigkeit zu der Firma als einer Großfamilie und die Abgrenzung zwischen Handels**dienern** und Handels**herren**.

Aus der Funktionsgruppe wird mit zunehmender Professionalisierung dann allmählich eine neue Berufsgruppe. Damit ist die Geburtsstunde der kaufmännischen Angestellten eingeläutet. Der fest besoldete, weisungsgebundene und am wirtschaftlichen Ertrag des Unternehmens nicht mehr unmittelbar beteiligte Angestellte wird zum Arbeitnehmer, der Handelsherr zum Arbeitgeber. Beide bleiben aber noch Mitglieder der Großfamilie. Nachklänge dieser Organisationsvorstellungen sind gelegentlich noch heute spürbar, wenn z.B. in einem traditionsbewußten Unternehmen alle Mitarbeiter als 'eine große Familie' bezeichnet werden.[31]

Aus welchen sozialen und beruflichen Schichten rekrutierten sich damals diese 'Diener'? Was läßt sich über ihre Vor- und Ausbildung sagen? Welche Verdienstmöglichkeiten und Karrierechancen boten sich ihnen? Wie bewertete die damalige Gesellschaft diesen neuen Beruf? Führte eine dauerhafte abhängige Tätigkeit zum sozialen Abstieg oder eröffnete sie auch Wege für einen sozialen Aufstieg? Die Antworten beruhen auf mehr als 20.000 Einzeldaten zu insgesamt 514 Handelsdienern oberdeutscher Firmen aus der Zeit zwischen 1500-1650. Streng statistisch gesehen kann diese Gruppe sicherlich nur eine eingeschränkte Repräsentanz beanspruchen, da sich die Zahl aller damals tätigen kaufmännischen Angestellten auch nicht annähernd bestimmen läßt. Außerdem sind erfahrungsgemäß eher Nachrichten über die Erfolgreichen als über die Erfolglosen überliefert. Schließlich ist das verfügbare Quellenmaterial nach Zeit und Ort, Entstehung und Zweckbestimmung sehr heterogen und daher oft nur begrenzt vergleichbar.

Einen Ansatz- und Ausgangspunkt bilden die 'Verschreibungen' der einzelnen Handelsdiener. Diese Quellengruppe ist von der Forschung bisher noch nicht sy-

---

[31] Vgl. Reinhard Hildebrandt, Geschichte der Führung – Mittelalter und Frühe Neuzeit, in: Handwörterbuch der Führung, hrsg. v. Alfred Kieser u.a. (Enzyklopädie der Betriebswirtschaftslehre, Bd. X), 2. Aufl., Stuttgart 1995, S. 1111-1122.

stematisch ausgewertet worden. Insgesamt konnten 144 solcher Anstellungsverträge ermittelt werden.[32] Davon stammen 52 aus der Zeit zwischen 1500-1550, weitere 63 wurden zwischen 1550-1600 und die restlichen 29 in der ersten Hälfte des 17. Jahrhunderts abgeschlossen. Diese 'Verschreibungen' regeln Pflichten und Rechte der Angestellten, geben Auskunft über die Besoldung, Aufgaben und Dauer des Arbeitsverhältnisses und nennen häufig auch den Herkunfts- und Beschäftigungsort. Daneben finden sich in Handelsbüchern und Briefen manche Hinweise auf den Personalbestand der Firmen. Schließlich tauchen in Quellen öffentlich-rechtlicher Provenienz seit der Mitte des 16. Jahrhunderts zunehmend Berufsbezeichnungen wie 'Handelsdiener' oder 'Kaufmannsdiener' auf.[33] Dagegen fehlen durchweg 'Personalakten' im modernen Sinne. Die Ermittlung ergänzender biographischer und genealogischer Daten stellt daher ein besonderes Problem dar.

Die heterogene und lückenhafte Quellenüberlieferung zwingt zu manchen Einschränkungen. So liegen über den Alltag der Handelsdiener, ihre persönlichen Neigungen und außerberuflichen Interessen, ihr Leben in einer anfänglich oft als fremd empfundenen Umwelt und deren Erleben nur relativ wenige authentische Nachrichten vor. Trotzdem lassen sich doch aus den verfügbaren Quellen wenigstens in Umrissen die Grundzüge einer langfristigen Entwicklung rekonstruieren. Zunächst schaffen noch rund 60% der Handelsdiener den Übergang in eine selbständige kaufmännische Tätigkeit. Oft handelt es sich dabei um Söhne von Kaufleuten und Krämern, die in dem elterlichen Betrieb oder einer befreundeten Firma lernen und viele Jahre lang arbeiten, aber spätestens mit dem Tode des Vaters zum Teilhaber avancieren oder ein eigenes Unternehmen gründen. Für sie mag die weisungsgebundene und abhängige Tätigkeit als Handelsdiener noch eine Zwischenstation und kein berufliches Endziel gewesen sein.[34]

Sie erhalten vielfach neben einem festen Jahresgehalt eine Gewinnbeteiligung, deren Höhe von verschiedenen Faktoren abhängig ist: Grundlage ist meistens eine Kapitaleinlage (ohne Stimmrecht) oder eine entsprechende 'Fürlegung', doch spielen dabei vielfach auch andere Komponenten wie Dienstalter, berufliche Stellung und Bewährung, persönliches Ansehen sowie der Familienstand eine Rolle.[35] Je mehr sich der Teilhaberkreis verengt und zwischen Handels**herren** und

---

[32] Eine reichhaltige, aber keineswegs vollständige Überlieferung befindet sich im FA 34.8. und 36.3., sowie im Germanischen Nationalmuseum Nürnberg, Behaim-Archiv, Nr. 25; Imhof-Archiv, Fasz. 28, 29, 49.

[33] So wird beispielsweise Peter Höschel d.J., Bruder des bekannten Humanisten und Rektors bei St. Anna in Augsburg, Mag. David Höschel, bereits 1569 als *Kaufmannsd*[iener] und noch 1615 als *Handelsdiener* [der Firma Daniel Hopfer & Co.] bezeichnet (StadtAAug, Hochzeitsamtsprotokolle 2, fol. 190b; Kl. Pflegschaftsbuch 3, fol. 304; Musterungsbuch 1615, fol. 154).

[34] Zahlreiche Beispiele bei A. Schulte, Geschichte der grossen Ravensburger Handelsgesellschaft (Anm. 11), S. 148-208.

[35] So besaß der langjährige Fuggerfaktor in Leipzig, Andreas Mattstett, 1520 aus *Haubt gutt*, [und] *gewinnung* ein Guthaben von 8.000 fl. und bezog außerdem ein Gehalt von 200 fl. p.a.;

Handels**dienern** unterschieden wird, desto mehr wird auch dieses kombinierte Vergütungssystem durch ein einheitliches Besoldungssystem abgelöst. Seit der Mitte des 16. Jahrhunderts verschwindet die 'Fürlegung' weitgehend aus den Geschäftsbüchern, die Kapitaleinlagen werden nur noch als festverzinsliche Depositen geführt. Statt einer Gewinnbeteiligung gewährt die Firmenleitung nun nach eigenem Ermessen von Fall zu Fall eine prinzipiell gewinnunabhängige 'Verehrung'. Diese Tantieme wird im Laufe der Zeit zu einer Gewohnheit, so daß mancher Handelsdiener glaubt, auf diese freiwillige Leistung geradezu ein Anrecht zu haben.[36]

Zugleich ändert sich auch die soziale und wirtschaftliche Zusammensetzung der Handelsdiener. Nun stammen nur noch 15% von ihnen aus Kaufmannsfamilien. Dagegen haben 29% der Väter einen zünftigen Beruf ausgeübt und weitere 27% sind selbst schon Handelsdiener gewesen. Wenn in der zweiten Hälfte des 16. Jahrhunderts Gabriel Holzschuher als Handelsdiener der Firma Leonhard Tucher & Mitverwandte (Nürnberg) in Frankreich und auf der iberischen Halbinsel, später für den Augsburger Spekulanten Konrad Roth und schließlich für die 'Georg Fuggerischen Erben' sogar im fernen Ostindien tätig ist, dann stellt dieser Nürnberger Patriziersohn ebenso eine Ausnahme dar[37] wie Siegmund Hinderofen

---

sein Kollege Mathias Lachenbeck auf der Hütte Hohenkirchen erhielt eine Besoldung von 120 fl. p.a. sowie freien Unterhalt für sich und seine Familie und besaß eine auf 2.000 fl. begrenzte gewinnberechtigte Einlage. *Vnd wie vil er vber sollich 2^m fl. bey vns habn welt, i[h]m 5 p.^{co} Zu raiten.* FA 36.3., fol. 196', 200; vgl. Bernhard Sommerlad, Die Faktorei der Fugger in Leipzig, in: Schriften des Vereins für Geschichte Leipzigs 28 (1938), S. 39-67; Walter Schmidt-Ewald, Zwei Fugger-Faktoren auf der Hütte zu Hohenkirchen. Ein Zeitbild aus der Epoche des Frühkapitalismus, in: Forschungen aus mitteldeutschen Archiven, Bd. 3, hrsg. v. Heinrich Kretschmar, Berlin 1953, S. 143-165. – Ein ganz ähnliches Vergütungssystem bestand auch bei der Firma Haug-Langnauer-Link: Balduin Penndorf, Die kaufmännischen Angestellten eines Augsburger Handelshauses im 16. Jahrhundert, in: Der Kaufmann und sein Leben 3 (Beiblatt zur Zeitschrift für Handelswissenschaft und Handelspraxis 6 [1913/14]), S. 60-64; Josef Hartung, Aus dem Geheimbuche eines deutschen Handelshauses im 16. Jahrhundert, in: Zeitschrift für Social- und Wirtschaftsgeschichte 6 (1898), S. 35-87, hier bes. S. 79-87; Jakob Strieder, Die sogenannte Fürlegung, eine Institution des deutschen Gesellschaftsrechts im Zeitalter des Frühkapitalismus, in: VSWG 10 (1912), S. 521-527.

[36] Vgl. R. Poppe, Die Augsburger Handelsgesellschaft Oesterreicher (Anm. 16), S. 18-26; bei den Fuggern galt es schon seit Anton Fugger als besondere Vergünstigung, wenn die Firma von verdienten leitenden Angestellten solche Depositen annahm (FA 34.8., fol. 100-106, Verschreibung des Hoffaktors Thomas Müller aus Nesselwang, sowie 2.5.14., o. fol., Brief von Marx Fugger an ihn, 25. Januar 1578: neben einer Jahresbesoldung von 1.000 Dukaten und einer 'Verehrung' von 5.000 Dukaten anläßlich der Verlängerung seines Arbeitsvertrags wird der Zinssatz für seine Depositen von 5% auf 7% erhöht). In einem weiteren Brief vom gleichen Tag beklagt Marx Fugger; daß bereits junge Angestellte hohe Gehaltsvorschüsse nehmen und erwarten, daß ihnen am Ende ihrer 'Verschreibung' diese Schulden nicht nur erlassen, sondern mit einer 'Verehrung' auch noch 'belohnt' würden.

[37] Vgl. Hans Bösch, Ein Brief des Gabriel Holzschuher aus Indien vom Januar 1580, in: Anzeiger für Kunde der deutschen Vorzeit 30 (1883), Sp. 153-160, 185-190; ein inhaltlich identisches

und sein Neffe Andreas Hyrus, die jahrzehntelang für die Fugger in Spanien arbeiten.[38]

Insgesamt läßt der wachsende Organisationsbedarf der großen Unternehmen aus einer Tätigkeit immer mehr einen neuen, dauerhaft ausgeübten Beruf mit eigenen innerberuflichen 'Laufbahnen' und Karrieremustern entstehen. In der zweiten Hälfte des 16. Jahrhunderts schaffen nur noch 7,4% der Handelsdiener den Übergang in die Selbständigkeit, und dieser Anteil sinkt in der Folgezeit weiter auf knapp 5% ab. Einzelne Mischexistenzen zeigen, wie lang und beschwerlich dieser Weg ist, wenn das erforderliche Startkapital fehlt: Der Handelsdiener läßt sich als Krämer nieder, bleibt aber wirtschaftlich von seinem ehemaligen 'Herrn' abhängig.[39]

Für wen bietet damals der Beruf des kaufmännischen Angestellten eine reizvolle Perspektive? Wie die vorliegenden Daten zeigen, stammt eine wachsende Zahl

---

Schreiben von G. Holzschuher aus Cochin an Sixt Adelgaiß in Augsburg in: Staatsbibliothek Wien, Cod. 8953, fol. 23-28. – Er wird 1589 vom Fuggerfaktor in Goa, Ferdinand Cron (vgl. Anm. 7), mit einem Gehalt von 800 Dukaten p.a. als Gewürzeinkäufer eingestellt, *vnd Ime es* [das Amt] *p: ain Remedio geben, weil* [er] *gar arm vnnd vff der welt nit ain Pfennig hat, vnnd von meniglich fur hombre de buen gehalten ist* (FA 46.1., fol. 56, Bericht von F. Cron).

[38] FA 34.8., fol. 398-403; 1.1.8b und 2.1.32b die 'Verschreibungen' von Siegmund Hinderofen sowie der Briefwechsel zwischen ihm und der Firma; seine Schwester Magdalena heiratete 1580 Paul Hyrus (StaatsAMünchen, Familienarchiv der Frhrn. v. Rehlingen, Nr. 475: Heiratsbrief, 11. Januar 1580), deren Sohn Andreas Hyrus (+ 1649) von 1606-1629 für die Fugger in Spanien tätig war und dabei offenbar zu einem beträchtlichen Vermögen kam, so daß er während des Dreißigjährigen Krieges der Stadt Ravensburg hohe Darlehen geben konnte (FA 34.8., fol. 408-413, 445-446, 453-458, seine Anstellungsverträge; StadtARavensburg, 411c/1, Schuldbrief der Stadt über 25.000 fl., 1. Januar 1631, Kzpt.). Bei seiner Heirat mit Anna Maria Deuring aus Bregenz leistete er 8.000 fl. Widerlegung und 1.500 fl. Morgengabe, während die Braut 4.000 fl. Heiratsgut und 1.000 fl. Aussteuer in die Ehe brachte (StaatsAMünchen, Familienarchiv der Frhrn. v. Rehlingen, Nr. 218: Heiratsbrief, 12. Dezember 1632, Abschr.). – Zu diesen beiden Familien auch Alfons Dreher, Das Patriziat der Reichsstadt Ravensburg, Stuttgart 1966, bes. S. 376-378, 409-411, 427.

[39] Kaspar Schwab d.Ä. (ca. 1540-1615) aus Ochsenhausen ist zunächst als *Diener der Stenglin* in Augsburg tätig, wo sein *Herr* Jeremias Stenglin für ihn bürgt. Seit 1590 wird er in den Quellen als *Kramer* bzw. *Gewürzkramer* bezeichnet, der wahrscheinlich den lokalen Detailabsatz besorgte, den die Stenglin als Großhändler nicht mehr selbst ausüben durften. Durch diese Zusammenarbeit wuchs sein Vermögen zwischen 1568-1611 von 466-932 fl. auf 4.000-8.000 fl. Im Warensortiment der Firma Stenglin nahmen Gewürze neben Baumwolle, Seide und Zucker einen hervorragenden Platz ein. StadtAAug, Kl. Pflegschaftsbuch 4, fol. 344; Hochzeitamtsprotokolle 1, fol. 51b und 2, fol. 251b; Stadtkanzlei, Pflegschaftsquittung, 29. März 1590 und Teilbrief, 29. Januar 1616; Steuerbuch 1568, fol. 73a und 1611, fol. 83b; zur Firma Stenglin vgl. Josef Hagl, Entwicklung des Augsburger Grosskapitals von der Mitte des 16. Jahrhunderts bis zum Beginn des Dreissigjährigen Krieges (1540-1618), Diss. München 1924 (Masch.), S. 155-160, sowie Christel Warnemünde, Augsburger Warenhandel in den letzten Jahrzehnten des 16. Jahrhunderts und dem beginnenden 17. Jahrhundert, Diss. Freiburg/Br. 1956 (Masch.), S. 153f.

von Handelsdienern aus der 'unteren Mittelschicht'.[40] Neben Söhnen von Handelsdienern sind es nun mehrheitlich Angehörige des Handwerkertums sowie der unteren und mittleren Verwaltungsebene, die sich von diesem neuen Beruf auch neue und bessere Verdienst- und Aufstiegsmöglichkeiten erhoffen.

Wie aber sahen die Chancen in Wirklichkeit aus? Wurden die Erwartungen erfüllt? Welche Voraussetzungen und Qualifikationen waren nötig, um als Handelsdiener eine Anstellung zu finden? Im Unterschied zu den meisten handwerklichen Berufen sind die Zugangsbedingungen formal nicht geregelt. Lesen, Schreiben und Rechnen bilden bereits in der ersten Hälfte des 15. Jahrhunderts ein "notwendiges Allgemeingut aller Nürnberger Kaufleute, soweit sie nicht Krämer sind, und ihres gehobenen Personals"[41] und sind in der Heimat erlernbar. Im Rahmen eines 'bürgerlichen Humanismus' entstanden seit dem ausgehenden Mittelalter in vielen Städten 'Deutsche Schulen', ließen sich in wachsender Zahl Schreib- und Rechenmeister nieder, die für ein praxisorientiertes Bildungsangebot sorgen.[42]

Wer sich mit diesen elementaren Kenntnissen nicht zufrieden geben wollte, zog nach Italien. Dort gab es private Schulen, die Waren- und Währungskenntnisse vermittelten, eine Einführung in die komplexen Maß- und Münzsysteme und in das Bankgeschäft boten und Fremdsprachenunterricht erteilten. Die kritischen Bemerkungen von Matthäus Schwarz in seiner 'Musterbuchhaltung' zum Ausbildungsniveau in Venedig sollten nicht überbewertet werden.[43] Noch 100 Jahre später absolvieren nicht nur angehende Handelsdiener, sondern auch viele Kauf-

---

[40] Zu dieser heterogenen Sozialkategorie vgl. Friedrich Blendinger, Versuch einer Bestimmung der Mittelschicht in der Reichsstadt Augsburg vom Ende des 14. Jahrhunderts bis zum Anfang des 18. Jahrhunderts, in: Städtische Mittelschichten, hrsg. v. Erich Maschke, Jürgen Sydow, Stuttgart 1972, S. 32-78; methodisch neue Ansätze bei Bernd Roeck, Eine Stadt in Krieg und Frieden. Studien zur Geschichte der Reichsstadt Augsburg zwischen Kalenderstreit und Parität (Schriftenreihe der Historischen Kommission bei der Bayerischen Akademie der Wissenschaften, Bd. 37), Göttingen 1989, bes. S. 384-398, 480-489.

[41] Wolfgang v. Stromer, Das Schriftwesen der Nürnberger Wirtschaft vom 14. bis zum 16. Jahrhundert, in: Beiträge zur Wirtschaftsgeschichte Nürnbergs, hrsg. v. Stadtarchiv Nürnberg, Bd. 2, Nürnberg 1967, S. 765.

[42] Vgl. Eduard Weber, Der Kaufmann und sein Fachunterricht bis zum 18. Jahrhundert, in: Der Kaufmann und sein Leben 3 (Anm. 35), S. 91-95; Balduin Penndorf, Paulus Behaim (1519-1568). Lehr- und Wanderjahre eines deutschen Kaufmanns im 16. Jahrhundert, in: Der Kaufmann und sein Leben 3 (Anm. 35), S. 29, erwähnt ausdrücklich den berühmten Nürnberger Schreib- und Rechenmeister Johannes Neudorfer als Lehrer von Paulus Behaim. Einen informativen Überblick bietet Rudolf Endres, Nürnberger Bildungswesen zur Zeit der Reformation, in: Mitteilungen des Vereins für Geschichte der Stadt Nürnberg 71 (1984), S. 109-128. Neuerdings dazu auf breiter Quellengrundlage unter Berücksichtigung auch des Hanseraums Hanns-Peter Bruchhäuser, Kaufmannsbildung im Mittelalter. Determinanten des Curriculums deutscher Kaufleute im Spiegel der Formalisierung von Qualifizierungsprozessen (Dissertationen zur Pädagogik, Bd. 3), Köln, Wien 1989, bes. S. 298-335.

[43] Vgl. A. Weitnauer, Venezianischer Handel (Anm. 3), S. 6, sowie die knappen Bemerkungen von Lucas Rem in: Tagebuch des Lucas Rem (Anm. 23), S. 5.

mannssöhne aus Oberdeutschland in Italien eine kaufmännische Ausbildung.⁴⁴ Allerdings war eine solche Ausbildung nicht ganz billig.⁴⁵ Je mehr Handelsdiener aus eher bescheidenen Verhältnissen stammen, desto mehr werden auch diese Ausbildungskosten als ein finanzielles Problem empfunden.

Die Unternehmen reagieren darauf, indem sie allmählich innerbetriebliche Ausbildungsmöglichkeiten entwickeln. Junge Handelsdiener werden an firmeneigene Niederlassungen delegiert, um dort unter Aufsicht eines erfahrenen Faktors die nötigen Sprach- und Berufskenntnisse zu erwerben. Ob bei der Personalauswahl neben den erforderlichen Vorkenntnissen und der Herkunft 'von bekannten Leuten' auch konfessionelle Aspekte eine Rolle spielen,⁴⁶ läßt sich aus den Quellen nicht eindeutig erschließen. Einerseits konnte eine betont konfessionell geprägte Personalpolitik die Fluktuation und Flexibilität innerhalb der Firmenorganisation hemmen und die Möglichkeit von Versetzungen einengen. Andererseits fällt auf, daß zumindest die Fugger seit dem Ende des 16. Jahrhunderts ihren kaufmännischen Nachwuchs primär nicht aus dem mehrheitlich evangelischen Augsburg, sondern zunehmend aus katholischen Orten und Gegenden rekrutieren.

Für die berufliche Laufbahn eines jungen kaufmännischen Angestellten kam der Beurteilung durch den Faktor als dem unmittelbaren Vorgesetzten eine entscheidende Bedeutung zu. Wenn hinter dem Namen eines jungen Schreibers nach einer sechsjährigen Tätigkeit kurz und knapp der Vermerk *ist nichts werdt*⁴⁷ er-

---

⁴⁴ Noch 1608 reiste David v. Stetten (1595-1675) nach Italien, um dort im Alter von 13 Jahren seine kaufmännische Ausbildung zu beginnen. 1625 übernahm er dann zusammen mit seinem älteren Bruder Paul v. Stetten (1583-1643) die väterliche Firma. Deren von Stetten Geschlechterbuch 1548, hrsg. v. Albert Haemmerle (Stetten-Jahrbuch, Bd. 2), München 1955, S. 114f.

⁴⁵ Karl Heel (ca. 1530-1575), Sohn des Fuggerfaktors in Hall/Tirol und späteren Kastners in Weissenhorn, Hans (Baptist) Heel (+ 1541), begann 1543 seine Ausbildung in Bologna. Die Kosten in Höhe von 71 Dukaten übernahm sein Onkel Dr. Konrad Heel, Stadtadvokat von Augsburg. 1546 trat er als Lehrling ohne Besoldung in die Florentiner Faktorei der Firma Hieronymus Kraffter & Co. ein. 1549 erhielt er von dieser Firma eine erste Anstellung an der Nürnberger Niederlassung für 40-60 fl. p.a. und freie Kost. Spätestens 1559 wechselte er in den Dienst der Fugger, die er in der fränkischen Metropole bis 1575 vertrat (StadtAAug, Hörmann-Archiv, XII/2-4, XII/8, XII/32, XII/42, XII/55, XII/58, XII/62, XII/64; FA 2.2.1a., Nr. 161, 171).

⁴⁶ FA 2.5.14. Marx Fugger an den Hoffaktor in Madrid, Thomas Müller, 25. Januar 1578 und 15. Juli 1578: für die *Spanische Handlung* seien zwei neue Angestellte in Aussicht genommen, beide *gut Catholisch von 22 Jar vnd von bekhanten Leutten* [...], die sich bereits in Antwerpen und Nürnberg bewährt hätten. Es handelte sich dabei um Mang Luzenberger aus Füssen und Hans Lambacher aus Innsbruck. Letzterer stieg zum Fuggerfaktor in Spanien auf, hinterließ bei seinem Tode (1615) ad pias causas und *negst gesipten freundten* 6.000 Dukaten und stiftete die Benno-Kapelle in der deutschen Nationalkirche S. Maria dell'Anima in Rom (FA 34.8., fol. 31-35, 38-41, 53-56, 59-64, 65-70, seine Arbeitsverträge; StadtAInnsbruck, Ratskopien 1616, fol. 13'-15; Urkunden Nr. 1711 und 1718 [Regesten]; Alois Hudal, S. Maria dell'Anima – die deutsche Nationalkirche in Rom, Rom 1928, S. 40).

⁴⁷ FA 2.5.12., Personalliste mit Besoldungsangaben für die beiden Niederlassungen der Fugger in Madrid und Almagro 1578: Der Vermerk bezieht sich auf Benedikt Heuserer aus Schwaz, der

schien, so war die berufliche Karriere in der Regel schon beendet, bevor sie begonnen hatte. Die Beurteilung durch den Vorgesetzten orientierte sich nicht nur an Kriterien wie Begabung und Wissen, Fleiß und Einsatzbereitschaft. Eine ebenso wichtige Rolle spielte der persönliche Lebenswandel. Immer wieder wurden die Faktoren ermahnt, gerade in dieser Hinsicht ihre Aufsichtspflicht und Vorbildfunktion gewissenhaft zu erfüllen.

Nicht selten erlagen junge Menschen, die im Alter von 13-16 Jahren zur Ausbildung an eine ferne Niederlassung geschickt wurden, den verführerischen Reizen und Einflüssen der Fremde, verjubelten ihr noch karges Gehalt, machten Schulden oder nahmen bedenkenlos Gehaltsvorschüsse in Anspruch, um einen aufwendigen Lebenswandel zu finanzieren.[48] Wenn alle Ermahnungen und Vorhaltungen nichts fruchteten und der Firmenchef zu der Überzeugung kam, daß *khain besser[un]g zuhoffen, wenn ainer hinder dz Spilen, Sauffen und Huren so weit khumbt,*[49] so folgte die Entlassung.

Solche Vorfälle verweisen auf ein Dilemma der innerbetrieblichen Ausbildung in jener Zeit, das Marx Fugger sehr klar erkannte, wenn er äußerte: *Schickhen wir sy Jung hinein* [d.h.: nach Spanien], *so kinden sy nichts, seindt sy dan alt, so kindt sy die sprach nit, brauchen* [dazu] *abermals woll ettliche Jar.*[50] In der Tat erwarben sowohl der Kaufmann als auch der Handelsdiener die für den Beruf notwendigen Fremdsprachenkenntnisse 'vor Ort' und nicht daheim. Solange sie nicht in ausreichendem Maße vorhanden waren, war er nur begrenzt einsatzfähig. Nicht nur die Firma, sondern auch die Handelsdiener selbst mußten deshalb an einem möglichst frühen Erwerb der erforderlichen Kenntnisse interessiert sein, wenn sie Karriere machen wollten. Aber das Leben in südlichen Gefilden barg damals gerade für junge Leute offenbar auch manche Verlockungen und Gefahren.[51]

Da nützten auch alle noch so detaillierten Dienstverschreibungen wenig. Diese Anstellungsverträge stellen sowohl für den Arbeitsrechtler als auch für den Sozial-

---

in Madrid als Schreiber für 35 fl. p.a. und freie Kost diente (FA 34.8., fol. 27-30: seine Verschreibung, 1. Januar 1572, gesiegelt von seinem 'Vetter' Paul v. Eiß). Über seinen weiteren Lebensweg liegen keine Nachrichten vor.

[48] FA 2.5.14., Marx Fugger an Georg Gössel aus Giengen a.d. Brenz, 25. Januar 1578: Er habe als Schreiber Vorschüsse genomen, *alls werestu uns umb khain besoldung zu dienen v:schriben, sond: hettest* [genug]*sam macht, sovil alls dich nur gelustet unnß zunemen*. Die Entschuldigung von Gössel, er sei in England [!] gefangen und um 400 Dukaten beraubt worden, findet Marx Fugger *kalt*, stellt aber dennoch eine Weiterbeschäftigung in Aussicht, wenn Gössel künftig einen *eingezogenen* Lebenswandel zu führen bereit sei. Vgl. auch StadtAAug, Spreng-Archiv, XXIV/34.

[49] FA 2.5.14., Marx Fugger an Faktor Thomas Müller, 15. Juli 1578, zur Entlassung von Benedikt Heuserer (vgl. Anm. 47).

[50] FA 2.5.14., Marx Fugger an Thomas Müller, 25. Januar 1578.

[51] Vgl. FA 2.5.14., 'Zeitung' aus Madrid, 3. April 1581: Junge Adlige, die während des Gottesdienstes Frauen belästigten, seien verhaftet worden und hätten diese Ausschreitungen lediglich mit ihrem jugendlichen Alter entschuldigt.

historiker eine ungemein aufschlußreiche, bisher noch kaum systematisch ausgewertete Quellengruppe dar. Die ersten derartigen Vereinbarungen sind bereits aus dem 15. Jahrhundert überliefert. In knapper Form beschränken sie sich inhaltlich noch weitgehend auf Fragen der Haftung, Besoldung und Unkostenerstattung. In der Folgezeit werden diese Verträge immer häufiger und ausführlicher, erhalten zunehmend formelhafte, fast stereotype Züge.[52]

Ihre Laufzeit beträgt im allgemeinen vier bis acht Jahre. Neben Kündigungsfristen, Gehaltshöhe und Aufgabenbereich finden nun in wachsendem Maße auch Vorschriften zur Menschen- und Lebensführung Eingang in diese Anstellungsverträge. Die dabei erkennbaren sittlichen und ethischen Normen gelten gleichermaßen für Vorgesetzte wie auch für deren Mitarbeiter. Alle müssen sich zu einem gottesfürchtigen und ehrbaren Lebenswandel, zu Fleiß, Treue und Gehorsam gegenüber der Firmenleitung sowie zur Geheimhaltung aller Geschäftsvorgänge verpflichten, dürfen auch als Privatpersonen weder Bürgschaften übernehmen noch sich an Geldspielen beteiligen und haften mit ihrem gesamten privaten Besitz für eventuelle Schäden, die durch ihre Entscheidungen und Verhaltensweisen dem Unternehmen entstehen könnten. Berufliche und private Sphäre werden noch weitgehend als eine Einheit betrachtet. Die Firma ist damals eben nicht nur ein Wirtschaftsunternehmen, sondern zugleich auch eine normensetzende Großfamilie.

Erfüllt ein junger Mensch diese Normen und erweist sich als fleißig und zuverlässig, führt er 'ein eingezogenes Leben', so kann er zum Kassierer oder Buchhalter, später vielleicht sogar zum Faktor aufsteigen. Gerade für solche Spitzenpositionen gelten neben beruflicher Erfahrung und Tüchtigkeit die persönliche Integrität und Fähigkeit der Menschenführung als notwendige Qualifikationsmerkmale. Wer diesen Normen und Anforderungen nicht entspricht, bleibt Schreiber und Kopist oder wird entlassen. Davor schützt im Einzelfall nicht einmal die Herkunft aus einer angesehenen Familie.[53] Über das weitere Schicksal von gescheiterten

---

[52] Vgl. Anm. 32.
[53] So entschloß sich 1578 Marx Fugger, den Kassierer an der Hoffaktorei in Madrid, Raphael Geizkofler, *herauss zufordern* [d.h.: abzuberufen], weil er den dortigen Angestellten eigenmächtig Vorschüsse gewährt, mit Firmengeld auf eigene Rechnung spekuliert und sein eigenes Geld mit Frauen durchgebracht hatte, die ihm selbst bei einer Versetzung nach Almagro oder Sevilla sicherlich nachreisen würden. FA 2.5.14., Marx Fugger an Raphael Geizkofler, 25. Januar 1578, und an Thomas Müller, 25. Januar und 30. September 1578; FA 2.5.12.: Personalliste; K. Häbler, Geschichte der Fugger'schen Handlung (Anm. 12), S. 149, 167f. Vermutlich aufgrund der Fürsprache seiner Brüder Hans Geizkofler, Salzburger Münzmeister und Amtmann, und Kaspar Geizkofler, ksl. Rat und Hofkammersekretär, wurde Raphael Geizkofler 1582/83 zum Salzburger Rat und Pfleger in Hallein bestellt. Vgl. zu dieser angesehenen Familie ADB, Bd. 8, S. 529; NDB, Bd. 6, S. 166-168, sowie Friedrich Blendinger, Michael und Dr. Lukas Geizkofler, in: Lebensbilder aus dem Bayerischen Schwaben, Bd. 8, hrsg. v. Götz Frhr. von Pölnitz (Schwäbische Forschungsgemeinschaft bei der Kommission für Bayerische Landesgeschichte, Veröffentlichungen, Reihe 3, Bd. 8), München 1961, S. 108-138.

oder erfolglosen Handelsdienern ist bisher wenig bekannt. Das mag teils in der Quellenlage begründet sein, doch spielt dabei vermutlich auch die spezifische persönliche Situation eine Rolle. Wer gab und gibt schon gerne zu, in seinem Beruf gescheitert zu sein?

Einzelnen Handelsdienern gelingt der Wechsel in eine fürstliche Verwaltung, wo sie als Kastner, Sekretäre oder in vergleichbaren Positionen ein Auskommen finden.[54] Andere bemühen sich, beispielsweise als Gastwirt eine selbständige Existenz zu gründen.[55] Offenbar boten sich für einen Berufswechsel im wesentlichen nur die 'freien Berufe' oder die territorialherrliche Verwaltung als Alternativen an. So bleiben die meisten Handelsdiener nolens volens ihrem Beruf treu, auch wenn der berufliche Aufstieg lang und naturgemäß von vielen Umständen abhängig war, die der einzelne kaum beeinflussen konnte. 'Senkrechtstarter', die bereits in zehn bis zwölf Jahren eine leitende Stellung erreichten, sind seltene Ausnahmen.

Normalerweise schloß sich an eine vier- bis sechsjährige Ausbildung eine ebenso lange Zeit als Schreiber oder Kopist an, bevor ein Aufstieg zum Kassierer oder Buchhalter erfolgen konnte. Noch länger dauert oft die Karriere eines Faktors, wie das Beispiel des Hans Eschenloher aus Kirchheim zeigt, der 1598 in seiner erfolgreichen Bewerbung um die Stelle eines Fugger-Faktors in Köln darauf verweist, daß er *biß in 25 Jar lang nach ein ander in den Schreibstuben Zum Schreiben, thails auch für ainen Cassier gedient* habe.[56] Die Karriere vollzieht sich in der Regel innerhalb der gleichen Firma. Einen anonymen und formalisierten Arbeitsmarkt gab es noch nicht. Ein Wechsel des Arbeitgebers wurde nicht gern gesehen, konnten dadurch doch Geschäftsgeheimnisse publik werden. Ging indes eine Firma Bankrott, stand dem Übertritt in ein anderes Unternehmen nichts im Wege.[57]

---

[54] Melchior Adelgaiß d.J. (ca.1580-1622), zunächst kaufmännischer Angestellter bei der Firma Hans Oesterreicher sel. Erben (R. Poppe, Die Augsburger Handelsgesellschaft Oesterreicher [Anm. 16], S. 19), ist spätestens 1610 als bayerischer Kriegsratssekretär in Buchloe nachweisbar (StadtAAug, Hörmann-Archiv, X/33).

[55] So sieht Ruprecht Hillmair, Sohn von Hans Hillmair aus Regensburg und der Susanna Daucher, Tochter des berühmten Augsburger Künstlers Hans Daucher, nach einer 30jährigen Tätigkeit als fuggerischer Schreiber in seinem Beruf keine Aufstiegsmöglichkeit mehr. Mit einem Vermögen von 600 fl. zieht er 1609 nach Wiedhofen, wo er sich als Gastwirt niederläßt. FA 2.1.34c, fol. 27; StadtAAug, Bürgerbuch II, fol. 37; Steuerbuch 1604, fol. 95c; "Die Fundgrube", Heft 4, hrsg. v. Korb'schen Sippenarchiv, Regensburg 1957, S. 12; vgl. auch Hannelore Müller, Die Künstlerfamilie Daucher, in: Lebensbilder aus dem Bayerischen Schwaben, Bd. 6, hrsg. v. Götz Frhr. v. Pölnitz (Schwäbische Forschungsgemeinschaft bei der Kommission für Bayerische Landesgeschichte, Veröffentlichungen, Reihe 3, Bd. 6), München 1958, S. 131-165.

[56] Vgl. Anm. 20.

[57] Einen zweifachen Wechsel des Arbeitgebers erlebt Christoph Haffner, der zunächst in den Diensten des Augsburger Spekulanten Konrad Roth steht, nach dessen Bankrott (1580) kurz-

Dieser quasi erzwungenen 'Betriebstreue' entsprach eine patriarchalische Fürsorgepflicht. Wird eine Niederlassung geschlossen oder in ihrem Personalbestand reduziert, so erhalten die betroffenen Angestellten entweder einen anderen Arbeitsplatz oder eine Abfindung, die den Aufbau einer neuen Existenz oder einen gesicherten Lebensabend ermöglichen soll. Eine förmliche betriebliche Altersversorgung bleibt indes eine seltene Ausnahme.[58] In aller Regel arbeitet ein Handelsdiener so lange, wie es sein Gesundheitszustand erlaubt oder seine finanzielle Lage es erfordert.

Nur wenige Angestellte setzen sich vorzeitig zur Ruhe, weil sie zu einem ausreichenden Wohlstand gelangt sind, der ihnen einen auskömmlichen Lebensabend ermöglicht. Sie erwerben dann Haus- und Grundbesitz, errichten mitunter auch Stiftungen, sorgen für eine akademische und/oder kaufmännische Ausbildung ihrer Kinder und für eine möglichst krisenfeste Anlage ihres Vermögens und pflegen vielfältige kulturelle Interessen. Ob dabei bewußt oder unbewußt das Vorbild ihrer ehemaligen Dienstherren eine anregende oder gar prägende Rolle spielt, kann in diesem Zusammenhang nicht näher untersucht werden.[59]

---

fristig für die Firma Hieronymus Imhof sel. Erben (Augsburg) tätig ist, die aber infolge dieses Bankrotts vorübergehend selbst in finanzielle Schwierigkeiten gerät, so daß er zur Firma Wolf Paler & Franz Wagner wechselt, in der er bald eine gut bezahlte leitende Stellung erlangt. Er versteuert 1597 ein Barvermögen von 10.500 fl. und Immobilienbesitz im Wert von 6.000 fl. (StadtAAug, Spreng-Archiv, XX/25, XXIV/28; Lit. 31. März 1580; Hochzeitsamtsprotokolle 2, fol. 161b und 3, fol. 70b, fol. 211b; Steuerbuch 1597, fol. 97d; StaatsAMünchen, Familienarchiv der Frhrn. v. Rehlingen, Nr. 342, fol. 9-12': Wolf d.J. Paler an Marx Conrad Rehlinger (v. Rehlingen), 24./29. Januar 1603, Ausf.; vgl. auch Christina Dalhede, Zum europäischen Ochsenhandel: Das Beispiel Augsburg 1560 und 1578, St. Katharinen 1992, S. 45f., 96f., 188-190)

58 Marx Fugger betonte ausdrücklich, nur unverschuldet im Dienst durch Krankheit oder Unfall in Not geratenen Angestellten oder als Zeichen besonderer Anerkennung habe die Firma bisher eine Pension gewährt und erwähnt in diesem Zusammenhang Hans v. Schüren, der mindestens 44 Jahre lang in den Diensten der Firma, davon 1538-1555 als Faktor in Almagro, stand (FA 2.5.14., Marx Fugger an Thomas Müller, 25. Januar 1578). Als 1582 Thomas Müller, seit 1564 verheiratet mit Maria, Tochter von Lazarus Nürnberger, plötzlich starb, sorgte die Firma für die Witwe und ihre vier Kinder (FA 43.3., fol. 226, 232, 234, 253). Vgl. auch R. Ortner, Der Handlungsgehilfe (Anm. 8), S. 36.

59 Ein bekanntes Beispiel ist die Familie Hörmann von und zu Gutenberg, von der vor allem Georg Hörmann (1491-1552) und sein Sohn Christoph Hörmann (1514-1586) als leitende Angestellte der Fugger in Tirol bzw. Spanien tätig waren, bevor sie sich zur Ruhe setzten. Vgl. StadtAKaufbeuren, Cod. 255, 2°: "Ehren-Denckmal und Stammenregister des Adeligen Geschlechts derer Hörmann von und zu Gutenberg", 1770, verfaßt von Wolfgang Ludwig Hörmann; ferner Luitpold Brunner, Aus dem Bildungsgang eines Augsburger Kaufmannssohnes vom Schlusse des 16. Jahrhunderts, in: ZHVSN 1 (1874), S. 137-182; Richard Hipper, Die Beziehungen der Faktoren Georg und Christoph Hörmann zu den Fuggern, in: Familiengeschichtliche Beilage der ZHVSN 46 (1926), S. 1-33; Theodor Hampe, Allgäuer Studien zur Kunst und Kultur der Renaissance, in: Mitteilungen aus dem Germanischen Nationalmuseum 1918/19 (Festschrift für Gustav v. Bezold), Nürnberg 1918, S. 3-105. Zur Familie Hörmann von und zu Gutenberg vgl. auch den Beitrag von Thomas Max Safley in diesem Band.

Diener und Herren 169

Grundsätzlich hatte der Diener während seiner Dienstzeit selbst Rücklagen für eine angemessene Altersversorgung zu bilden. Aber boten die Arbeitseinkommen eine hinreichende Möglichkeit zur Vermögensbildung und Alterssicherung? Die Höhe der Besoldung hing von verschiedenen Faktoren ab. Selbstverständlich verdiente ein leitender Angestellter wesentlich mehr als ein junger Schreiber oder Buchhalter. Da aber durchweg nur befristete Arbeitsverträge abgeschlossen wurden, bestand bei jeder Verlängerung auch die Möglichkeit einer Gehaltserhöhung. Auf diese Weise wurden auch individuelle Kriterien wie Lebensalter, Berufserfahrung und Dauer der Firmenzugehörigkeit honoriert.[60] Daneben wurden auch Umfang und Bedeutung des jeweiligen Arbeitsbereichs[61] sowie die Lebenshaltungskosten am Beschäftigungsort gleichsam in Form einer Auslandszulage berücksichtigt.[62]

Im Durchschnitt verdienten während der zweiten Hälfte des 16. Jahrhunderts Schreiber und Kopisten etwa 100-200 fl. p.a., Buchhalter und Kassierer konnten das Doppelte bis Dreifache erwarten. Faktoren und Hauptbuchhalter erreichten nicht selten Jahresgehälter bis zu 1.000 fl. Hinzu kamen oft noch Naturalbezüge in Form von freier Unterbringung und Verpflegung. Alle Gehälter weisen im Laufe des 16. Jahrhunderts eine deutlich steigende Tendenz auf.[63] Im Durchschnitt verdoppeln sie sich. Das gilt ganz besonders für die unteren Stellenkategorien. Die Unternehmen tragen auf diese Weise den wachsenden Lebenshaltungskosten Rechnung. Außerdem ist es üblich, zu besonderen Anlässen 'Verehrungen' und 'Gratifikationen' zu gewähren. Dazu zählen Hochzeiten und Taufen, aber auch der Abschluß einer Geschäftsperiode oder eines neuen mehrjährigen Arbeitsvertrags, der außerdem in der Regel mit einer Gehaltserhöhung honoriert wird.

Vergleicht man – bei aller Vorsicht – diese Verdienstmöglichkeiten mit den Gehältern beispielsweise städtischer Bediensteter, so konnte der Beruf des

---

[60] FA 2.5.12., Personalliste: Der noch junge Schreiber an der Faktorei in Almagro, Balthasar Leuthold, verdiente 1578 erst 40 Dukaten p.a., während sein älterer und berufserfahrener Kollege Georg Gössel trotz seines kritikwürdigen Finanzgebahrens (vgl. Anm. 48) bereits 150 Dukaten p.a. erhielt.

[61] So bezieht Hans Schedler aus Kempten als langjähriger Fuggerfaktor in Almagro (bis 1582) und Madrid (1582-1596) ein Jahresgehalt von 1.000 Dukaten, während sein Kollege Hans Eschenloher (vgl. Anm. 20) als Leiter der minder wichtigen Niederlassung in Köln nur maximal 250 fl. p.a. bezieht (FA 2.5.12., Personalliste; 34.8., fol. 84-89, 319-325).

[62] Auf den Hinweis von Faktor Thomas Müller, angesichts der steigenden Lebenshaltungskosten in Spanien, die aus den Getreidepreisen in den Maestrazgo-Rechnungen ablesbar wären, seien die Angestellten zu gering besoldet, bewilligt der Firmenchef schon drei Monate später für jeden Handelsdiener dort eine 'Verehrung' von 800 Dukaten (FA 2.5.14., Thomas Müller an Marx Fugger, 25. April 1578, und Antwortschreiben vom 15. Juli 1578).

[63] Vgl. die Angaben bei J. Hartung, Aus dem Geheimbuche (Anm. 35), und R. Poppe, Die Augsburger Handelsgesellschaft Oesterreicher (Anm. 16).

Handelsdieners auch in finanzieller Hinsicht attraktiv erscheinen.[64] Das gilt ganz besonders für junge Menschen, die aus bescheidenen oder gar ärmlichen Verhältnissen stammten. Neben einer relativ gesicherten Existenz bot dieser neue Beruf auch die Chance zu einer bescheidenen Vermögensbildung. Nur etwa 5% der kaufmännischen Angestellten verfügen bei ihrem Tode über keinerlei Vermögen, dagegen hinterlassen zwei Drittel von ihnen einen Besitz im Wert von immerhin 1.000 bis 5.000 fl. Einigen wenigen gelingt sogar der Aufstieg in den Kreis der hundert reichsten Bürger Augsburgs, wie das Beispiel des bereits erwähnten Anton Biedermann zeigt.[65]

Aber solche Karrieren bleiben selten. Sie zeigen das Mögliche, nicht das Normale. Viel häufiger begegnet uns ein Lebens- und Berufsweg, wie ihn Jakob Schaffhauser verkörpert. Als Sohn eines Torwarts aus Lauingen nach Augsburg gekommen, findet er dort bei der Firma Daniel Hopfer & Gebr. eine Anstellung. In jahrelanger Arbeit schafft er sich bis 1611 ein Vermögen zwischen 1.000-2.000 fl., das es ihm erlaubt, im Alter von 36 Jahren zu heiraten und schließlich sogar in die 'Kaufleutestube' aufgenommen zu werden.[66] Die große Mehrheit der kaufmännischen Angestellten lebt zwar in relativ gesicherten Verhältnissen, aber die Chancen zur Vermögensbildung sind für die meisten von ihnen begrenzt. Immerhin geht es diesen Handelsdienern damit wesentlich besser als den vielen kleinen Handwerkern, die um ihr tägliches Brot bangen müssen, bei jeder konjunkturellen Schwankung von Not und Arbeitslosigkeit bedroht und dann auf das Almosen angewiesen sind.[67]

---

[64] So verdiente nach B. Roeck, Eine Stadt in Krieg und Frieden (Anm. 40), S. 298f., in Augsburg ein promovierter Stadtadvokat 1606/07 zwischen 374-500 fl., der Stadtphysikus 400 fl., die Stadtsekretäre, Gerichts- und Steuerschreiber zwischen 200-350 fl. und der bekannte Stadtbaumeister Elias Holl 150 fl., wobei allerdings Nebeneinnahmen unterschiedlicher Herkunft und in unbekannter Höhe vermutet werden dürfen.

[65] Vgl. Anm. 17. – Sein Sohn Hans Georg promovierte zum Dr. jur., wechselte in die Herrschaftsverwaltung und avancierte zum Obervogt in Mindelheim (Friedrich Zoepfl, Geschichte der Stadt Mindelheim, München 1948, S. 134).

[66] StadtAAug, Musterungsbuch 1615, fol. 168 und 1619, fol. 161; Stadtkanzlei, Pflegschaftsquittung, 30. April 1929, und Schuldbrief, 14. November 1629; nach einer freundlichen Mitteilung von Dr. Reinhard Seitz wohnten die Eltern in Lauingen bis 1578 zur Miete.

[67] Vgl. Claus-Peter Clasen, Armenfürsorge in Augsburg vor dem Dreißigjährigen Krieg, in: ZHVS 78 (1984), S. 65-115, sowie vor allem B. Roeck, Eine Stadt in Krieg und Frieden (Anm. 40), S. 140-162, 480-489.

IV.

Wie bewertete die damalige Gesellschaft den Beruf des Handelsdieners? Wie sahen die Handelsdiener sich selbst? Entwickelten sie im Laufe der Zeit ein eigenes Berufsethos und Zusammengehörigkeitsgefühl? Die Tätigkeit galt als 'ehrbar' und keineswegs als standesmindernd. Das beweist allein schon die Tatsache, daß Angehörige aller bürgerlichen Teilstände (Gemeinde, Kaufleute, Gesellschaft der Mehrer, Patriziat) diesen Beruf ausübten. Außerdem eröffnete er auch Aufstiegschancen: Während des 16. Jahrhunderts erlangten immerhin 25% der Angestellten die Aufnahme in die nächsthöhere bürgerliche Gruppierung.[68] Überwiegend geht es dabei um den Übertritt aus der 'Gemeinde' in die 'Kaufleutestube'. Einzelne gelangen sogar bis in die 'Gesellschaft der Mehrer', werden also von dieser erweiterten städtischen Führungsschicht akzeptiert und kooptiert.

Allerdings erreicht kein einziger kaufmännischer Angestellter im 16./17. Jahrhundert einen höheren formalen Status als sein Arbeitgeber und dessen Familie, doch finden immerhin 15% der Handelsdiener Aufnahme in den gleichen bürgerlichen Teilstand. Dabei handelt es sich in erster Linie um leitende Angestellte, die in der täglichen Praxis über einen gewissen Handlungs- und Entscheidungsspielraum verfügen. Das Bewußtsein, in besonderer Weise aufeinander angewiesen zu sein, läßt in solchen Fällen die Grenzen zwischen Dienern und Herren, zwischen Angestellten und Eigentümern weniger deutlich hervortreten. Das hat sich bis heute nicht grundsätzlich geändert, wenn man an das Image von Managern in der Öffentlichkeit denkt.

Daneben spielen bei der sozialen Ein- und Zuordnung individuelle Faktoren naturgemäß eine besondere Rolle. Dazu gehören persönliches Ansehen und Vermögen, Herkunft und Familienverbindungen (Ehepartnerin) sowie nicht zuletzt auch der Beruf. Wenn aber von 164 Handelsdienern in Augsburg im Laufe des 16. Jahrhunderts immerhin 55% die ehrenvolle, allerdings politisch einflußlose Aufnahme in den Großen Rat erreichen, 18% auch in den Kleinen Rat gelangen und 7% sogar zum Amtsbürgermeister berufen werden,[69] so läßt sich daraus folgern,

---

[68] Eine knappe Beschreibung dieser bürgerlichen Teilstände bei Ingrid Bátori, Die Reichsstadt Augsburg im 18. Jahrhundert (Veröffentlichungen des Max-Planck-Instituts für Geschichte, Bd. 22), Göttingen 1969, S. 17-28.

[69] Als Beispiel sei Hans Bechler (ca. 1529-1589) aus Memmingen angeführt, der bereits 1544 als junger Handelsdiener in die Fugger-Firma eintritt, lange Jahre in Spanien tätig ist und 1578 Hauptbuchhalter der "Georg Fuggerischen Erben" wird, 1564 Susanna Kobold heiratet, 1572-1589 aus der Gesellschaft der Mehrer im Kleinen Rat sitzt, 1576-1589 als Amtsbürgermeister nachweisbar ist und im Hause seines Arbeitgebers *in dem Zimmer, da Er seiner Buechhaltung abgewart und verricht*, stirbt. Sein Vermögen wuchs zwischen 1575-1590 von 5.050-10.100 fl. auf 13.400-26.800 fl. Sein Sohn Friedrich Bechler (1570-1626), verheiratet mit Regina Reihing, übte den väterlichen Beruf aus, wurde 1623 ebenfalls Amtsbürgermeister und ver-

daß die damalige Öffentlichkeit den Beruf des Handelsdieners im allgemeinen der Mittelschicht zuordnete. Diese heterogene Sozialkategorie reichte vom selbständigen Handwerksmeister über den mittleren städtischen Bediensteten (z.B. Steuerschreiber) bis zum mittelgroßen Fernhändler.[70]

Diese gesellschaftliche Einordnung in und durch die damalige Gesellschaft scheinen auch die Handelsdiener selbst akzeptiert zu haben. Beispiele eines protzigen, unstandesgemäßen Auftretens und Verhaltens im Dienst und vor allem in der Öffentlichkeit sind gelegentlich überliefert, können aber kaum als repräsentativ für diese Berufsgruppe gelten. Überzogene Formen der Selbstdarstellung mögen zwar auch soziale Ambitionen oder ein übersteigertes Geltungsbedürfnis signalisieren, sind aber doch wohl eher als individuelle Charaktermerkmale zu werten.

Ein gewisser Repräsentationsaufwand mochte in Einzelfällen sogar berufsbedingt sein, wenn beispielsweise ein Faktor oder sein Vertreter ständig am Hof eines regierenden Fürsten tätig war und meinte, sich den dort herrschenden Gepflogenheiten und Usancen anpassen zu müssen. Es ist bezeichnend, daß entsprechende Nachrichten meist nur für kaufmännische Angestellte überliefert sind, die für längere Zeit im Ausland, vor allem auf der iberischen Halbinsel und in Italien, tätig sind. Sie sehen sich dann mit dem Vorwurf konfrontiert, auf Kosten der Firma dort einen *Junckherischen* Lebensstil führen zu wollen.[71]

Insgesamt scheinen die Handelsdiener jedoch ihre Einordnung in das Gefüge der damaligen städtischen Gesellschaft **durch** diese Gesellschaft im allgemeinen akzeptiert zu haben. Darauf deutet jedenfalls eine wachsende innerberufliche Verflechtung hin. Seit der Mitte des 16. Jahrhunderts nehmen die Familienver-

---

steuerte 1618 ein Vermögen zwischen 66.200-132.400 fl. und nahm damit den 32. Platz unter den größten Augsburger Steuerzahlern ein. StadtAAug, Ämterbuch, fol. 240; Steuerbuch 1575, fol. 83c, 1590, fol. 82a, 1618, fol. 97a; Die Hochzeitsbücher der Augsburger Bürgerstube und Kaufleutestube (Anm. 17), Nr. 817, 1621; FA 1.1.8a. (die Bilanzen Hans Bechlers); 1.1.8b (Briefe von ihm aus dem Jahre 1572); 2.1.1., fol. 328-332'; 2.1.31c, fol. 40; 2.2.1a. Nr. 138; 34.8., fol. 267-270, 340-343 (Verschreibung des Sohnes, 1. März 1603, für 600 fl. p.a. und eine 'Verehrung' von 4.000 Dukaten). Zur Herkunft der Familie vgl. Reinhard Hildebrandt, Wirtschaftsentwicklung und soziale Mobilität Memmingens 1450-1618. Die Handelsdiener Konrad Mair, Hans und Friedrich Bechler, in: Memminger Geschichtsblätter 1969 (1971), S. 41-61, bes. S. 52-61.

[70] Vgl. B. Roeck, Eine Stadt in Krieg und Frieden (Anm. 40), bes. S. 480-489.

[71] So verlangt der Buchhalter an der Fuggerfaktorei in Madrid, Wolf Philipp Krel/Kröll (1545-1595) aus Lindau, 1578 neben einer Gehaltserhöhung auch die Bezahlung von Pferd und Knecht für sich, wird aber mit dieser Forderung kurz und knapp abgewiesen, weil ein solches *Junckherisch* Gebahren *nit allain bey uns nie gebreuchig gewest* (FA 2.5.14., Marx Fugger an Faktor Thomas Müller, 25. Januar 1578, und an Wolf Philipp Krel, 20. Mai 1578). Hans Schedler, Fuggerfaktor in Almagro, soll seit seiner Aufnahme in die spanische hidalguía einen aufwendigen Lebensstil, z.T. auf Kosten der Firma, gepflegt haben. K. Häbler, Geschichte der Fugger'schen Handlung (Anm. 12), S. 151, 178; vgl. ferner die in Anm. 17 zitierte Bemerkung Anton Biedermanns.

bindungen innerhalb dieser Berufsgruppe deutlich zu. Melchior Griesstetter, ein Freund des erwähnten Matthäus Schwarz, verheiratet seine beiden Töchter mit den fuggerischen Angestellten Hans Luzenberger und Anton Biedermann. Die Tochter des Letzteren ehelicht Hans Ulrich Wanner, Sohn des fuggerischen Handelsdieners Philipp Wanner und der Christina Stegmann, deren Vater ebenfalls jahrzehntelang den Fuggern in verantwortlicher Stellung dient. Solche Handelsdiener-Dynastien lassen erkennen, daß sich seit der Mitte des 16. Jahrhunderts der Beruf des Handelsdieners konstituiert und konsolidiert hat. Aus einem 'neuen' Beruf ist ein 'normaler' Beruf geworden. Der Handelsdiener hat als Angehöriger der Mittelschicht eine gesellschaftliche Standortbestimmung erhalten, die er selbst akzeptiert und die ihm wiederum Selbstbewußtsein und ein gewisses Zusammengehörigkeitsgefühl vermittelt.

V.

Im Unterschied zur bisherigen Forschung hat die damalige städtische Gesellschaft die Bedeutung dieser neuen Berufsgruppe durchaus erkannt und anerkannt und den 'Dienern' trotz ihrer dienenden Tätigkeit einen Platz in der Mittelschicht zugewiesen. Die 'Diener' selbst haben diesen gesellschaftlichen Standort offenbar auch akzeptiert und als angemessen, als standesgemäß empfunden. Sie sehen in diesem neuen Beruf die Chance für einen, wenn auch begrenzten sozialen Aufstieg und betrachten den 'Dienst' nicht als eine a priori diskriminierende, nur aus Not ausgeübte Tätigkeit. So ergeben sich aus Veränderungen in der Anatomie der großen Unternehmen langfristig auch neue berufliche Möglichkeiten.

Sie bleiben nicht auf die städtische Bevölkerung oder das engere städtische Umland beschränkt. Vielmehr erlauben die Herkunftsangaben in den Anstellungsverträgen ('Verschreibungen') den Schluß, daß der Beruf des kaufmännischen Angestellten grundsätzlich auch Bewohnern kleinerer Orte und Dörfer offen steht. Die Veränderungen in der Anatomie großer Unternehmen eröffnen daher nicht nur neue Chancen für eine begrenzte **vertikale**, sondern auch für eine – in ihrer Reichweite vermutlich sogar größere – **horizontale** Mobilität. Bei einer wachsenden Zahl von Handelsdienern handelt es sich um Söhne von Handwerkern und kleinen Amtsträgern aus dem Raum zwischen Bodensee und Tirol.

Schließlich läßt die Entwicklung dieser Berufsgruppe auch die weit verbreitete Vorstellung von der Statik, ja Starre einer ständisch gegliederten Gesellschaft obsolet erscheinen. Trotz aller Beschränkungen und Konventionen gab es auch in jener Gesellschaft Mobilitätskanäle, die nicht nur einzelnen Personen, sondern auch ganzen Gruppen offen standen. Mochten Reichweite und Tempo dieser vertikalen sozialen Mobilität auch begrenzt sein, so zeigt das Beispiel der Handelsdiener doch, daß die damalige Gesellschaft nicht nur Kontinuität, sondern auch eine bemerkenswerte Flexibilität besaß.

Problematik und zeitgenössische Kritik des Verlagssystems

Rolf Kießling

Der Franziskanermönch Johann Eberlin von Günzburg,[1] als einer der Wegbereiter der Reformation in Schwaben zeitweise in Ulm tätig,[2] das er aber wegen seiner reformatorischen Fastenpredigten im Sommer 1521, trotz offenkundigen Anklangs in der Bürgerschaft vom Konvent angefeindet, verlassen mußte, veröffentlichte im gleichen Jahr in rascher Folge eine Serie von Flugschriften unter dem Titel 'Die fünfzehn Bundsgenossen',[3] die in Süddeutschland großes Aufsehen erregten. Darin entwarf er unter anderem – im X. und XI. Bundsgenossen – einen eigenen Idealstaat unter dem Namen *Wolfaria*, dem ein gewisser "politischer Pragmatismus" bescheinigt wird.[4] Neben der Polemik gegen Mönche und Weltgeistliche der alten Kirche konstruierte er *ein ordnung [...] in weltlichem stand*, als deren ökonomisches Prinzip, aufbauend auf einer agrarischen Grundstruktur – *kaein eerlichere arbeit oder narung soll sein dann ackerbaw*[5] – die Selbstversorgung ohne unnützen Aufwand zu gelten hatte. Freilich schienen gewisse Arbeitsteilungen unumgänglich, und so akzeptiert Eberlin zwar auch einen Handel, begrenzt aber Impor-

---

[1] Zu seiner Biographie Max Radlkofer, Johann Eberlin von Günzburg und sein Vetter Jakob Wehe von Leipheim, Nördlingen 1887; Ernst Deuerlein, Johann Eberlin von Günzburg (um 1470 bis um 1526), in: Lebensbilder aus dem Bayerischen Schwaben, Bd. 5, hrsg. v. Götz Frhr. von Pölnitz (Schwäbische Forschungsgemeinschaft bei der Kommission für Bayerische Landesgeschichte, Veröffentlichungen, Reihe 3, Bd. 5), München 1956, S. 70-92, sowie der Nachtrag Bd. 6, München 1958, S. 495.

[2] Vgl. Predigt, Traktat und Flugschrift im Dienste der Ulmer Reformation. Ausstellung zur 450. Wiederkehr ihrer Durchführung im Jahre 1531, hrsg. v. Bernt Breytenbach (Veröffentlichungen der Stadtbibliothek Ulm, Bd. 1), Weißenhorn 1981, S. 13-23; Die Einführung der Reformation in Ulm. Geschichte eines Bürgerentscheids, hrsg. v. Hans Eugen Specker, Gebhard Weig (Forschungen zur Geschichte der Stadt Ulm. Dokumentation, Bd. 2), Ulm 1981, S. 100f.

[3] Johann Eberlin von Günzburg. Ausgewählte Schriften, Bd. I, hrsg. v. Ludwig Enders (Neudrucke deutscher Litteraturwerke des XVI. und XVII. Jahrhunderts, Nr. 139), Halle 1896.

[4] Ferdinand Seibt, Utopica. Modelle totaler Sozialplanung, Düsseldorf 1972, S. 70-81, Zitat S. 75.

[5] Johann Eberlin von Günzburg (Anm. 3), S. 122.

te auf das Notwendigste: *kein wein der in vnserem land nit wechßt, soll haerin gefuert werden. kain tuoch das in vnserem land nit gemacht wirt, soll haerin gefuert werden. kain frucht die in vnserem land nit wechßt, soll haerin gefuert werden, man mueß es dann zuo grosser lybs not haben.*[6] Keinen Platz konnten darin jedenfalls die großen Handelsgesellschaften erhalten, deshalb plädierte er dafür: *Alle fuckery soll ab gethon werden* und *In keiner geschellschafft soellen meer dann dry sein*[7] – eine Beschränkung, die darauf zielte, ihnen einen 'Zaum ins Maul' zu legen. Bezüglich der gewerblichen Produktion sollte der Grundsatz greifen: *Vor allen dingen soll man weren, das kein vnütz handtwaerck in vnserem land sy* und *nütze handtwaerck nit vbersetzt werden, das nit meer meister dann knecht syen.*[8]

Der Gegensatz zur Realität – die Eberlin im schwäbischen Umfeld erfahren haben mußte – ist offensichtlich. Schwaben war in dieser Zeit zu einer der zentralen Wirtschaftslandschaften des Reiches[9] aufgestiegen: Ein flächig angelegtes, vom Bodensee bis ins Ries reichendes Textilexportgewerbe, das in multizentraler Struktur vorwiegend auf die Reichsstädte zugeordnet war, bildete die Basis, aus dem zahlreiche weltweit operierende Handels- und Kapitalgesellschaften mit dem Finanzzentrum Augsburg erwachsen waren. Die Probleme einer von Rohstoffimporten und der Nachfrage nach ihren Tuchen auf überregionalen Märkten abhängigen, gegen Konjunkturen und Krisen anfälligen Produktion, die, in hochspezialisierte Abläufe gegliedert, längst die Lieferung für bekannte Kunden zugunsten einer anonymen Massenherstellung auf der Basis scharf kalkulierter Preise abgestreift hatte, waren Eberlin aus der weitgehend auf den Barchent abgestellten Ulmer Wirtschaft[10] wohl geläufig. Reagierte er deshalb so vehement mit einer radi-

---

[6] Johann Eberlin von Günzburg (Anm. 3), S. 125.
[7] Johann Eberlin von Günzburg (Anm. 3), S. 124.
[8] Johann Eberlin von Günzburg (Anm. 3), S. 126. Vgl. dazu Wolfgang von Stromer, Gewerbereviere und Protoindustrien in Spätmittelalter und Frühneuzeit, in: Gewerbe- und Industrielandschaften vom Spätmittelalter bis ins 20. Jahrhundert, hrsg. v. Hans Pohl (VSWG Beiheft 78), Stuttgart 1986, S. 39-111, hier S. 63-70, 78-80.
[9] Eine moderne Wirtschaftsgeschichte Schwabens fehlt jedoch bislang; zusammenfassend Eckart Schremmer, Handel und Gewerbe bis zum Beginn des Merkantilismus, in: Handbuch der bayerischen Geschichte, Bd. III/2, hrsg. v. Max Spindler, München 1971, S. 1073-1100; für Augsburg Hermann Kellenbenz, Wirtschaftsleben der Blütezeit, in: Geschichte der Stadt Augsburg von der Römerzeit bis zur Gegenwart, hrsg. v. Gunter Gottlieb u.a., Stuttgart 1984, S. 258-301.
[10] Zur Ulmer Wirtschaftsgeschichte dieser Zeit ist neben Hans Eugen Specker, Ulm. Stadtgeschichte, Ulm 1977, S. 56-62, 168-178, immer noch grundlegend Eugen Nübling, Ulms Kaufhaus im Mittelalter, Ulm 1900; vgl. jetzt auch Barbara Filzinger, Ulm. Eine Stadt zwischen Reformation und Dreißigjährigem Krieg. Studien zur gesellschaftlichen, kulturellen und wirtschaftlichen Entwicklung, Diss. München 1992, S. 329-378. Zu den Strukturproblemen am Anfang des 16. Jahrhunderts vgl. auch Rolf Kießling, Umlandpolitik, wirtschaftliche Verflechtung und innerstädtischer Konflikt in den schwäbischen Reichsstädten an der Wende vom Mittelalter zur Frühen Neuzeit, in: Oberdeutsche Städte im Vergleich. Mittelalter und Frühe Neu-

Das Verlagssystem 177

kalen Alternative, weil er die Not weiter Kreise der unteren Bevölkerungsschichten in Stadt und Land vor Augen hatte?

Utopische Entwürfe mit ähnlicher Zielsetzung waren zu dieser Zeit nicht selten. Erinnert sei etwa an Wendel Hiplers und Friedrich Weygandts Pläne einer Reformation des Reiches im Zusammenhang mit dem Bauernkrieg.[11] Auch sie forderten, *das der kawfflewt geselschafft vnd fuckereien abgethon werden*[12] bzw. *das die geselschafften als Focker, Hoffstetter, Welser vnd dergleichen abgestelt werden; dan dadurch arm vnd reich irs gefallens in allen waren besetzt vnd beschwert werden*, insbesondere aber der Kapitaleinsatz auf x^m g[ulden] *im handel* beschränkt werde und *ain ordnung zwischen den grossen hannßen, die samkawffs handlen, gemacht wurt, damit die armen mit dem gemaynen pfennwert bleiben vnd ire narung bekommen mochten.*[13]

Mit dieser Kritik an den Praktiken des Handels griffen sie wie Eberlin in die Wertediskussion ein, indem sie dem 'Eigennutz' den Kampf ansagten und ihm eine neue Ordnung des Warenaustausches unter dem Vorzeichen des 'Gemeinen Nutzens' entgegensetzten.[14] Neben den politischen Implikationen ihrer Modelle[15] bedeuteten derartige stilisierte Idealbilder, angesiedelt zwischen Reform und Utopie,[16] eine Reduktion der komplexen und deshalb für viele nahezu undurchschaubaren wirtschaftlichen Struktur der Zeit. Spiegelten sie damit die Vorstellungen des 'gemeinen Mannes'[17] wider?

---

zeit, hrsg. v. Joachim Jahn u.a. (Regio. Forschungen zur schwäbischen Regionalgeschichte, Bd. 2), Sigmaringendorf 1989, S. 115-137, hier S. 129-136.

[11] Klaus Arnold, *damit der arm man vnnd gemainer nutz iren furgang haben ...* Zum deutschen "Bauernkrieg" als politischer Bewegung: Wendel Hiplers und Friedrich Weygandts Pläne einer "Reformation" des Reiches, in: ZHF 9 (1982), S. 257-313.

[12] K. Arnold, *damit der arm man* (Anm. 11), S. 296, in den Artikeln vom Mai 1525.

[13] K. Arnold, *damit der arm man* (Anm. 11), S. 305f., Artikel 12 in Friedrich Weygandts Reichsreformentwurf 1525, vor Mai 18.

[14] Zum 'Gemeinen Nutzen' als grundlegender Kategorie vgl. Winfried Eberhard, Der Legitimationsbegriff des "Gemeinen Nutzens" im Streit zwischen Herrschaft und Genossenschaft im Spätmittelalter, in: Zusammenhänge, Einflüsse, Wirkungen. Kongreßakten zum ersten Symposium des Mediävistenverbandes in Tübingen 1984, hrsg. v. Jörg O. Fichte u.a., Berlin, New York 1986, S. 241-254; Hans-Christoph Rublack, Grundwerte in der Reichsstadt im Spätmittelalter und in der Frühneuzeit, in: Literatur in der Stadt. Bedingungen und Beispiele städtischer Literatur des 15. bis 17. Jahrhunderts, hrsg. v. Horst Brunner (Göppinger Arbeiten zur Germanistik, Bd. 343), Göppingen 1982, S. 9-36.

[15] Vgl. etwa Peter Blickle, Kommunalismus – Begriffsbildung in heuristischer Absicht, in: Landgemeinde und Stadtgemeinde in Mitteleuropa. Ein struktureller Vergleich, hrsg. v. Peter Blickle (HZ Beiheft NF 13), München 1991, S. 5-38, hier S. 16-18.

[16] So der Tenor des Urteils bei F. Seibt, Utopica (Anm. 4), S. 81, für Eberlin, während K. Arnold, *damit der arm man* (Anm. 11), S. 286f., zurecht den Charakter politischer Reform aus der aktuellen Situation betont; beide Autoren stellen jedoch einen inneren Zusammenhang her.

[17] Vgl. Robert Hermann Lutz, Wer war der gemeine Mann? Der dritte Stand in der Krise des Spätmittelalters, München, Wien 1979.

Als einer der Kernpunkte des 'Eigennutzes' galt der sogenannte 'Fürkauf'. Seit langem war er in vielfältigen Ansätzen aufs Korn genommen worden, und dies erreichte bekanntlich seit der Wende zum 16. Jahrhundert in den Angriffen auf die Monopolpolitik speziell der großen Augsburger Häuser einen Gipfelpunkt.[18] 'Fürkauf'[19] bedeutete dabei den gewinnträchtigen Zwischenhandel mit Lebensmitteln und Rohstoffen, vor allem den Aufkauf zur künstlichen Verknappung des Angebots. Mit Hilfe differenzierter Marktordnungen versuchte man die Gegensteuerung praktisch umzusetzen,[20] um nicht zuletzt Abhängigkeiten der kleinen Handwerker abzumildern und ihnen für die Produktion ihrer Waren einen möglichst freien Zugang zu den Märkten zu gewährleisten.

Denn die Realität der Wirtschaft, die unter dem Signum des 'Frühkapitalismus' die Forschung seit dem 19. Jahrhundert faszinierte,[21] zählte zu ihren Grundfaktoren auch und nicht zuletzt den Verlag, in dem die Kaufleute die handwerklichen Produzenten von den Rohstoffquellen einerseits und dem Vertrieb der Fertigwaren andererseits abschnitten und ihnen lediglich die Herstellung für einen übergeordneten, vom Handelskapital gesteuerten großräumigen Markt überließen. Seit Fridolin Furgers Arbeit[22] wird dieses System nicht zuletzt für das schwäbische Textilrevier in Stadt und Land als gegeben konstatiert[23] – und mehr oder weniger

---

[18] Vgl. Fritz Blaich, Die Reichsmonopolgesetzgebung im Zeitalter Karls V. Ihre ordnungspolitische Problematik (Schriften zum Vergleich der Wirtschaftsordnungen, Heft 8), Stuttgart 1967.

[19] Reinald Ennen, Zünfte und Wettbewerb. Möglichkeiten und Grenzen zünftlerischer Wettbewerbsbeschränkungen im städtischen Handel und Gewerbe des Spätmittelalters (Neue Wirtschaftsgeschichte, Bd. 3), Köln, Wien 1971; Hagen Hof, Der Wettbewerb im Zunftrecht. Zur Verhaltensgeschichte der Wettbewerbsregelung durch Zunft und Stadt, Reich und Landesherr bis zu den Stein-Hardenbergischen Reformen (Dissertationen zur Rechtsgeschichte, Bd. 1), Köln, Wien 1983.

[20] Zur praktischen Umsetzung im schwäbischen Bereich vgl. Ludwig Klaiber, Beiträge zur Wirtschaftspolitik oberschwäbischer Reichsstädte im ausgehenden Mittelalter (Isny, Leutkirch, Memmingen und Ravensburg) (VSWG Beiheft 10), Stuttgart 1927, sowie die entsprechenden Kapitel in Rolf Kießling, Die Stadt und ihr Land. Umlandpolitik, Bürgerbesitz und Wirtschaftsgefüge in Ostschwaben vom 14. bis ins 16. Jahrhundert (Städteforschung A 29), Köln, Wien 1989.

[21] Stellvertretend seien genannt Werner Sombart, Der moderne Kapitalismus, Bd. II: Das europäische Wirtschaftsleben im Zeitalter des Frühkapitalismus, 2. Aufl., München, Leipzig 1916 (ND München 1987); Richard Ehrenberg, Das Zeitalter der Fugger. Geldkapital und Creditverkehr im 16. Jahrhundert, 2 Bde., Jena 1896 (ND Hildesheim 1963); Jakob Strieder, Zur Genesis des modernen Kapitalismus. Forschungen zur Entstehung der großen bürgerlichen Kapitalvermögen am Ausgange des Mittelalters und zu Beginn der Neuzeit, zunächst in Augsburg, 2. Aufl., München, Leipzig 1935; Jakob Strieder, Studien zur Geschichte kapitalistischer Organisationsformen, 2. Aufl., München 1925.

[22] Fridolin Furger, Zum Verlagssystem als Organisationsform des Frühkapitalismus im Textilgewerbe (VSWG Beiheft 11), Stuttgart 1927.

[23] Vgl. etwa Dietrich Lösche, Zur Geschichte der Entwicklung der Produktionsverhältnisse in der Leinen- und Barchentproduktion oberdeutscher Städte von 1450 bis 1750 (Humboldt-Universität zu Berlin, wirtschaftswissenschaftliche Fakultät, Arbeitsbericht Nr. 3), Berlin

Das Verlagssystem 179

selbstverständlich werden dabei auch die Fugger mit einbezogen. Götz Freiherr von Pölnitz etwa meint etwas lakonisch zum wirtschaftlichen Aufstieg der Familie im 15. Jahrhundert: "Vermutlich produzierte sie damals ihre Webwaren nicht mehr selbst. Diese wurden durch Handwerker auftragsgemäß für sie hergestellt",[24] um dann diese Linie bei den Fuggern vom Reh weiterzuziehen, während der Zweig von der Lilie diese Richtung bald verließ und erst mit dem Erwerb der Herrschaft Weißenhorn wieder stärker darauf einschwenkte.[25]

Offenbar war die Partizipation am Textilgeschäft untergeordnet worden und primär als Aufstiegskanal wichtig gewesen. Wie aber gestaltete sich die Auftragsarbeit, die die Fugger vergaben? Inwieweit läßt sich bei den Exponenten der Textilproduktion jenes Verlagssystem tatsächlich fassen? Andere Autoren meldeten Zweifel an, etwa Bernhard Kirchgässner, der bei einer Überprüfung der Quellen feststellte, daß der Verlag "erstaunlich schwer und erst spät" nachzuweisen sei.[26] Und nicht zuletzt: Wie wurde dieser Verlag von denen gesehen, die davon betroffen waren – von den Weberhandwerkern?

I.

Bis heute ist die Gewerbegeschichte Augsburgs ein Desiderat der Forschung[27] – und damit fällt auch die Beschreibung der präzisen Rahmenbedingungen für die Frühzeit der Fugger etwas dürftig aus.

1953; E. Schremmer, Handel und Gewerbe (Anm. 9), S. 1083-1088; Wolfgang von Stromer, Die Gründung der Baumwollindustrie in Mitteleuropa (Monographien zur Geschichte des Mittelalters, Bd. 17), Stuttgart 1978, bes. S. 87-89.

24 Götz Frhr. von Pölnitz, Die Fugger, 4. Aufl., Tübingen 1981, S. 29.
25 G. Frhr. v. Pölnitz, Die Fugger (Anm. 24), S. 25-40, 173f.; zu Weißenhorn vgl. unten.
26 Bernhard Kirchgässner, Der Verlag im Spannungsfeld von Stadt und Umland, in: Stadt und Umland, hrsg. v. Erich Maschke, Jürgen Sydow (Veröffentlichungen der Kommission für geschichtliche Landeskunde in Baden-Württemberg, Reihe B, Bd. 82), Stuttgart 1974, S. 72-128, Zitat S. 90; vgl. dazu auch Rolf Kießling, Stadt und Land im Textilgewerbe Ostschwabens vom 14. bis zur Mitte des 16. Jahrhunderts, in: Bevölkerung, Wirtschaft und Gesellschaft. Stadt-Land-Beziehungen in Deutschland und Frankreich 14. bis 19. Jahrhundert, hrsg. v. Neidhart Bulst u.a., Trier 1983, S. 115-137. Zum gegenwärtigen Stand der allgemeinen Diskussion Wolfgang von Stromer, Der Verlag als strategisches System einer an gutem Geld armen Wirtschaft, am Beispiel Oberdeutschlands in Mittelalter und Früher Neuzeit, in: VSWG 78 (1991), S. 153-171; Rudolf Holbach, Frühformen von Verlag und Großbetrieb in der gewerblichen Produktion (13.-16. Jahrhundert) (VSWG Beiheft 110), Wiesbaden 1994, bes. S. 156-204.
27 Eine Zusammenfassung der spätmittelalterlichen Ansätze bei Rolf Kießling, Augsburgs Wirtschaft im 14. und 15. Jahrhundert, in: Geschichte der Stadt Augsburg (Anm. 9), S. 171-181.

Immerhin paßt der Zuzug Hans Fuggers 1367 und seines Bruders Ulrich zehn Jahre später nach Augsburg genau in jene Innovationsphase der Barchentherstellung, an der bekanntlich Augsburg führend beteiligt war. Zwar wird man – entgegen Wolfgang von Stromer – für die Fuggerfamilie in Graben selbst noch keinen Einstieg in diese neue Produktpalette nachweisen können,[28] doch daß sie sich nach Augsburg wendete, gehört wohl in die damalige stürmische Aufwärtsentwicklung des ostschwäbischen Textilgewerbes. Freilich lassen sich auch dort die Fugger noch nicht eindeutig in die Reihe der führenden Barchentunternehmer der Stadt einordnen, die bereits um die Wende zum 15. Jahrhundert in Nördlingen und Memmingen als Organisatoren auftauchen – die Mangmeister in Memmingen etwa, die Rehm, Egen, Tott, Bach, Braun, Hofmaier und andere in Nördlingen.[29] Dabei hatte der Baumwollimport aus Venedig und Genua wohl als entscheidender Auslöser gewirkt, weil der Handel damit den Kaufleuten einen Ansatzpunkt bot, die Weber zu abhängigen Produzenten herabzudrücken – hier ist der Verlag erstmals eindeutig nachzuweisen: Die Kaufleute gaben den Webern eine bestimmte Menge Baumwolle aus und erhielten dafür zu festgelegten Terminen die international genormte Fertigware geliefert, die sie wieder in den Handel einschleusten; die Weber besorgten das nötige Flachsgarn, vollzogen den Webvorgang und gegebenenfalls auch die Bleiche und erhielten dafür wohl ein entsprechendes Aufgeld.

Für Augsburg ließen sich bisher noch für diese Zeit keine eindeutigen Nachweise ausfindig machen, aber der Schluß erscheint zulässig, auch hier die gleiche Organisationsform vorauszusetzen, zumal in der ersten Hälfte des 15. Jahrhunderts mehrere Verbote überliefert sind, die den Baumwollverlag im Umkreis von drei Meilen um die Stadt untersagten,[30] und 1419 eine Liste von Baumwollimporteuren vorliegt, von denen der Rat den Eid darauf verlangte, die Handelssperre gegen Venedig einzuhalten, die König Sigismund verhängt hatte.[31]

Für die Fugger liefern erst ein Barchentgeschäft von 1440 in Nürnberg sowie zwei von der städtisch-augsburgischen Schau 1461 beanstandete Stücke Konrads klare Belege, daß sie in diesem Sektor agierten;[32] dann folgen Geschäftsbeziehun-

---

[28] Diesen Schluß zieht W. v. Stromer, Baumwollindustrie (Anm. 23), S. 32; die Berufung auf Max Jansen, Die Anfänge der Fugger (bis 1494) (Studien zur Fuggergeschichte, Bd. 1), Leipzig 1907, S. 8-23, hält freilich der Nachprüfung nicht stand.

[29] R. Kießling, Die Stadt und ihr Land (Anm. 20), S. 215-224, 481-483; ausführlich Rolf Kießling, Frühe Verlagsverträge im ostschwäbischen Textilrevier, in: Aus Archiven und Bibliotheken. Festschrift für Raymund Kottje zum 65. Geburtstag, hrsg. v. Hubert Mordek (Freiburger Beiträge zur mittelalterlichen Geschichte, Bd. 3), Frankfurt/M., Bern, New York, Paris 1992, S. 443-458.

[30] R. Kießling, Die Stadt und ihr Land (Anm. 20), S. 725.

[31] StadtAAug, Ratsbücher 274, fol. 86ᵛf.; zur Auswirkung im schwäbischen Textilsektor vgl. R. Kießling, Die Stadt und ihr Land (Anm. 20), S. 735.

[32] Götz Frhr. von Pölnitz, Die Anfänge der Weißenhorner Barchentweberei unter Jakob Fugger dem Reichen, in: Festschrift für Hans Liermann, hrsg. v. Klaus Obermayer, Hans-Rudolf Ha-

gen, die in den Stadtgerichtsakten ihren Niederschlag gefunden haben:[33] Lukas, seit 1474 mehrfach als Vertreter der Weberzunft im Rat, Barchentungelder und Zunftmeister, und sein Vetter Ulrich standen zwischen 1482 und 1494 im Streit mit diversen Webern um die Lieferung von Barchenttuchen; hier lagen Lieferversäumnisse vor, sei es im Gesamten oder als Teilmengen, offensichtlich von genormter Exportware. Viele Anzeichen deuten darauf hin, daß auch hier Verlagsbeziehungen den Hintergrund bildeten gemäß den Vertragsmustern, die seit etwa 1400 bekannt sind.[34] Interessant wäre dabei, der Frage nachzugehen, ob die Prozeßbevollmächtigten der Fugger in diesen Verfahren als Zwischenglieder auftraten.

Ein neues, sehr viel umfassenderes Engagement im Textilbereich erfolgte Anfang des 16. Jahrhunderts durch Jakob den Reichen und Anton Fugger in Weißenhorn.[35] Der Erwerb der Herrschaft 1507 zog bereits um 1517 die Neuorganisation einer Barchentschau nach sich, wobei die kleine Landstadt mit den Herrschaftsinhabern kooperierte: Jakob lieferte den Rohstoff Baumwolle und setzte seine Gebotsgewalt als Herrschaftsträger ein, um die Produktion von dem bisher einflußreichen reichsstädtischen Nachbarn Ulm abzuziehen – nur Fuggersche Baumwolle durfte bezogen und verarbeitet werden. Unter Anton wuchs die Produktion zu beträchtlichen Ausmaßen an, machte freilich nur einen Bruchteil des Gesamtumsatzes der Firma aus: 1552 hatte sie Außenstände bei 295 Webern, und zwar 675 Tuche der höheren Qualitätsstufe 'Ochse', 782 der nachrangigen Qualitätsstufe 'Löwe' – nach dem in Schwaben üblichen Normierungssystem – und gut 128 Gulden verbucht; die Einnahmen aus dem Barchenthandel zwischen 1546 und 1553 beliefen sich immerhin auf 63 443 fl.[36] Die Beschreibung der tatsächlichen Organisation der Weißenhorner Barchentherstellung läßt allerdings einige Fragen offen: War sie auch hier identisch mit einer Verlagsabhängigkeit der Weber – wie Hermann Kellenbenz selbstverständlich annimmt?[37] Die Schuldenliste von 1552 legt das in gewisser Weise nahe, wobei die Kreditierung auf der Basis des Baum-

---

gemann (Erlanger Forschungen, Reihe A, Bd. 16), Erlangen 1964, S. 196-220, hier S. 197; zu den Stücken von 1461 auch W. v. Stromer, Baumwollindustrie (Anm. 23), S. 33.

[33] M. Jansen, Anfänge der Fugger (Anm. 28), S. 69 und 104-109.

[34] Vgl. R. Kießling, Frühe Verlagsverträge (Anm. 29), S. 446; auf die Verlagszusammenhänge von Baumwollieferung und Fertigtuchen hat bereits W. v. Stromer, Baumwollindustrie (Anm. 23), S. 87f., hingewiesen, indem er die Angaben des Runtingerbuches und die Interpretation bei Wiltrud Eikenberg, Das Handelshaus der Runtinger zu Regensburg (Veröffentlichungen des Max-Planck-Instituts für Geschichte, Bd. 43), Göttingen 1976, S. 124f., kritisch würdigt.

[35] Dazu G. Frhr. v. Pölnitz, Weißenhorner Barchentweberei (Anm. 32); Eduard Wylicil, Die Weißenhorner Barchentschau, in: ZHVS 60 (1954) [nur als Sonderdruck erschienen]; Hermann Kellenbenz, The Fustian Industry of the Ulm Region in the Fifteenth and Early Sexteenth Centuries, in: Cloth and Clothing in Medieval Europe. Essays in Memory of Professor E. M. Carus-Wilson, hrsg. v. Negley B. Harte, Kenneth G. Ponting, London 1983, S. 259-276.

[36] Die Zahlen nach H. Kellenbenz, Fustian Industry (Anm. 35), S. 273.

[37] H. Kellenbenz, Fustian Industry (Anm. 35), S. 267.

wollbezugs die Abhängigkeit ausgelöst haben könnte. Oder handelte es sich um eine relativ freie Verknüpfung der Produzenten mit dem Unternehmer, der zwar die Rohstoffe heranschaffte und den Absatz trug, ansonsten aber den Webermeistern eine selbständige Herstellung beließ? Es sind die gleichen Fragen, die sich bei anderen Großkaufleuten der Zeit stellen, etwa bei den Zangmeistern von Memmingen, bei deren Konkurs 1560 ebenfalls eine Liste von Außenständen bei verschiedenen Webern, insbesondere 241 in Kaufbeuren, überliefert ist.[38]

II.

Eine Antwort darauf findet sich möglicherweise, wenn wir das zähe Ringen um die Produktionsbedingungen zwischen den beteiligten Kräften im 15./16. Jahrhundert verfolgen, wobei freilich in unserem Raum nur Andeutungen und indirekte Argumentationen eine angenäherte Rekonstruktion zulassen.

Ein erster Hinweis ergibt sich im Zusammenhang mit der Auseinandersetzung um die Gäuweber-Problematik der ersten Hälfte des 15. Jahrhunderts in Augsburg:[39] Es ging dabei vor allem darum, inwieweit die städtischen Zünfte ein Herstellungsmonopol gegenüber den Kaufleuten/Unternehmern und den ländlichen Nebenerwerbshandwerkern durchsetzen konnten, die aufgrund der Nähe zum Rohstoff Flachs und häuslich-familiärer Zuarbeit billiger zu produzieren und auch die Schwankungen des Marktes besser auszugleichen in der Lage waren. In dieser durchgängigen Auseinandersetzung im ganzen ostschwäbischen Textilrevier des 15./16. Jahrhunderts[40] setzte die Augsburger Weberzunft seit 1411 in mehreren Anläufen bzw. Wiederholungen ein Verbot durch:[41] Jegliche Geschäfte mit auswärtigen Webern im Umkreis von drei Meilen wurden untersagt, sei es auf der Basis der Lieferung von Baumwolle oder Garn, *das zu den barchatten gehöret*, sei es über die Abnahme nicht gezeichneter Ware (die also die Schau nicht durchlaufen hatte), und das *darumbe, daß der handel nicht geschwecht oder auff das land komen möcht*.[42]

---

[38] StadtAMemmingen, A 156/1, Rechnungslegung von 1560; vgl. dazu auch Ascan Westermann, Die Zahlungseinstellung der Handelsgesellschaft der Gebrüder Zangmeister zu Memmingen 1560, in: VSWG 6 (1908), S. 460-516.

[39] Vgl. dazu ausführlicher R. Kießling, Die Stadt und ihr Land (Anm. 20), S. 722-726.

[40] Neben den entsprechenden Passagen in R. Kießling, Die Stadt und ihr Land (Anm. 20), speziell auch R. Kießling, Stadt und Land im Textilgewerbe (Anm. 26).

[41] Einzelnachweise und Datierungsproblem bei R. Kießling, Die Stadt und ihr Land (Anm. 20), S. 725.

[42] Die Zitate nach der Weberchronik von Clemens Jäger in: Die Chroniken der deutschen Städte vom 14. bis ins 16. Jahrhundert, Bd. 34, Stuttgart, Gotha 1929, S. 224f. (1411), S. 227 (1425).

Das Verlagssystem 183

Man wird auch hier in der Kette vom Einkauf des Rohstoffs bis zum Vertrieb der Fertigware auf fremden Märkten die Einbeziehung des Zwischengliedes der eigentlichen Produktion durch die Handwerker in einer Verlagsbindung erwarten dürfen. Das ist zwar lediglich ein Analogieschluß, der aber einiges für sich hat, zumal Clemens Jäger in seiner Weberchronik zum Jahr 1423 notiert: *Dis jars gab man siben pfund woll umb ain barchattuch, und galten die farbtuch so vil als die leon und ochsen.*[43] Die direkte Relation von Rohstoffmenge und Fertigware läßt vermuten, daß der selbständige Einkauf und Verkauf durch die Handwerker gegenüber dem einfachen Einwechseln keine entscheidende Rolle mehr spielte. In die gleiche Richtung weist der in Ulm seit den 1460er Jahren feststellbare Kampf zwischen den *Wollherren* und anderen Kaufleuten, bei dem es darum ging, ob Weber Baumwolle von Zwischenhändlern und nicht aus Ulm stammenden Kaufleuten beziehen konnten,[44] wäre damit doch die Preisfestsetzung dem freien Markt unterworfen worden, die Abhängigkeit also milder ausgefallen.

Im Laufe des 16. Jahrhunderts wurde jedoch mit der ansteigenden Produktion auch der Flachsgarnmarkt immer enger, die Einzugsgebiete für die jeweiligen Städte dehnten sich aus und erreichten Größenordnungen, in denen regionale Zwischenhändler notwendig wurden.[45] In Augsburg[46] war bis ins beginnende 16. Jahrhundert dieser Bereich schrittweise auf acht Meilen (etwa 60 km) angestiegen: bis vor die Tore Ulms, Memmingens und Nördlingens, die ihrerseits eigene Bannbezirke auswiesen. Spätestens damit mußten sich umfassende verlagsartige Bindungen von der zweiten Seite des Rohstoffbezugs her einstellen, wie sie sich schon in der ersten Hälfte des 15. Jahrhunderts in Konstanz abgezeichnet hatten.[47] Als seit 1495 in Augsburg der Streit um das sogenannte *lange Garn,* den Flachsimport aus Mitteldeutschland bzw. Preußen/Litauen, die Weberzunft spaltete,[48] wurde diese Problematik offensichtlich.

---

[43] Die Chroniken der deutschen Städte (Anm. 42), S. 226.
[44] H. Kellenbenz, Fustian Industry (Anm. 35), S. 262f.; er folgt damit Eugen Nübling, Ulms Baumwollweberei im Mittelalter (Staats- und Sozialwissenschaftliche Forschungen, Bd. 9), Leipzig 1890.
[45] Zum Gesamtphänomen zusammenfassend R. Kießling, Die Stadt und ihr Land (Anm. 20), S. 733-739 mit Abb. 57.
[46] R. Kießling, Die Stadt und ihr Land (Anm. 20), S. 728-733.
[47] B. Kirchgässner, Der Verlag im Spannungsfeld (Anm. 26), S. 93-96; vgl. auch Friedrich Wielandt, Das Konstanzer Leinengewerbe. 1. Geschichte und Organisation (Konstanzer Stadtrechtsquellen, Bd. 2), Konstanz 1950, S. 41-56; Quellen bei Friedrich Horsch, Die Konstanzer Zünfte in der Zeit der Zunftbewegung unter besonderer Berücksichtigung des Zunftbuches und der Zunftbriefe (Konstanzer Geschichts- und Rechtsquellen, Bd. 23), Sigmaringen 1979, S. 99-101.
[48] Vgl. dazu R. Kießling, Die Stadt und ihr Land (Anm. 20), S. 728f.; Claus-Peter Clasen, Die Augsburger Weber. Leistungen und Krisen des Textilgewerbes um 1600 (Abhandlungen zur Geschichte der Stadt Augsburg, Bd. 27), Augsburg 1981, S. 174-180.

Die kontroverse Argumentation kreiste dabei bezeichnenderweise um den 'Gemeinen Nutzen', dem der 'Eigennutz' einiger weniger gegenübergestellt wurde, also um jene zentralen Werte der städtischen Kommune, die eingangs zitiert wurden. Die Mehrheit der kleinen Weberhandwerker[49] sah, wie der *reiff des langen garen* sich auf die *vierhundert wein stöck* – gemeint waren damit die Handwerker – legen werde, weil das Importgarn Webern wie Bauern und Zuarbeitern die Erwerbsgrundlage entzöge. Ein Argumentationsstrang monierte dabei die drohende Marktbeherrschung durch wenige: Sie könnten damit die Preise diktieren, während der Weber in ein System termingebundener Lieferung eingespannt sei (*Ziele*) und damit einem kurzfristigen Kauf- bzw. Verkaufsrhythmus unterliege. Zur Zielscheibe wurden vor allem die *Herrenknechte* – eine Gruppe in der Zunft, die für die großen Firmen arbeitete und bei der Rohstoffverteilung dominierte –, die unter dem Stichwort *ich will dich versorgen* ihre Leute bevorzugten, so daß lediglich die Reste für andere Weber übrig blieben. Was bisher offenbar beim Rohstoff Baumwolle üblich war, drohte nun auch beim Flachsgarn: Das spekulative Preisdiktat schmälerte die Ertragsspanne für die Handwerker; sie seien gezwungen, teures Garn aufzukaufen, könnten aber die Fertigware nur bei niedrigen Preisen absetzen; die Konsequenz sei der *leikauff* und die Verarmung. Das läßt sich nicht anders interpretieren denn als eine Angst vor der Sogwirkung einer Verlagsabhängigkeit gegenüber Kaufleuten wie potenteren Zunftmitgliedern.

Es nimmt nicht wunder, daß diese Minderheit eine derartige Argumentation zu entkräften suchte.[50] Bezeichnenderweise ging sie dabei aber nicht auf die geschilderte Abhängigkeit ein, sondern stellte die übergeordneten Marktbedingungen in den Mittelpunkt, d.h., die Notwendigkeit des Imports von Flachsgarn, die gute Verwendbarkeit für bestimmte Textilsorten, die Erhaltung des Textilplatzes Augsburg insgesamt. Der Rat[51] versuchte sich zwischen den Fronten hindurchzulavieren, indem er eine bedingte Zulassung des langen Garns (für die Farbware) aussprach – die spezifischen Schau- und Produktionsvorschriften brauchen hier nicht zu interessieren. Die Minderheit in der Zunft dürfte die Unterstützung durch die Kaufleute und Handelsgesellschaften gefunden haben.

Die genauen Mechanismen werden freilich nicht aufgedeckt. Handelte es sich vor allem um Geldkredite oder um einen direkten Rohstoffverlag? Vermutlich wurde beides praktiziert, und daneben arbeiteten wohl auch noch selbständige Weberhandwerker; nun aber wurde die Gefahr darin gesehen, die Gewichte könnten sich weiter zugunsten des Verlags verschieben, der Grad der Abhängig-

---

[49] StadtAAug, Weberzunftbuch 1610ff., Beschwerdeschrift an den Rat vom Dezember 1495.
[50] StadtAAug, Weberzunftbuch 1610ff., Antwort der anderen Partei ca. Anfang 1496.
[51] StadtAAug, Weberzunftbuch 1610ff., Ratsentscheid vom 14. März; vgl. auch Weberchronik in: Die Chroniken der deutschen Städte (Anm. 42), S. 238f. Anm. 1.

Das Verlagssystem 185

keit sich also verstärken. Nach Ansicht der Zunftmehrheit ließ sich nämlich die Weberschaft in vier Gruppen differenzieren:[52]
1. solche, die bereits auf das Almosen angewiesen waren;
2. solche, die Schulden gemacht hatten und sie nicht mehr bezahlen könnten;
3. diejenigen, die seit fünf bis sechs Jahren Tag und Nacht arbeiteten, ohne etwas zu gewinnen; und schließlich
4. die Reichen, die ihre Ware gut verkaufen könnten.

Das Absinken unter die Armutsgrenze erscheint den Webern jedenfalls als Menetekel des Verlags.

Noch weniger sind wir in der Lage, eine quantitative Verteilung von verlagsabhängigen und 'freien' Webermeistern abzuschätzen. Die erste Abstimmung 1495 war mit 72:40 gegen das lange Garn ausgefallen[53] – dabei konnte es sich nur um einen Zunftausschuß handeln, denn damals mußte man mit ca. 1000 Meistern und Knechten rechnen. 1539 aber stimmten 725 gegenüber 108 innerhalb der gesamten Zunft zugunsten des langen Garns ab.[54] Waren die Bedenken nun hinfällig geworden? Verkaufsgewohnheiten, Schau- und Preisentwicklung deuten darauf hin, daß der Handel damit *ein gemein und meniglich unverwehrtes Gewerb* geworden war[55] – was allerdings wenig über die tatsächlichen Abläufe aussagt.

Die tendenzielle Abwehr gegenüber der Verlagsabhängigkeit von seiten der Zünfte, die sich in dieser Diskussion spiegelt, konnte aber auch effektiver werden, wenn die Zunft insgesamt als Partner den Unternehmern gegenübertrat und sich zu gemeinsamen Lieferverträgen verpflichtete, die das Risiko verteilten. Bereits in den Nördlinger Verträgen um 1400 fällt auf, daß kleine Gruppen von Webern (bis zu elf Mitglieder einer Nachbarschaft) sich zusammenschlossen, um den Verpflichtungen nachzukommen, und 1410 schaltete sich der Abt von Ottobeuren als Zwischenglied zwischen seine bäuerlichen Weber und dem Verleger Konrad Portner von Augsburg ein.[56] Im 16. Jahrhundert hatte sich in Mitteldeutschland unter Nürnberger Regie der sogenannte 'Zunftkauf' herausgebildet,[57] und er wurde vereinzelt auch in Schwaben praktiziert: 1526 bei der Gundelfinger Weberschaft,[58] 1549 bei der Biberacher Zunft ist er jeweils mit den Augsburger Firmen Martin

---

[52] So in der Beschwerdeschrift (Anm. 49).
[53] Beschwerdeschrift (Anm. 49).
[54] StadtAAug, Ratsprotokolle XV, fol. 163ʳ; vgl. Weberchronik in: Die Chroniken der deutschen Städte (Anm. 42), S. 247 Anm. 1.
[55] Laut Mandat vom 13. März 1540: C.-P. Clasen, Augsburger Weber (Anm. 48), S. 178f.
[56] BayHStA, RU Memmingen 154; vgl. R. Kießling, Frühe Verlagsverträge (Anm. 29), S. 456.
[57] Vgl. Gustav Aubin, Arno Kuntze, Leinenerzeugung und Leinenabsatz im östlichen Mitteldeutschland zur Zeit der Zunftkäufe, Stuttgart 1940; Hermann Aubin, Formen und Verbreitung des Verlagswesens in der Altnürnberger Wirtschaft, in: Beiträge zur Wirtschaftsgeschichte Nürnbergs, hrsg. v. Stadtarchiv Nürnberg, Bd. 2, Nürnberg 1967, S. 620-668, hier S. 655-660.
[58] R. Kießling, Die Stadt und ihr Land (Anm. 20), S. 615.

Weiß bzw. Haug und Mitverwandte belegt.[59] Eine andere, freiere Produktionsorganisation stellte die Mindelheimer Golschenhandelsgesellschaft dar,[60] die 1490 bis 1506 mit Hilfe verschiedener Kapitaleinlagen der Stadt, von Bürgern und ländlichen Bewohnern einen Teil der Produktion in der Herrschaft zusammenfaßte und an größere auswärtige Handelsgesellschaften aus Memmingen oder Augsburg verkaufte – die Einzelweber gingen dabei offenbar vertragliche Lieferverpflichtungen ein.

Die sehr viel breitere Quellenlage seit der Mitte des 16. Jahrhunderts gestattet dann einen detaillierteren Einblick in die Augsburger Verhältnisse.[61] Einen Angelpunkt stellte dabei die empfindliche Absatzkrise von 1569/70 dar, denn sie brachte eine ganze Reihe von Strukturproblemen ans Licht: Die Beschränkung der Zahl der Webstühle und das Verbot von Kaufwepfen, d.h. des nach den Normen der Exportware gezettelten Flachsgarns, standen zur Debatte, um den Einbruch abzufangen. In diesem Zusammenhang kam erneut das Problem zur Sprache, inwieweit die Wollherren ihre Baumwolle gegen Fertigtuche abgeben durften.[62] Dies war augenscheinlich inzwischen untersagt worden – lediglich der *porg um geld* war erlaubt –, das Verbot wurde aber offensichtlich nicht eingehalten. Die Verschuldung der armen Weber verhinderte eine freie Produktion, d.h. den Aufkauf der Rohstoffe auf dem Markt und das entsprechende Angebot der Fertigware an die Kaufleute, nachdem sie die Schau durchlaufen hatte. Zwei Maßnahmen sollten nun Abhilfe schaffen: zum einen eine Begrenzung der Schulden, die ein Weber gegenüber dem Kaufmann eingehen durfte (10 fl., später 15 fl.), zum anderen die Einrichtung eines Pfandgewölbes im Weberhaus, bei dem der Handwerker seine Ware gegen Geld einsetzen konnte, wenn sie keinen Käufer gefunden hatte. Auf diese Weise sollte ihm Bargeld zum Einkauf der nötigen Rohstoffe zur Verfügung stehen.

Läßt sich aus diesen Maßnahmen der weitreichende Schluß ziehen, in Augsburg habe kein ausgeprägtes Verlagswesen bestanden?[63] Die Ordnung vom 12. November 1569[64] hatte das Leihen von Geld und Wolle auf die Barchenttuche insofern eingeschränkt, als die Meister ihre Ware selbst auf die Schau tragen mußten, ansonsten war kein Pfandtuch zugelassen. Dies kritisierte eine Gruppe

---

[59] Dieter Funk, Biberacher Barchent. Herstellung und Vertrieb im Spätmittelalter und zur beginnenden Neuzeit, Biberach 1965, S. 71-77; Johannes Meilinger, Der Warenhandel der Augsburger Handelsgesellschaft Anton Haug, Hans Langenauer, Ulrich Link und Mitverwandte (1532-1562), Diss. Leipzig 1911, S. 67-71.
[60] R. Kießling, Die Stadt und ihr Land (Anm. 20), S. 678-681.
[61] Vgl. dazu ausführlich C.-P. Clasen, Augsburger Weber (Anm. 48), der die Archivalien weitgehend ausschöpft.
[62] C.-P. Clasen, Augsburger Weber (Anm. 48), S. 261-285.
[63] So der Tenor bei C.-P. Clasen, Augsburger Weber (Anm. 48), S. 330-332.
[64] StadtAAug, Weberhausprotokolle, fol. 47f.; vgl. C.-P. Clasen, Augsburger Weber (Anm. 48), S. 288.

von 19 armen Webern als ausgesprochen hinderlich:⁶⁵ Sie plädierte dafür, die Verpfändung der Tuche an die Kaufleute wieder zuzulassen, da sie nur so jederzeit *den völligen Wert, was die Tuch zu jeder Zeiten der Geschau gegolten erhielten*, um den Zerfall des *hochste*[n] *gewerb, darvon sich vil tausent Personen inner vnd ausserhalb der Stat ernären muessen*, zu verhindern. Diese Weber empfanden also die Abhängigkeit nicht als Bedrückung, sondern als Minderung des Risikos, ja als einzige Möglichkeit zur Ausübung des Gewerbes. An einer Stelle der ausführlichen Argumentation kam dabei auch zum Ausdruck, daß dieser Verlag seit urdenklichen Zeiten im Gebrauch sei, *daß Niemandt kain Anfang wayßt*. Und als 1583 eine Verschärfung diskutiert wurde, wonach die Weber, die ihre Schulden gegenüber den Kaufleuten nicht beglichen, nur noch mit einem Stuhl arbeiten durften, monierten selbst die Verordneten des Weberhauses,⁶⁶ daß bei den Kosten von ca. 40 fl. für einen Zentner Baumwolle und 30 fl. für einen Zentner Garn ein armer Weber, der *den Verlag nit habe*, sein Handwerk gar nicht ausüben könne. Ihre Feststellung, daß die Mehrheit der Weber *den Verlag nit habe, allein mit trauen und glauben sich erhalten und erneren müssen*, steht dem zwar entgegen, dürfte aber aus dem Kontext heraus zu relativieren sein. Denn wie hat man sich die Praxis vorzustellen? Wenn die Weber ihre Baumwolle (oder das Flachsgarn) vielfach nur dadurch beziehen konnten, daß sie Kredit bei den Kaufleuten aufnahmen, so unterschied sich das wohl kaum von der alten Form der Verlagsverträge des 15. Jahrhunderts, denn auf diese Weise verfügten sie selten über genügend Bargeld, um aus dieser Bindung auszusteigen. Der Geldverlag sollte den Rohstoffverlag ablösen, doch die Praxis scheint die intendierte Norm überholt zu haben.

Konnte die zweite städtische Maßnahme, das neu eingerichtete Pfandgewölbe, diese Verhältnisse faktisch entscheidend mindern?⁶⁷ Immer wieder wird in den Auseinandersetzungen um die Praxis dieser Käufe *auf den borg* darauf hingewiesen, es handle sich vor allem um die 'mittleren' Meister, die mit mehreren Stühlen arbeiteten und auf diese kreditierte Abnahme von Baumwolle angewiesen seien. Und die armen Weber, denen ein Kredit gar nicht eingeräumt wurde? Um 1598 wird ihre Zahl auf 500 geschätzt (von ca. 2000), und die Zahl der wöchentlich im Pfandgewölbe verpfändeten Tuche war von 800-900 auf ca. 1100, mit Spitzenwerten bis zu 1400, angestiegen – bei einer Gesamtproduktion von ca. 10 000 Tuchen pro Woche.⁶⁸ Geht man von einer Produktionskapazität von drei Tuchen pro Woche und Webstuhl aus,⁶⁹ so waren ca. zwei Drittel der Herstellung damit abgesi-

---

⁶⁵ StadtAAug, Weberhausprotokolle, fol. 53f.; vgl. C.-P. Clasen, Augsburger Weber (Anm. 48), S. 289.
⁶⁶ C.-P. Clasen, Augsburger Weber (Anm. 48), S. 263.
⁶⁷ C.-P. Clasen, Die Augsburger Weber (Anm. 48), S. 286-307.
⁶⁸ Die Zahlen bei C.-P. Clasen, Die Augsburger Weber (Anm. 48), S. 19, 154, 278, 297.
⁶⁹ C.-P. Clasen, Die Augsburger Weber (Anm. 48), S. 356-364, bes. S. 359.

chert. Für den restlichen Anteil blieb zwar die Möglichkeit einer Verpfändung bei anderen Kapitalgebern der Stadt – möglicherweise aber auch das Weiterlaufen kaschierter vertragsähnlicher Absatzformen, denn die Klagen über Nichteinhaltung der städtischen Normen sind allenthalben gegeben. Wie sollten sich diese Weber ihnen entziehen? Und offensichtlich lag beiden Seiten weiterhin daran, zeigte doch das Ringen um die Bedingungen für den Borgkauf von Baumwolle, daß sich die Wollherren von der Einschränkung der garantierten Weberschulden trotz vehementer Versuche einzelner Weber, daraus Nutzen zu schlagen, nicht abhalten ließen. Wer konnte schon überwachen, was sich in den Gewölben abspielte? Auch die Kritik der Weber am Pfandgewölbe bestätigt, daß die faktischen Verhältnisse etwas anders aussahen: Die armen Meister könnten nicht warten, bis die Tuche fertig seien, heißt es bereits 1570[70] – der sofortige Kapitalvorschuß war vielfach unverzichtbar und damit die Sogwirkung des Verlags gegeben. Man darf dabei nicht vergessen, daß der konkrete Nachweis des Verlags immer schon ein Quellenproblem war, sein mußte, weil er in der Regel einen privatrechtlichen Vertragsabschluß darstellte, und nur dann zu Buche schlug, wenn die Schulden nicht bezahlt wurden.

Die Voraussetzungen für Verlagsbindungen waren also seit den 70er Jahren des 16. Jahrhunderts erheblich eingeschränkt, und auch der Stolz der Verordneten, daß diese Methode ihresgleichen in Deutschland suche,[71] spricht dafür. Bei aller Problematik um die konkrete Preisgestaltung der verpfändeten Tuche, um die bald ein heftiges Ringen einsetzte, war diese Überbrückungshilfe offenbar angenommen worden und bewährte sich bis ins beginnende 17. Jahrhundert.[72] Daß damit allerdings der Verlag gänzlich verhindert werden konnte, bleibt eher unwahrscheinlich.

III.

Versucht man, die Linie vom ausgehenden 14. bis zum Ende des 16. Jahrhunderts durchzuziehen, so läßt sich immer noch feststellen, daß der Textilverlag erstaunlich schwer zu fassen ist.

Mit den eindeutigen Nachweisen aus der Zeit um 1400 dürfte die Vermutung stichhaltig sein, daß sich diese Organisationsform mit der Innovationswelle des Barchent weiträumig durchsetzte, weil der Rohstoffbezug aus den Mittelmeerländern einen erhöhten Kapitaleinsatz der Kaufleute erforderte. Diese Form wird sich

---

[70] Wie Anm. 65.
[71] C.-P. Clasen, Augsburger Weber (Anm. 48), S. 289.
[72] So die zusammenfassende Einschätzung von C.-P. Clasen, Die Augsburger Weber (Anm. 48), S. 307.

gemäß aller Indizien, die uns zur Verfügung stehen, bis ins 16. Jahrhundert gehalten haben, ja sie dürfte sich an der Wende zum 16. Jahrhundert noch dadurch verdichtet haben, daß über den zweiten Rohstoff Flachs ähnliche Mechanismen wirksam wurden. Daneben stellten sich jedoch zur gleichen Zeit mit den kollektiven Lieferverträgen und anderen Formen der Absatzorganisation gegenläufige Tendenzen ein, die diese Entwicklung individueller Abhängigkeit über den Verlag abmilderten. Um 1570 kam es speziell in Augsburg zu einer massiven Gegensteuerung von seiten des Magistrats: Der bisher offenbar weiterhin übliche Wechsel von Baumwolle und Fertigware wurde auf den Konnex Kapitalvorschuß (*Borg*) beschränkt und durch die Einrichtung eines Pfandgewölbes speziell für die armen Weber eine Alternative geschaffen – Maßnahmen, die die eingespielten Verlagsgewohnheiten zurückgedrängt haben dürften, ohne sie wohl ganz aufzuheben.

Die Entwicklung scheint also insgesamt so zu verlaufen, daß die individuellen Abhängigkeiten zwischen Webern und Verlegern, die anfangs dominierten, sich eher zugunsten des Kollektivs der Weber in der Zunft bzw. in der Gesamtstadt verschoben. Dabei ist aber zu beachten, daß die betroffenen Handwerker selbst den Verlag in seinen verschiedenen Spielarten durchaus als ambivalent einschätzten: einerseits zwar als Verlust einer selbständigen Arbeitsweise, wobei die konjunkturellen Schwankungen kurzfristige Veränderungen in den Erträgen der Arbeit auslösten und diese tendenziell nach unten drückten, andererseits aber als Milderung des individuellen Risikos, denn die Auftragsarbeit war eingebunden in ein großräumiges Netz des europäischen Marktes und die immer schwieriger werdende Anpassung an seine Bedürfnisse, was der einzelne Weber nicht mehr leisten konnte. Nur die übergreifenden zünftischen bzw. städtischen Ordnungen konnten möglicherweise Ersatz für den Einzelverlag bieten. Daraus wird verständlich, daß die Einführung dieser neuen Ordnungen in Augsburg um 1570 zunächst auf Widerstand stieß. Die Betroffenen selbst sahen jedoch in einer grundsätzlichen Aufhebung der komplexen Produktionsstrukturen nicht die Lösung: Die Utopie eines selbstgenügsamen 'Wolfaria'-Staates konnte ihre Schwierigkeiten nicht beheben, dazu war er viel zu unrealistisch angelegt; auf die Handelsgesellschaften konnten und wollten sie nicht verzichten. Die Fugger paßten sich in dieses Spannungsfeld der Verlagspraxis ein: In der anfänglichen ersten Boomphase zwar nicht konkret an exponierter Stelle faßbar, doch in der zweiten Aufschwungphase des ausgehenden 15. Jahrhunderts mit Einzelbelegen ohne Schwierigkeit dort einzuordnen. Die Weißenhorner Initiativen seit 1517 zeigen, daß sie als Textilunternehmer im großen Stil in Kombination mit der ordnungspolitischen Kraft als Herrschaftsinhaber gegenüber der Reichsstadt Ulm tätig wurden.

In dieser Rivalität bedienten sie sich aber – soweit bisher erkennbar – keiner innovativen Methoden; Ausprägung und Intensität des Verlags wurden nicht mit neuen Qualitäten versehen. Wohl aber ergibt sich ein zusätzlicher Impuls insofern, als hier erstmals in Ostschwaben ein untergeordnetes Subzentrum gegenüber dem ansonsten durchgängigen Dominieren reichsstädtischer Zentralität favorisiert wurde, wobei Jakob der Reiche bereits vorhandene Ansätze aus der vorausgehenden bayerischen Zeit Weißenhorns aufgriff.[73] Der politisch wie konjunkturell bedingte Rückzug aus dem Weißenhorner Geschäft, der 1555 Ulm die erneute Anbindung seines Umlandes ermöglichte,[74] ließ dies freilich als Intervall erscheinen, denn anschließend zogen sie sich auf die Herrschaftsausübung zurück. Ob dies zu generalisieren ist für den gesamten ostschwäbischen Besitz der Fugger, wäre eine wichtige Frage. Die Überlegung, um 1583 in Babenhausen eine Schau einzurichten, scheiterte jedenfalls damals an der ebenfalls dominierenden Rolle des benachbarten Memmingen.[75] Noch am Anfang des 17. Jahrhunderts war das Weberpotential in den Fuggerschen Herrschaften Glött und Mickhausen ganz auf die benachbarten Zentren Ulm und Augsburg ausgerichtet, wie eine Anfrage des Markgrafen Karl von Burgau von 1610/11 belegt, der in der Stadt Burgau ein neues Zentrum mit eigener Schau aufbauen wollte.[76] Unmittelbar darauf, im Jahre 1613, ergriff Maximilian Fugger in Babenhausen dann doch die Initiative zur Etablierung einer Barchentschau, die immerhin erfolgreich bis ins 18. Jahrhundert arbeitete;[77] und in die Gründung der ländlichen Textilzünfte des 17. Jahrhunderts reihten sich auch die Fuggerschen Herrschaften Kirchheim an der Mindel und Ziemetshausen ein.[78]

Inwieweit auch hier Formen des Verlags eine Rolle spielten und damit die Brücke zu der neu strukturierten Baumwoll- und Kattunproduktion des 18. Jahrhunderts herstellten, wird in einem gerade angelaufenen Forschungsprojekt zu klären sein.

---

[73] Vgl. dazu E. Wylicil, Weißenhorner Barchentschau (Anm. 35); R. Kießling, Die Stadt und ihr Land (Anm. 20), S. 739f.
[74] Dazu speziell E. Nübling, Ulms Baumwollweberei (Anm. 44), S. 158-165.
[75] R. Kießling, Die Stadt und ihr Land (Anm. 20), S. 488.
[76] Rolf Kießling, Günzburg und die Markgrafschaft Burgau – die Entwicklung eines ländlichen Raumes im Spannungsfeld der Großstädte (Günzburger Hefte. Heimatkundliche Schriftenreihe für den Landkreis Günzburg 10), Günzburg 1990, S. 36f.
[77] Vgl. Anke Sczesny, Ländliches Textilgewerbe im 17. und 18. Jahrhundert in Schwaben – das Beispiel der Fuggerherrschaft Babenhausen, Magisterarbeit an der Universität Augsburg (Masch.) 1995.
[78] Rolf Kießling, Entwicklungstendenzen im ostschwäbischen Textilrevier während der Frühen Neuzeit, in: Gewerbe und Handel vor der Industrialisierung. Regionale und überregionale Verflechtungen im 17. und 18. Jahrhundert, hrsg. v. Joachim Jahn, Wolfgang Hartung (Regio historica, Bd. 1), Sigmaringendorf 1991, S. 29-48, hier S. 44f.; Sabine Schuster, Die Zunftordnungen der Landweber im Östlichen Mittelschwaben des 17. Jahrhunderts, Staatsexamensarbeit an der Universität Augsburg (Masch.) 1994.

Der Beitrag der Hutten-Papiere zur Beurteilung des Venezuela-Unternehmens der Welser-Kompanie im 16. Jahrhundert

Eberhard Schmitt

Im ersten Drittel des 16. Jahrhunderts bemühte sich die spanische Krone zweimal, oberdeutsches Großkapital zur Erschließung der Neuen Welt jenseits des Atlantiks heranzuziehen: zunächst ab etwa 1526 wohl zur Herstellung einer direkten Verbindung von Tierra Firme, dem Nordosten Südamerikas, zum Südmeer, d.h. zum Pazifik, und ab 1534 nach Peru, dem 1532/33 von Francisco Pizarro eroberten Indio-Goldreich (Projekt Welser Venezuela), und ab etwa 1531 zur In-Wert-Setzung der pazifischen Route von der Westküste Südamerikas (dem späteren Chile) aus zu den asiatischen Gewürzinseln (Projekt Fugger Patagonien/Pazifik). Mit beiden Projekten suchte sie Augsburger Bank- und Handelshäuser zu betrauen: das der Welser und das der Fugger.

Über beide Projekte ist bisher zu wenig bekannt, um sie zuverlässig in die Geschichte der europäischen Expansion des 16. Jahrhunderts einzuordnen, zu wenig sowohl für eine Darstellung aus der Perspektive der beiden Augsburger Weltkonzerne wie für eine sozusagen übergeordnete, umfassendere Betrachtung, bei der das politische Entwicklungskonzept der spanischen Krone für Übersee und dabei besonders der den beiden oberdeutschen Handelshäusern zugedachte Part innerhalb dieses Konzepts sichtbar würde.

Für beide Projekte sah die spanische Krone die Statthalterschaft über eine ausgedehnte Provinz von 'las Indias' (der 'Indien', wie damals die neuerworbenen spanischen Reiche jenseits des Atlantiks hießen) vor: im Welserschen Fall über einen etwa 700 km breiten Landstreifen von Nord nach Süd, beginnend etwas nördlich des Äquators, 'de la una mar a la otra' – was hieß: vom 'Mar del Norte (Atlantik bzw. seinem Seitenmeer, der Karibik) zum 'Mar del Sur' (Pazifik) –, begrenzt im Westen durch das Cabo de la Vela, im Osten durch das Cabo Maracapaná (dieses Konzessionsgebiet umfaßte also den westlichen Teil des heutigen

Venezuela und den riesigen östlichen Teil des heutigen Kolumbien),[1] im Fuggerschen Fall über ein Gebiet, das Südamerika zwischen dem Konzessionsbereich des Francisco Pizarro im Norden bis zur Magalhães-Straße im Süden, und zwar etwa 1100 km beidseits der Küsten des Pazifiks (d.h. die Südteile des amerikanischen Kontinents ebenfalls vom Atlantik bis zum Pazifik) umfassen sollte sowie alle Inseln im spanischen Bereich des Pazifik.[2] Im folgenden wird, da das Fuggersche Projekt, obschon vom Fugger-Faktor Veit Hörl im Juni 1531 vor dem Indienrat unterzeichnet, offenbar an den Bedenken scheiterte, nur vom Welserschen Venezuela-Projekt die Rede sein.

I.

Wir dürfen auf jeden Fall davon ausgehen, daß die spanische Krone die Welser-Gesellschaft zur Konquista von 'las Indias' hinzugezogen oder ihre Teilnahme daran akzeptiert hatte, um einen bestimmten Teil des riesigen Landes so rasch und effektiv wie möglich spanischer Kontrolle zu unterstellen. Für die spanische internationale Politik war dieses Ziel nach der Erfahrung französischer Kapervorstöße in die Karibik in zwei heftigen Kriegen Spaniens gegen Frankreich (1521-1525, 1526-1528) und angesichts leerer Staatskassen eine Notwendigkeit. Nicht ausgeschlossen ist, daß sie nebenbei die spanische Seite der Demarkationslinie von Tordesillas in Südamerika unter Abdämmung etwa ins Landesinnere gerichteter portugiesischer Interessen zu sichern gedachte.[3]

---

[1] Walter Großhaupt, Der Venezuela-Vertrag der Welser, in: Scripta Mercaturae. Zeitschrift für Wirtschafts- und Sozialgeschichte 24 (1990), S. 1-35.

[2] Zum gesamten Zusammenhang und allen Einzelabmachungen vgl. Hermann Kellenbenz, Die Fugger in Spanien und Portugal bis 1560. Ein Großunternehmen des 16. Jahrhunderts, Teil 1, München 1990, insb. S. 158-162.

[3] Dieser Deutung – neben der Sicherung eines Landwegs nach dem Südmeer – mißt Hubert Frhr. von Welser als Kenner der Materie einige Plausibilität zu (Brief v. 21.2.1994). In der Tat hatte bereits 1522 der Portugiese Alejo García von São Vicente an der brasilianischen Atlantikküste kommend die Linie von Tordesillas überschritten und war auf einem Konquistazug mit Guaraní-Hilfstruppen quer durch den Gran Chaco bis an die Anden gelangt, wo er von Truppen des damals noch herrschenden Inkakaisers Huayna Capac aufgehalten wurde. Vgl. Dokumente zur Geschichte der europäischen Expansion, Bd. 2: Die großen Entdeckungen, hrsg. v. Eberhard Schmitt, München 1984, S. 368-369. 1531 sollte Martim Afonso de Sousa von Brasilien aus versuchen, sich am Rio de la Plata festzusetzen, wo er Souveränitätszeichen errichtete. Vgl. H. Kellenbenz, Die Fugger in Spanien und Portugal (Anm. 2), S. 162, sowie Dicionário de História de Portugal, hrsg. v. Joel Serrão, Porto 1985, Vol. VI, S. 77-79. Später, mit der Anlage von Siedlungen im Umfeld des späteren Montevideo und einem weiten Ausgreifen in den Westen des Kontinents, gelang Portugal in der Tat diese Überschreitung der Tordesillas-Linie. Solchen Vorstößen in die vertraglich garantierte spanische Interessensphäre ei-

Der Kronvertrag (span.: Asiento)[4] zwischen dem König und den Gebrüdern Ehinger von 1528, in den die Welser-Gesellschaft 1530 voll eintrat, erlegte der Gesellschaft die üblichen Pflichten von Konquistadoren oder Konquistadorenkonsortien auf. Er umfaßte im wesentlichen die Anlage von Festungen, die Gründung von Städten, die Vergabe von Land an Siedler, die pflegliche Behandlung der Indios, ihre Christianisierung, kurz: den Aufbau spanischer Herrschaft mit dem Ziel der Hispanisierung der Einheimischen und ihrer Eingliederung in den spanischen Untertanenverband samt aller hierfür notwendigen Ausbildung einer wirtschaftlichen, verkehrsmäßigen, administrativen, kirchlichen und kulturellen Infrastruktur.[5]

Die Welser als Vertragsnehmer der spanischen Krone erhielten große Gegenleistungen, merkwürdigerweise – obwohl sie Ausländer waren – größere als sonst spanische Konzessionsnehmer (was der Vermutung, sie wären für einen besonderen Part in der spanischen Strategie der Konquista vorgesehen gewesen, Nahrung gibt, ohne daß sich das gegenwärtig belegen läßt). Von der Provinzstatthalterschaft reichten ihre Rechte (die wir hier nicht im einzelnen aufzählen wollen[6]) über Steuer- und Zollvergünstigungen im Monopolhandel mit Venezuela hin bis zu bestimmten Erzeugermonopolen (Salz-, Erzgewinnung), dazu kam das Recht auf Eroberung des Landes, auf Ausbeutung seiner Reichtümer und auf In-Wert-Setzung seiner Ressourcen unter Zusicherung ordnungsgemäßer Abführung des üblichen königlichen Fünften oder sonstiger vereinbarter Abgabenquoten.

Während das Fugger-Projekt kaum bekannt ist und deshalb in der Historie nicht diskutiert wird, wirft das Welser-Projekt dank eines gewissen Interesses der Forschung seit über einem Jahrhundert, das immer wieder die eine oder andere Quelle zutage gefördert hat (leider fehlt ihre systematische Sammlung und Edierung), zahlreiche Fragen auf: War das Projekt der Versuch eines Kolonisationsunternehmens, eines Welserschen oder gar eines der Deutschen? Oder war es über-

---

nen Riegel vorzuschieben, war für den Indienrat von höchstem Interesse, der für die Ausarbeitung des Kronvertrags mit der Welser-Gesellschaft zuständig war.

4   Der Kronvertrag vom 27. März 1528 findet sich ins Deutsche übersetzt in: Dokumente zur Geschichte der europäischen Expansion, Bd. 4: Wirtschaft und Handel der Kolonialreiche, hrsg. v. Eberhard Schmitt, München 1988, S. 37-47. Zu seiner Würdigung vgl. neben dem in Anm. 1 genannten Aufsatz von Großhaupt weiter Konrad Haebler, Die überseeischen Unternehmungen der Welser und ihrer Gesellschafter, Leipzig 1903; Juan Friede, Los Welser en la conquista de Venezuela, Caracas, Madrid 1961; Rolf Walter, Nürnberg, Augsburg und Lateinamerika im 16. Jahrhundert – Die Begegnung zweier Welten, in: Pirckheimer-Jahrbuch 2 (1986), S. 45-82; Walter Großhaupt, Bartholomäus Welser (25. Juni 1484 - 28. März 1561). Charakteristik seiner Unternehmungen in Spanien und Übersee, Diss. phil. Graz 1987. Die Nebenverträge zum Asiento von 1528 finden sich in dem von Enrique Otte herausgegebenen Band: Cédulas Reales relativas a Venezuela, 1500-1550, Caracas 1965.
5   Vgl. Horst Pietschmann, Staat und staatliche Entwicklung am Beginn der spanischen Kolonisation Amerikas, Münster 1980, insb. S. 25-38, sowie Eberhard Schmitt, Die Anfänge der europäischen Expansion, Idstein 1991, S. 37-53.
6   Dazu W. Großhaupt, Der Venezuela-Vertrag der Welser (Anm. 1).

wiegend ein Sklavenfangunternehmen? War es ein riskanter, kapitalintensiver Versuch, Venezuela mit erhofften Übersee-Produkten (Guajakholz, Erzen, Zucker) an das atlantische Geschäfts- und Handelsnetz der Welser-Gesellschaft anzuschließen? War es ein Versuch, Bergbau im großen Maßstab zu betreiben? Oder war es ein ganz gewöhnliches Ausplünderungsunternehmen im Zuge der spanischen Konquista Amerikas? Setzte die spanische Krone ihrerseits deutsches Kapital ein, um – unabhängig von der Intention der Welser-Gesellschaft – internationale Konkurrenz, besonders französische Händler, Siedler, Militärs von der Neuen Welt fernzuhalten? Verfolgte die Welser-Kompanie im wesentlichen die gleichen Ziele wie die spanische Krone, arbeiteten beide Vertragspartner loyal zusammen oder täuschten und düpierten sie sich gelegentlich, so daß möglicherweise das vielfach differierende Urteil der Historiker nur die Gemengelage von Motivationen, Zielsetzungen und erzielten Ergebnissen in den Quellen je nach Beteiligungsinteresse am Venezuela-Projekt spiegelt?

II.

Neu aufgefundene Materialien erlauben gegenwärtig, dem Venezuela-Projekt der Welser bei einer erneuten Betrachtung neue Gesichtspunkte abzugewinnen. Bei diesen Materialien handelt es sich um bisher unedierte Briefe des Welser-Militärs Philipp von Hutten aus Südamerika aus dem Zeitraum 1535-1546.[7] Wer war dieser Hutten?

Über sein Leben vor seiner Ausreise nach Venezuela im Herbst 1534 ist bisher wenig bekannt. Philipp von Hutten gehörte dem fränkischen Stamm des verzweigten Reichsrittergeschlechts der Hutten an, das während der Regierungszeit Maximilians I. und Karls V. seine größte Bedeutung in der Reichspolitik erreichte.[8] Philipp, 1505 geboren,[9] wuchs am Hof Karls V. in Mecheln und Brüssel auf,

---

[7] Diese Papiere stehen vor der Veröffentlichung: Das Gold der Neuen Welt. Die Briefe des Generalkapitäns Philipp von Hutten aus Venezuela 1535-1541, hrsg. v. Friedrich Karl Frhr. v. Hutten, Eberhard Schmitt (im Manuskript abgeschlossen, erscheint 1996).

[8] Eberhard Schmitt, Des Reichsritters Philipp von Hutten Suche nach dem goldenen Glück der Neuen Welt. Zur Erstveröffentlichung des ältesten bisher bekannten Briefs eines Deutschen aus der Neuen Welt, in: PERIPLUS. Jahrbuch für Außereuropäische Geschichte 2 (1992), S. 1-16. Italienische Fassung: Il cavalier Filippo von Hutten alla ricerca della fortuna aurea nel Nuovo Mondo, in: Atti del Convegno Internazionale su la Scoperta Colombiana e la Cultura Contemporanea (Erice 22-27 aprile 1992), Palermo 1993, S. 221-238.

[9] Die bisherigen Angaben in den gängigen Nachschlagewerken sind unrichtig. Ich bin im Verlauf meiner Recherchen über Philipp von Hutten auf eine zeitgenössische Zusammenstellung der Geburt seiner Kinder durch Bernhard von Hutten, Philipps Vater (niedergeschrieben wohl von der Hand eines Schreibers), gestoßen, die zweifelsfrei Auskunft über die Geburt gibt: *Mein Bernnhart vom Huttenn Kind Alter [...] Item Philips ward gebornn xv^c im v. Iare* [1505] *vff*

stand im unmittelbaren Dienst des Kaiser-Vertrauten Graf Heinrich III. von Nassau-Breda-Vianden und schloß sich 1534 in Sevilla einer Welser-Armada an, die damals unter dem Befehl des neuen Gouverneurs Hohermuth von Speyer nach Venezuela auszurücken im Begriff stand. Auf diese Weise gehörte Hutten zu den vielleicht hundertfünfzig oder zweihundert Deutschen, die überhaupt während der Regierungszeit Karls V. nach Amerika gingen.[10]

Aus der Feder eben dieses Philipp von Hutten stammen die ersten bekannten und erhaltenen Augenzeugenberichte eines Deutschen über Puerto Rico wie über Venezuela und Kolumbien, die wir besitzen. Besonders von Coro aus, der Hauptstadt der Provinz Venezuela, führte er eine lebhafte Korrespondenz mit der Alten Welt, von der bis heute elf Stücke aufgefunden und im Original oder in Abschriften und ein weiteres Stück wenigstens dem Inhalt nach bekannt sind. Das ist mehr, als wir von fast jedem anderen Europäer sagen können, der im 16. Jahrhundert nach Amerika ging: Huttens Mitteilungen haben den beachtlichen Umfang von nahezu zweitausend handschriftlichen Zeilen. Nur die Hälfte davon ist bisher bekannt und veröffentlicht.[11]

Dieses Material ist auf seine Weise bemerkenswert, und zwar im europäischen Maßstab: Es enthält reiche ethnographische Angaben über das Land zwischen der karibischen Küste und den peruanischen Anden, über Klima, Topographie, Flora und Fauna, auch über die Ausrüstung von spanischen Soldaten in Urwald und Savanne und über ihr Verhalten in Gefahr, beim Kampf und beim Plündern von Indiodörfern, bei Durst und Hunger, Krankheit und Tod – Angaben, die von den zuständigen Fachwissenschaften erst auszuwerten sind.

Freitag [18. Dezember] *nach Lucie* [13. Dezember] *vmb x Ore vor Mittag zw Birckennfelt.* StaatsAWürzburg, Gräflich Ortenburgisches Archiv Birkenfeld, Alte Documenta, Tom. II, Nr. 111.

[10] Dazu Götz Simmer, Die deutsche Auswanderung nach Mittel- und Südamerika im 16. und frühen 17. Jahrhundert (Kleine Beiträge zur europäischen Überseegeschichte, Heft 23), Bamberg 1993.

[11] Bereits 1550 erschien unter dem verballhornten Namen 'Cansalue Ferrando von Quido' (hinter dem sich der spanische Chronist Oviedo verbarg, wie wir heute wissen) ein tagebuchartiger Bericht Huttens ('Newe Zeytung') über den Hohermuth-Zug 1535-38 ins Landesinnere (als Anhang zu: Fernandi Cortesii. Von dem Newen Hispanien / so im Meer gegem Nidergang / Zwo gantz lustige vnnd fruchtreiche Historien / an den großmächtigsten vnüberwindtlichsten Herren / Carolum. V. / Römischen Kaiser &c. Künig in Hispanien &c. [...] Getruckt inn der Kaiserlichen Reichs Statt Augsburg / durch Philipp Vlhart / In der Kirchgassen / bey S.Vlrich / Anno Domini M.D.L.). Aus dem Nachlaß des 1783 ausgestorbenen fränkischen Stamms der Hutten gab Johann Georg Meusel dann zwei Jahre später eine Reihe von Briefen Huttens heraus: Zeitung aus India Junckher Philipps von Hutten. Aus seiner, zum Theil unleserlich gewordenen Handschrift, in: Historisch-literarisches Magazin, Erster Theil, Bayreuth, Leipzig 1785, S. 51-101. Die Sammlung dieser und der um 1990 neu aufgefundenen Briefe samt einem Bericht des Chronisten Aguado über Huttens Entrada 1541-1546 geben F. K. Frhr. v. Hutten und E. Schmitt heraus: Das Gold der Neuen Welt (Anm. 7).

Was trägt dieses Augenzeugenmaterial des Philipp von Hutten zur historischen Einschätzung des Venezuela-Unternehmens der Welser bei?

Vorausgeschickt werden muß, daß Hutten von Anfang an als militärischer Befehlshaber dem Unternehmen beitrat. Darauf verweisen die Texte und Bilddarstellungen im sog. Köler-Codex der British Library und der Kölerschen Wappenbücher im Germanischen Nationalmuseum Nürnberg.[12] Hutten nahm in Venezuela selbst an zwei großen Zügen ins Landesinnere teil: 1535-1538 als Landsknechtsführer unter dem Kommando Hohermuths von Speyer, und 1541-1546, nachdem er kurz zuvor zum Generalkapitän aufgestiegen war, als oberster Militär der Provinz und Leiter der entsprechenden Expedition.

Von seinem Ausbildungsgang und seinen Funktionen in Übersee her wird man bis zu einem gewissen Grad auch seine Korrespondenz beurteilen müssen: Hutten war kein Kaufmann, kein Handelsagent, geschweige denn ein Handelsherr. Er war zum Waffenhandwerk ausgebildet worden, er gehörte einer sozialen Klasse an, die in der Regel die Geldwirtschaft und das kleine wie das große Geschäft mit Handelsgütern geringschätzte, wenn er auch sehr wohl um die Bedeutung von Kapitalien als Mittel zur Erlangung von Statuserhalt und -erhöhung wußte, wie aus seinen Briefen hervorgeht.[13] Anders gesagt: Wir dürfen nicht erwarten, daß er die Dinge, von denen er schreibt, mit den Augen etwa des älteren Bartholomäus Welser, des Konzernstrategen in Augsburg, sah, oder mit denen von dessen Faktoren in Spanien, Santo Domingo oder Coro, – aber auch nicht mit den Augen eines in der Staatsräson der Zeit geistig beheimateten Diplomaten oder gar eines europäischen Dynasten.

Ein Militär sieht selten die nicht-militärischen Zusammenhänge, die sein Handeln bestimmen. Hutten dürfte ein Vertreter dieses durchaus normalen Typs des

---

[12] British Library London, Ms. Add. 15217, insb. fol. 33 - fol. 38; Germanisches Nationalmuseum Nürnberg, Ms. 2908 sowie Ms. N. 2910. Die drei teilweise voneinander abweichenden Manuskripte sind zur Erzeugung einer fortlaufenden Lebensgeschichte des Hieronymus Köler d.Ä. in Auswahl ineinandergearbeitet publiziert durch Hannah S. M. Amburger, Die Familiengeschichte der Koeler. Ein Beitrag zur Autobiographie des 16. Jahrhunderts (Mitteilungen des Vereins für Geschichte der Stadt Nürnberg, Bd. 33), Nürnberg 1931. Die Kommentierung dieses an sich interessanten Pêle-Mêle ist mitunter mangelhaft.

[13] *Allain, mus mich meins Glucks beclagen. Hoff aber, sol sich fortan verendern, dan diejenen, ßo itz diese Rais thun werden, ziehen nit wie wir bißher zogen sein, auff Hoffnung vnd Relacion* [Nachricht seitens] *der Indier* [hin], *sunder haben ain Furer vnd Gelaitter, ßo ain Crist ist vnd den Reichtumb mit seinen Augen gesehen hat, vnd iz gar kain Zweifel ist, gros Ehr vnd Gut zw erlangen. Nun bin ich itz ßo lang im Land gewest, groß Not vnd Armut erlitten* [...]. Huttensches Familienarchiv Schloß Steinbach, unveröffentlichter Brief an Moritz von Hutten vom 6.12.1540. Und: *Es haben sich hie die Sachen so seltsam zutragen, daß ich bißher nicht hab hinaus gemögt, und jezt mit Absterben Gubernators Jorg Hormuts will es sich viel minder schicken, ich woll dann wider mein Ehr thun. Darumb bitt ich dich ganz freundlich, wollest dich nach mir nichts verlangen, und auch unser Mutter also zu thun vermahnen. Befehl dir unser Armuth.* Brief an Wilhelm von Hutten vom 9.3.1541, veröffentlicht bei J. G. Meusel. Zeitung aus India (Anm. 11).

tüchtigen Offiziers gewesen sein. In der Tat sind seine Briefe zwar oft humorvoll, meist sehr präzise in der Diktion – bis hin zur spröden Trockenheit im Ablauf der Darstellung –, sie vermeiden Stereotypen durchaus nicht, sie gehen wenig über die reine Ereignis- und Faktenschilderung hinaus (auch wenn es beispielsweise um *newe Zeytung* über die spanische Konquista rings um ihn herum geht, also um packende Neuigkeiten in unserem heutigen Verständnis), es fehlt ihnen vor allem auch jede Intellektualität, wie sie die Briefe etwa des Hernán Cortés aus Mexiko an Karl V. auszeichnen, sie wirken meist naiv und redlich, sind aber – gemessen an den Briefen seines Onkels, des 'Pfaffenfressers' Ulrich von Hutten – wenig entwickelt in der Fähigkeit zur Analyse und zur Herausarbeitung des Kerns einer komplexen Situation: Vermutlich vermochte er politisch komplexe Situationen (Venezuela und ganz Südamerika war zu seiner Zeit voll davon) kaum wahrzunehmen.

Ich will damit sagen: Wenn in Huttens Briefen dem Venezuela-Unternehmen der Welser, das eher beiläufig (weil für ihn selbstverständlich) erwähnt wird, ein bestimmter Zweck innewohnt, dann braucht das auf den ersten Blick nicht mehr als die Deutung eines Militärs zu sein, der in seiner Funktion den Welsern zwar wertvoll war, der aber über seinen militärischen Kommandobereich und sein eigenes persönliches Interesse hinaus wenig anderes zu sehen in der Lage gewesen sein könnte. Ist also möglicherweise seine Deutung des Welserschen Venezuela-Projekts eine ganz persönlich gebundene, nur dem Schreiber Hutten geläufige Auffassung?

Diese Huttensche Deutung sieht so aus: Sie spiegelt, anders, als man das bei dem beträchtlichen Finanzaufwand der Welser-Kompanie in Venezuela, bei ihrem Wesen an und für sich als Wirtschaftskonzern erwarten würde, hinsichtlich der Provinz nicht die Vorstellung von einem großen, umfassend tätigen Handels- oder gar Landesentwicklungsunternehmen. Zwar tauchen Nebenbei-Bemerkungen auf, aus denen sich immerhin ergibt, daß überhaupt ein deutsches Handelsunternehmen in Coro präsent war (Beispiel: *Es ist hie ain guter Gesel mit Namen Frantz Lebzelter von Vlm, ist itz der Hern Welser Fator hie.*[14]) Aber: Völlig dominierend, absolut selbstverständlich ist die Grundvorstellung, Sinn und Zweck seiner – Huttens – Anwesenheit in Venezuela sei es, Züge ins Landesinnere von Tierra Firme zu unternehmen, und zwar ausschließlich, um die Hand auf ein goldstarrendes Indiokönigreich zu legen. Und dieser Vorstellung sind aus seiner Sicht alle Welser-Amtsträger verhaftet, vom Gouverneur Hohermuth über den erwähnten Faktor Lebzelter (*ist auch auff der vergangnen Raiß mit dem Gouernador gewest*[15]) bis hinunter zum einfachen Fußsoldaten.

---

[14] Huttensches Familienarchiv Schloß Steinbach, Brief an Moritz von Hutten vom 16.1.1540; in korrupter Transkription veröffentlicht auch bei J. G. Meusel, Zeitung aus India (Anm. 11).
[15] Brief an Moritz von Hutten vom 16.1.1540 (Anm. 14).

III.

Hier stellt sich drängend die Frage, ob die Regierer der Welser-Gesellschaft und möglicherweise ihre leitenden Übersee-Amtsträger andere Zielsetzungen hinsichtlich des Venezuela-Unternehmens hatten als Philipp von Hutten oder ob sich seine Grundvorstellung auch in der Grundmentalität der Handelnden des Venezuela-Unternehmens findet?

Wenn Philipp von Hutten als Ziel der Welser-Konquista versteht, daß Züge ins Landesinnere von Tierra Firme zu unternehmen seien, um die Hand auf leicht greifbare Goldbeute zu legen, dann spricht er damit immerhin ein Charakteristikum spanischer Übertragung von Statthalterschaft in Übersee an Privatleute in jenen Jahrzehnten an, das generell galt. Denn indianische Edelmetallkönigreiche zu erobern, das war ja das Ziel aller von irgendwelchen Provinzhauptstädten in Amerika aufbrechenden, von ihren Statthaltern oder dem spanischen Indienrat unmittelbar konzessionierten Konquistadoren zwischen ca. 1520 und 1550.[16] Die Frage ist also eher, warum Hutten die vertraglich fixierten, sonstigen Ziele der Welser-Statthalterschaft (die von Typus und Umfang her grosso modo die gleichen wie die jeder anderen Statthalterschaft waren) nie erwähnt. Hat er nie von ihnen gehört? Hat er sie nicht gekannt? Wurden sie im Rahmen der Statthalterschaft der Welser-Gesellschaft über Venezuela so zurückhaltend verfolgt, daß er sie nicht wahrhaben konnte?

Immerhin gab es andere Themen als den bekannten Goldhunger der Konquistadoren damals in Coro wie auch sonstwo in 'las Indias': Da waren die gezielten Bemühungen um Indioschutz der spanischen Krone und der Missionsorden, die die Kolonisten und Konquistadoren aufwühlten und zu Widerstand reizten; da war die wirtschaftliche Not vieler Einwanderer, die gegenüber der Situation im Mutterland eher einen sozialen Abstieg durchmachten; da war das Faustrecht der untereinander in bitterster Fehdebereitschaft oft konkurrierenden Konquistadoren; da war der Anspruch der spanischen Behörden, in der überall entstandenen Ellenbogengesellschaft der Pioniere – Spanisch-Amerika kannte damals genauso seinen 'Wilden Westen' wie später Nordamerika – die Rechtsordnung des Mutterlandes durchzusetzen. Konfliktstoff war in Mengen vorhanden: Von Philipp von Hutten wird keiner davon als Strukturelement der frühen kolonialspanischen Gesellschaft in 'las Indias' mitgeteilt, obwohl solche Konfliktstoffe ihn umgaben und der Kronvertrag von 1528 ihre Lösung oder Minderung teils expressis verbis, teils als Folgerung aus den vereinbarten Abmachungen der Welser-Gesellschaft auftrug. Erwähnt werden von ihm nur einige konkrete Konfliktfälle: so der tödliche Zwist

---

16 Dazu H. Pietschmann, Staat und staatliche Entwicklung (Anm. 5).

zwischen Francisco Pizarro und Diego de Almagro in Peru[17] und ein angeblicher Streit zwischen Hernán Cortés und dem ersten Vizekönig Antonio de Mendoza in Mexiko.[18]

Zum gewissermaßen endogenen Konfliktpotential jener Jahre in Spanisch-Amerika kam speziell in Venezuela eine weitere Grundspannung: Der Widerstand spanischer Kolonisten und der dem spanischen Indienrat nachgeordneten Behörden in Santo Domingo (Audiencia) und Coro gegen die Praxis der Statthalterschaft der Welser-Gesellschaft. Dieser Widerstand setzte schon bald nach Beginn der Statthalterschaft des ersten deutschen Gouverneurs Ambrosius Dalfinger ein.[19] Man sollte dementsprechend erwarten, daß er Welser-Amtsträgern wie Philipp von Hutten von da an geläufig gewesen wäre: Es folgte – um nur einige gravierende Fälle zu nennen – die Beschränkung der Dispositionsfreiheit der Augsburger Kompanieleitung durch den Indienrat 1534, als sie die Ernennung des Venezuela-Haudegens Nicolaus Federmann zum Gouverneur in Coro nicht durchsetzen konnte und statt seiner auf Georg Hohermuth von Speyer ausweichen mußte; es folgte der Konflikt zwischen spanischen Kolonialbehörden und deutschen Welser-Funktionären, in dessen Verlauf sich Hohermuth von Speyer 1538-39 für seine Amtsführung vor dem spanischen Sonderbeauftragten Navarro verantworten mußte;[20] da war dann u.a. die Festlegung Huttens 1541 durch den spanischen Interimsgouverneur Bastidas auf minutiös formulierte Expeditionsrichtlinien samt einem absoluten Verbot des Kidnappings und Pressens von Indioträgern für Konquistadienste[21] wie schließlich der für Hutten unerwartete Konflikt mit dem angemaßten Gouverneur Juan de Carvajal 1546, der für ihn und den ältesten Sohn des Augsburger Konzernherren, Bartholomäus VI. (den jüngeren) Welser, sowie zwei weitere Gefolgsleute tödlich endete.

Dieses Zusatzpotential an Konflikten in Venezuela wird in Huttens Berichten jedoch nicht angesprochen. Sein Vorhandensein, von dem wir aus spanischen Akten und Forschungen genugsam Bescheid haben,[22] und sein Nicht-berücksich-

---

[17] 'Newe Zeytung' (Anm. 11), in der Ausgabe von 1550 S. LVII^v: Bericht über die Ausreise aus Europa und die Überfahrt nach Amerika 1534-1535, über die Teilnahme am Zug des Georg Hohermuth von Speyer 1535-1538 in das Landesinnere von Tierra Firme und über die aufsehenerregendsten Ereignisse der spanischen Konquista in der Neuen Welt 1522-1542. Ebenso in: Das Gold der Neuen Welt (Anm. 7).

[18] Brief an Moritz von Hutten vom 6.12.1540 (Anm. 13).

[19] Hierzu Demetrio Ramos, La Técnica Colonizadora de los Welser, en Venezuela, y su Incompatibilidad con el Sistema Poblador de los Españoles, in: Akten des 34. Internationalen Amerikanistentages 1960, Wien 1962, S. 810-813, sowie die vor dem Abschluß stehende Untersuchung von Götz Simmer (siehe hierzu Anm. 23).

[20] Vgl. K. Haebler, Die überseeischen Unternehmungen der Welser (Anm. 4), S. 278-297.

[21] Vgl. K. Haebler, Die überseeischen Unternehmungen der Welser (Anm. 4), insb. S. 303-304.

[22] Vgl. u.a. Colección de Documentos inéditos, relativos al descubrimiento, conquista y organización de las antiguas posesiónes españolas en América y Oceanía, sacados de los Archivos del Reino, y muy especialmente de las Indias, Tomo V, hrsg. v. D. Luis Torres de Mendoza,

tigt-Werden durch die Welser-Gouverneure scheint aber doch ein gewisses Indiz dafür zu sein, daß die Amtsträger der Welser-Gesellschaft in Coro die üblichen Anforderungen an eine spanische Statthalterschaft nicht übermäßig ernst nahmen und auch die Welser-Regierer in Augsburg dem spanischen Administrationsstandard keineswegs entsprechen wollten, wohl weil sie den Ernst der Situation ebenfalls verkannten (freilich unter Umständen deshalb, weil ihnen aus Venezuela keine orientierenden Grundinformationen zugingen). Es wäre zu prüfen (was hier nicht geschehen kann), ob der enge persönliche Kontakt der Augsburger Konzernregierung zum Kaiser und die Erwartung, dieser werde diesen Kontakt auf alle Zeit pfleglich behandeln wegen seines kontinuierlichen Kreditbedarfs, zu dessen Deckung er die Welser als Financiers benötigte, gewissermaßen eine Bagatellisierung des alarmierenden venezolanischen Sachverhalts bis hin zur Selbsttäuschung der deutschen Amtsträger bewirkte.

Wäre dem so – ich kenne keine andere Hypothese, die diesen Sachverhalt sonst erklären hülfe –, dann wird Huttens Ausblenden eines großen Problembereichs der Regierungs- und Verwaltungspraxis der Provinz Venezuela aus seinen Berichten bei weitem eher verständlich, sie wäre dann ganz erheblich mehr als eine Spiegelung seines eigenen spezifischen Persönlichkeitsprofils in seinen Briefen. Die bei ihm nicht aufgegriffenen, von ihm nicht angesprochenen Themen wären dann nämlich Stoffe gewesen, die auch in jenem engen Kreis der Provinz, in dem er sich sozial bewegte, als Reizthemen nicht erkannt und gehandelt worden wären: Sie wären für ihn einfach irrelevant gewesen, vielleicht aber eben nicht irrelevanter als für seine welserischen Vorgesetzten.

Auf diese Weise erklärte sich Huttens völliges Fixiertsein auf sog. 'entradas', Raub- und Rekogniszierungszüge ins Landesinnere: Dieses Fixiertsein könnte zwar durchaus seiner individuellen Mentalität entsprochen haben, aber sie würde dann auch gleichzeitig ein Integriertsein in die kollektive Mentalität der Welser-Amtsträger in Coro ausdrücken. Wenn dem so ist, dann sind seine Briefe und Berichte mit ihren Goldhunger- und Glücksritterobsessionen mehr als nur der Ausdruck einer persönlichen – obschon für Ort und Zeit gar nicht übermäßig verwunderlichen – Idiosynkrasie. Sie sind typisch für jene Welserjahre in Venezuela, in denen er dort lebte.

Madrid 1866 (ND Vaduz 1964), sowie: Juicios de Residencia en la Provincia de Venezuela, Vol. 2: Los Welser, hrsg. v. Guillermo Morón, Caracas 1977.

IV.

Wie auch immer: Legt man Huttens Augenzeugnisse für eine Beurteilung des Venezuela-Engagements der Welser zugrunde, kann man auf keinen Fall von einem Welserschen Kolonisationsprojekt in Venezuela sprechen, noch weniger von einem Unternehmen der Deutschen schlechthin. In Venezuela waren die Welser-Amtsträger spanischem kodifizierten und Gewohnheitsrecht unterstellt, ihre Amtssprache war spanisch. Davon abgesehen, besaßen sie kein Interesse an Siedlungskolonisation und unterbanden sie weitgehend, sogar gegen den Widerstand spanischer Siedlungswilliger. Dieser Umstand hat vermutlich entscheidend mit zu dem schweren Zusammenstoß im Frühjahr 1546 zwischen Carvajal und Hutten/Welser beigetragen.[23]

Ebensowenig war aus dieser Sicht das Welser-Projekt überwiegend ein Sklavenfangunternehmen. Unter der Welserstatthalterschaft über Venezuela war allerdings die Indio-Sklaverei fest etabliert, über eine gewisse Zeitspanne hin sogar entgegen einer spanischen Anordnung vom 2. August 1530, die verbot, Indios zu versklaven. Auf Proteste von Kolonisten hin, die vom Welser-Faktor Bartholomäus Sailer organisiert worden waren, wurde diese Anordnung am 10. Mai 1531 von der spanischen Krone zurückgenommen. Seither war lediglich die Ausfuhr von Indiosklaven aus der Provinz untersagt.[24] Seit der einschlägigen Untersuchung von Großhaupt wissen wir, daß in Venezuela nach den offiziellen Registern von 1529 bis 1538 genau 1.005 Einheimische versklavt wurden.[25] Doch wird die Zahl faktisch erheblich höher gelegen haben, da auf den Zügen ins Landesinnere weitere Indios als Träger gepreßt wurden, deren Zahl man auf mehrere tausend Menschen schätzen darf. Großhaupt urteilt, daß der Indianersklavenfang "für die Welser einer der wenigen florierenden Geschäftszweige ihres Unternehmens Venezuela"[26] war. Dabei ist zu bemerken, daß die Welser-Gouverneure seit Hohermuth von Speyer vom Sklavenfang zum Tausch und Kauf unmittelbar bei Einheimischen übergingen. Philipp von Hutten berichtet in seiner Korrespondenz lediglich von einem gewaltsamen Pressen von überfallenen Indios zu Trägerdiensten bei der großen Entrada 1535-38 unter Hohermuth von Speyer.

War das Welser-Projekt dann eher ein riskanter Unternehmerversuch, Venezuela mit Übersee-Produkten wie Guajakholz, Erzen, Zucker an das atlantische Geschäfts- und Handelsnetz der Welser-Gesellschaft anzuschließen? Diese Frage hat

---

[23] Dies ist eine der Hauptthesen der am Lehrstuhl für Neuere Geschichte der Universität Bamberg vor dem Abschluß stehenden Untersuchung von Götz Simmer über die Welser-Kompanie, die sich auf die bisher nicht erschöpfend ausgewerteten spanischen Chroniken und auf Aktenmaterial der spanischen Behörden stützt.
[24] W. Großhaupt, Bartholomäus Welser (Anm. 4), S. 302.
[25] W. Großhaupt, Bartholomäus Welser (Anm. 4), S. 302.
[26] W. Großhaupt, Bartholomäus Welser (Anm. 4), S. 304.

Großhaupt jüngst bejaht.²⁷ Dafür investierte die Gesellschaft auch in hohem Maße. Im ganzen dürfte der Hauptanteil der später auf rund 100.000 Dukaten bezifferten Fehlinvestitionen in Venezuela in den von hohen wirtschaftlichen Erwartungen begleiteten Anfangsjahren getätigt worden sein. Allerdings sieht Großhaupt eine Zäsur um 1532, nachdem die Gesellschaft zu der Einsicht gekommen sei, daß Venezuela im Grunde nichts nennenswert für den Handel Tauglisches bot oder hervorbrachte. Von da an seien Gelder in größerem Umfang nicht mehr investiert worden, hingegen habe die Gesellschaft alles unternommen, um Gewinne (aus ihrer Sicht: eher Rekompensationen) aus dem Land zu holen.

In diesem Zusammenhang würde die starke Orientierung der Welser-Amtsträger auf Raub- und Beutezüge ins Landesinnere verstehbar: In eben dieser Phase, 1534, trat Philipp von Hutten in die Dienste der Kompanie, was seine Perspektive miterklärte. Allerdings ist schwerer zu verstehen, warum Dalfinger als erster Welser-Gouverneur 1529-1532 und Federmann als erster Welser-Generalkapitän 1530/31 ebenfalls schon die gleiche Politik intensiver Raub- und Rekogniszierungszüge ins Landesinnere verfolgten. Immerhin: Federmann spricht wenigstens davon, daß er auch nach einem Weg zum Südmeer gesucht habe.²⁸

Dann: War das Venezuela-Projekt gleichzeitig ein Versuch, Bergbau im großen Maßstab zu betreiben, zu einem Zeitpunkt, zu dem der Silberbergbau in Europa so teuer geworden war, daß ein internationales Unternehmen wie die Welser-Kompanie einiges wagte, um Ersatzabbaustätten besonders unter dem Gesichtspunkt des Einsatzes billiger Arbeitskräfte ausfindig zu machen? Die Welser-Kompanie warb in der Tat zu Beginn der dreißiger Jahre knapp hundert deutsche Bergleute an.²⁹ Die aber wurden teilweise auf La Española, auf Cuba und in Mexiko eingesetzt. Auf Tierra Firme hatte die Gesellschaft zwar die Schürf- und Schmelzrechte für Edelmetalle für die Provinz Venezuela und die Nachbarprovinz Santa Marta erworben. Aber von Prospektorentätigkeit allgemein oder auf den Welser-Entradas in Tierra Firme im besonderen oder gar von Erzabbau, von deutscher Bergwerkstätigkeit, hören wir aus diesen Provinzen nichts, auch nicht durch die Briefe Huttens.

So bleibt zwar festzuhalten, daß wirtschaftende Tätigkeit, die mit Produktion und Ausbeutung, mit Handel und Vermarktung beiderseits des Atlantiks in Anbindung an den internationalen Handel der Welser-Kompanie zu tun hatte, mit großer Wahrscheinlichkeit ursprünglich der Grund für den Abschluß des Kronvertrags

---

²⁷ Dies ist die Grundaussage der Großhauptschen Dissertation überhaupt. Vgl. W. Großhaupt, Bartholomäus Welser (Anm. 4).
²⁸ In seiner Indianischen Historia, Hagenau 1557.
²⁹ Dazu insb. Carl Liesegang, Deutsche Berg- und Hüttenleute in Süd- und Mittelamerika. Beiträge zur Frage des deutschen Einflusses auf die Entwicklung des Bergbaus in Lateinamerika, Hamburg 1949, sowie W. Großhaupt, Bartholomäus Welser (Anm. 4), S. 286-287. Ein knapper, genauer Überblick auch bei G. Simmer, Die deutsche Auswanderung (Anm. 10).

von 1528, und damit für die Übernahme der Statthalterschaft über Venezuela, war. Für eine gewinnorientierte wirtschaftende Tätigkeit war eine so bedeutende administrative Funktion wie eine Statthalterschaft bei weitem vorteilhafter als die bloße Unterhaltung von Faktoreien (wie bereits seit 1526 in Santo Domingo). Dem mußte ein übergeordnetes strategisches Interesse der spanischen Krone an der Schaffung einer Infrastruktur in der Provinz und ihrer Rundumerschließung für die Ausübung spanischer Herrschaft nicht entgegenstehen.

Doch scheint sich innerhalb der ersten Jahre die Erwartung auf Gewinne der skizzierten Art in Venezuela bald in ein Beinahe-Nichts aufgelöst zu haben. 1543 schreibt der Konzernchef Bartholomäus V. Welser bezeichnenderweise an den in Aussicht genommenen nächsten Gouverneur für Venezuela, Francisco Davila, und zwar fast resigniert: *Wenn das Land* [endlich] *anfinge, Früchte zu tragen*[30], so, als habe er trotz enttäuschter Erwartungen noch immer seine Hoffnung auf zurückfließende Rendite nicht aufgegeben. Gleichzeitig zeigt dieser Brief, daß er noch immer mit der Praxis der Welser-Entradas tief ins Landesinnere hinein einverstanden war: *Wenn Hutten und Bartholomäus Welser, mein Sohn, am Leben bleiben, so können sich E.G.* [Francisco Davila] *über ihre Reise belehren lassen und ihnen Aufträge zu Eroberungen geben, und können E.G. als der Höchste in der Kolonie Alles durchschauen.*[31]

Spätestens 1534, als Hohermuth von Speyer Landsknechte und Pioniere für eine neue Entrada (und – nebenbei bemerkt – keineswegs Kolonisten für die Anlage von Siedlungen, wie man nach dem Kronvertrag von 1528 hätte erwarten sollen) in Sevilla anwarb und ausrüstete, haben wir also offenbar die ganz überwiegende (und für Hutten wohl ausschließliche) Fixierung der Welser-Kompanie bzw. ihrer Amtsträger in Coro auf die Suche nach einem Goldkönigreich im Landesinneren anzusetzen. Genau diese Auffassung gibt auch Hieronymus Köler in seinen Erinnerungsberichten.[32] Es ist gut denkbar und sogar naheliegend, daß dabei auch die Kunde von der Aufdeckung Perus durch Francisco Pizarro 1532/33, die damals in Europa Sensation machte, eine Rolle spielte.

Wenn im übrigen eben davon die Rede war, daß grundsätzlich auch andere Zielsetzungen der Kompanie in Venezuela ausgemacht werden können außer dem Ziel einer Goldkonquista, wenigstens in den ersten Jahren, dann löst sich dieser Widerspruch leicht auf: Einem Multibranchen-Konzern wie dem Welserschen dürfen wir ohne weiteres eine Vielzahl gleichzeitig verfolgter, einander ergänzender und in den Prioritäten sich je nach Entwicklung der Dinge ablösender Zielsetzungen unterstellen.

---

30 Johann Michael Frhr. v. Welser, Zur Geschichte der Welser in Venezuela, in: ZHVSN 1 (1874), S. 334-341, hier S. 336.
31 J. M. Frhr. v. Welser, Zur Geschichte der Welser (Anm. 30), S. 335.
32 H. S. M. Amburger, Die Familiengeschichte der Koeler (Anm. 12).

Jedenfalls: Für die Phase der Welser-Statthalterschaft über Venezuela ab 1534 unter Hohermuth von Speyer scheint Philipp von Hutten bei aller persönlichen Beuteobsession ein brauchbarer Kronzeuge zu sein.

V.

Sinn und Zweck seiner – Huttens – Anwesenheit in Venezuela wie (aus seiner Sicht) aller Welser-Amtsträger vom Gouverneur bis hinunter zum Fußsoldaten war es also, Entradas ins Landesinnere von Tierra Firme zu unternehmen, und zwar um die Hand auf ein goldstarrendes Indiokönigreich zu legen. Hierzu um des leichteren Verständnisses dieser Goldbesessenheit willen ein Wort:

Ab 1536 war Tierra Firme, wie wir durch den Chronisten Pedro Simón erfahren, von der Nachricht über das Reich von El Dorado, des 'vergoldeten Kaziken', erreicht worden.[33] Diese Mär war erstmals in Quito, der Hauptstadt der nördlichsten Inka-Provinz Ecuador, aufgetaucht. Dort hatte der Statthalter Sebastián Benalcázar systematisch Indios aus allen Regionen nach Gegebenheiten ihrer Heimat befragt. Ein Indio berichtete, in seinem Land namens Bogote – dem Hochland von Bogotá – gebe es einen Kaziken, den 'großen Zipa', der einmal in jedem Jahr von Kopf bis Fuß mit duftendem Harz eingerieben und dann mit Goldstaub überblasen werde. Dann fahre er in einer Barke auf die heilige Lagune von Guatavita hinaus, opfere den Gottheiten Weihegaben aus Gold und Smaragden und stürze sich dann ins Wasser, um sich den Goldstaub abzuspülen.[34]

Diese zunächst geheim gehaltene Kunde vom Goldkaziken verbreitete sich trotz aller Vorsichtsmaßnahmen wie ein Lauffeuer durch die Neue Welt. In der Folge suchten immer wieder Konquistadoren verbissen nach ihm. Sein Goldreich zog sich dabei vom Hochland von Kolumbien, wo man ihm zuerst nachspürte, in die Savannen des Orinoco zurück, zum Amazonas, in den Gran Chaco und in den weiten Süden bis nach Patagonien, im Norden des Doppelkontinents bis in die Great Plains der heutigen USA und bis zum Grand Canyon, wo man die berühmten silbernen 'Sieben Städte von Cíbola' und das Goldkönigreich Quivira damit identifizierte. Das Wort 'El Dorado' wurde nach und nach zum Inbegriff des Reichtums und des Überflusses und gehört heute in diesem Wortsinn zu unserem

---

[33] Dokumente zur Geschichte der europäischen Expansion, Bd. 3: Der Aufbau der Kolonialreiche, hrsg. v. Eberhard Schmitt, München 1987, S. 30-33.

[34] Aus der Fülle der einschlägigen Arbeiten sei erwähnt Hermann Trimborn, Eldorado. Entdecker und Goldsucher in Amerika, München, Wien 1961; Victor W. von Hagen, Auf der Suche nach dem Goldenen Mann. Die Geschichte von El Dorado, Reinbek 1977 (etwas popularwiss.); Dokumente zur Geschichte der europäischen Expansion, Bd. 2 (Anm. 3), insb. S. 335-463; Demetrio Ramos, El mito de El Dorado (Mundus Novus 6), Madrid 1988.

Der Beitrag der Hutten-Papiere

Alltagsvokabular, es bezeichnet einen nicht lokalisierbaren Garten des überfließenden materiellen Glücks, über den man wenig weiß und anderen noch weniger glaubt.

Dabei hat bemerkenswerterweise der Indiobericht über El Dorado einen historisch ganz realen Kern gehabt. Wie die moderne Ethnologie und Archäologie herausgefunden haben, gab es jenen 'großen Zipa' der Indio-Erzählung wirklich aus Fleisch und Blut: Es war der Häuptling eines der zwölf Gemeinwesen der politisch ganz locker organisierten Hochkultur der Muisca im Hochland von Kolumbien, wo in der Tat Gold auf kunstvollste Weise verarbeitet wurde.[35] Es gab ohne Zweifel das von dem Indio berichtete Zeremoniell auf der Lagune, und es gibt den See von Guatavita noch heute.

Dieser See – er liegt im Hochland von Kolumbien – ist inzwischen wegen Schatzräubereien vom Staat unter Schutz gestellt worden. Seinerzeit, 1537-39, haben jedoch tatsächlich drei Konquistadorentrupps aus verschiedenen Richtungen (Benalcázar, Jiménez de Quesada, Federmann) das an ihn grenzende Land, die Muisca-Region ebenfalls im Hochland von Kolumbien, durchzogen und ausgeraubt. Und man darf sicher sein, daß auch in den Jahren zuvor die verschiedenen Welser-Amtsträger seit Dalfinger 1529 von diesem Goldland Kenntnis hatten, obschon der Begriff 'El Dorado' noch nicht geprägt war. Sie wußten, wonach sie suchten, konnten das Ziel aber topographisch und auch hinsichtlich einer gangbaren Route nicht genau fixieren.

Die Zuversicht unter den Neuankömmlingen von 1535, zu denen Hutten gehörte, rasch zu Reichtum zu kommen, scheint allgemein gewesen zu sein. So schrieb Philipp im Februar 1535 noch vor dem Aufbruch ins Unbekannte: [...] *ist das Land ubermaß reich, auch* [hat es] *Mynas von Gold vnd Silber, dan es hierumb, do wir itz ligen, ein arm vnd rauch Land ist.*[36]

Dieser erste Zug ins Landesinnere wurde zum Fiasko. Von Monat zu Monat quälte sich die Expedition vorwärts, durch das Quellgebiet der Ströme Orinoco und Amazonas fast bis Ecuador, immer auf der Suche nach einem Goldreich. Aber sie fand nichts als steinige Kordilleren, in denen man fast erfror, Savannen und Buschwälder, die in der Trockenzeit glutheiß waren und sich in der Regenzeit in überflutete Moräste verwandelten. In Scharmützeln mit Einheimischen verloren 'die Christen', wie sie sich nannten, Mann um Mann, ebenso durch Entbehrungen und ihnen unbekannte Krankheiten. Einmal hatten sie auch direkte Botschaft vom sagenhaften Goldland, von El Dorado. Aber es gelang ihnen nicht, die Berge im

---

[35] Vgl. Hans-Joachim König, Die politische und soziale Ordnung der Muisca in Neu-Granada vor der spanischen Konquista (um 1538), in: Dokumente zur Geschichte der europäischen Expansion, Bd. 1: Die mittelalterlichen Ursprünge der europäischen Expansion, hrsg. v. Eberhard Schmitt, München 1986, S. 359-368.

[36] Huttensches Familienarchiv Schloß Steinbach, unveröffentlichter Brief an den Kaiserlichen Rat Matthias Zimmermann vom 23.2.1535.

Westen (es waren die z.T. auf über 5000 m Höhe ansteigenden kolumbianischen Ostkordilleren) zu übersteigen, um dorthin zu gelangen. Philipp berichtete darüber in seinen ersten Briefen nach der Rückkehr, u.a. an seinen Freund Zimmermann: *Ich kan euch in Warheit zusagen, wan all das Gold von der Welt xx* [zwanzig] *Meil vonhynnen gewest wer, waren wir nit part* [parat], *das zuholen*[37], und zwar, weil alle Leute *marode* waren, weil es an Proviant fehlte und weil die Ausrüstung inzwischen verdorben war: *Hie blieb kain Vngeziffer vngegessen biß Schlangen, Krotten, Maus, lagartos* [Eidechsen] *und ander generos* [Arten] *von Wurmen, das ain Grawe ist, daruon ze reden.*[38]

Die Notwendigkeit der Welser-Amtsträger, wenn nicht durch Handel mit Landesprodukten und ähnlichem, so doch wenigstens auf einer Entrada ins Landesinnere Gewinn zu machen, erklärt auch die menschenverachtende Verwegenheit und den bedingungslosen Durchhaltewillen der Teilnehmer. Wenn sie mit leeren Händen zurückkamen, war ihr Leben noch weniger wert als im Urwald und in der Savanne: Denn dann konnten sie ihre Verschuldung – in der steckte fast jeder Teilnehmer – nicht abtragen. Dieser Mechanismus war Philipp bei seiner Verdingung an die Welser vielleicht noch nicht bekannt gewesen, aber er prägte fortan sein Leben. Als er sich 1534 anwerben ließ, war er in seiner Entscheidung noch frei und er glaubte wohl auch, sich diese Freiheit bewahren zu können. Als er aber vier Jahre später von seinem ersten Zug zurückkam, war er, obwohl er sich täglich abgeschunden hatte, nicht nur nicht reicher als zuvor, sondern wider Erwarten in tiefe Schulden geraten. Hören wir eine Passage aus dem Brief vom 30. Juli/Oktober 1538 an seinen Freund Matthias Zimmermann: *Was mir meins thails zw Beut aus dieser langen, musamen Rayß worden ist: das ich zum dritten Mal von Indiern verwundt worden bin vnd zway Pfferd verlorn hab, dardurch ich in grosse Schuld komen bin. Dan zw letzt ain Pfferd viii*[c] [achthundert] *pesos verkaufft ward.*[39] Von solchen Schulden hören wir auch bezüglich Federmann und Hohermuth, sie scheinen typisch gewesen zu sein.[40] Schwer auszumachen ist, inwieweit damals und später bei der Opposition der spanischen Bewohner der Provinz gegen die Welser-Gesellschaft der Umstand eine Rolle spielte, daß die Gläubigerin der Konquistadoren ausnahmslos die oberdeutsche Gesellschaft selbst war. Die deutschen Amtsträger scheint dieser Umstand nicht belastet zu haben, er scheint eher ihre Solidarität mit der Konzernleitung gestärkt zu haben, so jedenfalls bei Hutten:

---

[37] Huttensches Familienarchiv Schloß Steinbach, unveröffentlichter Brief an den Kaiserlichen Rat Matthias Zimmermann vom 30.7./30.10.1538.

[38] Brief an den Kaiserlichen Rat Matthias Zimmermann vom 30.7./30.10.1538 (Anm. 37). In der Sache ähnlich in seinen Briefen an Bernhard von Hutten sowie an Georg Geuder jeweils vom 20.10.1538, veröffentlicht bei J. G. Meusel, Zeitung aus India (Anm. 11).

[39] Brief an den Kaiserlichen Rat Matthias Zimmermann vom 30.7./30.10.1538 (Anm. 37).

[40] Briefe des Bartholomäus V. Welser vom Februar 1543 und des Jakob Remboldt vom gleichen Jahr jeweils an Francisco Davila. Vgl. J. M. Frhr. v. Welser, Zur Geschichte der Welser (Anm. 30), S. 335-336 sowie S. 336-338.

Der Beitrag der Hutten-Papiere   207

1546 wird ihm gerade diese Solidarität und darüberhinaus die Bevorzugung des jungen Welser, den er 1541 trotz dessen Unerfahrenheit zu einem der Hauptleute seiner Konquistadorentruppe gemacht hatte, angelastet.

VI.

Meine aus dem Studium der Hutten-Briefe abgeleitete These, die Eroberung eines Gold-Reiches in Tierra Firme sei auf jeden Fall ab 1534, möglicherweise sogar von Anfang an das Hauptziel der Welser-Konquistadoren mit vollem Wissen der Zentrale in Augsburg gewesen, erhält weitere Nahrung durch ein Zufallsergebnis der Vorbereitung dieser Briefe für den Druck: Philipp von Hutten erwähnt zahlreiche Zeitgenossen, die ich dem Leser in 'Steckbriefen' vorzustellen mich bemühe. Und da ergibt sich überraschenderweise, daß Philipp neben den Welser-Amtsträgern auf der Suche nach dem Goldkönigreich im Hinterland von Coro allein sieben weitere spanische Konquistadoren erwähnt, die ab 1527 aus unterschiedlichen Richtungen zu den Muisca im Hochland von Bogotá vorzustoßen suchten, teils von Santa Marta aus, wie Rodrigo de Bastidas d.Ä., teils vom unteren Orinoco, also von der Provinz Paria, aus, wie Alonso de Herrera, Jerónimo Ortál, Pedro de Reynoso und Antonio Sedeño, teils von Ecuador aus, wie Sebastián de Benalcázar. Dabei nennt Philipp jene Konquistadoren von Santa Marta wie Jiménez de Quesada, die das Goldland der Muisca dann wirklich entdeckten, gar nicht, weil er damals – 1537 – selbst unterwegs auf der Suche nach dem gleichen Goldreich war.

Jedenfalls wird aus diesen Hinweisen deutlich, daß Philipp von Hutten sich selbst und seine Welser-Kollegen in steter Konkurrenz wußte auf der Suche nach dem 'reichen Land'. Den eben erwähnten spanischen Konquistador Pedro de Reynoso hat Hutten in eigener Person Mitte 1539 im Tal von Barquisimeto entwaffnet, als er ihn mit seiner Truppe im Konzessionsgebiet der Welser auf der Suche nach dem sagenhaften Goldreich antraf. Von daher versteht sich auch jenes Wort besser, das er in seinem Brief an seinen Bruder Moritz im März 1541 schrieb: [...] *ich fürcht mehr den Krieg mit den Christen* [als mit] *den Indiern, dann ich weiß wohl, wir werden auf Christen stoßen aus andern Gubernationen und vielleicht ohn Zwitracht nicht voneinander kommen.*[41]

Diese Passage ebenso wie die namentliche Nennung von Konquistadoren aus anderen Provinzen mit ein und demselben Ziel weist auf, welche Magnetkraft damals nicht nur auf die Welser-Amtsträger, sondern wohl auf alle Konquistadoren

---

[41] Brief an Moritz von Hutten vom 10.3.1541, veröffentlicht bei J. G. Meusel, Zeitung aus India (Anm. 11).

in der Region zwischen Orinoco/Amazonas, Ecuador, der Landenge von Panamá und der Karibikküste die von Indios als glaubhaft empfangene Kunde von einem Goldreich im Landesinneren ausübte. Eine vergleichende Untersuchung dieses faszinierenden Stoffs wäre sehr zu wünschen, sie steht bisher aus.

Über den Verlauf der zweiten großen Entrada Huttens 1541-46, die wie die vorhergehende vom Edelmetallertrag her wohl nicht übermäßig erfolgreich, für den Expeditionsleiter und seine engsten Gefolgsleute aber zum tödlichen Desaster wurde, haben wir keinen Augenzeugenbericht aus seiner Feder. Wohl aber haben wir Chronistenberichte: Sie alle, von Gonzalo Fernández de Oviedo über Juan de Castellanos bis hin zu Pedro de Aguado, der die lebendigste und glaubwürdigste Schilderung gibt,[42] und zu Fray Pedro Simón bestätigen die Beobachtungen, die wir an den Briefen Huttens zwischen 1534 und 1541 machen.[43] Daß der leitende Konzernstratege in Augsburg, Bartholomäus V. Welser, noch 1543 weitere Entradas für die selbstverständlichste Sache der Welt hielt, wurde bereits erwähnt. Aber auch die weitere Geschichte der Provinz Venezuela noch unter der formellen Welser-Statthalterschaft der späten vierziger und der fünfziger Jahre kennt solche Raub- und Rekogniszierungszüge: Vermutlich hat der spanische Sonderbevollmächtigte Juan Pérez de Tolosa, der 1546 Carvajal wegen des Mordes an Hutten, dem jüngeren Welser und zwei spanischen Gefolgsleuten aufspürte, gefangennehmen, aburteilen und hängen ließ, die übrigen in diese Morde Verwickelten nicht nur deshalb geschont, weil der Sachverhalt damals juristisch schwer zu durchdringen war, sondern auch deshalb, weil ihm mit der fast komplett erhaltenen Truppe Huttens ein hervorragendes Expeditionscorps für neue Entradas zur Verfügung stand, das er denn auch alsbald unter dem Kommando seines Bruders Alonso Pérez de Tolosa einsetzen ließ.[44]

---

[42] Eine deutsche Übersetzung der einschlägigen Teile der Chronik des Aguado in: Tod am Tocuyo. Die Suche nach den Hintergründen der Ermordung Philipps von Hutten 1541-1548, hrsg. v. Eberhard Schmitt, Götz Simmer (im Druck).

[43] Es hat den Anschein, als sei Hutten auf seiner zweiten Entrada 1541-1546 nicht mehr auf der Suche nach dem Goldreich im Hochland von Kolumbien, wie zusammen mit Hohermuth 1535-1538, gewesen, sondern nach einem anderen, südöstlicher gelegenen. *Ich hoff jnnerhalb drey Monath mit 200 Mann, 150 Pferd von hinnen zu ziehen, im Namen Kayserlicher Mayestet und der Herrn Welser zu conquistiren* [erobern] *und reich Land aufzudecken, dann wir gewißlich wißen, wo es ist. Gott der Allmächtig woll sein Gnad verleyhen und alle Ding nach dem besten richten.* Brief an Moritz von Hutten vom 10.3.1541, veröffentlicht bei J. G. Meusel, Zeitung aus India (Anm. 11). In anderem Zusammenhang spricht er vom *Hauß der Sonnen* [Huttensches Familienarchiv Schloß Steinbach, Brief an Moritz von Hutten vom 16.1.1540; in korrupter Transkription veröffentlicht auch bei J. G. Meusel, Zeitung aus India (Anm. 11)], wonach man suchen müsse: Darin könnte sich eine Indio-Information von einem Tempel oder Palast der Inka ausgedrückt haben. Tatsächlich entfernte sich Hutten ab 1543 von den Kordilleren in Richtung Tiefland der Oberläufe von Orinoco und Amazonas, bis er mit seinen geringen Kräften von der kriegerischen Kultur der Omagua (wie Aguado berichtet) aufgehalten wurde.

[44] K. Haebler, Die überseeischen Unternehmungen (Anm. 4), S. 364.

So scheint das Argument der spanisch-sprachigen Historiographie, Hutten habe als Generalkapitän 1546 das Gebot der Stunde, nämlich endlich den Interessen der Siedler den Vorzug zu geben gegenüber denen gieriger und goldhungriger Konquistadoren seines eigenen Menschentyps, nicht befolgt, zwar richtig zu sein, aber nicht die ganze Wahrheit zu umfassen. Wie erklärte sich sonst, daß Tolosa, abgesandt, um die Grundanliegen der spanischen Politik in Venezuela wieder zur Geltung zu bringen, selbst teilweise auf eine Politik der Entradas in das Landesinnere einschwenkte?

Aus all diesen Ausführungen geht hervor, daß die Geschichte der Welser-Statthalterschaft über Venezuela als Teil der Geschichte der spanischen Erschliessung des amerikanischen Kontinents in der ersten Hälfte des 16. Jahrhunderts über die Untersuchungen von Haebler und Friede hinaus nochmals der umfassenden Behandlung bedürfte. In Sevilla im Indienarchiv ruht dazu eine Fülle von Dokumenten, die nicht gesichtet und ausgewertet sind.[45] Insofern sind manche der hier geäußerten Thesen, die im Grunde Indizien aneinanderketten (was ein erlaubtes Verfahren ist, wenn methodisch kein anderer Weg gangbar ist), möglicherweise modifizierungsbedürftig. Ich würde es begrüßen, wenn eine solche Modifizierung durch eine Doktor- oder Habilitationsarbeit bald in Gang käme.

---

[45] Telefonische Mitteilung von Walter Großhaupt im März 1992.

Kooperation und Konkurrenz.
Augsburger Kaufleute in Antwerpen

Gabriele von Trauchburg-Kuhnle

Historische Jubiläen tun das ihre, um Forschungen anzuregen, wie jüngst das 500jährige Jubiläum zur Entdeckung der neuen Welt zeigte. In diesem Zusammenhang wurden unter anderem die diesem historischen Ereignis vorangehenden wirtschaftlichen Zusammenhänge, der Wettlauf zwischen Spaniern und Portugiesen zu den Gewürzinseln im Osten, in der Forschung intensiv und damit auch der Anteil der Oberdeutschen bei den einzelnen Unternehmen verstärkt untersucht.

Ein Jubiläum ganz anderer Art ist der Versuch der Europäischen Union, jedes Jahr eine europäische Stadt als Kulturhauptstadt auszuwählen, damit sie sich den anderen Einwohnern dieser Union präsentiert. Antwerpen war 1993 europäische Kulturhauptstadt. Die Stadt wollte in diesem Zusammenhang nicht ihre historische Bedeutung in den Vordergrund stellen, sondern ihr lag an der Vermittlung des modernen Antwerpen. Daher gab es keine Ausstellung, die sich zentral mit der ökonomischen Vergangenheit dieser Stadt auseinandersetzte. Dennoch kann ein derartiges Jubiläum Anstoß dafür sein, sich mit der Historie zu beschäftigen, im vorliegenden Fall mit den wirtschaftshistorischen Beziehungen zwischen Augsburg und Antwerpen.

In den bisherigen Untersuchungen zur Augsburger und oberdeutschen Wirtschaftsgeschichte wird der Bereich Flandern und Brabant sowie die dort wirtschaftlich dominierenden Städte Brügge, Antwerpen, Brüssel, Arras, Douai und Lille meistens nur am Rande erwähnt. Der bisherige Untersuchungsschwerpunkt zu den überregionalen Beziehungen der oberdeutschen Wirtschaft im 15. und 16. Jahrhundert liegt eindeutig im Süden Europas, in Italien und Spanien.[1] Hingegen

---

1   Vor allem die in der Reihe 'Studien zur Fuggergeschichte' erschienenen Bände demonstrieren, welche europäischen Wirtschaftsregionen in der Forschung dominieren: Ludwig Scheuermann, Die Fugger als Montanindustrielle in Tirol und Kärnten (Studien zur Fuggergeschichte, Bd. 8), München, Leipzig 1904/05; Hermann Kellenbenz, Die Fugger in Spanien und Portugal bis 1560, 2 Bde. (Studien zur Fuggergeschichte, Bd. 32), Tübingen 1990. Von den anderen Augs-

fehlen Untersuchungen für den nordwestlichen und nordöstlichen europäischen Raum fast gänzlich.[2] Die bisher gewonnenen Einzelerkenntnisse, die es zum Wirken Augsburger Kaufleute in Antwerpen gibt, sollen an dieser Stelle zusammengefaßt werden.

Zunächst stellt sich die Frage nach den Rahmenbedingungen für die Entwicklung Antwerpens zur europäischen ökonomischen Metropole und deren Anziehungskraft auf die oberdeutschen Kaufleute. Anschließend gilt es zu untersuchen, in welcher Form die Augsburger Kaufleute Handel betrieben und wie sie sich in das Stadtbild integrierten.

I.

Der bisher nachweislich gesicherte Zeitraum, in dem Augsburger Kaufleute Handel in Antwerpen trieben, umfaßt 130 Jahre – von 1479 bis 1608. In dieser Zeitspanne sind Augsburger Kaufleute in der Stadt an der Schelde belegt. Bei dem ersten archivalisch nachweisbaren Augsburger Kaufmann handelt es sich um Ludwig Meuting,[3] der seinem Sohn Bernhard und dem in Brügge tätigen Ludwig Studelyn die Vollmacht erteilt, von dem Brügger Kaufmann Egloff Miller eine

---

burger Handelsgesellschaften gibt es keine ausführlichen regionalen Untersuchungen; der Wirtschaftsraum Antwerpen findet zwar immer wieder Erwähnung, jedoch wurden noch keine umfassenden Quellenstudien vorgenommen. Auch sucht man vergeblich nach einer umfassenden Untersuchung der oberdeutschen Aktivitäten in Antwerpen durch die nordfranzösische oder belgische Regionalforschung.

[2] Götz Frhr. v. Pölnitz, Fugger und die Hanse – ein hundertjähriges Ringen um Ostsee und Nordsee (Studien zur Fuggergeschichte, Bd. 11), Tübingen 1953. Derzeit im Entstehen begriffen ist eine Untersuchung zur Entwicklung des Bergbaus im Lake District, Großbritannien, unter Daniel Höchstetter. Im Zusammenhang mit der Entwicklung des englischen Bergbaus wurde bereits mehrfach auf die Rolle oberdeutscher Kaufleute, v.a. der Handelsgesellschaft der Haug, Langnauer und Link hingewiesen: W. G. Collingwood, Elizabethan Keswick. Extracts for the Original Account Books 1564-1577 of the German Miners in the Archives of Augsburg, ND Otley 1987; s. auch George Hammersley, Daniel Hechstetter the Younger. Memorabilia and Letters 1600-1639. Copper Works and Life in Cumbria (Deutsche Handelsakten des Mittelalters und der Neuzeit, Bd. 17), Stuttgart 1988. Es fehlen jedoch Untersuchungen zum oberdeutschen Handel mit London. Es ist bekannt, daß Lukas Fugger vom Reh Beziehungen nach London unterhielt, ebenso die Firma Bimmel. Sie war eine der wichtigsten Gesellschaften im Handel mit englischem Tuch. Die Welserschen Kontakte sind durch ein Gemälde dokumentiert, das einen Hanseatischen Kaufmann darstellt, der einen Geschäftsbrief der Welser-Kompanie in Händen hält. Dieses Motiv diente als Signet der Ausstellung zur Geschichte der Hanse 1989 in Hamburg.

[3] Zur Genealogie der Familie Meuting s. Robert Steiner, Die Meuting in Augsburg (Genealogia Boica, Bd. 3/1), München 1978.

Geldsumme, die dieser ihm schuldete, in Empfang zu nehmen.[4] Ob es sich dabei tatsächlich um den Nachweis der ältesten Handelsbeziehung zwischen Augsburg und Antwerpen handelt, darf bezweifelt werden. Betrachtet man die Handelsbeziehungen weiterer oberdeutscher Städte zum flandrischen und brabantischen Raum, so ist festzustellen, daß hier die Handelsbeziehungen erheblich früher nachweisbar sind.[5]

Vor dem Aufstieg Antwerpens zur Handelsmetropole des 16. Jahrhunderts war bereits das 80 Kilometer weiter westlich gelegene Brügge seit dem 14. Jahrhundert das nördliche Zentrum des mittelalterlichen Handels.[6] Dessen Blüte neigte sich von der Mitte des 15. Jahrhunderts an dem Ende zu. Grund hierfür war nicht in erster Linie die politische Situation dieser Zeit, sondern vor allem die geographische Lage der Stadt. Brügge besaß nur über einen ehemaligen Meeresarm – den Swin – Zugang zum Meer. Dieser Meeresarm versandete im 15. Jahrhundert, da die vorhandenen technischen Möglichkeiten, die Versandung zu stoppen bzw. in einem für die Schiffahrt erträglichen Rahmen zu halten, nicht ausreichten. Die Bewohner von Brügge versuchten, dieses Dilemma dadurch zu lösen, daß sie den Ausbau von weiter nördlich am Meeresarm gelegenen Orten als Umschlagplätze förderten. So wurden die Waren in Damme oder Sluis auf Kähne umgeladen und auf einem Kanal nach Brügge transportiert. Die Versorgung der Stadt Brügge mit Waren war damit weiterhin gesichert.[7]

Die weitere ökonomische Entwicklung der Stadt Brügge wurde in der zweiten Hälfte des 15. Jahrhunderts durch die Politik der burgundischen Herzöge und der Habsburger bestimmt. Das burgundische Herrscherhaus regierte Flandern zwischen 1384 und 1477. Der letzte Herzog, Karl der Kühne, war in erster Linie

---

[4] Richard Ehrenberg, Das Zeitalter der Fugger – Geldkapital und Creditverkehr im 16. Jahrhundert, 2 Bde., Jena 1896 (ND Hildesheim 1963), hier Bd. 1, S. 188 und Bd. 2, S. 4, Anm. 2.

[5] Vgl. für Nördlingen: Rolf Kießling, Die Stadt und ihr Land. Umlandpolitik, Bürgerbesitz und Wirtschaftsgefüge in Ostschwaben vom 14. bis ins 16. Jahrhundert (Städteforschungen, Reihe A: Darstellungen, Bd. 29), Köln, Wien 1989, S. 158f; ebenso Hector Ammann, Die Nördlinger Messe im Mittelalter, in: Aus Verfassung und Landesgeschichte. Festschrift für Theodor Mayer, dargebracht v. seinen Freunden und Schülern, redigiert v. Heinrich Burtner, Otto Feger, Bruno Meyer, Konstanz 1955, Bd. 2, S. 283-315. Vgl. für Augsburg: Peter Lengle, Handel und Gewerbe bis zum Ende des 13. Jahrhunderts, in: Geschichte der Stadt Augsburg von der Römerzeit bis zur Gegenwart, hrsg. v. Gunther Gottlieb u.a., Stuttgart 1984, S. 166-170, hier S. 169. Aus den Bestimmungen zum Stadtrecht von 1278 geht hervor, daß es bereits Handelsverbindungen zu den Messen der Champagne gegeben hat. Diese Messen sind Vorläufer der Messen in Flandern; vgl. dazu: Jean Favier, De l'Or et des épices. Naissance de l'homme d'affaires au Moyen Age, Paris 1987, S. 38-42.

[6] Vgl. dazu: Jacques Le Goff, Kaufleute und Bankiers im Mittelalter, Frankfurt/M. 1989, S. 18-21 (Erstv. Marchands et banquiers du Moyen Age, Paris 1956), sowie J. Favier, De l'Or et des épices (Anm. 5), S. 52-54 und 58-60.

[7] Rudolf Häpke, Brügges Entwicklung zum mittelalterlichen Weltmarkt, Diss. Berlin 1908; Ders., Der deutsche Kaufmann in den Niederlanden, Leipzig 1911, S. 26-40; Robert van Roosbroeck, Geschiedenis van Vlaanderen, Bd. 1, Hasselt 1972, S. 185 (Abb. 395) und S. 356-358.

Feldherr. Die ökonomische Entwicklung der flandrischen Städte interessierte ihn nur insofern, als daß sie die hohen, von ihm geforderten Abgaben für die Finanzierung seiner Kriege zu bezahlen hatten. Besonders in den ländlichen Regionen zeigten die hohen Kriegskontributionen negative Wirkung: ein nicht unerheblicher Teil der flämischen Weber wanderte nach England aus, das zu diesem Zeitpunkt mit dem Aufbau einer eigenen Tuchindustrie begann. Die Erbin Karls des Kühnen – Maria von Burgund – heiratete nach dem Tode ihres Vaters 1477 entgegen einer Vereinbarung zwischen ihr und den 'Generalstaaten', der Vertretung der flämischen Städte und Provinzen, ohne deren Zustimmung den Habsburger Erzherzog und späteren Kaiser Maximilian.[8] Sie verweigerten ihre Zustimmung zu dieser Hochzeit, weil bis dahin Maximilian, genannt der letzte Ritter, nicht als Förderer der Städte und ihrer wirtschaftlichen Interessen hervorgetreten war. So kam es zum Machtkampf zwischen den beiden Parteien im sog. flämischen Städtekrieg von 1477 und 1489. Im Verlauf des Krieges wurde Maximilian von Februar bis Mai 1488 in Brügge gefangen gesetzt[9] und kam erst nach der Zahlung eines Lösegeldes wieder frei, das wesentlich von dem Augsburger Kaufmann Ambrosius Höchstetter d.Ä. finanziert worden sein soll.[10] Die Reaktion Maximilians auf seine Gefangenschaft in Brügge war, die ökonomische Entwicklung der im Herzogtum Brabant gelegenen Stadt Antwerpen voranzutreiben.

Antwerpen lag geschützt im Mündungsbereich der Schelde zur Nordsee. Die Stadt besaß zunächst im 15. Jahrhundert das Privileg, zwei Messen an Pfingsten und an St. Bavo (1. Oktober) durchzuführen; später kamen noch die beiden Messetermine von Bergen-op-Zoom (der Kalte- und Ostermarkt) hinzu. Diese Termine entwickelten sich im Laufe der Zeit zu Zahlungsterminen für Kreditgeschäfte. Bereits Ende des 15. Jahrhunderts wurde ganzjähriger Handel in Antwerpen betrieben, wie aus verschiedenen Berichten von Zeitgenossen hervorgeht. Die aufstrebende Wirtschaftsmetropole erhielt nun von Kaiser Maximilian dieselben Privilegien, wie sie auch die Stadt Brügge besaß. Dadurch gelang es Antwerpen, Brügge an Bedeutung zu übertreffen.[11] Einen nicht unwichtigen Anteil daran nahm die Entwicklung des portugiesischen Indienhandels. Da Lissabon zu weit von den mitteleuropäischen Handelszentren entfernt lag, suchte Portugal einen Ersatzhafen, wo die einzelnen Waren günstig umgeschlagen werden konnten. Der uneingeschränkte Handel in Antwerpen und dessen geographische Lage boten

---

[8] R. van Roosbroeck, Geschiedenis van Vlaanderen (Anm. 7), S. 368f. Die Stationen bis zur Vermählung zwischen Erzherzog Maximilian und Maria von Burgund ließ Maximilian zu einem Heldenepos stilisiert in dem Buch 'Der Weisskunig' verarbeiten. Vgl. Österreichische Nationalbibliothek Wien, Cod. 3033, fol. 223^v.

[9] Auch zu diesem Ereignis gibt es eine Darstellung in Der Weisskunig (Anm. 8), fol. 409b.

[10] Götz Frhr. v. Pölnitz, Die Fugger, Frankfurt/M. 1960, S. 59. Ehrenberg gibt als Quelle hierfür die Chronik des Clemens Sender an. Vgl. R. Ehrenberg, Das Zeitalter der Fugger (Anm. 4), Bd. 1, S. 212. Archivalische Belege sind nicht überliefert.

[11] R. Ehrenberg, Das Zeitalter der Fugger (Anm. 4), Bd. 2, S. 9.

günstigste Voraussetzungen.¹² In einer Beschreibung des zeitgenössischen, in Antwerpen lebenden italienischen Kaufmanns Guicciardini um 1560 heißt es:

*Das merklichst zunehmen, welches Antorf groß, herrlich und berühmt gemacht, hat angefangen ungefähr ums Jahr 1503 und 1504. [...], alsdann die Spezerei und Droguerei aus India in Portugal und folgends in die Märkt und Messen dieser Stadt, [...] zu führen angefangen. Demnach aber [...] hat der königliche Faktor [=Portugals][...] allgemach an sich gezogen die Deutschen und erstlich die Fugger, Welser und Höchstetter [...].*¹³

Aufgrund der Beobachtungen des Italieners bietet es sich an, das Erscheinen der Augsburger Kaufleute in Antwerpen in chronologischer Reihenfolge festzuhalten. Die erste Erwähnung eines Augsburger Kaufmanns in Antwerpen datiert aus dem Jahre 1479. Ludwig Meuting erteilte seinem Sohn Bernhard und Ludwig Steidelin die Vollmacht, eine Geldsumme, die der Brügger Kaufmann Egloff Miller ihm schuldete, in Empfang zu nehmen.¹⁴ Die nächstfolgenden Höchstetter gründeten im Jahre 1486 – also zwei Jahre vor der Bezahlung des Lösegelds für Maximilian – ihre Antwerpener Faktorei.¹⁵

Lukas Fugger vom Reh hielt sich 1489 in Antwerpen auf und vermittelte Kredite für die Soldzahlungen von Maximilians Heer, an dem sich auch die Fugger von der Lilie beteiligten. Für seine Anteile an den Krediten für Erzherzog Maximilian erhielt Lukas Fugger eine Bürgschaft auf die Einnahmen der brabantischen Stadt Löwen. Löwen war jedoch nicht bereit, dieser Verpflichtung nachzukommen, und leitete damit den finanziellen Ruin von Lukas Fugger vom Reh ein, der sich zwischen 1499 und 1502 vollzog. Der Handel der Fugger von der Lilie mit Flandern wurde – von Einzelgeschäften abgesehen – erst nach dem finanziellen Zusammen-

---

12 Der Transport über Land kam nicht in Frage, da er zuviel Zeit in Anspruch nahm und zu hohe Zollkosten verursachte; vgl. J. Le Goff, Kaufleute und Bankiers (Anm. 6), S. 14-18, und J. Favier, De l'Or et des épices (Anm. 5), S. 48-57.

13 Übersetztes Zitat des Kaufmanns Guicciardini, zitiert nach: Tagebuch des Lukas Rem aus den Jahren 1494-1541. Ein Beitrag zur Handelsgeschichte der Stadt Augsburg, hrsg. v. Benedikt Greiff, in: ZHVSN 26 (1861), S. 1-110, hier S. 86f., Anm. 52. Guicciardini ist eine der wichtigsten Quellen zur Beschreibung des Antwerpener Handels im allgemeinen sowie des Ablaufs der einzelnen Ereignisse im besonderen und wird daher häufig zitiert.

14 R. Ehrenberg, Das Zeitalter der Fugger (Anm. 4), Bd. 1, S. 188 und Bd. 2, S. 4, Anm. 2.

15 R. Ehrenberg, Das Zeitalter der Fugger (Anm. 4), Bd. 1, S. 212. Nach Angaben Ehrenbergs waren 1486 die Geschäfte der Höchstettergesellschaft in Antwerpen bereits so umfangreich, "daß sich in der Regel ein Mitglied der Familie dort aufhielt und deshalb ein Grundstück in der Stadt erworben worden war" (S. 212). Auch diese Aussage ist ein Hinweis darauf, daß bereits vor den bisher bekannten Handelskontakten Geschäftsbeziehungen zu Antwerpen bestanden haben müssen. Vor diesem Hintergrund wird aber auch die Wahrscheinlichkeit, daß Ambrosius Höchstetter die Lösegeldforderungen für Erzherzog Maximilian 1488 erfüllte, sehr realistisch. Die ständige Anwesenheit eines Familienmitgliedes führte im 16. Jahrhundert zur Bildung eines Antwerpener Familienzweiges, der bisher in der Forschung nicht näher verfolgt wurde.

bruch des Vetters Lukas Fugger vom Reh in Antwerpen aufgenommen.[16] Dies läßt auf eine genaue Abtrennung der Interessensphären der beiden Familien schließen. Bereits 1494 besaßen die Brüder Ulrich, Georg und Jakob Fugger ein ausgedehntes Handelsnetz. Die Beziehungen nach Süden, nach Tirol und Italien, wurden von Jakob Fugger ausgebaut. Georg entwickelte von Nürnberg aus die Beziehungen nach Nordosten, z.B. zu Danzig, Breslau, Krakau und Leipzig. Der Nordwesten schien die Gebrüder Fugger zunächst nicht zu interessieren. Mit Konrad Meuting kam erstmals 1494 ein Vertreter der Fugger von der Lilie nach Antwerpen, wo er einzelne Geschäfte in der Folgezeit tätigte. Die Gründung der Faktorei erfolgte 1508, also nach dem finanziellen Zusammenbruch des Lukas Fugger vom Reh.[17]

Ein Jahr später, also 1509, richteten die Augsburger Welser ihre Faktorei in Antwerpen ein. Danach folgte im Jahre 1511 Christoph Herwart. Zu welchem Zeitpunkt die anderen Augsburger Handelshäuser ihre Faktoreien gründeten, ist bisher nicht erforscht, sondern läßt sich nur aus den bekannten Handelsverträgen mit den einzelnen Faktoren erschließen. Die größte Anzahl an Faktoreien Augsburger Handelshäuser ist für die Zeit zwischen 1520 und 1540 festzustellen. Die in diesem Zeitraum vertretenen Handelshäuser sind die der Adler, Paumgartner, Bimmel/Haug/Langnauer/Link, Fugger, Herwart, Herbrot, Höchstetter, Manlich, Meuting, Rehlinger, Rem, Seiler/Neidhart und Welser.[18]

Die ersten Faktoren, die für Augsburger tätig waren, stammten aus dem Augsburger Verwandtenkreis der Handelshäuser oder waren in Antwerpen und dem flämischen Umland ansässig. Ludwig Meuting bediente sich 1479 der Hilfe des Ludwig Steidelin. Steidelin gehörte zu der Allgäuer Familie Stüdlin, die Teilhaber der Ravensburger Gesellschaft war. Diese Gesellschaft unterhielt seit 1400 Handelsbeziehungen nach Brügge. Ludwig Steidelin scheint in Flandern aufgewachsen zu sein. Nach dem ökonomischen Niedergang Brügges wechselte er von dort nach Antwerpen und betätigte sich als Faktor der Nürnberger Welser, während sein Verwandter Gabriel Steidelin sich bei den Augsburger Welsern verdingte.[19]

---

[16] Götz Frhr. von Pölnitz, Anton Fugger, Bd. 1 (Studien zur Fuggergeschichte, Bd. 13), Tübingen 1958, S. 7, und G. Frhr. v. Pölnitz, Die Fugger (Anm. 10), S. 32-37. Weitere Detailforschungen zur Familie Fugger vom Reh und ihren wirtschaftlichen Unternehmungen fehlen. So ist nur bekannt, daß Lukas Fugger auch gute Handelsbeziehungen nach London unterhielt.
[17] G. Frhr. v. Pölnitz, Anton Fugger (Anm. 16), Bd. 1, S. 14-26.
[18] Diese Zusammenstellung erfolgte aufgrund der Angaben in den beiden Bänden bei R. Ehrenberg, Das Zeitalter der Fugger (Anm. 4). Seine Ergebnisse beruhen auf Forschungen vor 1896. Dies zeigt, daß hier ein deutliches Forschungsdesiderat für die Augsburger Wirtschaftsgeschichte besteht.
[19] Aloys Schulte, Die Ravensburger Handelsgesellschaft 1380-1530, 3 Bde. (Deutsche Handelsakten des Mittelalters und der Neuzeit, Bd. 3), ND Wiesbaden 1964, hier Bd. 1, S. 203 und Bd. 2, S. 424. Vgl. auch R. Ehrenberg, Das Zeitalter der Fugger (Anm. 4), Bd. 1, S. 197. Franz Steidelin trat 1540 als Zeuge in einer Urkunde für Jakob Welser, Jakob Rehlinger und andere auf. Vgl. Jakob Strieder, Aus Antwerpener Notariatsarchiven – Quellen zur deutschen

Die Herwarts wurden 1511 durch den Flamen Claus de Clerc und 1524 durch Andreas Smiet vertreten. Ab 1529 übernahm diese Funktion der 1516 nach Antwerpen übersiedelte Georg Meuting, ein Enkel des in Antwerpen erstgenannten Augsburger Kaufmanns. Später vertrat Meuting auch die Paumgartner und Meuting in Geldgeschäften.[20] Eine besonders schillernde Figur war Lazarus Tucher, der 1519 die Manlich vertrat und 1528 mit der Fuggerschen Gesellschaft zusammenarbeitete. Tucher stammte aus einer Nürnberger Kaufmannsfamilie. Er kam früh nach Antwerpen und heiratete 1520 eine Tochter aus der Tuchhändlersfamilie Cocquiel in Tournai (Doornik).[21]

Die Fugger von der Lilie bedienten sich zuerst eines Verwandten als Faktor in Antwerpen. Die ersten Geschäfte tätigte für sie der seit 1479 mit Jakob Fuggers Schwester verheiratete Konrad Meuting.[22] Er wurde von Felix Hanolt 1510 abgelöst. Die Welser schickten zunächst im Jahre 1509 ebenfalls einen Verwandten, Lukas Rem, als Faktor nach Antwerpen. Rem kannte die flämischen Handelsgepflogenheiten aufgrund eigener Erfahrungen in der Stadt Brügge.[23] Ihm folgten Konrad Imhof und der Kaufbeurer Georg Hörmann. Der Augsburger Ulrich Hainhofer war als Faktor der Bimmel in Antwerpen tätig.

Rückschlüsse über die Ausstattung der Faktoreien können im einzelnen durch die Angaben in den Inventuren der einzelnen Gesellschaften gezogen werden. Die Antwerpener Faktorei der Fugger war 1508 von dem Antwerpener Nicolaas van Rechtergem erworben worden und entsprechend dem Repräsentationsbedürfnis mit Zinn- und Silbergeschirr ausgestattet.[24] Weiteren Aufschluß über die Fuggerfaktorei erhält man über das Tagebuch des Albrecht Dürer, der sich 1520/21 als Gast im Fuggerhaus in Antwerpen aufhielt.[25]

Wirtschaftsgeschichte des 16. Jahrhunderts (Deutsche Handelsakten des Mittelalters und der Neuzeit, Bd. 4), Wiesbaden 1962, S. 109, Nr. 136.

20 Die hier gemachten Angaben stammen aus der Zusammenstellung nach R. Ehrenberg, Das Zeitalter der Fugger (Anm. 4), Bd. 1 und 2.

21 R. Ehrenberg, Das Zeitalter der Fugger (Anm. 4), Bd. 1, S. 250.

22 R. Steiner, Die Meuting (Anm. 3), S. 21.

23 Zu den Reisen des Lukas Rem s. Tagebuch des Lukas Rem (Anm. 13).

24 Norbert Lieb, Die Fugger und die Kunst, Bd. 1: Im Zeitalter der Spätgotik und der frühen Renaissance (Studien zur Fuggergeschichte, Bd. 10), München 1952, S. 72: Diese Angaben sind von Lieb nicht datiert. Weitere Angaben enthalten die Inventare von 1527, 1533, 1536, 1546, 1549, 1563 und 1577: Norbert Lieb, Die Fugger und die Kunst, Bd. 2: Im Zeitalter der hohen Renaissance (Studien zur Fuggergeschichte, Bd. 14), München 1958, S. 102. Die Faktorei lag am südlichen Rand des alten Stadtzentrums, etwa 200 Meter vom Hafen entfernt.

25 Bei Dürers Aufenthalt entstanden die Portraits der Faktoren Bernhard Stecher und Jakob Rehlinger. Vgl. N. Lieb, Die Fugger und die Kunst (Anm. 24), Bd. 1, S. 63. In seinem Tagebuch beschreibt Dürer das Fuggeranwesen und erwähnt auch den Turm, der zu dieser Anlage gehörte. Dieser Turm ist immer wieder auf den einzelnen Stadtplänen erkennbar. Zuletzt taucht er in einem Kupferstich des Augsburger Verlegers Martin Engelbrecht auf. Vgl. auch Amand de Lattin, Evoluties van het Antwerpsche Stadsbeeld, Antwerpen 1940, S. 88-91.

Zunächst waren die meisten Augsburger Handelsfirmen im Gewürz-, Metall- und Tuchhandel tätig. Als sich jedoch im Kreditgeschäft größere und schnellere Gewinne erzielen ließen, wandten sie sich diesem Geschäftsbereich zu. Diese Umorientierung bewirkte letztendlich den Niedergang der Augsburger Handelshäuser. Die Präsenz Augsburger Handelshäuser in Antwerpen erhielt ihren ersten Rückschlag durch den spektakulären Bankrott der Höchstetter 1530.[26] Aufgrund von nichteingehaltenen Rückzahlungsvereinbarungen bei Kreditgeschäften wurden die Firmen Seiler/Neidhart/Ducci 1552, Meuting 1566, Paumgartner 1568, Haug/Langnauer/Link 1574 und Herwart 1576 zahlungsunfähig. Die Welser verließen 1579 wegen Zahlungsschwierigkeiten Antwerpen.[27]

II.

Der in einer Stadt sich abwickelnde Handel sowie die ökonomische Entwicklung läßt sich deutlich in der Anlage der Stadt sowie anhand der Straßennamen und einzelner Gebäude ablesen. Dies gelingt auch für Antwerpen mit Hilfe verschiedener historischer Stadtpläne. Der älteste Kern Antwerpens umfaßt das Gebiet rund um die alte Burg, den Steen, das Rathaus, den Grote Markt, das Fleshuis und die alte Börse in der Wollstraat. Die alte Börse entstand um 1460 und diente als Versammlungsort für Kaufleute aller Nationen.[28] Mit dem Anstieg des Handels in der Stadt zu Beginn des 16. Jahrhunderts wurde die räumliche Enge in der Börse unerträglich, weshalb ein Antrag auf einen Erweiterungsbau an die Stadtverwaltung gestellt wurde, der dann im Jahre 1515 realisiert wurde.[29] Unter den unterzeichnenden Bittstellern für den Erweiterungsbau findet sich auch Lodewick Stu-

---

[26] Vgl. unten Anm. 43.
[27] Die Angaben wurden den beiden Bänden R. Ehrenberg, Das Zeitalter der Fugger (Anm. 4), entnommen.
[28] Hier spielte sich eine andere Form von Handel ab. In Venedig teilten sich die Kaufleute einer Nation ein Gebäude, z.B. im Fondaco dei Tedeschi, ähnliches gilt für London, wo die Hansekaufleute vom Stahlhof aus ihre Geschäfte tätigten. Durch die Konzentration der Kaufleute auf ein Gebäude waren deren Aktivitäten leichter zu kontrollieren. In Brügge hingegen wohnten fremde Kaufleute bei einheimischen Gastwirten ihrer Wahl, die in die Rolle von Zwischenhändlern schlüpften und die einzelnen Geschäfte vermittelten. Auf diesem Zwischenhandel gründete der Reichtum Brügges. In Antwerpen gab es für die Kaufleute keine Beschränkungen in der Wahl ihrer Unterkunft. Daher erwarben hier die Kaufleute Immobilien, wie die Fugger und Welser, bzw. Grundstücke und bauten die Filiale nach ihren Vorstellungen, wie z.B. die Höchstetter. Der gesamte Handel konzentrierte sich zunächst in der Börse.
[29] Frederik Clijmans, De Beurs te Antwerpen, Antwerpen 1941, S. 12.

delinck, besser bekannt als Ludwig Steidelin, dem Ludwig Meuting 1479 neben seinem Sohn Bernhard eine Vollmacht zur Eintreibung von Schulden erteilte.[30]

Zwischen 1527 und 1531 erfolgte der Bau der neuen Börse. Dem Bau ging scheinbar eine Machtprobe unter den Kaufleuten einzelner Nationen voraus, denn die Engländer waren gegen diesen Bau und tätigten weiterhin ihre Geschäfte in der alten Börse, ihrem traditionellen Versammlungsort. Der Börsenneubau liegt – günstig für die später nach Antwerpen gekommenen Kaufleute – in einem östlichen, in der 2. Hälfte des 15. Jahrhunderts angelegten Erweiterungsviertel außerhalb des alten Stadtzentrums. Im Gegensatz zur alten Börse, die etwa 100 Meter vom Hafen entfernt liegt, beträgt die Distanz zum Hafen etwa 400 Meter. Die Augsburger Familie der Höchstetter trug als eine der Initiatoren nicht unwesentlich zum Neubau bei.[31] Weitere, in Antwerpen lebende Geschäftsleute trugen ihren Anteil zum Börsenbau dadurch bei, daß sie mit Geldspenden die Kosten des Gebäudes finanzierten und sich durch ihre Familienwappen, die oberhalb der Säulen im Innenhof angebracht waren, eine bleibende Erinnerung schaffen wollten.[32] Später besaßen die Engländer noch ihre eigene, um 1550 errichtete Börse, in der sie den Tuchhandel betrieben. Die Hanseaten, in Brügge und Antwerpen als 'Oosterlinge' bezeichnet, erbauten 1560 ihr Handelszentrum, das 'Oostersch Huis', im nördlichen Erweiterungsgebiet Antwerpens.[33] Die Faktoreien der Augsburger Kaufleute lagen meist in nächster Nähe zur neuen Börse. Die Lange Nieuwstraat und ihre direkte Umgebung – die Kipdorp als nördliche und die Meir als südliche Parallelstraße – bildeten das Zentrum, wo Augsburger ihre Häuser besaßen und den Handel abwickelten. Dieser Teil der Stadt gehörte ebenfalls zu dem oben erwähnten erweiterten Stadtbereich. Etwas weiter von der neuen Börse entfernt, im alten Stadtkern gelegen, befanden sich die Faktoreien der Welser und Fugger – zwischen Hafen und neuer Börse.[34]

Der zeitgenössische Kaufmann Guicciardini beschreibt den alltäglichen Ablauf der Handelstätigkeit der in Antwerpen lebenden Kaufleute wie folgt:

Die Kaufleute gehen morgens und abends zu bestimmter Zeit nach der Börse der Engländer. Dort verhandeln sie mit Hilfe von Maklern jeglicher Sprache,

---

[30] Vgl. R. Ehrenberg, Das Zeitalter der Fugger (Anm. 4), Bd. 1, S. 188 und Bd. 2, S. 4, Anm. 2, sowie A. Schulte, Die Ravensburger Handelsgesellschaft (Anm. 19), Bd. 1, S. 203 und Bd. 2, S. 424.

[31] Deshalb dürfte der nördliche Börsenzugang bewußt mit dem südlichen Ausgang des Höchstetterschen Anwesen zusammengefallen sein.

[32] R. Ehrenberg, Das Zeitalter der Fugger (Anm. 4), Bd. 2, S. 11f., Anm. 11; ebenso August Thys, Historiek der Straten en openbare Plaatsen van Antwerpen, 2. Teil, Antwerpen o.J., S. 298-305.

[33] F. Clijmans, De Beurs te Antwerpen (Anm. 29), S. 19.

[34] Die Angaben entstammen R. Ehrenberg, Das Zeitalter der Fugger (Anm. 4), J. Strieder, Aus Antwerpener Notariatsarchiven (Anm. 19), N. Lieb, Die Fugger und die Kunst (Anm. 24), und A. Thys, Historiek der Straten (Anm. 32).

deren Zahl eine sehr große ist, hauptsächlich über den Verkauf von Waren aller Art. Dann aber gehen sie nach der neuen Börse, wo sie auf die nämliche Weise vorzugsweise in Wechseln und Gelddarlehen Geschäfte machen.[35]

Die Beobachtung des italienischen Kaufmanns bezüglich der Sprachenvielfalt trifft auch auf die in Antwerpener Archiven noch vorhandenen Verträge zwischen Augsburger Kaufleuten und ihren Handelspartnern zu. In den 60 erhaltenen Verträgen wurde in 33 Urkunden die niederdeutsche Sprache, in 20 Urkunden die traditionelle Rechtssprache Latein, in vier Verträgen die französische, in zwei Urkunden die spanische und in einer Urkunde die italienische Sprache benutzt.[36] Die meisten Kaufleute beherrschen die einzelnen Sprachen nicht in dem Maße, daß sie in der Lage gewesen wären, die Verträge selbst aufzusetzen. Man bedurfte daher der Hilfe von Spezialisten, die sowohl die Handelsvorschriften als auch die einzelnen Sprachen beherrschten. Ein Beispiel für die Inanspruchnahme eines Spezialisten wurde bereits oben genannt. So beherrschte auch Ludwig Steidelin die niederdeutsche Sprache, wie aus einer Bemerkung von Aloys Schulte abgelesen werden kann.[37]

III.

Anhand einiger Beispiele sollen typische Muster von Kooperation und Konkurrenz von Augsburgern in Antwerpen dargestellt werden. Die Form der Kooperation hing von der Art des Geschäftes ab. Bereits oben wurde auf den von Lukas Fugger für Erzherzog Maximilian organisierten Kredit hingewiesen. Kreditgeschäfte mit den Habsburgern zählten zu den risikoreichen, aber auch recht einträglichen Geschäften. Man findet für diesen Geschäftsbereich immer wieder in wechselnder Zusammensetzung arbeitende Augsburger Handelshäuser.[38] Auf die-

---

[35] R. Ehrenberg, Das Zeitalter der Fugger (Anm. 4), Bd. 2, S. 12.
[36] Diese Zusammenstellung beruht auf den bei Strieder veröffentlichten Regesten von Antwerpener Verträgen, an denen Augsburger Kaufleute in irgendeiner Form beteiligt waren. Keine Angaben zur Sprache finden sich in der Zusammenstellung bei Renée Doehaerd, Etudes anversoises. Documents sur le commerce international à Anvers, 3 Bde., Paris 1962-1963. Interessant an dieser Statistik ist, daß hier beispielsweise die englische Sprache überhaupt nicht in Erscheinung tritt. Dies verwundert insofern, da ja gerade der Tuchhandel mit England eines der Hauptgeschäfte in Antwerpen darstellte.
[37] A. Schulte, Die Ravensburger Handelsgesellschaft (Anm. 19), Bd. 1, S. 203.
[38] Dieses Geschäftsverhalten knüpft an das mit den Tiroler Erzherzögen an, als sich die Augsburger Kaufleute in der zweiten Hälfte des 15. Jahrhunderts auf diese Weise ihre Vormachtstellung in Tirol sicherten. An dieser Stelle sollen nicht die zahlreich abgeschlossenen Verträge aufgezählt werden. Hinweise dazu finden sich bei R. Ehrenberg, Das Zeitalter der Fugger (Anm. 4), und J. Strieder, Aus Antwerpener Notariatsarchiven (Anm. 19). Interessanter ist hier

se Weise wurde das Risiko gestreut. Dadurch, daß aber fast ausschließlich Augsburger zusammenarbeiteten, konnte diese Gruppe sich ihre Vormachtstellung als Kreditgeber der Habsburger erhalten. Die Antwerpener Geldgeschäfte der Augsburger mit den Habsburgern – ebenso mit dem englischen und französischen Königshaus – wurden im Zeitraum zwischen 1477 und den 1580er Jahren getätigt. Unterstützung fanden die Augsburger Kaufleute auch dadurch, daß die Beauftragten für die Beschaffung von Krediten für die Habsburger die ehemaligen Fuggerfaktoren Wolf Haller und Lazarus Tucher waren. Erst als sich die Kreditwünsche der einzelnen Herrscherhäuser nicht mehr ohne Risiko erfüllen ließen, wurden andere europäische Handelspartner herangezogen. Dies zeigt sich bei der Gesellschaft Seiler/Grimel/Neidhart. An dieser Gesellschaft war ab 1550 der Italiener Caspar Ducci beteiligt. Über ihn liefen vor allem die Kredite an die französische Krone, obwohl für deutsche Kaufleute ein Handelsverbot mit der französischen Krone bestand. Als bekannt wurde, daß diese Gesellschaft Kredite an Frankreich gewährt hatte, wurde ihr 1551 der Prozeß gemacht. Dabei verloren Seiler und Grimel eine hohe Summe und ihr Prestige.[39]

Für den Bereich der Immobilien soll das Beispiel des Georg Meuting angeführt werden. Georg Meuting ließ sich 1515 in Antwerpen nieder und heiratete 1516 Margriete Slabbaerts. Bis zum Jahre 1518 war er noch Gesellschafter des Handelshauses Rem und vertrat dessen Interessen bis 1519. Meuting etablierte sich in der Stadt als Schiedsrichter bei Streitigkeiten in kaufmännischen Angelegenheiten. Er vermittelte mehrere große Geld- und Immobiliengeschäfte, so z.B. den Kauf von Immobilien in Seeland 1542, an dem auch die Familien von Stetten, Rehlinger, Paumgartner, Rem und Öheim beteiligt waren.[40] Ähnlich arbeiteten Wolfgang Poschinger sowie der aus Nürnberg stammende Wolf Haller, der zeitweise Faktor der Fugger und später der finanzielle Berater des Hofes in Brüssel war.

Beim Warenhandel war nur beim Handel mit Gewürzen Kooperation zwischen mehreren Handelsgesellschaften notwendig. Dies erklärt sich aus der Tatsache, daß der Faktor des portugiesischen Königs nur am Verkauf der aus Ostindien stammenden Gewürze im großen Umfang interessiert war. Hier bildeten die Augsburger Handelshäuser – wie beim Kreditgeschäft – Konsortien, um in Konkurrenz mit anderen Kaufleuten treten zu können. Daher gelang es den Augsburgern, eine führende Position einzunehmen. Kooperation übte man auch bei Prozessen. Kam es beispielsweise wegen Mängeln bei Waren – vor allem beim Tuch-

---

die Bemerkung von F. Clijmans, De Beurs te Antwerpen (Anm. 29), der 1941 festhielt, daß die wichtigsten deutschen Bankiers die Höchstetter, Welser und Fugger waren (S. 10).

[39] R. Ehrenberg, Das Zeitalter der Fugger (Anm. 4), Bd. 1, S. 220-224.
[40] R. Ehrenberg, Das Zeitalter der Fugger (Anm. 4), Bd. 1, S. 188-189, und J. Strieder, Aus Antwerpener Notariatsarchiven (Anm. 19), S. 144-145, Nr. 193. Ebenso Hugo Soly, Urbanisme en Kapitalisme te Antwerpen in de 16e eeuw – De Stedebouwkundige en industriele ondernemingen van Gilbert van Schoonbeke, Brüssel 1977, S. 113-116.

handel und Krediten – zu gerichtlichen Auseinandersetzungen, so ist zu beobachten, daß die Augsburger Handelshäuser sich gegenseitig als Zeugen zur Verfügung standen.[41]

Der bekannteste Fall eines Konkurrenzkampfes ist der zwischen den Fuggern und den Höchstettern. Zu Beginn des 16. Jahrhunderts umgingen beide Handelsgesellschaften gezielt den Brügger Stapel, verkauften ihr Kupfer in Antwerpen und zerstörten dadurch das Brügger Handelsmonopol. Durch geschickte Trennung der Interessen gab es zunächst keine Konkurrenzsituation zwischen den beiden Augsburger Gesellschaften, ab 1525 kam es jedoch zu ernsthaften Konflikten.[42] Bereits 1528 traten an verschiedenen europäischen Handelszentren – London (Frühsommer 1528), Lyon (März 1528), Kopenhagen – Gerüchte über die Zahlungsunfähigkeit der Höchstetter auf. Hervorgerufen wurden diese Gerüchte durch gezielte Indiskretionen. Drahtzieher dieser Aktion war Anton Fugger. Verunsichert durch die Gerüchte verlangten Schuldner ihre Geldeinlagen von der Handelsgesellschaft zurück. Die Gelder waren jedoch durch den Versuch, ein Quecksilbermonopol aufzubauen, gebunden, wodurch ein finanzieller Engpass für die Höchstettersche Gesellschaft entstand. Durch Unterstützung des Ambrosius Höchstetter gelang es Anton Fugger, einen großen Teil der Höchstetterschen Verbindlichkeiten bereits im Herbst 1528 in Fuggerscher Hand zu konzentrieren. Den Todesstoß im Jahre 1529 erhielt die Höchstettersche Gesellschaft nicht in Augsburg – hier wäre die Absicht zu leicht zu durchschauen gewesen –, sondern im 800 Kilometer entfernten Antwerpen. Am 2. Juni 1529 mußte Josef Höchstetter, Sohn des Hans Höchstetter, eine Schuld in Höhe von 30.000 Carolusgulden gegenüber Lazarus Tucher vor dem Antwerpener Schöffengericht (Schepenbank) anerkennen. Die Folge war, daß die Höchstetter einen Teil ihrer Immobilien und eine größere Menge an Pfeffer dem Lazarus Tucher überlassen mußten.[43] Die Nachricht über die Zahlungsunfähigkeit der Gesellschaft verbreitete sich rasch in allen Handelszentren, der Konkurs der Höchstetter war nicht mehr aufzuhalten.

---

41 Beim Tuchhandel: J. Strieder, Aus Antwerpener Notariatsarchiven (Anm. 19), S. 147, Nr. 199 und S. 151-152, Nr. 211. Bei Krediten: J. Strieder, Aus Antwerpener Notariatsarchiven (Anm. 19), S. 134 und S. 412, Nr. 674a.

42 Die Konflikte traten auf im Bereich des Handels im Ostseegebiet, beim Handel mit Kupfer und Quecksilber und beim Kampf um die Vormachtstellung als Bankiers der Habsburger.

43 Dabei halfen die Paumgartner und Lazarus Tucher, der über den Fuggerfaktor Konrad Mair eingeschaltet war. Im Herbst 1528 gewährte Anton Fugger einen Kredit in Höhe von 23.141 fl und im Frühjahr 1529 über 59.783 fl an Höchstetter. April 1529: Kupfer für die Höchstetter aus Taufers wird von den Paumgartnern beschlagnahmt; Mai 1529: Hüttenwerke, Schmelz- und Kohlenhütten der Höchstetter in Jenbach müssen an Fugger übergeben werden; Mai 1529: Fugger steigen ins Idrianer Quecksilbergeschäft der Höchstetter ein; Mai 1529: Übergang des Höchstetterschen Besitzes in Schwaz an die Fugger. Vgl. Ulrich Klinkert, Die Augsburger Handelsgesellschaft der Höchstetter. Zusammenbruch 1529, Gläubiger und soziale Verflechtung, Zulassungsarbeit Augsburg 1983, S. 24-30, und A. Thys, Historiek der Straten (Anm. 32), S. 272.

Somit ging Anton Fugger durch die tatkräftige Hilfe des Lazarus Tucher und auch der Baumgartner als Sieger aus diesem Konkurrenzkampf hervor.[44]

Anhand der angeführten Antwerpener Beispiele ist abzulesen, daß Augsburger Handelshäuser dann zusammenarbeiteten, wenn sie sich gegen die Konkurrenz nach außen – d.h. gegen die Kaufleute anderer Städte und Nationen in dieser Stadt durchsetzen wollten. Besonders im Gewürz- und Geldgeschäft konnten die Augsburger sich eine Vormachtstellung erobern. Die wirtschaftliche Potenz der Augsburger hing jedoch stark von den Habsburgern ab. Bedingt durch Inflation und Staatsbankrotte der Habsburger gingen zahlreiche Augsburger Handelshäuser in den 1570er Jahren in Konkurs. Die beiden mächtigsten Häuser, die Fugger und die Welser, überstanden nur stark geschwächt diese Finanzkrisen Ende des 16. Jahrhunderts. Gleichzeitig begann der sich entwickelnde Merkantilismus die bis dahin relativ frei fließenden Warenströme zu behindern. Gänzlich zerstört wurde Antwerpen als Handelsmetropole durch die Abriegelung der Schelde durch die spanischen Truppen im Jahre 1567 und den bis 1576 währenden Krieg zwischen Protestanten und der spanischen Obrigkeit. Was Kaiser Maximilian an politischen Voraussetzungen für die ökonomische Entwicklung der Stadt Antwerpen geschaffen hatte, zerstörte sein Urenkel Philipp II. hundert Jahre später. Die Welser verließen 1580 Antwerpen, als letzte verkauften die Fugger im Jahre 1608 ihren dortigen Besitz.

Die Bedeutung der Augsburger Kaufleute für die ökonomische Entwicklung Antwerpens wird bis heute in der Stadtgeschichtsschreibung anerkannt. Dies ist zunächst anhand der Straßennamen ablesbar. So wurde die Straße, die durch den ehemaligen Höchstetterbesitz 1530 geschaffen wurde, Hochstetterstraße [!] genannt. Diese Bezeichnung blieb, von kleinen Abwandlungen abgesehen, bis zum Ende des Ersten Weltkrieges erhalten, wurde dann jedoch umbenannt. In der kurzen Zeit der deutschen Besatzung während des Zweiten Weltkrieges erhielt diese Straße noch einmal ihren alten Straßennamen zurück, verlor diesen jedoch nach Kriegsende wieder.[45] Auch nach den Fuggern wurde in Antwerpen 1868 eine Straße benannt, die sich im Hafengebiet befindet. Diese Bezeichnung existiert noch bis in die Gegenwart. Auf das Fuggerhaus wird immer wieder in den historischen Stadtplänen des 17. und 18. Jahrhunderts hingewiesen. Nicht deutlich ist dabei, ob dies aus Erinnerung an das große Handelsgeschlecht geschieht oder dem charakteristischen Turm, der auf diesem Gelände stand, zu verdanken ist.[46] Meist unerwähnt bleibt das von den Fuggern gestiftete Fenster in der Liebfrauenkirche.

---

[44] Hermann Kellenbenz, Anton Fugger 1493-1560 (Erstv. in: Lebensbilder aus dem Bayerischen Schwaben, Bd. 11, Weißenhorn 1976), Weißenhorn 1993, S. 29-30. Ebenso Ernst Kern, Studien zur Geschichte des Augsburger Kaufmannshauses der Höchstetter, Leipzig, Berlin 1935, S. 30-34.

[45] Robert Van de Weghe, Geschiedenis van de Antwerpse Straatnamen, Antwerpen 1977, S. 119.

[46] Vgl. Anm. 25.

Im Jahre 1532, als nach einem Brand in der Kirche die Fenster zerstört worden waren, ließen Anton und Hieronymus Fugger bei Robrecht van Olim das Fenster mit dem Titel 'Die Bekehrung des Apostels Paulus' anfertigen. Dieses Fenster ist eines der wenigen noch aus dem 16. Jahrhundert erhalten gebliebenen in dieser Kirche.[47] An der Stelle des heutigen Hauptpostamtes stand früher die Faktorei der Augsburger Welser. Hiervon ist nichts mehr erhalten, und auch keine Tafel erinnert daran.

---

[47] Vgl. N. Lieb, Die Fugger und die Kunst (Anm. 24), Bd. 2, S. 275-277, und Jakob Strieder, Das Fuggerfenster in der Kathedrale von Antwerpen, in: Der Belfried 2 (1917/1918), S. 241-244.

Italienische Kaufleute in Augsburg 1550 - 1650[*]

Sibylle Backmann

Im Frühjahr 1596 erhielt der Augsburger Magistrat vom Rat der Stadt München eine Anfrage, die die Gründung eines Handelshofes für fremde Handelsleute betraf:

Es halten etliche außländische welsche handelsleuth an, wolten gern auffs wenigst auff fünff jahr daselbst eine niederlag und gewerb=hauß haben, und handtierungen mit waaren und wexel treiben; weilen sie [gemeint sind hier die Münchner, S.B.] *aber dergleichen handelsleuth bißhero nicht gehabt, weil man aber vernommen, daß in Augspurg solche handelsleuth seyen, alß wäre ihre dienstfreundliche bitt, sie zu berichten, mit was conditiones solche ein= und zugelassen worden.*

Mit gewisser Empörung antwortete darauf die Augsburger Kaufmannschaft, der dieses Schreiben vom Rat vorgelegt worden war, daß

ihnen von dergleichen Gewerb=handtierung, und Niederlag, so von fremden handelsleuthen bey dieser stadt allhier getrieben werd, so gar nichts bewußt, daß sie auch, da sich die frembden eines solchen anmassen solten, um abschaffung derselben zum höchsten anruffen und ersuchen würden, wie sie dan nicht sehen könnten, daß einiger stadt dergleichen frembden und außländischen fürhaben zu gutem und auffnehmen geraichen könnt, man wölle dann der ingesessenen bürger gewerb und commercien gar zu grund richten.[1]

Die Haltung der Augsburger Kaufleute gegenüber fremden Handelsleuten war eindeutig: Fremde – und dazu zählte jeder, der nicht das Augsburger Bürgerrecht

---

[*] Die Verfasserin arbeitet an einer von Prof. Dr. Bernd Roeck, Universität Bonn, betreuten Dissertation zum Thema 'Wirtschaftsbeziehungen zwischen Augsburg und Venedig 1550-1650' (Arbeitstitel). Dieser Beitrag präsentiert erste, noch vorläufige Forschungsergebnisse.

[1] StadtAAug, Reichsstadt, Kaufmannschaft und Handel, Fasz. III, Nr. 21 (1548-1599), fol. 75.

besaß – wurden als unliebsame Konkurrenz empfunden.² Eine Institutionalisierung des fremden Handels, wie sie etwa in Venedig durch die Einrichtung des Fondaco dei Tedeschi³ realisiert worden war, würden sie in Augsburg niemals dulden. Der Protest der Augsburger Kaufleute fiel wohl auch deshalb so scharf aus, weil sie die Gründung einer solchen Institution für ausländische Kaufleute im nahegelegenen München verhindern wollten, da diese für den reichsstädtischen Handel ebenfalls eine starke Konkurrenz bedeutet hätte. Geschickt vermieden es die Augsburger, die Zulassungsmodalitäten für fremde Kaufleute in ihrem Antwortschreiben zu erörtern. Sie bezogen sich ausschließlich auf ein 'Gewerbhaus', das es tatsächlich in Augsburg nie gegeben hat. Gleichzeitig erfahren wir jedoch, daß durchaus fremde Händler in Augsburg existierten. Zunächst soll geklärt werden, zu welchen Konditionen Fremde in Augsburg grundsätzlich leben und Handel treiben durften. Konkret gefragt wird dann nach den italienischen Händlern in Augsburg. Hermann Kellenbenz, der diese Frage bereits thematisierte, geht davon aus, daß seit dem Ende des 16. Jahrhunders "in einer Reihe von Städten jenseits der Alpen [...] die Italienerniederlassungen verstärktes Gewicht " erlangten.⁴ Gab es in Augsburg zwischen 1550 und 1650 eine italienische Kolonie, wie sie Gerhard Seibold für Nürnberg in der gleichen Zeit festgestellt hat?⁵ Und welche Rolle spielte dann die italienische Minderheit in der Augsburger Wirtschaft und Gesellschaft?

I.

Aufschluß über die Bedingungen, zu denen Fremde in Augsburg als Händler zugelassen wurden, gibt zunächst eine Beschwerde von 1550.⁶ Augsburger Kaufleute und Seidenkramer beklagten sich beim Augsburger Rat über *die welschen vnnd*

---

² Der Begriff 'welsch' läßt keine Rückschlüsse auf die Herkunft der Fremden zu. Im weiteren Sinne wurde er als Synonym für 'fremd' benutzt. Im engeren Sinne gebraucht war er ein Sammelbegriff für eine romanische Abstammung und wurde auch für Leute aus der französischen Schweiz verwendet. In den hier benutzten Quellen werden letztere aber meist als *Saphoier* bezeichnet.
³ Henry Simonsfeld, Der Fondaco dei Tedeschi in Venedig und die Deutsch-Venetianischen Handelsbeziehungen, 2 Bde., Stuttgart 1887.
⁴ Hermann Kellenbenz, Der Niedergang von Venedig und die Beziehungen Venedigs zu den Märkten nördlich der Alpen (Ende 16. bis Beginn des 18. Jahrhunderts), in: ders., Kleine Schriften I. Europa, Raum wirtschaftlicher Begegnung (VSWG, Beiheft Nr. 92), Stuttgart 1991, S. 121-171, hier S. 170.
⁵ Gerhard Seibold, Zur Situation der italienischen Kaufleute in Nürnberg während der zweiten Hälfte des 17. und der ersten Hälfte des 18. Jahrhunderts, in: Mitteilungen des Vereins für Geschichte der Stadt Nürnberg 71 (1984), S. 186-207, hier S. 189.
⁶ Die Beschwerde selbst ist undatiert, trägt aber den Vermerk eines Archivars "um 1550".

annder frembde kramer und kaufleute. Der Kernpunkt der Beschwerde war, daß die Fremden Einheimische *an irer nahrung beschneiden* und dabei nicht einmal die *bürgerlichen beschwerungen* wie Ungeld oder Steuern bezahlen müßten.[7] Die Vorwürfe richteten sich gegen drei Gruppen von Händlern:

1. Agenten und Faktoren ausländischer Firmen:[8] *Erstlich seyen etzliche factores alhie, wellicher frembden herrn aus andn stetten vnnd orthen vmb gebürliche besoldung, mit seiden vnn allerley wahren dienen vnnd factorirn.*
2. Eingewanderte Einzelhändler: *Zum andern so seyen etlich, die nit burger alhie, vnnd doch aigne gewelber besteen, die wahr an anndern orten herbringen vnnd one ainiche bürgerliche beschwerden, alhie offentlich ausschneiden vnnd verkhauffen.*
3. Wandernde Hausierer: *Zum dritten so khomen aus Saphoi, Niederlandt, Sachsen vnnd anndern orten, ganntze rotten anher mit allerley gattungen vnnd wahren, dieselbigen vertreiben solliche von haus zu haus.*[9]

In einem Gutachten, das auf Anweisung des Rats erstellt wurde, wird die Haltung der Obrigkeit zu diesem Problem deutlich: Grundsätzlich befürworteten die zwei Gutachter den Handel der Fremden, da *vnnsers erachtens, diese hanndlung [...] gemainer statt nit nachtailig sey, dann je mehr hanndlung inn ein statt bracht, je pesser dasselbig für den gemainen nutz ist.*

Eine erhöhte Abgabe für diesen Handel in Form von Steuern oder Ungeld hielten beide grundsätzlich für falsch, denn *je mehr man inn einer statt dem hanndel lufft vnd freihait läst, je mehr derselbig in auffnemmen gebracht würt.* Trotzdem empfahlen sie zum Schutz des einheimischen Handels ein Ungelt von 1 fl. auf 100 fl. Umsatz von Importwaren wie *samat, seiden, gewanndt, schamlot vnnd ander dergleichen wahren,* sowie *saffran, specerey, zuckher, saiffen, pomerantzen, wax, zin.* Gezahlt werden sollte dieses Ungeld nur von fremden Verkäufern, Einkäufer sollten davon nicht betroffen sein.

Der Einzelhandel sollte den Fremden allerdings grundsätzlich verboten sein, ausser zu den sogenannten *befreyten zeiten,* also bestimmten Märkten und der Kirchweih. Fremde sollten Tuche *nur zue gantze stucken verkhauffen vnnd sonnst zu khainerley weg nit ausmeßen, oder ausschneiden* und andere Waren nur *nach dem sackh, fass, vnd kistenweiss* verkauffen dürfen. Auch das Hausieren und

---

[7] Zu den Bürgerpflichten zählte u.a. auch der Wehrdienst und verschiedene ehrenamtliche Tätigkeiten; vgl. Bernd Roeck, Eine Stadt in Krieg und Frieden. Studien zur Geschichte der Reichsstadt Augsburg zwischen Kalenderstreit und Parität, 2 Bde. (Schriftenreihe der Historischen Kommission bei der Bayerischen Akademie der Wissenschaften, Bd. 37), München 1989, hier Bd. 1, S. 210-213.

[8] Faktoren sind Angestellte einer Firma, wogegen Agenten als Kommissionäre Geschäfte für andere Firmen tätigen, vgl. Elmar Lutz, Die rechtliche Struktur süddeutscher Handelsgesellschaften in der Zeit der Fugger, Bd. 1: Darstellung (Studien zur Fuggergeschichte, Bd. 25), Tübingen 1976; in den zeitgenössischen Quellen werden beide Begriffe oft synonym verwendet.

[9] StadtAAug, Reichsstadt, Kaufmannschaft und Handel, Fasz. V, Nr. 26/5.

das Faktorieren für ausländische Firmen sollte Fremden nicht gestattet sein. Die Wirte und Hausherrn, bei denen Ausländer untergebracht waren, sollten angewiesen werden, Handel und Händler zu überwachen und jeden Fremden, der bei ihnen logiert, der Obrigkeit zu melden.[10] Diese Bestimmungen wurden 1555 in einer neuen Ungeldordnung für Tuche festgeschrieben.[11]

Grundsätzlich stand der Augsburger Rat also fremden Kaufleuten positiv gegenüber und bewertete die Anwesenheit fremder Händler als wirtschaftsfördernd. Doch trotz dieser prinzipiell liberalen Haltung gegenüber fremden Kaufleuten, wurde die Interessenlage der Augsburger Hucker und Kramer durch den Augsburger Rat geschützt. Um den widersprüchlichen Interessen Rechnung zu tragen, wurde der Klein- und Einzelhandel den Fremden in der Reichsstadt nicht gestattet, der Großhandel war ihnen dagegen frei zugänglich. Den fremden Großkaufleuten war es erlaubt, auf der Durchreise in den großen Gasthäusern am Weinmarkt ihren Handel abzuwickeln. Allerdings unterlagen auch sie der Meldepflicht durch die Wirte. Da die Meldezettel nicht überliefert sind,[12] bleiben Art, Umfang und die Träger dieses Handels im Dunkeln. Außerdem scheinen es die Wirte mit der Meldepflicht nicht besonders genau genommen zu haben; wiederholt sah sich der Rat veranlaßt, auf die Meldepflicht hinzuweisen.[13]

Als Gäste von Augsburger Kaufleuten konnten durchreisende *erbare frembde vnnd außlendische personenn* Zugang zur Kaufleutestube, dem Kommunikations-

---

10 StadtAAug, Reichsstadt, Kaufmannschaft und Handel, Fasz. V, Nr. 26/5.
11 StadtAAug, Reichsstadt, Kaufmannschaft und Handel, Fasz. V, Nr. 26/22.
12 Nachgewiesen wurde ein einziger Meldezettel: *Adi 19 marcy a° 94 seind khummen die edle [...] h. Lelio Borsatti von Lucha sampt ainen diener vnd hr. Johannes Sannolli sampt ainem diener vnd Thobias Libiggerckh Baite von Andorf gemelde herbergen einen tag zu bleiben darnach nach Franckhfurtt zuverraisen [...] Jorg Lorentz gastgeben.* StadtAAug, Reichsstadtakten, Nr. 814.
13 SStBAug, 4° Aug, Anschläge, Nr. 8: *Jewoln ein Ehrsamer Rath den 22. Martij anno 1583 wie es die Wirth vnd Gastgeben allhie/ mit beherbergung frömbder Gäst vnd Personen halten sollen/ offentlich verrueffen/ vnd den 23 Januarij/ Anno 1594 solcher Berueff wider ernewren vnd publiciren lassen/ deme aber bißhero wenig gelebt vnd nachgesetzt worde[n]/ dardurch vil vnnutz/ muessiggehend/ verdächtig gesind/ so gemainer Burgerschafft in mehr wege beschwerlich/ hie vnderlaifft vnd lange zeit auffgehalten wirdet: So gebeut demnach ein Ehrsamer Rath abermalen bey ernstlicher straff/ vn[d] außschaffung der Statt/ das alle Gastgeben/ Wein- vnd Bierwirth/ diejenige frömbde Person vnd Gäst/ so lenger als ein Nacht bey ihnen an der Zehrung bleiben/ gleich alsbald mit Tauff vnd zu Namen/ wann sie hieher in dise Statt gelangt/ wie lang sie hie zu bleiben gedencken/ vnd was ihr verrichtung oder thun allhie seye/ den Herren Burgermaistern im Ambt vnderschidlich anzaigen/ auch hierüber von ihren Gästen nothwendigen bericht einziehen sollen/ alles bey vermeydung angedeuter straff/ darnach wisse sich menigklich zurichten/ vnd vor Schaden zu hüten. Decretum in Senatu 19. Januarij Anno 1617.* Ein gleichlautendes Dekret wurde am 17.2.1633 verabschiedet, SStBAug, 2° Aug 242, Ordnungen, 2. Abteilung (1471-1672), Nr. 26.

zentrum des Augsburger Handels, finden.[14] Hier wurde es also den einheimischen Kaufleuten überlassen, inwieweit Fremde am Geschäftsleben der Reichsstadt partizipieren durften. Persönliche Beziehungen waren entscheidend für Akzeptanz oder Ablehnung. Die Geschäfte der Fremden fanden so in einer durch die Augsburger Kaufleute selbst kontrollierten, beschränkten Öffentlichkeit statt.

Wollte sich ein fremder Kaufmann jedoch längere Zeit in Augsburg aufhalten, mußte er sich entweder um das Bürgerrecht bemühen – er konnte es erheiraten oder kaufen – oder aber um den *beisitz* bewerben. Ein Beisitzer durfte Handel zu den gleichen Bedingungen wie die Augsburger Bürger treiben. Er zahlte also nicht mehr Zoll und Ungeld als die Einheimischen. Er durfte einen *aignen rauch*, also ein eigenes Hauswesen, führen und auch Grundbesitz im Stadtgebiet erwerben. Natürlich gab es den Beisitz nicht umsonst: Man mußte ein Schutzgeld, das sogenannte *pactgeding*, das von der Steuerbehörde mit jedem Bewerber individuell ausgehandelt wurde, entrichten.[15]

II.

Durch den Quellenbestand der Beisitz- und Bürgeraufnahmen wird diese Gruppe der Fremden gut dokumentiert. Deshalb lassen sich die Italiener, die nach 1571 nach Augsburg kamen, identifizieren.

Carolus Albertinelli von Florenz, Agent des Laux Torrisani, erhielt am 29. Oktober 1598 den Beisitz auf Lebenszeit für 35 fl. rh. (= rheinische Gulden) in Gold, die jährlich zu zahlen waren.[16] Die Firma Torrisani galt als Präzedenzfall, der immer wieder von späteren Antragstellern, wie z.B. Antonio Butti und Consorten aus Lucca 1599, den Veronesern Gerhardini und den Broccho 1621, angeführt wurde. Auch die Steuermeister, die über alle Anträge ihr Gutachten stellten, gaben die damals ausgehandelten Konditionen wiederholt als Richtschnur für ihre Entscheidungen an. *Antonio Butti vnd Consorten soll gegen raichung jerlicher fünffzig goldgulden vnnd dann Im vbrig, mit annndern d Dorisani eingangnen*

---

[14] Zugang hatten auch [...] *erbare frembde vnnd außlendische personenn. Die mag ain yeder stubengenoss zu seiner gelegenhaitt herauff laden vnnd ine eerliche ergezlichait laisten*, Stubenordnung der Kaufleute 1541, Protokollbuch 53; die Ordnung und das Mitgliederverzeichnis der Kaufleutestube befinden sich in der Industrie- und Handelskammer Augsburg; zur Kaufleutestube: Pius Dirr, Kaufleutezunft und Kaufleutestube zur Zeit des Zunftregiments, in: ZHVSN 35 (1909), S. 133-151.
[15] Zum Beisitz: B. Roeck, Eine Stadt in Krieg und Frieden (Anm. 7), Bd. 1, S. 213-215 und Bd. 2, S. 811-818; Claus-Peter Clasen, Die Augsburger Steuerbücher um 1600, Augsburg 1976, S. 47-52.
[16] StadtAAug, Reichsstadt, Register, Pact=Gedinge von auswärtigen Personen, Nr. 166.

contitionibus der beysitz bewilliget werden, schreiben sie 1599.[17] Leider werden die Bedingungen nicht im einzelnen ausgeführt, indirekt lassen sich aber einige Bestimmungen erschließen. So bekräftigen 'Pietro Gerhardini und Söhne' sowie die Gesellschaft 'Joan Antonio Broccho und Gebrüder' in ihrem gemeinsamen Antrag 1621, sie würden lieber ein höheres Schutzgeld zahlen, dafür aber – im Gegensatz zu den Torrisani – von Zolleistungen befreit werden. Die Einnehmer stimmten aus fiskalischem Interesse zu, da sie *aus alten büecheren souil befunden, das solcher zoll damahlen gemainer statt gar ein schlechtes eingetragen* habe. Beide Firmen mußten deshalb jeweils 200 fl. *pactgeding* jährlich zahlen. Außerdem wurde beim Wegzug aus der Reichsstadt zusätzlich ein einmalig zahlbares Abzugsgeld von 600 fl. fällig. Auf Lebenszeit wurde der Beisitz nach den Torrisani nur noch diesen beiden Firmen verliehen, allerdings mit *vorbehaltner beeder thail jährlicher abkündung*.[18] Auch Antonio Benivieni und Cosimo Sini vereinbarten 1622 diese Pactsumme,[19] ebenso Julius Cäsar Pestalozza von Cleve und der Kaufmann Bernhardini 1624.[20]

Die Höhe des *pactgeding* war Verhandlungssache, abhängig von der Finanzkraft der Firma.[21] So beschwerte sich der Kaufmann Pestalozza 1624 über die zu zahlende Summe von 200 fl. mit dem Argument, er *sei mit Antonio Beniueni und Cosimo Sini als haushebigen Leutten weder vermögens noch iren famili vnd wie Gesindtshaben zuuergleichen* und bat deshalb um eine Senkung des Schutzgeldes. Pestalozza hatte das Geschäft der Benivieni und Sini gemeinsam mit einem Kompagnon übernommen und sollte – damit *gemeiner statt cammerguet nit geschmelert werde* – ebenfalls die 200 fl. zahlen. Man einigte sich schließlich auf 200 fl. ohne Abzug oder 120 fl. mit dreifachem Abzug.[22]

Als weitere Händler bzw. Firmen, die den Beisitz beantragten, sind noch Cosmo Bartoli von Florenz 1626 für 200 fl.,[23] Wolfgang Attawanti und Mitverwandte 1630,[24] Jacob Ferri aus Bologna für 20 Reichstaler,[25] und Polidoro Bracciolini, ein ehemaliger Gesellschafter der Attawanti, 1635[26] sowie Caspar Broccho und Ge-

---

[17] StadtAAug, Reichsstadt, Beisitzaufnahmen 1, Nr. 1, 6.3.1599.
[18] StadtAAug, Reichsstadt, Beisitzaufnahmen 2, Nr. 8, 23.11.1621.
[19] StadtAAug, Reichsstadt, Beisitzaufnahmen 2, Nr. 4, 22.3.1622.
[20] Gemeint ist hier das oberitalienische Chiavenna, StadtAAug, Reichsstadt, Beisitzaufnahmen 2, Nr. 5, 14.12.1624.
[21] So schreiben die Steuermeister in ihrem Gutachten für Anthoni Garb: *nach gemeinem steur gebrauch, mit allen pactbürgern [...] nach beschaffenhait jedes vermögens pactiert werde*, StadtAAug, Reichsstadt, Beisitzaufnahmen 1, Nr. 3, 25.8.1600.
[22] StadtAAug, Reichsstadt, Beisitzaufnahmen 2, Nr. 5, 19.12.1624.
[23] StadtAAug, Reichsstadt, Beisitzaufnahmen 2, Nr. 4, 7.11.1626.
[24] Das Pactgeld wird nicht angegeben. StadtAAug, Reichsstadt, Beisitzaufnahmen 2, Nr. 6, 13.8.1630.
[25] StadtAAug, Reichsstadt, Beisitzaufnahmen 3, Nr. 25, 6.11.1635.
[26] StadtAAug, Reichsstadt, Beisitzaufnahmen 3, Nr. 21, 2.10.1635.

brüder 1643²⁷ zu nennen. Daß die Beisitzgesuche nicht vollständig überliefert sind, zeigt ein Vergleich mit den Steuerbüchern. Hier werden z.B. auch Johann Baptista Beccaria und Hortensio Broccho als Beisitzer geführt, deren Beisitzgesuche fehlen.²⁸ Auffällig ist die Höhe der Schutzgelder, die die Italiener in Augsburg zahlten. Während in Nürnberg im gleichen Zeitraum von den bedeutenderen Firmen etwa 40-50 fl. entrichtet werden mußten,²⁹ bewegte sich das Augsburger *pactgeding* für vermögende Kaufleute bei 200 fl.³⁰ Gerade hierin ist wohl der Grund zu sehen, warum italienische Kaufleute in Augsburg ohne Ausnahme zum Beisitz zugelassen wurden. Eigentlich war der Kleine Rat bei der Vergabe des Beisitzes nicht gerade großzügig.³¹ Ohne den Nachweis eines gewissen Vermögens hatten die Berwerber nur dann eine Chance, einen Pactvertrag zu erhalten, wenn sie besondere Fähigkeiten nachwiesen oder eine gesuchte Arbeitskraft darstellten. "Im Vordergrund stand die wirtschaftliche Potenz der Bewerber, die Frage, ob sie in das Beschäftigungssystem der Reichsstadt integriert werden konnten."³² Die italienischen Kaufleute waren in der Lage, hohe Summen aufzubringen. Ihr Pactgeld stellte so eine nicht unerhebliche Einnahmequelle für den Stadthaushalt dar.

Neben diesen Italienern aus den verschiedenen bereits genannten oberitalienischen Städten fällt die Gruppe der Venezianer aus dem Rahmen. Ihre Familien stammten nämlich ursprünglich aus Augsburg oder zumindest aus Oberdeutschland. Ihre Eltern waren nach Venedig ausgewandert und hatten sich dort als Kaufleute niedergelassen. Die nachfolgende Generation versuchte nun erneut, Zugang zur Reichsstadt zu erhalten. Caspar Ainegg, ein gebürtiger Venezianer, verwies in seinem Antrag auf Beisitz auf seine vielen Verwandten, die er in Augsburg habe.³³ Auch Johann Baptist Schorer, dessen Antrag 1644 von seinem Augs-

---

27 Caspar Broccho, Plinius Broccho, Franz Broccho, StadtAAug, Reichsstadt, Beisitzaufnahmen 4, Nr. 28, 23.11.1643.
28 In den Steuerbüchern werden Beisitzer mit einem Kreis und/oder mit einem Kreuz vor dem Namen gekennzeichnet, vgl. C.-P. Clasen, Die Augsburger Steuerbücher (Anm. 15), S. 49; Beccaria ist in den Steuerbüchern ab 1635 verzeichnet. Er zahlt kein Pactgeld, versteuert aber das Vermögen seiner Frau. StadtAAug, Reichsstadt, Steuerbücher 1635/91b, 1636/91c, 1639/86b, 1643/ 79b, 1645/76a; ab 1646 verschwindet er aus den Steuerbüchern. Hortensio Broccho findet sich seit 1632 in den Steuerbüchern.
29 G. Seibold, Zur Situation der italienischen Kaufleute (Anm. 5), S. 190.
30 Nur Hortensio Broccho zahlte mit 250 fl. eine noch höhere Summe. Die Zahl der Beisitzer in Augsburg betrug 1618 436 Personen, 1646 waren es 520. Ein Großteil davon waren Handwerker, Tagelöhner und Dienstboten. Sie zahlten meist einen Goldgulden *pactgeding*, wobei diese Summe über dem üblichen Vermögenssteuersatz der gleichen einheimischen Berufsgruppe lag. Der Anteil der Kaufleute machte 1646 nur 2,3 % der Beisitzer aus. B. Roeck, Eine Stadt in Krieg und Frieden (Anm. 7), Bd. 1, S. 278 und 397, Bd. 2, S. 816 und 884.
31 Zur Politik des Rates bei der Aufnahme von Neubürgern und Beisitzern B. Roeck, Eine Stadt in Krieg und Frieden (Anm. 7), Bd. 2, S. 809-831.
32 B. Roeck, Eine Stadt in Krieg und Frieden (Anm. 7), Bd. 2, S. 817.
33 StadtAAug, Reichsstadt, Beisitzaufnahmen 2, Nr. 4, 3.6.1625.

burger Schwager Christoph Sigmundt Böcklin gestellt wurde, war Venezianer. Sein Vater, Raymund Schorer, hatte vor Jahren seinen Wohn- und Firmenstandort nicht ganz freiwillig nach Venedig verlagert und war dort 1637 verstorben.[34]

Christoph Helbig war, wie er 1601 schrieb, ebenfalls *in Venedig seßhaft*. Er halte sich etwa fünf Monate im Jahr in Augsburg auf, um seinen Geschäften nachzugehen. Er betrachtete Augsburg quasi als zweiten Wohnsitz. Seine verstorbene Frau war eine gebürtige Augsburgerin gewesen, und seine Kinder lebten sogar das ganze Jahr über in der Reichsstadt bei ihrer Großmutter.[35] Später, 1610, beantragte er für seine Tochter Felicitas und seinen Schwiegersohn Georg Marckhl, der ihn in Augsburg und Bozen geschäftlich vertreten sollte, das Augsburger Bürgerrecht.[36]

III.

In diesen verwandtschaftlichen Beziehungen lag für die Venezianer das Hauptmotiv, gerade Augsburg als Handelsstandort zu wählen. Dies war selbstverständlich in einer Zeit, in der wirtschaftlicher Erfolg wesentlich von einem festgeknüpften persönlichen Beziehungsnetz abhing, wie die Vertreter der Reinhardschen Verflechtungstheorie nachweisen.[37]

Ansonsten scheint Augsburg, obwohl zu dieser Zeit wichtigste Handels- und Finanzmetropole in Oberdeutschland,[38] gegenüber anderen Handelsstädten des

---

[34] StadtAAug, Reichsstadt, Beisitzaufnahmen 4, Nr. 9, 13.2.1644. Auch die Mutter von Johann Baptist Schorer, Anna Veronica Hainzlin, hatte nach dem Tod von Raymund Schorer einen Antrag auf Beisitz gestellt: StadtAAug, Reichsstadt, Beisitzaufnahmen 4, Nr. 13, 3.5.1642; zu Raymund Schorer: H. Simonsfeld, Der Fondaco dei Tedeschi (Anm. 3), Bd. 2, S. 177.

[35] StadtAAug, Reichsstadt, Beisitzaufnahmen 1, Nr. 1, 21.8.1601.

[36] StadtAAug, Reichsstadt, Bürgeraufnahmen 8, Nr. 5, 6.2.1610.

[37] Wolfgang Reinhard, Freunde und Kreaturen. "Verflechtung" als Konzept zur Erforschung historischer Führungsgruppen. Römische Oligarchie um 1600 (Schriften der Philosophischen Fakultäten der Universität Augsburg, Bd. 14), München 1979; Katarina Sieh-Burens, Oligarchie, Konfession und Politik im 16. Jahrhundert. Zur sozialen Verflechtung der Augsburger Bürgermeister und Stadtpfleger 1518-1618 (Schriften der Philosophischen Fakultäten der Universität Augsburg, Bd. 29), München 1986; Peter Steuer, Die Außenverflechtung der Augsburger Oligarchie von 1500 bis 1620. Studien zur sozialen Verflechtung der politischen Führungsschicht der Reichsstadt Augsburg (Materialien zur Geschichte des Bayerischen Schwaben, Bd. 10), Augsburg 1988.

[38] Hermann Kellenbenz, Wirtschaftsleben in der Blütezeit, in: Geschichte der Stadt Augsburg von der Römerzeit bis zur Gegenwart, hrsg. v. Gunther Gottlieb u.a., Stuttgart 1984, S. 258-301. Knappe Zusammenfassung der wichtigsten Literatur zur Wirtschaftsentwicklung Oberdeutschlands bei Reinhard Hildebrandt, Die wirtschaftlichen Beziehungen zwischen Oberdeutschland und Venedig um 1600. Konturen eines Gesamtbildes, in: Venedig und Oberdeutschland in der

Reiches als Wohn- und Firmenstandort für Italiener zunächst zweite Wahl gewesen zu sein. Die Broccho und die Gerhardini waren zuerst in Nürnberg ansässig gewesen, genauso wie die Firma Butti und Consorten. Letztere gaben an, nicht aus wirtschaftlichen, sondern aus religiösen Motiven aus dem protestantischen Nürnberg über Bamberg ins gemischtkonfessionelle Augsburg übersiedeln zu wollen. Wie sie in ihrem Antrag 1599 schrieben, wurden sie gezwungen durch *die römischen mandatae und bullae, so wol vnns alls alle andere, inn Italia angesessne oder begüetterte, bei gewisser straff* [sich] *von allen den orthen da kein offentlich exercitium religionis geübt, mitt aller handlung gänzlich abzuwenden.*[39] Der Hinweis auf die päpstliche Bulle von 1598 taucht auch in anderen Beisitzgesuchen auf. Im Gegensatz zum protestantischen Nürnberg war im bikonfessionellen Augsburg die freie Religionsausübung auch für Katholiken gewährleistet. Kann man so die Bikonfessionalität Augsburgs als Standortvorteil gegenüber den anderen protestantischen Reichsstädten interpretieren? Der Rekurs der Antragsteller auf die päpstlichen Bestimmungen war meiner Meinung nach wohl nur ein Vorwand. Zur gleichen Zeit läßt sich nämlich eine weitaus höhere Zahl italienischer Firmen in Nürnberg nachweisen, die trotz der in der Bulle angedrohten Exkommunikation dort verblieben waren.[40]

Auffällig ist die Namensgleichheit, die zwischen Augsburger und Nürnberger Firmen bestand. In Nürnberg existierten ebenfalls Gesellschaften der Beccaria, Benivieni, Bracciolini, Broccho, Butti, Gerhardini, Pestalozza, Sini und Torri-

---

Renaissance, Beziehungen zwischen Kunst und Wirtschaft, hrsg. v. Bernd Roeck, Klaus Bergdolt, Andrew John Martin, Sigmaringen 1993, S. 277-288.

[39] StadtAAug, Reichsstadt, Beisitzaufnahmen 1, Nr. 1, 6.3.1599.

[40] B. Roeck, Eine Stadt in Krieg und Frieden (Anm. 7), Bd. 2, S. 817. Der Autor vermutet, daß "solche von Rom ausgehenden wirtschaftlichen Sanktionsmaßnahmen gegen 'ketzerische' Länder und Städte damit zusammenhängen, daß der Nürnberger Italienhandel um 1600 weitgehend auf Beziehungen zu Venedig zurückgedrängt war. – Die Verbindungen Augsburgs reichten zu dieser Zeit jedenfalls noch weiter nach Süden". G. Seibold, Zur Situation der italienischen Kaufleute (Anm. 5), S. 189: "Um die Wende zum 17. Jahrhundert hatte die Zahl der in Nürnberg ansässigen italienischen Firmen 40 überschritten." Lothar Bauer vermutet zumindest für die Firma Butti andere Motive für ihren Rückzug aus Nürnberg: "Dieser Wegzug dürfte wohl auf einen für Buttis Ansehen in Nürnberg nicht gerade förderlichen Vorfall im Jahre 1597 zurückzuführen sein, an dem der Italiener selbst völlig schuldlos war: vorausgegangen waren Zusammenstöße zwischen in Italien weilenden Nürnberger Kaufleuten und Einwohnern der Heimatstadt des Antonio Butti, Lucca. Dort hatte man nämlich 1597 den protestantischen Nürnbergern mit Ausweisung gedroht, falls sie nicht katholisch kommunizieren würden. Ein direktes Eingreifen in Lucca war dem Rat der Stadt Nürnberg nicht möglich – man wollte deshalb gegen den in Nürnberg weilenden Lucchester Kaufmann Antonio Butti vorgehen, um auf diese Weise eine drohende Ausweisung der Nürnberger aus Lucca abzuwenden. Der Rat drohte mit Repressalien gegen die Italiener, falls in Lucca etwas gegen die Nürnberger Kaufleute unternommen würde. Für Antonio Butti dürfte dies ein hinreichender Grund gewesen sein, Nürnberg zu verlassen." Lothar Bauer, Die italienischen Kaufleute und ihre Stellung im protestantischen Nürnberg am Ende des 16. Jahrhunderts (zu einem Bericht der Kurie vom Jahre 1593), in: Jahrbuch für fränkische Landesforschung 22 (1962), S. 1-18, hier S. 10.

sani.⁴¹ Die Verflechtungen zwischen den italienischen Firmen beider Städte zu überprüfen, muß die Aufgabe weiterer Forschungen bleiben.

IV.

Zu beantworten ist hier auch die Frage, ob es sich bei den Italienern um Einwanderer mit Integrationswunsch handelte oder ob sie sich nur übergangsweise in Augsburg aufhalten wollten.

In der Literatur wird der Rechsstatus des Beisitzes als Vorstufe des Bürgerrechtes angesehen, Beisitzer besaßen quasi eine Option auf den Erwerb des Bürgerrechtes.⁴² Die hier betrachteten Italiener nutzten die Möglichkeit, Vollbürger zu werden, jedoch nicht. Bisher ließ sich kein Beleg dafür finden, daß ein Italiener für sich das Bürgerrecht forderte, nachdem er zum Beisitz zugelassen worden war. Selbst Christoph Helbig, der immerhin das Bürgerrecht für seinen Schwiegersohn beantragte, blieb Beisitzer, dessen Pactvertrag mehrfach verlängert wurde.⁴³ Nur Sebastian Zorzi, der niemals Beisitzer gewesen war, wurde durch Heirat Vollbürger der Reichsstadt. Er hatte 1575 Regina Ehing aus Ulm, die Witwe von Jacob Meuting geheiratet.⁴⁴ Auch Hortensio Broccho, der Bruder des 1627 verstorbenen Joan Antonio Broccho, hätte das Bürgerrecht durch seine Heirat mit der Augsburgerin Hilaria Fesenmaier erhalten können. Er zog es jedoch vor, weiterhin Pactgeld zu zahlen und versteuerte nur das Vermögen seiner Frau und seinen Grundbesitz.⁴⁵

Der Rechtsstatus des Beisitzers hatte gegenüber dem des Vollbürgers den Vorteil, über eine – um es modern auszudrücken – 'Aufenthaltsgenehmigung und Arbeitserlaubnis' für Augsburg zu verfügen, nicht aber den bürgerlichen Pflichten wie Wehrdienst oder Steuerzahlung unterworfen zu sein. Man mußte zwar das Schutzgeld zahlen, das höher zu veranschlagen war als der zum tatsächlichen Vermögen proportionale Vermögenssteuersatz.⁴⁶ Die Italiener hatten aber durch die Beisitzregelung den Vorteil, ihr ursprüngliches Bürgerrecht behalten und die Rechtsbindung an ihre Heimatstadt bewahren zu können. Augsburg war so eher 'Zweitwohnsitz' bzw. Standort für Zweigniederlassungen ihrer Gesellschaften.

---

41 G. Seibold, Zur Situation der italienischen Kaufleute (Anm. 5), S. 189.
42 B. Roeck, Eine Stadt in Krieg und Frieden (Anm. 7), Bd. 1, S. 213-214 und Bd. 2, S. 816.
43 Sein erster Antrag erfolgte 1601, die letzte Verlängerung fand 1620 statt; StadtAAug, Register: Pact=Gedinge von auswärtigen Personen, Trüchlen Nr. III, Nr. 3.
44 Albert Haemmerle, Die Hochzeitsbücher der Augsburger Bürgerstube und Kaufleutestube bis zum Ende der Reichsfreiheit, München 1936 (Typoscript), S. 77, Nr. 998.
45 Vgl. S. 237f.
46 B. Roeck, Eine Stadt in Krieg und Frieden (Anm. 7), Bd. 2, S. 816.

Die meisten Italiener verließen Augsburg bereits nach wenigen Jahren wieder. Lucas Torrisani blieb immerhin zwölf Jahre. Die Sini und Benivieni kündigten bereits zwei Jahre nach ihrem Beisitzgesuch ihren Pactvertrag. Cosmo Bartoli hatte den Beisitz nur für ein Jahr beantragt, ebenso wie Caspar Broccho und Gebrüder, die sich sogar nur wenige Monate in Augsburg aufhalten wollten. Wolfgang Attawanti, Polidoro Bracciolini und Mitverwandte hatten sich ein Jahr nach ihrem Antrag *mit der flucht von hinnen saluiern miessn*, als Augsburg 1632 von den Schweden besetzt wurde. Polidoro Bracciolini, der 1635 Anna Maria Welser heiratete,[47] kehrte jedoch im selben Jahr zurück und stellte erneut einen Antrag.

Grundbesitz wurde zumindest von einigen italienischen Firmen und Händlern in Augsburg erworben. Sebastian Zorzi findet sich im Register der Augsburger Grundbücher ebenso, wie die Gerhardini. Antonio Benivieni und Cosimo Sini kauften 1622 ein Anwesen mit Garten in der St. Ulrichs Pfarrei, das sie allerdings 1626 bereits wieder verkauften. Das Haus, das Joan Antonio Broccho 1621 erwarb, wurde von ihm und ab 1635 von seinem Bruder Hortensio durch den Zukauf weiterer Häuser und Grundstücke zu einem stattlichen Anwesen erweitert. Hortensio Broccho erwarb auch eine *behausung, hofsach, gesäs und garten* in Thamersheim.[48]

Die Investition in Grundbesitz deutet zunächst darauf hin, daß diese Firmen zumindest planten, in Augsburg seßhaft zu werden. Zu fragen bleibt hier, ob nicht gerade in dieser Zeit die sichtbare Demonstration von Sozialprestige in Form von Grundbesitz die Kreditwürdigkeit der Kaufleute so erhöhte, daß eine Investition in Häuser sich auch positiv auf die gesamte Geschäftstätigkeit der Gesellschaften auswirkte. Hausbesitz wäre dann kein Indikator für eine dauerhafte Ansiedlung, sondern eine Form von sinnvoller Geschäftstaktik. Immerhin lag der Grundbesitz der Italiener durchweg in der Wohngegend mit dem höchsten Sozialprestige in Augsburg.[49]

Insgesamt zeigen die Befunde, daß seitens der Italiener kaum der Wunsch bestand, in die reichsstädtische Gesellschaft integriert zu werden. Das Bürgerrecht wurde nur selten angestrebt, der Beisitz erlaubte es ihnen, ihren Geschäften in Augsburg nachzugehen, ohne weiteren Verpflichtungen unterworfen zu sein. Al-

---

[47] A. Haemmerle, Die Hochzeitsbücher (Anm. 44), S. 189, Nr. 2512.
[48] StaatsAAug, Reichsstadt Augsburg, Lit. 560, Register; Lit. 561, fol. 272; Lit. 562, fol. 37 und fol. 418.
[49] Auch anhand der Steuerbucheinträge können die Wohngegenden vieler Italiener festgestellt werden. Lucas Torrisani, die Attawanti und Polidoro Bracciolini bewohnten Häuser im Steuerbezirk *zimmerleuth*. Die Sini und Benivieni erwarben Häuser in der *schongauersgaß* (heute Maximilianstraße 54; vgl. StadtAAug, Register: Grundbuchauszüge, Bd. 1, S. 144), ebenso wie Julius Cäsar Pestalozza. Beim *rathaus* besaßen die Brocchos (heute Wintergasse 9 und 11 sowie Hunoldsberg 5, vgl. oben) und Beccarias ihre Häuser. Sebastian Zorzi wohnte u.a. am *kitzenmarkt*. Diese vier Steuerbezirke zählten zu den prestigeträchtigsten in der Oberstadt. B. Roeck, Eine Stadt in Krieg und Frieden (Anm. 7), Bd. 1, Falttafel 1 und S. 489-510.

lein Sebastian Zorzi und Hortensio Broccho hatten sich dauerhaft in der Stadt niedergelassen. Trotzdem tat keiner von beiden, wie auch kein anderer der genannten Italiener, den entscheidenden Schritt, um in die wirtschaftliche Führungsgruppe Augsburgs aufzusteigen. Kein Italiener wurde zwischen 1550 und 1650 Mitglied der Augsburger Kaufleutestube.[50] Erst in der zweiten Generation bot sich die Chance für den sozialen Aufstieg Italienischstämmiger in der reichsstädtischen Gesellschaft. Zwei Töchter des Sebastian Zorzi ehelichten Stubenmitglieder.[51]

V.

Wenig ist bekannt über Art und Umfang der Geschäfte, die die italienischen Kaufleute in Augsburg betrieben. Augsburger Händler, die im Italienhandel tätig waren, vermittelten Produkte des oberdeutschen Textil- und Metallgewerbes und Rohstoffe wie Leder, Pelze und Wachs aus Mittel- und Osteuropa nach Italien. Im Gegenzug importierten sie Güter der italienischen Luxusindustrie, vor allem kostbare Stoffe, Seife und Glas, Agrarerzeugnisse wie Wein und Südfrüchte sowie Rohstoffe für die oberdeutsche Barchentindustrie wie Rohbaumwolle und Farbstoffe, die wie die Gewürze aus der Levante in die italienischen Mittelmeerhäfen eingeführt worden waren. Außerdem befaßten sie sich mit Finanzgeschäften.[52]

Soweit dies einzelne Belege erkennen lassen, waren die italienischen Kaufleute auf dem gleichen Sektor tätig. Eine Firma Torrisani betrieb bereits 1552/53 Wechselgeschäfte in Augsburg,[53] wobei bisher nicht zu klären war, in welcher Beziehung diese Kaufleute zur Gesellschaft des bereits erwähnten Lucas Torrisani

---

[50] Mitgliederverzeichnis der Kaufleutestube (Anm. 14); Hortensio Broccho wird zwar bei Haemmerle in einer Quelle als Mitglied der Kaufleutestube genannt, der Autor selbst hält diese Angabe jedoch nicht für verläßlich: A. Haemmerle, Die Hochzeitsbücher (Anm. 44), S. 183, Nr. 2432.
[51] Freundliche Auskunft von Herrn Dr. Mark Häberlein, Universität Freiburg, der an einer Soziographie der Augsburger Kaufleute im 16. Jahrhundert arbeitet.
[52] Vgl. H. Simonsfeld, Der Fondaco dei Tedeschi (Anm. 3); H. Kellenbenz, Der Niedergang von Venedig (Anm. 4); R. Hildebrandt, Die wirtschaftlichen Beziehungen (Anm. 38).
[53] Friedrich Blendinger, Zwei Augsburger Unterkaufbücher aus den Jahren 1551-1558: älteste Aufzeichnungen zur Vor- und Frühgeschichte der Augsburger Börse, 2 Bde. (Deutsche Handelsakten des Mittelalters und der Frühen Neuzeit, Bd. 18), Stuttgart 1994, Bd. 1, S. 23, 1.9.1552: *nimpt Cristof Kress 300 v* vom Doriza[n]. Der solls zu Florenz wider zalen mit 2 p[er] c[ent] differe[n]tz;* S. 56, 2.5.1553: *2.500 duc wixl p[er] Ven[eti]a nimpt H[err] Pauls Herwart vo[n] den Dorizane[n] zu 138 3/4 p[er] c[ent] duc 14 tag avisto;* S. 66, 18.7.1553: *10.000 fl. gibt die Fraw Dorschin H[errn] Anthoni Fugger ain halb jar lang 9 p[ro] c[ent];* S. 67, 25.7.1553: *2.400 duc wixel p[er] Ven[eti]a nimpt der Imhoff von den Dorizane[n].*

stand. Dieser handelte mit Leinwand und Leder auf der Bozner Messe.[54] Auch Jacobo Ferri aus Bologna war im Warenhandel tätig, sein Schwerpunkt lag allerdings auf typischen Italienwaren wie Seidenstoffen. Seinem Pactgeld von 30 Reichstalern jährlich[55] nach zu schließen, war sein Handel ebenso wie der von Lucas Torrisani im Vergleich zu den anderen italienischen Firmen eher von geringer Kapitalkraft.

Sebastian Zorzi importierte Seidengarn aus Italien,[56] seine Geschäfte gingen jedoch über den Italienhandel hinaus. Er war auf der Frankfurter Messe vertreten und verfügte über Verbindungen nach Antwerpen und Lyon.[57] Präzisere Angaben fehlen auch für Zorzis Handelstätigkeit. Doch welche Geschäfte er auch betrieb, er war dabei zunächst sehr erfolgreich. Da er Vollbürger der Reichsstadt war, läßt sich die Entwicklung seines Vermögens anhand der Steuerbücher verfolgen.[58] Sein Einstieg in die Augsburger Geschäftswelt wurde wohl durch das nicht unbeträchtliche Vermögen seiner Frau ermöglicht, versteuerte er doch 1576 nur *seiner frawen meitingin hab* für 47 fl. Dann stieg sein Vermögen kontinuierlich an, bis er 1593 auf dem Höhepunkt seines Erfolges 86 fl. Vermögenssteuer zahlte.[59] Aufgrund dessen kann Zorzi zu dieser Zeit[60] mit einiger Berechtigung als 'reich' be-

---

[54] Friedrich Blendinger, Augsburger Handel im Dreissigjährigen Krieg nach Konzepten von Fedi di Sanità, Politen, Attesten u.ä., in: Wirtschaftskräfte und Wirtschaftswege. Festschrift für Hermann Kellenbenz (Beiträge zur Wirtschaftsgeschichte, Bd. 5), Bd. II, hrsg. v. Jürgen Schneider. Stuttgart 1978, S. 287-323, hier S. 290.

[55] StadtAAug, Reichsstadt, Register: Pact=gedinge von auswärtigen Personen, Schachtel Nr. III, Verschiedene Pact=briefe, Nr. 35; Beisitzaufnahmen 3, Nr. 25, 6.11.1635.

[56] Claus-Peter Clasen, Die Augsburger Weber. Leistungen und Krisen des Textilgewerbes um 1600 (Abhandlungen zur Geschichte der Stadt Augsburg, Bd. 27), Augsburg 1981, S. 324: "Um 1582 wurde das Seidengarn vorwiegend, wenn nicht ausschließlich, von dem Handelsmann Sebastian Zorzi angeboten [...]." Die bei Clasen angegebene Quelle konnte im Stadtarchiv Augsburg leider nicht aufgefunden werden.

[57] StadtAAug, Sprengsches Notariatsarchiv, 12.7.1591/Nr. 34, 12.6.1576/Nr. 37, 2.11.1583/Nr. 80.

[58] Dieses Verfahren ist nicht unproblematisch. Da u.a. Bargeld und Grundbesitz unterschiedliche Steuersätze hatten, läßt sich aus der Gesamtsumme der Steuerzahlung, die in den Steuerbüchern angegeben wurde, weder die Art, noch der Umfang des Vermögens exakt ermitteln, vgl. hierzu C.-P. Clasen, Die Augsburger Steuerbücher (Anm. 15), S. 10, und B. Roeck, Eine Stadt in Krieg und Frieden (Anm. 7), Bd. 1, S. 47-62.

[59] StadtAAug, Reichsstadt, Steuerbücher 1576/96c. Eine weitere Steigerung erfolgte 1587, 1588 und 1589, als er 185 fl. Vermögenssteuer zahlte. Dies kann allerdings nicht als Vermögenszuwachs interpretiert werden. Zorzi versteuerte nämlich *seines stieff sons Meuttingers erb*, das mit 105 fl. veranschlagt wurde, zusammen mit seinem Vermögen. Steuerbuch 1587/97b, 1588/97c, 1589/96c.

[60] Die Steuersumme des einzelnen wurde vor 1600 etwa alle sieben Jahre neu festgesetzt, später konnte der Steuersatz auch zwischen zwei sog. 'geschworenen Steuern' angepaßt werden. C.-P. Clasen, Die Augsburger Steuerbücher (Anm. 15), S. 26. Der Steuersatz kann deshalb einen Vermögensstand widerspiegeln, der nicht mehr aktuell war.

Italienische Kaufleute 237

zeichnet und der ökonomischen Oberschicht Augsburgs zugerechnet werden.[61] Spätestens 1594 geriet der Kaufmann jedoch in geschäftliche Schwierigkeiten, mehrere Wechsel platzten, und Zorzi verlor so vermutlich seine Kreditwürdigkeit.[62] Seine Liquiditätsprobleme gingen so weit, daß seine Steuerschulden bis 1600 unbeglichen blieben. Zu diesem Zeitpunkt war er endgültig bankrott und wurde wegen seiner Schulden in die Fronfeste verschafft.[63] Wie aus dem Verhörsprotokoll hervorgeht, hatte er sich jedoch mit seinen Gläubigern schon verglichen und wurde sofort wieder freigelassen.[64]

In der Literatur wird auf die geringe wirtschaftliche Stabilität italienischer Firmen im Reich um 1600 hingewiesen.[65] Zorzis geschäftliche Karriere ist jedoch in der zweiten Hälfte des 16. Jahrhunderts in Augsburg nicht ungewöhnlich. Ein Charakteristikum der Augsburger Wirtschaft in dieser Zeit waren die zahlreichen Zusammenbrüche einheimischer Firmen. In der Zeit zwischen 1556 und 1584 fallierten nicht weniger als 70 Gesellschaften.[66]

Auch Hortensio Broccho machte Konkurs. Er war wohl ursprünglich mit seinen Brüdern 1621 nach Augsburg gekommen.[67] Ob er das Geschäft des verstorbenen Joan Antonio Broccho übernahm, konnte nicht geklärt werden. Auch er heiratete 1627 eine vermögende Frau.[68] Hilaria Fesenmaier entstammte einer Familie von Goldschmieden und Silberhändlern, die zu den reichsten Bürgern

---

[61] Vgl. B. Roeck, Eine Stadt in Krieg und Frieden (Anm. 7), Bd. 1, S. 399: "'Reiche' und 'Wohlhabende' befanden sich in der Gruppe der Censiten mit Steuerleistungen zwischen 10 und 100 fl. Aus der Perspektive der ökonomischen Schichtungsdimension muß irgendwo in diesem Bereich die zweifellos wiederum 'ungerade' unscharf verlaufende Grenzlinie zwischen Mittelschicht und Oberschicht gesucht werden. Eine große Mehrheit der 'verfassungsrechtlichen' Oberschicht, der stubenfähigen Kaufleute und Mehrer sowie fast alle Angehörigen des Patriziats steuerten hier." Da Zorzi mit 86 fl. an der Obergrenze dieser statistischen Steuergruppe liegt, rechne ich ihn zur Oberschicht.
[62] Mehrere Augsburger Kaufleute legten Protest gegen Wechsel ein, die an Sebastian Zorzi gerichtet und von diesem nicht ausgezahlt worden waren: StadtAAug, Sprengsches Notariatsarchiv, 6.10.1594/Nr. 67 und Nr. 68, 7.10.1594/Nr. 69 und Nr. 70.
[63] StadtAAug, Strafamt, Strafbuch 1596-1605, fol. 108ʳ: *Sebastian Zorzi bürger alhie, ist schulden halben vor disem außgeordneten, hat sich aber mit der mehreren thail seiner creditoren verglichen vnd an jetzo selbs in fronvest gestellt, derowegen er heüt dato wider erlassen worden.*
[64] StadtAAug, Strafamt, Urgichten, Sebastian Zorzi, 7.6.1600.
[65] H. Kellenbenz, Der Niedergang von Venedig (Anm. 4), S. 149: "Man warf den Italienern Kapitalmangel, betrügerisches Verhalten, die üble Angewohnheit schnell reich werden zu wollen und gewagte Spekulationen vor."
[66] Eine Zusammenfassung der Forschungsdiskussion über die Interpretation der Bankrotte bei R. Hildebrandt, Die wirtschaftlichen Beziehungen (Anm. 38), S. 279; außerdem H. Kellenbenz, Wirtschaftsleben in der Blütezeit (Anm. 38).
[67] Catharina Weil, die Frau von Joan Antonio Broccho, bezeichnet ihn als ihren Schwager. Er selbst gehörte nicht zur Gesellschaft der Brocchos, die 1621 um Beisitz anhielt, vgl. Anmerkung 27.
[68] A. Haemmerle, Die Hochzeitsbücher (Anm. 44), S. 183, Nr. 2432.

Augsburgs zählten.[69] Broccho war im Italienhandel tätig und verfügte über Geschäftsverbindungen nach Mailand, Neapel und Genua.[70] Die Akten, die seinen Konkurs betreffen, belegen weiterhin Wechselverbindungen nach Frankfurt, Danzig, Venedig und Bozen. Auf der Bozner Messe geriet er in Zahlungsschwierigkeiten, die schließlich zu seinem Konkurs 1642 führten. Broccho war ein typischer frühneuzeitlicher Kaufmann, der Warenhandel und Geldgeschäft verband. Er war auch als Bankier tätig, dem der bayerische Kurfürst sein Geld anvertraute. Die Auflistungen seiner Außenstände und Zahlungsverpflichtungen, die allerdings nicht unbedingt der Wahrheit entsprechen müssen, überschritten jeweils das Volumen von 400.000 fl.[71] Die wirtschaftliche Potenz der Brocchischen Firma war von den Einnehmern zunächst hoch eingeschätzt worden. Der Kaufmann mußte ein beträchtliches *pactgeding* von 250 fl. jährlich seit 1632 aufbringen. Schon 1636 wurde diese Summe reduziert, ab 1645 konnte Broccho nur noch die Vermögenssteuer für seinen Hausbesitz aufbringen.[72]

Cosimo Sini und Antonio Benivieni waren ebenfalls im Finanzgeschäft. Sie werden als Korrespondenten der römischen Bankiers genannt, die zwischen 1621 und 1624 die Subsidien der römischen Kurie an Kurfürst Maximilian von Bayern vermittelten.[73] Zwischen Februar 1621 und Juli 1623 zahlte Papst Gregor immerhin 615.000 fl. an die Liga.[74] Spätestens 1624 haben Julius Cäsar Pestalozza und Georg Amman das Unternehmen der Sini und Benivieni,[75] und damit auch das

---

[69] Zur Familie Fesenmaier vgl. B. Roeck, Eine Stadt in Krieg und Frieden (Anm. 7), Bd. 2, Personenregister S. 1079.

[70] F. Blendinger, Augsburger Handel im Dreissigjährigen Krieg (Anm. 54), S. 297.

[71] StadtAAug, Stadtgericht, Fallimente, Hortensio Brocchos Falliment 1646-1649. (Diese Akten sind zur Zeit noch nicht registriert.) Broccho mußte seine Vermögensverhältnisse offenlegen, um das Mißtrauen seiner Gläubiger zu besänftigen. Deshalb war es notwendig, daß seine Außenstände und Zahlungsverpflichtungen einen positiven bzw. zumindest einen ausgeglichenen Saldo aufwiesen. Eine Manipulation ist also durchaus möglich.

[72] Ab 1636 zahlt Broccho nur noch 80 fl. Da er kein Wachgeld entrichtet und seinen Grundbesitz extra versteuert, kann es sich hier nicht um die reguläre Vermögenssteuer handeln, sondern um reduziertes Pactgeld. StadtAAug, Reichsstadt, Steuerbuch 1636/91c. Dies sollte wohl ursprünglich eine Ausnahmeregelung sein, die jedoch bis 1644 beibehalten wurde. Steuerbuch 1644/77d: *gibt vom pactgeld 80 f.* Außerdem wurde dieses reduzierte Schutzgeld für die Jahre 1636 bis 1645 erst am 16.1.1645 bezahlt. Dies deutet darauf hin, daß Broccho bereits 1636 um Zahlungsaufschub gebeten haben muß. Ab 1645 finden wir den Eintrag *gibt kein pactgellt mehr*, die Steuern für beide Häuser werden aber noch bezahlt. Steuerbuch 1645/76a und 1646/74c.

[73] Dieter Albrecht, Zur Finanzierung des Dreißigjährigen Krieges. Die Subsidien der Kurie für Kaiser und Liga 1618-1635, in: ZBLG 19 (1956), S. 534-567, hier S. 540.

[74] Michael Hüther, Der Dreissigjährige Krieg als fiskalisches Problem: Lösungsversuche und ihre Konsequenzen, in: Scripta Mercaturae 21, H. 1/2 (1980), S. 52-81, hier S. 68.

[75] StadtAAug, Reichsstadt, Beisitzaufnahmen 2, Nr. 8, 23.11.1621.

lukrative Geschäft des Geldtransfers übernommen. Noch 1632 sollten Pestalozza und Amman die Subsidien an die Liga auszahlen.[76]

VI.

Betont wurde in den Beisitzgesuchen, ebenso wie in den dazugehörigen Gutachen, daß die Italiener keine Konkurrenz für die Augsburger Kaufmannschaft darstellten. Die Broccho und Gerhardini versicherten in ihrem Gesuch, niemand werde durch sie und ihre Handtierung *beschwert*; vielmehr sollte *gemeiner statt vnd Bürgerschafft nutzen befürdert werden*. Im Gutachten heißt es dann, daß *ihr ehrlich vorhaben nit unzimlich, ihr handlung gemeiner statt vnd burgerschafft nit schädlich, sonder in gewißen einkommen zuträglich* sein würde.[77] Tatsächlich finden sich aber in den Weberhausakten Aufzeichnungen über Konflikte zwischen italienischen und Augsburger Baumwollhändlern. 1622 lieferte der Venezianer Hannibal Bernhardi als Faktor *fürnemer Venedischer Adels vnd Handelsleut* Baumwolle nach Augsburg und verkaufte sie den Webern um 10-15 fl. pro Zentner billiger als die Augsburger Händler.[78] Diese hatten bisher als alleinige Zwischenhändler die Baumwolle in Venedig aufgekauft und für deren Vertrieb nach Augsburg gesorgt. Die Supplikation der Augsburger Wollhändler beim Rat, dem Treiben Bernhardis Einhalt zu gebieten, hatte jedoch keinen Erfolg. Die Obrigkeit bewertete einerseits das Interesse des Weberhandwerks, billig an Rohstoffe zu kommen, zwar höher als das der Kaufleute an Profit. Andererseits sah sie keine Möglichkeit, den Handel der Venezianer zu unterbinden, ohne das gute Einvernehmen mit der Signoria in Venedig zu gefährden. Man sollte *mit derselben herrschafft guete correspondenz [...] halten* und den *Venezianern in irem begern, die verkauffung irer wollen alhie betreffendt [...] willfahren*, so lautete der Rat der Gutachter.[79]

Nachdem Bernhardi Augsburg verlassen hatte, gab es 1625 erneut Auseinandersetzungen, diesmal wegen Augsburger Händlern, die venezianischen Kaufleuten als Agenten dienten und ebenfalls die Baumwollpreise drückten. Auch hier griff die Obrigkeit nicht zugunsten der einheimischen Händler ein.[80] Als vorläufiges Fazit lassen sich so folgende Befunde und Erklärungshypothesen formulieren:

---

76 D. Albrecht, Zur Finanzierung (Anm. 73), S. 555. Eine Bemerkung dazu, leider ohne Quellenangabe, findet sich auch bei H. Kellenbenz, Der Niedergang von Venedig (Anm. 4), S. 32.
77 StadtAAug, Reichsstadt, Beisitzaufnahmen 2, Nr. 8, 23.11.1621.
78 C.-P. Clasen, Die Augsburger Weber (Anm. 56), S. 219. Vgl. StadtAAug, Reichsstadt, Weberhaus, Nr. 77.
79 StadtAAug, Reichsstadt, Weberhaus, Nr. 77.
80 StadtAAug, Reichsstadt, Weberhaus, Nr. 77.

Im Vergleich zu Frankfurt oder zu Nürnberg, wo sich zu Beginn des 17. Jahrhunderts über 40 italienische Firmen etabliert hatten, siedelten sich in Augsburg nur wenige italienische Kaufleute an.[81]

Die Ursache dafür ist nicht in einer restriktiven Ratspolitik zur Abwehr außerstädtischer wirtschaftlicher Konkurrenz zu sehen. Während die Interessen des einheimischen Handwerks und Einzelhandels geschützt wurden, ließ die Augsburger Obrigkeit italienische Großkaufleute ohne Ausnahme als Beisitzer zu, da es sich durchweg um *woluermögliche* Firmen handelte. Selbst wenn italienische Händler zu Konkurrenten der einheimischen Kaufmannschaft wurden, blieben sie in ihren Handelsaktivitäten unbehelligt.

Der Beweggrund für dieses Verhalten lag auch, aber nicht nur, in fiskalischen Interessen. Vergleichsweise hohe Schutzgelder füllten das Stadtsäckel. Der Handlungsweise der Augsburger Obrigkeit lag, so ist zu vermuten, ein weiteres Motiv zugrunde. Die Augsburger selbst waren sehr stark in den oberitalienischen Städten vertreten. Belegen lassen sich die Handelsaktivitäten und Niederlassungen Augsburger Kaufleute in Genua, Livorno, Lucca, Florenz, Mailand, Verona und Venedig.[82] Da Handelsprivilegien meist auf Gegenseitigkeit beruhten, hätten Restriktionen gegen italienische Kaufleute in Augsburg den Handel der Augsburger in Oberitalien möglicherweise gefährdet, wie der Fall Bernhardi für Venedig zeigte.

Italienische Kaufleute scheinen zwischen 1550 und 1650 ohnehin ein eher geringes Interesse gehabt zu haben, sich in Augsburg niederzulassen. Durch die starke Präsenz der Augsburger in Italien war es für die Italiener gar nicht notwendig, in der Reichsstadt einen eigenen Stützpunkt zu errichten. Sie konnten ihre Geschäfte in Italien vor Ort mit Augsburgern oder ihren Faktoren und Agenten regeln. Im Gegensatz zu Nürnberg, dessen Kaufleute ihr Engagement im Italienhandel immer weiter reduziert hatten,[83] war die Lechstadt für die Italiener wirtschaftlich nicht sehr attraktiv, weil Augsburg den Italienern kaum Chancen bot, einen Marktanteil an seinem Italienhandel zu erobern.

---

[81] Alexander Dietz, Frankfurter Handelsgeschichte, Bd. 3, Frankfurt/M. 1921; G. Seibold, Zur Situation der italienischen Kaufleute (Anm. 5), S. 189.
[82] Vgl. H. Kellenbenz, Wirtschaftsleben in der Blütezeit (Anm. 38); H. Simonsfeld, Der Fondaco dei Tedeschi (Anm. 3); R. Hildebrandt, Die wirtschaftlichen Beziehungen (Anm. 38).
[83] G. Seibold, Zur Situation der italienischen Kaufleute (Anm. 5), S. 188 und 189.

Fugger und Taxis.
Der Anteil Augsburger Kaufleute an der Entstehung des europäischen Kommunikationssystems

Wolfgang Behringer

Kaiser Maximilian I. (1459-1519), Franz von Taxis (1459-1517) und Jakob Fugger (1459-1525)[1] hatten nicht nur das Geburtsjahr gemeinsam, sondern auch das Interesse für eine Kommunikationseinrichtung, die in der Frühen Neuzeit Geschwindigkeit verkörperte: die Post.[2] Von Maximilian gegründet, von Taxis geführt und von Fugger finanziert, so lautet die kecke Formel einer älteren Augsburger Dissertation.[3] Natürlich war es nicht so: Die historische Wirklichkeit, soweit wir sie erkennen können, war – wie immer – interessanter, weil komplizierter.[4]

Zunächst, was ist eine 'Post'?[5] Marco Polo, in dessen Aufzeichnungen sich das Wort erstmals überliefert findet, bezeichnete damit um 1300 die Beförderung von Nachrichten oder Personen per Pferd, mit Pferde- und Reiterwechsel an festgeleg-

---

[1] Jakob Strieder, Jakob Fugger der Reiche, Leipzig 1926; Götz Frhr. von Pölnitz, Jacob Fugger, 2 Bde., Tübingen 1949/1951.

[2] Bereits auf den frühesten Dokumenten wird die Flugmetapher für die Beförderung *per posta* gebraucht: *schnell, schnell, schnell, fliegend bei Tag und Nacht, ohne irgendwelche Zeit zu verlieren:* Fritz Ohmann, Die Anfänge des Postwesens und die Taxis, Leipzig 1909, S. 318; Joseph Rübsam, Das kaiserliche Postamt zu Mailand in der ersten Hälfte des 16. Jahrhunderts unter Simon von Taxis, in: Archiv für Post und Telegraphie 29 (1901), S. 443-454, hier S. 452f.

[3] Otto Lankes, Zur Postgeschichte der Reichsstadt Augsburg, in: Archiv für Postgeschichte in Bayern 1 (1925-1927), 1926: S. 39-49, S. 68-81; 1927: S. 44-56, S. 112-125, hier 1926, S. 44.

[4] Martin Dallmeier, Quellen zur Geschichte des europäischen Postwesens 1501-1806, Teil I, Quellen – Literatur – Einleitung (= TTS 9/I), Kallmünz 1977; Teil II, Urkunden – Regesten (= TTS 9/II), Kallmünz 1977; Teil III, Register (= TTS 9/III), Kallmünz 1987. Wolfgang Behringer, Thurn und Taxis. Die Geschichte ihrer Post und ihrer Unternehmen, München 1990.

[5] Zur Begrifflichkeit die an ungewöhnlicher Stelle publizierte Bonner Dissertation: Hermann Kownatzki, Geschichte des Begriffes und Begriff der Post nebst einem Anhang über die Entstehungszeit der Post, in: Archiv für Post und Telegraphie 51 (1923), S. 377-423.

ten Stationen (*positae stationes*) im Dienste des Großkhans.⁶ Genau eine solche Herrscherpost hat Maximilian 1490 gegründet: Ein Stafettensystem, wie wir es von verschiedenen alten Hochkulturen kennen: dem Altpersischen Großreich zur Zeit des Königs Kyros, dem ptolemäischen Ägypten, dem Rom der Kaiserzeit, dem Kalifat von Bagdad. Im 15. Jahrhundert wurde dieses System in Europa neu er- oder gefunden: Das Mailänder Herrscherhaus, der Papst und 1464 der König von Frankreich bauten Reiterstafetten auf. Diese Kommunikationstechnik war vor der Erfindung der Eisenbahn, des Telegraphen und des Telefons allen anderen Kommunikationsmedien überlegen, insbesondere den bis dahin üblichen Kurieren.⁷

Geschwindigkeit der Kommunikation: dies mußte auch die großen Handelshäuser interessieren. Sie verfügten zwar über eigene Botensysteme, die mit denen der Höfe, der Städte, der Universitäten, der Klöster koexistierten. Doch eine so kostspielige Einrichtung wie die Post konnte sich Ende des 15. Jahrhunderts in Deutschland, wie andere Reichsfürsten neidisch bemerkten, nur das Haus Habsburg leisten. Für die Handelshäuser stellte sich damit die wichtige Frage, wie man sich diese neue, überlegene Einrichtung nutzbar machen konnte. Der Schlüssel dazu war zunächst der enge Kontakt zum Königshaus. Schon 1492 leistete Jakob Fugger im Auftrag Erzherzog Sigismunds an *Johann Daxen Postmeister* eine Geldzahlung, ebenso 1494 eine Summe von 400 Gulden, 1495 sprang Ulrich Fugger mit 200 Gulden ein.⁸ Man sollte diese Zahlungen nicht überbewerten: Im Vergleich zu den Summen, die die Innsbrucker Hofkammer in diesen Jahren aufwenden mußte oder hätte müssen,⁹ waren es geringe Beträge.¹⁰

Die Maximilianische Post entwickelte sich binnen weniger Jahre aus dynastischen Anfängen zu einer Organisation von grundstürzender Modernität: Sie wurde zu einer öffentlichen Einrichtung, gekennzeichnet durch Allgemeinzugänglichkeit, Regelmäßigkeit des Verkehrs und Tarifisierung der Leistungen. Werner Sombart (1863-1941) meinte, dieses Kommunikationssystem habe "eine vollständige Revolutionierung des gesamten Kulturdaseins" bewirkt.¹¹ Im welthistorischen Ver-

---

6 Paul Olbricht, Das Postwesen in China unter der Mongolenherrschaft im 13. und 14. Jahrhundert, Wiesbaden 1954.
7 Und es ist im Sinne zeitgenössischer Begriffsdefinitionen unstatthaft, andere Kommunikationsleistungen als 'Post' zu bezeichnen. Das ist z.B. bei Pölnitz der Fall: G. Frhr. v. Pölnitz, Jacob Fugger (Anm. 1), Bd. I, S. 64, 228, 301, 448, 552; Bd. II, S. 32, 37, 43, 86f., 117, 128, 196, 209, 243, 289, 308-310, 323, 325, 343, 366, 376, 401, 404, 409, 420f., 423, 434, 444, 446, 480, 508, 530, 535f.
8 F. Ohmann, Die Anfänge des Postwesens (Anm. 2), S. 114f.; Max Jansen, Die Anfänge der Fugger (bis 1494) (Studien zur Fuggergeschichte, Bd. 1), Leipzig 1907, Register.
9 W. Behringer, Thurn und Taxis (Anm. 4), S. 28.
10 G. Frhr. v. Pölnitz, Jacob Fugger (Anm. 1), Bd. 2, S. 209f. Beispiele aus dem Jahr 1509.
11 Werner Sombart, Der moderne Kapitalismus. Historisch-systematische Darstellung des gesamteuropäischen Wirtschaftslebens von seinen Anfängen bis zur Gegenwart, 3 Bde., München, Leipzig 1916-1927 (ND 1987), hier Bd. II/1, S. 371f.

gleich war diese Einrichtung einzigartig. So stellt sich die Frage nach den Ursachen für diese Sonderentwicklung. Es wäre nun sicher verlockend, hierauf mit der Wendung 'Fugger und Taxis' zu antworten. Vor der Untersuchung dieses Komplexes wird es jedoch hilfreich sein, andere Bedingungsfaktoren anzusprechen, z.B. strukturelle Besonderheiten wie
- die politische Landschaft Europas, die Machtkonzentrationen im Stil orientalischer Großreiche verhinderte; oder
- die dezentrale Wirtschaftsordnung, die die Entstehung eines unabhängigen, frühkapitalistischen Unternehmertums erlaubte.
Sicher spielten Faktoren auf der Ereignisebene eine Rolle, z.B.
- die Weigerung der Taxis, weisungsgebundene Untergebene ähnlich der Hof- und Stadtboten zu werden. Rechtlich wurde ihr Festhalten am freien Unternehmertum möglich, indem Francesco de Tassis 1501 den Sitz seiner Firma von Innsbruck nach Brüssel verlegte und dem Einfluß der Innsbrucker Hofkammer entzog. Verträge mit der Krone Spaniens sicherten die Unabhängigkeit, insbesondere der berühmte Postvertrag zwischen Franz und Johann Baptista von Taxis mit Karl I. von Spanien, dem späteren Kaiser Karl V.[12]

Bereits seit dem Vertrag von 1505 war es der Taxisschen Post nicht mehr verboten, und damit erlaubt, private Kunden zu bedienen. Allerdings war die Benutzung der Stafetten extrem teuer. Sie war praktisch nur für Kunden erschwinglich, bei denen der Geschwindigkeitszuwachs so hohe Gewinne versprach, daß der enorme Mehraufwand an Kosten nicht ins Gewicht fiel. Wenn dies in Deutschland für eine Firma zutraf, dann z.B. für die Fugger. Sie waren es bereits aus Italien gewöhnt, eigene Kuriere auf Postpferden reiten zu lassen.[13] Mit dem Postsystem des Franz von Taxis dehnte sich die Möglichkeit des 'postierens', des kalkulierten Reisens 'per posta', über ganz Westeuropa aus. Die Benutzung des Systems ist seit dem zweiten Jahrzehnt des 16. Jahrhunderts eindrucksvoll im Tagebuch des Augsburger Kaufmanns Lukas Rem (1481-1541), einem ehemaligen Angestellten der Welser-Compagnie, belegt: Er 'postierte' wie selbstverständlich in großer Geschwindigkeit von Venedig über Mailand nach Lyon und weiter nach Lissabon, von dort über Paris nach Antwerpen, von Antwerpen in seine Heimatstadt Augsburg.[14] In diesem Lichte müssen wir Quellen interpretieren, in denen es beispielsweise heißt, daß Jakob Fugger für König Maximilian eine Post nach Rom gehen ließ: Das bedeutet, daß die Fugger für einen Reiter das 'postieren', die Benutzung

---

[12] Peter Fischer, Historical Aspects of International Concession Agreements, in: Grotian Society Papers. Studies in the History of the Law of Nations (1972), S. 222-261, hier S. 237.
[13] Aloys Schulte, Die Fugger in Rom, 1495-1523. Mit Studien zur Geschichte des kirchlichen Finanzwesens jener Zeit, 2 Bde., Leipzig 1904, hier Bd. 1, S. 17.
[14] Tagebuch des Lucas Rem aus den Jahren 1494-1541. Ein Beitrag zur Handelsgeschichte der Stadt Augsburg, hrsg. v. Bernhard Greiff, in: 26. Jahresbericht des historischen Kreisvereins im Regierungsbezirk von Schwaben und Neuburg, Augsburg 1861, S. 1-110.

der Postpferde auf dieser Strecke, bezahlten. Dies war die schnellste, aber auch die teuerste Beförderungsart: 1520 bezahlte Jakob Fugger 120 Gulden für einen solchen postierenden Boten von Innsbruck nach Neapel zum spanischen Vizekönig.[15]

Nicht zufällig war die Fuggerstadt Augsburg die erste und für viele Jahrzehnte einzige Reichsstadt mit Postmeisterei.[16] Seit 1510 wurde fast jedes Jahr der Postkurs Ulm-Füssen über Augsburg umgeleitet.[17] Man wird kaum fehlgehen in der Annahme, daß die Augsburger Kaufmannschaft ihre Hand im Spiel hatte, wenn es hier 1520 zur dauerhaften Einrichtung einer Postmeisterei kam. Die Wichtigkeit dieses Posthauses geht daraus hervor, daß bis ins 18. Jahrhundert hier stets ein Mitglied der Familie Taxis als Postmeister fungierte.[18] In den 1520er Jahren existierten sogar zwei taxissche Postämter in der Stadt: das österreichische Hofpostamt und das kaiserliche bzw. spanisch-niederländische Postamt. Beide Postämter vereinigte 1529-1542 Johann Anton von Taxis in Personalunion. In seine Zeit fällt die wichtigste kommunikationstechnische Neuerung des frühen 16. Jahrhunderts: die wöchentliche Ordinari-Post von den Niederlanden nach Italien.[19]

Das Zeitalter Karls V. war die erste Blütezeit des internationalen Postwesens. Mit der Einführung der wöchentlichen Ordinari-Post dürfte diese Kommunikationsform für die reichen Kaufmannsfamilien an Attraktivität gewonnen haben.[20] So überrascht es kaum, in den erhaltenen Augsburger Rechnungsbüchern der Fugger aus den 1530er Jahren immer wieder beträchtliche Zahlungen Anton Fuggers an den Augsburger Postmeister Anton von Taxis zu finden.[21] Allerdings blieb die

---

[15] F. Ohmann, Die Anfänge des Postwesens (Anm. 2), S. 275f.

[16] Dies war eine Besonderheit, denn das Verhältnis der Reichsstädte zur Postorganisation war und blieb wegen der Sonderrechte der Postmeister, die nicht Bürger sein mußten und über eigene Hoheitsrechte verfügten, notorisch gespannt: Martin Dallmeier, Reichsstadt und Reichspost, in: Reichsstädte in Franken, hrsg. v. Rainer A. Müller, München 1987, Bd. 2, S. 56-69.

[17] O. Lankes, Zur Postgeschichte (Anm. 3), 1926: S. 45.

[18] F. Ohmann, Die Anfänge des Postwesens (Anm. 2), S. 193f.; Joseph Rübsam, Taxis (Thurn und Taxis), in: ADB 37 (1894), S. 477-523, hier S. 498.

[19] Wilhelm Mummenhoff, Der Nachrichtendienst zwischen Deutschland und Italien im 16. Jahrhundert, Diss. phil. Berlin 1911, S. 22-30.

[20] W. Mummenhoff, Der Nachrichtendienst (Anm. 19), S. 79.

[21] FA Nr. 2.1.22 b, Augsburger Rechnungsbuch 1535, Abteilung Ausgaben, Gliederung Punkt *Gemain Botenlon*, fol. 48, dort nur zwei Einträge mit zusammen ca. 5 fl., keine Ausgaben für Post. Dafür unter den *Gemeinen Ausgaben* mehrfach der Randvermerk *Postgeld*: fol. 9, 30. August: *48 fl. auf Rechnung Herrn Antoni Fuggers für 8 Posten nach Innsbruck; mer ain post gen Mentz und wieder her 24 fl.*; 50 fl. für eine Post Anton Fuggers nach Rom. FA Nr. 2.1.22 c, Augsburger Rechnung 1538/39, *Gemain Ausgaben* 1539 mit dem Randvermerk *pottenlonn*: S. 17 (30.6.1539: 19 fl.), S. 39 (31.10.1538: 32 fl. für 1 Post per Mailand und 3 Posten per Innsbruck; 4.12.1539: 91 fl. 10 Schilling 4 Heller *dem Anthoni de Taxis postmaister umb etliche posten*; 28.3.1538: 76 fl. 19 Schilling 4 Heller *dem Johann Anton de Taxis postmaister umb merlai posten hin und her wider geschickht laut seins Zedels Er uns zuegstelt hat*; Ad 20 dito [Juni] *fl. 24 b 17 h 4 mintz per cassa sovil zalt wir dem Postmeister Al-*

Fugger und Taxis

Postbenutzung noch die Ausnahme: besonders wichtigen und eiligen Sendungen vorbehalten.[22] Doch die taxissche Fernverbindung von Antwerpen über Augsburg nach Venedig, Rom und Neapel, sowie die Postverbindung nach Spanien kamen gerade den Handelsinteressen der Fugger entgegen[23] und so verwundert es nicht, daß wir in einem Rechnungsbuch von 1561 halbjährliche und jährliche Pauschalzahlungen und 'Postgelder' ausgewiesen finden.[24] Die eigentliche Bedeutung der Postkurse geht aus einem Kopialbuch von 1578 hervor, in dem die regelmäßige Nutzung der wöchentlichen Ordinari-Post zur Mitteilung der aktuellen Zeitungen über Kriegsverläufe und Veränderungen der Wechselkurse – aus Augsburg, Nürnberg, Frankfurt, Venezia, Lyon, 'Bisantia', Genova, Milano, Florenz, London, Sevilla, Madrid und Lissabon – an die Herren Philipp Eduard und Octavian Secundus Fugger deutlich wird.[25] Wer die Fugger-Zeitungen in der Österreichi-

---

hie per zwei Posten gen Speir 16 fl. und gen Innsbruck 6 fl. und noch 52 k das er ain knecht zum [...] Hansen von Erolzheim geschickt [...]; dazwischen finden sich sehr viel niedrigere Ausgaben für Botenlöhne; fol. 44, Ausgaben Wien betreffend, per pottlonn: 31.12.1538: 56 fl. für *post per Rom für Naplaß zue fertigen [...]*; fol. 51, 27.9.1539: 5 fl 17 b 4 h an Antoni von Taxis für Post von Roßhaupten nach Innsbruck.

[22] Götz Frhr. von Pölnitz, Anton Fugger, 5 Bde. (Studien zur Fuggergeschichte, Bde. 6, 8, 11, 13, 20), Tübingen 1958-1986, hier Bd. 2, S. 412.

[23] F. Ohmann, Die Anfänge des Postwesens (Anm. 2), S. 176.

[24] FA Nr. 2.1.24, Augsburger Rechnungsbuch 1561, fol. 3, 10.5.1561: *13 fl. 12 Schilling per Wolfgang Heilmann Bürger zu Speir, soviel verrechnet er uns, hab er dem Postmeister zu Reinhausen von der Herrn wegen von 61 Mazet briefen gen Speir und Straßburg gesandt, von jedem 6 Heller bezalt, thuet 6 fl. 6. mer sein es Wolfgang Heilmann Provision per ein halb Jar lang bezallt thuet 7 fl. 30 h. Summa dieser zweyen posten thuen zusammen 13 fl. 36 b.;* fol. 5, 17.9.1561: *6 fl. 13 b Mintz per conto Wolfgang Heilmann, Burger zu Speyr, sovil verrait er, das er dem Postverwalter zu Reinhausen postgelt bezalt hab, vermug des vertrags mit Ime gemacht, so er seiter Frankfurter Vastenmes bis in die herbstmeß von Augsburg, Speyr und Straßburg empfangen und per post wieder hin und wider versannt, laut einer bekanntnus derhalben geben, so in Nr. 13 ligt, und wir hiermit per gemein ausgeben und Ime Hailmann guetschreiben.;* fol. 7, Ad 8. November: *fl 70 Mintz per cassa, sovil haben wir dem Joseph Libar postverwalter alhier bezalt, ist seine jerliche provision Ime die Herrn in gemain per diss 1561. Jars Zubezalen schuldig gewesen, von allerlai übersandten ordinari;* 57 fl. für einen Postritt von Augsburg nach Venedig *der Ligsalzen zu München Valimento halben* am 16.8.; 30.10.1561: *4 fl. 13 β Mintz per Cassa haben wir dem postmaister alhier von den ordinari briefen nach Anttorf auf 18. dito so mit aignem Curier hinach geschickht und auf der dritten post damit erst angetroffen worden, bezallt;* abgetrennt davon finden sich Ausgaben für Botenlohn fol. 25, und zwar 351 fl. pe dem Schwatz Lönnto [?] für *pottenlon vermög seines Pottenbüchlins*.

[25] Wobei der Augsburger Postmeister Seraphin von Taxis nicht ohne Rügen davonkommt: *Gleich wie die Posthalter bezalt werden, Also Dienen Sy.* – FA Nr. 2.1.21 b, Kopialbuch 1578-1580, Briefe des Hans Adelgaiß aus Köln, 11.12.1578; 26.12.; Briefe des Hans Fritz aus Köln, 8.1.1579; 15.1.1579; 22.1.1579; 29.1.1579; 5.2.1579 *ordinari post*; 7.2.1579 *Italianisch post*; 12.2.1579 *ordinari*; 15.2.1579 *italianisch*; 19.2.1579 *ordinari*; 22.2.1579 *italianisch*; 26.2.1579; 5.3.1579 *ordinari*; 10.3.1579 *italianisch post*; 12.3.1579 *durch der tractanten ordinari*; 19.3.1579; 2.4.1579; 9.4.1579; 12.4.1579; 19.4.1579; 24.4.1579; 1.5.1579; 9.5.1579 *italianisch*; 15.5.1579: Klagen über Unregelmäßigkeit der taxisschen Post;

schen Nationalbibliothek kennt, weiß überdies, daß die Meldungen wöchentlich und stets von denselben Orten kamen: Das Nachrichtensystem der Fugger basierte mindestens seit den 1560er Jahren auf dem neuen europaweiten System der Post.[26]

Johann Baptista von Taxis war zur Zeit Anton Fuggers (1493-1560)[27] Generalpostmeister der europäischen Teile des habsburgischen Gesamtreiches und Berater Kaiser Karls V. Sein Wirkungskreis dürfte dem der Fugger kaum nachgestanden haben, denn das Postreich der Brüsseler Taxis erstreckte sich von der Südspitze Spaniens bis Antwerpen und von Prag bis Neapel. Auch die Unternehmensstruktur war ähnlich: Die Faktoreien der Taxis hießen Postmeistereien und lagen wie die der Fugger an den Knotenpunkten des Handels – in Antwerpen, Brüssel, Innsbruck, Wien, Rom, Venedig, Mailand, in Spanien und auch in Augsburg saßen Mitglieder der Companía.[28] Geführt wurde die Companía de Tassis wie die anderen großen Unternehmen der Zeit. Johann Baptista von Taxis und Anton Fugger nahmen eine ähnliche Stellung ein, waren nach dem Diktum Richard Ehrenbergs "Häuplinge ganzer Clans verwandter Kapitalisten".[29] Wenn ein minderes Mitglied der Companía wie der Innsbrucker Postmeister Gabriel von Taxis (gest. 1529) von den Fuggern jedesmal zu Neujahr 8 Gulden Verehrung erhielt, *damit er desto fleissiger sei mit den Briefen hin und wieder zu schicken,*[30] dann waren das nur 'peanuts' zu einem Zeitpunkt, als der Generalpostmeister Johann Baptista von Taxis Geldsendungen von mehr als 100 000 Gulden in kaufmännischen Wechseln aus den Niederlanden ins Reich bringen ließ; wobei Pölnitz – ohne Beleg – eine Beteiligung der Fugger an diesem Geschäft für wahrscheinlich hielt.[31] Fugger und Taxis, die beiden katholischen und kaisertreuen Aufsteigerfamilien vom Beginn

---

21.5.1579 durch *ordinari*, Antwort auf Briefe vom 7. und 16.; 28.5.1579 durch *ordinari*, Antwort auf Brief aus Augsburg vom 21., der am 27. eintraf; 5.6.1579 *ordinari*; 11.6.1579 *durch der Italiener Post*; 12.6.1579; 19.6.1579; 25.6.1579; 1.7.1579; 3.7.1579; 10.7.1579 (in den letzten Wochen Beförderung nur mit der Italienischen Post, weil Jacob Henot, des Seraphin von Taxis Verwalter, jeweils der *tractanten brief* abgeworfen hatte); 17.7.1579; 24.7.1579; 31.7.1579; 7.8.1579 (alle durch die Italienische Post); 15.8.1579, Antwort auf Schreiben vom 6., am 13. empfangen; Hoffnung auf ein Ende des Zwiespalts zwischen den Tractanten und dem Postmeister; 21.8.1579, Bericht über Briefe aus Antwerpen, die am 20. eintrafen; 28.8.1579, Bericht über Briefe aus Lissabon vom 28.7., Bericht über Ankunft von Schiffen aus Kalkutta in Indien; 10.9.1579.

26 Österreichische Nationalbibliothek Wien, Cod. 8959-8963.
27 Vgl. G. Frhr. v. Pölnitz, Anton Fugger (Anm. 22).
28 W. Behringer, Thurn und Taxis (Anm. 4), S. 33-47.
29 Richard Ehrenberg, Das Zeitalter der Fugger. Geldkapital und Creditverkehr im 16. Jahrhundert, 2 Bde., 3. Aufl., Jena 1922, hier Bd.1, S. 383.
30 Aloys Geiger, Jakob Fugger (1495-1525). Kulturhistorische Skizze, Regensburg 1895, S. 60; F. Ohmann, Die Anfänge des Postwesens (Anm. 2), S. 177; G. Frhr. v. Pölnitz, Anton Fugger (Anm. 22), Bd. 1, S. 421, 425, 455: dort das gleiche Zitat mit einem Betrag von 10 Gulden für das Jahr 1528.
31 G. Frhr. v. Pölnitz, Anton Fugger (Anm. 22), Bd. 1, S. 489, 505 (im Jahre 1529), nach Staatsarchiv Lille, B 2351.

der Neuzeit, waren europaweit an zahlreichen gemeinsamen Finanzierungsgeschäften beteiligt.[32] Sie kooperierten seit den 1520er Jahren in den Niederlanden, in Deutschland, Österreich, Italien, Frankreich, Spanien und Portugal.[33] Gelegentlich werden engere private Kontakte sichtbar, etwa wenn der Sohn des Augsburger Postmeisters Seraphin von Taxis, nämlich Octavio von Taxis (1572-1626), 1572 in Augsburg von zwei Söhnen Anton Fuggers, nämlich Marx Fugger (1529-1597) und Hans Fugger (1531-1598), aus der Taufe gehoben wurde.[34] Derselbe Octavio von Taxis verkehrte in Antwerpen mit Philipp Eduard und Octavian Secundus Fugger (1549-1600), den Empfängern der 'Fugger-Zeitungen'.[35] Hans Fugger war Nachlaßverwalter des 1582 verstorbenen Augsburger Postmeisters Seraphin von Taxis (Postmeister in Augsburg 1538-1582), der die Augsburger schon einmal unfreundlich als *Feigen- und Pfeffersäcke* bezeichnet hatte.[36] Es ist kein Zufall, daß bei Schwierigkeiten in der taxisschen Dynastie immer wieder Fugger als Kommissare beauftragt wurden. Dies war so bei den Erbstreitigkeiten um das Augsburger Posthaus 1543,[37] und es war wieder so als es zur Zeit des niederländischen Aufstandes zum vorübergehenden Zusammenbruch der Taxis-Post kam. In der von Rudolf II. 1579 zum Zwecke der 'Postreformation' gebildeten Kommission saßen neben Georg Ilsung (1510-1580) Hans und Marx Fugger.[38]

Die Tätigkeit dieser Augsburger Politiker war nicht nur erfolg-, sondern auch folgenreich: Mit Hilfe des *Taxischen gewalthabers* Jacob Henot aus Köln brachte man *das gemein ordenlich Postwesen* zwischen Brüssel und Trient wieder zum Laufen.[39] Zur Schlichtung des Streits zwischen der Augsburger und Brüsseler Linie der Taxis vermittelten die Fugger 1584 eine Hochzeit zwischen deren Erben, nämlich Lamoral und Genoveva von Taxis.[40] Die Wechsel zur Befriedigung ausstehender Geldforderungen liefen über *Johan Jacomo Fucar de Guirberghe e*

---

32 G. Frhr. v. Pölnitz, Anton Fugger (Anm. 22), Bd. 1, S. 466, 487; Bd. 2, S. 142, 305, 491.
33 G. Frhr. v. Pölnitz, Anton Fugger (Anm. 22), Bd. 1, S. 442; Bd. 2, S. 412; Hermann Kellenbenz, Die Fugger in Spanien und Portugal, 3 Bde., München 1990, hier Bd. I, S. 70, 185, 248f., 364, 402.
34 O. Lankes, Zur Postgeschichte (Anm. 3), S. 79.
35 Beatrix Bastl, Das Tagebuch des Philipp Eduard Fugger (1560-1569) als Quelle zur Fuggergeschichte. Edition und Darstellung (Studien zur Fuggergeschichte, Bd. 30), Tübingen 1987, S. 180f.
36 Ludwig Kalmus, Weltgeschichte der Post, Wien 1937, S. 130. – 1583 trat ein Carl Fugger als Bevollmächtigter der Erben des Ludwig von Taxis in den Verhandlungen mit Jacob Henot auf, vgl. M. Dallmeier, Quellen (Anm. 4), Teil I, S. 63f. – 1595 finden wir einen Hans Fugger als Postmeister von Sterzing erwähnt: M. Dallmeier, Quellen (Anm. 4), Teil II, S. 42.
37 G. Frhr. v. Pölnitz, Anton Fugger (Anm. 22), Bd. 1, S. 586.
38 L. Kalmus, Weltgeschichte (Anm. 36), S. 115ff., 130; O. Lankes, Zur Postgeschichte (Anm. 3), S. 75.
39 FA Nr. 1.2.19 ¼ Aktenstücke Postreformation 1595-1596.
40 L. Kalmus, Weltgeschichte (Anm. 36), S. 137.

Wassenhoven, also Hans Fugger von Kirchberg und Weißenhorn.[41] Schließlich bewirkten die Augsburger kaiserlichen Postkommissare in jahrelangen Verhandlungen jenen Einbau der taxisschen Postorganisation in die Reichsverfassung, der bis zum Ende des Alten Reiches Bestand haben sollte: Zum Abschluß der 'Reformation des Postwesens' wurde die Post von Kaiser Rudolf II. am 6. November 1597 zum Reichsregal erklärt.[42] Die Geburt der 'Reichspost' war mit das Werk der Augsburger Politiker.

Zusammenfassend könnte man sagen: Man sollte zwar weder die Bedeutung der Fugger, noch die der Taxis überschätzen. Der europäische Frühkapitalismus und ein ihm entsprechendes Kommunikationssystem hätten sich auch ohne sie entwickelt. Es ist aber nicht übertrieben, zu behaupten, daß diese Familien Entwicklungen mitbestimmten und idealtypisch verkörperten. Die Fugger mit ihrer Gemengelage wirtschaftlicher, politischer und privater Interessen zeigen modellhaft den Anteil Augsburger Kaufleute an der Revolution des europäischen Kommunikationswesens im 16. Jahrhundert. Ihre über Generationen dauernde, zeitweise enge Kooperation mit den Taxis,[43] trug zur frühen Ausprägung des öffentlichen Kommunikationssystems gerade in Deutschland bei. Dem berühmten 'Haupthaus' der Post vor dem Wertachbrucker Tor in Augsburg wurde zu Beginn des 17. Jahrhunderts in zwei Kupferstichen – von Lukas Kilian und Jacob Custos – ein Denkmal gesetzt. Dieses Posthaus, von dem – wie der Text sagt: auf Befehl des Kaisers die Post durch das ganze *Reich Teutscher Nation* gehe[44] – war das Haus des Octavio von Taxis, den Hans Fugger aus der Taufe gehoben hatte.

---

[41] Fürstliches Zentralarchiv Thurn und Taxis, Regensburg, Posturkunden 893; Postakten 814.
[42] Fürstliches Zentralarchiv Thurn und Taxis, Regensburg, Posturkunden 48.
[43] Erwähnt zu werden verdient in diesem Zusammenhang auch das Konnubium der gräflichen Linien der beiden Häuser: Am 16. Oktober 1673 heiratete der Augsburger Reichsoberpostmeister Sebastian Franz von Thurn und Taxis (1647-1706) Maria Johanna Gräfin Fugger (1636-1704), Tochter des Grafen Karl Fugger. Vgl. Europäische Stammtafeln, Bd. 5, hrsg. v. Dietrich Schwennicke, Marburg 1988, Tafel 143: Die Taxis in Augsburg, Seraphin-Linie. – Am 22. Februar 1689 ehelichte Prinz Inigo Lamoral von Thurn und Taxis (1653-1713), Sohn des Reichsgeneralpostmeisters Lamoral II. von Taxis (1621-1676) und Bruder des Reichsgeneralpostmeisters Fürst Eugen Alexander von Thurn und Taxis (1652-1714), in Augsburg Maria Franziska Walburg Gräfin von Nordendorf (1668-1721). Vgl. Europäische Stammtafeln, Bd. 5, Tafel 129. Ihr gemeinsamer Sohn Johann Baptista von Thurn und Taxis (1706-1762) wurde 1754 zum Bischof von Lavant (Kärnten) erwählt. Vgl. J. Rübsam, Taxis (Anm. 18), S. 495.
[44] Wolfgang Behringer, Das Taxissche Posthaus zu Augsburg, in: Zeit der Postkutschen, hrsg. v. Klaus Beyrer, Karlsruhe 1992, S. 98f.

Fuggerkorrespondenzen 1560 - 1600.
Zu einem laufenden Editionsprojekt*
Christl Karnehm

1. Zur Vorgeschichte

Die Fugger-Forschung in der Tradition eines Götz Frhn. von Pölnitz, Norbert Lieb oder Hermann Kellenbenz endete jeweils mit der 1. Hälfte des 16. Jahrhunderts.[1] Es war seit langem ein Desiderat einschlägig arbeitender Historiker, mit einer vergleichbaren Grundlagenforschung, das heißt, unter systematischer Einbeziehung und Auswertung des Archivmaterials, die zweite Jahrhunderthälfte bis etwa zum Ausbruch des Dreißigjährigen Krieges zu beleuchten. Wichtige Arbeiten wie die von Reinhard Hildebrandt,[2] Beatrix Bastl,[3] Martha Schad,[4] oder die im Rahmen der Augsburger Ausstellung 'Welt im Umbruch'[5] entstandenen, sind seither auch in spätere Zeiten vorgerückt und haben das Interesse an ihnen geweckt. Auf Initiative des 1990 verstorbenen Wirtschaftshistorikers Hermann Kellenbenz, der seit 1970 auch wissenschaftlicher Leiter des Fugger-Archivs war, wurden auch Projekte zur systematischen Quellenerschließung auf den Weg gebracht. Eines davon trägt den Titel: *Edition der Fuggerkorrespondenzen in der Zeit von 1560-1600.*

---

* Das Projekt wird von der Deutschen Forschungsgemeinschaft gefördert.
[1] Eine Ausnahme bildete schon früh Georg Lill, Hans Fugger (1531-1598) und die Kunst. Ein Beitrag der Geschichte der Spätrenaissance in Süddeutschland (Studien zur Fuggergeschichte, Bd. 2), Leipzig 1908. Dieses Werk leistete hervorragende Quellenarbeit, doch sind seine Fragestellungen von den heutigen naturgemäß ganz verschieden.
[2] Reinhard Hildebrandt, Die "Georg Fuggerischen Erben". Kaufmännische Tätigkeit und sozialer Status 1555-1600 (Schriften zur Wirtschafts- und Sozialgeschichte, Bd. 6), Berlin 1966.
[3] Beatrix Bastl, Das Tagebuch des Philipp Eduard Fugger (1560-1569) als Quelle zur Fuggergeschichte (Schwäbische Forschungsgemeinschaft bei der Kommission für Bayerische Landesgeschichte, Bd. 21; Studien zur Fuggergeschichte, Bd. 30), Tübingen 1987.
[4] Martha Schad, Die Frauen des Hauses Fugger von der Lilie (Schwäbische Forschungsgemeinschaft bei der Kommission für Bayerische Landesgeschichte, Reihe 4, Bd. 22; Studien zur Fuggergeschichte, Bd. 31), Tübingen 1989.
[5] 'Welt im Umbruch'. Augsburg zwischen Renaissance und Barock, Ausstellungskatalog, 3 Bde., Augsburg 1980.

Das Kernstück hierzu sind die im Fugger-Archiv zu Dillingen erhaltenen sog. 'Kopierbücher' Hans Fuggers (1531-1598).[6] Diese umfassen die Abschriften des größten Teils[7] aller ausgehenden Privatbriefe – was nachfolgend noch genauer definiert werden soll – zwischen 1560 bis zu seinem Tode 1598. Das heißt, wir besitzen ein riesiges Konvolut von annähernd 4000 Briefen über den Zeitraum eines ganzen Erwachsenenlebens, und zwar nahezu vollständig – es fehlen nur einige wenige Jahrgänge, vor allem in den frühen 90er Jahren des 16. Jahrhunderts. Das ist eine Quelle von seltenem Rang, allein schon aufgrund ihres Umfangs.

In Eigeninitiative hatte Maria Gräfin von Preysing schon vor langem damit begonnen, von den Briefen Hans Fuggers Regesten anzufertigen, wobei sie den Zeitraum von 1560 bis einschließlich 1573 bearbeitet. Meine Erfassung und Bearbeitung der Briefe setzt mit dem Jahr 1574 ein. Um einen einheitlichen Zugriff zu schaffen, sollen schließlich alle Regesten auf PC erfaßt werden.[8] Nach einer Unterbrechung durch Hermann Kellenbenz' Tod wird das Projekt seit 1993 von Andreas Kraus, Kommission für bayer. Landesgeschichte bei der Bayer. Akademie der Wissenschaften, München, geleitet.

2. Zum Archivmaterial

Die Briefe Hans Fuggers stellen innerhalb des vorgegebenen Themas das weitaus umfangreichste Konvolut dar. Deshalb wurde ihre Behandlung allen anderen in

---

[6] Zur Person s.u.

[7] In den Kopierbüchern erfaßt sind auf jeden Fall alle diktierten Briefe Hans Fuggers, die den größten Teil seiner Korrespondenz ausmachten. Ich konnte bei ausschließlich in Münchner Archiven vorgenommenen Stichproben auch Originalbriefe finden, die nicht in den Kopierbüchern erfaßt sind. Bislang hält sich der Eindruck, daß es sich hier um die eigenhändigen handelt.

[8] APPLE/Macintosh, Programm Docujet. Das verwendete Programm vereinigt die Vorzüge einer Datenbank mit denen einer Textverarbeitung. Jedem Brief entspricht eine 'Karteikarte', die zunächst den Adressaten verzeichnet, seinen Wohnort, Datum des Briefes, Amt und Funktion des Adressaten – soweit bekannt –, ferner die Archivsignatur. Dann folgt der Text in beliebiger Länge. Jeder dieser 'Karteikarten' können, über den eigentlichen Regestentext hinaus, Begriffe, nach Art eines Index, zugeordnet werden. Dieser Datenbereich wird 'Thesaurus' genannt. Hier werden sowohl alle vorkommenden Namen und Orte als auch – in der Anzahl unbegrenzt – Stichworte jeglicher Art verzeichnet, bis hin zu bestimmten Wissenschaftsgebieten (Musik, Literatur, Medizin, u.v.m.), für die ein bestimmter Brief bei der späteren Auswertung des Gesamtmaterials relevant werden könnte. Dieses Vorgehen ermöglicht es, den Bestand von voraussichtlich mehreren tausend Briefen nach bestimmten Themen oder Einzelstichworten abzufragen. Wer immer zukünftig mit diesen Regesten arbeitet, wird nicht gezwungen, das gesamte Datenmaterial zu lesen und daraus zu exzerpieren, sondern kann entweder größere Interessensgebiete, aber auch einzelne Namen, Orte o.a. abrufen, auch in Kombination: z.B. Herzog Wilhelm V./Feste/Starnberger See.

Frage kommenden, verstreuter liegenden Archivalien vorangestellt. Wir wissen bisher noch wenig über die Originalbriefe, die zum Teil erhalten sind. Es wird noch zu klären sein, was z.B. in Wien, in Prag oder Venedig an Originalen und Gegenbriefen zu finden ist.

Wie erwähnt, ist diese Korrespondenz innerhalb der Fuggerforschung aufgrund ihrer Vollständigkeit und des langen Zeitraums, über den sie sich erstreckt, ein Unikat. Ihrer äußeren Form nach handelt es sich um handgebundene Manuskripte, die nachträglich paginiert werden, um die Arbeit mit ihnen zu erleichtern. Die Kopierbücher wurden von Fuggerschen Kanzleischreibern verfaßt, bzw. von einem anonymen Hauptschreiber, der bis auf wenige Ausnahmen an einzelnen Tagen bis zum Schluß der gleiche zu bleiben scheint. Sein Schriftbild verändert sich mit der Zeit zu immer größeren Buchstaben. Das bedeutet, daß man vom äußeren Umfang der Bände nicht mit Präzision die Gesamtzahl der Briefe errechnen kann.

Hans Fugger lebte in einer Zeit, als man Mitteilungen außerhalb des eigenen Hauses nicht anders als schriftlich äußern konnte – den legendären 'reitenden Boten' einmal beiseite lassend. Somit finden sich in seiner Korrespondenz zwangsläufig immer wieder 'Banalitäten' jener Sorte, die man heutzutage durch ein kurzes Telefongespräch erledigen würde. Für solche Kurzbriefe besteht in der heutigen Forschung kein Interesse an Registrierung oder Bearbeitung. Dennoch schien es von Anfang an problematisch, eine bestimmte Auswahl zu treffen, denn: wie häufig hat der Historiker Quellen-, und damit Informationsverluste zu beklagen, die der Selektion einer früheren, von anderen wissenschaftlichen Kriterien geleiteten Epoche zum Opfer gefallen waren?

Im vorliegenden Falle wurde beschlossen, alle Briefe zu erfaßen und zu regestieren, gewisse alltägliche, sich häufig wiederholende Begebenheiten jedoch entsprechend kurz abzuhandeln. Durch die jedem Brief zugeordneten Stichworte sind sie dennoch jederzeit abrufbar und können in vorerst noch nicht relevanten Zusammenhängen womöglich von Nutzen sein, bleiben auch ein statistischer Faktor.

3. Zur Person Hans Fuggers

Hans Fugger war der im Jahre 1531 zweitgeborene Sohn des Anton Fugger (1493-1560). Mit seinem älteren Bruder Marx (1529-1597), der bis zu seinem Tode die Geschäfte führte, stand er in engstem Kontakt, zumal sie seit dem Tode des Vaters das gleiche Hausgeviert in Augsburg, zwischen Weinmarkt und Zeughaus, bewohnten. In Hans Fuggers Besitz befanden sich darüberhinaus mehrere Landschlösser, von denen er Schloß Kirchheim an der Mindel, das zum Stammsitz seiner Linie wurde, zwischen 1578 und 1585 von den ersten Künstlern seiner Zeit neu errichten und ausstatten ließ. Hans Fugger war ein engagierter Sammler von

Kunst und Kunsthandwerk im weitesten Sinne, auch von Seltenem und Kuriosem aus dem Grenzbereich zwischen Kunst und Naturwissenschaften, dem auch hochrangige Zeitgenossen, allen voran Kaiser Rudolf II. in Prag oder Erzherzog Ferdinand in Schloß Ambras bei Innsbruck ihrerseits größte Aufmerksamkeit schenkten. Er war von erstklassigen Lehrern ausgebildet und verfügte über ein reges, intelligentes Temperament, dessen trockener Humor auch die Fähigkeit zur Selbstironie verrät und hier in einem gewissen Widerspruch zu den überlieferten Porträts steht. Sein religiöser Standpunkt in einer Zeit konfessioneller Spaltung, die mitten durch die eigene Familie und die anderer Verwandter ging, war kompromißlos katholisch und von jesuitischen Persönlichkeiten gegenreformatorisch geprägt, was naturgemäß auch seine politische Haltung beeinflußte. Authentische Kenntnisse der europaweiten wirtschaftlichen Situation spielen dabei eine andere wichtige Rolle.

4. Zur Korrespondenz

Für Hans Fuggers Briefe stehen zunächst weder die vorangehenden Schreiben der Adressaten, noch deren nachfolgende Antworten zur Verfügung. Glücklicherweise war es in aller Regel üblich, einleitend die in den Briefen behandelten Angelegenheiten zu rekapitulieren, da die Post aus weit entfernten Orten oft lange unterwegs war und sich häufig kreuzte. Ein solches Konvolut zeichnet sich also dadurch aus, daß manche Vorgänge zunächst nur lückenhaft, andere sofort erschließbar sind. Manche Sachverhalte klären sich durch nachfolgende Briefe, bei anderen wird es die Aufgabe der weiteren historischen Forschung werden, Gegenbriefe zu ermitteln und mit Hilfe anderer Quellen sowie bereits bestehender Literatur zuzuordnen und zu klären.

Die Korrespondenz beinhaltet Vorgänge aus den unterschiedlichsten Themenbereichen, die sich häufig über Monate, ja über Jahre hinziehen. Interessant ist, daß Briefe zwischen verkehrsmäßig gut erschlossenen Orten nahezu mit der gleichen Geschwindigkeit transportiert wurden wie heutigentags, zuweilen sogar schneller.[9] Dennoch herrschte im 16. Jahrhundert insgesamt eine Infrastruktur vor, die dem Faktor 'Zeit' einen ganz anderen Stellenwert zumessen mußte, als wir dies heute gewohnt sind. Beschwerliche Bedingungen während Pestzeiten,[10] Kriegen

---

[9] Z.B. von oder nach München von einem Tag zum nächsten, durch Boten am gleichen Tag; Nürnberg zwei Tage, Venedig oder Antwerpen fünf Tage.
[10] Z.B. 1576/77 in Italien, als der Postverkehr auf umständlichen Wegen Oberitalien zu vermeiden suchte.

und Überfällen[11] konnten plötzlich über Wochen und Monate alle Verbindungen zum Erliegen bringen. So waren sowohl dem Warenverkehr als auch jeder anderen Angelegenheit von vornherein mehr Zeit eingeräumt; 'Verjährungen' in unserem heutigen Sinn erscheinen gar nicht denkbar.

Wenn Hans Fugger von einem seiner Korrespondenten z.B. gebeten wird, bei Augsburger Künstlern oder Kunsthandwerkern einen Auftrag zu erteilen, kann es Jahre dauern, bis das Gewünschte fertiggestellt und geliefert wird. Jeder der erhaltenen Briefe trägt etwas zur eventuellen Klärung und Identifizierung dieser Stücke bei, betrachtet man einen Brief isoliert, bleibt sein Wert für die historische Forschung unter Umständen dürftig.

Vor Fertigstellung dieser Regesten ist demnach alles 'im Fluß'. Es wäre problematisch, aus einem solchen Bestand buchstäblich 'auf halbem Wege' bündig darstellbare Ergebnisse herausfiltern zu wollen, da stets der nächste Brief eine Präzisierung des vorangehenden beinhalten kann. Im Augenblick gibt es viele Teilergebnisse, die als vorläufige, aber wenige, die mit Sicherheit als endgültige Resultate der Arbeit zu bezeichnen sind. Immerhin zeichnet sich folgendes Gesamtbild zur Relevanz der Hans Fuggerschen Korrespondenz ab:

Da ein anderer Sohn Anton Fuggers, Marx, die Geschäfte führte, hat man die Briefe seines jüngeren Bruders Hans stets als 'private' Korrespondenz betrachtet. Damit wurde unterstellt, daß sich hier zwar eine noch unerschlossene, vor allem kunstgeschichtlich ergiebige Quelle verberge, in der jedoch für andere historische Spezialgebiete wenig Relevantes zu finden sei. Diese These läßt sich so nicht halten und muß, wie sich jetzt erweist, sehr viel differenzierter gesehen werden.

Die beiden Brüder hatten ein sehr enges Verhältnis zueinander und standen in täglichem Kontakt. Hans Fugger war in alle wichtigen geschäftlichen Belange eingeweiht, nur so war es ihm möglich, nach dem Tod seines Bruders Marx 1597 die Geschäfte umgehend weiterzuführen. In Zeiten der Abwesenheit seines Bruders von Augsburg führte Hans die Handelsgeschäfte an dessen Statt und wurde seinerseits ausgeschickt, seinen Bruder Marx bei wichtigen Missionen auswärts zu vertreten.[12]

Hans Fugger hatte darüberhinaus aber, mehr als sein Bruder Marx, Zeit und Muße, außergeschäftliche Kontakte mit zahlreichen hochstehenden Persönlichkeiten der Epoche in allen Ländern Europas zu pflegen. Als Zweitgeborener des Handelshauses ging es hierbei weniger um offizielle Pflichten, sondern darum,

---

[11] Z.B. in den Niederlanden, Rheinlanden, im von den Türken eroberten südosteuropäischen Raum.

[12] Als Beispiel sei hier erwähnt, daß Hans Fugger 1575 zum Reichstag nach Regensburg reiste und mit Energie und Geschick verhindern konnte, daß die 'Anton Fuggerischen Erben' für die enorme Schuldenlast aufzukommen hatten, die ihr Vetter Hans Jakob, der im gleichen Jahr verstorben war, hinterlassen hatte. Die ausführlichen Briefe Hans Fuggers aus Regensburg an seinen in Augsburg verbliebenen Bruder Marx sind eindrucksvolle Dokumente seines Verhandlungsgeschicks mit den Räten Kaiser Maximilians II. und dem bayerischen Herzog Albrecht V.

seinen Rang und die guten Beziehungen stets so einzusetzen, daß sie positiv auf die Reputation des Handelshauses wie auch der Familie Fugger zurückwirkten. Für diplomatische Aufgaben, auch delikaterer Art, zeigte er großes Geschick. Er erfüllte somit eine wichtige familienpolitische Aufgabe, der er sich auch stets ganz verpflichtet fühlte.

Einige seiner guten Beziehungen knüpfte Hans Fugger schon als Student, da er halb Europa bereist hatte. Ein Personenkreis aus Fürstlichkeiten – allen voran die Bayernherzöge Albrecht V. und Wilhelm V. –, europäischem Adel und Hofbeamtentum – wie der Reichsvizekanzler Dr. Sigmund Viehäuser, Balthasar Trautson, Schwager Hans Fuggers und zeitweise Hofmeister der Kaiserin Maria –, aus Klerus (Nuntien, Bischöfe usw.) und Kriegsleuten (Deutsche und Österreicher an der ungarischen Grenze gegen die Türken, Spanier in Portugal und den Niederlanden, auch Italiener), ferner von bedeutenden Universitätslehrern und Autoren zumeist naturwissenschaftlicher oder theologischer Werke, definierte sowohl die gesellschaftliche Stellung Hans Fuggers als auch die seiner ganzen Familie im 16. Jahrhundert. Es ist kein Zufall, daß Kaiser Rudolf II. für die Dauer des Augsburger Reichstages 1582 im Hause Hans Fuggers logierte. Hieraus erklärt sich unter anderem auch der hohe Informationsstand der Fugger, dem sie aus wirtschaftlichem und politischem Kalkül selbst stets einen zentralen Stellenwert einräumten. Die in den sog. 'Fugger-Zeitungen' europaweit verbreiteten Nachrichten entstammten häufig den Briefen des genannten Personenkreises.[13]

In Hans Fuggers Händen lagen demnach naturgemäß all die zahlreichen Gefälligkeiten, mit denen man Personen von Stand zu Diensten war, wie das Knüpfen von Kontakten ins Ausland, Geldanlagen, Beratung bei bevorstehenden Reisen, auch das Vermitteln in Streitigkeiten.[14] Das Besorgen von schwer erhältlichen Gütern aus europäischen wie überseeischen Ländern, zu denen die Fugger aufgrund ihrer weltweiten Handelskontakte leichter Zugang hatten, waren eine wichtige Aufgabe Hans Fuggers. Hierzu gehören Kunstgegenstände ebenso wie Musikinstrumente, Waffen, Harnische, technische Geräte, kostbare Stoffe, aber auch Spezereien, Medizin und Heilkräuter, Saatgut für ausländische Nutz- und Zierpflanzen, die vielfach durch diesen Personenkreis heimisch gemacht wurden, ferner Jagd-, Zucht- und Haustiere aus aller Herren Länder. Er experimentierte in den Zier- und Nutzgärten, in Weinbau und Pomologie seiner eigenen Besitzungen und kümmerte sich persönlich um den Erwerb südlicher Pflanzen und Samen aus dem gesamten Mittelmeerraum. Das aktive Interesse an der Nutztierzucht läßt sich nicht nur für Hans Fugger, sondern auch für seine Gemahlin und seine beiden Töchter nachweisen. Seltene Heilmineralien und andere medizinische Substanzen,

---

[13] Fugger-Zeitungen. Ungedruckte Briefe an das Haus Fugger aus den Jahren 1568-1605, hrsg. v. Victor Klarwill, Wien, Leipzig, München 1923.
[14] Z.B. bei dem lang anhaltenden Konflikt, den Joachim Graf Ortenburg mit den bayerischen Herzögen Albrecht V., später mit Wilhelm V. auszufechten hatte.

die er nicht nur für sich selbst benützte, sondern auch an Freunde und z.T. hochgestellte Personen weiterleitete, bezog er von seinen Faktoren aus Spanien bzw. dem spanischen Kolonialreich.

Es seien hier einige – notwendigerweise zufällige – Beispiele aus Hans Fuggers Alltag vorgestellt, die illustrieren, welche Bandbreite für die Auswertung dieser Korrespondenz eines Tages angesprochen sein wird:

An Hans Miller, Pfleger in Kirchheim, am 8.III.1576
Wie H.F. erfuhr, habe Conrad von Rietheim in Angelberg die *alt Catholisch religion verordert* [= verboten] *und ainen Predicanten des neuen vermainten Evangeliums uffgestelt*. Er befürchte nun, daß die Untertanen innerhalb der Amtsverwaltung des Adressaten und der umliegenden Herrschaften dessen Gottesdienste besuchen wollten, was nur zu Schwierigkeiten führen könne. Um dies von Anfang an zu unterbinden, möge Miller den Untertanen mit allem Ernst verbieten, *aus fürwiz* eine andere Kirche als ihre eigene zu besuchen.

An Thomas Miller, Faktor in Madrid, am 12.X.1577
[...] Herzog Wilhelm habe ihn [H.F.] kürzlich gebeten, von dem Öl, *so aus dem orientalischen Indien dem Künig von Sp[ani]a gehörig* zu bestellen. *Sollichs Öl heissen die Sp[ani]er von wegen der grossen Tugent Balsam öl*. Es handle sich hierbei nicht um den Balsam, der aus Ägypten komme, vielmehr fände sich diese Sorte vor allem in Sevilla. Der Herzog begehre außerdem einen in Spanien erhältlichen Stein, der gegen Magenschmerz und Steinkrankheiten [*grieß*] helfe und ebenfalls aus dem orientalischen Indien käme [...]. Er selbst habe von diesem Stein nie gehört, doch solle der Adressat einen oder zwei davon, sowie das Öl, schicken. [...]. T.M. werde selbst gehört haben, wie die Dinge in den Niederlanden stünden. Die Spanier hätten es durch ihr Regiment soweit gebracht, daß der König [Philipp II.] das Land verlieren werde, wenn er sich nicht auf *clementia* besinne. Doch auch die Niederländer selbst regierten auf eine Weise, der kein Bestand beschieden sein werde. Hätte der König vor zehn Jahren dem Land nur ein Drittel der jetzt geübten *clementia* widerfahren lassen, wäre alles nie soweit gekommen.

An David Ungnad, kaiserlicher Botschafter in Konstantinopel, am 16.I.1580
[...] Was die in die Türkei zu verschenkenden Uhren und andere Raritäten betreffe, *das selzam und doch nach der Türggen humor wer*, habe H.F. in der ganzen Stadt danach suchen lassen, aber außer eines silbernen, vergoldeten Hirschen und einer Uhr in Form eines Kamels nichts finden können. Diese Gegenstände wolle er gerne bis zur Ankunft des Adressaten zurücklegen lassen. Wie gewünscht, habe er für ihn einen *Cupido* bestellt, der bis dahin auch fertig werde. Die Augsburger Meister hätten in diesen schweren Zeiten große Mühe, ihre Sachen zu verkaufen

und daran zu verdienen. Es gebe nur einen einzigen Meister, der *gute inventiones* habe und der sei das ganze Jahr über beschäftigt mit der Arbeit für Herrn Landvogt [Georg] Ilsung. Was er darüberhinaus noch herstelle, verkaufe er alles an einen Handelsmann aus Wien [...]. Übrigens habe H.F. darauf bestanden, daß der Meister die Werke, zu denen ihm der Adressat Zeichnungen [*Visierungen*] geschickt hatte, für niemand anderen fertige. Er habe sich damit entschuldigt, daß er 1 1/2 Jahre auf Bescheid gewartet und schließlich gedacht hätte, daß man dieser Werke nicht mehr bedürfe und sie so anderweitig verkauft. Wenn U. nach Augsburg komme, solle er am besten selbst mit dem Meister reden.

An Herzog Wilhelm V. von Bayern, am 11.II.1581
H.F. bestätigt verschiedene Schreiben, ferner 300 fl und einen Brief für die notleidenden Barfüsser[-Mönche], die das Hl. Grab in Jerusalem betreuten [...]. Er werde alles umgehend nach Venedig schicken lassen. Das lateinische Verzeichnis mit den Wünschen des Herzogs für den Palmsonntag, wie z.B. *Thimiama*-Palmwedel und andere Sachen für seine [Residenz-] Kapelle habe H.F. nach Venedig gesandt, so daß er alles, so weit möglich, in der Woche vor dem Palmsonntag, direkt erhalten werde. Um die Sachen aus Rom zu bestellen, werde die Zeit zu knapp, man stelle sie in Venedig aber nach der gleichen Art her. Beiliegend übersendet H.F. Neuigkeiten, die mit der niederländischen Post kamen.

An Innocentio von Tassis, am 3.II.1582
H.F. bestätigt ein Schreiben vom 19.I. aus Füssen, worin er vertraulich informiert wurde, daß der Kaiser [Rudolf II.] wegen des *zerrütteten Postwesens* Erzherzog Ferdinand bewilligt haben soll, einen Postmeister für das Reichsgebiet zu benennen. Auch, daß der Adressat befürchte, es würde auf diese Weise *das Postwesen von Euren Geschlecht (bei dem es so vil Jar her gewest) hinweekh genommen werden.* Vor einiger Zeit war H.F. selbst, neben dem Landvogt, Herrn Maximilian von Ilsung, kaiserlicher Postkommissar und beide hätten sie sich mit Herrn Seraphin von Taxis und den hiesigen Handelsleuten sehr um einen guten Vergleich bemüht und *das sollich Postmeister Ambt durch das ganz Reich aus bej Euren Geschlecht erhalten möchte werden.* Bisher sei aber weder Ilsung noch ihm selbst eine endgültige Entscheidung zugekommen, umso mehr befremde ihn nun diese angebliche Bewilligung des Kaisers an den Erzherzog. H.F. habe sich bei den hiesigen *tractantes* erkundigt, die davon aber angeblich keine Kenntnis hätten. [...]

In ihrer Mischung aus fuggerischer Familienpolitik, konsequenter Vertretung von Standesinteressen und vielfältigsten Privatinteressen, die sich in einem engen, in vielen Teilen Europas verankerten Beziehungsgeflecht entfalten, steht ein bedeutender Teil der Briefe in einem kulturhistorischen Zusammenhang, der für die

Epoche der deutschen Spätrenaissance, dieser 'Welt im Umbruch', weit über das hinausgeht, was man gemeinhin unter 'Privatkorrespondenz' versteht.

Nicht nur eine historische Disziplin, sondern ein ganzes Spektrum von allgemein-, geistes- und wissenschaftsgeschichtlichen Fächern wird hier Neues, Ergänzendes, Klärendes finden und erhält über die computergesteuerte Quellenerfassung einen direkten Zugriff zu den jeweils für sie relevanten Informationen. In den gegebenen Proben fallen neben den zu erwartenden handels- und kunstgeschichtlichen Informationen auch politische, konfessionspolitische und kommunikationsgeschichtliche Bezüge auf. Die Korrespondenz gewährt Einblicke in die Zeit- und Weltsicht einer Familie von internationaler Bedeutung in Politik und Kultur. In ihren Kontakten zu allerhöchsten Herrschaftskreisen und dem gleichzeitigen alltäglichen Umgang mit verschiedensten Rangstufen unterer Schichten lebten sie gleichsam an einer gesellschaftlich-ständischen Nahtstelle, an der exemplarische Einsichten möglich werden.

Augsburger Handelshäuser und die Antike
Wolfgang Kuhoff

Entsprechend ihrer wirtschaftlichen Geltung in der Heimatstadt und in Europa investierten Augsburger Handelshäuser Mittel zur Wahrung und Mehrung ihres Prestiges. In dieser Hinsicht folgten sie dem Beispiel, das vor allem die Medici in Florenz abgaben. Diese gleichermaßen auf Gegenwart und Zukunft gerichtete familiäre Selbstdarstellung beinhaltete auch die Beschäftigung mit der antiken Vergangenheit Augsburgs, konkretisiert im Sammeln römischer Fundgegenstände, im Erwerb von Büchern und Handschriften zum Altertum, in der finanziellen Förderung von Publikationen und in der wissenschaftlichen Beschäftigung einzelner Familienmitglieder mit der römischen 'Augusta Vindelicum'. Schon Sigmund Gossembrot sammelte in der Mitte des 15. Jahrhunderts Handschriften mit antiken Texten. In der Blütezeit der Augsburger Handelsmacht während des 16. Jahrhunderts aber drückten vornehmlich zwei Persönlichkeiten der wissenschaftlichen Antikenbeschäftigung ihren Stempel auf, Konrad Peutinger und Markus Welser.[1] Angehörige anderer Familien, unter ihnen an erster Stelle die Fugger, folgten ihnen im Sammeln von Antiken und im Anlegen von Bibliotheken, in denen Werke zum Altertum besonderen Stellenwert besaßen.

---

[1] Eine kurze Zusammenfassung über die Beschäftigung mit der Antike im renaissancezeitlichen Augsburg findet sich bei Wolfgang Kuhoff, Augsburg in römischer Zeit. Quellenlage und Forschungsstand, in: Geschichte der Stadt Augsburg von der Römerzeit bis zur Gegenwart, hrsg. v. Gunther Gottlieb u.a., 2. Aufl., Stuttgart 1985, S. 11-17, hier S. 14f. Die Bedeutung des Humanismus in Augsburg im 16. Jahrhundert behandelt ausführlicher Leonhard Lenk, Augsburger Bürgertum im Späthumanismus und Frühbarock (1580-1700), Augsburg 1968, S. 87-113; S. 96f. betont er, die Beschäftigung mit der Antike sei den reichen Familien nur deshalb wichtig gewesen, um sie für ihre Zwecke zu verwerten: Eine solche Sehweise erscheint aber doch zu einseitig. Zu Gossembrot siehe die knappen Bemerkungen von Hermann Kellenbenz, Augsburger Sammlungen, in: Welt im Umbruch. Augsburg zwischen Renaissance und Barock, 2 Bde., Augsburg 1980, Bd. 1, S. 76-88, hier S. 76.

I.

Am Anfang dieses Überblicks muß der Stadtschreiber Konrad Peutinger, Angehöriger einer im Handelswesen tätigen Familie und wegen seiner Heirat mit Margarethe Welser zur 'Gesellschaft der Mehrer' zählend, genannt werden.[2] Er veröffentlichte im Jahre 1505 erstmals auf deutschem Boden den Denkmälerbestand einer Stadt aus der Römerzeit, die 'Romanae vetustatis fragmenta in Augusta Vindelicorum et eius dioecesi'; das Werk ist allerdings nur eine einfache Zusammenstellung der damals bekannten Steininschriften ohne jeglichen Kommentar, wenn auch mit der Angabe der richtigen Zeilenverteilung des Textes.[3] Die zweite Auflage fünfzehn Jahre später führt eine größere Zahl von Zeugnissen an und nennt im Titel den Inhalt eindeutiger: 'Inscriptiones vetustae Romanae et earum fragmenta in Augusta Vindelicorum et eius dioecesi'. Zusätzlich ist das Aussehen der Inschriftenträger angegeben, jedoch nur summarisch und nicht immer wirklichkeitsgetreu.[4] Die Publikation umfaßt neben den Inschriften, dem Hauptteil der Hinterlassenschaft aus den rund 450 Jahren römischer Herrschaft in Augsburg, einige sonstige steinerne Zeugnisse.[5] Ein drittes Werk, das Peutinger unter dem Namen seiner Frau Margarethe 1511 verfaßte, die 'Margaritae Velseriae, Conradi Peutingeri coniugis, ad Christophorum fratrem epistola multa rerum antiquarum cognitione insignis', wird leider zu wenig gewürdigt.[6] Es enthält außer der Zu-

---

[2] Das Leben dieses Gelehrten schildert Heinrich Lutz, Conrad Peutinger, in: Lebensbilder aus dem Bayerischen Schwaben, Bd. 2, hrsg. v. Götz Frhr. von Pölnitz (Schwäbische Forschungsgemeinschaft bei der Kommission für Bayerische Landesgeschichte, Veröffentlichungen, Reihe 3, Bd. 2), München 1953, S. 129-161; ders., Conrad Peutinger. Beiträge zu einer politischen Biographie, Augsburg 1958, geht auf die Antikenbeschäftigung nicht ein.

[3] In der SStBAug befindet sich ein Exemplar, Sign. 2° Aug 248. Die Reihenfolge der Inschriften ist keiner erkennbaren Ordnung verpflichtet, sondern erscheint willkürlich. Ligaturen sind nicht verzeichnet. H. Kellenbenz, Sammlungen (Anm. 1), S. 76, spricht zu unrecht davon, daß es sich allein um 20 Inschriften in Peutingers Besitz handele (vgl. Anm. 9). Zur Bedeutung Peutingers im kulturellen Leben Augsburgs siehe kurz Josef Bellot, Humanismus – Bildungswesen – Buchdruck und Verlagsgeschichte, in: Geschichte der Stadt Augsburg (Anm. 1), S. 343-357, hier S. 343, und Bruno Bushart, Kunst und Stadtbild, in: Geschichte der Stadt Augsburg (Anm. 1), S. 363-385, hier S. 363f.

[4] Das Exemplar derselben Bibliothek hat die Sign. 2° Aug 249 (auch hier gibt es keine thematische Reihenfolge der Inschriften). H. Lutz, Peutinger (Anm. 2), S. 139f. und S. 146, geht nur kurz auf die beiden Inschriftenwerke ein.

[5] Den epigraphischen Denkmälerbestand Augsburgs behandelt knapp Wolfgang Kuhoff, Römische Inschriften, in: Augsburger Stadtlexikon, hrsg. v. Wolfram Baer u.a., Augsburg 1985, S. 311f. Seitdem sind einige Neufunde hinzugekommen, von denen einer sogar herausragende Bedeutung für die Kenntnis der römischen Reichsgeschichte während der Mitte des 3. Jahrhunderts n. Chr. aufweist.

[6] Dieses Werk wurde von Hieronymus Andreas Mertens im Jahre 1778 unter dem genannten Titel in Augsburg ediert.

sammenstellung der Inschriften Augsburgs und seines Umlandes auch einen partiellen Kommentar, der Münzen aus Peutingers Sammlung miteinbezieht.[7]

Das Interesse für die Antike war in Peutinger während seines fünfjährigen Studienaufenthaltes in Italien geweckt worden. Er verband wissenschaftliche Arbeit und Sammeltätigkeit miteinander.[8] 15 epigraphische Dokumente, die man teilweise noch heute dort anschauen kann, trugen er und seine Nachfahren im Hof seines Hauses, dem *atrium*, zusammen und retteten sie dadurch vor der Zerstörung.[9] Der andere Teil wurde 1823 in das neue städtische Antikenmuseum, das heutige Römische Museum, überführt. Als langjähriger Besitzer der einzigen bekannten römischen Weltkarte, der aus dem 4. Jahrhundert n. Chr. stammenden 'Tabula Peutingeriana', gewann der Stadtschreiber zusätzliche wissenschaftsgeschichtliche Bedeutung.[10] Ein Werk über römische Münzen, das auf seiner eigenen Sammlung basierte und eine Fortführung bis in die Gegenwart enthalten sollte, konnte er leider nicht mehr schreiben.[11] Daneben besaß er andere Antiken und antikisierende Gegenstände wie Kaiserporträts.[12] In seiner Bibliothek nahmen

---

[7] Die Inschriften und andere Steindenkmäler sind S. 23-32 aufgeführt. Der Teil über die Münzen, in dem deren Legenden nacheinander genannt und verschiedentlich mit Inschriften verglichen werden, die aus Italien, Spanien, Österreich und der Schweiz stammen, behandelt zuerst Kaiser des 3. und 4. Jahrhunderts bis Gratian mit Einschluß von Iulius Nepos und Phokas und geht dann unvermittelt auf das 1. Jahrhundert seit Augustus über, um danach bis zu Iustinianus I. zu führen (S. 34-72): Die Reihenfolge ist also sehr inkonsequent, zumal abschließend nach einer kurzen Übersicht über wirkliche und fiktive Usurpatoren (S. 73f.) Münzen der römischen Republik genannt werden, die nach der alphabetischen Ordnung der Gentiliznamen aufgereiht sind (S. 74-85). Immerhin erhält man dadurch einen gewissen Überblick über die Münzsammlung Peutingers. Wichtig ist auch, daß sich aus der Diskussion der auswärtigen Inschriften entnehmen läßt, daß der Autor seine Kenntnisse hierüber aus Pomponius Laetus schöpfte (vgl. die folgende Anm.).

[8] Peutinger als Sammler von Altertümern gilt ein Abschnitt bei Renate von Busch, Studien zu deutschen Antikensammlungen des 16. Jahrhunderts, Diss. Tübingen 1973, S. 11-16. Eine kurze Einführung zur Person findet sich S. 1f. Der wichtigste Anreger war in Rom der Humanist Pomponius Laetus, dessen Inschriftensammlung im eigenen Hause Peutinger zum Vorbild dafür nahm, seine Antiken im Hof des Augsburger Hauses auszustellen; vgl. R. von Busch, S. 12-16; H. Lutz, Peutinger (Anm. 2), S. 132.

[9] Peutinger selbst nennt in seinen Inschriftenwerken 1505 zwei, 1520 acht Stücke im eigenen Besitz. H. Kellenbenz, Sammlungen (Anm. 1), S. 76f., führt richtig diese Zahlen an, obwohl er fälschlich alle 1505 publizierten Inschriften als Peutingerbesitz bezeichnet. Im Inschriftenwerk von 1520 sind auch Stücke verzeichnet, die 1508 während des Krieges der Liga von Cambrai gegen Venedig aus Padua entwendet und von dem aus Augsburg gebürtigen Kardinal Matthäus Lang von Wellenburg, Erzbischof von Salzburg, in seinem Schloß angebracht worden waren.

[10] Wolfgang Kuhoff, Tabula Peutingeriana, in: Augsburger Stadtlexikon (Anm. 5), S. 373 (mit der wichtigsten Literatur).

[11] R. von Busch, Antikensammlungen (Anm. 8), S. 6f. Die Vorlagen für die Büsten der römischen Kaiser am Grabmal Maximilians I. in Innsbruck waren Münzen aus Peutingers Sammlung.

[12] Ob von den Kaiserporträts, die R. von Busch, Antikensammlungen (Anm. 8), S. 64f. anspricht, alle antike Schöpfungen waren, kann bezweifelt werden, da auch von gipsenen die Rede ist und

Werke aus der Antike einen wichtigen Platz ein: Unter den rund 60 griechischen und römischen Autoren befanden sich Agathias, Claudianus, Dionysios von Halikarnassos, Frontinus, Gellius, Herodot, Plinius d. Ältere und d. Jüngere, Prokopios von Caesarea und Vegetius. Das Inventar von 1597 nennt insgesamt 2.150 Bände.[13]

II.

Nach dem Vorbild Peutingers sammelten andere Augsburger Honoratioren antike und zeitgenössische Kunstwerke mit Bezug auf das römische Altertum.[14] Unter ihnen gebührt der Familie Fugger der erste Rang. Hervorzuheben sind Raymund,[15] ein Neffe Jakobs des Reichen, Hans Jakob, Sohn des Erstgenannten, und Octavian Secundus,[16] Enkel Raymunds.[17] Als Prototyp des Sammlers wurde von seinen

---

im Sinne einer ungebrochenen Tradition vom Altertum bis in die damalige Gegenwart die römisch-deutschen Herrscher in die Kaiserreihe inbegriffen waren. H. Kellenbenz, Sammlungen (Anm. 1), S. 77, geht auf den antiken Ursprung der Gegenstände nicht ein.

[13] Das glücklicherweise erhaltene, von Peutinger selbst geschriebene Bibliotheksinventar von 1526 verzeichnet auch Aristoteles, Cicero, Galenus, Lucianus und Plutarch, die mit besonders vielen Werken vertreten waren.

[14] Die Förderung von Kunst und Wissenschaft durch Augsburger Kaufherren behandelt zusammenfassend Hermann Kellenbenz, Die großen Kaufleute in Augsburg als Mäzene, unveröffentlichtes Manuskript von 1985 (SStBAug, Sign. 4° Aug 2198). Als Motiv für die Betätigung der Fugger als Mäzene sieht der Autor deren Bestreben an, als Nichtpatrizier "den sozialen Aufstieg zu demonstrieren" (S. 6). Dieses Argument gilt natürlich nur bis 1538, als die Aufnahme ins Patriziat erfolgte.

[15] Der Beschäftigung dieses Mannes mit dem Altertum widmete sich Norbert Lieb, Die Fugger und die Kunst im Zeitalter der hohen Renaissance (Studien zur Fuggergeschichte, Bd. 14), München 1958, S. 46-51 mit S. 349-351. Eine kurze Darstellung der Fuggerschen Sammeltätigkeit und ihres Mäzenatentums gibt L. Lenk, Bürgertum (Anm. 1), S. 89-92, der die diesbezüglichen Interessen der Familienangehörigen nach Anton als Ergebnis eines Wandels von Kaufleuten zu Landedelleuten versteht.

[16] Zu seiner Person siehe Norbert Lieb, Octavian Secundus Fugger (1549-1600) und die Kunst (Studien zur Fuggergeschichte, Bd. 27),Tübingen 1980.

[17] Der Begründer der Fuggerschen Handelsmacht, Jakob der Reiche, führte immerhin die Architektur der italienischen Renaissance, die Rückbesinnung auf die Antike, in Augsburg ein, als er zwischen 1509 und 1512 die Fuggerkapelle bei St. Anna errichten ließ. Seine Person behandelten ausführlich Götz Frhr. von Pölnitz, Jakob Fugger. Kaiser, Kirche und Kapital in der oberdeutschen Renaissance, 2 Bde., München 1949/1952, und kürzer Hermann Kellenbenz, Jakob Fugger der Reiche, in: Lebensbilder aus dem Bayerischen Schwaben, Bd. 10, hrsg. v. Wolfgang Zorn (Schwäbische Forschungsgemeinschaft bei der Kommission für Bayerische Landesgeschichte, Veröffentlichungen, Reihe 3, Bd. 10), Weißenhorn 1973, S. 35-76. Zur Fuggerkapelle lag bis vor kurzem auffallenderweise nur wenig Literatur vor: Als älterer, aber umfänglicher Beitrag ist Norbert Lieb, Die Fugger und die Kunst im Zeitalter der Spätgotik und der frühen Renaissance (Studien zur Fuggergeschichte, Bd. 10), München 1952, S. 135-249, zu

Zeitgenossen Raymund Fugger gewürdigt. Der ihm freundschaftlich verbundene Humanist Beatus Rhenanus leitete eine lateinische Beschreibung eines Besuches in Raymunds Augsburger Haus 1530 mit den Worten *vix ullo Italiae loco plura crediderim apud unum hominem reperiri* ein.[18] Diese Angabe klingt allerdings angesichts der Sammlungen italienischer Fürstenhäuser wie der Medici, Gonzaga, Este oder Montefeltro übertrieben. Unter den aufgezählten Gegenständen waren Bronzestatuetten sowie Statuen und Bildnisse aus Marmor, die vor allem Gottheiten darstellten, aber auch in Schränken aufbewahrte Münzen; im selben Jahre 1530 verschenkte Raymund eine Münze des Augustus, die angeblich aus dem Jahre 16 v. Chr. stammte, an seinen Sammlerkollegen Konrad Peutinger.[19] Darüberhinaus befand sich nach dessen Zeugnis eine römische Inschrift in Raymunds Besitz.[20]

Die Antiken standen im Speisezimmer und einem Arbeitsraum des Hausherrn. Sie dienten also der Dekoration ständig genutzter Zimmer und waren nicht eigens als Sammlung ausgewiesen. Diese Aufstellung folgte der in Italien entwickelten

---

nennen. An die knappe Beschreibung von Bruno Bushart in: ders., Georg Paula, Dehio. Handbuch der deutschen Kunstdenkmäler. Bayern III: Schwaben, München, Berlin 1989, S. 63-65, (er spricht allgemein für die gesamte Kapelle von einer "schlackenlosen Verschmelzung italienischer, speziell venezianischer Vorbilder mit der einheimischen Tradition") schließt sich jetzt vom selben Autor die grundlegende Monographie Die Fuggerkapelle bei St. Anna in Augsburg, München 1994, an. Zu einem kleinen Bestandteil der Architektur, den Putti auf der Balustrade, äußerte Bushart zuvor, daß "ihre Bedeutung ungeklärt [sei], doch [seien sie] wohl Sinnbilder des Ruhmes und der Vergänglichkeit". Nunmehr geht er in der Diskussion über Balustrade und Putti (Fuggerkapelle, S. 311-313) vornehmlich auf venezianische Vorbilder ein, macht dabei aber auf kein direktes früheres Beispiel in der Lagunenstadt aufmerksam. Zieht man die Abfolge der Vorbilder in Italien heran, so stehen aber die exakt ebenso angebrachten, stehenden und wappenhaltenden Putten auf der Balustrade der Cappella degli Angeli oder di S. Michele, der zweiten rechten Kapelle in der Kirche S. Francesco, dem Tempio Malatestiano, in Rimini zeitlich vor den Beispielen in Venedig, die zuvor bereits N. Lieb, S. 172-174 und vor allem S. 218-222, anführte – die Umgestaltung der gotischen Kirche in Renaissanceformen wurde zwischen 1447 und kurz nach 1460 durchgeführt: Dort sind die Putten tatsächlich in einen Gesamtzusammenhang eingeordnet, der den Ruhm des Bauherrn, Sigismondo Pandolfo Malatesta, seiner Vorfahren und seiner dritten Frau Isotta degli Atti, ausdrücken soll. Da Rimini immer im Blickkreis Venedigs lag, ist ein Einfluß auf die Architektur der Lagunenstadt auch in diesem Punkte verständlich. Daher hat N. Lieb, Die Fugger und die Kunst (Anm. 15), S. 272, mit seinem Verweis auf dieses Bauwerk ohne Einschränkung recht. Daß die Putti-Thematik schon vor Errichtung der Fuggerkapelle in Augsburg bekannt war (B. Bushart, Fuggerkapelle, S. 312f.), ist daher für die Herkunftsfrage nicht ausschlaggebend.

[18] Der einschlägige Text wird von N. Lieb, Die Fugger und die Kunst (Anm. 15), S. 46f., zitiert und S. 49 hinsichtlich der beschriebenen Stücke ausgedeutet. H. Kellenbenz, Sammlungen (Anm. 1), S. 78, bringt die Tätigkeit Raymunds auf folgenden Nenner: "Raymund Fugger schuf die erste bedeutende Antikensammlung in Deutschland, die die vergleichbaren Sammlungen von Konrad Peutinger und Willibald Pirckheimer weit übertraf."

[19] N. Lieb, Die Fugger und die Kunst (Anm. 15), S. 46.

[20] Wie Peutinger in der zweiten Auflage seines Inschriftencorpus nennen Apianus und Amantius (siehe Anm. 28) ein epigraphisches Dokument als Besitz des Sammlers.

Die Antike 263

Idee des mit antiken Kunstwerken geschmückten Studiolo, dessen bekanntestes Beispiel Herzog Federico II. da Montefeltro von Urbino im dortigen Palazzo Ducale eingerichtet hatte.[21] Als Herkunftsorte nennt Rhenanus Griechenland und Sizilien, doch wird man davon ausgehen dürfen, daß auch in Rom eingekauft wurde; die griechischen Antiken müssen über Venedig in Raymunds Besitz gelangt sein.[22] Ein Brief des Nürnberger Arztes Heinrich Wolff, der wohl an Raymund gerichtet war, berichtet ihm über einige Funde von Altertümern in Franken und Schwaben: Daher darf man vermuten, daß sich der Sammler für einen Kauf dieser Steindenkmäler und Münzen interessierte.[23] Einige der italienischen Kunstwerke waren keine Originale, sondern Nachbildungen, doch war dies in den Sammlungen jener Zeit keine Ausnahme: Noch heute sind beispielsweise viele der im römischen Palazzo del Quirinale, der Residenz des italienischen Staatspräsidenten, vorhandenen Porträts im antiken Stil keine Originalwerke, sondern Renaissancenachbildungen.[24] Zur Herkunft der Münzen in Raymunds Sammlung läßt sich leider nichts ersehen, doch wird man als sicher annehmen dürfen, daß sie vorbildhaft auf die Medaillen einwirkten, die Raymund von sich selbst anfertigen ließ.[25]

---

[21] Raymunds Sammlung behandelt auch R. von Busch, Antikensammlungen (Anm. 8), S. 85-90: Als direkte Vorbilder werden hier entsprechend der Herkunft der Kunstwerke venezianische Palazzi bezeichnet, doch kann das urbinatische Studiolo dem Fugger kaum unbekannt gewesen sein.

[22] N. Lieb, Die Fugger und die Kunst (Anm. 15), S. 48, und R. von Busch, Antikensammlungen (Anm. 8), S. 87f., nehmen an, daß die Antiken Raymunds hauptsächlich in Venedig aus dessen griechischen Besitzungen angekauft worden seien; hinsichtlich der Nennung Siziliens differieren beide Autoren, weil von Busch eher skeptisch ist. Daß nicht auch Rom seinen Teil beigesteuert hätte, kann man kaum annehmen, vor allem wegen der langjährigen Pachtung der päpstlichen Münze und des häufigen Aufenthaltes von Familienmitgliedern dort, beginnend mit dem 1478 verstorbenen päpstlichen *notarius* Markus.

[23] Der Brief ist abgedruckt bei Paul Lehmann, Eine Geschichte der alten Fuggerbibliotheken, 2 Bde. (Studien zur Fuggergeschichte, Bd. 12 und Bd. 15), Tübingen 1956/1960, Bd. 2, S. 49-51.

[24] N. Lieb, Die Fugger und die Kunst (Anm. 15), S. 350f.; R. von Busch, Antikensammlungen (Anm. 8), S. 88f.: Die Autorin äußert sogar den Vorbehalt, ob die Skulpturen nicht größtenteils Nachahmungen gewesen seien, sie betont aber auch, daß Raymunds Sammlung hierin anderen seiner Zeit glich.

[25] Trotz fehlender Aufschlüsselung und Herkunftsangaben kann man vermuten, daß sich unter den Münzen viele im lokalen Bereich aufgefundene befanden, die durch die Veräußerung der Raymundschen Sammlung an Herzog Albrecht V. von Bayern Eingang in die heutige Staatliche Münzsammlung München fanden (leider gibt es darüber keine detaillierten Dokumente, wie mir Bernhard Overbeck mitteilte). Ich verweise auf ein manifestes Beispiel von Nachahmung römischer Münzen: Eine für Jakob den Reichen nach seinem Tode angefertigte Gedenkmedaille in Silber hat genau Form und Größe kaiserzeitlicher Denare ["lautenschlagen lernen und ieben": Die Fugger und die Musik, Anton Fugger zum 500. Geburtstag (Ausstellungskatalog), hrsg. v. Renate Eikelmann, Augsburg 1993, S. 128 Nr. 9: Die Autorin des Artikels, Gerlind Werner, sagt zurecht, daß die Darstellung des Porträts "nach dem Vorbild antiker Caesaren"

Der *besondere Liebhaber der Antiquitäten*, als den Raymund das von seinem Sohn Hans Jakob initiierte Ehrenbuch[26] bezeichnet, finanzierte auch die wissenschaftliche Forschung. Im Jahre 1534 erschienen in Ingolstadt die 'Inscriptiones sacrosanctae vetustatis, non illae quidem Romanae sed totius fere orbis summo studio ac maximis impensis terra marique conquisitae'.[27] Die Herausgeber Petrus Apianus und Bartholomaeus Amantius, Professoren an der dortigen Universität, widmeten dieses Sammelwerk ihrem Förderer mit den Worten, er verhelfe als *Maecenas incomparabilis* den *bonae literae* zur Blüte.[28] Im Vorwort wird Raymund sechs Seiten lang mit antiken und spätmittelalterlichen Personen verglichen, die Dichter und Wissenschaftler förderten; als späteste von ihnen werden Papst Nikolaus V., König Alfons V. von Aragon, Sardinien, Sizilien und Neapel, König Matthias Corvinus von Ungarn, Herzog Federico II. da Montefeltro von Urbino und Cosimo de' Medici, der Alte, genannt. Auch in dem anschließend aufgenommenen Brief von Philipp Melanchthon an Amantius wird der Vergleich mit den Medici ausgedrückt: Der Ruhm des Mäzens kommt also nicht zu kurz. Dieses frühe römische Inschriftencorpus berücksichtigt West- und Mitteleuropa, darunter Augsburg und Umgebung, des weiteren Afrika, Griechenland und sogar Judäa. Es vereinte verschiedene Bearbeiter, darunter Konrad Peutinger und Johannes Aventinus für den Bereich des heutigen Bayern, miteinander.[29] Nach heutigen Maßstä-

---

gestaltet sei, doch kann man im angesprochenen Sinne noch weiter gehen und einen bewußten Rückgriff auch auf die Gestalt und Größe der ebenfalls aus Silber bestehenden Denare sehen]. Zu Raymunds Medaillen siehe die Beispiele im genannten Katalog (S. 131f. Nr. 12f.).

[26] Das Geheim Ehrenbuch des Fuggerischen Geschlechts, Augsburg 1545. Hierauf basiert der Eintrag in der Fuggerchronik, vgl. Christian Meyer, Chronik der Familie Fugger vom Jahre 1599, München 1902, S. 33.

[27] N. Lieb, Die Fugger und die Kunst (Anm. 15), S. 47-50 mit S. 349-351; R. von Busch, Antikensammlungen (Anm. 8), S. 2f.; H. Kellenbenz, Sammlungen (Anm. 1), S. 76 (sehr kurze Hinweise).

[28] In der Studienbibliothek Dillingen ist ein Exemplar, Sign. XII 16, vorhanden. Die Widmung befindet sich auf dem Titelblatt, während auf S. 3 das Wappen Raymunds steht. Ein zweites befindet sich in der SStBAug, Sign. 2° Alt 5. Das Mäzenatentum der Fugger für die Förderung von Drucken beschreibt knapp J. Bellot, Humanismus (Anm. 3), S. 348f. L. Lenk, Bürgertum (Anm. 1), S. 91, sieht in dieser und anderen Widmungen von Autoren an Fuggermäzene bloße Lippenbekenntnisse für die finanzielle Förderung.

[29] Die Augsburger Inschriften sind mit einem eigenen Titelblatt versehen, in dem ausdrücklich auf Peutingers Werk von 1520 Bezug genommen wird: Es heißt nämlich wie dort, die Inschriften, durch die *diligentia Chuonradi Peutinger. Augustani iurisconsulti antea impressae*, seien *nunc denuo revisae, castigatae, simul et auctae*. Der Wahrheitsgehalt dieser Behauptung ist durch einen Vergleich mit Peutingers Buch zu überprüfen. Die Inschriftträger sind gegenüber diesem teilweise fantasievoll ausgestaltet, teilweise fehlt aber die Darstellung der Steine ganz. Die Angaben zu den Aufbewahrungsorten sind allerdings entsprechend der Aktualität korrigiert, so daß ersichtlich ist, daß Stücke von anderen Orten in Peutingers Besitz übergegangen sind. In einem Falle ist ein Textteil am Ende nachgetragen, und es sind allgemein mehr Inschriften aufgenommen: Während in Peutingers Sylloge von 1520 insgesamt 19 für Augsburg

ben kann man aber nicht von einem streng auf die Antike bezogenen und wissenschaftlich fundierten Werke sprechen. Es sind nämlich zeitgenössische lateinische Inschriften und andere Antiken eingereiht und die epigraphischen Zeugnisse selbst nicht systematisch angeordnet: Das als typisches Produkt seiner Zeit anzusehende Buch macht so nur äußerlich einen gediegenen Eindruck. Daher muß man nach der damaligen Begriffswahl von einem reinen Florilegium reden; einen höheren Anspruch kann man ihm nicht zubilligen.[30]

Raymunds Kunstsammlung, 1548 lange nach dem Tode des Besitzers auf 8.000 Gulden geschätzt, wurde von seinen nicht an ihr interessierten Nachfahren veräußert. Die Antiken gingen im Jahre 1566 für 6.000 Gulden an Herzog Albrecht V. von Bayern, der für sie das Antiquarium der Münchner Residenz erbaute. Da über den Verkauf keine Inventarliste vorhanden ist, bleibt offen, was aus Fuggerbesitz dort erhalten ist. Trotz der Verluste, welche die herzogliche Sammlung im Laufe der Zeit erleiden mußte, werden einige Stücke ursprünglich zum Besitz Raymunds gezählt haben.[31]

Antons Sohn Hans erwarb in Rom und Venedig hauptsächlich Kaiserbüsten entsprechend der suetonischen Biographienreihe; singulär war ein Sarkophag mit einer Amazonenschlachtdarstellung. Aufstellungsort waren das Studio des Besitzers, die sogenannten 'Badstuben', der Arkadenhof und der neuerrichtete große Saal im Westteil der Fuggerhäuser. Die Antiken dienten als plastische Dekoration der Räumlichkeiten, waren also nicht ihres künstlerischen Wertes wegen aufge-

---

selbst verzeichnet sind, nennt das Werk von 1534 bereits 26, darunter 12 in der Sammlung des Stadtschreibers.

[30] Von den kritischen Einwendungen, die gegen das Werk gemacht werden müssen, sind folgende besonders gravierend: Die Reihenfolge der geographischen Hauptabschnitte, der Orte innerhalb von ihnen, und besonders der Inschriften selbst ist völlig ungeordnet und regelrecht konfus (typologisch und topographisch); so sind die Dokumente aus Oberitalien an verschiedenen Stellen eingereiht, unter 'Gallia cisalpina', Italien, Lombardei und nach Rom! Weiterhin sind nur die Texte angegeben, Anmerkungen oder gar kritische Bemerkungen sind überhaupt nicht vorhanden. Flüchtigkeitsfehler und Angleichung des Schriftbildes an humanistische Gepflogenheiten (c für t, ph für f) sind häufig, und einzelne Inschriften sind zweimal an verschiedenen Stellen aufgenommen. Einige Beispiele sollen diese Kritik verdeutlichen: Die Ehreninschrift für den Senator Ti. Claudius Candidus aus 'Tarraco' (CIL II 4114 = ILS 1140 = RIT 130), deren erste Zeile mit dem Namen wohl um 204 getilgt wurde, ist völlig willkürlich auf den berühmten republikanischen Politiker M. Porcius Cato den Älteren ergänzt, von dem bekannt war, daß er tatsächlich als Statthalter in 'Hispania citerior' kurz nach 200 v. Chr. tätig gewesen war! Die Hauptinschrift des Trajansbogens von Ancona fehlt, obwohl die Nebeninschriften links und rechts von ihr verzeichnet sind (CIL IX 5894 = ILS 298). Die Inschrift über dem Eingangsportal des Grabmals von L. Munatius Plancus in Gaeta ist in einen architektonischen Rahmen gesetzt, der in Wirklichkeit gar nicht existierte (CIL X 6087 = ILS 886). In einer Brückenbauinschrift des Narses bei Rom kommt fälschlich eine *victoria Parthica* statt der *victoria Gothica* vor (CIL VI 1199 = ILS 832). Für Rom selbst ist eine Ehreninschrift für Gordianus III. angegeben, die eine völlig freie Fantasie, also sicherlich eine Renaissancefälschung, darstellt.

[31] N. Lieb, Die Fugger und die Kunst (Anm. 15), S. 50f. mit S. 351; R. von Busch, Antikensammlungen (Anm. 8), S. 111-118.

stellt. Hans ließ beschädigte Stücke von Bildhauerhand ergänzen, bis sie ihm gefielen, erwarb aber auch antikisierende: Seine Sammeltätigkeit diente dem Bemühen, mit seinen Verwandten und den Angehörigen des alteingesessenen Adels zu konkurrieren.[32]

Der Antike in Buchform galt das Streben von Hans Jakob Fugger. Er gewann im Jahre 1551 den Humanisten Hieronymus Wolf, der sich selbst mit der Herausgabe griechischer Literatur beschäftigte, für einige Jahre als Bibliothekar.[33] Hans Jakob war aber nicht der erste Fugger, der eine umfangreiche Büchersammlung besaß.[34] Raymund der Ältere und sein Bruder Anton, Firmenchef 1525-1560, finanzierten den Druck zahlreicher Bücher, erhielten deren Widmungen und erwarben die Publikationen: Von Homer über Thukydides, Cicero, Ovid, Plinius, Philostratus, Ammianus Marcellinus und Zonaras reichte die Spannweite bis hin zu byzantinischen Autoren; für die Drucke wurden verschiedentlich auch Handschriften aus Fuggerbesitz herangezogen.[35] Ungenügende Kenntnisse über den Bestand verwehren allerdings eine Entscheidung darüber, wie das Zahlenverhältnis zwischen den Werken zur Antike und zur Moderne in beiden Bibliotheken beschaffen war.[36] Anton besaß in dieser Hinsicht eine größere Bedeutung als sein

---

[32] Hans Fuggers Sammlung behandeln R. von Busch, Antikensammlungen (Anm. 8), S. 90-99 (die Autorin betont vor allem das unsystematische Vorgehen und die Konkurrenz zu anderen Sammlern, zugleich auch die Abhängigkeit von venezianischen Vorbildern), und neuerdings Dorothea Diemer, Hans Fuggers Sammlungskabinette, in: "lautenschlagen lernen und ieben" (Anm. 25), S. 13-40. Auch H. Kellenbenz, Sammlungen (Anm. 1), S. 83f., beschäftigt sich mit der Bemühung dieses Fuggers, die Antike in sein Haus künstlerisch einzubeziehen. Die heute noch in den beiden Räumen des Studio vorhandenen Büsten römischer Kaiser sind keine Antiken, sondern Stuckbildnisse aus der Zeit des Manierismus (D. Diemer, S. 15; Funktion des Studio, genaueres Aussehen aller Räume einschließlich des Festsaales im ersten Stockwerk und weitere Geschichte der Sammlung behandelt die Autorin S. 18-26). Genauere Aufschlüsse über die Sammeltätigkeit von Hans Fugger wird die Gesamtbearbeitung seiner umfangreichen Korrespondenz erbringen, die augenblicklich von Christel Karnehm und Maria Gräfin Preysing vorbereitet wird. Bis dahin ist weiterhin das Werk von Georg Lill, Hans Fugger und die Kunst (Studien zur Fuggergeschichte, Bd. 2), Leipzig 1908, hier S. 41-80 (zum Studio und den Sammlungen), von Nutzen.

[33] Zu seiner Person siehe Hans Georg Beck, Hieronymus Wolf, in: Lebensbilder aus dem Bayerischen Schwaben, Bd. 9, hrsg. v. Wolfgang Zorn (Schwäbische Forschungsgemeinschaft bei der Kommission für Bayerische Landesgeschichte, Veröffentlichungen, Reihe 3, Bd. 9), München 1966, S. 169-193; J. Bellot, Humanismus (Anm. 3), S. 347f. (weitere Literatur ist dort S. 356 Anm. 18 genannt).

[34] Grundlegend ist immer noch das Werk von P. Lehmann, Fuggerbibliotheken (Anm. 23).

[35] Einige Widmungsvorworte zitiert P. Lehmann, Fuggerbibliotheken (Anm. 23), Bd. 2, S. 3-40, so S. 7f. für eine Druckausgabe von Ammianus Marcellinus von 1533 an Anton, S. 10-14 für eine Sammlung kaiserzeitlicher Gedichte von 1534 für denselben, S. 16-19 für die Werke des Aelianus von 1556 an Hans Jakob. Zu Antons Sammeltätigkeit siehe knapp H. Kellenbenz, Sammlungen (Anm. 1), S. 78.

[36] P. Lehmann, Fuggerbibliotheken (Anm. 23), Bd. 1, S. 10-40 (mit einer die Knappheit der Informationen betonenden Darstellung, bes. S. 33-35).

Die Antike

Bruder, weil seine guten Beziehungen zu Erasmus von Rotterdam ihn veranlaßt hatten, sich mit antiker Literatur zu beschäftigen.[37] Einkäufe wurden auf dem internationalen Markte von Agenten oder Beschäftigten der Fuggerniederlassungen in Italien, der Schweiz und Frankreich getätigt; sogar in Konstantinopel wurden Abschriften von Texten angefertigt.[38]

Aufgrund der handelspolitischen Beziehungen der Fugger nach Osteuropa konnte sich in den Jahren 1553/1554 einer Gesandtschaft des römischen und ungarischen Königs Ferdinand I. an Sultan Suleiman den Prächtigen der Beauftragte Antons in Ungarn, Hans Dernschwam, anschließen.[39] Dieser notierte in seinem Reisebericht auch römische und griechische Inschriften, darunter die *Res Gestae Divi Augusti* am Augustus-und-Roma-Tempel in Ancyra[40]: Auf diese Weise wurde eine der bedeutsamsten und inhaltsreichsten Inschriften der römischen Kai-

---

[37] Es gibt Bücher des Erasmus mit eigenhändiger Widmung an Anton Fugger (siehe den Ausstellungskatalog 'Fugger und Welser': Oberdeutsche Wirtschaft, Politik und Kultur im Spiegel zweier Geschlechter, hrsg. v. Norbert Lieb, Götz Frhr. von Pölnitz, Hubert Frhr. von Welser, Augsburg 1950, S. 148 Nr. 404) und andere mit gedruckten Widmungen (Hermann Kellenbenz, Anton Fugger, in: Lebensbilder aus dem Bayerischen Schwaben, Bd. 11, hrsg. v. Adolf Layer (Schwäbische Forschungsgemeinschaft bei der Kommission für Bayerische Landesgeschichte, Veröffentlichungen, Reihe 3, Bd. 11), Weißenhorn 1976, S. 46-124, hier S. 70). Zu beider Beziehungen siehe kurz H. Kellenbenz, Kaufleute als Mäzene (Anm. 14), S. 11.

[38] Die auffällig vielen griechischen Manuskripte aus der Antonschen Bibliothek listet P. Lehmann, Fuggerbibliotheken (Anm. 23), Bd. 1, S. 36-39, auf. Antons Beziehungen zu Gelehrten und seine Bibliothek behandeln kurz Götz Frhr. von Pölnitz, Anton Fugger, 5 Bde., Tübingen 1958-1986, Bd. 5, hrsg. v. Hermann Kellenbenz, S. 438-440, und H. Kellenbenz, Kaufleute als Mäzene (Anm. 14), S. 10-14: Als wichtigstes Ergebnis bezeichnet der Autor es, daß aus der Beschäftigung Antons mit griechischen Werken die Wissenschaft der Byzantinistik erwuchs.

[39] Die Geschichte Dernschwams schildert Kurt Oberdorffer, Hans Dernschwam, in: Lebensbilder aus dem Bayerischen Schwaben, Bd. 1, hrsg. v. Götz Frhr. von Pölnitz (Schwäbische Forschungsgemeinschaft bei der Kommission für Bayerische Landesgeschichte, Veröffentlichungen, Reihe 3, Bd. 1), München 1952, S. 229-245: Hier der Hinweis auf die Schrift Dernschwams 'Inscriptiones Romanae e lapidibus in territoriis Hungariae et Transsylvaniae repertis' von 1528 (S. 235) und eine kurze Beschreibung der Gesandtschaftsreise mit der Entdeckung des augusteischen Tatenberichtes (S. 238-241).

[40] Im Fuggerarchiv in Dillingen befindet sich das Original dieses Reiseberichtes (ohne Sign.). Die gültige Ausgabe stammt von Franz Babinger, Hans Dernschwams Tagebuch einer Reise nach Konstantinopel und Kleinasien, München 1923 (allerdings fehlt hier der epigraphische Teil). Zu den von Dernschwam verzeichneten epigraphischen Texten zählen hauptsächlich Weihe- und Grabinschriften, aber auch beispielsweise drei wichtige Bauinschriften, nämlich diejenige der Theodosius-Säule in Konstantinopel (CIL III 737 = ILS 821), die einer Thermenanlage in Nicomedia in Form einer Ehrung für Diokletian (CIL III 324 = ILS 613), welche die einzige bekannte Abschrift dieses verlorengegangenen Dokumentes ist, und die eines Stadttores von Nikaia aus der Regierung des Claudius Gothicus vom Jahre 269 (CIG 3748 = IGRRP III 40 = IIznik 12); neben dieser ist vom Orte noch eine andere Bauinschrift desselben Kaisers bekannt (CIG 3747 = IGRRP III 39 = IIznik 11). H. Kellenbenz, Sammlungen (Anm. 1), S. 78f., geht auf Dernschwams Inschriftenkopieren in Kleinasien nicht ein, sondern nennt eine solche Tätigkeit nur für Ungarn (siehe die vorige Anm.).

serzeit aufgenommen und die Grundlage aller modernen Textausgaben geschaffen.[41] Durch die Person ihres Faktors förderten die Fugger also auch indirekt das Studium der Antike.

Hans Jakob Fuggers Interesse an der Antike weckte sein Italienaufenthalt 1533/1534.[42] Die damals geknüpften Beziehungen zu wichtigen Persönlichkeiten aus Kirche und Wissenschaft wie Kardinal Alessandro Farnese dem Jüngeren erleichterten es ihm, seine Sammelleidenschaft vor allem über Venedig zu verfolgen. Widmungsexemplare, selbstfinanzierte Drucke und Ankäufe vermehrten den Bestand: So wurde im Jahre 1552 die Bibliothek der Nürnberger Familie Schedel erworben, in der Schriften zum Altertum zahlreich vorhanden waren. Zu den Autoren, die in Hans Jakobs Sammlung enthalten waren, gehörten Isokrates, Demosthenes, Aelianus, Flavius Josephus und Eusebios. Die griechisch geschriebenen Werke überwogen mit den hebräischen die lateinischen an Zahl. Auch Drucke zur antiken Numismatik waren vorhanden. Die gesamte Bibliothek mit ihren rund 12.000 Werken, deren Aufstellungsort im Hause Hans Jakobs antike wie antikisierende Kunstwerke schmückten, ging 1571 mitsamt diesen und den Münzen für 50.000 Gulden in den Besitz des Hauses Wittelsbach über: Der Grundstock der heutigen Bestände des bayerischen Staates an Renaissancedrucken und antiken Kunstwerken geht also auf einstigen Fuggerschen Besitz zurück. Hans Jakob beriet nach seinem Eintritt in den herzoglichen Dienst Albrecht V. bei der Erweiterung seiner Antikensammlung. Langfristig traten daher die Wittelsbacher, einige Zeit Konkurrenten auf dem Kunst- und Büchermarkt, die Nachfolge der Fugger als Antikensammler an.[43]

---

[41] Dernschwam besaß selbst eine stattliche Bibliothek. Den überlieferten Bestand gibt Jenö Berlász, Die Bibliothek Dernschwamm. Bücherinventar eines Humanisten in Ungarn, Szeged 1984, an. K. Oberdorffer, Hans Dernschwam (Anm. 39), nennt die Zahl von 2.270 Werken von der Antike bis zur eigenen Zeit des Besitzers.

[42] Den Bibliotheken der Brüder Hans Jakob und Ulrich ist der Hauptteil der Darstellung von P. Lehmann, Fuggerbibliotheken (Anm. 23), Bd. 1, S. 41-213, gewidmet. Zur Person des ersteren siehe das ältere Werk von Wilhelm Maasen, Hans Jakob Fugger (1516-1575). Ein Beitrag zur Geschichte des XVI. Jahrhunderts, München, Freising 1922 (zur Italienreise siehe hier S. 6f., zum Mäzenatentum S. 74-91 [mit einem Verzeichnis der Hans Jakob gewidmeten Werke S. 81-91, unter denen sich Textausgaben und zeitgenössische Kommentare zu antiken Autoren befanden]); Hermann Kellenbenz, Hans Jakob Fugger, in: Lebensbilder aus dem Bayerischen Schwaben, Bd. 12, hrsg. v. Adolf Layer (Schwäbische Forschungsgemeinschaft bei der Kommission für Bayerische Landesgeschichte, Veröffentlichungen, Reihe 3, Bd. 12), Weißenhorn 1980, S. 48-104 (zur Bibliothek S. 86-89, zum Mäzenatentum S. 90-93). Eine kurze Beschreibung der Bibliothek Hans Jakobs gibt auch ders., Sammlungen (Anm. 1), S. 78f., und ders., Kaufleute als Mäzene (Anm. 14), S. 16.

[43] P. Lehmann, Fuggerbibliotheken (Anm. 23), S. 54-73 (zum Verkauf der Bibliothek); R. von Busch, Antikensammlungen (Anm. 8), S. 115-139 (zur Errichtung des Antiquariums in der Münchner Residenz), S. 139-146 (zur Dokumentation des Bestandes damals und heute) und S. 193-219 (zu den Beziehungen Hans Jakobs zum Antiquar Jacopo della Strada). Ganz knapp auch H. Kellenbenz, Sammlungen (Anm. 1), S. 78.

Die Antike								269

Hans Jakobs jüngerer Bruder Ulrich hielt sich studienhalber im französischen Bourges und in Bologna auf. Auch seine Bibliothek, die auf dieselbe Art und Weise wie die zuvor genannte gewachsen war, umfaßte zahlreiche Werke zur Antike. Ulrich beschäftigte sogar einen eigenen Drucker für griechische Textausgaben, der Handschriften aus dem Besitz seines Gönners verwandte und Belegexemplare in dessen Sammlung lieferte. In Venedig kaufte Ulrich über den Fuggerschen Prokuristen David Ott Handschriften aus dem Besitz des Humanisten Giovanni Battista Cipelli: In rund 80 griechischen und 25 lateinischen Codizes waren Homer, Pindar, Hesiod, Thukydides und Demosthenes, Cicero, Plautus, Horaz, Martial, Lactantius und Orosius enthalten. Aus der Bibliothek des Florentiner Gelehrten Gianozzo Manetti gelangten hebräische, griechische und lateinische Handschriften in Ulrichs Besitz, von letzteren rund 150 Codizes. 92 Bände griechischer Handschriften wurden von Agenten aus Konstantinopel und Kreta beschafft. 100 weitere lateinische beinhalteten Werke von Terentius, Sallust, Ovid, Vergil, Iuvenalis und Sueton. Daß Ulrich und Hans Jakob so viele griechische Werke besaßen, ist auf eine Art Konkurrenzverhältnis zur neuerrichteten Augsburger Stadtbibliothek zurückzuführen: Im Jahre 1544 erwarb diese nämlich 100 Handschriften eines Griechen ebenfalls in Venedig.[44] Die Fugger waren aber dennoch in ihrer Heimatstadt die größten Sammler: Allein Ulrichs Bestände umfaßten am Ende rund 800 Codizes. Er wandte zwischen 1546 und 1553 insgesamt 126.000 Gulden für seine Bibliothek auf.[45] Die Größenordnung dieses Betrages erhellt am besten aus der Tatsache, daß sich seine Schulden im Jahre 1561 auf 160.000 Gulden beliefen.

Gewichtige Rivalen hatten die beiden Brüder in benachbarten fürstlichen Sammlern, den bayerischen Herzögen und dem pfälzischen Kurfürsten Ottheinrich. 1567 zog der evangelisch gewordene Ulrich nach Heidelberg um und übereignete seine gesamte Bibliothek Kurfürst Friedrich III.; allerdings erwarb er auch später noch Bücher und Handschriften bis zu seinem Tode 1584.[46] Daher konnte er weiterhin als der *Maecenas suus modis omnibus observandus* gelten, als den ihn 1554 Achilles Pirmin Gasser in seinem 'Catalogus regum omnium quorum sub Christiana professione per Europam adhuc regna florent' bezeichnet hatte[47]: Auch

---

[44] Zur Entwicklung der städtischen Bibliothek siehe L. Lenk, Bürgertum (Anm. 1), S. 153-158.

[45] Eine zusammenfassende Beschreibung der Ulrichschen Bibliothek gibt H. Kellenbenz, Sammlungen (Anm. 1), S. 79f., und ders., Kaufleute als Mäzene (Anm. 14), S. 16f.

[46] P. Lehmann, Fuggerbibliotheken (Anm. 23), Bd. 1, S. 73-106 (es folgen ausführliche Beschreibungen der Herkunft vieler der heute in Heidelberg und Rom befindlichen Werke aus Ulrichs Besitz).

[47] Das mit der Sign. X 432 in der Studienbibliothek Dillingen befindliche Exemplar besitzt eine Widmung an Ulrich und dessen koloriertes Wappen. Die zitierte Anrede steht im Vorwort, in dem die persönlichen Fähigkeiten des Widmungsempfängers seinen Arbeitspflichten in der Fuggerschen Firma gegenübergestellt sind. Zum Autor und seinem weitreichenden wissenschaftlichen Arbeitsfeld siehe Josef Fleischmann, Achilles Pirminus Gasser, in: Lebensbilder

die Bibliothek dieses Gelehrten ging in Ulrichs Besitz über. Weil der größte Teil der Bibliotheca Palatina im Dreißigjährigen Kriege 1623 als Geschenk des bayerischen Herzogs Maximilians I. in den Vatikan kam, weist heute auch die päpstliche Bibliothek viele Werke aus einstmals Fuggerschem Besitz auf.

Georg Fugger, Sohn Raymunds des Älteren, seine Söhne Philipp Eduard, Octavian Secundus und Anton sowie Christoph und Raymund der Jüngere, widmeten sich kaum antiken Texten. Georg erwarb immerhin gemäß seinen Interessen astronomische Werke. 1655 wurde seine Bibliothek an Kaiser Ferdinand III. verkauft: Sie befindet sich jetzt in der Wiener Nationalbibliothek.[48]

Octavian Secundus besaß antike und nachantike Kunstwerke, Skulpturen aus Marmor und Bronze,[49] ein Buch über römische Statuen, ein anderes über Münzen und Markus Welsers[50] Inschriftencorpus von 1590, wie ein Nachlaßinventar belegt. Sein Interesse für die römische Vergangenheit zeigten auch Veduten und Kupferstiche der wichtigen Bauwerke in Rom.[51] Wie verbreitet damals die durch Suetons Kaiserbiographien kanonisch gewordene Abfolge der zwölf ersten 'imperatores' war, zeigt die Tatsache, daß sogar auf dem Einband eines Gebetbuches ihre Bildnisse angebracht waren.[52] Zur Kleinkunst gehörten Kameen und Gemmen mit antiken Themen, die aber im wesentlichen zeitgenössische Schöpfungen gewesen sein dürften.[53] Dazu kamen aus der eigenen Zeit stammende Medaillen mit ähnlichen Szenen und als Kuriositäten Stücke, die zur Ausrüstung für Streitrosse

---

aus dem Bayerischen Schwaben, Bd. 6, hrsg. v. Götz Frhr. von Pölnitz (Schwäbische Forschungsgemeinschaft bei der Kommission für Bayerische Landesgeschichte, Veröffentlichungen, Reihe 3, Bd. 6), München 1958, S. 259-291 (zum genannten Buch S. 281, zur Geschichte der Gasserschen Bibliothek S. 288f.).

48 P. Lehmann, Fuggerbibliotheken (Anm. 23), Bd. 1, S. 192-213 zur Bibliothek Georgs, S. 214-237 zu den Sammlungen seiner Söhne und zum Verkauf der ersteren nach Wien. Eine kurze Übersicht bietet H. Kellenbenz, Sammlungen (Anm. 1), S. 80f.; den Umfang beziffert er S. 82 auf etwa 15.000 Bände.

49 N. Lieb, Octavian Secundus (Anm. 16), S. 60 (ohne Eingehen auf die Originalitätsproblematik) und S. 156 (hier als überwiegend nichtantik bezeichnet). Namentlich bekannt ist eine Reiterstatuette Hadrians (S. 162). H. Kellenbenz, Sammlungen (Anm. 1), S. 81f. spricht in seiner Kurzbeschreibung der Sammlungen davon, daß keine antiken Bronzen vorhanden gewesen seien: Dies dürfte im strengen Sinne richtig sein.

50 Zum Wirken des Markus Welser siehe unten Abschnitt III.

51 N. Lieb, Octavian Secundus (Anm. 16), S. 83 (zu den Bildern) und S. 95 (zu den Kupferstichen). Daß daneben auch Bilder anderer Städte vorhanden waren, zeigt, daß die Darstellungen der antiken Gebäude nur ein Teil in einer bis zur Gegenwart reichenden Abfolge waren.

52 N. Lieb, Octavian Secundus (Anm. 16), S. 105: Es ist zwar nicht ausdrücklich von den ersten römischen Kaisern die Rede, doch weist die Zwölfzahl fast unzweifelbar auf die ersten, iulisch-claudischen und flavischen 'Augusti' mitsamt denen aus dem Vierkaiserjahr 69, hin.

53 N. Lieb, Octavian Secundus (Anm. 16), S. 110f.: Auch hierfür ist es schwierig, die Herkunft anzugeben; immerhin spricht Lieb von antikischen Darstellungen. Als Einzelstück ist den geschnittenen Steinen eine Medaille mit einer Darstellung der Dido zuzugesellen (S. 116).

Die Antike 271

gehörten.⁵⁴ Für Octavian Secundus kann man also keineswegs mehr von einem systematischen Antikensammeln sprechen; stattdessen zielten seine Intentionen eher auf die Einrichtung eines Kuriositätenkabinettes im Geiste des Manierismus ab.

Der Bücherbestand von Markus Fugger (1529-1597), dem ältesten Sohne von Anton, gelangte durch Erbschaft in die Sammlung Oettingen-Wallerstein und gehört heute der Universitätsbibliothek Augsburg. Eine Tacitus-Ausgabe von 1580 aber kam in die Staats- und Stadtbibliothek Augsburg.⁵⁵ In den Drucken der Werke von Plautus, Cicero, Iustinus, Valerius Maximus und Sueton finden sich zahlreiche eigenhändige Eintragungen des Besitzers.⁵⁶ Wie sein Bruder Hans sammelte er auch byzantinische Autoren.⁵⁷ Unter den zahlreichen ihm gewidmeten Drucken sind Markus Welsers 'Inscriptiones antiquae Augustae Vindelicorum' aus dem Jahre 1590 und Adolph Occos III. 'Inscriptiones veteres in Hispania repertae' von 1592 erwähnenswert, letzteres allerdings nur ein Corpuswerk nach vielen anderen.⁵⁸ Markus Fugger sammelte aber nicht nur Bücher, sondern auch antike Münzen.⁵⁹ Mit seinem Bruder Hans und dessen Söhnen endet die Geschichte Fuggerscher Bibliotheken, bewirkt vor allem durch die Verlagerung des Familienvermögens in Immobilien außerhalb Augsburgs.⁶⁰

---

54 N. Lieb, Octavian Secundus (Anm. 16), S. 122 (goldene Medaille), S. 132 (Pferderüstung) und S. 155 (antike Münzen). Die Ausrüstungsgegenstände für die Pferde sind den römischen 'Phalerae' an die Seite zu stellen, die ebenfalls zum Schmuck dienten.
55 H. Kellenbenz, Sammlungen (Anm. 1), S. 82f., spricht im Zusammenhang der Sammelaktivitäten des Markus davon, daß "über das Schicksal der Bibliothek [...] nur Ungenaues bekannt" und daß sie "wahrscheinlich" an die Familie Oettingen-Wallerstein verkauft worden sei: Dies ist aber Gewißheit.
56 Ein langes eigenhändiges Wort an den Leser in einer deutschen Übersetzung einer byzantinischen Kirchengeschichte zitiert P. Lehmann, Fuggerbibliotheken (Anm. 23), Bd. 2, S. 30-40.
57 P. Lehmann, Fuggerbibliotheken (Anm. 23), Bd. 1, S. 238-245.
58 Das Vorwort mit der Widmung an Markus bietet P. Lehmann, Fuggerbibliotheken (Anm. 23), Bd. 2, S. 26f. Eine Darstellung der Familie Occo und ihrer wissenschaftlichen Aktivität gibt Otto Nübel, Das Geschlecht Occo, in: Lebensbilder aus dem Bayerischen Schwaben, Bd. 10 (Anm. 17), S. 77-113 (zu Adolf III. S. 100-112); kurz auch H. Kellenbenz, Sammlungen (Anm. 1), S. 84 (mit weiterer Literatur S. 88 Anm. 53): Für das römische Münzcorpus des dritten Occo, das 1601 in zweiter Auflage in Amsterdam erschien, stellte auch Markus Fugger seine numismatischen Bestände als Studienmaterial zur Verfügung. L. Lenk, Bürgertum (Anm. 1), S. 91, O. Nübel, S. 103, und H. Kellenbenz, Kaufleute als Mäzene (Anm. 14), S. 17, sprechen davon, daß Markus Occo bei der Herausgabe seines Inschriftenwerkes "mit eigenen Funden" unterstützte, daß dabei "von Fugger selbst gesammelte Inschriften" benutzt worden seien bzw. daß Markus Inschriften aus ganz Spanien gesammelt habe: Hier liegt wohl eine Verwechslung mit dem Münzcorpus vor.
59 P. Lehmann, Fuggerbibliotheken (Anm. 23), Bd. 1, S. 246-248.
60 Die Sammeltätigkeit von Hans Fugger schildern H. Kellenbenz, Sammlungen (Anm. 1), S. 83f., und D. Diemer, Sammlungskabinette (Anm. 32), S. 18-21.

III.

Für die Angehörigen anderer Augsburger Handelsfamilien ist die Quellenlage wesentlich ungünstiger. Sie waren wohl nur in geringerem Maße Antikensammler. Aus dem Gemeinschaftswerk von Apianus und Amantius erfährt man, daß Lukas Rem, zuerst Mitarbeiter in der Welserschen Handelsgesellschaft und seit 1518 Inhaber einer eigenen Gesellschaft,[61] Johannes Rehlinger und Johannes Paumgartnerje eine römische Inschrift besaßen.[62] Peutinger nennt außerdem Georg Mühlich, Leonhard Rehlinger und Simon Imhof und berichtet, daß eine Weihinschrift an den Gott Merkur im Garten von Johannes Rem gefunden worden sei.[63] Ob alle diese Personen aber auch nichtinschriftliche Antiken besaßen, bleibt ungeklärt.[64] Wohl derselbe Johannes Rehlinger veranstaltete mit Kosten von 600 Gulden eine Ausgrabung bei Lechsgmünd, vielleicht auf dem Boden des römischen Auxiliarkastells von Burghöfe: Die Suche nach einem Münzschatz hatte aber keinen Erfolg. Rehlinger war damit Vorläufer heutiger Raubgräber am selben Orte, die nach Münzen und anderen Metallgegenständen suchen.[65] Ein weiterer

---

[61] Hubert von Welser, Lukas Rem, in: Lebensbilder aus dem Bayerischen Schwaben, Bd. 6 (Anm. 47), S. 166-185. Der hier S. 177 geschilderte Rom-Aufenthalt vom 24. April bis 7. Mai 1509 muß Rem der Antike nähergebracht haben, doch läßt sich nicht ermessen, welches konkrete Ergebnis am Ende stand: Welser sagt nichts darüber, weil sich in Rems Tagebuch nichts dergleichen findet (Benedict Greiff, Tagebuch des Lucas Rem aus den Jahren 1494-1551. Ein Beitrag zur Handelsgeschichte der Stadt Augsburg, Augsburg 1861, S. 11).

[62] Die Angaben bei Apianus – Amantius finden sich für Rem auf S. 428 (es handelte sich um eine Inschrift aus Portugal, sie war also von Rems Tätigkeit als Welserfaktor in Lissabon 1503-1509 und 1509-1510 mitgebracht worden, doch schreibt Rem selbst in seinem Tagebuch nichts darüber [B. Greiff, Tagebuch des Lucas Rem (Anm. 61), S. 8f., S. 12-14 und S. 31], und auch in der Aufstellung der Besitztümer findet sich kein Hinweis auf Antiken [S. 56-63]), für Rehlinger auf S. 429 und für Paumgartner auf S. 430. Während jeder von diesen nur eine einzige Inschrift besaß, führt das Werk auch Marquard vom Stein, Augsburger Dompropst, als Besitzer von mehreren epigraphischen Zeugnissen an. H. Kellenbenz, Sammlungen (Anm. 1), S. 77, meint, "es ist anzunehmen, daß neben Peutinger auch andere Patrizier wie Rehm und Rehlinger Antiken erwarben und in Haus oder Garten aufstellten, wobei offenbleiben muß, wie weit man hier von Sammlungen sprechen kann": Die genannten Angaben beweisen eindeutig diese Annahme und zeigen zweifellos auf, daß Inschriftensammlungen bei diesen Personen nicht vorhanden waren. Die Auffindung von Inschriften spricht kurz L. Lenk, Bürgertum (Anm. 1), S. 102, an.

[63] Peutinger benennt in der ersten und zweiten Auflage seiner Sylloge Mühlich (in letzterer als handschriftliche Glosse zur Inschrift S. 15) und Rehlinger, in seiner Epistola Margaritae Velseriae (Anm. 6), S. 29, Imhof; die Angabe für Johannes Rem findet sich ebd. S. 24 (es geht um die Weihung des rätischen Statthalters Ap. Claudius Lateranus, CIL III 5793 = ILS 3203 = IBR 104).

[64] In den Akten des Konkurses der Firma des Ambrosius Höchstetter im Jahre 1529 (StadtAAug, Reichsstadt, Sel. Höchstetter, Fasz. I) befindet sich die Aufstellung eines Verkaufes von Waren am 6. August 1530, doch sind dort keine Antiken erwähnt.

[65] P. Lehmann, Fuggerbibliotheken (Anm. 23), Bd. 2, S. 49, Absatz II.

Die Antike

Sammler, Philipp Hainhofer, gehört nicht nur schon ins 17. Jahrhundert, sondern war auch kaum an Antiken interessiert.[66]

Der gebildetste Angehörige einer Augsburger Handelsfamilie war in der zweiten Hälfte des 16. Jahrhunderts Markus Welser, einer der letzten Leiter der welserschen Handelsgesellschaft.[67] Andere Familienmitglieder hatten immerhin bescheidene Bibliotheken angelegt.[68] Er aber veröffentlichte im Jahre 1590 in Venedig, wo er eine Zeitlang selbst tätig gewesen war, seine 'Inscriptiones antiquae Augustae Vindelicorum'.[69] Dieses ausführlichste Augsburger Inschriftencorpus aus dem Zeitalter des Humanismus nennt für das Stadtgebiet 35 Zeugnisse. Zwar stützt es sich auf die Texte in Peutingers zweiter Auflage, doch bietet es allein einen detaillierten und zugleich fundierten wissenschaftlichen Kommentar. Außerdem enthält es nicht nur die epigraphischen Dokumente aus Augsburg und seiner Umgebung, sondern zur Ergänzung auch Inschriften aus anderen Orten, die Augsburg mit seinen lateinischen Namen, die Provinz Rätien und die hier seit 169 stationierte *legio III Italica* nennen. Der Kommentar und die Heranziehung auswärtiger Quellen belegen das universale Interesse des Autors an der Geschichte seiner Heimatstadt in römischer Zeit.

Vier Jahre später publizierte Markus Welser ebenfalls in Venedig sein Hauptwerk, die 'Rerum Augustanarum Vindelicarum Libri Octo', das die Geschichte Augsburgs von legendären Anfängen bis zur Regierungszeit des Kaisers Iustinianus I. dargestellt.[70] Der eigens mit einer Widmung an Markus Fugger ver-

---

[66] H. Kellenbenz, Sammlungen (Anm. 1), S. 84f., spricht nicht von antiken Sammlungsgegenständen. Eine stattliche Liste von Familien, welche die Antike in Augsburg förderten, nennt L. Lenk, Bürgertum (Anm. 1), S. 92-94, doch gibt er nicht an, inwieweit sich dies konkret äußerte (etwa hinsichtlich von Antikensammlungen): Er denkt vornehmlich an die finanzielle Unterstützung von Ausbildung und Studien der zeitgenössischen Gelehrten. S. 159f. nennt er noch weitere Privatbibliotheken, darunter die Hainhofers. Ganz kurz erwähnt auch H. Kellenbenz, Kaufleute als Mäzene (Anm. 14), S. 19, andere Augsburger Familien als Sammler.

[67] Welsers Person behandeln kurz L. Lenk, Bürgertum (Anm. 1), S. 161-165, und J. Bellot, Humanismus (Anm. 3), S. 352-354. Die Quellenarmut zur Geschichte der Familie Welser spricht Hubert von Welser, Bartholomäus Welser V., in: Lebensbilder aus dem Bayerischen Schwaben, Bd. 4, hrsg. v. Götz Frhr. von Pölnitz (Schwäbische Forschungsgemeinschaft bei der Kommission für Bayerische Landesgeschichte, Veröffentlichungen, Reihe 3, Bd. 4), München 1955, S. 120-169, hier S. 125, an. Von einem Interesse für das Altertum, verwirklicht etwa in einer Sammeltätigkeit, ist hier keine Rede. Markus Welser charakterisiert der Autor mit den Worten, er sei "Humanist, mehr Historiker als praktischer Kenner der politischen Situation des Augenblicks, wohl eher einer der ersten Archäologen im heutigen Sinne als Vollender einer Reihe bedeutendster Handelsherren" gewesen (S. 166). Auch L. Lenk, Bürgertum (Anm. 1), S. 91f., weiß nichts über eine Beschäftigung der Welser mit der Antike bis zur Zeit des Markus zu berichten.

[68] H. Kellenbenz, Sammlungen (Anm. 1), S. 84: Es geht um die Brüder Anton und Paul Welser.

[69] Ein Exemplar besitzt die SStBAug, Sign. 4° Aug 1645. Eine zweite, deutsche Auflage erschien 1595 in Frankfurt a. M.

[70] Dieselbe Bibliothek weist in ihrem Bestand vier Exemplare auf, Sig. 2° Aug 368, darunter eines mit eigenhändigen Marginalien des Autors.

sehene Anhang zitiert neben anderen Quellenzeugnissen die auf Rätien und Augsburg bezogenen Passagen der 'Notitia Dignitatum', die fiktive *Passio S. Afrae*, die Markus als eigenständiges Werk drei Jahre zuvor publiziert hatte,[71] einen angeblichen Brief des Iustinianus für eine erfundene rätische Adelsfamilie und die epigraphischen Zeugnisse. Dazu kommen einige architektonische Reste, Fragmente von Grabsteinen und ein großes Fußbodenmosaik mit Gladiatorenkampfszenen; am Schluß steht ein kurzes Abkürzungsverzeichnis für die Inschriften. Daß dieses Werk noch stark von Legenden und erfundenen Geschichten durchsetzt ist, teilt es mit anderen, die dem Wissensstand der damaligen Zeit entsprechen. Bemerkenswert ist jedoch das Bemühen, das gesamte verfügbare antike Quellenmaterial heranzuziehen. Insofern ist Welsers Augsburger Geschichte zweifellos die bedeutendste Leistung auf dem Gebiet der Stadtgeschichtsschreibung im 16. Jahrhundert. Weiterhin gebührt Markus Welser das Verdienst, 1598, mehr als 90 Jahre nach der Auffindung, die 'Tabula Peutingeriana' veröffentlicht und damit die Grundlage aller modernen Ausgaben gelegt zu haben.[72] Schließlich gründete er im Jahre 1594 den Verlag 'Ad insigne pinus', dessen Name sich auf das fälschlich als Wappen des römischen Augsburg verstandene Zeichen des Pinienzapfens, den Stadtpyr, bezieht.[73] Während der zwanzig Jahre seines Bestehens wurden in ihm mit Vorliebe Werke zur Antike und Textausgaben gedruckt.[74] Des Markus eigene Bibliothek von 2.266 Bänden ging nach seinem Tode 1614 in städtischen Besitz über.[75]

Zum Selbstverständnis der Familie Welser muß noch eine Kuriosität angeführt werden, die damals allerdings, so bei italienischen Fürstenhäusern, nicht selten war. Sie legte sich nämlich einen erfundenen Stammbaum zu, der bis in die Spätantike zurückführte. Aufgrund der Namensähnlichkeit erkor sie sich den oströmischen Feldherrn des Iustinianus, Belisar, als Stammvater, den die Geschichtsschreibung um 1600 als germanisch bezeichnete. Um die rund 600 Jahre zum tatsächlichen Erscheinen der Welser zu überbrücken, wurden Urkunden römisch-deutscher Kaiser seit Karl dem Großen erfunden und die angeblichen Nachkommen Belisars in die Landschaft Wallis versetzt, so daß aus ihnen über

---

[71] Markus Welser, Conversio et passio SS. martyrum Afrae etc., Venedig 1591.

[72] Der Titel lautet: Tabula Itineraria ex illustri Peutingerorum bibliotheca quae Augusta Vindel. est, Venedig 1598. Siehe dazu knapp W. Kuhoff, Tabula Peutingeriana (Anm. 10).

[73] Zum Pinienzapfen als Augsburger Wappen siehe Wolfgang Kuhoff, Pyr, in: Augsburger Stadtlexikon (Anm. 5), S. 292.

[74] Die Geschichte des Verlages und seine Produktion beschreiben L. Lenk, Bürgertum (Anm. 1), S. 165-175, und kurz J. Bellot, Humanismus (Anm. 3), S. 352-354: Ein wichtiges Feld, das der Verlag bearbeitete, waren griechische Werke aus der Spätantike.

[75] H. Kellenbenz, Sammlungen (Anm. 1), S. 84. L. Lenk, Bürgertum (Anm. 1), S. 95 bezeichnet Markus Welser als Förderer der Verbreitung der griechischen und lateinischen Sprache am Gymnasium von St. Anna; S. 158f. geht er kurz auf die Zusammensetzung der Bibliotheken von Markus und seines Bruders Paul Welser ein.

Die Antike

die Namensform 'Walliser' richtige Welser werden konnten. Spätere Autoren legten zu Unrecht dem Historiographen Markus den Ursprung dieser Legende in die Feder. Wahrscheinlich diente die Herkunftssage konkret dazu, angesichts des Firmenbankrotts von 1614 einen jahrhundertelangen Anspruch der Familie auf die Zugehörigkeit zum Adel zu begründen. Mit einem langen Stammbaum unter Rückbeziehung auf die Antike versuchte man, wenn auch vergeblich, Staat zu machen.[76]

Die Fugger benutzten die Antike zwar ebenfalls für ihre Selbstdarstellung, doch in konkreterem Sinne. Hierzu gehört auch, daß einige Familienmitglieder die Namen berühmter Männer aus dem Altertum erhielten: Gemeint sind Octavian Secundus, Alexander Secundus, Julius Octavian, Fortunatus, Constantin, Tiberius Albert und sogar Trajan. Eine Legende haben die Fugger allerdings auch, wenngleich nur ungewollt, aufzuweisen. Es geht um diejenige Lokalsage, die ihre Familie mit der Namenstradition des italienischen Weißweines 'Est! Est!! Est!!!' in Montefiascone, Region Lazio, verbindet. Ein Angehöriger der Familie aus dem Prälatenstand soll nämlich auf einer Reise nach Rom besonders den Weinen an seinem Wege zugesprochen haben. In Montefiascone aber sei ihm der von seinem vorausgehenden Diener mit dem Höchstprädikat (dreifaches Est!!!) als ausnehmend gut bezeichnete Wein durch allzu eingehenden Genuß so sehr zu Kopfe gestiegen, daß er daran gestorben sein soll. Diese Legende hat jedoch nicht mit dem Altertum, sondern mit dem Mittelalter zu tun, der geneigte Interessent aber kann sie noch heute auf angenehme Weise genießen.[77]

IV.

Die Beschäftigung von Angehörigen Augsburger Handelsfamilien mit dem Altertum ist abschließend in einigen Grundzügen zusammenzufassen. Daß die Familie Fugger so stark im Vordergrund steht, kann nicht allein mit der Überlieferungslage erklärt werden. Das Engagement vieler Angehöriger dieses Geschlechts für

---

[76] Das Nötige gesagt zur Richtigkeit der Familiengenealogie dieser Art hat bereits Johann Michael von Welser, Die Welser, hrsg. von Ludwig von Welser, 2 Bde., Nürnberg 1917, Bd. 1, S. 7-11, und Bd. 2, S. 3-22 (Aufzählung der Dokumente). Eine Rückführung der Familiengeschichte bis in die Stauferzeit vertritt H. von Welser, Bartholomäus Welser V. (Anm. 67), S. 128f. In einem persönlichen Gespräch mit dem Autor konnte ich am 23. Juli 1993 die Familienlegende diskutieren: Seiner Auffassung nach leitet sich der Name Welser vom Orte Völs in Tirol ab.

[77] Die Legende dieses Weines entlarvte in ihren wichtigsten Teilen vor einiger Zeit Claus Rießner, Viaggiatori tedeschi a Montefiascone e l'origine della leggenda dell'Est, Est, Est, in: Biblioteca e Società. Quaderni della rivista del consorzio per la gestione delle biblioteche comunale degli ardenti e provinciale Anselmo Anselmi di Viterbo 7 (1982), S. 3-14.

die Antike drückt zweifellos ein besonders ausgeprägtes Bemühen um persönliche und familiäre Selbstdarstellung aus. Dies tat einer durch die Handelstätigkeit rasch zu riesigem Vermögen gelangten 'gens', die dennoch stets ihre Herkunft aus dem Augsburger Umland betonte, im Vergleich zu den alteingesessenen patrizischen Familien durchaus not. Raymund, Anton, Hans Jakob, Ulrich, Octavian Secundus, Markus und Hans Fugger betraten aber kein Neuland, weil ihnen Konrad Peutinger bereits den Weg gewiesen hatte: Wissenschaftler und Sammler in einer Person, machte er den Humanismus als Auseinandersetzung mit der vorbildhaft aufgefaßten Antike in Augsburg heimisch. Er sammelte Inschriften, Münzen und Schriftwerke, woran die Fugger der zweiten und dritten Generation des 16. Jahrhunderts anknüpften.

Raymund, Hans und Octavian Secundus kauften antike und pseudoantike Kunstwerke zur Ausstattung ihrer Häuser; der erstere, Hans Jakob und Markus besaßen Münzen aus dem römischen Altertum, und schließlich schufen wiederum Raymund wie auch Anton und Markus, vor allem aber Hans Jakob und Ulrich umfangreiche Bibliotheken mit Handschriften und Druckerzeugnissen, in denen Werke aus der und über die Antike einen beträchtlichen Teil ausmachten. Neu war bei den letztgenannten Familienmitgliedern die Finanzierung wissenschaftlicher Publikationen, die vielen namhaften Autoren ihrer Zeit zugute kam. Auf die Mäzene fiel genügend Glanz durch die teilweise langen Widmungen, in denen sie, häufig unter Einschluß von Wappenabbildungen, genannt und in eine Reihe mit berühmten Vorbildern aus der Antike bis zur Gegenwart gestellt wurden. Wichtig ist besonders der Vergleich mit den Medici in Florenz, der durch die vergleichbare Form des wirtschaftlichen und gesellschaftlichen Aufstieges unmittelbar nahe lag und den Zeitgenossen allgemein geläufig war. Inwiefern von den Fuggern diese Beziehung ihres Mäzenatentums selbst angestrebt wurde, bleibt zwar weitgehend im Dunkeln, doch kann sie ihnen sicherlich nicht ungelegen gekommen sein: Was den Medici im Jahre 1530 endgültig gelang, nämlich sich in der Toskana einen Staat zu schaffen, konnten ihre Augsburger Konkurrenten zwar nicht nachahmen, doch erreichten sie durch Landbesitzkäufe mit den einhergehenden Titelverleihungen immerhin den Aufstieg in den Reichsadel.

Die Angehörigen des Hauses Fugger beschäftigten sich freilich nicht selbst wissenschaftlich mit dem Altertum – in dieser Hinsicht waren ihnen Konrad Peutinger und Markus Welser als der produktivste Historiker seiner Heimatstadt eindeutig voraus. Sie begnügten sich stattdessen mit Denkanstößen, drückten damit jedoch der deutschen Antikenbegeisterung besonders nachhaltig ihren Stempel auf. Augsburg aber war dank ihnen allen vom Beginn des 16. Jahrhunderts an einige Dezennien lang das Zentrum dieser Kulturströmung.[78]

---

[78] Namentlich danken möchte ich für großzügige Hilfe bei der bibliographischen Arbeit den Herren Franz Karg M. A., Fuggerarchiv Dillingen, und Dr. Helmut Gier, SStBAug.

III. Die Wiederentdeckung der Fugger und die Augsburger Handelsgeschichte im Urteil des 19. und 20. Jahrhunderts

Kritik und Anerkennung.
Die Fugger in der deutschen Historiographie des 19. und frühen 20. Jahrhunderts
Wolfgang Weber

Ob überhaupt, in welchem Maße und mit welchem Ergebnis Geschichtsschreibung ein bestimmtes historisches Phänomen zur Kenntnis nimmt, hängt in erster Linie von den Erkenntnisinteressen, Arbeitsmethoden und der sozio-kulturellen Verfassung der Historiographie ab.[1] Die Art und Weise, wie die Fugger in der klassischen deutschen Geschichtsschreibung des 19. Jahrhunderts auftreten, sagt deshalb mehr über diese Historiographie aus als über die große Augsburger Handelsdynastie.

Wichtigstes Ergebnis der Suche nach den Fuggern in den anerkannten großen allgemeinhistorischen, vornehmlich reformationsgeschichtlichen Darstellungen ist zunächst, daß sie insgesamt nur wenig Beachtung finden.[2] Diese Sachlage ändert

---

[1] Relativ unabhängige (und deshalb fachintern keineswegs durchweg positiv bewertete) Stimulantien spezifischer Geschichtsbefassung sind demgegenüber Jubiläen und Gedenkjahre. – Der vorliegende Beitrag bringt den korrigierten und ergänzten Text meines Tagungsreferats.

[2] Sie sind nicht genannt z.B. (in chronologischer Reihenfolge nach dem Erscheinungsjahr) bei Wilhelm Wachsmuth, Historische Darstellungen aus der Geschichte der neueren Zeit, Bd. 1: Aus dem Reformationszeitalter, Leipzig 1831; Johannes Scherr, Deutsche Kultur- und Sittengeschichte, 2 Bde., Leipzig 1852-1853; Moriz Ritter, Deutsche Geschichte im Zeitalter der Gegenreformation und des Dreißigjährigen Krieges 1555-1648, 3 Bde., Stuttgart 1889-1908; Wilhelm Maurenbrecher, Karl V. und die deutschen Protestanten 1545-1555, Düsseldorf 1865; ders., Studien und Skizzen zur Geschichte der Reformationszeit, Leipzig 1874; ders., Geschichte der katholischen Reformation, Nördlingen 1880; Ludwig Häusser, Geschichte des Zeitalters der Reformation 1517-1648, Berlin 1868; Hermann Baumgarten, Karl V. und die deutsche Reformation, Halle 1889; Gustav Droysen, Geschichte der Gegenreformation, Berlin 1893, und – als Beispiele speziellerer Darstellungen – bei Bruno Gebhardt, Die Gravamina der Deutschen Nation gegen den Römischen Hof. Ein Beitrag zur Vorgeschichte der Reformation, Breslau 1884; August Wilhelm Dieckhoff, Der Ablaßstreit, Gotha 1886; Nikolaus Paulus, Kaspar Schatzgeyer, ein Vorkämpfer der katholischen Kirche gegen Luther in Süddeutschland, Freiburg i.B. 1898, und Erich Brandenburg, Martin Luthers Anschauungen vom Staate und der Gesellschaft, Halle 1901. – Zur Eruierung dieser und der übrigen im Beobachtungszeitraum maßgebenden einschlägigen Publikationen ist von der kanonisierenden Fachbibliographie

sich erst am Ende des 19. und in den ersten beiden Dekaden des 20. Jahrhunderts, und zwar vornehmlich deshalb, weil zu dieser Zeit die von Richard Ehrenberg, Konrad Häbler, Max Jansen, Jakob Strieder, Aloys Schulte und anderen betriebenen Fuggerstudien vorliegen und rezipiert werden bzw. werden können.³

I.

In der Erfassung und Bewertung der historischen Rolle der Fugger bei denjenigen Historikern, welche sie überhaupt zur Kenntnis nahmen, blieben die historiographischen Perspektiven allerdings das gesamte 19. Jahrhundert über ziemlich stabil.

Friedrich von Raumer (1781-1873), der Historiograph der Hohenstaufen und Vertreter einer aufgeklärt-romantischen Historiographie,⁴ notiert 1832 in seiner achtbändigen 'Geschichte Europas seit dem Ende des fünfzehnten Jahrhunderts', daß die Fugger in Augsburg wahrscheinlich die Hauptunternehmer des päpstlichen Ablaßhandels gewesen seien und dem (berüchtigten) Ablaßprediger Te(t)zel ein hohes Gehalt gezahlt hätten.⁵ Er knüpft damit an eine Beobachtungs- und Bewertungsperspektive an, die bis in die lutherische Reformationshistoriographie des 16. Jahrhunderts bzw. Luther selbst zurückreicht⁶ und bis weit ins 20. Jahrhundert

---

der deutschen Geschichtswissenschaft auszugehen: Friedrich Christoph Dahlmann, Georg Waitz, Quellenkunde zur deutschen Geschichte, 1.-8. Aufl., Leipzig 1830-1912.

3 Vgl. hierzu zusammenfassend im vorliegenden Band den Beitrag von Franz Karg, ferner die biographischen Hinweise am Schluß dieser Erörterungen.

4 Vgl. zur Person kurz den entsprechenden Artikel in: Historikerlexikon. Von der Antike bis zum 20. Jahrhundert, hrsg. v. Rüdiger vom Bruch, Rainer A. Müller, München 1991, S. 250-251.

5 F. v. Raumer, Geschichte Europas seit dem Ende des fünfzehnten Jahrhunderts, 8 Bde., Leipzig 1832, hier Bd. 1, S. 203; nicht erwähnt wird hier die Rolle der Fugger bei der Sicherstellung der Wahl Karls V., vgl. S. 223-226. – Nur am Rande erwähnt und kaum mit Invektiven bedacht werden die Fugger in der führenden protestantischen Tetzel-Biographie von Ferdinand Körner, Tezel, der Ablaßprediger. Sein Leben und sein Wirken für den Ablaß seiner Zeit, Frankenberg i.S. 1853, vgl. z.B. S. 45 und 98; das Werk atmet nichtsdestotrotz den Geist der konfessionellen Auseinandersetzung.

6 Von dem bzw. den Fugger(n) spricht Luther mit negativer Konnotation bekanntlich in der zentralen Reformationsschrift 'An den christlichen Adel deutscher Nation' (1520), der wirtschaftsethischen Grundschrift 'Von Kaufhandlung und Wucher' (1524) und in der späten Polemik 'Wider Hans Worst' (1541); vgl. zur Erschließung dieser und weiterer Stellen (Briefe, Tischgespräche) die einschlägigen Register in WA 58 und 63 bzw. WA Briefwechsel (Bd. 15). Er zielte in diesen Nennungen offenkundig nicht nur konkret auf die Augsburger Familienfirma, sondern alle Großkaufleute, Großhändler und 'Wucherer', so faßt es auch der Verfasser des maßgebenden Begriffslexikons des 19. Jahrhunderts, Philipp Dietz, auf: Wörterbuch zu Dr. Martin Luthers deutschen Schriften, 2 Bde., Leipzig 1870-1872, hier Bd. 1, Artikel 'Fucker'. Diese Perspektive wird (ohne daß im vorliegenden Kontext nähere Erläuterungen möglich wären) aufgenommen von Mathias Flacius Illyricus, Veit Ludwig von Seckendorff und dem Seckendorff-Fortsetzer Wilhelm Ernst Tenzel.

hinein gepflegt wird. Sie impliziert nichts anderes, als daß die Fugger durch ihre Beteiligung an der finanziellen Erschließung Deutschlands durch das Papsttum zur Dekadenz des Christentums beigetragen und damit wider Willen die Reformation mit ausgelöst bzw. mit notwendig gemacht hätten. Noch bei Willy Andreas (1884-1967; 'Deutschland vor der Reformation', zuerst 1932, zuletzt 7. Auflage 1972) finden sich dementsprechend folgende Feststellungen:

Die Fugger, die dem Katholizismus später treu blieben, (trugen) ohne es zu wollen, das Ihre zum Einsturz der mittelalterlichen Lebensordnung bei, die sie durch ihr kapitalistisches Wirtschaftsgebaren ohnehin unterhöhlen mußten. Sie hätten bereits vorhandene Schäden gesteigert und der Entsittlichung des kirchlichen Systems Vorschub geleistet. Sie bestärkten [...] mittelbar das damalige Oberhaupt der Kirche [...] in seiner verantwortungslosen Gleichgültigkeit gegen die längst notwendig gewordene Reform an Haupt und Gliedern.[7]

Über diese Verantwortungszuweisung hinaus reicht der zumeist in scheinbar neutraler Formulierung versteckte Vorwurf, maßgeblich an der Verurteilung Luthers und der Verhinderung eines vollen Erfolges der Reformation beteiligt gewesen zu sein. Bei Leopold von Ranke (1795-1886), dem Begründer der modernen historistischen, um Objektivität bemühten Geschichtsschreibung,[8] liest man 1839 ('Deutsche Geschichte im Zeitalter der Reformation'):

Man hat damals behauptet, eigentlich sei Eck von dem Wechslerhaus [!] der Fugger nach Rom geschickt worden [um die Bulle gegen Luther zu erwirken], welches gefürchtet habe, des aus dem Geldverkehr zwischen Rom und Deutschland entspringenden Vortheils verlustig zu gehen. In enger Beziehung jedenfalls stand der Doctor zu diesen Kaufleuten. Zu ihren Gunsten war es, daß er in jener Disputation zu Bologna den Wucher vertheidigte.

Diese gesamte, nachmals berühmt gewordene Disputation sei, so schreibt Ranke unter Bezugnahme auf die Welser-Chronik in der Fußnote weiter, *auf Jacob Fug-*

---

[7] W. Andreas, Deutschland vor der Reformation, 7. Aufl., Berlin 1972, S. 335. Andreas, einer der wichtigsten Renaissance- und Reformationshistoriker der Weimarer Zeit, vertrat ein ästhetisierend-liberal-nationales Geschichtskonzept, welches ihn nach 1933 in gefährliche Nähe zum nationalsozialistischen Regime brachte und nach 1945 seinen Lehrstuhl kostete, vgl. Historikerlexikon (Anm. 4), S. 6-7; Vgl. auch Max Lenz, Martin Luther. Festschrift der Stadt Berlin zum 10. November 1883, Berlin 1897, S. 53-56, mit einer eindrucksvollen dialektischen Beschreibung des Ablaßhandels S. 54: *Jetzt ward von Rom her auf allen Straßen als Christi Lehre verkündigt, das Gold, um welches Judas den Herrn verraten, öffne die Pforten des Paradieses.* Lenz (1850-1932) gehörte zu den sog. Neorankeanern und bekleidete historische Professuren in Marburg und Berlin, vgl. NDB 14 (1985), S. 231-233. Lediglich einen kurzen Hinweis auf die Verschuldung Albrechts von Brandenburg bei den Fuggern bringt demgegenüber beispielsweise Karl Müller, Kirchengeschichte, Bd. 2/I, 2. Aufl., Tübingen 1929, S. 224.

[8] Leopold von Ranke und die moderne Geschichtswissenschaft, hrsg. v. Wolfgang J. Mommsen, Stuttgart 1988; Leopold von Ranke and the Shaping of the Historical Discipline, hrsg. v. Georg G. Iggers, James M. Powell, Syracuse/N.Y. 1991.

gers und seiner Mitgesellschaft Unkosten abgehalten worden.⁹ Der radikalliberale Historiker Karl Hagen (1810-1868) referiert 1842 in seiner Untersuchung 'Deutschlands literarische und religiöse Verhältnisse im Reformationszeitalter', daß manche Zeitgenossen *meinten, die Fugger hätten ihn [Eck] bezahlt, weil sie durch das Umsichgreifen der neuen Lehre sehr vieles von ihren Einkünften verlieren mußten, da sie einen sehr ausgedehnten Handel mit dem Ablaß trieben.*¹⁰ Er behauptet ferner, daß die Fugger später protestantische Prediger mit Geld für die alte Kirche zurückgewonnen hätten.¹¹ 1855 knüpft die 'Schwäbische Reformationsgeschichte' Karl Theodor Keims an diesen Motivstrang an, indem sie Jakob Fugger auftreten läßt als *der in seinem Interesse gefährdete, von Luther verletzte, von Eck eingenommene und Eck wiederum wirksam in Rom verwendende Geldkönig der Fürsten und Prälaten, Fugger in Augsburg.*¹² Friedrich Roth, Verfasser einer bedeutenden Reformationsgeschichte Augsburgs, bescheinigt Eck 1887, den Fuggerschen Disputationsauftrag *sowohl aus Gewinnsucht, als auch Freude am Disputieren ausgeführt zu haben* und *ein Mann von [...] niedrige[r] Gesinnung* gewesen zu sein.¹³

Eine weitere wesentliche Station der Hintertreibung reformatorischen Erfolgs durch die Fugger war deren angebliche Einflußnahme auf den Augsburger Rat mit dem Ziel, eine finanziell ausreichende Ausstattung des Schmalkaldischen Bundes zu verhindern. Die *Rücksicht auf die großen Kaufhäuser* sei *das gewichtigste Moment für die friedfertige Haltung* bzw. die für die protestantische Sache verhängnisvolle *Neutralität [des] Rates* gewesen. In Augsburg *war die Stimmung* vor dem Schmalkaldischen Krieg *gedrückt, welche von der kleinen, geldmächtigen Partei, die zum Kaiser oder doch zum Frieden neigte, genährt wurde.*¹⁴ Daß die

---

⁹ L. v. Ranke, Deutsche Geschichte im Zeitalter der Reformation, Bd. 1 (Sämtliche Werke, Bd. 4), 4. Aufl., Leipzig 1867, S. 296.

¹⁰ K. Hagen, Deutschlands literarische und religiöse Verhältnisse im Reformationszeitalter, 3 Bde., 2. Aufl., Frankfurt a.M. 1868 (1. Aufl. Erlangen 1841-1844), hier Bd. 2, S. 63-73 und 125 (Zitat). Zur Person Hagens vgl. die von Hermann Hagen besorgte Einleitung zu Band 1.

¹¹ K. Hagen, Deutschlands literarische Verhältnisse (Anm. 10), Bd. 2, S. 154.

¹² K. Th. Keim, Schwäbische Reformationsgeschichte bis zum Augsburger Reichstage, Tübingen 1855, S. 15.

¹³ F. Roth, Willibald Pirckheimer, ein Lebensbild aus dem Zeitalter des Humanismus und der Reformation, Halle 1887, S. 31 und 39, vgl. ders., Augsburgs Reformationsgeschichte 1517-1527, München 1881, mit zahllosen fuggerkritischen Stellen. Eine weniger kritische Sprache pflegt dagegen Karl Wolfart, Die Augsburger Reformation 1533-1534, Leipzig 1901, s. besonders S. 19 und S. 30-32.

¹⁴ Max Lenz, Der Ausbruch des Schmalkaldischen Krieges (1883), in: ders., Kleine historische Schriften, Bd. I, München, Berlin 1920, S. 25-75, hier (Zitate) S. 42 und 44; vgl. Theodor Brieger, Die Reformation. Ein Stück aus Deutschlands Weltgeschichte, Berlin 1913, S. 350, wo von der *Knauserei der reichen Städte* gesprochen wird, sowie – deutlich stärker um Objektivität bemüht – Adolf Hasenklever, Die Politik der Schmalkaldener vor Ausbruch des Schmalkaldischen Krieges, Berlin 1901, S. 133. Brieger war evangelischer Kirchenhistoriker

Fugger im Gegenteil dem Kaiser reichlich Geld zuwandten, hatte die schwerwiegendste Konsequenz: *Widerstandslos – so schien es – konnte nunmehr der Ausländer nach Gefallen in deutschen Landen schalten.*[15]

Durch Hinweise auf die parallele altkirchliche Glaubenstreue abgemildert wird dagegen das Urteil über das Verhalten der Fugger in der Gegenreformation. Die Fugger seien *besonders an den Geldgeschäften des Hauses Habsburg reich geworden und mit den alten Verhältnissen in Staat und Kirche so enge verknüpft* [...], *daß sie sich von ihnen nicht lösen mochten*, konstatiert einerseits 1910 Dietrich Schäfer (1845-1929; 'Deutsche Geschichte', Bd. 2).[16] Andererseits gesteht z.B. 1890 Friedrich von Bezold (1848-1928; 'Geschichte der deutschen Reformation') den Fuggern durchaus echte *kirchliche Gesinnung* zu[17] und führen auch andere Autoren das fuggerische Engagement beispielsweise für die Jesuiten auf unbezweifelbaren religiösen Eifer zurück.[18]

II.

Die Grundlagen des Fuggerschen Reichtums bilden eine weitere Dimension schärfster Kritik. Bis zum Jahrhundertende begegnen kaum Versuche, das Geschäftsgebaren der Fugger zu historisieren, also als Konsequenz veränderter sozioökonomischer Bedingungen und der beginnenden Auflösung überkommener Wirtschaftsethik aufzufassen. Stattdessen werden mehr oder weniger unkritisch Sprache und Argumentation der Gegner des städtischen Frühkapitalismus übernommen.[19] Selbst Ranke bringt, wie wir gesehen haben, Wechselgeschäft und Wucher in engen Zusammenhang; er spricht durchweg von den Fuggern als 'Wechslern',

---

und Begründer der Zeitschrift für Kirchengeschichte, Hasenklever evangelischer Profanhistoriker.

[15] Th. Brieger, Die Reformation (Anm. 14), S. 350. Die älteste Darstellung der Geschichte des Schmalkaldischen Krieges im 19. Jahrhundert, Johann Gottlieb Jahn, Geschichte des Schmalkaldischen Krieges, eine reformationsgeschichtliche Denkschrift, Leipzig 1837, kennt die finanzielle Rolle der Fugger noch nicht.

[16] D. Schäfer, Deutsche Geschichte, Bd. 2, Jena 1910, S. 44-45; vgl. zur Biographie des nationalliberalen bzw. deutschnationalen Historikers, der im Gegensatz zu seinen Kollegen aus kleinen sozialen Verhältnissen stammte, Historikerlexikon (Anm. 4), S. 273-274.

[17] F. v. Bezold, Geschichte der deutschen Reformation, Berlin 1890, S. 785. Bezold war ein Schüler Rankes und Theodor Mommsens, vgl. Historikerlexikon (Anm. 4), S. 29.

[18] Die erste objektive Darstellung stammt von Konrad Häbler, Die Stellung der Fugger zum Kirchenstreit des 16. Jahrhunderts, in: Historische Vierteljahrschrift 1 (1898), S. 493-510; ihr Erscheinen hätte die späteren Urteile eigentlich entsprechend verändern müssen.

[19] Vgl. die Hinweise in Anmerkung 6 sowie Hugo Holstein, Die Reformation im Spiegelbild der dramatischen Literatur des 16. Jahrhunderts, Halle 1886, z.B. S. 180.

d.h. gesteht ihnen im Grunde keine kaufmännisch-unternehmerischen Leistungen zu.

Gustav Freytag,[20] historischer Schriftsteller und Herausgeber der bis in die 1930er Jahre weit verbreiteten 'Bilder aus der deutschen Vergangenheit' (1859-1861), sucht in einer zusammenfassenden Passage die Welser wegen ihres Engagements für den der Reformation zugeneigten Humanisten Johannes Reuchlin etwas aus der Schußlinie zu bringen.

Dagegen galten die Fugger dem Volke vorzugsweise als rücksichtslose Geldmänner und Romanisten, als Feinde Luthers und Freunde Ecks, auf dem der Verdacht lag, in ihrem Solde zu stehen; denn sie besorgten die Geldgeschäfte des Kurfürsten Albrecht von Mainz und der römischen Kurie, und ein Kommis der Fugger begleitete den Ablaßkasten des Tetzel und kontrollierte die eingehenden Beträge, auf welche das Bankierhaus dem Erzbischof von Mainz Vorschüsse gemacht hatte. Es war vielleicht die beste Unterstützung Kaiser Karls V., daß die Interessen dieses mächtigen Hauses im ganzen mit dem seinigen zusammenliefen. Dem Volke dagegen wurde die 'Fuggerei' das zur Zeit Luthers gewöhnlichste Wort für Geldwucher.[21]

Nach Martin Philippson ('Geschichte der Reformation', ca. 1880) nützten *die großen Kaufleute die Gunst der* [im Spätmittelalter eingetretenen neuen wirtschaftlichen] *Lage selbstsüchtig aus. [...] In der Wahl der Mittel war man keinesfalls bedenklich; Aufkäuferei, Bestechungen, ja Betrug wandten die Großhändler und Bankiers an; die städtischen Obrigkeiten sahen durch die Finger. Monopole seien zur Zinstreiberei genutzt* worden, das Monopolverbot wurde *hintertrieben. Der alte genossenschaftliche Sinn des deutschen Bürgertums ging unter diesen schroffen Gegensätzen verloren: Individualisierung, Selbstsucht traten an seine Stelle.*[22] Hermann Baumgarten, der liberale Historiker (1825-1893), stellt 1885 in seiner 'Geschichte Karls V.' ohne einschränkende Erläuterung fest, daß der Kaiser sich in seiner Geldnot habe an *Wucherer* wenden müssen.[23]

---

[20] 1816-1895, vgl. NDB 5 (1961), S. 425-427.

[21] G. Freytag, Bilder aus der deutschen Vergangenheit (1859-1861), 3 Bde., Leipzig 1930, hier Bd. 2, S. 392. Preisfestsetzung nach Gutdünken unterstellt auch Johann Gustav Droysen, Geschichte der preussischen Politik, Bd. II/2, 2. Aufl., Leipzig 1870, S. 21, den Fuggern; sonst nimmt dieses klassische Werk der borussianischen Historiographie – vgl. zu Droysen als dem Begründer dieser Schule Historikerlexikon (Anm. 4), S. 74-76 – die Augsburger Familienfirma nur am Rande wahr.

[22] M. Philippson, Geschichte der Reformation, 2. Aufl., Berlin o.J., S. 13; *unvermeidliche Folge* dieses Treibens der Großkaufleute sei im übrigen *das Auftauchen und die allgemeine Verbreitung kommunistischer Ideen* gewesen (S. 14). Zur Person des Autors, eines 1846 geborenen jüdischen Historikers (Ordinarius für Geschichte an der Universität Brüssel), vgl. Deutsches Zeitgenossenlexikon, Leipzig 1905, Sp. 1101-1102.

[23] H. Baumgarten, Geschichte Karls V., Bd. 1, Stuttgart 1885, S. 131 u.ö.; zur Biographie vgl. knapp NDB 1 (1953), S. 658-659, und Wolfgang H. Stark, Hermann Baumgarten 1825-1893, Diss. phil. Erlangen, Nürnberg 1973. Daß die Fugger die *Verlegenheiten des Königs (Kaisers)*

Friedrich von Bezold reflektiert 1890 in seiner bereits genannten 'Geschichte der deutschen Reformation' zwar Luthers Abneigung gegen die Fugger zutreffend als Ausfluß eines überholten *agrarischen Idealismus.* Außerdem konstatiert er richtigerweise: *Selten erhob sich eine Stimme für die glänzenden und wohltätigen Folgen des Geldverkehrs, die gleichwohl in der großartigen Blüte der deutschen Städte mit Händen zu greifen waren.*[24] Er fährt bei der Darstellung des zeitgenössisch verbreiteten Hasses auf die großen Kaufleute und deren angeblichen Wucher aber fort:

Ganz besonders richtete sich diese Stimmung, und gewiß nicht ohne wirkliche Berechtigung, gegen die 'Fuggerei' der großen Handelsgesellschaften, deren monopolistisches und höchst gewissenloses Treiben keineswegs allein die öffentliche Meinung und ihre Wortführer, sondern auch die Gesetzgebung des Reiches wie der Territorien beschäftigte.[25]

Er zitiert des weiteren ohne nähere Erläuterung den Kathedersozialisten und bedeutenden Historiker des Kapitalismus Werner Sombart (1863-1941) mit dem Satz: *In der Reformationszeit kamen die widerwärtigsten und gehässigsten Beispiele von Monopolherrschaft vor, die den Ruin ganzer Gegenden zur Folge hatten.*[26]

Die Fugger waren nach Bezold *die Rothschilds des XVI. Jahrhunderts.* Sie erscheinen bei ihm – unter Bezug auf zeitgenössische Stimmen wie derjenigen des Humanisten Sebastian Brant – mit nahezu antisemitischem Unterton als *Christenjuden, die mit dem Judenspieß rennen.*[27] *In der Tat waren die Klagen über künstliche Preissteigerung und sonstige Benachteiligung der Consumenten durchaus nicht grundlos; namentlich handhabten die großen Spekulanten den erbärmlichen*

---

zu ihrer Bereicherung nutzten, konstatiert 1884 in bezug auf Maximilian I. auch Heinrich Ulmann, Kaiser Maximilian I., Bd. 1, Stuttgart 1884, S. 819.

[24] F. v. Bezold, Geschichte der deutschen Reformation (Anm. 17), S. 293-294 (1. Zitat), S. 34-35 (2. Zitat).

[25] F. v. Bezold, Geschichte der deutschen Reformation (Anm. 17), S. 405, vgl. auch S. 34: Die großen Vermögen waren *nicht ohne alle Spekulation, nicht ohne eine oft gewagte Rechnung auf die Zukunft und nicht ohne starken Druck auf den Kleinhandel und die Käufer* zu erwerben. Für eine differenziertere Einschätzung der Monopole plädiert schon H. Ulmann, Maximilian I. (Anm. 23), S. 619-626; diese Stimme und die unbefangeneren Auffassungen der Wirtschaftshistoriker (z.B. Frank G. Ward, Darstellung und Würdigung der Ansichten Luthers vom Staat und seinen wirtschaftlichen Aufgaben, Jena 1898, S. 60-86) bleiben jedoch vereinzelt.

[26] F. v. Bezold, Geschichte der deutschen Reformation (Anm. 17), S. 405-406. Zu Sombart s. meine Bemerkungen im vorliegenden Beitrag weiter unten.

[27] F. v. Bezold, Geschichte der deutschen Reformation (Anm. 17), S. 33; vgl. zum Gebrauch der Bezeichnung 'Rothschilds' auch Emil Reicke, Geschichte der Reichsstadt Nürnberg, Nürnberg 1896, S. 652. Nach Adalbert Horawitz, Caspar Bruschius. Ein Beitrag zur Geschichte des Humanismus und der Reformation, Prag, Wien 1874, S. 166, soll für *(Jakob) Fugger* zeitgenössisch auch der von denunziatorischen Nebentönen nicht freie Beiname *Augsburgs Grassus* verwendet worden sein.

Kunstgriff, die Ware, zumal die Genuß- und Lebensmittel, zu fälschen, in ausgedehntestem Maß.[28] 1908 ('Staat und Gesellschaft des Reformationszeitalters') nimmt er auch den Vorwurf auf, die Fugger hätten bei ihrer Ausbeutung der Bergwerke Tirols und Ungarns *rücksichtlosen Raubbau* getrieben.[29]

Selbst der bekannteste katholische Historiker der Zeit, Johannes Janssen (1829-1891), dessen 'Geschichte des deutschen Volkes seit Ausgang des Mittelalters' (8 Bde., 1876-1894) einen bewußt katholischen Gegenentwurf zur dominierenden preußisch-protestantischen Historiographie darstellt, stimmt in diese Leitmelodie ein.[30] Er bemüht sich nachzuweisen, daß *der Klerus* [der Reformationszeit] *sich gegen jegliches Zinsennehmen aussprach*, daß Eck in seinem Engagement für die Fugger deshalb auf kirchlichen Widerstand traf, daß die Profite der Fugger objektiv als zu hoch eingeschätzt werden müßten, und daß der Ablaßhandel tatsächlich ein *unwürdiges Geschäft* war.[31] Auch nach ihm betrieben die Fugger in Tirol *lange Zeit ein*[en] *hochschädlich*[en] *Raubbau*.[32] Er scheut sogar nicht davor zurück, gegen die Fugger zustimmend Luther zu zitieren: *Hier muß man wahrlich noch den Fuggern und dergleichen Gesellschaften einen Zaum in* [sic!] *Maul legen.*[33] Und auch er verweist auf zeitgenössische Stimmen, nach denen *der Kaufleute Gewinn* [...] *der Juden Wucher siebenfältig übertroffen* habe.[34]

---

28 F. v. Bezold, Geschichte der deutschen Reformation (Anm. 17), S. 34.
29 F. v. Bezold, Staat und Gesellschaft des Reformationszeitalters, in: ders., Staat und Gesellschaft der neueren Zeit, Leipzig 1908, S. 1-136, hier S. 89: *Das Geld brachte die Bergwerke Tirols und Ungarns in die Gewalt der Fugger und ihres rücksichtslosen Raubbaus.* Einzelheiten über das Gebaren der Fugger in Tirol bringt aus dieser fuggerfeindlichen Perspektive Max von Wolfstrigl-Wolfskron, Die Tiroler Erzbergbaue 1301-1665, Innsbruck 1903, passim (vgl. die Stellennachweise im Namensregister). Nichts dergleichen zu berichten weiß hingegen Franz B. von Bucholtz, Geschichte der Regierung Ferdinands des Ersten, 8 Bde., Wien 1831-1838, hier Bd. 4, S. 501-505.
30 Vgl. zur Biographie Heribert Smolinsky, Johannes Janssen, in: Theologische Realenzyklopädie, Bd. 16, Berlin, New York 1987, S. 509-510.
31 J. Janssen, Geschichte des deutschen Volkes seit Ausgang des Mittelalters, Neue Ausgabe besorgt von Ludwig von Pastor, 8 Bde., Freiburg i.B. 1913, hier Bd. 1, S. 508-509 (1. Zitat; mit Fußnote 2) und Bd. 2, S. 76 (2. Zitat). Zur zeitgenössischen und heutigen Einschätzung des Werkes Janssens vgl. auch Walther Köhler, Katholizismus und Reformation. Kritisches Referat über die wissenschaftlichen Leistungen der neueren katholischen Theologie auf dem Gebiete der Reformationsgeschichte, Gießen 1905, S. 26-32, sowie Hubert Jedin, Die Erforschung der kirchlichen Reformationsgeschichte seit 1876, in: ders., Remigius Bäumer, Die Erforschung der kirchlichen Reformationsgeschichte, Darmstadt 1975, (separate Seitenzählung) S. 7-9. Vom Ablaßhandel als einem *unwürdigen Geschäft* spricht auch Nikolaus Paulus, Zur Biographie Tetzels, in: Historisches Jahrbuch 16 (1895), S. 37-69, hier S. 41.
32 J. Janssen, Geschichte des deutschen Volkes (Anm. 31), Bd. 8, S. 65.
33 J. Janssen, Geschichte des deutschen Volkes (Anm. 31), Bd. 2, S. 138.
34 J. Janssen, Geschichte des deutschen Volkes (Anm. 31), Bd. 1, S. 493.

III.

Kaum anders sieht es zunächst in der Kulturgeschichte aus, die bis an die Wende zum 20. Jahrhundert vornehmlich am Rand oder völlig außerhalb des etablierten Universitätsfaches Geschichtswissenschaft betrieben wurde.[35] Der Kulturhistoriker Georg Steinhausen (1866-1933) unterscheidet in seiner bis heute maßgebenden Darstellung des deutschen Kaufmanns (zuerst 1899) zwischen den Großkapitalisten, die ihre riesigen Vermögen durch spekulativen Warenhandel und Geldgeschäft machten, und den *soliden deutschen Durchschnittskauf*[leuten].[36] Die Fugger zählen zu denjenigen, die der *Sucht* unterlagen, *Geld auf leichte Weise zu gewinnen*, und damit die *Entwicklung zum Kapitalismus* vorantrieben, *die schlimme Folgen zeitigte*.[37] Sie sind sogar deren Protagonisten: *Mit Recht kann man von einem Zeitalter der Fugger sprechen*.[38] Für Willy Andreas an der Schnittstelle zwischen allgemeiner Reformations- und Kulturgeschichte gilt im Hinblick auf Jakob Fugger:

Um das öffentliche Leben seiner Vaterstadt kümmerte er sich nicht. [...] Der Erwerb erscheint [...] bei ihm als eine Art Selbstzweck! Die christliche Wirtschaftsmoral, die den Geldgewinn nur als äußere Grundlage für ein höheren Zwecken geweihtes Leben ansah, erscheint [...] vollkommen ausgelöscht. Der nichts anderes kennende Individualismus unbedingten Gewinnstrebens und rücksichtslosen Wettbewerbs hat die traditionellen Bindungen der christlichen Wirtschaftsideale und des mittelalterlichen Herkommens abgestreift.[39]

Vollkommen rücksichtsloses, suchtähnliches Profitstreben, Spekulation und Raubbau erscheinen also als Triebfedern fuggerischen Verhaltens und Erfolgs.

Bezeichnenderweise wird ein moralisierender Unterton selbst bei dem Protagonisten moderner Wirtschafts- und Zivilisationsgeschichte, dem oben erwähnten

---

[35] Sie umfaßte sowohl Alltags- als auch 'hohe' Kultur und untersuchte nicht nur einzelne Aspekte dieser Bereiche, sondern auch deren Zusammenhang, faßte Kulturgeschichte also bereits als Zivilisationsgeschichte auf; eine systematische historiographiegeschichtliche Darstellung fehlt noch. Beim berühmtesten etablierten Kulturhistoriker, Jacob Burckhardt, kommen die Fugger trotz ihrer Verdienste bei der Förderung von Renaissance und Humanismus diesseits der Alpen übrigens nicht vor.

[36] G. Steinhausen, Der Kaufmann in der deutschen Vergangenheit, Leipzig 1899 (letzter fotomechanischer Nachdruck 1990), S. 85; zur Biographie s. Historikerlexikon (Anm. 4), S. 300. Vgl. auch schon Otto Henne am Rhyn, Kulturgeschichte des deutschen Volkes, 2 Bde., Berlin 1896, hier Bd. I, S. 341 und Bd. II, S. 75-76.

[37] G. Steinhausen, Der Kaufmann (Anm. 36), S. 84-85.

[38] G. Steinhausen, Der Kaufmann (Anm. 36), S. 84. 1896, drei Jahre vor dem erstmaligen Erscheinen der Darstellung Steinhausens, war (s. u.) Richard Ehrenbergs entsprechend betiteltes großes Werk erschienen: Das Zeitalter der Fugger. Geldkapital und Creditverkehr im 16. Jahrhundert, 2 Bde., 2. Aufl., Jena 1927.

[39] W. Andreas, Deutschland vor der Reformation (Anm. 7), S. 332.

Werner Sombart, beibehalten. Die Fugger spielen in seiner Darstellung der Entstehung des modernen Kapitalismus wie angedeutet eine durchaus prominente Rolle: *In einem Jakob Fugger sehen wir schon einen klassischen Vertreter jenes Typs* des *kapitalistischen Unternehmers*, dessen Devise lautet, *er wollte gewinnen, dieweil er könnte*. Worum es hier erstmals in Europa gegangen sei, ist die Idee der freien Konkurrenz: die rücksichtslose Vertretung der individuellen Interessen sowie die bedingungslose Anerkenntnis der persönlichen Selbstverantwortung für das Geschäft. *Langsam streckt der Moloch des Geschäftssinns seine Krallen aus, um nun mit wachsendem Erfolge Generationen auf Generationen zu verschlingen.*[40]

IV.

Neben den skizzierten religiös-kulturellen und wirtschaftlichen Auswirkungen meinen die großen und kleinen Historiker des 19. und frühen 20. Jahrhunderts auch von den großen Handelsgesellschaften verursachte wesentliche gesellschaftlich-politische Schäden namhaft machen zu können. Direkt oder indirekt sind die Fugger angeblich zumindest im lokalen Rahmen Schwabens und Tirols für den Bauernkrieg mithaftbar zu machen. Janssen notiert *schlimmes Benehmen der Fugger gegen ihre Bergarbeiter* vor allem dahingehend, daß die Geschäftsleitung ihnen Lebensmittel zu überhöhten Preisen aufgedrängt habe.[41] Die Fugger trugen dadurch und durch ihre wie die der großen Handelsgesellschaften insgesamt geübte *Übertheuerung* (Leopold von Ranke) zum sozialen Elend auch in den Städten bei.[42]

Als noch gravierender wird jedoch eingeschätzt, daß die Fugger 1522-24 die Durchsetzung eines Reichsabschiedes verhindert hätten, der gleichzeitig das Monopolwesen beschneiden und einen Reichszoll errichten sollte. Denn diese Re-

---

[40] W. Sombart, Der moderne Kapitalismus, Bd. 1, Leipzig 1902, zitiert nach ders., Die Genesis des kapitalistischen Geistes, in: Sombarts 'Moderner Kapitalismus'. Materialien zur Kritik und Rezeption, hrsg. v. Bernhard vom Brocke, München 1987, S. 87-106, hier S. 105-106. Eine Historisierung der Rolle der Fugger fand (nach den Materialien dieses Sammelbandes) auch in der Rezeption und Kritik des Buches Sombarts nicht statt, obwohl inzwischen wichtige Bausteine dafür, nämlich die frühen Fuggerstudien, vorlagen. Ansätze zu positiverer Wertung des neuen Wirtschaftsverhaltens (allerdings unter falscher Bewertung der Rolle Luthers) finden sich z.B. bei Arnold E. Berger, Die Kulturaufgaben der Reformation. Einleitung in eine Lutherbiographie, 2. Aufl., Berlin 1908, S. 77-79 (Toleranz aus wirtschaftlichen Gründen) und S. 106-201 (Individualismus).

[41] J. Janssen, Geschichte des deutschen Volkes (Anm. 31), Bd. 7, S. 73 (Zitat) und (zum Bauernkrieg) Bd. 1, S. 491-492.

[42] L. v. Ranke, Deutsche Geschichte im Zeitalter der Reformation (Anm. 9), S. 30-31.

Kritik und Anerkennung

formmaßnahme hätte auch nach Ansicht Rankes die Konstituierung *eine*[r] *kräftige*[n] *centrale*[n] *Gewalt* im Reich bedeutet, also einen entscheidenden Schritt zur Transformation des Reiches zu einem modernen Staat mit sich gebracht, statt es, wie danach geschehen, in seiner altertümlichen Form zu belassen und damit den benachbarten, moderneren Mächten als Spielball auszuliefern.[43] In der Phalanx der Städte, die mit Rücksicht auf die Interessen ihrer Kaufleute die Reichszollidee zu Fall brachten, spielte nach diesen Auffassungen Augsburg (und damit die Fugger) eine führende Rolle. *In der Monopoliensache*, schreibt Ranke, *leistete nur Augsburg den Reichsbeschlüssen Widerstand. Alle übrigen Städte waren für die Abschaffung derselben.*[44] Nach Bezold war sogar Betrug im Spiel. *Für die Monopole zu wirken war die Gesandtschaft*, welche die Städte im Sommer 1523 dem Kaiser nach Valladolid nachsandten, um ihn vom Reichszoll abzubringen,

---

[43] L. v. Ranke, Deutsche Geschichte im Zeitalter der Reformation (Anm. 9), Bd. 2, S. 34 (Zitat), vgl. auch S. 86-93 und S. 114, wo nochmals von den verlorenen Möglichkeiten des Zolls gesprochen wird. Der gesamte Absatz S. 34 lautet: *Und das ist wenigstens nicht zu läugnen, daß dieser Entwurf* [die Einführung eines einheitlichen Handelszolls an den Reichsgrenzen] *die großartigsten Aussichten für die Zukunft Deutschlands* [!] *in sich schloß, Es war schon überaus nützlich, genau bestimmte und beaufsichtigte Grenzen zu haben, deren gesammter Umkreis in enger Beziehung zu einem lebendigen Mittelpunkte gestanden hätte: das Bewußtsein der Einheit des Reiches mußte dadurch an jeder Stelle belebt werden. Aber auch das gesammte Staatswesen hätte einen anderen Charakter bekommen. Das Reichsregiment, die wichtigste vaterländische Institution, an der man so lange gearbeitet hatte, würde dadurch zu einer natürlichen und sicheren Grundlage gelangt sein und hinreichende Kräfte zur Handhabung der Ordnung erhalten haben. Noch immer war kein Friede im Lande; alle Straßen waren unsicher: bei keinem Urteil, keinem Beschluß konnte man auf seine Ausführung zählen; jetzt aber würde die beschlossene Exekutionsordnung Leben gewonnen, das Regiment würde Mittel erlangt haben, um die Hauptleute und Räthe in den Kreisen, von denen so oft die Rede gewesen, mit Besoldung zu versehen und einiges Kriegsvolk in seinem und ihrem Gewahrsam aufzustellen. Im Frühjahr 1523 schien es, als würden diese Absichten unfehlbar erreicht werden. Der Entwurf ging nur noch zur Bestätigung an den Kaiser zurück, der durch seine vorläufige Einwilligung bereits gebunden war. Wir sehen wohl: das Reichsregiment hatte wirklich die Idee, eine kräftige centrale Gewalt zu constituiren, und ergriff, mit den Städten im Verein, allen Einwendungen zum Trotz, die dazu geeigneten Mittel.* Vgl. auch Karl Biedermann, Der Plan einer deutschen Zolleinheit im 16. Jahrhundert, in: Vierteljahresschrift für Volkswirtschaft, Politik und Kulturgeschichte 20 (1883), S. 41-56, hier S. 49-51: Die Städte – mit Augsburg an der Spitze – hätten Deutschland gleichsam um zwei Hoffnungen betrogen, nämlich erstens um die wirtschaftliche und finanzielle Reform und zweitens um eine Kirchenreform ohne Spaltung der Nation. Biedermann (1812-1901) war ein liberaler preußischer Politiker und historisch-politischer Publizist, vgl. NDB 2 (1955), S. 223-224, s. auch den Hinweis im vorliegenden Beitrag weiter unten (mit Anm. 63).

[44] L. v. Ranke, Deutsche Geschichte im Zeitalter der Reformation (Anm. 9), Bd. 2, S. 93, Anm. 2, mit Bezug auf die Nachricht einer entsprechenden Quelle. Vgl. auch D. Schäfer, Deutsche Geschichte (Anm. 16), S. 44.

durchaus nicht beauftragt worden; aber den betreffenden Artikel der Speyrer Beschlüsse hatte Augsburg einfach fälschen und ins Gegenteil verkehren lassen.[45]

Gegenüber dieser Mitverantwortung der Fugger bei der Verhinderung moderner Staatsbildung des Reiches weniger bedeutsam erscheint der hier untersuchten Historiographie noch die Finanzierung der Kaiserwahl Karls V. 1519. Prinzipiell muß Anstoß erregen, daß sich *Geldfürsten* in *die größten Welthändel* einmischen.[46] Nachdem Karl V. nach Willy Andreas *Kaiser von Fuggers Gnaden*[47] wurde, klebt für Friedrich von Bezold *der Flecken einer furchtbaren politischen Entsittlichung [...] ebenso unvertilgbar [!] an dieser Kaiserwahl wie ihr Ausgang den in der Nation noch vorhandenen Idealismus erkennen läßt.*[48] Schon der romantisch-frühhistoristische Leipziger Geschichtsordinarius Wilhelm Wachsmuth (1784-1866),[49] Gustav Freytag[50] und der spätaufgeklärt-liberale Heidelberger Historiker Ludwig Häusser (1818-1867)[51] müssen nämlich konstatieren, daß bei der Kaiserwahl sich *zwei Ausländer einander gegenüber*[standen]. Wenig später kann Häusser allerdings festhalten, daß Karl wenigstens *ein halber Deutscher* war.[52]

---

[45] F. v. Bezold, Geschichte der deutschen Reformation (Anm. 17), S. 409. Nachrichten dieser Art werden dagegen nicht angeführt im einschlägigen Standardwerk von Johannes Falke, Die Geschichte des deutschen Zollwesens. Von seiner Entstehung bis zum Abschluß des deutschen Zollvereins. Leipzig 1869 (ND 1968), vgl. hier S. 59-62. Noch über die Behauptung einer bestimmte Zwecke der Reichspolitik verhindernden Rolle der Fugger hinaus geht Karl Lamprecht, Deutsche Geschichte, Bd. 5, Leipzig 1894, S. 266, mit seiner Unterstellung, daß die Handelsfürsten (mit den Fuggern an der Spitze) sich der Gesetzgebung des Reiches bemächtigt hätten *durch mehr oder minder feine Bestechung*, vgl. hierzu kritisch bereits Max Lenz, Lamprechts Deutsche Geschichte 5. Band, in: HZ 77 (1895), S. 385-447, hier S. 402-403. Auch der berühmte Rebell gegen die etablierte historistische Geschichtswissenschaft seiner Zeit ordnet sich also an dieser Stelle deren Maßstäben unter, s. zu ihm mit weiteren Literaturverweisen Historikerlexikon (Anm. 4), S. 175.

[46] F. v. Bezold, Staat und Gesellschaft des Reformationszeitalters (Anm. 29), S. 89. Jeglicher Wertung enthält sich der Münchner und Göttinger Historiker August Kluckhohn in der Einleitung zu dem von ihm bearbeiteten einschlägigen Band der Deutschen Reichstagsakten (Deutsche Reichstagsakten unter Karl V., 1. Bd., Gotha 1893).

[47] W. Andreas, Deutschland vor der Reformation (Anm. 7), S. 334. Die wichtigste Darstellung der Kaiserwahl Karls V. im 19. Jahrhundert ist Robert Roesler, Die Kaiserwahl Karls V., Wien 1868, deren Wahrnehmungs- und Wertungsperspektiven im Hinblick auf die Rolle der Fugger trotz ihrer österreichisch-nationaldeutschen Tendenz (Maximilian I. als [S. 7] der *letzte deutsche* [Hervorhebung im Original] *Habsburger*) nicht von der oben skizzierten Hauptströmung der deutschen Historiographie abweichen.

[48] F. v. Bezold, Geschichte der deutschen Reformation (Anm. 17), S. 197.

[49] Vgl. zur Biographie: Wilhelm Wachsmuth. Entwurf einer Theorie der Geschichte (1820), hrsg. v. Hans Schleier, Dirk Fleischer, Waltrop 1992, Einleitung.

[50] Vgl. oben Anmerkungen 20 und 21.

[51] Vgl. Historikerlexikon (Anm. 4), S. 122.

[52] L. Häusser, Geschichte des Zeitalters der Reformation (Anm. 2), S. 38 (1. Zitat) und S. 40 (2. Zitat); G. Freytag, Bilder aus der Vergangenheit (Anm. 21), S. 310-320, S. 318: Karl als *Unglück [...] für Deutschland*; W. Wachsmuth, Historische Darstellungen (Anm. 2), S. 42: Karl hatte keinen *Sinn gegen deutsches Volksthum*; vgl. auch W. Maurenbrecher, Karl V. (Anm. 2),

Die Fugger hätten nun immerhin, so will es bereits Ranke scheinen, über ihre Geldinteressen im Hinblick auf das Haus Habsburg hinaus die *Volksstimmung gegen den Franzosen*[53], das keimende *deutsche Nationalgefühl*[54], das *Gefühlsmoment, das sogenannte deutsche Blut*[55] geteilt und sich deshalb trotz ebenfalls glänzender finanzieller Aussichten gegen Franz I. entschieden. In ähnlicher Weise letztendlich doch noch im nationalen Sinne hätten im übrigen auch die Kurfürsten gehandelt.[56] Dennoch bleibt jedenfalls nach Theodor Brieger *der undeutsche Kaiser mit seiner universalen Weltmacht* [!] der *Antipode des deutschen Reformators* Martin Luther.[57]

Von einem entweder machtpolitischen oder im Gegenteil fürstenkritisch-sozialistischen Standpunkt aus wird schließlich die Praxis und Fähigkeit der Fugger als politisch schädlich eingeschätzt, militärische Unternehmungen gegen hohen privaten Profit (und damit kurzfristig zugunsten, mittel- und langfristig aber zum Nachteil der Staatsmacht) vorfinanzieren zu können.[58]

S. 6: Karl war *dem deutschen Volke fremd und dem Reich ein Ausländer*, oder Th. Brieger, Die Reformation (Anm. 14), S. 138: Karl war *unfähig, mit dem deutschen Volke zu fühlen, zu empfinden*.

[53] H. Baumgarten, Geschichte Karls V. (Anm. 23), S. 151-152.

[54] L. v. Ranke, Deutsche Geschichte im Zeitalter der Reformation (Anm. 9), Bd. 1, S. 260; die These ist in Frageform formuliert.

[55] Johannes Haller, Auswärtige Politik und Krieg, in: Im Morgenrot der Reformation, hrsg. v. Julius von Pflugk-Harttung, Stuttgart 1928, S. 53-118, hier S. 108.

[56] So argumentiert bereits Leopold von Ranke im Hinblick auf Kurfürst Joachim von Brandenburg, der sich bekanntlich durch besondere Entschlossenheit beim Einsatz seiner Kurstimme zur Durchsetzung seiner finanziellen und politischen Forderungen auszeichnete: Zwölf Bücher preussische Geschichte, Bd. 1 (Werke, Bd. 25), 2. Aufl., Leipzig 1878, S. 152; vgl. ferner R. Roesler, Die Kaiserwahl Karls V. (Anm. 47), S. 130, in bezug auf Albrecht von Brandenburg: *sobald Oestreich dasselbe verspricht als Frankreich, ist auch sein Vortheil entschieden, die politischen und nationalen Erwägungen erlangen ihr natürliches Übergewicht*; Roesler hält den Fürsten im übrigen zugute, sie hätten die 'deutsche Freiheit' gegen Karl verteidigen wollen. Selbst die bahnbrechende kritische Studie Bernhard Weickers, Die Stellung der Kurfürsten zur Wahl Kaiser Karls V. im Jahre 1519, Berlin 1901, die erstmals das ganze Ausmaß der finanziellen und politischen Bestrebungen der Kurfürsten bei der Kaiserwahl nachweist, warnt in **diesem** Fall vor zu schneller moralischer Verurteilung: *Wenn wir hier wie bei den meisten Fürsten jener Zeit ein wahres Feilschen um Entschädigungen, Pensionen, 'Handsalben' sehen, haben wir es mit einer bösen Unsitte zu thun, dürfen aber nicht dem einzelnen den Vorwurf besonderer Verworfenheit machen* (S. 6, Anm. 13). Vgl. dagegen M. Philippson, Geschichte der Reformation (Anm. 22), S. 64, wo von einem *elende*[n] *Schacher* der Kurfürsten gesprochen wird.

[57] Th. Brieger, Die Reformation (Anm. 14), S. IX.

[58] Vgl. zunächst in noch neutraler Formulierung M. Philippson, Geschichte der Reformation (Anm. 22), S. 9: *Nur das Gold der großen Handelsherren setzte die Monarchen des 16. Jahrhunderts in den Stand, umfassende Weltpolitik zu treiben und große Heere aufzustellen*, und deutlicher S. 244: *Nachdem ihn* [den Kaiser, im Jahre 1552] *Anton Fugger durch ein Anlehen von 40 000 Dukaten aus der schlimmsten Verlegenheit gerettet hatte, kehrte ihm der alte Starrsinn zurück.* Aus sozialistischer Perspektive argumentiert Alexander Conrady, Ge-

V.

Gibt es aus der Sicht der allgemeinen deutschen Historiographie des 19. und frühen 20. Jahrhunderts nach all diesen massiven Negativeinschätzungen überhaupt Leistungen und Verdienste des Hauses Fugger? Daß aus katholischer Sicht das fuggerische Engagement für die Gegenreform ebenso hoch zu achten ist wie es aus kämpferisch protestantischer Sicht negativer Beurteilung verfällt, versteht sich. Allenthalben anerkannt wird bereits seit Ranke der Einsatz von Fuggern beim Kaiser zur Abwehr oder Abschwächung kaiserlicher Strafmaßnahmen gegen die protestantische Heimatstadt Augsburg nach dem Schmalkaldischen Krieg. Positive Beachtung findet gelegentlich die Kaisertreue Anton Fuggers zur Zeit des Fürstenaufstandes. Um die Wende zum 20. Jahrhundert vermag man dann allmählich auch im wirtschaftlichen Erfolg und sozialen Aufstieg der Fugger historische Größe zu entdecken. Ohne die riesigen Vermögen der Fugger wäre der *deutsche Nationalreichtum noch weiter zurückgeblieben*, meint 1893 Heinrich Ulmann.[59] Nach Friedrich von Bezold ist Jakob Fugger *in seiner persönlichen Lebensgestaltung lange [...] dem reichsstädtischen Großbürgertum treu geblieben, er habe sich zu recht nicht allzu rasch von den kaufmännischen Grundlagen seines Daseins [ge]löst und [sich] aristokratisiert.*[60] Wer sich auf die kaufmännische Tätigkeit im engeren Sinne konzentriert und die gängigen konfessionell-politischen Einschätzungen vergißt, kann die Fugger demzufolge als exemplarische Repräsentanten deutschen Kaufmannsgeistes loben. Willy Andreas erachtet sie in der Diktion des einschlägigen Zeitgeistes für *Herrennaturen der deutschen Wirtschaftsrenaissance.*[61] Allerdings: die Fugger blieben wie gesagt engagiert katholisch, deshalb

---

schichte der Revolutionen vom niederländischen Aufstand bis zum Vorabend der französischen Revolution, Berlin o.J. [1911], indem er *die uferlose Welteroberungspolitik* Karls V. und Philipps II. auf die Möglichkeit für die Machthaber zurückführt, sich durch Anleihen das nötige Geld zu verschaffen. Folge sei *ein mehr als russisches [!] Tohuwabohu der Finanzen* Karls gewesen (S. 20).

59 H. Ulmann, Das Leben des deutschen Volkes zu Beginn der Neuzeit, Halle 1893, S. 71. – Ein hohes (populärwissenschaftliches) Lied von den edlen, tüchtigen und kunstsinnigen Fuggern (und Welsern) singt dagegen Johannes Falke, Die Fugger und die Welser, in: Buch berühmter Kaufleute oder Der Kaufmann zu allen Zeiten, hrsg. v. Franz Otto, Leipzig, Berlin 1868, S. 119-172. Das Interesse, das dieser abweichenden Perspektive zugrundeliegt, wird in der Einleitung (Was wir wollen, S. XIII-XX) deutlich: Der Sammelband soll belegen, *daß nicht das verheerende Schwert des Krieges, sondern der Merkurstab (des Kaufmanns) es ist, wodurch die segensreichsten Eroberungen vollbracht worden sind* (S. XIV). Es handelt sich mithin um eine historisch-politische Zweckschrift des aufstrebenden deutschen Handels- und Kapitalbürgertums.

60 F. v. Bezold, Staat und Gesellschaft (Anm. 29), S. 89 und 93.

61 W. Andreas, Deutschland vor der Reformation (Anm. 7), S. 333. Schon zuvor benutzt diesen Maßstab die ausschließlich auf gedrucktem Material beruhende Darstellung des Heidelberger Geschichtsdozenten Arthur Kleinschmidt, Augsburg, Nürnberg und ihre Handelsfürsten im

darf ihre Bedeutung offenbar nicht zu hoch veranschlagt werden; außerdem unterstützen sie nicht die Max Weber-These von der kalvinistisch-protestantischen Grundlage der kapitalistischen Wirtschaftsethik.[62]

Nicht zu übersehen ist jedoch, daß diese und weitere positive Motive vornehmlich in spezifischen Historiographien, nämlich der oben erwähnten Kultur- und Wirtschaftsgeschichte, zum Tragen kommen.

In der 'Deutschen Volks- und Kulturgeschichte' des liberalen Einzelgängers Karl Biedermann (1812-1901), Erstauflage 1885, tauchen die Fugger neben den Welsern und Höchstetter als *Matadore der Großindustrie und des Handels* auf, die sich *zu fürstlichem Glanz und teilweise auch zu fürstlichem Rang* erhoben hätten und gewaltige finanzielle Macht ausübten. *Aber gleichzeitig sind sie und andere Patrizier Verehrer der Wissenschaften [...] oder der Künste, die sie thatkräftig unterstützten. Daneben sind sie [...] bemüht, christliches Wohlthun gegen ihre ärmeren Mitbürger zu üben.*[63] Kunst- bzw. Wissenschaftsmäzenatentum und

---

fünfzehnten und sechzehnten Jahrhundert, Cassel 1881, vgl. besonders die geradezu lyrische Passage auf S. 110: *In dem mächtigen Walde deutscher Handelsgröße, den wir mit Bewunderung und stolzgeschwellter Brust durchschritten, zogen zwei Stämme immer wieder unser Auge auf sich; hoch über die anderen ragen die breitgewölbten Kronen dieser Riesenbäume empor, sich enge berührend und ihre Schatten auf die Gruppen um sich herum werfend; die knorrigen Arme gehen nach allen Seiten aus, gebieterisch Raum fordernd; um sie schlingt sich der üppige Epheu, um von ihnen hinaufgetragen zu werden zur lichten Höhe, unter ihrem starken Schutz emporzuklettern. Die beiden Giganten sind gar alt und bemoost, aber in ihrem Innern rinnt noch jugendfrischer Saft; immer wieder treiben sie und schlagen aus, grünen und prangen; immer neue Ringe vermählen sich mit den hunderten und aber hunderten, die von der Zeit um sie geschmiedet worden. Jeder kennt die jungen Alten, denn überall im Haine sind sie sichtbar, durch jede Lichtung blickt ihr würdiges Haupt, Jedem erscheinen sie als Könige in dem Eichenvolke. Man nennt sie die Fugger und die Welser.* Kleinschmidt wehrt sich auf der selben Seite auch dagegen, den Vergleich der Fugger mit den Rothschilds über die Schnelligkeit des sozialen Aufstiegs und den Umfang des jeweiligen Vermögens hinaus zu betreiben: *freilich haben Fugger und Welser sonst wohl kein tertium comparationis mit der genannten Firma.*

[62] Max Weber betrachtet in seiner berühmten Studie Die protestantische Ethik und der 'Geist' des Kapitalismus (1904/05, überarbeitet 1920; jetzt zu benutzende (und hier benutzte) kommentierte Ausgabe: Bodenheim 1993) den kapitalistischen Erfolg der Fugger als *Ausfluß kaufmännischen Wagemuts und einer persönlich sittlich indifferenten Neigung*, im Gegensatz zu derjenigen *ethisch gefärbten Maxime der Lebensführung* (S. 13) im kapitalistischen Sinne, welche der Kalvinismus bzw. bestimmte Spielarten dieses Kalvinismus hervorgebracht hätten. Dieses den Fuggern zugeschriebene 'indifferente' (oder vielleicht besser: empirische) kapitalistische Wirtschaftsgebaren scheint in der Diskussion der Weber-These kaum mehr eine Rolle gespielt zu haben, vgl. zuletzt Hartmut Lehmann, Ascetic Protestantism and Economic Rationalism. Max Weber Revisited after two Generations, in: Harvard Theological Review 80 (1987), S. 307-320, und W. S. Hudson, The Weber Thesis Reexamined, in: Church History 57 (1988; Suppl.), S. 56-67.

[63] K. Biedermann, Deutsche Volks- und Kulturgeschichte von der Urzeit bis zum Schlusse des neunzehnten Jahrhunderts, 2 Bde., 4. Aufl., Wiesbaden 1901, hier Bd. 1, S. 154-155, vgl. S. 156, wo von einer *Verbrüderung geistiger und materieller Kultur* die Rede ist. Zur Biographie

Sozialfürsorge, ablesbar an Architektur, Künstlerbeauftragung, Kunstsammlung, Kunsthandel und eigener wissenschaftlich-künstlerischer Produktion, beginnend mit Hans Jakob Fuggers 'Ehrenspiegel des Erzhauses Österreich' aus dem Jahr 1516 bzw. der Fuggerei – das sind demnach die nicht ignorierten positiven Kulturleistungen der Fugger. Freilich geht es auch hier nicht ohne Kritik ab. Johannes Janssen stört, daß die Fugger beispielsweise die *krankhafte Sammelwut Rudolfs II.* unterstützten, statt das ihre zu tun, um den Kaiser zu verantwortlichem politischen Handeln zu veranlassen. Ihm bzw. seinem Schüler Ludwig Pastor (1854-1928) gefällt ferner nicht, daß die fuggerische Kunstförderung christliche und heidnische Kunst betraf, also z.B. in der Fuggerkapelle neben christlichen Motiven auch zwei Satyrfiguren auftreten.[64]

Nur am Rande wahrgenommen werden schließlich die Fuggerzeitungen, das heißt die Verdienste der Fugger für die Entwicklung des Nachrichtenwesens.[65]

VI.

Ich fasse abschließend zusammen:

1. Die Rezeption und unvoreingenommene historische Einschätzung der Fugger und der übrigen Handels- und Bankhäuser Oberdeutschlands unterlag in der klassischen deutschen Historiographie des 19. und 20. Jahrhunderts erheblichen Sperrungen.

2. Diese Sperrungen ergaben sich aus der Grundverfassung der klassischen deutschen Historiographie, die sich in überzeichnender Verallgemeinerung so andeuten läßt: Protestantismus, Preußentum, Nationalstaatsorientierung, Politikge-

---

Biedermanns s. oben Anm. 43; vgl. ferner den auszugsweisen Abdruck der Erlebnisschilderung des Ritters Hans von Schweinichen durch G. Freytag beim Besuch der Fuggerbesitzungen in Augsburg: Bilder aus der Vergangenheit (Anm. 16), S. 393-394, mit dem Kommentar, daß ihr Reichtum *auf Edelleute aus ärmerer Landschaft* erheblichen *Eindruck* gemacht habe (S. 393). Weitere, breit rezipierte Schilderungen der architektonischen und sonstigen Kunstverdienste der Fugger legte der Begründer der Volkskunde und Münchner Kulturhistoriker Wilhelm Heinrich Riehl vor: Kulturstudien aus drei Jahrhunderten, Stuttgart 1862, S. 302-384.

[64] J. Janssen, Geschichte des deutschen Volkes (Anm. 31), Bd. 6, S. 412 und 148 (Zitate); vgl. zur Biographie Pastors das Historikerlexikon (Anm. 4), S. 232-233. Die künstlerischen Verdienste der Fugger rückt auch die populäre Lokalhistorie des ausgehenden 19. Jahrhunderts in den Vordergrund, vgl. z.B. Adolf Buff, Augsburg in der Renaissancezeit, Bamberg 1893, passim.

[65] Sie werden nicht erwähnt im Standardwerk von Robert A. Prutz, Geschichte des deutschen Journalismus, Hannover 1845 (ND 1971). Ebenso fehlen sie mit einer Ausnahme (H. Ulmann, Leben des deutschen Volkes [Anm. 59], S. 72) in den gängigen kulturhistorischen Studien vor Friedrich Zoepfl, Deutsche Kulturgeschichte, 2 Bde., Freiburg i.B. 1928-1929, der sich aber ebenfalls mit einer kurzen Notiz begnügt (Bd. 2, S. 83).

schichte bzw. umgekehrt Feindschaft gegen das Katholische, Vernachlässigung alles Nichtpreußischen bzw. Abwertung des Antipreußischen, Vernachlässigung von Gesellschaft und Kultur, Unverständnis für das Wirtschaftliche.[66]

3. Gustav Wolfs Einschätzung von 1915, daß Leopold von Ranke in der Erforschung der Reformation (und damit der Fugger in der bedeutendsten Epoche ihrer Geschichte) einen Objektivitätsmaßstab vorlegte, der danach *vorerst unerreicht* blieb, ist graduell zweifellos zutreffend.[67] Noch plausibler erscheint jedoch die Feststellung des Fuggerhistorikers Götz Freiherr von Pölnitz aus dem Jahre 1970: *Die wissenschaftliche historische Forschung und Darstellung der Geschichte von Familie und Firma, der Gestalten und ihrer Auswirkungen beginnt erst 1896 mit Richard Ehrenberg.*[68]

4. Als umso größer ist deshalb die Leistung der frühen Fuggerhistoriker einzuschätzen, bei welchen Gelehrten es sich indessen bezeichnenderweise um überhaupt nicht oder zumindest nicht der Hauptströmung der akademischen Geschichtswissenschaft zugehörende Persönlichkeiten handelt.[69] Die Geschichte der Fuggerhistoriographie kann dementsprechend als ein Beleg für die These gelten, daß historiographische Innovationen häufig von den Rändern des Faches her erfolgen. Für die innere Erneuerungsfähigkeit und Entwicklungskraft der historisti-

---

[66] Am deutlichsten kommen diese Perspektiven in an das breitere Publikum gerichteten kompakten Beiträgen zum Ausdruck; als Beispiel seien genannt Alfred Dove, Luthers Bedeutung für die Neuzeit überhaupt (1883), in: ders., Ausgewählte Schriftchen vornehmlich historischen Inhalts, Leipzig 1898, S. 53-62; M. Lenz, Martin Luther (Anm. 7); Arnold E. Berger, Ursachen und Ziele der deutschen Reformation, Leipzig 1899, und spezieller Karl Sell, Der Zusammenhang von Reformation und politischer Freiheit, Tübingen 1910. Eine aufschlußreiche, auf einen einschlägigen Prozeß Bezug nehmende Kontroversschrift ist Sebastian Merkle, Reformationsgeschichtliche Streitfragen. Ein Wort zur Verständigung aus Anlaß des Prozesses Berlichingen, München 1904.

[67] G. Wolf, Quellenkunde der deutschen Reformationsgeschichte, Bd. 1, Gotha 1915, S. 16. Wolf (geb. 1865) war Extraordinarius für Geschichte an der Universität Freiburg i.B.

[68] Götz Frhr. von Pölnitz, Die Fugger, Tübingen 1970, S. 327.

[69] Richard Ehrenberg (1857-1921) war zuerst Handelskammersekretär in Altona, bevor er in Göttingen und Rostock Professuren für Staatswissenschaft (Nationalökonomie) bekleidete, vgl. Deutsches Zeitgenossenlexikon, Leipzig 1905, Sp. 306, und Deutsches Biographisches Jahrbuch 3 (1921), S. 77-78; Konrad Häbler (1857-1946) war Bibliothekar, zuletzt Direktor bei der Staatsbibliothek Berlin, vgl. NDB 7 (1966), S. 422-423; Jakob Strieder (1877-1936) gehörte zu der kleinen Gruppe katholischer Historiker in der klassischen deutschen Historiographie und war ein Schüler des ebenfalls zu dieser Minderheit zählenden und an der Fuggerhistoriographie beteiligten Aloys Schulte (1897-1941), vgl. zu beiden Persönlichkeiten Wer ists?, Berlin 1928, S. 1420 und S. 1545, ferner zu Schulte Max Braubach, Aloys Schulte, in: Bonner Gelehrte. Geschichtswissenschaften, Bonn 1968, S. 299-310, und zu Strieder den Nachruf von Clemens Bauer in: VSWG 29 (1936), S. 430-434; ebenfalls katholischer Historiker (und Schüler des Inhabers der katholischen Geschichtsprofessur an der Ludwig-Maximilian-Universität München Hermann Grauert) war Max Jansen (1871-1912), vgl. zu ihm demnächst meinen Artikel in: Bio-bibliographisches Lexikon der Ludwig-Maximilian-Universität München, Berlin 1996.

schen Geschichtswissenschaft wiederum spricht, daß die marginal erarbeiteten Befunde nicht ignoriert, sondern – wenngleich mit mancher Verzögerung – rezipiert und akzeptiert worden sind.

5. In der neuesten Forschung wird sogar schon vor einer Überschätzung der wirtschaftsgeschichtlichen Bedeutung der Fugger gewarnt. Nach derzeitigem Forschungsstand handelt es sich bei der ökonomischen Blüte Oberdeutschlands im 15./16. Jahrhundert lediglich um ein 'Intermezzo' und muß die damalige Existenz weniger großer Vermögen (statt einer Vielzahl mittlerer) als für die weitere Wirtschaftsentwicklung eher hinderlich angesehen werden.[70] Die erst verzögert und dann um so fragloser rezipierten Leistungen des oberdeutschen Handelskapitals stehen in der historischen Einordnung erneut zur Debatte.

---

[70] Vgl. zusammenfassend Franz Mathis, Die deutsche Wirtschaft im 16. Jahrhundert (Enzyklopädie deutscher Geschichte, Bd. 11), München 1992, S. 80-82.

Historiographische und rezeptionsgeschichtliche Aspekte der Tätigkeit der Fugger in Tirol

Rudolf Palme

Unter allen oberdeutschen Handelsgeschlechtern in der Frühen Neuzeit sind die Fugger das bei weitem bekannteste in ganz Tirol. Assoziativ verbunden mit den Fuggern ist im Tiroler Geschichtsbewußtsein Augsburg, Schwaz in Tirol und unendlicher Reichtum. Erich Zöllner meinte in seiner seit dem Jahre 1961 in insgesamt acht Auflagen erschienenen 'Geschichte Österreichs': "Auch in diesem Lande [gemeint ist Tirol] wird gegen Ende des 15. Jahrhunderts eine Anzahl kleinerer Gewerken durch die Fugger abgelöst, die eine großzügige, vereinheitlichte Organisation des Bergwesens durch ihre Faktoren aufbauen ließen."[1] Demzufolge führten vor allem die Gewerkenanteile der Fugger an den Silber- und Kupfergruben in Schwaz zu ihrem immensen Reichtum. Wir haben daher zunächst die Funktion der Fugger als Gewerken im Tiroler Bergbau zu untersuchen.

1. Die Fugger als Gewerken im Tiroler Bergbau

Daß die Fugger vor allem durch den Silberabbau in Schwaz so reich geworden sind, weiß heute ein jeder Tiroler. Schon im Jahre 1765 stellte Joseph von Sperges in seiner 'Tyrolischen Bergwerksgeschichte' fest: "Die Herren Fugger von Augsburg waren die vornehmsten Gewerken: sie hatten dabey im Jahre 1519 alles was zu Schwaz an Bergwerksrechte dem Landesfürsten gebührte, in Versatzweise zu genießen und zogen davon alle Jahre [...] zweymalhunderttausend Gulden."[2] Demzufolge waren die Fugger also auch die größten Gewerken in Schwaz, unab-

---

[1] Erich Zöllner, Geschichte Österreichs. Von den Anfängen bis zur Gegenwart, 8. Aufl., Wien, München 1990, S. 173.
[2] Joseph von Sperges, Tyrolische Bergwerksgeschichte mit alten Urkunden, und einem Anhange, worinn das Bergwerk zu Schwaz beschrieben wird, Wien 1765, S. 104.

hängig davon, daß sie Hauptgläubiger des Tiroler Landesfürsten waren. Auch Robert von Srbik stieß in seinem im Jahre 1929 erschienenen 'Überblick des Bergbaues von Tirol und Vorarlberg' in das gleiche Horn, wenn er meinte, daß "die Fugger, die seit 1521 an der Spitze der Schwazer Gewerken standen", das glänzendste Gewerkengeschlecht gewesen seien.[3]

Erst aufgrund der äußerst gründlichen Untersuchungen von Ekkehard Westermann 'Die Listen der Brandsilberproduktion des Falkensteins bei Schwaz 1470 bis 1623', die dieser in tabellarischer Form im Jahre 1988 publizierte, ermöglichten eine genauere Untersuchung des Gewerkenanteiles der Fugger wenigstens am Falkenstein – eines von drei Schwazer Revieren – bei Schwaz in Tirol.[4] Demnach sollte es überhaupt bis zum Jahre 1522 dauern, bis die Fugger Anteilsbesitzer am Falkenstein wurden.[5] Erich Egg meinte schon im Jahre 1964 – wiederabgedruckt im Jahre 1971 – in seiner Abhandlung 'Schwaz ist aller Bergwerke Mutter', daß die Fugger damals im Jahre 1522 eher unfreiwillig Gewerken in Schwaz wurden.[6] Unfreiwillig schon allein deshalb, weil Jakob Fugger gemeinsam mit dem Tiroler Hans Stöckl Hauptgläubiger des in Konkurs gegangenen Kufsteiner Gewerken Martin Paumgartner war.[7] Martin Paumgartners Konkursmasse lag nun einmal im Schwazer Silberbergwerk. Andere Augsburger Geschlechter wie etwa das des Hans Baumgartner waren schon seit dem Jahre 1507 Gewerken in Schwaz.[8] Die Gebrüder Höchstetter, gleichfalls aus Augsburg, waren Schwazer Gewerken seit dem Jahre 1521.[9]

Im Jahre 1522, als die Fugger mehr oder weniger unfreiwillig Gewerken am Falkenstein wurden, produzierte Jakob Fugger gemeinsam mit dem Tiroler Gewerken Hans Stöckl 3.684 Mark Brandsilber, wobei sich die Gesamtproduktion von insgesamt 9 Gewerken am Schwazer Falkenstein in diesem Jahr auf 38.776 Mark Brandsilber belief.[10] Übrigens wurden gerade um diese Zeit die oberdeutschen Gewerken gegenüber den einheimischen immer stärker.[11] Den fast 16.000

---

[3] R. R. von Srbik, Überblick des Bergbaues von Tirol und Vorarlberg in Vergangenheit und Gegenwart, in: Berichte des naturwissenschaftlich-medizinischen Vereines in Innsbruck 41 (1929), S. 111-280, bes. S. 170.
[4] Die Listen der Brandsilberproduktion des Falkenstein bei Schwaz von 1470 bis 1623, hrsg. v. E. Westermann (Leobener Grüne Hefte, NF 7), Wien 1988.
[5] Die Listen der Brandsilberproduktion (Anm. 4), S. 98.
[6] E. Egg, Schwaz ist aller Bergwerke Mutter, in: Der Anschnitt. Zeitschrift für Kunst und Kultur im Bergbau 16 (1964), Nr. 3, S. 3-63, bes. S. 27; wiederabgedruckt, in: Beiträge zur Geschichte Tirols. Festgabe des Landes Tirol zum Elften Österreichischen Historikertag in Innsbruck vom 5. bis 8. Oktober 1971, Innsbruck 1971, S. 259-298, bes. S. 279.
[7] E. Egg, Schwaz (Anm. 6), S. 279.
[8] Die Listen der Brandsilberproduktion (Anm. 4), S. 90.
[9] Die Listen der Brandsilberproduktion (Anm. 4), S. 98.
[10] Die Listen der Brandsilberproduktion (Anm. 4), S. 98.
[11] E. Egg, Schwaz (Anm. 6), S. 283.

Mark Brandsilber, die von den einheimischen Gewerken hergestellt wurden,[12] standen damals im Jahre 1522 fast 23.000 Mark Brandsilber, die von Augsburger Gewerken produziert wurden, gegenüber.[13] Noch fünfzig Jahre vorher – nämlich im Jahre 1470 – waren es ausschließlich einheimische Gewerken, die Schürfrechte am Falkenstein besaßen, allerdings waren es damals immerhin 38 Gewerken, die insgesamt nur 12.232 Mark Brandsilber erzeugten.[14] Nach dem Ausscheiden der letzten einheimischen Gewerkengeschlechter im Jahre 1552 haben wir nur noch 5 Gewerken, von denen die Fugger 5.752 Mark Brandsilber, bei einer Gesamtproduktion von rund 30.000 Mark Brandsilber, herstellten.[15]

Das Gewerkentum – und das wurde hier bisher mehr als deutlich – konnte also unmöglich den Ruhm der Fugger ausmachen. Offensichtlich waren auch die Fugger nicht sonderlich daran interessiert, ihre Anteile am Falkenstein bei Schwaz zu vergrößern. Sie haben auch kaum einheimische Kleingewerken, denen mit den immer komplizierter werdenden Grubenbauen zunehmend der Atem ausging,[16] aufgekauft. Diese Arbeit überließen die Fugger anderen Augsburger Beteiligten.[17] Auch in den anderen Tiroler Bergbaugebieten spielten die Fugger nicht die Rolle,[18] wie es die Tiroler Historiographie immer wieder behauptete.[19]

Woher kam aber dann der legendäre Ruf der Fugger?

Um es gleich vorweg zu nehmen, die Fugger waren keineswegs besonders sozial – sie taten – der eine mehr, der andere weniger – eigentlich nur das, was man ohnehin von ihnen erwartete.[20] Andererseits kennt man beispielsweise Hans

---

[12] Die Listen der Brandsilberproduktion (Anm. 4), S. 98.
[13] Die Listen der Brandsilberproduktion (Anm. 4), S. 98.
[14] Die Listen der Brandsilberproduktion (Anm. 4), S. 60f.
[15] Die Listen der Brandsilberproduktion (Anm. 4), S. 110.
[16] E. Egg, Schwaz (Anm. 6), S. 283.
[17] E. Egg, Schwaz (Anm. 6), S. 283; vgl. auch: Rudolf Palme, Frühe Neuzeit (1490-1665), in: Geschichte des Landes Tirol 2, hrsg. v. Josef Fontana u.a., Bozen, Innsbruck, Wien 1986, S. 3-271, bes. S. 63; Rudolf Palme, Wolfgang Ingenhaeff-Berenkamp, Stollen, Schächte, fahle Erze. Zur Geschichte des Schwazer Bergbaus, 4. Aufl., Schwaz 1994, S. 60f.
[18] Zu Kitzbühel vgl. Georg Mutschlechner, Kitzbüheler Bergbaugeschichte, in: Stadtbuch Kitzbühel, Bd. 2: Vorgeschichte und Bergbau, hrsg. v. Eduard Widmoser, Kitzbühel 1968, S. 137-225; zum Rattenberger Bergrevier vgl. Georg Mutschlechner, Erzbergbau und Bergwesen im Berggericht Rattenberg, Alpbach, Brixlegg, Rattenberg, Reith 1984; zum Sterzinger Bergrevier vgl. Georg Mutschlechner, Das Berggericht Sterzing, in: Sterzinger Heimatbuch, unter Mitarbeit von Anton Dörrer zusammengestellt von Anselm Spasber (Schlern-Schriften, Bd. 232), Innsbruck 1965, S. 95-148.
[19] So etwa: Franz Huter, Die Fugger in Tirol, in: Tiroler Heimat 12 (1948), S. 25-35, bes. S. 31f.; Otto Stolz, Geschichte des Landes Tirol, Innsbruck, Wien, München 1955 (anastat. Nachdruck Bozen 1973), S. 516; Josef Riedmann, Geschichte Tirols, 2. Aufl., Wien 1988, S. 125f.; R. Palme, Frühe Neuzeit (Anm. 17), S. 62f.
[20] Das, was in Fugger-Feier Schwaz 1955. Sonderheft der Schwazer Heimatblätter, o.O. (Schwaz), o.J. (1955), S. 8, als soziale Wohltaten der Fugger gepriesen wird, nimmt sich eigentlich eher bescheiden aus.

Baumgartner aus Augsburg, der zweifelsohne der bedeutendste Gewerke wenigstens am Falkenstein war,[21] heute nahezu überhaupt nicht mehr. Die Popularität der Fugger muß also von anderer Seite als von ihrem Gewerkendasein herrühren. Natürlich waren die Fugger die Geldgeber der Habsburger.

2. Die Fugger als Darlehensgeber der Habsburger

Schon Joseph von Sperges meinte einmal: "Die Fuggerische Bergwerksgesellschaft, welche dem Erzherzoge allein im J. 1488 hundert funfzig tausend Gulden, das war soviel, als ietzt eine halbe Million, vorgestreckt hat, mußte alle Monate zweyhundert Mark Brandsilber, auf die Mark gingen damals nur acht Gulden, von Schwatz in die Münze nach Hall abliefern.".[22]

Unabhängig von den Feststellungen Westermanns über die untergeordnete Rolle der Fugger als Gewerken, sah auch die neuere Tiroler Historiographie[23] – vor allem seit Erich Egg[24] – die Bedeutung der Fugger vor allem in ihrer Rolle als Darlehensgeber der Habsburger.

Im Jahre 1487 gaben die Fugger gemeinsam mit dem Oberitaliener Antoni von Ross[25] die erste Anleihe an Erzherzog Sigmund von Österreich-Tirol in der Höhe von 23.600 Gulden zur Abdeckung der Kriegsentschädigung Tirols an Venedig.[26] Schon ein Jahr später, nämlich im Jahre 1488, schloß Ulrich Fugger mit dem Habsburger Erzherzog Sigmund dem Münzreichen einen Darlehensvertrag, demzufolge er dem Landesfürsten 150.000 Gulden gab und dafür die Schwazer Silberproduktion, das heißt, das an die Haller Münze abzuliefernde Silber, für 18 Monate zugesprochen erhielt. Dieses Silber entsprach nun aber einem Geldwert von 200.000 Gulden, so daß der Reingewinn der Fugger 22 Prozent ausmachte.[27] Seit diesem Deal wurden die Fugger – wie sich Erich Egg einmal ausdrückte – die

---

[21] E. Egg, Schwaz (Anm. 6), S. 280; R. Palme, Frühe Neuzeit (Anm. 17), S. 62f.
[22] J. v. Sperges, Tyrolische Bergwerksgeschichte (Anm. 2), S. 95.
[23] Mindestens stehen die Darlehensgeschäfte der Fugger zunehmend im Vordergrund, vgl. etwa: J. Riedmann, Geschichte Tirols (Anm. 19), S. 125f.; R. Palme, Frühe Neuzeit (Anm. 17), S. 61-64; R. Palme, W. Ingenhaeff-Berenkamp, Stollen (Anm. 17), S. 61-70.
[24] Erich Egg, Das Wirtschaftswunder im silbernen Schwaz. Der Silber-Fahlerzbergbau Falkenstein im 15. und 16. Jahrhundert (Leobener Grüne Hefte, Bd. 31), Wien 1958, S. 20-24; E. Egg, Schwaz (Anm. 6), S. 277-282; Erich Egg, Der Tiroler Bergbau und die europäische Wirtschaft, in: Silber, Erz und Weißes Gold. Bergbau in Tirol. Tiroler Landesausstellung 1990. Schwaz, Franziskanerkloster und Silberbergwerk, 20. Mai bis 28. Oktober 1990, Innsbruck 1990, S. 352-356.
[25] Zur Bedeutung dieser Person vgl. auch: Heinz Moser, Heinz Tursky, Die Münzstätte Hall in Tirol 1477-1665, Innsbruck 1977, S. 17, 20, 22.
[26] E. Egg, Schwaz (Anm. 6), S. 278.
[27] E. Egg, Schwaz (Anm. 6), S. 278.

favorisierten Financiers der Habsburger,[28] und den Fuggern verdankte Kaiser Maximilian I. die Durchführung seiner ehrgeizigen und hochtrabenden Pläne vom habsburgischen Weltreich, die die Erwerbung Burgunds, der Niederlande, Ungarns, Böhmens und Spaniens brachten.[29] Natürlich folgten alsbald neue Anleihen, die vom Jahre 1491 bis 1494 insgesamt 286.000 Gulden ausmachten.[30]

Im Jahre 1508 kam ein neuer Darlehensvertrag, jetzt schon mit dem neuen Firmenchef Jakob Fugger, der den Beinamen 'der Reiche' trug, zustande.[31] Für insgesamt 128.000 Gulden wurden Jakob Fugger rund 3.500 kg Silber und 3.100 Wiener Zentner Kupfer aus Schwaz zugesprochen. Die Anleihen folgten rasch aufeinander, noch bevor die letzten zurückbezahlt waren, wurden schon wieder neue aufgenommen.[32] Im Jahre 1515 war Kaiser Maximilian I. den Fuggern 300.000 Gulden schuldig; die Silberproduktion war auf acht, die Kupfererzeugung auf vier Jahre an die Fugger verpfändet.[33] Aber noch im Jahre 1515 wurde ein neuer Vertrag mit Jakob Fugger und der Gesellschaft der Gebrüder Höchstetter aus Augsburg auf 40.000 Gulden geschlossen.[34] Für diese Darlehenssumme wurde Jakob Fugger und den Gebrüdern Höchstetter die künftige Kupferproduktion von 1520 bis 1523 zugestanden. Erich Egg meinte in seinem bereits wiederholt zitierten Aufsatz 'Schwaz ist aller Bergwerke Mutter': "Mit diesem Vertrag entstand das erste europäische Kupfermonopol der Augsburger Handelsgesellschaften, weil auch das ungarische Kupfer der Fugger in den Vertrag einbezogen wurde. Der Absatz wurde genau nach Gebieten geregelt: In Oberdeutschland und Italien durfte nur Schwazer Kupfer, in den Niederlanden und Norddeutschland nur ungarisches Kupfer verkauft werden."[35]

Der Landesfürst hatte jetzt jegliche Kontrolle über seine Geldgebarung wie auch über seine Edelmetallproduktion verloren; die Fugger – mehr als jedes andere Augsburger Geschlecht kontrollierten jetzt die Weltmarktpreise. Jakob Fugger schloß dann auch mit den Gewerken in Schwaz – zu denen er selbst ja noch nicht gehörte – einen Sondervertrag: Sie, die Gewerken, mußten 75 Prozent ihres geschmolzenen Silbers abliefern und konnten 25 Prozent zum üblichen Preis von 8

---

[28] E. Egg, Schwaz (Anm. 6), S. 278.
[29] Vgl. Hermann Wiesflecker, Kaiser Maximilian I. Das Reich, Österreich und Europa an der Wende zur Neuzeit, Bd. V: Der Kaiser und seine Umwelt. Hof, Staat, Wirtschaft, Gesellschaft und Kultur, Wien 1986, S. 584-590.
[30] E. Egg, Schwaz (Anm. 6), S. 278.
[31] E. Egg, Das Wirtschaftswunder (Anm. 24), S. 23; E. Egg, Schwaz (Anm. 6), S. 278.
[32] E. Egg, Schwaz (Anm. 6), S. 278.
[33] Jakob Strieder, Studien zur Geschichte kapitalistischer Organisationsformen im Mittelalter und zu Beginn der Neuzeit, 2. Aufl., München 1925, S. 498; E. Egg, Schwaz (Anm. 6), S. 278.
[34] E. Egg, Schwaz (Anm. 6), S. 278.
[35] E. Egg, Schwaz (Anm. 6), S. 278; vgl. auch R. Palme, Frühe Neuzeit (Anm. 17), S. 19f.

Gulden pro 280 Gramm zurückkaufen und frei verhandeln.[36] Dieser Vertrag sollte wohl dazu dienen, die Reichsbehörden wegen des Monopolverbotes zu beruhigen.

Der weitreichendste Darlehensvertrag kam aber im Jahre 1519 zustande. Nach dem Tode Kaiser Maximilians I. mußte ein neuer Kaiser gewählt werden. Die Kurfürsten wollten nun denjenigen wählen, der die meisten Bestechungsgelder zu bezahlen in der Lage war, und da hatte – mindestens zufolge der Tiroler Historiographie[37] – der König von Frankreich die besten Aussichten. Wäre der König von Frankreich jedoch Kaiser geworden, wäre mit einem Schlag das Lebenswerk Maximilians I. vernichtet worden.[38] Deshalb legte Jakob Fugger 600.000 Gulden auf den Tisch, und der spanische Habsburger – ein Enkel Maximilians I. – Karl V. wurde Kaiser.[39] Damit wurde aber Jakob Fugger der Reiche zum Retter des Hauses Habsburg vor der größten Katastrophe und hat damit wohl auch die Geschicke Europas auf Jahrhunderte beeinflußt. Von den 600.000 Gulden dieses Darlehens mußten 415.000 Gulden in Schwazer Silber zurückbezahlt werden.[40]

Unter Vernachlässigung des eigentlichen Produktionssektors waren die Fugger über den Handel und die damit verbundenen Kontrollmöglichkeiten zu den mächtigsten Geschlechtern in Europa emporgestiegen. In der Kontrolle des Handels waren die Fugger vor allem durch ihre Darlehensgeschäfte mit den Habsburgern eingerückt. Als Sicherheit dienten den Habsburgern ihre Kupfer-, Silber-, aber auch Quecksilberfunde, etwa in Idria.[41]

Nach dem Tode Kaiser Maximilians I. im Jahre 1519 waren dann die Fugger nicht mehr die Lieblingsgeldgeber der Habsburger; insbesondere Kaiser Karl V. und auch König Ferdinand I. bevorzugten jetzt die Augsburger Familie Baumgartner.[42] Um die Konkurrenz mit den Baumgartnern zu entschärfen, wurde eine Fuggerin mit dem einzigen Sohn Hans Baumgartners, nämlich Hans Baumgartner dem Jungen, verheiratet.[43]

Kritik an dem Auftreten der Fugger kam nicht von der Tiroler Bevölkerung, sondern von den Tiroler Landständen, die immer wieder heftigst die Wucherverträge des Landesfürsten mit den Fuggern, daneben aber auch die Monopolpolitik der Fugger anprangerten. Eine national-liberale Geschichtsschreibung in Tirol

---

[36] E. Egg, Das Wirtschaftswunder (Anm. 24), S. 23.
[37] Vgl. etwa: F. Huter, Die Fugger in Tirol (Anm. 19), S. 30; E. Egg, Das Wirtschaftswunder (Anm. 24), S. 23; E. Egg, Schwaz (Anm. 6), S. 279.
[38] H. Wiesflecker, Kaiser Maximilian I. (Anm. 29), S. 147-150.
[39] F. Huter, Die Fugger in Tirol (Anm. 19), S. 30f.; E. Egg, Schwaz (Anm. 6), S. 279.
[40] E. Egg, Das Wirtschaftswunder (Anm. 24), S. 23f.; E. Egg, Schwaz (Anm. 6), S. 279; R. Palme, W. Ingenhaeff-Berenkamp, Stollen (Anm. 17), S. 58.
[41] Helfried Valentinitsch, Das landesfürstliche Quecksilberbergwerk Idria 1575-1659. Produktion – Technik – rechtliche und soziale Verhältnisse – Betriebsbedarf – Quecksilberhandel (Forschungen zur geschichtlichen Landeskunde der Steiermark, Bd. 32), Graz 1981, S. 18-31.
[42] F. Huter, Die Fugger in Tirol (Anm. 19), S. 33; E. Egg, Schwaz (Anm. 6), S. 281.
[43] E. Egg, Schwaz (Anm. 6), S. 281.

nahm diese Kritik auf und baute sie aus. So lesen wir bei Franz Huter: "Um vieles mehr hatten sie [nämlich die Landstände] Recht, wenn sie das ungehemmte Erwerbstreben anprangerten, das uns in der Monopolpolitik der 'Frühkapitalisten' entgegentritt. Die Monopole (Alleinverkaufsrechte und einschlägige Preisvereinbarungen) erhöhten künstlich das Preisniveau und machten sich in der Lebenshaltung bis in breite Volksschichten hinab bemerkbar."[44] Von der gleichen Seite wurde auch die Härte der Arbeitsbedingungen unter den Monopolisten kritisiert. So schreibt wiederum Franz Huter: "Mindestens ebenso berechtigt wie die Klagen und Proteste gegen die wucherischen Kontrakte und Monopole war die Mißstimmung gegen die Härte der Arbeitsbedingungen in den Gruben und Hütten. Da der Lohn nach der Leistung bemessen wurde und die Qualität der Erze verschieden taxiert werden konnte, boten sich Anhaltspunkte genug, den Lohn zu drücken. Außerdem ergab sich aus der Tatsache, daß der Lohn zum Teil in Naturalien verrechnet wurde, Gelegenheit, die Preise für dieselben – es handelt sich durchaus um lebenswichtige Waren, die sogenannten Pfennwerte – hochzuschrauben und damit die Löhne von der anderen Seite her einzuengen. So wie in der Frage der Monopole ist der Staat in der Sorge um die Anleiheverträge, wenigstens zunächst auch hier auf die Seite der Unternehmer getreten."[45] Beide Kritikpunkte sollten aber rasch schon wieder der Bewunderung für die Fugger weichen. Was den ersten Kritikpunkt anbelangt, so wird das Monopolstreben der Fugger zwar bei Erich Egg erwähnt, aber keinesfalls kritisiert. Was den zweiten Kritikpunkt anbelangt, so wurde dieser zwar von einem deutschen Historiker – aber in einer Festschrift für einen Tiroler Historiker – geradezu in die gegenteilige Behauptung umgewandelt, nämlich daß das Bergwerk Schwaz und damit natürlich auch die Fugger in gewisser Weise Vorgänger der modernen Sozialgesetzgebung waren und daß es den Knappen sogar wirtschaftlich sehr gut ging.[46]

3. Sonstige Beziehungen der Fugger zu Tirol

In Hall in Tirol hatten die Fugger schon im Jahre 1516 eine Faktorei begründet.[47] In Hall befand sich die Tiroler Münze und das Salzpfannhaus, das bis in die

---

[44] F. Huter, Die Fugger in Tirol (Anm. 19), S. 33.
[45] F. Huter, Die Fugger in Tirol (Anm. 19), S. 33.
[46] Hans-Wolfgang Strätz, Bergmännisches Arbeitsrecht im 15. und 16. Jahrhundert insbesondere nach Tiroler Quellen, in: Festschrift Nikolaus Grass zum 60. Geburtstag dargebracht von Fachgenossen, Freunden und Schülern, hrsg. v. Louis Carlen, Fritz Steinegger, Innsbruck, München 1974, Bd. I, S. 533-558.
[47] Eike Eberhard Unger, Die Fugger in Hall in Tirol (Studien zur Fuggergeschichte, Bd. 19), Tübingen 1967, S. 48f.

zweite Hälfte des 15. Jahrhunderts die Losungsgelder für Silber einnahm, den Zinsendienst versah und die Pensionen ausbezahlte.[48] Die Haller Münze hatte ja für den Silberhandel enorme Bedeutung.[49] Von Hall in Tirol aus gingen Silbersendungen nach Venedig, nach Wien, nach Augsburg, nach Nürnberg, dann aber auch schon nach Ofen.[50] Stand so am Anfang der Fugger-Faktorei in Hall der Erzhandel im Vordergrund, so begann seit dem Jahre 1520 eine grundsätzliche Änderung. Immer wieder rückte der reine Geldhandel neben den Erzhandel, wahrscheinlich auch deshalb, weil ein Teil der Wahlschulden bei der Königswahl Karls V. nach Hall floß, und die Haller Faktorei deshalb über vermehrte Barmittel verfügte.[51] Im Jahre 1521 wurden den Fuggern aus dem Pfannhaus in Hall 1.000 Goldgulden bezahlt, und wenig später verwies Kaiser Karl V. 2.000 Gulden auf das Haller Pfannhaus.[52] Für ein Darlehen in der Höhe von 50.000 Gulden, für das die Fugger auf den Silberwechsel verschrieben waren, wurde vereinbart, daß jenes, würde es nicht binnen Jahresfrist getilgt, auf das Pfannhaus in Hall verwiesen werde.[53]

Als die Fugger im Jahre 1522 auch auf die Produktion von Silber und Kupfer in Schwaz griffen, wurde dort auch eine eigene Fugger-Faktorei begründet, die in gewisser Weise sogar die Haller Faktorei konkurrenzierte.[54] Als Jakob Fugger der Reiche im Jahre 1525 starb, trat sein Neffe Anton in seine Fußstapfen. Im Jahre 1548 wurden die Tiroler Unternehmen von Anton Fugger dann aus der Fuggerschen Gesamtfirma herausgenommen und unter dem Titel 'Antoni Fugger und Brudersöhne im tirolischen Handel' zusammengefaßt.[55] Die Fugger beherrschten jetzt den Tiroler Kupferhandel so stark, daß sie der Augsburger Firma Manlich, ihrem nachmaligen Konkurrenten, pro Jahr 600 bis 700 Tonnen Kupfer verkauften.[56] Verteiler- und Vermittlerzentrale für das Tiroler Kupfer war wiederum die Haller Faktorei.[57]

Als der Geldeintreiber Tirols, Gabriel Salamanca, der mit König Ferdinand I. von Spanien nach Tirol kam und hier der Aufgabe des Steuereintreibens äußerst rücksichtslos nachkam, in der Nacht zum 14. Mai 1525, als er Hauptangriffspunkt

---

[48] Rudolf Palme, Rechts-, Wirtschafts- und Sozialgeschichte der inneralpinen Salzwerke bis zu deren Monopolisierung (Rechtshistorische Reihe, Bd. 25), Frankfurt a.M., Bern 1983, S. 206-210.
[49] E. E. Unger, Die Fugger in Hall (Anm. 47), S. 50f.
[50] E. E. Unger, Die Fugger in Hall (Anm. 47), S. 59.
[51] E. E. Unger, Die Fugger in Hall (Anm. 47), S. 60-76.
[52] E. E. Unger, Die Fugger in Hall (Anm. 47), S. 73.
[53] E. E. Unger, Die Fugger in Hall (Anm. 47), S. 73.
[54] E. Egg, Schwaz (Anm. 6), S. 279; R. Palme, Frühe Neuzeit (Anm. 17), S. 62.
[55] E. E. Unger, Die Fugger in Hall (Anm. 47), S. 122-126.
[56] E. Egg, Schwaz (Anm. 6), S. 283.
[57] E. E. Unger, Die Fugger in Hall (Anm. 47), S. 130f.

der aufständischen Bauern war, fliehen mußte, suchte Gabriel Salamanca bei gut Bekannten – nämlich den Fuggern in Augsburg – Unterschlupf.[58]

Daß die Tiroler Landstände geradezu ein rotes Tuch sahen, wenn sie nur den Namen Fugger hörten, geht aus dem Umstand hervor, daß bereits im Jahre 1518 dem Tiroler Landtag, dem ja auch freie Bauern angehörten, eine Denkschrift vorgelegt wurde, die den Fuggern die Verelendung sämtlicher Schichten der Tiroler Bevölkerung zur Last legte. Insgesamt würde sich der von den Fuggern dem Land Tirol zugefügte Schaden auf 600.000 Gulden belaufen. Auf dem Landtag des Jahres 1523 wurde erneut die Politik der Fugger als gewinnsüchtig angeprangert.[59]

Anscheinend beherrschten aber die Tiroler Landstände noch nicht die Mittel der publikumswirksamen Propaganda wie etwa Kaiser Maximilian I.[60] Denn die Fugger waren beim gemeinen Mann dank der maximilianischen Propaganda, die sich durchaus schon des Hilfsmittels der Vervielfältigung durch Druckwerke bediente, eher beliebt,[61] obwohl sie sich beileibe nicht durch besonderes soziales Engagement ausgezeichnet hatten.

Tatsächlich gab es verschiedene Familienmitglieder der Fugger, die in Schwaz ihren dauernden Wohnsitz aufschlugen. Ulrich Fugger, der wahrscheinlich auch der Bauherr des fuggerischen Ansitzes in Schwaz war, wurde, nachdem er am 24. Mai 1525 gestorben war, in der Schwazer Pfarrkirche im Knappenchor begraben.[62] Außer ihm ließen sich noch Hieronymus Fugger, der im Jahre 1633 gestorben war, und Georg Fugger, der gar kein eigentlicher Unternehmer mehr war, sondern als kaiserlicher Beamter vorzugsweise auf den Tiroler Schlössern Matzen und Tratzberg lebte[63] und im Jahre 1643 starb, in der Schwazer Pfarrkirche begraben.[64] Selbstverständlich taten im Laufe der Zeit die Fugger auch einiges – wenn auch nicht besonders viel – für die Schwazer Bevölkerung. Im Jahre 1582 ließen sie beispielsweise die große Marktuhr an der Fassade der Schwazer Pfarrkirche einbauen;[65] im Jahre 1604 schenkten sie den Bürgern von Schwaz zwei Zentner

---

58 R. Palme, Frühe Neuzeit (Anm. 17), S. 47.
59 Georg Kirchmair, Denkwürdigkeiten seiner Zeit 1519-1553, hrsg. v. Th. G. Karajan (Fontes rerum Austriacarum, Bd. I/1), Wien 1855, S. 460-462; vgl. Hermann Wopfner, Die Lage Tirols zu Ausgang des Mittelalters und die Ursachen des Bauernkrieges (Abhandlungen zur Mittleren und Neueren Geschichte, Bd. 4), Berlin, Leipzig 1908, S. 198-204; F. Huter, Die Fugger in Tirol (Anm. 19), S. 33; R. Palme, Frühe Neuzeit (Anm. 17), S. 45.
60 Rudolf Palme, Kaiser Maximilian I., in: Klischees im Tiroler Geschichtsbewußtsein, hrsg. v. Tiroler Geschichtsverein, Innsbruck 1995 (dzt. im Druck).
61 Vgl. etwa: Fugger-Feier Schwaz (Anm. 20); E. Egg, Schwaz (Anm. 6), S. 280; J. Riedmann, Geschichte Tirols (Anm. 19), S. 126; R. Palme, Frühe Neuzeit (Anm. 17), S. 62f.; Erich Egg, Gewerken-Beamte-Bergarbeiter, in: Silber, Erz und Weißes Gold (Anm. 24), S. 126-135, bes. S. 127f.
62 Fugger-Feier Schwaz (Anm. 20), S. 5.
63 F. Huter, Die Fugger in Tirol (Anm. 19), S. 34.
64 Fugger-Feier Schwaz (Anm. 20), S. 7-9.
65 Fugger-Feier Schwaz (Anm. 20), S. 9.

Kupfer für das Dach des Pfarrturmes;[66] im Jahre 1622 errichteten sie gemeinsam mit dem staatlichen Bergbau eine Suppengeldstiftung zum Unterhalt der armen Schüler der Schwazer Lateinschule.[67] Im Jahre 1634 folgte die Errichtung des fuggerischen Benefiziums mit einem Grundkapital von 5.200 Gulden.[68] Noch im Jahre 1912 stiftete die Familie Fugger ein Glasgemälde für die Schwazer Pfarrkirche.[69]

4. Zusammenfassung

Erich Egg meinte einmal, daß die Fugger nach der Volksmeinung die Hauptträger des Bergbaues waren.[70] Wir haben oben nicht zuletzt mit Hilfe Erich Eggs nachgewiesen, daß die Fugger stets nur eine Minderheitenbeteiligung im größten europäischen Bergrevier hatten. Auch die eher doch spärlichen sozialen Maßnahmen der Fugger für Schwazer Bürger oder auch Bergarbeiter reichen keineswegs aus, um ihre Popularität zu erklären. Verstärkend kommt noch hinzu, daß die Tiroler Landstände – insbesondere die mit Landstandschaft ausgezeichneten freien Tiroler Bauern – die Fugger geradezu haßten und in ihrem Reichtum das Übel schlechthin sahen.[71] Diese Sicht der Fugger kam aber – wenigstens im 20. Jahrhundert – vielfach von auswärts, wenn man von der Kritik Franz Huters[72] absieht. Woher kommt dann aber die Bewunderung, ja die Verehrung des gemeinen Mannes für die Fugger? Vielleicht doch daher, daß die Fugger die Lieblinge des lange Zeit bewunderten und ungemein populären Kaiser Maximilians waren. Maximilian wußte sich nämlich vorzüglich durch gezieltes Einsetzen von Druckwerken, durch persönliche Kontakte zur Tiroler Bevölkerung, einen ausgezeichneten und legendären Nachruhm zu gestalten.[73] Daß die Fugger es verstanden, nahezu den gesamten Kupferhandel in ihre Hände zu bekommen, rief natürlich Bewunderung beim einfachen Mann hervor. Dem einfachen Mann tat auch der Übergang des Kupfer-

---

66 Fugger-Feier Schwaz (Anm. 20), S. 9.
67 Fugger-Feier Schwaz (Anm. 20), S. 9.
68 Fugger-Feier Schwaz (Anm. 20), S. 9.
69 Fugger-Feier Schwaz (Anm. 20), S. 9.
70 E. Egg, Schwaz (Anm. 6), S. 280.
71 Quellen zur Geschichte des Bauernkrieges, hrsg. v. Günther Franz (Ausgewählte Quellen zur Deutschen Geschichte der Neuzeit. Freiherr vom Stein-Gedächtnisausgabe, Bd. 2), Darmstadt 1963, S. 279; vgl. Karl-Heinz Ludwig, Sozialemanzipatorische, politische und religiöse Bewegungen 1524-1526 im Montanwesen des Ostalpenraums, in: Die Bauernkriege und Michael Gaismair. Protokoll des internationalen Symposions vom 15. bis 19. November 1976 in Innsbruck-Vill, hrsg. v. Fridolin Dörrer (Veröffentlichungen des Tiroler Landesarchivs, Bd. 2), Innsbruck 1982, S. 211-224.
72 F. Huter, Die Fugger in Tirol (Anm. 19), S. 33-35.
73 R. Palme, Kaiser Maximilian I. (Anm. 60).

handels an die Fugger nicht weh – im Gegensatz zu den einheimischen Kleingewerken, die im allgemeinen zu den Tiroler Landständen gehörten. Die Fugger gehörten also nie zu den großen Anteilsbesitzern im Tiroler Bergbau und als solche auch nicht zu den großen Knappenschindern und auch nicht zu den willkürlichen Unternehmern, die ihre Macht der einfachen Bevölkerung zu spüren gaben, wenn auch in dieser Richtung von der Historiographie Tirols verschiedentlich versucht wurde, den Fuggern die Schuld an den schlechten sozialen Verhältnissen der Knappen in die Schuhe zu schieben.[74] Die Fugger taten etwas, wovon die einfache Bevölkerung nichts spürte. Sie verschoben vor allem Geld und zwar ungeheuer viel Geld. Nur tat das natürlich dem einfachen Mann nicht weh. Dazu kam, daß die Fugger die Hauptgläubiger Maximilians, eines Kaisers waren, der wegen seiner mythischen und legendären Propaganda ohnehin schon weit abgehoben vom gewöhnlichen Volk war;[75] umsomehr waren natürlich auch jene abgehoben, die in der Lage waren, ihm die Geldmittel für seine weitreichenden Pläne zur Verfügung zu stellen. Als dann Ulrich Fugger der Junge sich hauptsächlich in Schwaz aufhielt und hier einen Ansitz errichtete, war die Begeisterung der Schwazer Bevölkerung riesengroß.[76]

Die einfache Bevölkerung Tirols hatte also keinerlei Ursache, wütend auf die Fugger zu sein. Ganz im Gegenteil bewunderte sie die Fugger wegen ihres Reichtums. Wie reich mußten diejenigen doch sein, die Kaiser Maximilian das Geld leihen konnten zum Burgenbauen, das Geld zur Hofhaltung, das Geld zum Repräsentieren, das Geld für seine weitreichenden Herrschaftspläne und schließlich das Geld, um die republikanischen Venezianer niederzuhalten. Daß Gabriel Salamanca aus Tirol entfernt war, war zweifelsohne ein Segen für die Bevölkerung;[77] wo er sich künftig aufhielt, konnte der Tiroler Bevölkerung völlig egal sein.

Wichtig war meines Erachtens, daß die Fugger nicht im direkten Kontakt zur Tiroler Bevölkerung – etwa als Knappenschinder oder auch als habgierige und willkürliche Unternehmer – auffielen, sondern daß sie ihre Geschäfte eigentlich stets unter Ausschluß der Tiroler Bevölkerung machten. Die ungebrochene Popularität der Fugger dokumentiert sich auch in dem Umstand, daß im Jahre 1955 in Schwaz ein Denkmal für die Fugger errichtet wurde und eine Festschrift für sie im Rahmen der 'Schwazer Heimatblätter' veröffentlicht wurde,[78] ganz im Stile eigentlich eines panegyrischen Ruhmesblattes. Spätestens seit damals bemüht sich auch die Tiroler Historiographie um ein möglichst ausgewogenes, ja geradezu 'objektives' Urteil über die Fugger.

---

74 Vgl. etwa: F. Huter, Die Fugger in Tirol (Anm. 19), S. 33.
75 R. Palme, Kaiser Maximilian I. (Anm. 60).
76 E. Egg, Schwaz (Anm. 6), S. 280.
77 R. Palme, Frühe Neuzeit (Anm. 17), S. 42 u. 47.
78 Fugger-Feier Schwaz (Anm. 20).

"Betreff: Herstellung einer Geschichte der Familie Fugger."
Die Fugger als Forschungsthema im 20. Jahrhundert

Franz Karg

Niemand hätte sich 1907 träumen lassen, als das erste Heft der 'Studien zur Fuggergeschichte' erschienen war, daß diese Reihe am Ende des Jahrhunderts auf über einen Regalmeter anwachsen würde. In ihr sind Themen rund um die Fugger, sowohl die Familie als auch die Handelsfirma, vereint. Im folgenden soll die Begründung und Entwicklung der 'Studien' im Wechselspiel von Archiv, Familie und Wissenschaft aufgezeigt werden.

I. Archiv

Bereits unter Anton Fugger (1493-1560) bestand ein Archiv, das im Schmalkaldischen Krieg nach Schwaz verlagert wurde.[1] Außerdem liegt eben aus der Zeit Anton Fuggers ein frühes Verzeichnis der Familienurkunden vor.[2] Die Unterlagen im Archiv waren nach dem 3. Kodizill zu Antons Testament von 1560 gut zu verwahren und vor fremden Augen verschlossen zu halten.[3] Auch die nächste Generation traf Vorkehrungen für das Archiv. Im Teilungsvertrag der Söhne von Anton Fugger aus dem Jahr 1575 wurde es als unteilbar bezeichnet. Durch die Aufsplit-

---

[1] Vgl. Norbert Lieb, Die Fugger und die Kunst im Zeitalter der hohen Renaissance (Studien zur Fuggergeschichte, Bd. 14), München 1958, S. 77 und S. 365f. – Zum Archiv vgl. Heinz Friedrich Deininger, Zur Geschichte des fürstlich und gräflich Fuggerschen Familien- und Stiftungs-Archives zu Augsburg, in: Archivalische Zeitschrift 37 (1929), S. 162-183; Hermann Kellenbenz, Das Fuggerarchiv, in: Archiv und Wirtschaft 12 (1979), S. 39-43, aktualisiert in: Zeitschrift des Historischen Vereins für Dillingen 87 (1985), S. 110-118.

[2] FA 85.1.1., Verzeichnis von 1554.

[3] Vgl. H. F. Deininger, Zur Geschichte (Anm. 1), S. 164.

terung der Familie in verschiedene Linien und Zweige wurden aber in den folgenden Jahrhunderten die Archivbestände doch geteilt und getrennt aufbewahrt.[4]

Erst im 19. Jahrhundert erwuchs im Fuggerschen Seniorat der Gedanke, aus den verschiedenen Einzelarchiven ein zentrales Archiv zu bilden. Mit Senioratsbeschluß vom 28. März 1877 wurde das 'Fürstlich und gräflich Fuggersche Familien- und Stiftungsarchiv' in Augsburg begründet.[5]

Mit der Neueinrichtung und Ordnung betraute man den protestantischen Pastor Dr. Friedrich Dobel (1819-1891), der seiner Aufgabe überaus gerecht wurde.[6] Sein Ordnungssystem, das überwiegend auf dem Provenienzprinzip aufbaut, gilt auch heute noch und ist durchaus ausbaufähig bei neuen Aktenabgaben. Neben der Auswertung der Archivbestände sah er es als seine Aufgabe an, Bestände in fremden Archiven zu erschließen, weshalb er unter anderem sogar nach Spanien gereist war, und die Ergebnisse zu publizieren.[7]

II. Familie

Dobel arbeitete um 1880 an einer 'Geschichte des Fuggerischen Hauses', die bei seinem Tod (1891) als vierbändiges Manuskript vorlag. Dieses sollte Ausgangsbasis für eine Fuggergeschichte werden. Entstanden war die Darstellung bei der Neuverzeichnung der Archivunterlagen. Als Ende des 19. Jahrhunderts das Interesse der Familie an der Darstellung der eigenen Geschichte wuchs, wollte sie eine Veröffentlichung zum Druck bringen und ging von Dobels Manuskript aus.

---

[4] Vgl. H. F. Deininger, Zur Geschichte (Anm. 1), S. 165-166; H. Kellenbenz, Das Fuggerarchiv (Anm. 1), S. 111-112. Zur Überlieferung des Handelsarchivs vgl. Franz Karg, "Damit nichts davon kome, noch vertragen oder verloren werdt". Das Handelsarchiv der Fugger, in: Archiv und Wirtschaft 27 (1994), Heft 2, S. 69-74.

[5] Vgl. Max Jansen, Die Anfänge der Fugger (bis 1494) (Studien zur Fuggergeschichte, Bd. 1), Leipzig 1907, S. 78f.

[6] Würdigung bei H. F. Deininger, Zur Geschichte (Anm. 1), S. 175-178. Nachruf in: ZHVSN 17/18 (1890/91), S. 35-41. – Knappe Bestandsübersicht des Fuggerarchivs bei M. Jansen, Die Anfänge der Fugger (Anm. 5), Beilage 3, S. 79-83; H. F. Deininger, Zur Geschichte (Anm. 1), S. 180-193, sowie Minerva Handbuch der Archive, Bd. 1, Berlin, New York 1974, S. 199-200.

[7] Friedrich Dobel, Der Fugger Bergbau und Handel in Ungarn, in: ZHVSN 6 (1879), S. 33-50; ders., Über den Bergbau und Handel des Jacob und Anton Fugger in Kärnten und Tirol (1495-1560), in: ZHVSN 9 (1882), S. 193-213; schließlich ders., Über einen Pfefferhandel der Fugger und Welser 1586-1591, in: ZHVSN 13 (1886), S. 125-138. – Dobel richtete sich überwiegend nach dem Provenienzprinzip, während z.B. der Oettingische Archivar Wilhelm Frhr. v. Löffelholz von Dolberg das Archiv nach dem Pertinenzprinzip ausrichtete. Vgl. dessen Beitrag: Das Hausarchiv Oettingen-Wallerstein als Quelle örtlicher Genealogie, in: Archivalische Zeitschrift 3 (1878), S. 188-203. (Hinweis von W. Sponsel, Harburg).

1. 'Archivweg'

Deshalb konsultierte Fürst Karl Ludwig Fugger-Babenhausen (1829-1906) als Vorsitzender des Fuggerschen Seniorats den kgl. Reichsarchivrat Franz Ludwig Baumann in München.[8] Dieser riet von einem Druck der Handschrift ab: Dobel hatte nämlich allein die Bestände des Fugger-Archivs, das er neu eingerichtet und verzeichnet hatte, für sein Manuskript herangezogen. Ein weiteres Manko schien Baumann, daß Dobel die bis dahin gültige allgemeine Literatur nicht eingearbeitet hatte.

Im Frühjahr 1897 versuchte Baumann, einen jungen Mann im Umfeld des Historischen Seminars der Universität München zu finden, der das Dobelsche Manuskript ergänzen und zum Druck bringen sollte. Das gelang ihm aber nicht. Auch kgl. Archivbeamte waren nicht zu gewinnen, da es sich um eine vorübergehende Aufgabe handeln sollte. In einem Brief an Fürst Fugger-Babenhausen nannte Baumann einen weiteren Grund für seinen Mißerfolg: *Dazu kommt, daß heute die Historiker für Adelsgeschichte nicht sehr sich interessieren, sondern ihr Augenmerk mit Vorliebe der politischen und Kulturgeschichte, insbesondere der neuesten Zeit, zuwenden.*[9]

Deshalb empfahl er, jemanden zu finden, der in das Dobelsche Manuskript die gängige Literatur einarbeiten sollte, ohne die Bestände fremder Archive heranzuziehen. Denn letzteres wäre nur bei der dauerhaften Beschäftigung einer wissenschaftlich vorgebildeten Kraft möglich. Diesen Weg hatten z.B. die Fürsten Fürstenberg, Oettingen und Thurn und Taxis beschritten, die ihre Archive hauptamtlich besetzten und von ihren Archivaren wissenschaftliche Arbeiten erwarteten.[10]

---

[8] FA S VIII 2, Schreiben vom 17.11.1896 und 29.6.1897. – Dem Vorsitzenden des Fuggerschen Familienseniorates, Albert Graf Fugger von Glött, sei für die Erlaubnis zur Auswertung von Senioratsakten gedankt.

[9] FA S VIII 2, Schreiben vom 26.2.1897.

[10] Biographische Angaben zuletzt und umfassend bei Wolfgang Leesch, Die deutschen Archivare 1500-1945, Bd. 2: Biographisches Lexikon, München 1992: Fürstenberg, S. 704f.; Oettingen, S. 711f.; Thurn und Taxis, S. 718. Zu einzelnen mediatisierten Häusern: Joseph Rübsam, Johann Baptista von Taxis, Ein Staatsmann und Militär unter Philipp II. und Philipp III. 1530-1610, Freiburg i.B. 1889; Rübsams postgeschichtliche Beiträge nennt Martin Dallmeier, Quellen zur Geschichte des europäischen Postwesens 1501-1806 (Thurn und Taxis Studien, Bd. 9, Teil 1), Regensburg 1977, S. 28-30. – Sigmund Riezler und Franz Ludwig Baumann publizierten als Fürstenbergische Archivare ein Urkundenbuch (Bd. I-VII, Tübingen 1877-1891); ferner erschien von Georg Tumbült, Das Fürstentum Fürstenberg von seinen Anfängen bis zur Mediatisierung im Jahre 1806, Freiburg 1908. Zur Kunst- und Kulturpolitik ausführlich Erwein H. Eltz, Die Modernisierung einer Standesherrschaft. Karl Egon III. und das Haus Fürstenberg in den Jahren nach 1848/49, Sigmaringen 1980, S. 135. – Zu Oettingen vgl. Wilhelm Frhr. v. Löffelholz, Oettingiana, o.O. 1883 (enthält Bibliographie, Beiträge zur Münz- und Wappengeschichte, Stammtafel).

Für die Fugger blieb nur Baumanns Vorschlag, Bewerber für die Aufgabe in das Fuggersche Beamtentum zu übernehmen. Gleichzeitig nannte dieser den fürstl. fürstenbergischen Archivar. Dieser wollte sich einem Wechsel unterziehen, stellte aber wegen seiner großen Familie höhere Ansprüche hinsichtlich Gehalt und Wohnung.[11]

Neben diesem Archivweg korrespondierte Fürst Fugger noch mit Dr. Häbler, Bibliothekar in Dresden, der sich durch seine Arbeit über den Spanischen Handel der Fugger einen Namen gemacht hatte. Häbler war bereit, über mehrere Jahre hinweg an der Fuggerschen Geschichte zu arbeiten.[12] Die gesamte Korrespondenz lief unter dem Betreff *Herstellung einer Geschichte der Familie Fugger* oder *Herstellung der Fuggerschen Geschichte.*[13]

2. Der Senioratsbeschluß von 1902

Die Senioratskonferenz vom März 1902 brachte ein völlig unerwartetes Ergebnis. Fürst Fugger-Babenhausen als Senioratsvorsitzender wollte Dr. Häbler aus Dresden mit den Arbeiten beauftragen, schreckte aber vor den hohen Kosten zurück, die den Stiftungen durch die Einstellung eines Beamten entstehen würden. Die Einschätzung von Baumann hatte er in einem Schreiben an den Konsenior der Linie Kirchheim, Graf Carl Ernst Fugger von Glött (1859-1940), dargelegt: *daß wann man eine auf der Höhe der heutigen Geschichtswissenschaft stehende gründliche Geschichte des Hauses wolle, nicht anderes übrig bleibe, als damit einen geübten Mann <u>dauernd</u> [sic!] in den Dienst des Hauses zu nehmen, d.h. ihn zum Fugger'schen Archivar zu ernennen.*[14]

In der Konferenz brachte Graf Fugger von Glött[15] einen neuen, richtungsweisenden Vorschlag, den er bereits 1897 skizziert hatte und der allgemein Zustimmung fand:[16]

---

11 FA S VIII 2, Briefe vom 3.5. und 22.6.1897.
12 FA S VIII 2, Brief vom 9.6.1897. Vgl. Konrad Häbler, Die Geschichte der Fuggerschen Handlung in Spanien (Sozialgeschichtliche Forschungen, Ergänzungshefte zur Zeitschrift für Sozial- und Wirtschaftsgeschichte, Bd. 1), Weimar 1897. Zu seinen 1888-1907 erschienenen Arbeiten zur spanischen Wirtschaftsgeschichte s. Hermann Kellenbenz, Die Fugger in Spanien und Portugal bis 1560. Ein Großunternehmen des 16. Jahrhunderts, 3 Bde. (Studien zur Fuggergeschichte, Bde. 32/1-2 und Bd. 33: Dokumente), München 1990, hier Bd. 2, S. 185-186.
13 Ebenso lautet der Aktentitel von FA S VIII 2.
14 FA S VIII 2, Bericht vom 29.6.1897. Angaben zu Baumann, Direktor des Reichsarchivs München, bei W. Leesch, Die deutschen Archivare (Anm. 10), S. 49f. Seine Tätigkeit in Donaueschingen würdigt eingehend E. Eltz, Die Modernisierung (Anm. 10), S. 159-166.
15 Vgl. Kurzbiographie von Adolf Layer in: Schwäbisches Ehrenbuch. Gestalten in und aus Bayerisch Schwaben des 20. Jahrhunderts, Weißenhorn 1985, S. 79-84.

1. Niemand wird fest angestellt, der allein mit der Bearbeitung der Fuggergeschichte befaßt sein soll. Die Personalfrage wird zurückgestellt. Stattdessen soll in verschiedenen Archiven Material gesammelt werden.
2. Es gilt, geeignete Persönlichkeiten zu finden, die mit der Bearbeitung einzelner Themen betraut werden. Diese Personen wollte Graf Fugger vermitteln.
3. Folgende Themen sollen archivalisch erschlossen werden: – *Bedeutung des Hauses Fugger*
   a) in Beziehung auf Handel
   b) in Beziehung auf Kunst und Wissenschaft
   c) in Beziehung auf Kirche und Religion
   d) in Beziehung auf Politik, politische Ereignisse, Krieg etc.
4. Dr. Häbler soll sich dem Seniorat vorstellen und seine Vorschläge präzisieren.

Bereits im folgenden Jahr (1903) wurde der Münchner Privatdozent Dr. Max Jansen auf Empfehlung von Prof. Hermann Grauert mit der Sichtung Fuggerschen Materials in verschiedensten Archiven betraut.[17] Er unternahm zahlreiche Archivreisen von Italien bis Skandinavien mit guten Funden, die zur Publikation zweier Arbeiten führten.[18]

Damit öffnete sich ein neues Kapitel der Fuggerforschung: Die Reihe 'Studien zur Fuggergeschichte' war geboren, betreut vom Verlag Duncker & Humblot. Im ersten Verlagsvertrag lief das Projekt freilich unter dem Titel 'Aus dem Fugger-Archiv'.[19] Aus der Frage nach dem Druck eines Manuskriptes war ein wissenschaftliches Projekt geworden.

---

16 Protokoll in FA S VIII 2.
17 Zu Grauert vgl. Wolfgang Weber, Biographisches Lexikon zur Geschichtswissenschaft in Deutschland, Österreich und der Schweiz, 2. Aufl., Frankfurt a.M. 1987, S. 183-184.
18 M. Jansen, Die Anfänge der Fugger (Anm. 5); ders., Jakob Fugger der Reiche. Studien und Quellen (Studien zur Fuggergeschichte, Bd. 3), Leipzig 1910.
19 Abschrift in FA S VIII 2. Einen Überblick über die einzelnen Bände der Reihe gibt H. Kellenbenz, Das Fuggerarchiv (Anm. 1), S. 113-115. – Verlage: Bde. 1-9 Duncker & Humblot, München; Bde. 10 und 14 Schnell & Steiner, München; Bde. 11-13, 15-31 J. C. B. Mohr (Paul Siebeck), Tübingen; Bde. 32-33 Ernst Vögel, München; Bde. 34 und 36 Anton H. Konrad, Weißenhorn. – Schriftenreihen anderer mediatisierter Familien: Mitteilungen aus dem Fürstlich Fürstenbergischen Archiv, hrsg. v. Franz Ludwig Baumann, Bde. I-II, 1894/1902; Veröffentlichungen aus dem Fürstenbergischen Archiv, hrsg. v. Karl Siegfried Bader, 1938ff. Thurn und Taxis Studien, hrsg. v. Max Piendl (Bde. 1-11, 13-15) und Martin Dallmeier (Bde. 16ff.), Kallmünz 1961-1992.

III. Herausgeber der Reihe

Von 1903 bis 1990 fungierten als Herausgeber der 'Studien zur Fuggergeschichte' je zwei Historiker und Wirtschaftshistoriker. Wie haben die mit der 'Fuggerforschung' betrauten Männer ihre Aufgabe verstanden?

1. Max Jansen (1871-1912)

Sein Schwerpunkt lag auf der Durchsicht vieler Archive nach fuggerischem Material. Wie er im Vorwort zum ersten Band der Studien darlegte, *hegte die fürstliche und gräfliche Familie Fugger, [...], den Wunsch, daß auf breiter Grundlage der Neubau einer Geschichte des Hauses Fugger erstehen möchte. Es sollten zu dem Zwecke nicht nur im Familienarchiv sondern auch in auswärtigen Archiven und Bibliotheken Forschungen veranstaltet werden.*[20]

Jansen, der von der Familie Fugger nicht fest angestellt war, sondern auf Honorarbasis arbeitete, scheint das volle Vertrauen von Graf Carl Ernst Fugger von Glött besessen zu haben, der 1906 nach dem Tod des Fürsten Karl Ludwig Fugger-Babenhausen Vorsitzender des Seniorats geworden war.

Jansen kam es darauf an, die Fuggersche Geschichte von Anfang an darzulegen, ferner biographische- und Schwerpunktbereiche zu behandeln. Sein Plan sah neben der Arbeit über die Anfänge der Fugger eine weiterführende zu Jakob Fugger vor sowie über den ungarischen Handel der Fugger. Alle diese Themen wollte er selbst monographisch bewältigen. Zudem erschien als zweiter Band der Reihe die vielbeachtete Abhandlung des späteren Generaldirektors des Bayerischen Nationalmuseums, Georg Lill, über 'Hans Fugger und die Kunst'.[21]

Welche Ziele Jansen weiter verfolgte, ist nicht zu klären, da er 1912 im Alter von nur 41 Jahren plötzlich in München starb.[22] Vollenden konnte er zwei Bände, der Band über den ungarischen Handel und die Folgebände zu Jakob Fugger wurden nicht abgeschlossen.

Jansen war nicht der erste, der sich mit Fuggerscher Geschichte ernsthaft befaßt hatte. Mit dem politischen und wirtschaftlichen Aufschwung Deutschlands

---

[20] M. Jansen, Die Anfänge der Fugger (Anm. 5), S. VII.
[21] Georg Lill, Hans Fugger (1531-1598) und die Kunst. Ein Beitrag zur Geschichte der Spätrenaissance in Süddeutschland, Leipzig 1908. Dissertation, 1906 von Jansen angeregt.
[22] Gegendarstellung zu einer Kurznachricht in den Münchner Neuesten Nachrichten vom 19.5.1912, in der Jansen als Vertreter der *katholischen Geschichtswissenschaft* bezeichnet worden war, in der Augsburger Abendzeitung, Nr. 146 (26.5.1912); die Veröffentlichung in München war verwehrt worden. Vgl. FA S VIII 5.

nach 1870 wuchs auch das Bedürfnis, die eigene große Vergangenheit, speziell des Frühkapitalismus, aufzuarbeiten. Die Arbeit von Richard Ehrenberg aus dem Jahr 1896 führte den bezeichnenden Titel 'Das Zeitalter der Fugger'.[23] Zur selben Zeit hatten sich Handelshochschulen herausgebildet.[24] Es entstand auch ein neuer Typ von Biographien über Unternehmer, und verschiedene Großunternehmen richteten eigene Firmenarchive ein. Daneben hatte Jakob Strieder über die 'Genesis des modernen Kapitalismus' geschrieben und ein besonderes Augenmerk auf die Fugger geworfen. Von Häbler war, wie bereits erwähnt, eine Arbeit über die Fugger in Spanien erschienen. Daneben gab es von Aloys Schulte 'Die Fugger in Rom', worin er *schonungslos* das Ablaßgeschäft behandelte. Schulte hatte z.T. parallel zu Jansen in Rom Materialien erschlossen.[25]

2. Jakob Strieder (1877-1936)

Jansen hatte in Jakob Strieder einen ernstzunehmenden Konkurrenten, den maßgeblich Aloys Schulte gefördert und schon 1912 als Jansens Nachfolger vorgeschlagen hatte. Hier spielte die Konkurrenz der beiden katholischen Historiker-Lehrstühle in Bonn (Schulte) und München (Grauert) mit eine Rolle.

Auch Strieder war wie Jansen Privatdozent (1907) und wurde 1915 Professor in Leipzig. Freilich trat er erst nach 1920 die eigentliche Nachfolge an, da seine *Umhabilitierung von Leipzig nach München*[26] nicht gelingen wollte, auch wenn

---

[23] Richard Ehrenberg, Das Zeitalter der Fugger. Geldkapital und Creditverkehr im 16. Jahrhundert, 2 Bde., Jena 1896 (3., unveränderte Aufl. Jena 1922); auch heute noch ergiebig, da über die Zeit nach dem Tod Anton Fuggers (1560) hinausgreifend. Zu Ehrenberg vgl. H. Gülich-Bielenberg, in: Handwörterbuch der Sozialwissenschaften, Bd. 3 (1961), S. 32-33, und Klara van Eyll, Voraussetzungen und Entwicklungslinien von Wirtschaftsarchiven bis zum zweiten Weltkrieg (Schriften zur Rheinisch-Westfälischen Wirtschaftsgeschichte, Bd. 20), Köln 1969, S. 22-25. – Kritisch zur Prägung 'Zeitalter der Fugger' H. Kellenbenz, Die Fugger in Spanien (Anm. 12), Bd. 1, S. 409.

[24] Vgl. K. van Eyll, Wirtschaftsarchive (Anm. 23), S. 29-33, und Hermann Kellenbenz, Handelshochschulen – Betriebswirtschaft – Wirtschaftsarchive, in: Tradition 5/6 (1965), S. 301-309. Auf frühe Unternehmerbiographien geht ein: Fritz Redlich, Anfänge und Entwicklung der Firmengeschichte und Unternehmerbiographie (1. Beiheft der 'Tradition'), Baden-Baden 1959, bes. S. 36-41. – Zur Überlieferung von Handelspapieren vgl. Hermann Kellenbenz, Firmenarchive und ihre Bedeutung für die europäische Wirtschafts- und Sozialgeschichte, in: Tradition 14 (1969), S. 1-20, zum Fuggerarchiv S. 8-9.

[25] Die Literatur vor 1907 kommentiert M. Jansen, Die Anfänge der Fugger (Anm. 5), S. 3-7. – Zu Schulte vgl. W. Weber, Biographisches Lexikon (Anm. 17), S. 539-540.

[26] FA S VIII 5. – Zur Biographie s. den Nachruf von Heinz F. Deininger, Jakob Strieder und Augsburg, in: Das reiche Augsburg. Ausgewählte Aufsätze Jakob Strieders zur Augsburger und süddeutschen Wirtschaftsgeschichte des 15. und 16. Jahrhunderts, hrsg. v. Heinz Friedrich Deininger, München 1938, S. IX-XIX; Schriftenverzeichnis S. 207-211.

Die Fugger als Forschungsthema 315

die Verhandlungen mit den Fuggern bereits seit 1916 liefen. Sicher hatte auch der Krieg eine verzögernde Wirkung, bis Strieder auf Empfehlung von Max Weber den neu eingerichteten Lehrstuhl für Wirtschaftsgeschichte in München erhielt. Für die Fuggergeschichte empfahl sich Strieder mit seiner Dissertation; zudem hatte ihm Schulte noch die Edition der berühmten Fuggerschen Inventur von 1527 angetragen.[27]

Die Themenwahl Strieders mit ihrem Schwerpunkt Handelsgeschichte mußte auf Dauer gesehen auf eine Kollision mit Fürst Carl Ernst Fugger von Glött (seit 1913) hinauslaufen. Der Fürst hatte nach wie vor seine Vorstellung von der Behandlung der Fuggerschen Geschichte beibehalten, die er damals 1902 im Seniorat eingebracht hatte. 1930 – nach seinem 70. Geburtstag – sah er sein Lebenswerk in Gefahr. Zuviel wurde ihm mit wirtschaftsgeschichtlicher Zielrichtung geforscht und die Rolle der Familie in anderen Bereichen vernachlässigt. Zudem forderte er biographische Beiträge.[28] Die Krise konnte in einem ausführlichen Gespräch geklärt werden, zumal Strieder neue Schwerpunkte der Fuggerforschung nannte: Er wollte über Anton Fugger arbeiten, die Frage der Fuggerschen Sammlungen und Bibliotheken klären.[29]

Nicht minder hatte zu dieser Spannung auch beigetragen, daß Strieder offenbar zuwenig über seine Ziele und die laufenden Arbeiten informierte. Bei der Herausgabe der 'Studien' handelte er aus der Sicht der Fuggerschen Stiftungen, die die Druckkosten zu tragen hatten, eigenmächtig, weil er erst im nachhinein finanzielle Fragen klärte und Verträge spät offenlegte. 'Hauptproblem' aus der Sicht des Seniorats war der betont wirtschaftshistorische Aspekt. Strieder war dies wohl bewußt, da er einmal beiläufig schrieb, er habe zwar die Lehrbefugnis für mittelalterliche und neue Geschichte, habe aber immer nur Kolonial- und Wirtschaftsgeschichte betrieben.

---

[27] In seiner Dissertation (Genesis des modernen Kapitalismus, 1. Aufl., Augsburg 1904) widerlegte Strieder Sombarts Theorie, daß der Ertrag aus Grundrenten die Grundlage für den Frühkapitalismus bildete, und stellte aufgrund seiner Untersuchung der Augsburger Wirtschaftsverhältnisse des 14.-16. Jhs. den Handel als entscheidenden Faktor heraus. – Jakob Strieder, Die Inventur der Firma Fugger aus dem Jahre 1527 (Zeitschrift für die gesamte Staatswissenschaft, Ergänzungsheft 17), Tübingen 1905. – Der Vertrag Strieders mit dem Fuggerschen Seniorat datiert vom 6.9.1921 (FA S VIII 9).

[28] FA S VIII 9, Brief vom 21.12.1929. – Neben der 'Fuggerforschung' förderte Fürst Fugger von Glött die Erstellung einer 'Fuggergenealogie', die die 'Stammtafel des mediatisierten Hauses Fugger, Privatdruck 1904' ablösen sollte. Die Ergebnisse wurden ein Opfer des 2. Weltkrieges. Erst 1978 erschien Gerhart Nebinger, Albrecht Rieber, Genealogie des Hauses Fugger von der Lilie. Stammtafel (Studien zur Fuggergeschichte, Bd. 26), Tübingen 1978. Der Textband ist in Bearbeitung. – Als Fortsetzung des Porträtwerkes von Dominicus Custos, Lukas und Wolfgang Kilian, Pinacotheca Fuggerorum et Fuggerarum, Augsburg 1618, erschien von Georg Lill, Imagines Fuggerorum et Fuggerarum, München 1938. Auch dieses Projekt wurde über Jahrzehnte von Fürst Fugger von Glött verfolgt.

[29] FA S VIII 9, Brief vom 22.2.1930.

In den dreißiger Jahren wollte Strieder sich näher mit Anton Fugger befassen.[30] Dies sind Anzeichen, daß Strieder vermehrt das Archiv der Fugger heranziehen wollte und mußte. Denn im Gegensatz zur Zeit Jakob Fuggers des Reichen gibt es für die Zeit von dessen Neffen ungleich mehr her, ist doch die Überlieferung viel breiter. Dies erforderte weniger Archivreisen, zumal es ohnehin wegen der politischen Situation immer schwieriger wurde, im Ausland zu arbeiten. Außerdem stieg die Benutzung des Fuggerarchivs in Augsburg und band mehr Arbeitskraft des wissenschaftlichen Leiters, so daß Strieder weniger Zeit für Forschungsarbeit fand. Dabei konnte die Beschäftigung von Assistenten auf Honorarbasis nur eine Übergangslösung sein.[31] Bestätigt sah Strieder sich in seiner Erfahrung mit der Archivüberlieferung: *Sicher ist, daß niemand ohne Benutzung des Fugger-Archivs eine Fugger-Geschichte schreiben kann, aber ebenso sicher ist, daß es für einzelne Unternehmungen der Familie kaum einen Anhalt gewährt.*[32]

3. Götz Freiherr von Pölnitz (1906-1967)

Als Strieder kurz vor seinem Tod (1936) die Leitung des Fuggerarchivs niederlegte, wurde Götz Freiherr von Pölnitz mit der wissenschaftlichen Leitung betraut. Ihm schwebte vor, die Fuggerforschung aus dem überwiegend wirtschaftsgeschichtlichen Rahmen zu lösen, was Zustimmung beim Senior des Hauses fand.[33]

Heute tritt uns Baron Pölnitz als der große Biograph der Fugger entgegen. Der Plan, eine Biographie von Jakob Fugger zu schreiben, klang bereits 1941 in einer Studie an.[34] Zwangsläufig war dies die Fortführung der Arbeit von Jansen, der ja

---

[30] Aus den Beständen des Fuggerarchivs begann sein Assistent Deininger Regesten zu Anton Fugger anzulegen, die seit dem 2. Weltkrieg nicht mehr vorhanden sind.

[31] Assistenten waren Heinz Friedrich Deininger 1924-1935, (parallel dazu Assistent von Strieder an der Universität München, ab 1934 Leiter des Stadtarchivs Augsburg), vgl. Nachruf von Friedrich Blendinger in: Der Archivar 26 (1973), Sp. 605-608. Es folgte Theodor Neuhofer (bis Juli 1939), später Stadtarchivar in Eichstätt. Von ihm erschien: Fuggerzeitungen aus dem Dreißigjährigen Krieg 1618-1623, Augsburg 1936.

[32] Jakob Strieder, Jakob Fugger der Reiche, Vortrag auf der Generalversammlung der Görres-Gesellschaft, Limburg am 14.10.1908, in: Wissenschaftliche Beilage zur Germania, Blätter für Literatur, Wissenschaft und Kunst, Nr. 42 (15.10.1908).

[33] Vgl. Vorwort zur Biographie G. Frhr. v. Pölnitz, Jakob Fugger. Kaiser, Kirche und Kapital in der oberdeutschen Renaissance, 2 Bde., Tübingen 1949/1951, hier Bd. 1, S. VII. – Würdigung des Lebenswerkes durch Hermann Kellenbenz u.a., in: Götz Freiherr von Pölnitz. Akademische Trauerfeier am 9. November 1967, Kallmünz 1970, S. 21-48; zur Strieder-Nachfolge vgl. S. 27-29. – Daten bei W. Weber, Biographisches Lexikon (Anm. 17), S. 448-449.

[34] Götz Frhr. v. Pölnitz, Jakob Fuggers Zeitungen und Briefe an die Fürsten des Hauses Wettin in der Frühzeit Karls V. 1519-1525, in: Nachrichten der Akademie der Wissenschaften (Berichte und Studien zur Geschichte Karls V., Heft 18), Göttingen 1941, S. 90, Anm. 1, angekündigt

nur den ersten von drei Bänden fertigstellen konnte. Übrigens hatte sich auch Strieder mit Jakob Fugger befaßt, dem er eine Monographie widmete, die auch (1931) ins Englische übersetzt wurde.[35]

Pölnitz ging zweigleisig vor: Er wertete die Bestände des Fugger-Archivs aus, zugleich zog er für seine Biographie vor allem über Anton Fugger Unterlagen aus über 70 europäischen Archiven und Bibliotheken heran. Einen Teil hatte er sich selbst durch Archivreisen erschlossen. Viel Material erhielt er von Kollegen oder von Beauftragten.[36] Aus dieser organisatorischen Leistung ging ein Werk hervor, das ein einzelner nicht hätte zustande bringen können. Mag es auch schwer lesbar erscheinen, so ist es doch ein unerschöpfliches Nachschlagewerk. In gewisser Weise war es für dieses Projekt von großem Nutzen, daß das Fugger-Archiv unter Baron Pölnitz und mit Hilfe von Norbert Lieb neu verzeichnet wurde und ein modernes Repertorium der Bestände entstand.[37]

Neben dieser wissenschaftsorganisatorischen Leistung weist die Ära Pölnitz noch eine Besonderheit auf, die weiter wirkt. Pölnitz wurde nach dem Krieg Administrator der Fuggerschen Stiftungen, denen das Archiv zugeordnet ist. Die Personalunion – Leitung der Stiftungen und Betreuung des Archivs – hatte sich nach dem Tod von Dobel zeitweise als Notlösung ergeben, als der Stiftungsdirektor zugleich stellvertretender Archivar war. Unter Pölnitz entstand – im Rahmen des Fuggerschen Seniorats – eine für die Forschung günstige Infrastruktur: Seit 1949 gibt es zusätzlich einen hauptamtlichen Archivar, seit 1956 einen eigenen Archivbau in Dillingen.[38] Dadurch stehen die Bestände ständig der Wissenschaft offen.

---

für die Zeit nach dem Krieg in den 'Studien zur Fuggergeschichte'. Vgl. ausführliche Einleitung zur zweibändigen Biographie: G. Frhr. v. Pölnitz, Jakob Fugger (Anm. 33); das erste Manuskript ging 1945 bei der Zerstörung von Wässerndorf in Flammen auf, vgl. Akademische Trauerfeier (Anm. 33), S. 31.

[35] Jakob Strieder, Jakob Fugger der Reiche, Leipzig 1926; amerikanische Ausgabe Jacob Fugger the Rich, Merchant and Banker of Augsburg 1459-1525, hrsg. v. Norman Scott Gras, New York 1931. Zum Plagiatvorwurf Strieders gegen E. Reinhard, Jakob Fugger der Reiche aus Augsburg. Zugleich ein Beitrag zur Klärung und Förderung unseres Verbandswesens, Berlin 1926, vgl. Literarische Wochenschrift Nr. 25 (19.6.1926), Sp. 710-712 (Beleg in FA S VIII 9 und FA S VIII 2).

[36] Namen der Mitarbeiter in G. Frhr. v. Pölnitz, Anton Fugger (Studien zur Fuggergeschichte, Bde. 13, 17, 20, 22, 29), Tübingen 1958-1986, hier Bd. 1, S. VIII. – Verzeichnis der Archive in jedem Band, zuletzt Bd. 3/2, hrsg. v. Hermann Kellenbenz, 1986, S. 618-624, mit ausführlichem Literaturverzeichnis S. 625-637. Zu den osteuropäischen Archiven vgl. Bd. 1, S. 698; allgemein zur Archivlandschaft G. Frhr. v. Pölnitz, Die Fugger, 1. Aufl., Frankfurt a.M. 1960, S. 328-329.

[37] Das moderne Repertorium in Ordnern (nach der systematischen Aufstellung) ergänzt das Dobelsche vierbändige Repertorium, das nach Beständen thematisch-chronologisch angelegt Urkunden und Akten zusammen vorstellt.

[38] Von 1877 bis zur Auslagerung während des 2. Weltkriegs war es in den Fuggerhäusern in Augsburg untergebracht.

Schließlich setzte Pölnitz die Reihe 'Studien zur Fuggergeschichte' nach dem Krieg fort und brachte sie in die Schwäbische Forschungsgemeinschaft ein. Seit 1952 erschienen 26 Bände unter diesem Dach.[39]

4. Hermann Kellenbenz (1913-1990)

Die Leistung von Pölnitz fand ihren Abschluß unter seinem Nachfolger Hermann Kellenbenz. Auf einen Historiker folgte ein international renommierter Wirtschaftshistoriker.[40] Pölnitz hatte Kellenbenz bereits zu Lebzeiten als seinen Nachfolger vorgeschlagen, hatte er doch für den 'Anton Fugger' schon seit den fünfziger Jahren Ergebnisse aus spanischen Archiven eingebracht.

Kellenbenz verfolgte zwei Ziele: Zum einen galt es, die Biographie 'Anton Fugger' abzuschließen. Deren Band 3/1 lag im November 1967 im Manuskript abgeschlossen vor.[41] Schließlich konnte Kellenbenz 1986 den letzten Band vorlegen. Darin gab er ergänzend zur streng chronologischen Darstellungsform auf gut 100 Seiten einen systematischen Abriß über Leben und Werk des Anton Fugger.[42]

Zum anderen brachte Kellenbenz einen seiner eigenen Forschungsschwerpunkte in einer dreibändigen Arbeit über die 'Fugger in Spanien und Portugal' ein, die 1990 erschien. Damit schloß er seine seit 1951 durchgeführten spanischen Studien ab.[43]

---

[39] Reihe 4 der Schwäbischen Forschungsgemeinschaft bei der Kommission für bayerische Landesgeschichte, Zählung Bd. 1-25, 27 (1952-1994): entspricht 'Studien zur Fuggergeschichte', Bd. 10-34 und 36. Als Auftakt erschien Norbert Lieb, Die Fugger und die Kunst im Zeitalter der Spätgotik und frühen Renaissance (Reihe 4, Bd. 1 – Studien zur Fuggergeschichte, Bd. 10), München 1952. Zuletzt in dieser Reihe: Anton Fugger (1493-1560). Vorträge und Dokumentation zum fünfhundertjährigen Jubiläum, hrsg. v. Johannes Burkhardt (Reihe 4, Bd. 27 – Studien zur Fuggergeschichte, Bd. 36), Weißenhorn 1994.

[40] Offizielle Nachfolge 1970 nach der Rückkehr von Köln auf den Nürnberger Lehrstuhl. Herkunft und Werdegang schilderte Kellenbenz in seiner Abschiedsvorlesung 1984: Historiker in der Wi-So-Fakultät, in: Kleine Schriften I. Europa, Raum wirtschaftlicher Begegnung (VSWG Beihefte 92), Stuttgart 1991, S. 9-25. Stationen bei W. Weber, Biographisches Lexikon (Anm. 17), S. 295. – Nachrufe von Rolf Walter in: Hermann Kellenbenz, Kleine Schriften III. Wirtschaftliche Leistung und gesellschaftlicher Wandel (VSWG Beihefte 94), Stuttgart 1991, S. 1189-1204, mit ausführlichem Schriftenverzeichnis (S. 1205-1237), sowie Klaus Friedland, Rolf Walter in: Hansische Geschichtsblätter 109 (1991), S. V-VI.

[41] Vgl. G. Frhr. v. Pölnitz, Anton Fugger (Anm. 36), Bd. 3/1, hier Vorwort von Gudila Freifrau von Pölnitz-Kehr, S. VII-VIII.

[42] G. Frhr. v. Pölnitz, H. Kellenbenz, Anton Fugger (Anm. 36), Bd. 3/2, S. 301-446 (Kap. VII).

[43] Vgl. zu den iberischen Studien H. Kellenbenz, Die Fugger in Spanien (Anm. 12). S. XII-XIV. Besprechung von Antonio H. de Oliveira Marques, In memoriam Hermann Kellenbenz, in: Ler História 23 (Lissabon 1992), S. 117-124, zugleich Nachruf mit Verweis auf dessen Arbeiten zur iberischen Halbinsel.

Die Fugger als Forschungsthema 319

Zum dritten: Kellenbenz sorgte für die Fortführung dieses besonderen Gegenstandes über das Jahr 1560 hinaus, indem er seit den 60er Jahren Schüler im Rahmen eines DFG-Projektes ansetzte.[44]

Was Kellenbenz nicht gelang, war eine Fortsetzung der von Norbert Lieb vorgelegten zwei Bände zum Thema 'Die Fugger und die Kunst'. Ein dritter Band sollte die Schwelle von 1560 überschreiten und bis zum Jahr 1600 reichen. Das noch laufende DFG-Projekt 'Fuggerkorrespondenzen', über das Christl Karnehm in diesem Band berichtet,[45] ist letztlich aus diesen Vorbereitungen entstanden: Es sollten zentrale Bestände des Fuggerarchivs aufgearbeitet werden.

Die Arbeit über die 'Fugger und die Musik', die der vormalige Ordinarius für Musikgeschichte an der Universität Augsburg, Franz Krautwurst, seit Jahren aus eigener Initiative verfolgt, sollte ebenfalls an Lieb angegliedert werden.[46] Die Auswertung des Dillinger Materials ist inzwischen weit fortgeschritten.

Auf Fuggersche Themen hatte Hermann Kellenbenz ebenso wie seine Vorgänger auch Schüler angesetzt. Deren Arbeiten erschienen jedoch nicht wie vordem in der Reihe 'Studien zur Fuggergeschichte'.[47] Betrachtet man deren einzelne Titel näher, so zeigt sich, daß die Herausgeber der Reihe verstärkt vertreten sind, außer Strieder, der anderswo publizierte. Vor allem ihnen sind Arbeiten zu verdanken, die systematisch-chronologisch die 'Fuggerforschung' vorantrieben, die 1990 den Stand des Jahres 1560 erreicht hat.[48] Daneben stehen die Arbeiten von Schülern: allein 13 von 34 Bänden sind Dissertationen, davon erschienen sechs unter Kel-

---

[44] In absehbarer Zeit soll eine mehrbändige Edition zum spanischen Handel der Fugger bis 1597 erscheinen: Wilhelm von den Driesch, Quellen zum Spanischen Handel der Fugger (1560-1597), 4 Bde., im Druck, Lang Verlag Bern.

[45] Vgl. Christl Karnehm, Fuggerkorrespondenzen 1560-1600. Zu einem laufenden Editionsprojekt, in diesem Band.

[46] Vgl. den Überblick aus Anlaß des 500. Geburtstages von Anton Fugger: Franz Krautwurst, Die Fugger und die Musik, in: "lautenschlagen lernen und ieben": Die Fugger und die Musik, Anton Fugger zum 500. Geburtstag (Ausstellungskatalog), hrsg. v. Renate Eikelmann, Augsburg 1993, S. 41-48, mit einem Verzeichnis von Musikalienwidmungen an Mitglieder des Hauses Fugger.

[47] Schüler von G. Frh. v. Pölnitz: Georg Simnacher (Bd. 16, 1960); Eike Unger (Bd. 19, 1967); Erhard Meissner (Bd. 21, 1969); Otto Nübel (Bd. 23, 1970 und Bd. 24, 1972). Arbeiten von Kellenbenz-Schülern liegen als Diplomarbeiten masch. vor. Er nahm fremde Dissertationen in die Reihe auf: Elmar Lutz (Bd. 25/1-2, 1976); Marion Tietz-Strödel (Bd. 28, 1982); Beatrix Bastl (Bd. 30, 1987); Martha Schad (Bd. 31, 1989).

[48] Statistische Angaben zu den insgesamt 34 vorliegenden Monographien (bis 1992): a.) Autoren: 10 Herausgeber, 14 Schüler (davon 13 Dissertationen), 10 Kollegen der Herausgeber. – b.) Zeitliche Verteilung der Themen: vor 1500: 2; bis 1525: 5; bis 1560: 13; 1560-1600: 2; übergreifend bis 1600: 6; übergreifend bis Mitte 17. Jh.: 4; 18. Jahrhundert: 1; bis 20. Jahrhundert: 1 (Genealogie). – c.) Themenbereiche: Wirtschaft: 8; Kunst: 4; Kultur: 3; Politik: 1; Biographie: 11; Grundbesitz: 1; Genealogie: 1; Recht: 3; Stiftungen: 2. – Nicht gewertet wurden: Bd. 35 (im Druck: Grundbesitz); Bd. 36 (vgl. Anm. 39: Anton Fugger [1493-1560]; allererster Sammelband).

lenbenz als Herausgeber. Gerade unter Pölnitz entstanden aber auch Arbeiten von Kollegen.[49]

Zahlreiche wichtige Arbeiten wurden allerdings nicht in die Reihe aufgenommen. Zum einen gibt es diese erst seit 1907, zum anderen litt die Reihe gerade in der Zeit nach 1918 unter schweren wirtschaftlichen Problemen.[50] Daneben waren ursprünglich Arbeiten für die Reihe vorgesehen, die dann aber doch anderswo gedruckt wurden.[51]

IV. Resümee

Dieser Beitrag sollte keinesfalls eine kommentierte Bibliographie liefern, ebensowenig ging es darum, eine auf die Fugger konzentrierte Forschungsrichtung zu begründen. Vielmehr sollte er aufzeigen, wie es zur Reihe 'Studien zur Fuggergeschichte' kam und welche Schwerpunkte deren Herausgeber setzten. Die Voraussetzungen hierfür waren:

1. Grundlage für eine wissenschaftliche Beschäftigung mit der fuggerischen Geschichte war die Einrichtung eines modernen Fuggerschen Zentralarchivs 1877. Die Publikationen seines ersten Archivars wirkten sicher anregend, zumal auch andere mediatisierte Familien Archivare mit der Erforschung der Familiengeschichte betrauten.

---

[49] Bereits 1937 hatte Baron Pölnitz Norbert Lieb (Die Fugger und die Kunst, Bde. 10 und 14) und Paul Lehmann (Eine Geschichte der alten Fuggerbibliotheken, Bde. 12 und 15) als Autoren gewinnen können, deren Arbeiten erst zwischen 1952 und 1960 gedruckt wurden. 1967 kam von Hermann Kellenbenz eine Arbeit über die Maestrazgopacht (Bd. 18) hinzu.

[50] Eindringlich das Vorwort von Franz Babinger, Hans Dernschwam's Tagebuch einer Reise nach Konstantinopel und Kleinasien (1553/55) (Studien zur Fuggergeschichte, Bd. 7), München 1923. Der Inschriftenanhang zum Tagebuch wurde beim Druck aus Kostengründen weggelassen (Babinger, S. XXXV). – Der Druck der gewichtigen Dissertation von Heinz Friedrich Deininger, Die Gütererwerbungen unter Anton Fugger, 1526-1560, seine Privilegien und Standeserhöhung, sowie Fideikommißursprung, Diss. phil. masch. München 1924, unterblieb zunächst aus Kostengründen. Wegen des 2. Weltkrieges wurde der Plan von Baron Pölnitz verhindert, die Arbeit doch noch zum Druck zu bringen. – Eine weitere Dissertation von 1917 erschien im Eigenverlag: Josef Weidenbacher, Die Fuggerei in Augsburg. Die erste deutsche Kleinhaus-Stiftung, Augsburg 1926.

[51] Z.B. Reinhard Hildebrandt, Die "Georg Fuggerischen Erben". Kaufmännische Tätigkeit und sozialer Status 1555-1600 (Schriften zur Wirtschafts- und Sozialgeschichte, Bd. 6), Berlin 1966. – Die Übersetzung von Robert Mandrou, Les Fugger, Propriétaires fonciers en Souabe 1560-1618, Paris 1969, bereits in der französischen Fassung für die 'Studien zur Fuggergeschichte' vorgesehen, wird 1995 in der Reihe des Max-Planck-Instituts für Geschichte erscheinen und zugleich als Bd. 35 der 'Studien zur Fuggergeschichte'.

2. Entscheidend war der Wille der Familie, von Fachleuten eine moderne Geschichte erstellen zu lassen. Dabei sollte das eigene Archiv und alle anderen Archive, in denen Quellen zur Fuggergeschichte zu erwarten waren, ausgewertet werden.

3. Dies geschah in einem zeitlichem Rahmen, der wegen der gestiegenen wirtschaftlichen und politischen Bedeutung des deutschen Reiches nach 'Glanzzeiten in der Vergangenheit' Ausschau hielt. Im Zuge der aufkeimenden Kapitalismusforschung fanden die Fugger besonderes Interesse. Dank der guten Überlieferung im Familienarchiv und der bereitwilligen Öffnung des Archivs, ja der Förderung der Forschung aus Mitteln der Fuggerschen Stiftungen, trafen sich beide Bewegungen.

Ende des 19. und Anfang des 20. Jahrhunderts wurden die Fugger ein interessanter Stoff, der von der historischen Forschung im Gefolge der Nationalökonomie aufgegriffen wurde. Die Reihe 'Studien zur Fuggergeschichte' entwickelte sich zum tragenden Publikationsorgan, das entscheidend dazu beigetragen hat, das neuere Bild der Fugger in Historiographie und Öffentlichkeit zur Geltung zu bringen.

Die Fugger im Spiegel der Historienmalerei 1850 -1866*

Andrew John Martin

Neben den wirtschaftlichen Aktivitäten des Hauses hatten die Fugger stets ein ausgeprägtes Repräsentationsbedürfnis gepflegt, wovon auch die Reihen von Portraits zeugen, die heute im Fugger-Museum in Schloß Babenhausen zu besichtigen sind. Diesen früher nur wenigen zugänglichen Bildwerken standen indes keine figürlichen Monumente auf öffentlichen Plätzen gegenüber, die an die herausragenden Vertreter der Fugger erinnert hätten. Im heutigen Augsburg stößt man allein auf das Bronzestandbild Hans Jakob Fuggers (1516-1575), das allerdings erst im Jahre 1857 errichtet wurde. Zu diesem Zeitpunkt gehörte die ehemalige freie Reichsstadt bereits seit über fünfzig Jahren zum Territorium der Wittelsbacher; so war auch die Fuggerstatue von Ludwig I. in Auftrag gegeben worden, der damit nicht etwa einem erfolgreichen Augsburger Kaufmann, sondern dem Mitbegründer der Bayerischen Staatsbibliothek ein Denkmal setzen wollte.[1]

---

* Anregung zur folgenden Studie bot eine Ausstellung zum 500. Geburtstag Anton Fuggers, die Markus Graf Fugger zusammen mit Franz Karg M.A. (Fuggerarchiv Dillingen) im Frühjahr/Sommer 1993 in einem Raum in Schloß Babenhausen ausgerichtet hatte. Für Hinweise auf Kunstobjekte und Literatur sowie die Möglichkeit zu den notwendigen Besichtigungen danke ich Markus Graf Fugger, Prof. Dr. Johannes Burkhardt (Universität Augsburg), Edith Chorherr (Bibliothek des Bayerischen Nationalmuseums, München), Prof. Dr. Karl Filser (Universität Augsburg), Prof. Dr. Hubert Glaser (Universität München), Dr. Gode Krämer (Städtische Kunstsammlungen, Augsburg), Dr. Rainer Rückert (Bayerisches Nationalmuseum, München) und Prof. Dr. Peter Vignau-Wilberg (Photothek des Zentralinstituts für Kunstgeschichte, München). Nicht zuletzt sei Frau Menting (Völkerkundemuseum, München) und Herrn Müller (Fugger-Museum Schloß Babenhausen) für ihre Hilfsbereitschaft gedankt.

[1] Das Fuggermonument wurde gegenüber dem städtischen Museum aufgestellt, das seit 1856 den Namen Maximilianmuseum trägt (nach Maximilian II. von Bayern, dem Sohn Ludwigs). An der bronzenen Sockelplatte und dem steinernen Piedestal finden sich folgende Inschriften: *Erfunden und modelirt / von FRD. BRUGGER; Gegossen / FERD. MILLER MÜNCHEN 1857; HANS JAKOB FUGGER / BEFOERDERER / DER WISSENSCHAFT; ERRICHTET VON LUDWIG I. / KOENIG VON BAYERN / HERZOG IN SCHWABEN / MDCCCLVII.*

Natürlich erinnerten und erinnern noch heute zahlreiche Bauten und Grabdenkmäler an die Glanzzeit der Fugger, so etwa die Fuggerei und die Fuggerkapelle in Sankt Anna.[2] Doch ist von den Bemühungen der Familie im 19. Jahrhundert, ihre Vergangenheit einem größeren Publikum zu vermitteln, kaum noch etwas erfahrbar. Neben den noch zu besprechenden Fresken an den Fassaden der Fuggerhäuser sind auch die Archivalien zu den frühen Ankäufen für das Fuggermuseum im Zweiten Weltkrieg der Zerstörung anheimgefallen. Weiteren bildnerischen Dokumenten des historischen Interesses an den Fuggern, wie den Wandbildern im ehemaligen Bayerischen Nationalmuseum, war ein gleiches oder ähnliches Schicksal beschieden. Diese Untersuchung beschäftigt sich mit den in Vergessenheit geratenen Historienbildern und versucht, ihnen mit Fragen zu begegnen, die Darstellungsform und Themenwahl betreffen.

I.

Den Ausgangspunkt zur Reihe der Bildwerke, die hier besprochen werden sollen, markiert ein 1850 entstandenes großformatiges Ölgemälde von Johann Geyer, das Boetticher unter dem Titel 'Karl V. im Atelier Tizians' aufführt[3] (Abb. 1). Geschildert wird eine Gesellschaft in einem repräsentativen Saal, dessen Rückwand einen Kamin mit reichem Skulpturenschmuck und seitlich davon ein großes Fenster aufweist, das für die Beleuchtung der Szene sorgt. Als Repoussoir dient am linken Bildrand ein Malergehilfe, der, umgeben von allerlei Handwerkszeug und Phiolen, beim Farbenreiben gezeigt wird. Sein Blick führt an zwei großen Leinwänden vorbei zur Hauptgruppe. Karl V. sitzt mit übereinandergeschlagenen Beinen in einem Sessel, der ihm zugewandten – für den Betrachter jedoch nicht einsehbaren – Leinwand gegenüber. Er wendet sich dem neben ihm stehenden Tizian zu, der in der Linken eine Palette hält und – wie die beredte Geste der Rechten zeigt – gerade seinen Bildentwurf erläutert. Zur anderen Seite des Kaisers steht eine weitere auffällige männliche Figur in dunklem, pelzbesetztem Gewand, die, eine Hand auf die Sessellehne gestützt, dem Gespräch aufmerksam folgt. Am rechten Bildrand, hinter einem Hocker mit Skizzen, zieht eine zweite Gruppe das

---

[2] S. hierzu Norbert Lieb, Die Fugger und die Kunst im Zeitalter der Spätgotik und frühen Renaissance, München 1952, und Bruno Bushart, Die Fuggerkapelle bei St. Anna in Augsburg, München 1993.

[3] Privatbesitz; Öl auf Leinwand, 147 x 169 cm. Bezeichnet rechts unten: *Geyer pinx. Augsburg*. Friedrich von Boetticher, Malerwerke des 19. Jahrhunderts, 2 Bde., Dresden 1891-1901, hier Bd. I.1, S. 406, Nr. 22: "Karl V. im Atelier Tizians. (1850). E[igentümer]: Fürst Fugger." Unter dem gleichen Titel erwähnt bei Helmut Börsch-Supan, Die deutsche Malerei von Anton Graff bis Hans von Marées, 1760-1870, München 1988, S. 284.

Auge des Betrachters auf sich. Hier versucht ein Mann mit Kinnbart mit einer blonden Dame in weißem Atlaskleid ins Gespräch zu kommen. Hinter dieser steht eine weitere, farbenfroh gekleidete Dame mit Barett und Fächer, die die Szene beobachtet. Die anderen Personen blicken zur Hauptgruppe, begutachten die große Leinwand oder wenden sich mehreren Bildnissen auf Staffeleien im Hintergrund zu (darunter ein Portrait Philipps II. und des bärtigen Mannes seitlich des Kaisers?).

Die näheren Umstände, die Anlaß zur Entstehung des Gemäldes gaben, sind nicht bekannt, da über Geyer kaum publiziertes Material vorliegt.[4] Johann Geyer wurde 1807 in Augsburg geboren, wo er – nur von seiner Studienzeit an der Münchener Akademie und wenigen Reisen unterbrochen – als Maler und Lehrer am Polytechnikum (1833-1864) wirkte.[5] Der Erfolg Geyers gründete sich auf humoristische Genredarstellungen, wobei er auch literarische und historische Themen verarbeitete. In diesem Fall knüpfte er ohne Zweifel an den ersten Augsburgaufenthalt Tizians im Jahre 1548 an. Der venezianische Künstler war damals vom Kaiser eingeladen worden, um die Teilnehmer des Reichtages zu portraitieren. In diesem Zusammenhang entstanden auch mehrere Bildnisse Karls, unter anderem das heute in der Alten Pinakothek in München befindliche, ganzfigurige Portrait im Lehnstuhl, auf das Geyer hier direkt anspielt.[6] Aus diesem Grunde ist auch die traditionelle Identifizierung des von hinten an den Kaiser herantretenden, bärtigen Mannes als Anton Fugger und der Dame im Atlaskleid als dessen Gemahlin Anna Rehlinger überzeugend.[7] Die Szene spielt also in einem Saal der Fuggerhäuser am Weinmarkt, wo Karl V. während seiner Augsburgaufenthalte logierte. (Bei genauer Betrachtung des Gemäldes erkennt man überdies in der Stoffbespannung des Sessels die Darstellung der Fuggerlilie.)

Vordergründig scheint das Thema des Bildes eine Ateliersitzung zu sein, die den mächtigen Kaiser und den damals bedeutendsten Maler zeigt. Gerahmt werden beide jedoch von ihren Gastgebern, die erst die Voraussetzung für die auf-

---

[4] Friedrich Pecht, Geschichte der Münchener Kunst im 19. Jahrhundert, München 1888, S. 153f.; F v. Boetticher, Malerwerke (Anm. 3), Bd. I.1, S. 405f.; Allgemeines Lexikon der bildenden Künste. Von der Antike bis zur Gegenwart, hrsg. v. Ulrich Thieme, Felix Becker, 37 Bde., Leipzig 1907-1950, Bd. 13, S. 508.

[5] Der künstlerische Nachlaß des 1875 verstorbenen produktiven Malers (allein über 180 Gemälde), ging 1912 in den Besitz der Stadt Augsburg über (vgl. Archiv der Städtischen Kunstsammlungen).

[6] Zu Tizians Augsburger Aufenthalten vgl. zuletzt Klára Garas, Die Fugger und die venezianische Kunst, in: Venedig und Oberdeutschland in der Renaissance. Beziehungen zwischen Kunst und Wirtschaft, hrsg. v. Bernd Roeck, Klaus Bergdolt, Andrew John Martin (Studi. Schriftenreihe des Deutschen Studienzentrums in Venedig, Bd. 9), Sigmaringen 1993, S.123-129. Zum Gemälde in der Alten Pinakothek: Rolf Kultzen, Peter Eikemeier, Alte Pinakothek. Venezianische Gemälde des 15. und 16. Jahrhunderts, 2 Bde., München 1971, Textband S. 175-179.

[7] Diese Angaben verdanke ich Markus Graf Fugger.

wendige Hofhaltung und das Mäzenatentum des Herrschers geschaffen hatten. Es ist daher äußerst unwahrscheinlich, daß das Gemälde Geyers ohne Auftrag entstand. Da es sich bereits im 19. Jahrhundert in Fuggerbesitz befand,[8] ist zu vermuten, daß Fürst Leopold Fugger (1827-1885), der Gründer des Fuggermuseums, an den Augsburger Maler herangetreten war.

II.

Zehn Jahre später sollte eben Fürst Leopold mit der Bemalung der Fassaden der Fuggerhäuser durch Ferdinand Wagner den Älteren (1819-1888) einen wesentlich anspruchsvolleren Auftrag erteilen. Die zwischen 1860 und 1863 ausgeführten Fresken, zugleich das Hauptwerk Wagners, gingen im Zweiten Weltkrieg verloren. Doch existieren Schwarzweiß- und Farbphotographien, die den ursprünglichen Eindruck vermitteln.[9]

Die zwei zusammenhängenden, langen Fassadenfronten boten keine günstigen Voraussetzungen für tableauartige Darstellungen. Die zur Verfügung stehenden Hauptflächen befanden sich zwischen den Fensterreihen des ersten und zweiten Oberstocks, wobei zusätzlich eine unterschiedliche Stockwerksbildung vorlag, da sich die Fensterreihen am rechten, nördlich gelegenen Haus etwas tiefer befanden. Wagner gelang es aber, zwischen gemalten Rahmungen mit Rankenwerk, Wappen der Augsburger Familien, Wahlsprüchen der Fugger und einem unterhalb des ersten Oberstocks liegenden Frieses mit spielenden Kindern fünf große Hauptszenen einzubinden. Für aufrecht stehende Figuren und aufragende Architekturteile blieb dem Maler nur der Raum zwischen den Fenstern.

---

[8] Vgl. Anm. 3.
[9] Der Verlust der Originale hat jedoch bedingt, daß Wagner bislang kaum in der Forschung Beachtung fand. Die wichtigsten Informationen bieten folgende Publikationen: Adolf Reichner, Die Fresken am Fuggerhaus von Ferdinand Wagner. Mit fünf Lithographien von Alfred Jochner, Augsburg 1864; Hermann Riegel, Ferdinand Wagner, in: Deutsche Kunststudien, Hannover 1868, S. 341-354; F. Pecht, Geschichte der Münchener Kunst (Anm. 4), S. 152f.; Allgemeines Lexikon der bildenden Künste (Anm. 4), Bd. 35, S. 32. Im Bezirksmuseum von Wagners Geburtsstadt Schwabmünchen werden über sechshundert Entwürfe und Zeichnungen verwahrt. Vgl. hierzu die Ausstellungshefte Richard Wagner, Ferdinand Wagner. 1819-1881. Ausstellung einer Auswahl seines graphischen Werks, Schwabmünchen 1978, und ders., Historienmaler Ferdinand Wagner. Ausstellung einer Auswahl seiner Werke (vom Entwurf zum Original) anläßlich seines 100. Todestages, Schwabmünchen 1981. Ferner ein unveröffentlichtes Manuskript Richard Wagners in der Augsburger Staats- und Stadtbibliothek: Historienmaler Ferdinand Wagner. Einführungsreferat bei der Eröffnung der Gedächtnis-Ausstellung aus Anlaß des 100. Todestages des Malers Ferdinand Wagner (1981).

Da keine exakten Beschreibungen der Fassadenmalereien existieren und auch hier nicht alle Szenen abgebildet werden, soll im folgenden zumindest eine kurze Bestandsaufnahme gegeben werden.

Das erste Bild schildert die 'Übergabe des Rechtsbuches an die Reichsstadt Augsburg durch Kaiser Rudolf von Habsburg'. Die Komposition wird durch den thronenden Kaiser eröffnet, der mit der Linken auf den Augsburger Dom im Hintergrund weist und gleichzeitig mit einem Stab in der Rechten das aufgeschlagene Buch berührt, das ihm ein kniender Page präsentiert. Rechts treten Abgesandte der Stadt und jubelndes Volk hinzu.

Bei dem nächsten Fresko 'Kaiser Ludwig der Bayer findet in der kaiserlich gesinnten Stadt herzliche Aufnahme' handelt es sich um eine recht suggestiv geschilderte Nachtdarstellung. Ludwig, in der Mitte der Komposition, wird von einer Augsburger Delegation begrüßt. Links sieht man ein Stadttor mit geöffnetem Fallgitter, hinter der Stadtmauer sind einige Türme erkennbar. Die Hauptgruppe ist von winkenden und Fackeln schwenkenden Frauen und Knappen umgeben.

Das dritte Tableau zeigt die 'Gründung der Fuggerei durch Jakob Fugger' (Abb. 2). Im Zentrum sieht man den von Kindern umringten Stifter bei der Inspektion eines Bauplanes. Rechts der an den Bauherrn herantretenden Architekten wird gerade ein Haus errichtet. Im Hintergrund sind neben dem Torbau bereits mehrere Wohnhäuser zu sehen; der Bau ganz links ist noch von der Richtfesttanne bekrönt. Davor bemerkt man eine Dame – wohl die Gemahlin Fuggers Sibylle Arzt –, die, begleitet von einer Magd, Brot an die Armen verteilt.

Nach einem Madonnenfresko, das den Übergang zum angrenzenden Fuggerhaus verschliff,[10] folgte die Darstellung 'Kaiser Maximilian I. nimmt die Geschenke entgegen, welche ihm die Bürger Augsburgs, an der Spitze Konrad Peutinger und Fugger, darbringen' (Abb. 3). Die Szene spielt in einem prunkvollen Innenraum, der wohl den Festsaal des Fuggerhauses vorstellen soll. Maximilian, leicht nach rechts aus der Mitte gerückt, steigt von einem baldachinbekrönten Podest herab und wendet sich dem Humanisten Konrad Peutinger zu, der die Augsburger Abordnung anführt. Unter deren Geschenken befindet sich ein Foliant, eine von zwei Männern getragene Schatulle und ein Harnisch mit Helm. In der Gruppe rechts des Kaisers erscheinen Anton Fugger und seine Gemahlin Anna Rehlinger.[11]

Das letzte Bild hat schließlich den 'Kniefall Anton Fuggers vor Karl V.' zum Thema (Abb. 4). Nach dem Sieg des Kaisers über die Protestanten in der Schlacht bei Mühlberg hatte Anton Fugger am 29. Januar 1547 in Ulm um Schonung seiner

---

[10] Die 'Gottesmutter als Patronin des Hauses Fugger' soll nach dem Krieg noch partiell erhalten gewesen sein. Vgl. das Manuskript Richard Wagners, Historienmaler Ferdinand Wagner (Anm. 9), S. 4.

[11] Die Darstellung erweist sich hierdurch als historisch nicht authentisch, da der Kaiser bereits 1519 starb, Anton Fugger und Anna Rehlinger aber erst 1527 heirateten.

dem schmalkaldischen Bund angehörigen Vaterstadt gebeten. Diese Szene verlegte der Maler in ein großes, nach vorne offenes Zelt, in dem Karl umgeben von seinen militärischen Beratern sitzt und einen Festungsplan studiert. Er wendet sich nach rechts zu einem Hofbeamten, der auf die Augsburger Delegation weist, die sich – angeführt von Anton Fugger – demütig knieend am Eingang des Zeltes versammelt hat.

Die Fassadenmalereien führten ein 'Kaiserprogramm' vor Augen, wobei – für Augsburg ungewöhnlich – nicht bis Augustus zurückgegangen, sondern die Geschichte der Stadt vornehmlich in ihrer Beziehung zu den Habsburgern gezeigt wurde. (Den drei mächtigen Habsburger Kaisern steht allein der um Asyl nachsuchende Wittelsbacher Ludwig der Bayer entgegen.)

Auffällig ist weiter, das mit dem Thema 'Gründung der Fuggerei durch Jakob Fugger' ein Fresko existierte, das nicht dem Kaiserprogramm folgte. Hier fand nicht nur ein großer Zeitsprung vom hohen Mittelalter zur frühen Neuzeit statt, sondern wurde auch der Zeitpunkt markiert, da die Fugger begannen, die Geschicke Augsburgs zu bestimmen. Macht man sich klar, daß dieses erste 'Fuggerfresko' gleichzeitig den zentralen Platz der Fassaden einnahm, wird der Anspruch der Familie noch umso deutlicher unterstrichen. Demzufolge muß die eigentliche Aussage der drei letzten Fresken vornehmlich auf die Fugger selbst bezogen werden, die als Wohltäter des Volkes, Gastgeber der Kaiser und Retter der Vaterstadt auftreten.

Es ist daher erstaunlich, daß dieser deutliche Verweis auf die geschichtliche Größe der Familie, verbunden mit einem starken sozialen und politischen Anspruch, in den zeitgenössischen Beurteilungen der vielgerühmten Fassade übergangen wurde. So schreibt Hermann Riegel fünf Jahre nach Vollendung der Malereien:

> "Für Augsburg sind die Bilder des Fuggerhauses ein lieber, rühmlicher und bildsamer Besitz schnell geworden, denn diese Werke muß ja von nun an schon jedes Kind von Kleinauf fast täglich sehen, und nur durch die täglich Gelegenheit erzieht sich in einem Volke nach und nach ein besserer Sinn für die Kunst."[12]

Die Fresken werden hier ausschließlich als Kunstwerk beurteilt; der einzige soziale Aspekt wird in der Stiftung einer Art Freiluftmuseums durch die Fugger gesehen, der Erziehungsgedanke nur auf den 'Kunstwert' bezogen.

---

[12] H. Riegel, Ferdinand Wagner (Anm. 9), S. 348.

III.

Als Ferdinand Wagner im Jahre 1863 seine Fassadenfresken vollendete, wurde im ersten Obergeschoß des neuerbauten Bayerischen Nationalmuseums in München von einer Schar von Malern ein Zyklus von etwa 140 großformatigen Wandbildern in Angriff genommen. Im prominent gelegenen 'Schwabensaal' sollte dabei die Darstellung von Angehörigen des Hauses Fugger im Mittelpunkt stehen.

Die dem Bau und der Ausstattung des ehemaligen Bayerischen Nationalmuseums vorangegangenen Überlegungen werden im folgenden kurz referiert.[13]

Bereits Anfang der 1830er Jahre trug sich der spätere König Maximilian II. mit der Idee, *allmählich von den ersten Malern die schönsten, originellsten Gegenden Bayerns aufnehmen zu lassen, so die klassischen Stellen, wo Berühmtes sich zugetragen.*[14] Dieser Plan mischte sich mit späteren Projekten, so den Aufträgen für eine Ahnengalerie der Fürsten von Bayern (1849) und einen Prachtband über die Denkmäler des bayerischen Herrscherhauses (ab 1852). In diese Aktivitäten band der König neben Karl Maria von Aretin, den späteren ersten Direktor des Bayerischen Nationalmuseums, auch Jakob Heinrich von Hefner ein, der seit 1853 als Konservator an den Vereinigten Sammlungen tätig war.[15] Am 24. November 1853 legte Aretin einen 'Vorschlag zur Errichtung eines Wittelsbachischen Museums' vor, in einem Brief Maximilians vom 30. Juni 1855 fällt schließlich erstmals die Bezeichnung 'Bayerisches Nationalmuseum'. Der König sollte die am 28. Oktober 1867 erfolgte feierliche Eröffnung des Museums nicht mehr erleben, das er *meinem Volk zu Ehr und Vorbild* (so das an der Fassade angebrachte Motto) hatte errichten lassen.

Die von ihm favorisierte Freskenausstattung, die die geschichtliche Größe und den Herrschaftsbereich des Hauses Wittelsbach veranschaulichen sollte, wurde bereits 1868 von Friedrich Pecht als "gründlich mißglückt" bezeichnet – ein Verdikt, das sich gleichermaßen auf die künstlerische Qualität wie auch auf das Programm bezog.[16] Es ist bezeichnend, daß Carl von Spruner im Vorwort der von ihm

---

[13] Siehe hierzu besonders: Jakob Heinrich von Hefner-Alteneck, Entstehung, Zweck und Einrichtung des Bayerischen Nationalmuseums, Bamberg 1890; Ingolf Bauer, König Maximilian II. sein Volk und die Gründung des Bayerischen Nationalmuseums, in: Bayerisches Jahrbuch für Volkskunde (1988), S. 1-38; Hubert Glaser, "... ein Bayerisch historisches Museum im weitesten Sinne des Wortes ...", in: Die Nation und ihre Museen. Für das Deutsche Historische Museum hrsg. v. Marie-Louise von Plessen, Frankfurt, New York 1992, S. 182-190; Cornelia Andrea Harrer, Das Ältere Bayerische Nationalmuseum an der Maximilianstraße in München, München 1993.

[14] Nach C. A. Harrer, Das Ältere Bayerische Nationalmuseum (Anm. 13), S. 77.

[15] Zu diesen und den im folgenden genannten bayerischen Wissenschaftlern und Autoren vgl. Bosls Bayerische Biographie, Regensburg 1983.

[16] "Hausgeschichte ist doch keine Landesgeschichte"; "Allerdings ist es vielleicht weniger die Talentlosigkeit der Künstler, die ihn [den Gesamteindruck] bewirkt, als die Rohheit eines Ar-

im gleichen Jahr besorgten Edition des Zyklus' seine Kritik nur schwer unterdrücken konnte, das vom König vorgegebene Gesamtkonzept jedoch nicht zur Diskussion stellte.[17] Die Fresken sollten bald der Vergessenheit und stufenweisen Zerstörung anheim fallen. Seit 1900 wurden die Bestände des Museums im neuen Bau an der Prinzregentenstraße gezeigt; 1926 zog das Völkerkundemuseum ein und paßte die Räumlichkeiten den neuen Erfordernissen an. Im Zweiten Weltkrieg ging ein Großteil der noch existierenden Wandbilder bei einem Luftangriff verloren. Wer heute die traurigen Reste besichtigt, wird sich über das weitgehende Desinteresse der Forschung nicht wundern.[18]

Im ehemaligen Schwabensaal im Ostflügel des ersten Obergeschosses hat sich nurmehr die Darstellung 'Augsburgs Blüthezeit im XVI. und Anfang des XVII. Jahrhunderts' erhalten[19] (Abb. 5).

Die anderen Fresken dieses Raumes illustrierten folgende Themen: 'Tiberius und Drusus, Kaiser Augustus' Stiefsöhne, als Gründer Augsburgs'; 'Die heilige Afra erleidet zu Augsburg den Martyrertod 304'; 'Der heilige Magnoalt stiftet die Abtei St. Mang zu Füssen und eröffnet die Eisenwerke am Säuling Anfang des VII. Jahrhunderts'; 'Entscheidende Niederlage der Ungarn auf dem Lechfeld 955'; 'Georg von Frundsberg, Herr von Mindelheim, als Sieger über Franz I. in der Schlacht von Pavia 1525'; 'Die protestantischen Fürsten übergeben 1530 zu Augsburg dem Kaiser Karl V. ihr Glaubensbekenntnis'; 'Der reiche Anton Fugger wirft

---

rangements, das 150 Bilder gleicher Art und Größe ohne alle Abwechslung, Erholung und Unterbrechung mit plumper brutaler Gleichgültigkeit nebeneinander stellt." Friedrich Pecht, Die Fresken des bayerischen Nationalmuseums in München, in: Zeitschrift für bildende Kunst 3 (1868), S. 194-200, dort S. 194 und 197f.

[17] "Wenn nun der hohe Bauherr so manchesmal ein Wort ermunternd und belobend durch die Säle schritt, so dürfen wir kaum annehmen, dass seinem kunstgeübten Augen die einzelnen, zumeist in der Farbe misslungenen Leistungen entgingen. Aber sein feiner und zarter Sinn, dem es widerstrebte, irgend Jemandem wehe zu thun, verschloß ihm den Mund. Höchst wahrscheinlich wären jene schlechten Bilder doch noch entfernt worden, für jetzt aber erhielt seine Nachsicht ein paar Dutzend [sic!] am Leben, von denen wir keinen Augenblick bedauern würden, wenn sie dem Spitzhammer erlägen, um unter der erprobten Hand der tüchtigen Künstler die sich hier bewährt, wieder neu zu erstehen." Carl von Spruner, Die Wandbilder des Bayerischen National-Museums, München 1868, S. VII. Eine vierbändige, bebilderte Prachtausgabe mit identischen Begleittexten befindet sich in der Bibliothek des Bayerischen Nationalmuseums. (Sie trägt die Widmung: *Geschenk an das Bayerische Nationalmuseum. München den 14. März 1868. Ludwig*).

[18] Die Fresken finden Erwähnung in: Monika Wagner, Allegorie und Geschichte. Ausstattungsprogramme öffentlicher Gebäude des 19. Jahrhunderts in Deutschland. Von der Corneliusschule zur Malerei der Wilhelminischen Ära, Tübingen 1989, S. 87f. Zuletzt: Hubert Glaser, Entstehung und Wandel – Das nationale Geschichtsmuseum. Zur Beschauung und Belehrung, in: Kunst und Antiquitäten (Februar 1994), S. 14-18, dort S. 18.

[19] Das in einem schlechten Zustand befindliche Fresko ist heute hinter einer Stoffbespannung verborgen. An der Stirnwand befindlich, bildete es ehemals einen point-de-vue für den vom Treppenhaus kommenden Besucher. S. hierfür das Photoalbum 'Altes Bayerisches Nationalmuseum. Interieurs' (Bibliothek des Bayerischen Nationalmuseums).

den Schuldschein Karls V. in das Kaminfeuer, an dem der Kaiser sitzt'; 'Venezuela in Südamerika 1588 für die Welser erobert'.[20]

Der 'Schwabenzyklus', der im Blütezeitfresko kulminiert, ist nicht exakt chronologisch geordnet. Auffällig sind die nationalen und religiösen Elemente.[21]

Im Hinblick auf die Fugger ist zunächst das Wandbild mit der Schuldscheinverbrennung (1863-1865) von Nikolaus Bauer von Interesse[22] (Abb. 6). Spruner gibt hierzu folgenden Kommentar:

"So oft Kaiser Karl nach Augsburg kam, wohnte er in dem goldstrotzenden Palast Antons auf dem Weinmarkt [...]. Anton hatte dem Kaiser besonders zu dem Zuge nach Tunis grosse Summen vorgestreckt. Eines Abends – es soll während des Reichstages 1530 gewesen sein – sassen Beide im wichtigen Gespräche am Kaminfeuer, das, einen solchen Gast zu ehren, mit Zimmet und Mahagony unterhalten wurde. Als die Flamme dem Erlöschen nahe und kein Holz mehr zur Hand war, es auch den podagrischen Kaiser zu frösteln begann, erhob sich der fürstliche Kaufherr, ergriff die Schuldverschreibung Karls, auf 800.000 Goldgulden lautend, und warf sie zur Nährung der Gluth in den Kamin. 'Und dieses Feyerlein,' bemerkt die naive Chronik, 'dünkte dem Kaiser gar lustig.'"[23]

Der Maler versuchte, das psychologische Moment der Darstellung herauszuarbeiten. Der sitzende Karl weicht überrascht vor Anton Fugger zurück, der aufrecht und gebieterisch am Kamin steht, wo er die Papiere seines Schuldners dem Feuer überantwortet. Das minutiös geschilderte spätgotische Interieur lenkt kaum von den Figuren ab; im Vordergrund links fällt allein der modernere Stuhl mit dem Augsburger Pyr auf, sicherlich eine Anspielung auf den Sessel in Tizians Portrait Karls V. in der Alten Pinakothek.[24]

Ferdinand Piloty der Jüngere schuf schließlich das Bild der Blütezeit Augsburgs (1863-1865) (Abb. 5), das als eines der wenigen Meisterwerke unter den Fresken des Bayerischen Nationalmuseums galt und sogar bei Pecht, deren vehe-

---

[20] Die Bildtitel nach C. v. Spruner, Die Wandbilder (Anm. 17). Alle Fresken sind abgebildet in: Hans Reidelbach, Bayerns Geschichte in Bild und Wort nach den Wandgemälden des bayerischen alten Nationalmuseums, München 1909.
[21] So findet sich etwa im ersten Fresko eine Germanin, die ihr Kind stillt und gleichzeitig die geballte Faust gegen die beiden römischen Feldherrn ausstreckt, die im Verhältnis zu ihr geradezu puppenhaft wirken. In der Lechfeldszene reitet Bischof Ulrich mit dem Kreuz bewaffnet den ungarischen Invasoren entgegen.
[22] Der gleiche Maler schuf auch die Darstellung der 'Confessio Augustana'. Zu Leben und Werk vgl. zuletzt Allgemeines Künstler-Lexikon, Bd. 7, München, Leipzig 1993, S. 631f.
[23] C. v. Spruner, Die Wandbilder (Anm. 17), S. 543f. Im ersten Katalog des Bayerischen Nationalmuseums (1868) findet sich eine hiervon nur wenig abweichende Schilderung.
[24] Das Arrangement von Stuhl, Vorhang und dahinter liegender Lichtquelle zitiert überdies Jan Vermeers 'Ruhm der Malkunst' (Wien, Kunsthistorisches Museum).

mentesten Kritiker, positiv vermerkt wurde.[25] Auch dieses Gemälde wurde von Spruner kommentiert:

> "Auf der rechten Seite tritt Franz Welser, der Vater der schönen Philippine, mit dieser ein. Ihr naht sich der junge Erzherzog Ferdinand, des römischen Königs Sohn, galant eine Rose bietend. [...] Den Welsern entgegen tritt, im rothen mit Gold gestickten Ueberwurfe, Jakob Fugger, neben ihm befinden sich Ulrich und Georg. Links oben an diese schliesst sich der ältere Holbein mit seinem Sohne an, ein Bild vorweisend. Dazwischen, ausgezeichnet durch seinen mächtigen Bart, der berühmte Hauptmann der Stadt, Schertlin von Burtenbach. Im Vordergrund erblicken wir Konrad Peutinger in stattlicher Figur in grünem Gewande, neben ihm sitzend seine Frau. Dazwischen Johann Baumgartner und neben diesem im schwarzen Gewande Adolph Occo. Ganz nach links steht Holl mit dem Zirkel in der Hand, hinter ihm Engelberger und Dennecker im Gespräch. Ganz rechts im Mittelgrunde erblicken wir eine Gruppe Handwerker um das Modell zu Kaiser Maxens Grabdenkmal. Der offene Bogen gestattet den Ausblick vom Weinmarkte gegen St. Ulrich hinauf."[26]

Abgesehen von den falschen Ortsangaben – bei dem "Modell zu Kaiser Maxens Grabdenkmal" handelt es sich um den Herkulesbrunnen, der Blick geht nicht nach Süden, sondern nach Norden (zu sehen sind Rathaus und Perlachturm) – scheinen die wichtigsten Bildfiguren richtig identifiziert worden zu sein. Auffällig in den Mittelpunkt gerückt ist Jakob Fugger, der nicht allein als Hausherr, sondern vielmehr als Herr der Stadt auftritt. Seine einladende Geste kann so wohl eher als Verweis auf seine Fördertätigkeit für Kunst und Wissenschaft verstanden werden, denn in der phantasievoll gestalteten Vorhalle seines Hauses spielt sich das kulturelle Leben Augsburgs ab – die Versammlung gemahnt deutlich an Raffaels 'Schule von Athen'.

Im Gegensatz zu den Augsburger Beispielen wurden im Schwabensaal des Bayerischen Nationalmuseums die Habsburger nur als Randfiguren (der galante Ferdinand) beziehungsweise als machtlose Herrscher (Karl V. beim Augsburger Glaubensbekenntnis und der Schuldscheinverbrennung) vorgeführt.[27] Die Ge-

---

[25] "Nun kommen wir zum Augsburger Saal, wo uns Ferd. Piloty's Blüthezeit der Stadt wirklich wie ein Sonntagmorgen anlacht. Durch die Feinheit der Bewegung, das Charakteristische in der Auffassung dieser reichen kunstliebenden Kaufleute, durch die Grazie ihrer Frauen ist es ein reizendes Bild, eines der schönsten der ganzen Galerie, trotzdem daß die Leute alle weit mehr mit sich als mit ihrer Umgebung beschäftigt erscheinen, ja daß sie vielleicht auch der rechten Naivetät entbehren." F. Pecht, Die Fresken (Anm. 16), S. 198. Auch zu Piloty d.J., der im Schatten seines berühmten Vaters stand, existiert bislang keine monographische Abhandlung. Zu ihm s. F. v. Boetticher, Malerwerke (Anm. 3), Bd. II.1, S. 276f., und Allgemeines Lexikon der bildenden Künste (Anm. 4), Bd. 27, S. 47.

[26] C. v. Spruner, Die Wandbilder (Anm. 17), S. 562f.

[27] So hatte man auch bei der Auswahl für die Gemälde der Historischen Galerie im Maximilianeum auf die zunächst notierte Darstellung der Schlacht von Mühlberg verzichtet. Vgl. hierzu Hubert Glaser, Zur Entstehungsgeschichte der Historischen Galerie des Königs Maximilian II.

schichte der Stadt wird bis hin zu ihrer Glanzzeit verfolgt, so daß die historische Schilderung lange vor der Angliederung an das bayerische Königreich abbricht. Auch wurde ein früherer wichtiger Berührungspunkt zwischen Augsburg und den Wittelsbachern geflissentlich übergangen, die Aufnahme Ludwigs des Bayern, der sich 1315 in den Schutz der Reichsstadt begab – ein Ereignis, das im Selbstbewußtsein der Einwohner fest verwurzelt war.[28]

IV.

Die größte Faszination sollte in der Folge von der Schilderung der Schuldscheinverbrennung ausgehen. Kurz nach dem Fresko Nikolaus Bauers nahm sich der Berliner Maler Karl Ludwig Friedrich Becker des Themas an. Sein signiertes und 1866 datiertes Gemälde 'Kaiser Karl V. bei Fugger' (Abb. 7) war noch im gleichen Jahr von der Königlichen National-Galerie angekauft worden.[29]

Im zeitgenössischen Katalog wird es wie folgt beschrieben:

Karl V. in spanischer Tracht im Lehnstuhl sitzend, seine Dogge zur Seite, umgeben von Kardinal Granvella und einem Ritter, blickt verwundert zu dem alten Jakob [sic!] Fugger auf, welcher in Schaube und Sammetrock gekleidet, auf die im Kamin brennenden Schuldverschreibungen des Kaisers deutet. Rechts steht der gedeckte Tisch, welchen eine Schaffnerin mit Teller, Backwerk und Früchten besetzt, während Fugger's Tochter in rotem goldverbrämten Sammetkleide dem Kaiser auf dem Kredenzbrett einen kostbaren Elfenbeinkrug mit einem Glase südlichen Weins darreicht. Die Wände sind mit Holzverkleidung und Gobelins bedeckt, am Boden liegt ein orientalischer Teppich, von der Decke hängt ein Kronleuchter.[30]

---

von Bayern im Maximilianeum zu München, in: Musis et Litteris, Festschrift für Bernhard Rupprecht zum 65. Geburtstag, hrsg. v. Silvia Glaser, Andrea M. Kluxen, München 1993, S. 383-420, dort S. 398.

[28] Ludwig hatte im folgenden Jahr Augsburg als unveräußerliche Reichsstadt bestätigt. Neben dem verlorenen Fassadenfresko Ferdinand Wagners existiert ein Ölgemälde zum gleichen Thema von der Hand Johann Geyers (von 1844), das sich ehemals im Rathaus befand. Vgl. F. v. Boetticher, Malerwerke (Anm. 3), Bd. I.1, S. 406. Es hängt heute im Karteiraum der Staats- und Stadtbibliothek Augsburg.

[29] Nationalgalerie, Staatliche Museen zu Berlin, Öl auf Leinwand, 101 x 127 cm (ehemals 118 x 151 cm). Zu Ankauf und ursprünglichen Abmessungen Max Jordan, Katalog der Königlichen National-Galerie zu Berlin, 7. Aufl., Berlin 1885, S. 8. Eine Ölskizze Beckers zum Berliner Gemälde befindet sich in Augsburger Privatbesitz. Zum Künstler vgl. F. v. Boetticher, Malerwerke (Anm. 3), Bd. I.1, S. 64-66, und Allgemeines Künstler-Lexikon (Anm. 22), Bd. 8, 1994, S. 170 (Eintrag: Helmut Börsch-Supan).

[30] M. Jordan, Katalog der Königlichen Nationalgalerie (Anm. 29), S. 8f.

Die von Bauer beabsichtigte Dramatik der Szenerie wurde bei Becker in eine vielfigurige, farbenfreudige Komposition überführt. Bemerkenswerterweise blieben beide Gemälde verbindlich für zahlreiche Nachahmer.[31]

Hält man bereits nach den kompositionellen Vorlagen für Bauer und Becker Ausschau, stößt man wieder auf das Gemälde Geyers von 1850[32] und auf die Fassadenfresken Wagners.[33]

Bei Wagner scheinen beide Künstler besonders die Szene mit dem Ulmer Kniefall studiert zu haben. Diese ist m. E. als Ausgangspunkt für deren Bilderfindungen anzusehen, die deshalb gleichzeitig als inhaltliche Umdeutungen zu bewerten sind. Denn der im Sessel sitzende Kaiser wird vom siegreichen Herrscher zum zahlungsunfähigen Schuldner, Anton Fugger hingegen erhebt sich vom demütig Bittenden zum hochherzigen Gläubiger. Man könnte sagen, daß hiermit das Thema 'Die Großmut Karls V.' eine Verwandlung in das Thema 'Die Großmut Anton Fuggers' erfahren hat.

Es wurde bereits weiter oben angedeutet, daß die Habsburger im Schwabensaal des Bayerischen Nationalmuseums eher peripher behandelt wurden, was natürlich daran liegen mag, daß der Gesamtzyklus in erster Linie zur Verherrlichung der Wittelsbacher gedacht war. Vielleicht ist es aber kein Zufall, daß der Berliner Maler Becker gerade zur Zeit der Auseinandersetzung zwischen Preußen und Österreich das in München geschilderte Thema der Schuldscheinverbrennung aufgriff. Die Verbildlichung des historisch nicht verbürgten Ereignisses[34] mußte dazu

---

31 Die Bilderfindung Beckers kursierte als Stich, die Bauers begegnet als Lithographie in: Anton Stauber, Das Haus Fugger. Von seinen Anfängen bis zur Gegenwart, Augsburg 1900 (Tafel gegenüber S. 64). Eine mit den Initialen C. P. signierte Zeichnung in Schloß Babenhausen vereinigt Elemente aus beiden Vorlagen. – Als Anlehnung an die Komposition Beckers soll zuletzt eine bemalte Ofenkachel erwähnt werden, die sich im Heimatmuseum Berlin-Pankow befindet.

32 Bauer scheint die Karl V.-Tizian-Gruppe verarbeitet zu haben. Becker hatte bereits in einem Gemälde des Jahres 1862 'Karl V. in Tizians Atelier' dargestellt. Nach F. v. Boetticher, Malerwerke (Anm. 3), Bd. I.1, S. 65, 1876 oder 1880 in Berlin versteigert, Verbleib unbekannt (Photographie im Zentralinstitut für Kunstgeschichte, München).

33 Becker ließ sich darüber hinaus nicht nur von Bauers Darstellung, sondern auch von Wagner und Piloty anregen. (Dies zeigt besonders die Figur des Anton Fugger.)

34 Die erste schriftliche Fixierung der Schuldschein-Anekdote stammt aus dem 17. Jahrhundert. Vgl. Johannes Burkhardt, Jubiläumsvortrag Anton Fugger, in: Anton Fugger (1493-1560). Vorträge und Dokumentation zum fünfhundertjährigen Jubiläum, hrsg. v. Johannes Burkhardt (Studien zur Fuggergeschichte, Bd. 36), Weissenhorn 1994, S. 137-150, hier S. 141f. Karl Filser (vgl. den Beitrag in diesem Band) hat eine frühe schriftliche Darstellung dieser Anekdote ausfindig gemacht in: Die Weltgeschichte, mit besonderer Rücksicht auf das Vaterland. Zunächst für Schulseminaristen, Real- und Studienschüler; dann Gebildete aus dem Volke überhaupt. Von Nikolaus Haas, zweytem Lehrer an koeniglichen Schullehrer-Seminar zu Bamberg, Bamberg, Würzburg 1815, S. 111. Der vollständige Text dort lautet: "Als Kaiser Karl V. bey Anton Fugger zu Augsburg einkehrte, zündete dieser ein Feuer von Zimmetholz an, in welches er die Schuldscheinverschreibung, die der Kaiser ihm auf ein ansehnliches Darlehen ausgestellt hatte, hinein warf." Vergleicht man die Passage mit den schriftlichen Kommentaren

prädestiniert erscheinen, dem in der damaligen deutschsprachigen Geschichtsschreibung verbreiteten Bild des Habsburgers und seiner den nationalen Interessen entgegenstehenden Hauspolitik eine weitere abwertende Note hinzuzufügen.

So schreibt der für Maximilian II. vorbildhafte Leopold von Ranke in seiner 'Deutschen Geschichte im Zeitalter der Reformation': "Wir haben jedoch längst bemerkt, daß die Interessen der Nation und ihres Oberhauptes mitnichten ineinander aufgingen. Karl V. war ein Sprößling des burgundischen Hauses, das mit nationalen Bestrebungen nichts gemein hatte."[35]

Noch unverhohlener sollte Gustav Freytag in seinen 'Bilder[n] aus der deutschen Vergangenheit' den Bezug zur damaligen Gegenwart herstellen:

"Luther war gestorben. Ueber seinem Grabe tobte der schmalkaldische Krieg. Karl V. durchzog im Triumph das gedemütigte Deutschland. Nur einmal standen die Männer einander gegenüber, welche das Leben Deutschlands zwiespältig geschieden haben, die großen Gegner, welche in den Urenkeln ihres Geistes einander noch heut bekämpfen [sic!], der burgundische Habsburger und der deutsche Bauersohn, Kaiser und Professor, der eine, welcher deutsch nur mit seinem Pferd sprach, und der andere Uebersetzer der Bibel und Bildner der neudeutschen Schriftsprache, der eine Vorfahr der Jesuitengönner, Urheber der habsburgischen Hauspolitik, der andere Vorgänger Lessing's, der großen Dichter, Geschichtsschreiber und Philosophen. [...] damals begann der Kampf seines Hauses mit dem Hausgeist des deutschen Volkes."[36]

Es ist schwer zu entscheiden, ob Maximilian II. die Aufnahme der Darstellung mit der Schuldscheinverbrennung selbst angeordnet hatte[37] und wenn ja, welche In-

---

zu dem Münchener Wandbild (die Erwähnung von 'Zimmet'!), muß man m. E. davon ausgehen, daß die Anekdote noch weiterhin in dieser Form kursierte.

[35] Leopold von Ranke, Deutsche Geschichte im Zeitalter der Reformation, 3 Bde., Wien, Hamburg, Zürich o.J. [Erstausgabe 1839-1847], Bd. 3, S. 168. Zu Maximilian II. und Ranke s. Golo Mann, Gedanken zum Ende der Monarchie in Bayern, in: Krone und Verfassung. König Max I. Joseph und der neue Staat. Ausstellungskatalog: Wittelsbach und Bayern, hrsg. v. Hubert Glaser, München 1980, Bd. III.1, S. 473-478, dort S. 473; Zu Rankes vom 25. September bis zum 13. Oktober 1854 vor Maximilian II. gehaltenen Berchtesgadener Vorträgen vgl. die Einleitung von Theodor Schieder in: Leopold von Ranke, Über die Epochen der neueren Geschichte. Historisch-kritische Ausgabe, hrsg. v. Theodor Schieder, Helmut Beroling (Leopold von Ranke, Aus Werk und Nachlaß, hrsg. v. Walther Peter Fuchs, Theodor Schieder, Bd. 2), München, Wien 1971, S. 7-39.

[36] Gustav Freytag, Bilder aus der deutschen Vergangenheit, Leipzig 1859-1867, Bd. II.2, S. 128. – Freytag kommt allerdings zu einer negativen Bewertung der Fugger (S. 228f.).

[37] Eine Textstelle in C. v. Spruner, Die Wandbilder (Anm. 17), S. VI, könnte dies bestätigen: "Seiner [Maximilians] Entscheidung blieb jede Einzelheit vorbehalten. Er traf selbst, nachdem die darzustellenden Gegenstände vielfach erörtert und durchgesprochen, aufgenommen, verworfen oder mit anderen vertauscht worden waren, die ihm passende Wahl der Bilder. Nach seinem Willen sollten zur Vermeidung der Trockenheit und Einförmigkeit unter die historisch wichtigen Gegenstände auch mehrere genrehaft gehaltene [sic!] gemischt werden, die in irgend einer Beziehung einen Abglanz ihrer Zeit böten." Neben Aretin und Hefner kommen als Pro-

tentionen er damit verband.³⁸ Auf jeden Fall nahm Fürst Leopold Fugger nur etwas früher mit dem Auftrag für die Augsburger Fassaden eine entschieden habsburgfreundlichere Position ein.³⁹ Unbestreitbar ist ebenfalls, daß die Verbildlichung der Glanzzeit der Fugger zunächst von der Familie selbst durch gezielte Aufträge gelenkt wurde, auch wenn sich die Bildthemen bald verselbständigen beziehungsweise von anderer Seite uminterpretiert werden sollten.

In dieser Untersuchung konnte nur der Versuch unternommen werden, das vermehrte Bildaufkommen zum Thema Fugger am Vorabend der Gründung des deutschen Kaiserreichs zu registrieren und die einzelnen Darstellungen miteinander in Beziehung zu setzen. Es wurden einige von der Kunstgeschichte vernachlässigte Maler mit deren Werken präsentiert – der Historiker mag darüber befinden, inwiefern die Gemälde nicht nur die Vergangenheit sondern auch die Gegenwart spiegeln sollten, ob sie Geschichtsdeutung und politische Stellungnahmen von Gewicht beinhalten.

---

grammberater vor allem der Historiker Heinrich von Sybel in Betracht, der 1856 von Maximilian nach München berufen worden war.

38 Zur Idee Maximilians, die kleineren und mittleren deutschen Staaten unter Führung Bayerns als dritte Kraft zwischen Preußen und Österreich einzubringen vgl. I. Bauer, König Maximilian II. (Anm. 13), S. 1f., und H. Glaser, Zur Entstehungsgeschichte (Anm. 27), S. 385 (mit weiteren Literaturangaben).

39 Dies kann damit zusammenhängen, daß sich die Fugger immer noch mit dem Haus Habsburg verbunden fühlten. So hatte etwa Leopolds Bruder Karl ab 1839 die k. u. k. Militäringenieurschule in Wien besucht und kämpfte 1848 bis 1866 in Italien auf der Seite der Österreicher. Vgl. Markus Graf Fugger, Fugger-Museum Schloß Babenhausen, München, Zürich 1990, S. 22.

Abb. 1. Johann Geyer, Karl V. und Tizian im Fuggerhaus zu Augsburg (1850). Privatbesitz.

Abb. 2. Ferdinand Wagner d. Ä., Gründung der Fuggerei durch Jacob Fugger (1860–1863) (zerstört). Photothek des Zentralinstituts für Kunstgeschichte München.

Abb. 3. Ferdinand Wagner d. Ä., Maximilian I. nimmt die Geschenke der Augsburger entgegen (1860–1863) (zerstört). Photothek des Zentralinstituts für Kunstgeschichte München.

Abb. 4. Ferdinand Wagner d. Ä., Kniefall Anton Fuggers vor Karl V. (1860–1863) (zerstört). Photothek des Zentralinstituts für Kunstgeschichte München.

Abb. 5. Ferdinand Piloty d. J., Blütezeit Augsburgs (1863–1865). Völkerkundemuseum München (partiell erhalten).

Abb. 6. Nikolaus Baur, Anton Fugger wirft den Schuldschein Karl V. ins Kaminfeuer (1863–1865) (zerstört). Ehemals Völkerkundemuseum München.

Abb. 7. Nach Karl Ludwig Friedrich Becker, Karl V. bei Anton Fugger (1866). Privatbesitz.

"Augsburg war damals gleichsam ein heiliger Name" – Wie beiläufig oder relevant ist das Bild des Fugger-Augsburg bei Achim von Arnim?
Hans Vilmar Geppert

Augsburg kommt in Achim von Arnims Hauptwerk, dem komplexen, vielschichtigen und vielstimmigen 'Geschichtsroman' 'Die Kronenwächter', genauer, denn das Ganze ist Fragment geblieben, in dessen wichtigstem, innovativem Teil, 'Bertholds erstes und zweites Leben' (1817)[1], Augsburg also kommt dort etwa viermal anschaulich vor und sehr gut weg. Darauf läßt schon der Titel meines Beitrags schließen.

Da diese vier Stellen ganz unterschiedlich sind nach Umfang und Relevanz, möchte ich mit der leichtgewichtigsten und zugleich vielleicht sympathischsten Erwähnung Augsburgs beginnen. In der ersten Geschichte des dritten Buchs, wenn alles längst nicht mehr in Augsburg spielt, tritt ein fahrender Sänger auf, der sich seinerzeit in eine schöne Augsburgerin verliebt hatte,

> *wie es ihm mit allen schönen Mädchen erging, auch bald seine Liebe bei allen Banketten besungen hatte, ohne daß die Leute eigentlich wußten, auf wen seine Liebesnoten anspielten. Er hatte (ihre) Wohnung endlich ausgeforscht und in Verzweiflung, daß ihr Fenster sich nie seinem Gesange öffnete, weil sie längst fortgereist war, hatte er sich dem Weine, ohne Berechnung seiner Kasse so lange ergeben, bis der Wirt seine voll gekreidete Wandtafel überrechnete, Zahlung forderte und als er diese nicht leisten konnte, ihm den Mantel nahm. Das kümmerte den Sänger wenig, er setzte davon ein lustig Liedlein, schimpfte darin den Wirt wacker aus, dem er mit seiner Lustigkeit viel Gäste ins Haus gelockt hatte, ging mit dem Liede zum reichen Fugger und erzählte darin zum Schlusse, daß dieser seinen Mantel ausgelöst habe. Der gute Fugger tat, wie von ihm erzählt worden, löste den Mantel nicht nur aus, sondern gab auch dem lustigen Grünewald ein Zehrgeld auf die Reise, aber mehr als Geld schenkte er ihm in der Nachricht, wohin die (S)chöne [...] gezogen. (2.234/235)*

---

[1] Zur Entstehungs-, Publikations- und Rezeptionsgeschichte vgl. Achim von Arnim, Werke in sechs Bänden, hrsg. v. Roswitha Burwick u.a., Bd. 2: Die Kronenwächter, hrsg. v. Paul Michael Lützeler, Frankfurt 1989, S. 619ff. Diese Ausgabe wird auch im Text zitiert.

So taucht der verliebte, lustige Sänger ausgerechnet bei ihrer Hochzeit mit dem Romanhelden auf, was keinen immer nur lustigen Verlauf der Feier erwarten läßt, so ist es in der Tat, und so fort. Die beiläufige Erwähnung des *guten Fugger* und des ganzen Abenteuers nun ist gleichwohl bezeichnend für Arnims Erzählstil. Die Tatsache, daß in dieser Anekdote, wie in einem Guckkasten, in die Ferne und in eine glücklichere Vergangenheit geblickt wird, hat etwas Exemplarisches. Das dritte und, vom Fragment her gesehen, letzte Buch des Romans[2] erzählt eben von der Diskontinuität zwischen Vergangenheit und Gegenwart, von vereitelten Plänen, der unberechenbaren Zeit und der generellen Offenheit der Geschichte. Man besucht etwa eine vermeintlich schöne ritterliche Burg und findet ein enges, stinkendes, unbequemes Nest – eine realistisch kühne Darstellung angesichts der damals noch ungebrochenen Mittelalterbegeisterung -, man erwartet einen weisen Fürsten, und es tritt Ulrich I. von Württemberg auf: der 'Rote Utz', wie er immer noch im 'Ländle' heißt, fett, jähzornig, trinkfest, lüstern, gewalttätig, gerissen, treulos und so fort – erneut hebt sich Arnims Realismus ab etwa von dem idealisierten Bild desselben Fürsten in Wilhelm Hauffs 'Lichtenstein' (1826). Der Romanheld zieht schließlich auf ritterliche Taten aus, aber er läuft ins Leere und stirbt, ganz unheroisch, am Blutsturz – das Schicksal des Einzelnen und genauso Lauf und Sinn der Geschichte sind allgemein unberechenbar, prinzipiell fragmentarisch; und genau das – wofür die Zeitgenossen wenig und erst viel spätere Leser Verständnis hatten – wollte Arnim darstellen.

Die beiläufige, elegisch-lustige Erwähnung Augsburgs und des *guten Fugger* im dritten Buch des Romans erhält also durch den Kontext ein gewisses Gewicht; das wird auch durch die später zitierte, elegisch retrospektive Abschiedsrede des Kaisers Maximilian, das heißt, durch deren Parallele zur Haupthandlung, noch unterstrichen: *Nun gesegne dich Gott, du liebes Augsburg und alle frommen Bürger darin, wohl haben wir manchen guten Mut in dir gehabt, nun werden wir dich nicht mehr sehen!* (2.197) (Arnim konnte diesen historischen Ausspruch sowohl aus Johann Jakob Fuggers 'Spiegel der Ehren des Höchstlöblichen Kayser-[...]hauses [...]' von 1668 als auch aus Paul von Stettens 'Geschichte der Heiligen Römischen Reiches Freyen Stadt Augsburg [...]' von 1743, seinen beiden Hauptquellen zu Augsburg, kennen.[3]) Gilt Vergleichbares, daß der Kontext die Relevanz verleiht, auch für eine andere, zunächst ebenfalls eher beiläufige Augsburg-Erwähnung?

---

[2] Die 'Kronenwächter' im ganzen können nur 'konzeptionell' gelesen werden, der Entwicklung ihrer Geschichts-'Entwürfe', ihrer strukturierten Weltsichten folgend. Dieser Diskurs führt von der aus dem Nachlaß herausgegebenen Fortsetzung (die eine frühere Werkstufe repräsentiert) zum 'Ersten Band'. Vgl. dazu Hans Vilmar Geppert, Achim von Arnims Romanfragment *Die Kronenwächter*, Tübingen 1979, sowie Roland Hoermann, Achim von Arnim, Boston 1984.

[3] Zu den Quellen und ihrer Verarbeitung vgl. Aimé Wilhelm, Studien zu den Quellen und Motiven von Achim von Arnims Kronenwächtern, Winterthur 1955, sowie A. v. Arnim, Werke (Anm. 1), S. 625ff. und 677ff.

Auch jetzt geht Arnim, wie bei der Mantel-Episode, die aus Jörg Wickrams 'Rollwagenbüchlein' (1555) stammt, oder bei Maximilians Abschied von Augsburg, von Vorgegebenem aus: daß ein gewisser *Berchthold Müßiggänger* [...] *anno 1439* [...] *zu Waiblingen eine Behaußung daselbsten* erworben habe, nämlich die Ruine der alten Staufer-Residenz in Waiblingen, *in welchem Hauß vor Alters die Hertzoge von Schwaben gewohnt*, hat Arnim aus dem 'Chronicon Waiblingense' des Wolfgang Zacher von 1660 und 1670 (vgl. 2. 628 und 688). Wir werden sehen, inwiefern dieser Fund nach Arnims eigener Auskunft ein 'nucleus' zur Neukonzeption seines alten Planes eines Geschichtsromans wurde. Und auch das hat mit Augsburg zu tun. Im Roman erhält dieser Berthold nämlich den Rat, ein Tuchfabrikant zu werden, denn sein zukünftiger Kompagnon *will nicht länger dulden, daß wir unsere Wolle nach Augsburg fahren und unser Tuch aus Augsburg holen, ich kenne Weber und Tuchscherer, auch einen Walkmüller, die sich wohl alle hier niederließen, wegen der Wohlfeilheit vieler Lebensmittel, wenn ihnen nur ein Handelshaus Nahrung gäbe, und das Handelshaus will ich stiften* [...]. Und um die Umwandlung der alten Stauffer-Residenz in eine Tuchfabrik dem jungen Berthold recht schmackhaft zu machen, beschreibt der Geschäftspartner, ein ehrbarer Schneidermeister, *von der Dachrinne bis zur Plinte das neue Haus der Fugger in Augsburg, die ebenfalls durch Webereien ihren Reichtum verdient hätten* (2.56/57).

Dies wäre alles nun nicht sehr bemerkenswert, wenn es nicht eine verblüffende Wendung in der Romankonzeption, geradezu eine Abkehr von der alten 'Kunstsage' von den 'Kronenwächtern' bedeutete, mit der sich Arnim seit langem beschäftigte.[4] Denn, so die in der Tat sagenhafte, im Roman nach und nach enthüllte Überlieferung, dieser Romanheld Berthold ist nichts Geringeres als ein Nachkomme eines illegitimen, aber anerkannten Sohnes von Konrad IV., dem letzten Stauferkaiser. (Dafür existieren in der Tat historische Vorbilder.) Es gibt noch mehrere solche unerkannte und getrennt voneinander heranwachsende Hohenstaufen-Nachkommen, und ein Geheimbund, eben die 'Kronenwächter', versucht verborgen ihre Schicksale zu lenken. Nicht nur das: in einem 'quasi-mythischen' Raum, der 'Kronenburg', in deren innerstem Hof die Blumen in ewigem Frühling blühen und die Vögel in 'ewigem Frieden' singen, und wo ein Kind von einem Löwen behütet wird, wo also ein im romantischen Sinne vergangenes wie zukünftiges 'goldenes Zeitalter' symbolisiert wird, dort bewahren die getreuen Recken auch die alte Staufer-Krone auf: mit dem Ziel – natürlich –, ganz Deutschland unter einem legitimen Herrscher zu vereinen.

---

[4] So Paul Michael Lützeler, Achim von Arnim *Die Kronenwächter*, in: Romane und Erzählungen zwischen Romantik und Realismus. Neue Interpretationen, hrsg. v. Paul Michael Lützeler, Stuttgart 1983, S. 38-72, sowie im Nachwort *Struktur und Gehalt* von A. v. Arnim, Werke (Anm. 1), S. 645ff.

Nun ja, ist man versucht zu sagen. Das Entscheidende und Spannende aber ist, daß Arnim nach 1815 in den Stufen, aber auch Teilen seines Romans diesen ursprünglichen, erdichteten Sagenkern auflöst und so auch die geschichtsmythischen, aber auch aktuell politischen, im Kern ja restaurativen, oder zumindest so lesbaren, Bedeutungen transformiert, die sich mit einer solchen Sage verbinden konnten. Der Geheimbund beispielsweise der am Vorgestern orientierten 'Kronenwächter' wird nach und nach immer negativer gezeichnet und trägt, mit Manipulationen, Terror, Feme usw. arbeitend, fast faschistoide Züge; die 'Hoffnungsträger' selbst müssen sich von ihm abwenden, sind aber, auf ihre Individualität reduziert, ihrer Geschichtlichkeit unterworfen, rat- und hilflos. Und das zentrale Symbol der Krone selbst kehrt seine Bedeutung geradezu um: es sagt schließlich – in schwer zu datierenden, aber vermutlich späten Aufzeichnungen – *per se* gar nichts; die Krone *hat die Eigenschaft zu verschwinden, wenn ein Böser sie tragen will* (2.604), es ergeht die Forderung an die lediglich legitimen Prätendenten: *übergebt des Volkes Krone* (2.599), die Krone muß *geteilt,* ja *zerschlagen* werden (vgl. 2.604 und 601), um die verschiedenen Stämme, aber auch Stände bzw. Klassen, 'Ritter und Volk', um so besser zu verbinden, und so fort. Man erkennt die liberale, demokratische, auf eine konstitutionelle Monarchie zielende Idee.[5] *Die Auflösung ist endlich, daß die Krone Deutschlands nur durch geistige Bildung erst wieder errungen werde,* notiert sich Arnim gleich zweimal (2.598 und 610), wobei 'Geist' sich übersetzen läßt mit allgemeiner, öffentlicher Kommunikation, intellektueller Lebendigkeit, moralischer Vernunft, aber auch künstlerischer Kreativität, die politisch wirksam werden – auch *der Kunstberuf greife ein in die Umbildung der Welt* (2.596) –, und so fort.

Es ist klar, daß solche motivischen und gehaltlichen Neuorientierungen den Rahmen einer 'Kunstsage' sprengen mußten. Und ich habe hier nur einen Teil der Bedeutungsperspektiven skizziert, die Arnim mit seiner 'Kronenwächter'-Geschichte verbindet, die etwa auch utopische und eschatologische Entwürfe umfassen, und die sich mit der Neukonzeption seines Werkes und auch während der Ausarbeitung von dessen erstem (und letztem) Band ständig weiterentwickeln. Der explizite Hinweis auf Augsburg, wenn die Romanhandlung eine so verblüffende Wendung nimmt, wird im Zusammenhang mit diesen konzeptionellen Neuorientierungen interessant. Nachdem die 'Kunstsage', die eine Wiederkehr des Vergangenen prophezeit, sich als gefährlich und falsch erwiesen hatte und das Leben eines Einzelnen gegenüber der Geschichte für Arnim zu kontingent, zu sprunghaft, zu sehr der Negativität der Zeit unterworfen, zu widersprüchlich war, um die Sinnspur eines Geschichtsromans tragen zu können, arbeitete er mehrere 'Sinn-Zentren' aus, und hier steht zweifellos auch Augsburg im Mittelpunkt.

---

[5] Zu Arnim als Politiker vgl. grundlegend Jürgen Knaack, Achim von Arnim – Nicht nur Poet. Die politischen Anschauungen Arnims und ihre Entwicklung, Darmstadt 1976.

Die *Reise nach Augsburg* (2.120) im *Zweiten Buch* und der Aufenthalt dort vermitteln allerdings auf den ersten Blick lediglich eine bunte Fülle aus Chroniken zusammengetragener historischer Gestalten, Ereignisse und Orte, und die Art, wie sie präsentiert werden, nähert diesen Teil des Romans durchaus der sich bildenden europäischen Tradition des historischen Romans an, allerdings nur bedingt. Arnim erzählt wie Walter Scott oder Manzoni, die beiden anderen wichtigsten Anreger,[6] das gemeinte Größere nur andeutend, also synekdochisch, tangential, fragmentarisch, in durchsichtiger, akzentuierter Absetzung der fiktiven Romanhandlung von der quellenmäßig verbürgten Historie. Der 'mittlere' Held berührt die Geschichte nur, und diese wird nur in einem oft wenig bedeutsamen Ausschnitt sichtbar: Kaiser Maximilian etwa, der sich zum Reichstag 1518 in Augsburg aufhält, tritt kurz auf als Brautführer bei der Hochzeit seiner Nichte Susanna von Bayern mit dem Markgrafen Kasimir von Brandenburg am 24. und 25. August 1518, nicht gerade ein wesentliches Ereignis – daß der Romanheld von der Bayernprinzessin mit dem Kurfürsten Joachim von Brandenburg verwechselt wird, 1519 erfolgloser Bewerber um die Kaiserkrone und Feind der Reformation, ist vielleicht auch ein kleiner Seitenhieb Arnims auf ein weiteres deutsches Fürstenhaus: jeder könnte die Stelle eines solchen Herrschers einnehmen –, später begegnet man dem Kaiser noch ebenso kurz als Zuschauer beim 'Gesellenstechen' und beim Festbankett, wo er Gelegenheit erhält, die Anmut der Augsburgerinnen beim Tanz zu rühmen, schließlich, und relativ am ausführlichsten, bei der Hasenjagd und als Teilnehmer an der Gögginger Bauernprozession (was historisch, wie Arnim aus Fuggers 'Spiegel der Ehren' wußte, bereits gelegentlich des Reichstags von 1510 stattfand). Luther, den Arnim quellenwidrig zeitgleich mit Maximilian in Augsburg weilen und unter der geheimen Regie des Kaisers und mit Hilfe des Romanhelden fliehen läßt – auch das ein typisches Motiv des späteren historischen Romans, insbesondere des eher trivialen –, Luther also sieht man von Staupitz, dem Generalvikar des Augustinerordens, und Langenmantel, dem Bürgermeister von Augsburg, Abschied nehmen, vor allem aber wird er gleich darauf von der schönen Anna statt ihres Berthold hinter der Haustür liebevoll umschlungen, was ihm Gelegenheit zu ein paar kurzen Ausführungen über den christlichen Ehestand, auch für Priester, gibt und so fort.

---

6   In Walter Scotts 'Waverley Or, 'T is Sixty Years Since' (1814) gerät der 'mittlere Held' in die Revolution von 1745 zugunsten der Stuarts hinein, streift aber dabei lediglich die historisch relevanten Ereignisse; in Alessandro Manzonis 'I promessi sposi' (1827) durchquert die Prüfungsgeschichte zweier junger Leute die Auswirkungen des Erbfolgekrieges um das Herzogtum Mantua von 1628-1631. Scott deutet die Historie nur an und setzt ihre Umrisse beim Leser voraus. Manzoni unterbricht seine Erzählung durch historiographische Abhandlungen. Arnim zitiert seine Quellen ausschnitthaft und füllt den vorgegebenen Rahmen anschaulich aus – um beide auch wieder entschieden zu überschreiten.

Und genauso anekdotisch und synekdochisch erfährt man von Augsburg selbst nach dem ersten Eindruck einer *weiten Stadt mit ihren vielen Türmen* eher belanglose Details, die eine Nebengestalt vorträgt:

Es gibt nur ein Augsburg [...], wir Augsburger haben den Schelm im Nacken, ich sage euch, zwölftausend Ochsen schlachten wir jährlich und darunter sind rechte Kerls. Auf unserem Kornhause bewahren wir hundert und einjährigen Roggen [...]; wir haben einen Tanzsaal erbaut, da können dreihundert Paare schleifen, wir haben einen Knopf auf die Hauptkirche gesetzt, der wiegt 309 Pfund. Das Sprichwort sagt: Nürnberger Hand geht durch alle Land, aber nichts geht über Augsburger Geld, das gilt in der neuen Welt. (2.156)

Das ist in der Tat einerseits eher unwichtig und andererseits ein Klischee. Und Arnim scheint mit der Differenz von Anschauung und Bedeutung geradezu zu spielen. Denn sehr interessant sind immer wieder die Gespräche, die in Augsburg geführt werden; und sie kreisen nicht, oder nicht zentral, um historische Situationen, Ereignisse und Abläufe, sondern um etwas, was die Personen **erwarten**, was sie planen, erhoffen oder auch fürchten. Treitssauerwein, der geheime Schreiber Maximilians, entwickelt dessen **zukünftige** europäische Friedenspolitik und die *geheime Absicht [...], den Bürgerstand empor zu bringen* (2.144/145), die Macht des Adels und der Fürsten aber zu brechen; mit Luthers Auftreten verbindet sich die nur gesprächsweise geäußerte **Hoffnung** auf eine wirkliche Volkskirche, eine allgemeine *geistige* Belebung (2.161f.), und mit dem Bild Augsburgs geht die fast utopische, fordernde Perspektive einer allgemeinen Demokratie einher: *Es ist doch eine herrliche Sache um den Eifer fürs gemeine Wohl, der in Reichsbürgern liegt, [...] sie lieben das Öffentliche und Gemeinsame (und) wissen, daß sie mit zu regieren haben.* (2.155/156)

Diese bloßen Erwartungen, bloßen Möglichkeiten, die nur entworfenen Zukunfts-Perspektiven werden nun noch dadurch unterstrichen, daß sie sich sogleich als irreal erweisen: *der Kaiser hat immer seine Plane zu weit gemacht* (2.145) – der Leser weiß, oder kann zumindest wissen, daß Maximilian nur noch drei Monate zu leben hat und was für Kriege über das Reich und Augsburg hereinbrechen werden; gemessen an der Vision wird bei *der Sache*, die der *kühne Mönch* Luther angefangen hat, *nicht viel herauskommen* (2.161), bekanntlich die Landes-, keine Volkskirche. Und die Herrlichkeit der freien Reichsstädte, wenn überhaupt Ansätze demokratischer Verfassung vorlagen und die *reichen Geschlechter* nicht genauso befehligen wie anderswo die Fürsten (vgl. 2.156), diese Freiheit und öffentliche Regierung ist schwer zu verallgemeinern – später wird der Romanheld unter anderem daran scheitern, daß er die Reichsfreiheit auch für seine Heimatstadt erreichen will (vgl. 2.293ff.) –, sie wurde für die deutsche Verfassungsgeschichte kein prägendes Modell, und schließlich wurde sie ja auch spätestens in Arnims eigener Gegenwart 1805 und 1815 eingeebnet.

Genau diese negative Kontinuität aber scheint mir der Schlüssel zur 'chronotopischen' Relevanz des Augsburg-Bildes bei Arnim zu sein.[7] Der erzählte Raum Augsburg wird bedeutsam durch die Raum-Kontraste und die Zeitachsen, die dieses Erzählwerk strukturieren. Wenn anderswo Privates und Persönliches relevant sind – für Arnim ist freilich auch das durchaus nicht belanglos: auch der einzelne erlebt seine 'Geschichtlichkeit' und muß sie bewältigen –, so stehen im Augsburg-Raum öffentliche, allgemeine Schicksale und Interessen im Mittelpunkt. Der mythischen und sagenhaften Welt um die 'Kronenburg' und im 'Hausmärchen' kontrastiert in Augsburg die auch synekdochisch ('pars pro toto') noch verbürgte Welt der Geschichte; gegenüber den utopischen, allegorischen und eschatologischen Perspektiven,[8] in denen immer die Forderung, der Begriff, die Erwartung sich **gegen** die Phänomene durchzusetzen vermögen, wird im Augsburg-Raum ein, wenn auch vergangenes, so doch historisch Reales auf seine Möglichkeiten befragt. Sehr klar abgewertet wird die 'vergangene Vergangenheit', die Restauration der Vorvergangenheit, wie sie sich mit den Kronenwächtern und ihrer Burg verbindet, gegenüber der 'vergangenen Zukunft', den Erwartungsperspektiven, um die sich das Augsburg-Bild verdichtet. *Denn*, so Arnim an bedeutsamer Stelle, *nichts erringen wir als die Zukunft.* (2.308)

Um die Zukunftsperspektive, den Möglichkeitssinn in der Geschichte also, geht es Arnim. Das Augsburg-Bild in seinem Geschichtsroman – es mag vielleicht nicht mehr überraschen, daß viele ihn für eines der wichtigsten, wenn auch eigenwilligsten Bücher der deutschen Romantik halten und eines der interessantesten der deutschen Literatur – ist ein Bild 'vergangener Zukunft'. Die damalige Erwartung – ich erinnere an die Stichworte 'Friedenspolitik', 'nationale Einheit', die 'bürgerlich legitimiert' und 'verfassungsmäßig gesichert' ist, 'geistige', also intellektuell kreative, ethisch verantwortete und politisch aktive Innovation –, all das ist ja gerade auch für Arnims eigene Gegenwart, und letztlich nicht nur für sie, immer noch eine Zukunftsperspektive.

Die allererste Erwähnung Augsburgs im Roman schließlich, die sich im sozusagen 'zweiten' Vorwort findet – das erste, 'Dichtung und Geschichte', halb philosophischer Essay, halb romantischer Kunstbrief, ist ein ganz eigenwertiges Pro-

---

[7] Diese von Michail Bachtin in die Literaturtheorie eingeführte Kategorie scheint mir vorzüglich geeignet, das Augsburg-Bild in Arnims Roman zu verorten. Vgl. allgemein Michail M. Bachtin, Formen der Zeit im Roman. Untersuchungen zur historischen Poetik, hrsg. v. Edward Kowalski, Michael Wegner, Frankfurt 1989; speziell zum historischen Roman ("chronotopic nature of thinking", "ability to read time in space") vgl. die Anmerkungen zu Walter Scott in Michail Bachtin, Speech Genres and Other Late Essays, hrsg. v. Caryl Emerson, Michael Holquist, Austin 1986, S. 52-53.

[8] Eine literarisch differenzierte Darstellung der Multiperspektivik und ideell-eschatologischen Einheit des Romans gibt Ulfert Ricklefs, Kunstthematik und Diskurskritik. Das poetische Werk des jungen Arnim und die eschatologische Wirklichkeit der *Kronenwächter*, Tübingen 1990.

gramm, das über das Romanfragment hinausreicht –, dieses erste 'Augsburg-Bild' also hat dann, und zwar durchaus im Sinne der entstehenden Gattung eines historischen Romans, poetologische und zugleich geschichtstheoretische Bedeutung:

Die Geschichten, welche hier neben der Karte von Schwaben vor uns liegen, berühren weder unser Leben, noch unsere Zeit, wohl aber eine frühere, in der sich mit unvorhergesehener Gewalt der spätere und jetzige Zustand geistiger Bildung in Deutschland entwickelte. (2.15)

So könnte jeder historische Roman des 19. Jahrhunderts beginnen. Aber wir wissen inzwischen, wie sich hier der Autor als Erzähler sozusagen selbst über die Schulter schaut. Die Kontinuität von 'einst' und 'jetzt' enthält auch eine gezielte, schmerzliche Diskontinuität des Nicht-Eingelösten; und die Dimensionen von Vergangenheit und Gegenwart sprechen mittelbar, worauf auch das Stichwort 'geistige Bildung' hinweist, eben von der zu gestaltenden Zukunft. Und diese zeitliche Perspektive muß auch mitgelesen werden, wenn dieses Buch, so der Erzähler, *sich keineswegs für eine geschichtliche Wahrheit gibt* – ein Signum des künstlerisch anspruchsvollen historischen Romans ist die Akzentuierung der produktiven 'Differenz' von Fiktion und Historie –,[9] *sondern für eine geahndete Füllung*, sprich: um ein Einbringen von Erwartungen, Forderungen, Hoffnungen, in die *Lücken in der Geschichte, für ein Bild im Rahmen der Geschichte*, ein 'Bild', das dieses realistischen Rahmens bedarf, aber ihn zugleich dreidimensional, ja, mit der Zeit als vierter Dimension, transzendiert.

Man sieht, wie Arnim den historischen Roman zugleich skizziert und wieder verläßt: teils noch romantisch in seiner spekulativen spielerischen Poetik, teils schon modern in seiner Funktionalität der Brüche, Kontraste und Negationen. Und auch in diesem Vorwort hat Augsburg die Relevanz 'vergangener Zukunft'. Denn im Folgenden verwendet Arnim wie Walter Scott oder Alessandro Manzoni das Modell der Reise, um sich 'in die Geschichte' hinein zu begeben. Und wie bei Manzoni erinnert das fast schon an einen 'Zoom', eine filmische, sich verengende Einstellung. Der Blick geht von der Kartenübersicht aus, den Neckar hinauf, folgt dann einem Nebenfluß, der Rems, und erreicht seinen Schauplatz; dieser wird, erneut im Grunde bereits wie im Film, aus der Karte heraus anschaulich, bis wir in einer Stube im Stadttor landen: die Geschichte in der Geschichte kann beginnen. Aber bezeichnenderweise weitet sich auch sogleich wieder die Perspektive. Denn *von Augsburg war das Tor genannt, so weit Augsburg davon entlegen sein mochte*. Wie eine Kamera durch das Fenster der Turmstube schaut der Erzähler hinaus und holt die Weite und Ferne des ganzen Geschichtsraumes heran: *im zweiten Buche führt uns die Geschichte nach diesem Mittelpunkt des Handels, zu den reichen Geschlechtern, die das neu entdeckte Amerika mitzuerobern Schiffe ausrüsteten*

---

9   Zum Hiatus von Fiktion und Historie vgl. Hans Vilmar Geppert, Der 'andere' historische Roman, Tübingen 1976, zuletzt Gerhard Kebbel, Geschichtengeneratoren, Tübingen 1992.

und die Kaiser durch Glanz und Erfindung froher Feste sich zu geselliger Freude verbanden (ebd.). Der Roman freilich wird auch diesen Raum seinerseits fragmentarisieren, perspektivieren und öffnen, eben in die Zeit hinein, im Interesse einer 'vergangenen Zukunft', die auch über Arnims eigene Gegenwart hinausreicht. Und in diesem Sinne war *Augsburg* [...] *damals gleichsam ein heiliger Name*.

Literarische Fugger-Portraits

Helmut Koopmann

Literarische Fugger-Portraits sind nicht nur relativ selten, sie sind auch relativ nichtssagend. Das ist um so auffälliger, als Augsburg und seine Einwohner stets eine prominente Rolle in der Literatur gespielt haben. Die frühen Stadtbilder von Augsburg waren allerdings immer Universalbilder, für Einzelheiten oder hervorragende Persönlichkeiten der Stadt gab es darin keinen Raum, selbst wenn in der 'Cosmographia' von Sebastian Münster aus dem 16. Jahrhundert von der Fuggerei die Rede war. Eine Geschichte über die Fugger findet sich zwar schon in Jörg Wickrams Rollwagenbüchlein von 1555. Aber später sind die Fugger kaum literaturfähig gewesen. Das lag freilich nicht an ihnen selbst. Im 18. Jahrhundert bahnte sich, um die Gründe dafür wenigstens in zwei oder drei Sätzen zu charakterisieren, eine Zweiteilung an, die für das Bild Augsburgs und seiner Bewohner in der Literatur bestimmend bleiben sollte: das Lob der alten Stadt Augsburg zog sich in die schöne Literatur zurück, und dort entwickelte sich eine Art Stadtmythos, der sich bei den Romantikern und auch noch im 19. Jahrhundert weit von der Wirklichkeit entfernte. Schon gegen Ende des 18. Jahrhunderts erschien das wirkliche Augsburg in anderer Beleuchtung, nämlich als Fabrikantenstadt, also als profitorientiert und damit nahezu automatisch auch als unliterarisch. Anders gesagt: eine Augsburg-Legende entwickelte sich dort, wo Augsburg zur altdeutschen Kunststadt verklärt wurde – die Wirklichkeit blieb jedoch lange Zeit draußen vor der Tür, und in diese Wirklichkeit gehörte die Kaufmannswelt und damit notwendigerweise auch die Welt der Fugger. Die Poeten taten, was sie konnten, um das wirkliche Augsburg der Vergessenheit anheim zu geben. Kein Geringerer als Goethe half dabei kräftig mit. Eine Szene in seinem 'Götz von Berlichingen' spielt in Augsburg, in einem Garten: dort warten nicht etwa zwei Augsburger, sondern zwei Nürnberger Kaufleute auf den Kaiser. Aber daran interessiert nicht, daß es Kaufleute sind, sondern ihre Herkunft aus der fabulösen Kunststadt im Süden Deutschlands. Das poetische Augsburg begegnet uns bald darauf auch in Novalis' 'Heinrich von Ofterdingen', wo zwar von einer Gesellschaft von Großkaufleuten die Rede ist, aber alles sich am Ende doch nur um den Dichter Klingsohr und dessen Tochter Mathilde dreht. Augsburg erscheint nicht weniger glanzvoll in Arnims 'Die Kronenwächter' – eine prächtige Reichsstadt, eine *gefährliche, verführerische Stadt*, die damals auf den Betrachter durchaus einen großstädtisch-urbanen Eindruck gemacht haben muß. Aber auch das ist nicht die Stadt der Fugger, selbst wenn es bei einem Prahlhans einmal heißt: *aber nichts geht über Augsburger Geld, das gilt in der Neuen Welt*.[1]

Die Handelsstadt ist nur dann erwähnenswert, wenn sie mit Kunst zu tun hat, und das war eher selten der Fall. Blaß bleiben entsprechend auch die Stadtbeschreibungen. Für das wirkliche Augsburg interessiert sich erst der Historismus, aber auch im frühen 19. Jahrhundert sind Augsburg-Romane künstlich geschönte Stadtansichten. Ein topographisch und sozialgeschichtlich genaueres Bild Augsburgs finden wir erst bei Karl Gutzkow in seinem Roman 'Hohenschwangau. Ein deutscher Burgen- und Bürgerroman', (1867-69) von dem der gesamte erste Band in Augsburg spielt. Dort ist die Stadt nicht die Stadt großer Einzelner, sondern die des Volksaufstandes von 1536. Für die großen Gestalten der Augsburger Stadtgeschichte war auch dort wenig Raum; Gutzkows Augsburg-Darstellung ist ein Stück Nationalgeschichte und heroisiert die Vergangenheit, wie das auf andere Weise auch die romantischen Darstellungen getan haben. Die Fugger spielen in dieser Nationalgeschichte nur eine Statistenrolle. Gutzkows Kulturbild der deutschen Renaissance ist mit einem anderen Namen verknüpft, nämlich mit dem Patriziergeschlecht der Paumgartner, den Rivalen der Fugger. Die Fugger sind allerdings schon in eine fast überirdische Höhe erhoben. *Diese Fugger sind die Könige der Welt*, ruft ein Italiener aus. *Diese Kaufleute können mit einem Federstrich Throne erheben und umstürzen, Kriege befehlen und Kriege untersagen! Alles steht bei ihrem Willen!*[2] Der Fugger-Mythos tut seine Wirkung.

An schöner Literatur gibt es in der Folgezeit nicht mehr viel Bedeutsames; die Stadt wird allenfalls berühmt durch die 'Culturstudien aus drei Jahrhunderten' von W. H. Riehl aus dem Jahre 1859 – dort schreibt der Kulturhistoriker auch ausführlich über die Stadt und ihre Physiognomie, diesen nicht mehr ganz zeitgemäßen *Lustgarten der Romantik*. Nur am Rande ist von den Menschenfreunden Ulrich, Georg und Jakob Fugger die Rede, die die Fuggerei erbauten. Hinter Peutinger und den humanismusfreudigen Patriziern der Stadt stehen die Fugger dort allerdings zurück und sind allenfalls für eine Anekdote gut: *Als damals (1555) ein Fugger von dem Rathe begehrte, er möge ihm ein Haus im Sanct Annenhof zu einer Reitschule gewähren, entgegnete der Rath: es schicke sich nicht dort, als*

---

[1] Achim von Arnim, Sämtliche Romane und Erzählungen, 1. Bd., hrsg. v. Walter Migge, München 1962, S. 644.

[2] Karl Gutzkow, Hohenschwangau. Ein deutscher Burgen- und Bürgerroman, Berlin 1924, S. 256f.

neben einer Schule der Wissenschaft, Pferde abzurichten, vielmehr sey der Rath gesonnen, eine Bibliothek in dieses Haus zu stellen.[3]

Wie sieht das literarische Relief Augsburgs in der schönen Literatur des 19. Jahrhunderts aus? Augsburg erlebte damals seinen literarischen Niedergang, und das läßt sich am deutlichsten ablesen dort, wo der große Stadtmythos trivialisiert wurde: Augsburg geht ein in die Unterhaltungsliteratur mit historischem Einschlag. Gutzkow mit seinem 'Hohenschwangau' steht am Anfang einer langen Kette von Büchern über Augsburg, in denen die Stadt Goldschnittpatina bekommt. Levin Schücking, Freund der Droste, schreibt eine Novelle 'Die drei Freier', in der Augsburg reduziert ist auf einige nichtssagende Epitheta: es ist immer nur vom *reichen, üppigen Augsburg* die Rede. Ähnlich scherenschnittartig taucht dort das Wohnhaus der weltberühmten Fugger auf. Adolf Stern schreibt 1868 einen Roman 'Das Fräulein von Augsburg. Eine Geschichte aus dem 17. Jahrhundert' – und wieder ist Augsburg nicht viel mehr als *das prächtige Augsburg*. Das Fräulein von Augsburg ist natürlich niemand anders als Philippine Welser. Rudolf Stoewer veröffentlicht einen Roman 'Peter von Argon, eine Augsburger Stadtgeschichte aus der Mitte des 15. Jahrhunderts' – auch hier ist Augsburg eine Kulissenstadt, so wie sie das schon in dem Lustspiel 'Der Musicus von Augsburg' von Eduard von Bauernfeld aus der Mitte der 20er Jahre war. Nehmen wir noch Ludwig Ganghofer, der in seiner Autobiographie Augsburg 1869 als das *alte, stille Provinzstädtchen* beschreibt, dann haben wir das historische Profil, in das auch die bekanntesten Fugger-Geschichten hineingehören. Die Kaufmannswelt war nun einmal nichts für Künstlerromane der Romantik und der nachfolgenden Zeit, und die Höhenkammliteratur hat um Geschichten von Handelshäusern und Kaufmannsgeschlechter, um Geld, Reichtum und soziale Einrichtungen meist einen besonders großen Bogen gemacht. Die Fugger wurden erst interessant, als eine besondere Spielart des historischen Romans Mode wurde: das sind jene Romane, in denen die Geschichte sich um eine herausragende Persönlichkeit gleichsam herumgruppiert. 1855 erschien von Adolf Weisser 'Schubart's Wanderjahre oder Dichter und Paff', eine Lebensgeschichte des berühmten Bewohners der Festung Hohenasperg, des rebellischen Dichters Schubart. Unmittelbar darauf wurde jener vielleicht bekannteste Fugger-Roman veröffentlicht, der einen Fugger nicht etwa zur Titelfigur hatte, wohl aber von ihm handelte. Das ist der Roman 'Die Zunftgenossen. Eine Augsburgische Geschichte' von George Hesekiel, 1857 erschienen, 1861 bereits in 3. Auflage vorhanden. Das ist im Grunde ein Roman über die Fugger, und er enthält nicht nur ein mächtiges Stadtlob Augsburgs, sondern ein nicht minder mächtiges Lob des Kaufmannsgeschlechtes. *Ist Augsburg nicht die größte und prächtigste, die wehrhafteste und mächtigste Stadt weit und breit? Die Venediger kommen nicht über uns,* so sagt ein Augsburger dort in einiger Verblendung über seine

---

[3] Wilhelm H. Riehl, Culturstudien aus drei Jahrhunderten, Stuttgart 1859, S. 297.

Stadt. In dieser Stadt erscheint Hans Fugger, um dessen Geschichte es hier geht, der Weber und Ahnherr des *großen und reich gesegneten Geschlechtes der Herren, Grafen und Fürsten Fugger, eines ächt adeligen Geschlechtes, das zu allen Zeiten fast seine stolze Aufgabe darin fand, es den Besten gleich oder zuvor zu thun, das frommen Glauben und alte Sitte hegte, Kunst und Wissenschaft pflegte, mit unermeßlichem Reichthum, den Klugheit und Kühnheit nicht unedel gewonnen, Jahrhunderte und nun schon Hunderte von Hungrigen speis'te, Nackte kleidete und so unsterblicher Ehren viel gewann.*[4] Das ist, am Anfang des Romans gesagt, prospektiv festgestellt; der Roman selbst beschreibt die Anfänge dieses Geschlechtes, aber hält auch dort mit Lob nicht zurück. Ausführlich wird die *deutsche Revolution* des Jahres 1368[5] erwähnt, und zwar nicht ganz ohne zeitgenössische Absicht: *Die Demagogen unserer Tage haben kein Recht, sich auf die Zunftgenossen des vierzehnten Jahrhunderts zu berufen; jene ernsten Männer haben nichts gemein mit ihnen, jene sind selbst da, wo sie dasselbe Unrecht beginnen, achtungswerther, weil sie es in einem andern Sinne verübten,*[6] stellt der Verfasser fest und bekennt sich damit zu einer konservativ-systemstabilisierenden Gesinnung – kurz nach 1848. Nationalismus und Patriotismus, Vätertreue und das Lob des Herkommens – das ist die Zunftideologie, die durch diesen Roman hindurchgeht und die damit zwangsläufig auch den Fuggern angehängt wird. Denn jene angeblichen *Demagogen des Mittelalters* waren nicht, wie es im Roman heißt, darauf ausgegangen, *die bestehende Ordnung der Dinge zu vernichten, oder auch nur zu verändern, sondern lediglich, sich einen Platz in derselben zu erringen.*[7] Es ist das Ideal einer Stadtrepublik, das hier noch einmal vorgeführt wird, und Augsburg nimmt darin eine prominente Stellung ein. Hans Fugger herrscht freilich nicht so sehr durch ein Amt als vielmehr durch seine Persönlichkeit, und – wir bewegen uns in der Trivialliteratur – dem entspricht das Erscheinungsbild des hier so Hochgelobten. Als sich einmal einige Stadtherren versammeln, heißt es:

Mitten im Gespräch wurde die Aufmerksamkeit der Versammelten plötzlich auf einen Mann gelenkt, der, von des Junkers Hausfrau geleitet, quer über den Hof dem Ziergärtlein zuschritt. Aller Augen ruhten unwillkürlich auf dieser Achtung einflößenden Erscheinung. Der Mann war von hoher Gestalt, und wenn dieselbe auch sehr schlank war, so zeigte sie doch nichts von jener eckigen Magerkeit, die große, schlanke Männergestalten oft so unschön erscheinen läßt. Mit

---

[4] George Hesekiel, Die Zunftgenossen. Eine Augsburgische Geschichte, Berlin 1861, Bd. 1, S. 27.
[5] Nach erheblichen Spannungen ('Zunftrevolution') zwischen den allein ratsfähigen Familien und Kaufleuten bzw. Handwerkern wurde 1368 in Augsburg eine Zunftverfassung eingeführt, die die Verteilung der Ratssitze und städtischen Ämter zwischen den Patriziern und den Zünften genau regelte.
[6] G. Hesekiel, Die Zunftgenossen (Anm. 4), Bd. 1, S. 143.
[7] G. Hesekiel, Die Zunftgenossen (Anm. 4), Bd. 2, S. 61f.

wahrhaft würdevollem Wesen kam Jener näher; er trug über dem Wamms, das vorn schon aufgeschnitten und mit Knöpfen versehen war, also bereits den älteren Tunicaschnitt verlassen hatte, einen Mantel von dunkel violettem Zeuge, der auf der Brust von einer goldenen Spange zusammen gehalten war, und von fern schon bemerkte man das Leuchten der schönen klugen dunkeln Augen; das ganze Antlitz des Mannes, von frei wallenden dunkelbraunen Locken wie eingerahmt, trug den Stempel geistiger Bedeutung, edlen Sinnes und festen Beharrens.

Es ist niemand anders als Hans Fugger, der kluge Weber und geachtete Zunftgenosse, und als er begrüßt worden ist, lesen wir: *Fugger erwiederte den herzinnigen Blick des Junkers, und in solchen Blicken sprachen zwei Männerherzen, die sich ganz verstanden.*[8] Dergleichen liebte das 19. Jahrhundert; je glanzvoller die Erscheinung geschildert werden soll, desto stärker mangelt es dem Autor an literarischem Differenzierungsvermögen. Aber darauf kam es dem Lesepublikum damals nicht an. Fuggers Gottvertrauen und Glückserwartung sind grenzenlos. Der Roman endet mit einem Kapitel, das *Hans Fuggers Ehrentage* überschrieben ist und von der zweiten Hochzeit Hans Fuggers handelt. Der Schluß des Romans öffnet den Blick in eine grandiose Zukunft: anderthalb Jahrhunderte nach jener Hochzeit ist Graf Raimund der *reichste Mann in der damaligen Christenheit*, ein vornehmer Herr *vor einem vergoldeten Schreibtisch,* und er liest mit tiefer Rührung aus einem Pergamentblatt, das sein Ahnherr, Hans Fugger, mit großem Fleiß beschrieben hat. Und da ist dann der Glanz der Fugger unaufhaltsam: Jakob Fugger, der zweite Sohn des klugen Webers, erscheint als Stifter des sagenhaften Reichtums, seine Söhne *Ulrich, Georg und Jacob brachten ihr Geschlecht in Aufnahme, erwarben erstaunlichen Reichthum, heiratheten Frauen aus den vornehmsten Sippen und wurden mit mächtigem Grundbesitz belehnt. Kaiser Friedrich III. verlieh ihnen ihr Wappen mit den zwei Lilien und Kaiser Maximilian machte sie zu Edelleuten. Georg Fugger und seine Gemahlin Regina von Imhof waren die Eltern des großen Raimund Fugger [...] Die Fugger aber sind in ihrer Hauptlinie Reichsfürsten von Fugger-Babenhausen geworden und blühen heute noch herrlich in vielen Zweigen fürstlichen und gräflichen Standes.*[9]

Das ist Familienlob, wie es dicker kaum aufgetragen werden kann. Aber: es wurde im Zeitalter historischer Romane um große Figuren der Geschichte erwartet, und wie sehr das der Fall war, wissen wir aus anderen Romanen und nicht zuletzt aus den Haus- und Familienzeitschriften der zweiten Hälfte des 19. Jahrhunderts. Über die literarische Qualität dieses Romans läßt sich kaum streiten, aber man muß auch das immense Lob und die literarische Vergoldung recht verstehen. Sicher ist das Trivialliteratur, aber auf der anderen Seite hat sich hier ein bürgerlicher Wunschtraum erfüllt: der Aufstieg von einem Handwerker in die

---

[8] G. Hesekiel, Die Zunftgenossen (Anm. 4), Bd. 2, S. 158f. bzw. 162.
[9] G. Hesekiel, Die Zunftgenossen (Anm. 4), Bd. 2, S. 197f.

höchsten Ränge der Gesellschaft mußte Bewunderung erregen, denn hier hatte sich auf geradezu idealtypische Weise etwas ereignet, was normalerweise bestenfalls in kühnen Träumen geschah: der bürgerliche Wille, es letztlich dem Adel gleichtun zu können, also aufzusteigen bis hin zur Nobilitierung, der Wunsch nach Glück und Reichtum, nach Ansehen und Sozialprestige hatte sich erfüllt, über alle Maßen bis ins Märchenhafte hinein. Und so sind denn die Fugger, als sie sich anschickten, den Zenit ihrer Entwicklung zu erreichen, auch wie Märchenfiguren dargestellt: kritiklos, mit reichlich viel Blattgold versehen und mit überschwenglichem Lob bedacht. Solche Darstellungen sind nicht Dokumente literarischer Unfähigkeit; hier feierte das Bürgertum sich auf märchenhafte Weise selbst, denn hier war Wirklichkeit geworden, was sonst über Hoffnungen meist nicht hinausging. Im Zeitalter eines außerordentlich starken historischen Interesses, im Zeitalter einer überall aufflackernden Heldenverehrung und patriotischer Lobessingerei, im Zeitalter auch einer streng konservativen Gesinnung, in der, nach romantischem Vorbild, das Frühere immer besser war als das Spätere, waren solche glanzvoll lackierten Bilder selbstverständlich und fanden ihre Bewunderer.

Die Gattung des historischen Romans ist seitdem nicht wieder ausgestorben. Und auch die Fugger haben darin ihren festen Platz. 1879 erschien von Franz von Seeburg (Pseudonym für Franz Xaver Hacker) ein *kulturgeschichtlicher Roman* mit dem Titel 'Die Fugger und ihre Zeit' – er erreichte in kurzer Zeit eine Auflage von 40.000 Exemplaren. Das ist Stadtgeschichte als Familiengeschichte, im Grunde ein Kaufmannsroman, wie er auch in anderen Ländern Europas zu jener Zeit üblich wurde, etwa in Skandinavien, mit Kielland und Jonas Lie oder später dann in der Hochliteratur mit Thomas Manns 'Buddenbrooks'. Der Roman beginnt im Jahre 1370, aber was er beschreibt, soll Gegenwart sein – die Geschichte wird so dargestellt, als habe sie sich gestern ereignet. Das Fehlen des historischen Abstandes ist charakteristisch für diesen Roman, den man getrost ebenfalls der Trivialliteratur zurechnen kann. Neu ist, wie auch in den anderen Kaufmannsromanen der Zeit, allenfalls, daß ein wenig ausgesagt wird über die Quellen der Fuggerschen Macht, über die finanziellen Hintergründe des Handels, etwa über die Ausrüstung der portugiesischen Flotte zu ihrer Fahrt nach Ostindien, über die Bergwerke, also über die drei Säulen des Reichtums *Bergbau, Wechselgeschäft und Welthandel*.[10] Eher am Rande ist auch von den Opfern der Fugger die Rede, die sie zu erdulden hatten. Übrig bleibt das Lob:

Übrigens hat das Geschlecht der Fugger den Ruhm davongetragen, mehr als ein Jahrhundert lang den Handel Oberdeutschlands zur Zeit seiner höchsten Blüte glänzend geleitet und dabei gezeigt zu haben, wie deutscher Fleiß und deutscher Unternehmungsgeist dem Hause eines einfachen Webers und Handelsmannes eine Stelle und Würde zu erringen vermochten, welche den Namen

---

[10] Franz von Seeburg, Die Fugger und ihre Zeit, München 1933, S. 469.

der Fugger zu einem unsterblichen machen; denn Kaiser Max und Karl können nur in Verbindung mit den Fuggern genannt werden.
Noch mehr!
Keine Kunstgeschichte kann den Namen der Fugger übergehen; das liebe schöne Augsburg müßte vom Erdboden verschwinden, ehe man der Fugger vergäße.[11]

Hier ist die Stadtpanegyrik zur Familienpanegyrik geworden, aber gerade das wurde, wie die Auflagenhöhe zeigt, gerne gelesen.

Daß die Gattung des historischen Romans nicht ausgestorben ist, zeigt nach einigen völlig belanglosen Dramen, Romanen und Erzählungen auch ein neueres zweibändiges Werk von Eugen Ortner: 'Glück und Macht der Fugger. Der Aufstieg der Weber von Augsburg' und 'Das Weltreich der Fugger. Die Fürsten der Kaufleute' aus dem Jahre 1939. Curt Hohoff hat es gestrafft und neu bearbeitet; es erschien 1954 unter dem Titel 'Glück und Macht der Fugger' und in dritter Auflage 1977. Da ist wiederum die Geschichte der Fugger als Glanzgeschichte beschrieben, und der Glanz der Familie wetteifert nur noch mit dem Augsburgs, über das es heißt: *Augsburg, die goldene Stadt! Golden, silbern und kupfern blitzten die Zinnen. An den Fassaden der Häuser sah man die Geschichte des Reiches und der Kirche gemalt.*[12] Das ist halb historische Darstellung, halb historischer Roman, zum Teil auch Chronik, die Geschichte nicht vergegenwärtigt wie in den Fugger-Romanen des 19. Jahrhunderts, sondern das Ganze schon eine Vorwegnahme jenes Typus der historischen Darstellung, wie er dann in den 70er und 80er Jahren Mode wurde. Hier finden sich auch Activa und Passiva aus den Bilanzen, und hier erscheint Johann Jakob nicht etwa nur als Kaufmann, sondern zugleich als Sammler und Mäzen, ja als *Repräsentant des europäischen Geisteslebens*. Freilich: die Kaufmannsgeschichte wurde hier auch zur Niedergangsgeschichte eines Kaufmannsgeschlechtes – bei George Hesekiel wäre das noch ganz undenkbar gewesen. Daß Jakob Fugger als Person jetzt greifbar wurde, war freilich nicht das Verdienst des Romanschreibers; er konnte sich auf die Arbeiten von Götz Freiherr von Pölnitz berufen, der in seinen historischen Forschungen die romantische Tünche von den Fugger-Portraits abgewaschen hatte. Bei Curt Hohoff erscheint Jakob Fugger gleichzeitig als *Wirtschaftsführer internationalen Stils* und als mittelalterlicher Mensch, *was aus seinen Stiftungen deutlich hervorgeht.*

Die historischen Romane, die Fugger-Romane sind alles andere als ausgestorben. Zwei von ihnen sollen abschließend erwähnt werden: 1983 erschien von Leopold Ahlsen ein 'Roman' mit dem Titel 'Vom Webstuhl zur Weltmacht. Die Geschichte vom unglaublichen Aufstieg der Fugger'. Das ist eine Mischung aus Liebesgeschichte und Gewaltgeschichte, aus Reiseliteratur und sozialer Anklage

---

[11] F. v. Seeburg, Die Fugger (Anm. 10), S. 471.
[12] Eugen Ortner, Glück und Macht der Fugger, bearbeitet v. Curt Hohoff, München 1977, S. 336.

(ein Kapitel lautet: *Der schmutzige Monopolist*), und wenn sich die früheren Darstellungen der Geschichte angenähert haben, so entfernt diese sich von ihr auf groteske Weise. Der Verfasser hat seinen Roman mit einer Nachschrift versehen, in der er sein Fugger-Buch als *eine Arbeit der Belletristik* verteidigt, in der er das *penible, schwerfüßige Kleben am buchhalterisch Richtigen, das pedantische Sichhineinverheddern ins Unterholz nicht selten ganz gleichgültiger Genauigkeiten* attackiert als das, *was die Vermittlung des eigentlich Wichtigen, des im tieferen Sinne Wahren* unmöglich mache.[13] Das spricht für sich. Daß *keine Macht, keine Größe, kein Glück*, wie es am Ende des Romans selbst heißt, unter der Sonne Bestand habe, *und nicht einmal die Fugger aus Augsburg*, das kann man getrost als Binsenweisheit abtun. So ist ein Fugger-Buch entstanden, das die Geschichte der Fugger ins Beliebige rückt. Der Hinweis, daß dieser Fugger-Roman *aufs Filmdramatische hin konzipiert* sei, läßt erkennen, daß er dem für den Bayerischen Rundfunk produzierten Fernsehfilm nachgeschrieben worden ist. Also: *Ein Historienroman nach einem Historienfilm*. Damit sind der Willkür und der Beliebigkeit im Umgang mit dem historischen Material so gut wie keine Grenzen mehr gesetzt.

Auf andere Weise, aber dennoch ähnlich bietet sich der Roman von Frederik Hetmann an: 'Großes Geld. Jakob Fugger und seine Zeit'. Das ist ein historischer Roman zum Geldverdienen für den Hausgebrauch, und hier führte nicht ein historischer Sinn die Feder des Autors, auch nicht psychologisches Interesse oder die Lust am Vergegenwärtigen vergangener Vorgänge, sondern etwas anderes. Wir lesen in der *Vorstrophe*:

Irgendwann überfällt sie einen jeden von uns einmal: diese Lust, reich zu werden, Geld zu haben, viel Geld, noch mehr Geld, unermeßlich viel Geld. Irgendwann träumt jeder von uns einmal diesen Traum, und es ist zugleich auch der Traum vom großen Glück. [...] In der Geschichte von Jakob Fugger dem Jüngeren, häufiger jedoch 'der Reiche' genannt, läßt sich miterleben, wie jemand reich wird.[14]

Das Buch endet mit dem zwar verständlichen, aber ernüchternden Ergebnis, daß der Autor wieder einmal erfahren habe, daß der Mensch, *man mag noch so viel von ihm wissen, immer ein unerklärliches Wesen bleibt*. Das satirische Gegenstück, freilich auf ungleich höherem Niveau, hat Dieter Forte geliefert mit 'Martin Luther & Thomas Münzer oder Die Einführung der Buchhaltung' (1971). Das ist Kapitalismus-Kritik in Dramenform und setzt die satirische Analyse der Geldherrschaft fort, wie sie seit der Jahrhundertwende immer wieder in der deutschen Literatur begegnet. Von den Fuggerschen Sozialleistungen ist da nicht die Rede.

---

[13] Leopold Ahlsen, Vom Webstuhl zur Weltmacht. Die Geschichte vom unglaublichen Aufstieg der Fugger, Dachau 1983, S. 190.
[14] Frederik Hetmann, Großes Geld. Jakob Fugger und seine Zeit, Würzburg 1986, S. 7.

So haben die Fugger seit dem 19. Jahrhundert die literarische Phantasie bewegt. Glanzstücke der Literatur sind nicht dabei. Aber sie spiegeln das Interesse, das der meist anspruchslose Leser an dem Haus der Fugger nimmt, bis heute hin. Freilich: man hätte diesem Geschlecht bessere Federn gewünscht. Tröstlich ist der Satz, der in Riehls 'Culturstudien aus drei Jahrhunderten' steht: *Denn die Schwaben sind ja überhaupt in der Regel viel gescheidter, als sie aussehen.*[15]

---

[15] W. H. Riehl, Culturstudien (Anm. 3), S. 270.

Fugger für Kinder.
Augsburger Kaufleute in der historischen Schulbuchliteratur

Karl Filser

I.

Die Augsburger Universitätsbiliothek ist mit dem Ankauf der Bibliothek des Cassianeums in Donauwörth in den Besitz eines ansehnlichen Bestandes von historischen Schulbüchern gekommen. Darunter befinden sich einige hundert Geschichtslehrbücher aus bayerischen und außerbayerischen Verlagen. Der Schwerpunkt dieser Sammlung liegt im 19. Jahrhundert, sie greift aber auch in das 18. und in das 20. Jahrhundert aus. Das Vorhandensein dieses Bestandes war die wesentliche Voraussetzung, der Frage nachzugehen, inwieweit die Augsburger Kaufleute des ausgehenden Mittelalters und der Frühen Neuzeit, in der Regel repräsentiert durch die beiden Handelsgeschlechter der Fugger und der Welser, in der historischen Schulbuchliteratur eine Rolle spielen und wie deren Geschichte jeweils erzählt wurde. Um den Wandel der Fugger- und Welserbilder bis in das 20. Jahrhundert herauf verfolgen zu können, wurde die Lehrbuchsammlung des Georg-Eckert-Instituts für internationale Schulbuchforschung in Braunschweig hinzugezogen. Insgesamt wurden etwas mehr als 400 Geschichtslehrbücher durchgesehen, die eine Hälfte befindet sich in Braunschweig, die andere in Augsburg.

Der Zielsetzung entsprechend lag das Schwergewicht der Untersuchung auf einer qualitativen Analyse,[1] die mehr den Inhalt und die Sinnstrukturen eines Textes untersucht, und weniger auf einer Raum- und Frequenzanalyse,[2] die möglichst exakt den Umfang und die Häufigkeit eines behandelten Sachverhaltes anzugeben bemüht ist und daraus Aussagen über die Bedeutsamkeit ableitet, die er bei dem jeweiligen Schulbuchautor besitzt. Angesichts der zeitlichen Streuung der untersuchten Bücher über mehr als eineinhalb Jahrhunderte, angesichts ihrer Herkunft aus unterschiedlichen Schulgattungen und didaktischen Konzeptionen

---

[1] Vgl. Wolfgang Marienfeld, Schulbuch-Analyseverfahren am Beispiel von Schulbuchdarstellungen zum Thema Islam und Kreuzzüge, in: Geschichtsdidaktik 4 (1979), S. 143-148.
[2] Vgl. W. Marienfeld, Schulbuch-Analyseverfahren (Anm. 1), S. 131f.

schien das quantifizierende Verfahren, gemessen an dem zeitlichen und finanziellen Aufwand, nur bescheidene Ergebnisse abzuwerfen. Sinnvoll, und beim Augsburger Bestand ohne großen zeitlichen Aufwand auch lösbar, schien der einfache statistische Überblick über die Frage, in welchen Büchern zwischen 1800 und 1920 die Fugger und Welser überhaupt genannt werden.[3]

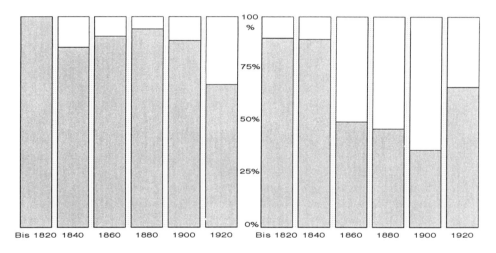

Fugger und Welser in den Schulbüchern
1820 bis 1920

aus außerbayerischen Verlagen   aus bayerischen Verlagen

☐ Anteil der Fugger und Welser in Prozenten
Zahl der untersuchten Bücher: 197

---

[3] Eine solche Auszählung konnte beim Braunschweiger Bestand, dessen Schwergewicht bei Büchern nach 1920 und in der Nachkriegszeit liegt, aus Mangel an Zeit nicht vorgenommen werden.

Das Ergebnis veranschaulichen die beiden Diagramme, aus denen hervorgeht, daß in der ersten Hälfte des 19. Jahrhunderts nur wenige Schulbücher über den süddeutschen Handel im Mittelalter und in der Frühen Neuzeit berichten. In der zweiten Hälfte des Jahrhunderts dauert das didaktische Desinteresse hauptsächlich in den Büchern außerbayerischer Verlage an, während die Autoren, die in bayerischen Verlagen schreiben, etwas mehr auf die schwäbischen Kaufmannsgeschlechter eingehen. Insgesamt gesehen ist in über zwei Dritteln der untersuchten Augsburger Bücher aus dem Zeitraum zwischen 1800 und 1920 nichts über die Fugger und Welser zu lesen. In den Schulbüchern außerbayerischer Verlage bewegt sich der Prozentsatz der Nichterwähnung um 90, während er in den Büchern bayerischer Verlage bei etwas mehr als 60 liegt. Bis 1920 werden die beiden Handelsgeschlechter jeweils von einem Drittel der Unterrichtswerke aus bayerischen wie aus nichtbayerischen Verlagen genannt. In den Epochen danach nimmt das Interesse an den Fuggern und Welsern kontinuierlich zu, und heute gibt es kaum mehr ein Schulgeschichtsbuch, das auf sie nicht eingeht.

In den Schulgeschichtsbüchern, in denen die Fugger und Welser vorkommen, werden sie in unterschiedlichen thematischen Zusammenhängen genannt. Verschiedentlich tauchen sie bereits auf, wenn über internationale Handelsbeziehungen im Gefolge der Kreuzzüge berichtet wird. Manche Bücher bringen sie bei der Abhandlung über das mittelalterliche Städtewesen und die Hanse oder über die kulturellen und wirtschaftlichen Verhältnisse am Ende des Mittelalters. Wieder andere integrieren sie in die Geschichte der Entdeckung Amerikas.

Ganz unterschiedlich ist auch die Ausführlichkeit, in der über sie berichtet wird. Der fraglos kürzeste Text steht in Ernst Kapps 'Leitfaden beim ersten Schulunterricht in der Geschichte und Geographie' (1852): *Feine Webarbeiten. Die Grafen Fugger.*[4] Manche Bücher begnügen sich mit einem einzigen Satz, wie die 'Kurzgefaßte Geschichte Deutschlands' (1864) aus einem bayerischen Verlag: *Weit und breit waren die Augsburger reichen Familien der Fugger und Welser berühmt.*[5] Die Mehrheit verwendet ein paar Zeilen mehr auf sie, so etwa Otto Kunzes 'Lehrstoff für den elementaren Geschichtsunterricht' (1882):

---

[4] E. Kapp, Leitfaden beim ersten Schulunterricht in der Geschichte und Geographie, Zitat aus der 6., verbesserten Aufl. v. Alex Knapp, Braunschweig 1852, S. 113.

[5] Kurzgefaßte Geschichte Deutschlands auf geographischer Grundlage nebst einem kurzen Abriß der besonderen Geschichte Bayerns. Zum Schulgebrauch, Würzburg 1864, S. 166; weiteres Beispiel vgl. Stich, Doeberl, Lehrbuch der Geschichte für die oberen Klassen der Gymnasien. II. Teil, Das Mittelalter, 4., verb. Aufl., Bamberg 1909, S. 232: *Einzelne Stadtgeschlechter, wie die Fugger und die Welser in Augsburg, erheben sich zu fürstlichem Glanze.*

Durch Gewerbefleiß und Handel gelangten die Städte zu großem Reichtum; Augsburg stand in dieser Beziehung allen anderen voran, und die Handelshäuser der Fugger und Welser daselbst galten als die reichsten der Welt. Der Reichtum verleitete zu Verschwendung und Üppigkeit in Wohnung, Kleidung, Nahrung und Festen.[6]

II.

Längere Passagen, die den Augsburger Handelshäusern mehr als einige wenige Zeilen widmen, finden sich in Büchern, Quellensammlungen, Anthologien und didaktischen Schriften, die seit den 1850er Jahren erschienen sind. Aus ihnen lassen sich die Bilder über die Fugger und Welser gewinnen, die im folgenden näher beschrieben werden sollen.

Und Gott segnete ihn an Leib und Gut

In den fünfziger Jahren des vorigen Jahrhunderts begannen sich einige Schulbücher in ausführlichen Texten mit den Fuggern und Welsern zu beschäftigen. Das Interesse konzentrierte sich vor allem auf die Fugger, denn unter ihnen konnte man jene *Männer des Erfolgs* finden, *die durch ihre Taten begeistern zu eigenem Tun, zu frischer Kraft, zu neuem Mut und Hoffen.*[7] An ihnen ließ sich besonders gut aufzeigen, wie es der einzelne durch Fleiß, Anstrengung und *unerschütterlichen Glauben an sich selbst* zu etwas Großem bringen kann. Doch zur beruflichen Tüchtigkeit mußten sich noch andere Tugenden gesellen, damit die Kaufleute die pädagogische Approbation erhalten konnten.

Der erste Text unserer Auswahl, verfaßt 1858 von G. F. Heinisch, beginnt bei Hans Fugger, der im 14. Jahrhundert aus dem Dorf Graben nach Augsburg gezogen sei und bald *durch Fleiß und Redlichkeit bei seinen Mitbürgern in Ansehen* gestanden habe.

Von seinen fünf Söhnen sind Andreas und Jakob die Stammhalter der nachfolgenden Geschlechter geworden. Andreas gewann in kurzer Zeit durch ausgebreiteten Handel ein großes Vermögen, wurde aber stolz darauf, daß man ihn

---

[6] O. Kunze, Lehrstoff für den elementaren Geschichtsunterricht, Heft II: Die Deutsche Geschichte mit entsprechender Berücksichtigung der allgemeinen, Halle 1882, S. 80.

[7] Theo Seelmann, Jakob Fugger, der König der mittelalterlichen Kaufherren. Sammlung "Männer des Erfolgs", Stuttgart 1909, Zitat aus dem unpag. Nachwort, das die Zielsetzung der Sammlung beschreibt.

den reichen Fugger hieß, und sah mit Verachtung auf seinen Bruder Jakob herab. Jakob ertrug dies mit Geduld, befahl seine Sache dem Herrn, war fromm und freundlich gegen Jedermann, mild gegen die Armen, aber hart gegen die Ungetreuen, und Gott segnete ihn an Leib und Gut. Er trieb ebenfalls Leinwandhandel und brachte es durch Fleiß, Sparsamkeit und glückliche Unternehmungen dahin, daß er seinen 11 Kindern eine reiche Handelschaft hinterließ. Unter diesen waren sechs Söhne, von welchen vier die väterliche Handlung zu Augsburg, Nürnberg und Venedig mit Glück und Geschick fortführten, zwei aber sich dem geistlichen Stande widmeten. Als jedoch schnell nacheinander drei Brüder starben, entsagte Jakob auf Zureden seiner Brüder Ulrich und Georg, welche die ausgebreitete Handlung nicht allein führen konnten, dem geistlichen Stande, trat als Theilnehmer in die Handlung ein und brachte das Geschlecht der Fugger zu hohem Ruhme.

Nach einer eher nüchternen Bilanzierung des großen wirtschaftlichen Erfolges, der Jakob den Jüngeren zum reichsten Kaufmann Europas gemacht habe, wird dessen bürgerliche Tugendhaftigkeit besonders herausgearbeitet:

Bei all dem Ansehen und Reichtum hielt er es nicht für eine Schande, die Pflichten eines Bürgers treu zu erfüllen; er saß Jahre im Rathe und rieth und wirkte wirklich zum Besten seines Vaterlandes. Er war dabei fromm und bieder, unterstützte die Armen und Nothleidenden, ermunterte und pflegte Kunst und Wissenschaft durch reiche Gaben, ließ in Augsburg mehrere schöne Gebäude aufführen, verwendete große Summen zur religiösen Feier und zeigte sich am edelsten in seinen wohltätigen Stiftungen für die Kranken und Armen. Er erbaute 106 kleine Häuser[8] *und ließ sie zu Wohnungen für arbeitsame Hausarme einrichten.* [...] *Geehrt von seinen Mitbürgern, beweint von den Armen, starb er im Jahre 1525, und hinterließ den Söhnen seines Bruders Georg sein großes Erbe.*[9]

Fleiß, Gottvertrauen, Bürgersinn und Barmherzigkeit, diese und andere gute Eigenschaften als Voraussetzung der von Gott gewährten weltlichen Gewinne und Ehren liefern die Bausteine für eine Fugger-Hagiographie, wie sie Guido Görres in gereimte Form gebracht hat. Sein Gedicht 'Die Fuggerei' hat auch Eingang in Schulbücher gefunden, zum Beispiel in Ludwig Benders 'Die Deutsche Geschichte mit besonderer Berücksichtigung des brandenburg-preußischen Staates' (1876). Zwar konzentriert sich Bender auf die Bedeutung Preußens für Deutschland, in seinem Gedichteanhang berücksichtigt er aber auch Personen und Ereignisse anderer Regionen, sofern sie *Muth, Trost, Zufriedenheit, Geduld, Gottesfurcht und*

---

[8] Die Fuggerei umfaßte 1523 52 Häuser. Sie wurde später auf 67 Häuser mit 147 Wohnungen erweitert. Vgl. Die Fuggerei [Führer durch die Fuggerei], [hrsg. v. Gudila Freifr. von Pölnitz-Kehr], 4. Aufl., Augsburg 1984, S. 3 und 10.

[9] G. F. Heinisch, Geschichte Bayerns. Für Lehranstalten, 2., bearb. Auflage, Bamberg 1858, S. 87-90.

Gottvertrauen, Warnung und Abscheu vor dem Schlechten, Begeisterung zum Guten, gründliche Liebe zum Vaterlande, wahres Deutschtum hervorzubringen geeignet erscheinen. Geschichte versteht der Autor ohnedies als *didaktisches Heldengedicht Gottes:*[10]

Die Fuggerei. [...]
Das Glück dreht sich im Kreise, es kommt und geht vorbei;
Nur was in Gott gegründet, das bleibet ewig neu.
Zu Augsburg war ein Weber, Hans Fugger zugenannt,
Der war mit seinen Söhnen als Weber wohl bekannt.
Er und die Söhne woben bei Tag und auch bei Nacht;
Daß gleich und rein die Fäden, deß hatten sie wohl Acht.
Drum kaufte Jeder gerne von ihrem Tuch so fein,
Sie woben goldne Sterne der Treue ja hinein,
Der Treue und des Glaubens und frommen Bürgersinn,
Barmherzigkeit und Liebe; das mehrte den Gewinn.
Da ward an Gold und Ehren gar reich und groß ihr Haus,
Der Kaiser und die Fürsten, die gingen ein und aus.
Die Weber wurden Grafen, ihr Wort galt weit und breit,
Sie woben mit den Fürsten am Webestuhl der Zeit.
Doch bei den hohen Ehren, die ihnen Gott verlieh,
Vergaßen auch die Grafen den armen Weber nie. [...][11]

Ein armer, aber rühriger Webergeselle

Wohl zur Steigerung der pädagogischen Wirksamkeit bieten manche Bücher die Geschichte der Fugger als eine durch keine Probleme getrübte Aufsteigerstory dar, deren Wirkung durch das Mittel des Kontrastes besonders deutlich herausgearbeitet wird. In '100 Geschichten nebst 100 Zahlen' (1875) spielt der *Stammvater* Hans Fugger eine herausragende Rolle, war er es doch, der die Familie aus der Armut

---

[10] Die Deutsche Geschichte mit besonderer Berücksichtigung des brandenburg-preußischen Staates. Ein patriotisches Lehr- und Lesebuch für Schule und Haus. Nebst einem Anhang vaterländischer Gedichte, hrsg. v. Ludwig Bender, 5., verb. Aufl., Essen 1876 (Erstauflage 1855), Zitate aus dem Vorwort, S. IV.

[11] Guido Görres, Die Fuggerei, in: Die Deutsche Geschichte (Anm. 10), S. 395-396. In der Fußnote zu diesem Gedicht steht: *Die von Karl V. 1541 in den Fürstenstand erhobenen Grafen Fugger stammen von einem Weber ab, der 1370 [!] sich zu Augsburg niederließ, und bildeten ein reiches Kaufmannshaus, das einen weit ausgedehnten Land- und Seehandel trieb, und mit seinen Schätzen Kaisern und Armen gern aushalf. In der Fuggerei sind 170 Familienwohnungen, jede zu 4 Räumen zu 2 Gulden jährlicher Miethe.* S. 395. Zur Anzahl der Wohnungen vgl. Anm. 8.

herausgeführt und die Grundlagen für Ansehen und Wohlstand gelegt hat. Die Schilderung der wirtschaftlichen Prosperität der reich gewordenen Fugger bricht folgerichtig auf ihrem ersten Höhepunkt ab, natürlich nicht ohne auf ihre sozialen Verdienste hingewiesen zu haben.

Als armer, aber rühriger Webergesell kam er [Hans Fugger] *1365[12] nach Augsburg, wo er durch Verheirathung mit einer Bürgerstochter das Bürgerrecht erlangte. Nachdem Fugger sein wohlgelungenes Meisterstück verfertigt hatte, wurde er in die Weberzunft aufgenommen. Durch Fleiß und Geschicklichkeit erwarb er sich bald die Zuneigung und Achtung seiner Mitbürger, so daß ihn die Weberzunft zum Stadtverordneten wählte. Es war dieses Amt umso ansehnlicher, als die Weberzunft gerade in Augsburg die höchste Geltung unter den Zünften genoß. [...] Hans Fugger starb als ein sehr vermögender Kaufmann. Die Söhne setzten das Geschäft des Vaters mit ebenso viel Glück als Geschick fort. Sie trieben einen so ausgebreiteten Handel, daß ihnen die Hanse auf einmal 20 mit ungarischem Kupfer beladene Schiffe wegnehmen konnte. Unter der Erde arbeitete der Bergmann für die Fugger, auf derselben der Fabrikant. Schon um das Jahr 1500 war nicht leicht ein befahrener Weg zu See und zu Lande, worauf sich nicht Fuggersche Waren befanden. 100 Jahre nach dem Tode des Stammvaters Hans Fugger machten mächtige Fürsten Anleihen bei der Familie Fugger; sie wurde mit den edelsten Familien verwandt und Maximilian I. erhob sie in den Adelstand. Eine wohlthätige Anstalt in Augsburg – die Fuggerei – zeugt von ihrer Fürsorge für Dürftige und Arme.[13]*

Nach ähnlichem Muster ist die Erfolgsgeschichte über Hans Fugger und seine Nachkommen komponiert, die August Gabler nahezu 100 Jahre später für einen Lesebogen für bayerisch-schwäbische Schüler verfaßt hat. Sie beginnt mit *Es war einmal ein Webergeselle, der hieß Hans Fugger*, der eines Tages zu Vater und Mutter sagte, daß er sein Glück in der Welt suchen wolle, und sie schildert in großen Schritten, wie die Fugger reich wurden und so *auf's Schloß kamen*.[14]

Der hochsinnige deutsche Bürger

Als Kayser Karl V. bey Anton Fugger zu Augsburg einkehrte, zündete dieser ein Feuer von Zimmetholz an, in welches er die Schuldverschreibung, die der Kaiser ihm auf ein ansehnliches Darlehn ausgestellt hatte, hinein warf. Diese Geschichte

---

[12] Hans Fugger kam 1367 nach Augsburg.
[13] 100 Geschichten nebst 100 Zahlen zur deutschen Geschichte. Ein Hülfsmittel für den ersten Geschichts-Unterricht, Breslau 1875, S. 56f.
[14] A. Gabler, Wo die Iller die Grenze zieht, in: "Hei, grüaß di Gott, Ländle!" Lesebogen für die Schulen in Bayerisch-Schwaben, Reihe I, Bogen 10, 1960, S. 22-24.

Fugger für Kinder 365

wird in unserer Bücherauswahl zum erstenmal 1815 berichtet.[15] Sie ist eine historisch nicht belegte Anekdote und wurde schon früh als Märchen bezeichnet.[16] Trotzdem wird sie bis in unser Jahrhundert herein immer wieder abgedruckt. Nicht wenige Schulbuchautoren setzen sie ein, um den sagenhaften Reichtum der Fugger zu veranschaulichen, zum Beispiel Otto Riedl (1891):

Unter Karl V. drang der Ruf der Fuggerschen Reichtümer bis in das ferne Spanien, wo das Sprichwort entstand: "Er ist so reich wie ein Fugger". Als der Kaiser einst nach Augsburg kam, erwies er dem Grafen Anton Fugger, von welchem er eine hohe Summe gegen eine Schuldverschreibung erhalten hatte, die Ehre, in seinem Hause Wohnung zu nehmen. Gleich beim Eintritte entschuldigte er sich, daß er seine Schuld noch nicht abbezahlt habe. Am anderen Morgen klagte der Kaiser, der an die Milde des südlichen Klimas gewöhnt war, über die Kälte des regnerischen Junimorgens. Sein reicher Hauswirt ließ so-

---

[15] Nikolaus Haas, Die Weltgeschichte mit besonderer Rücksicht auf das Vaterland. Zunächst für Schulseminaristen, Real-, auch Studienschüler, dann Gebildetere aus dem Volke überhaupt, Bamberg, Würzburg 1815, S. 110f.

[16] Möglicherweise ist der Ursprung für diese Anekdote in einer Notiz aus dem Jahre 1648 zu suchen, die der in Spanien wirkende Fuggeradministrator Dr. Holzapfel mit der Absicht niedergeschrieben hat, die besonderen Verdienste der Fugger für die Habsburger herauszustellen: *Als Kaiser Karl wieder zurückgekommen* [1547] *und von Herrn Anton abermals Geld begehrt, hat Herr Anton geantwortet, daß er in den Niederlanden wohl Mittel hätte, mit welchen er Ihrer Majestät dienen wollte und könnte, was sehr angenehm gewesen ist. Allein in Deutschland habe er keine anderen Mittel als etliche Wechselbriefe von Ihrer Majestät, die er zerrissen oder verbrannt, damit Ihre Majestät sehe, daß er Ihr mit seiner ganzen Substanz begehre zu dienen.* Zitat in: Ernst Hering, Die Fugger, Leipzig 1939, S 252.
Die Kaminepisode hat seit jeher sowohl in der populären als auch in der wissenschaflichen Geschichtsschreibung Befürwortung und Ablehnung gefunden. Zu den frühen Kritikern gehört Paul von Stetten, der die Geschichte ins Reich der *Mährgen* verweist, er nennt als Partner des Kaisers jedoch Raimund, den Bruder Anton Fuggers. Vgl. Herrn Paul von Stetten des jüngeren Erläuterungen der in Kupfer gestochenen Vorstellungen aus der Geschichte der Reichsstadt Augsburg in historischen Briefen an ein Frauenzimmer, Augsburg 1765, S. 80. Moritz Schäzler, ein Augsburger Geschichts- und Geographielehrer, stellt sie als Tatsache hin und bringt als weiteres Detail, daß die ins Feuer geworfenen Schuldverschreibungen *zu der afrikanischen Seeunternehmung* der Fugger gegeben worden seien. Vgl. M. Schäzler, Handelsgeschichte der Stadt Augsburg bis zum Schlusse des Mittelalters, Augsburg 1844, S. XIV. In einem 1913 erschienenen Schulbuch wird die Geschichte *in den Bereich der Fabel* verwiesen. Vgl. Lebensvoller Geschichtsunterricht. Quellen und Erzählungen von H. Falk, H. Gerold und K. Rother, 4. Heft: Im späten Mittelalter: Niedergang der Kaisermacht – Blütezeit der Städte, Ansbach 1913, S. 175, Anm. 4. Für Anton Stauber ist die Episode *nicht nachweisbar*, für die Vermögenslage des Hauses Fugger bleibe es bedeutungslos, *ob er es gethan oder nicht*. Vgl. A. Stauber, Das Haus Fugger. Von seinen Anfängen bis zur Gegenwart, Augsburg 1900, S. 64 und 88f. Im Gegensatz dazu hält sie Ernst Hering für glaubwürdig (vgl. E. Hering, Die Fugger, S. 252), während sie in der neueren Geschichtsschreibung durchweg als Legende oder *Wandersage* charakterisiert wird. Vgl. Götz Frhr. von Pölnitz, Anton Fugger, Bd. 2: 1536-1548 [Teil II: 1544-1548] (Studien zur Fuggergeschichte, Bd. 11), Tübingen 1967, S. 532, und Franz Herre, Die Fugger in ihrer Zeit, Augsburg 1985, S. 104.

gleich einige Bündel kostbarer Zimmtrinde bringen und in den Kamin werfen; dann nahm er die Schuldverschreibung des Kaisers, zeigte sie ihm und zündete damit den Zimmet an.[17]

Die angebliche Verbrennung von Schuldbriefen wird aber auch verwendet, um das staatsbürgerliche Verantwortungsbewußtsein der Fugger ins rechte Licht zu rükken. In H. Nickols 'Bilder und Geschichten aus der deutschen Vorzeit' (1912) wird die Kamingeschichte zu einer dramatischen Szene verarbeitet: Nach einem Gastmal, das Anton Fugger für Karl V. in seinem Palast gegeben hat, klagt der niedergeschlagen wirkende Kaiser dem Gastgeber seine Geldnot:

"Meine Feinde rüsten zu neuen Kämpfen – ich habe nicht die Mittel, um Gegenrüstungen zu treffen, solange noch andere Verpflichtungen auf mir ruhen. Hier in Augsburg wohnt ein Bürger, der ist mächtiger als der Kaiser; denn der Kaiser ist ihm verpflichtet und vermag seine Verpflichtungen gegen ihn nicht zu erfüllen." Fugger verstand. Er trat beiseite, schloß einen Wandschrank auf und holte einige Papiere heraus. Es waren Wechsel und Schuldverschreibungen im Werte von zweimalhunderttausend Goldgulden. Die hielt er dem Kaiser vor die Augen. "Erkennen Ew. Majestät diese Schrift?" Der Kaiser atmete schwer. "Wie sollte ich sie nicht erkennen? Es ist meine eigenhändige Unterschrift, dazu mein kaiserliches Insiegel", antwortete er finster. "Erkennen Ew. Majestät mir und mir allein das Eigentum an diesen Schriften zu?" "Mit allen Rechten, die dem Gläubiger aus dem Besitze einer gerechten Schuldverschreibung erwachsen." "Nun denn, dann lebt in Augsburg kein Mann, dem Ew. Kaiserliche Majestät verpflichtet wäre." Mit diesen Worten übergab der hochsinnige deutsche Bürger die Papiere der hell aufflackernden Kaminflamme, die sie begierig verzehrte.[18]

Als ob noch Zweifel über den Zweck dieser Inszenierung bestünden, erhebt der Autor zum Schluß seinen pädagogischen Zeigefinger, um die Erkenntnis zu formulieren: Auch wenn Habsburgs Macht und der Fugger Reichtum einmal verloschen sein werden, *überdauern wird das Andenken an den Edelmut des Bürgers der freien Reichsstadt, der einen guten Teil seines Reichtums freudig zum Opfer brachte, um seinen Kaiser von einer schweren Sorge zu befreien.*[19]

---

[17] O. Riedl, Vaterländische Geschichtsbilder. Für den Gebrauch an Mittelschulen und an Lehrerbildungsanstalten, München 1891, S. 87.

[18] H. Nickol, Bilder und Geschichten aus der deutschen Vorzeit. Geschichtliches Lesebuch in drei Teilen. Teil II: Aus der deutschen, besonders brandenburg-preußischen Geschichte vom Anfange des 16. Jahrhunderts bis zur Auflösung des römisch-deutschen Reiches, Langensalza 1912, S. 28.

[19] H. Nickol, Bilder und Geschichten (Anm. 18), S. 28. Einen ähnlich 'patriotischen' Schluß hat die Schilderung der Schuldscheinverbrennung bei Franz von Seeburg, Die Fugger in ihrer Zeit. Kulturgeschichtlicher Roman, München o.J. [1933, 36. bis 40. Tausend, Erstveröffentlichung 1879], S. 521f.: *Fugger lächelte. Mit fester Hand faßte er den Schuldbrief und schritt dem Kamine zu. Dort öffnete er die Hand, das Pergament fiel in die Flammen, die lustig auffla[k-*

Fugger für Kinder

Die symbolträchtige Kaminszene wird in der zweiten Hälfte des 19. Jahrhunderts auch Gegenstand der bildenden Kunst. Das beste Beispiel liefert Karl Ludwig Friedrich Beckers Gemälde 'Kaiser Karl V. bei Fugger', das der preußische König Wilhelm 1866 für die Berliner Nationalgalerie erwarb und das, gestochen von Friedrich Wilhelm Zimmermann, in den 1870er Jahren über die Kunstvereine, die das Blatt als Jahresgabe für ihre Mitglieder herausbrachten, weite Verbreitung fand.[20]

Die Kaminanekdote wird nach 1945 in manchen Schulbüchern weiterhin erzählt. In 'Der Mensch im Wandel der Zeiten' (1952) deutet alles darauf hin, daß die gute Tat nicht Anton, sondern Jakob Fugger zugute geschrieben wird.[21] In dem Schulbuch 'Vom Erbe der Väter' (1968), in dem letztmals unter den ausgewählten Büchern die Schuldscheinverbrennung angesprochen wird, ist Jakob expressis verbis der Schuldentilger. Doch jetzt illustriert sie weniger den Edelmut und Opfersinn des loyalen Bürgers und Untertanen als vielmehr die stolze Überlegenheit, mit der der adelige Kaufherr einem hilflosen Bittsteller gegenübertritt. *Einen Schein nach dem anderen warf der "Reiche" in das Kaminfeuer. In der Stube herrschte tiefe Stille. Seufzend und gedemütigt stand Karl V. auf und ging wortlos hinaus zu seinem Gefolge.*[22]

---

kerten und ihre kostbare Beute verzehrten. Eine leichte, dünne Rauchwolke kräuselte sich aus dem Feuerherde in den Kamin empor. 'Fugger!' rief der Kaiser, aus starrem Erstaunen erwachend, 'was habt ihr getan? Seid ihr wahnwitzig geworden?' Anton schaute lange in Karls Antlitz. 'Es ist alles zu Asche geworden', sprach er mit mildem Ernst und deutete mit der Rechten nach der schwächer züngelnden Flamme. 'Laßt Euch, hoher Herr, mein Tun nicht verdrießen! In kurzer Zeit bin auch ich Asche; so komme ich wieder zum meinem Gelde!' 'Fugger, Ihr richtet Euch zugrunde! Solcher Edelmut ist Wahnsinn!' 'Nein! Die Fugger sind nur um ein Fürstentum weniger reich; aber arm sind sie darum noch nicht. Ich habe Euch nur beweisen wollen, wie ehrlich und uneigennützig die Liebe der Fugger zu ihrem Kaiser ist.' Bei von Seeburg verzichtet Anton Fugger auf 800 000 [!] Goldgulden.

[20] Vgl. Bilder im Zirkel. 175 Jahre Badischer Kunstverein Karlsruhe, hrsg. v. Jutta Dresch, Wilfried Rößling im Auftrag des Kunstvereins Karlsruhe, Karlsruhe 1993, S. 334-335. Weitere Motive der Kaminszene vgl. A. Stauber, Das Haus Fugger (Anm. 16), nach S. 64 (ohne Angabe des Künstlers), und Anton Fugger (1493-1560). Vorträge und Dokumentation zum fünfhundertjährigen Jubiläum, hrsg. v. Johannes Burkhardt (Studien zur Fuggergeschichte, Bd. 36), Weißenhorn 1994, S. 143 (monogrammiert CP).

[21] Der Mensch im Wandel der Zeiten. Geschichtsbuch für die deutsche Schule. Allgemeine Ausgabe, hrsg. v. Ida Maria Bauer, Otto Heinrich Müller, Heinrich Koch, Braunschweig u.a. 1952, S. 98. Vgl. auch die bayerische Ausgabe, hrsg. v. I. M. Bauer, O. H. Müller, O. Zierer, Braunschweig u.a. o. J., S. 117.

[22] Fritz Simonsen, Rudolf Sielaff, Vom Erbe der Väter, Ausgabe B, Heft 2: Von den Germanen bis zu Friedrich dem Großen, Lübeck, Hamburg 1968, S. 72.

... brachen diese ersten Ansätze zu einem deutschen Kolonialreich zusammen

Ein weiterer Topos, der seit der zweiten Hälfte des 19. Jahrhunderts in den Geschichtsbüchern auftaucht, ist das Bild der Fugger und Welser als deutsche Kolonisatoren in Übersee. Die Bandbreite der Positionen erstreckt sich von knappen, lediglich registrierenden Hinweisen bis zu ausführlichen Abhandlungen mit unverhüllten deutsch-nationalen, imperialistischen und rassistischen Zielsetzungen.

In unserer Buchauswahl taucht 1866 zum erstenmal im 'Lehrbuch der bayerischen Geschichte' ein Hinweis auf überseeische Aktivitäten der beiden berühmten Augsburger Handelshäuser auf: *Die Fugger befuhren mit ihren Flotten alle Meere. Die Welser legten in Venezuela (Südamerika) mit Genehmigung Karls V. eine deutsche Kolonie an.*[23] In der Zeit des beginnenden Imperialismus ergreifen manche Autoren kräftig Partei für die deutschen Kaufleute, denen sie durchaus zutrauen, daß sie leicht den Grundstein für ein großes deutsches Kolonialreich hätten legen können, wenn sie daran nicht gehindert worden wären.

Allein der Neid und die Habgier unsrer Fürsten verfolgte die reichen Kaufherren, drückte sie durch Zölle und veranlaßte (1512) ein Reichsgesetz, das die großen Handelsgesellschaften, die sich für den überseeischen Handel gebildet hatten, untersagte. Dadurch wurde die Gelegenheit zu einem großen Nationalhandel abgeschnitten.[24] *Hätten damals unsre Fürsten das merkantilistische Streben der Städte gefördert, statt gehindert, so würde Deutschland, dessen Seemacht stärker war als irgend eine, an den Entdeckungen und Eroberungen in fremden Erdtheilen vollen Antheil gehabt haben; auch hätte es seine Colonien jenseits der Meere haben und einen Rang unter den seemächtigen Völkern behaupten können.*[25]

Es sind nur wenige Bücher, in denen auch die Kaufleute der Kritik unterzogen werden, wenn es um die Gründe für unterlassene oder mißglückte Versuche von Koloniegründungen in der Neuen Welt geht. In K. Schenks 'Lehrbuch der Ge-

---

[23] Lehrbuch der bayerischen Geschichte unter steter Bezugnahme auf die deutsche Geschichte für die Gewerbs- und gewerblichen Fortbildungsschulen mit Berücksichtigung der neuen Schulordnung von 1864 von einem Schulmanne, München 1866, S. 72. Ähnlich E. Leipold, St. Schreyer, Geschichtsblätter für die Volksschulen, 4. Aufl., Regensburg 1892, S. 49, und H. Christensen, Lehrbuch der Geschichte für Lehrerinnenseminare und Studienanstalten, bearbeitet unter Mitwirkung von M. Rachwitz, Zweiter Teil: Von der Zeit Karls des Großen bis zum Tode Friedrichs des Großen, Ausgabe A (für evangelische Anstalten), Leipzig 1911, S. 124.

[24] Der Reichstagsbeschluß von Trier-Köln 1512 verbot zwar die Monopole, hatte jedoch auf die tatsächliche Entwicklung wenig Einfluß, insofern entspricht der hier hergestellte kausale Zusammenhang zwischen dem Reichstagsabschied und der Erfolglosigkeit kolonialer Bemühungen nicht der historischen Realität.

[25] Die deutsche Geschichte (Anm. 10), S. 135.

schichte für Präparandenanstalten' (1904) wird ihnen neben Karl V. die Verantwortung aufgebürdet, daß Deutschland das Zeitalter der Entdeckungen und der Gründung überseeischer Besitzungen verschlafen habe. Der Hanse wird vorgeworfen, sie habe sich zu sehr auf den Handel in der Nord- und Ostsee beschränkt, und den Welsern, sie hätten, *von Goldgier entflammt und jeglichen Verwaltungsgeschicks bar*, Venezuela wieder verloren.[26] Diese Kritik kommt nahe an heutige Beurteilungen des gescheiterten Welserschen Kolonialunternehmens heran.[27]

Neue Akzente setzen die Geschichtsbücher des Dritten Reiches. Während die einen gerade die deutschen Verdienste an der Entdeckung und Eroberung der Neuen Welt herausstellen, beklagen andere die politische Kraftlosigkeit des Reiches, die eine deutsche Kolonialpolitik verhindert habe.

Zur ersten Gruppe gehören die beiden Unterrichtswerke 'Geschichte' (1939) und 'Die ewige Straße' (1941). Geradezu besessen von dem Verlangen, den Anteil der Deutschen an der Herrschaft Europas über die übrige Welt gebührend herauszustellen, verherrlicht 'Geschichte' die Aktivitäten der Fugger und der Welser sowie einer Vielzahl ungenannter *deutscher Söhne*, deren koloniale Leistungen in Asien und Amerika wenn auch nicht Deutschland, so doch anderen europäischen Staaten zugute gekommen seien. *Kein Fußbreit der neuen Länder ist in deutschem Besitz geblieben. Denn während die westeuropäischen Staaten die äußere Welt aufteilten, war das deutsche Volk tief innerlich zerrissen im Kampf um den rechten Glauben, im Kampf um das wahre Christentum.*[28]

Die Autoren des Buches 'Die ewige Straße' (1941) widmen den *Deutschen in Übersee* ein mehrseitiges Kapitel, in dem sie die *Vorkämpfer für das Außerdeutschtum und die weiße Rasse in Übersee* glorifizieren. Ihre Heldengalerie beginnt mit jenem, namentlich nicht bekannten Deutschen, der zusammen mit den Wikingern Amerika entdeckt habe, und enthält neben den Fuggern und Welsern

---

26 K. Schenk, Lehrbuch der Geschichte der Präparandenanstalten, bearb. v. H. G. Schmidt, Teil I: Für die dritte Präparandenklasse. Übersichtliche Darstellung der deutschen Geschichte bis 1648, Leipzig, Berlin 1904, S. 114. Das Ende der Welser-Unternehmung in Venezuela wird gewöhnlich auf das Jahr 1546 datiert. Bartholomäus Welser prozessierte allerdings bis 1556 um seine Ansprüche. Vgl. Götz Frhr. von Pölnitz, Die Fugger, Tübingen 1970, S. 367.

27 Vgl. Gottfried Kirchner, Der Todeszug des Lanzenreiters, in: DIE ZEIT Nr. 47 v. 15.11.1991, S. 49: *Im Laufe der Jahre durchschaute er [Juan de Carvajal, spanischer Hofschreiber und Mörder von Bartholomäus Welser] immer mehr die verfehlte Kolonialpolitik der Deutschen: Ihre Anführer sorgten weder für eine gutfunktionierende Verwaltung, noch kümmerten sie sich um den erfolgversprechenden Anbau von Baumwolle und Zuckerrohr, um Viehzucht, um die Erschliessung der Bodenschätze oder den friedlichen Handel mit den Eingeborenen. Statt dessen unternahmen sie aufwendige und verlustreiche Expeditionen nach einem märchenhaften Goldreich, das irgendwo im Süden liegen sollte, ließen Coro [die Hauptstadt] und die ihrer Fürsorge anvertrauten Einwanderer aus Europa monatelang im Stich.*

28 Walther Gehl, Geschichte, 3. Klasse, Ausg. A für Oberschulen und Gymnasien. Von der Begründung des Ersten Reiches bis zum Ende des Dreißigjährigen Krieges, Breslau 1939, S. 91-92.

sowie deren Handelsdienern und Soldaten eine Reihe anonymer *deutscher Gelehrter, Kaufleute, Seemänner, Bergmänner und Landsknechte*, die an den Entdecker- und Erobererfahrten um 1500 mitgewirkt haben sollen. Die Verfasser ziehen das Fazit: Die überseeischen Unternehmungen hätten *ohne die kaufmännische Kraft der Deutschen* nicht durchgeführt werden können. Außerdem suggerieren sie dem Leser, die Deutschen hätten die besseren Motive als die Spanier und Portugiesen gehabt, *denn Deutsche wollen rechtlich erwerben und aufbauen, nicht rauben und ausbeuten*. Auch die Indianer seien von den Deutschen besser behandelt worden als von den anderen Europäern. Als Gründe für die Erfolglosigkeit werden genannt: *Es stand ja auch kein Kaiser und König, nicht das einige Reich hinter diesen ersten Kolonialunternehmen deutscher Männer. Aber Portugal, Spanien, dann die Holländer, Frankreich und England setzten von Beginn an die Kraft aufstrebender, geeinter Nationalstaaten hinter ihre Überseepolitik. Und Deutsche halfen ihnen.*[29]

Einen etwas anderen Akzent setzt das Buch 'Volk und Führer' (1942). Unter der Überschrift *Machtumwälzung in Europa* schildert es die allmähliche Verdrängung Deutschlands aus dem internationalen Handel durch andere europäische Mächte, um daraus zunächst eine historische und dann die entscheidende gegenwartspolitische Erkenntnis zu ziehen: *Deutschland war zersplittert und geschwächt; es stand gerade in den Jahrhunderten ohnmächtig beiseite, als die westeuropäischen Randvölker die Verteilung der Welt begannen. Über ein kraftloses Volk geht die Geschichte hinweg, nur dem starken reicht sie die Hand. Heute kämpft Adolf Hitler um den Anteil Deutschlands an der Welt.*[30]

Nicht alle während des Dritten Reiches geschriebenen Bücher sind so wie die eben zitierten ideologisch aufgerüstet. Kumsteller, Haacke, Schneider (1940) zum Beispiel bedauern zwar auch das Fehlen eines starken Nationalstaates, der das Kolonialunternehmen hätte schützen können, und sie verbergen auch nicht ihren Stolz auf die kolonisierenden Kaufleute, doch sie bedienen sich bei der Schilderung des Venezuala-Unternehmens der Welser einer mehr nüchternen und die historischen Tatsachen weniger verzerrenden Sprache.[31] Karl V. allerdings wird von diesen Autoren am negativsten charakterisiert: *Nicht einmal die deutsche Sprache beherrschte er. Ein volksfremder Kaiser in dieser Stunde unserer Geschichte!*[32] Ohne nationalistische und rassistische Töne kommt auch Wilhelm Rose in seiner

---

[29] Werner vom Hofe, Peter Seifert, Die ewige Straße. Geschichte unseres Volkes, Bd. II: Das mittelalterliche Reich der Deutschen 919-1648, Dortmund, Breslau 1941, S. 127-129.
[30] Volk und Führer. Deutsche Geschichte für Schulen, hrsg. v. Dietrich Klagges, Ausgabe für Mittelschulen, Klasse 3: Deutschland, die Vormacht Europas (von 919 bis 1648), bearb. von Gustav Märkisch, Frankfurt/M. 1942, S. 151.
[31] B. Kumsteller, U. Haacke, B. Schneider, Geschichtsbuch für die deutsche Jugend, Klasse 3, Leipzig 1940, S. 104-105; ähnlich zurückhaltend: Das Reich der Deutschen bis 1648. Von Mittelschulrektor Hermann Bruch, 2., verb. Aufl., Berlin, München 1943, S. 106f.
[32] B. Kumsteller, U. Haacke, B. Schneider, Geschichtsbuch (Anm. 31), S. 116.

'Geschichte des deutschen Volkes' (1939) aus. Bei ihm waren die Welser nicht in Venezuela, *um deutschen Menschen Lebensraum zu schaffen, sondern um von ihren Stützpunkten aus das Goldland (Eldorado) aufzufinden.*[33]

Die Aspekte der Kolonisation spielen in der Schulbuchliteratur nach 1945 verständlicherweise kaum noch eine Rolle. Eine Ausnahme macht 'Geschichte. Eine neue Zeit beginnt' (1951). In diesem Arbeitsheft wird der große Reichtum gefeiert, den die Kaufleute anderer Länder, z.B. Hollands, ihren Mutterländern brachten. *Und Deutschland?* fragt der Autor. Die schon bekannte Antwort lautet:

> *Das Reich war schwach. Hinter den Hanseaten stand keine starke Reichsmacht, die sie hätte schützen können. Das deutsche Volk verzehrte sich in Religionsstreitigkeiten. Die Hanseaten wurden von den Seemächten gehindert, Kolonien zu gründen. Wohl legte der Augsburger Großkaufmann Welser im südamerikanischen Venezuela Faktoreien an, und der Große Kurfürst von Brandenburg Friedrich Wilhelm ließ an der afrikanischen Küste von Guinea Plantagen errichten, die von einem Fort geschützt wurden. Aber beide konnten sich nicht behaupten, ihre Erwerbungen gingen bald wieder verloren. [...] Die koloniale Zeit der europäischen Seemächte scheint überhaupt vorbei zu sein.*[34]

... nicht besser als die Juden

In einem nicht geringen Teil der Schulgeschichtsbücher aus dem Dritten Reich wird die Aufmerksamkeit auf die Entstehung des Frühkapitalismus und den Einfluß des Großkapitals auf die Politik gelenkt. Es verwundert nicht, daß dabei fast alle Autoren, die diese Thematik behandeln, die Fugger mehr oder weniger offen mit den Juden gleichsetzen. Manche Textpassagen über die Rolle der Juden im mittelalterlichen und frühneuzeitlichen Handel werden mit denjenigen über die christlichen Großkaufleute in einer Weise vermengt, daß sie notgedrungen aufeinander verweisen.

Hans Bartels und Erich Buchholz (1940) sehen in dem von den Fuggern verkörperten Kapitalismus einen durch die Juden verbreiteten *Fremden Geist aus dem Süden*[35] wirksam. *Der Einfluß dieses bisher in Deutschland verachteten und als undeutsch abgelehnten Handelsgeistes dringt im 15. Jahrhundert in die süd-*

---

[33] W. Rose, Geschichte des Deutschen Volkes von der Gründung des Ersten Reiches bis 1648, München, Berlin 1939, S. 82.
[34] Geschichte. Eine neue Zeit bricht an, Arbeitsheft für das 7. Schuljahr, Teil 1, hrsg. v. Lambert Leusing, Dortmund 1951, S. 26.
[35] H. Bartels, E. Buchholz, Von der Gründung des Ersten Reiches bis 1648, 2. Aufl., Leipzig, Berlin 1940, S. 120 (Kapitelüberschrift).

deutschen Städte ein, um allmählich das ganze Geschäftsleben zu durchdringen.[36] Auch wenn sie die Fugger nicht ganz auf dieselbe ausbeuterische Stufe wie die Medici stellen und ihre Rolle als Repräsentanten Deutschlands in der Welt würdigen, üben sie mit zeitgenössischen Zitaten offen Kritik an ihrer wirtschaftlichen Monopolstellung. *'Sie ziehen',* schreibt ein Zeitgenosse, *'nicht allein den entbehrlichen Plunder an fremden Waren, sondern auch, was zum Leben not, als Korn, Fleisch, Wein und sonstiges, in ihr Monopol und schrauben die Preise nach ihrer Geldgier und Geizigkeit und nähren sich mit der sauren Arbeit der Armen.'*[37] Die Schilderung des Niedergangs der großen Handelsgesellschaften erscheint als eine Art Strafe, die das Schicksal für diese ersten Kapitalisten Europas bereithielt.

Einen Schritt weiter als Bartels und Buchholz gehen Kumsteller, Haacke und Schneider (1940). Während sie den von ihnen überschätzten Kolonialunternehmungen der deutschen Kaufleute höchstes Lob zollen, werfen sie in ihrer Kritik an den frühkapitalistischen Zuständen die christlichen und jüdischen Bankiers und Monopolisten in einen Topf. *Grenzenlos war die Empörung über die, die es besonders schlimm trieben. Die alten ehrbaren Grundsätze schienen ins Wanken zu geraten, und diese Zeit benutzten nun auch die Juden, sich in das Wirtschaftsleben einzudrängen.*[38] Mit ihrer Kritik an den jüdischen Warenhäusern projizieren die beiden Autoren einerseits zeitgenössische antisemitische Anschuldigungen in die Vergangenheit, andererseits legitimieren sie die Entrechtungsmaßnahmen gegen die Juden im nationalsozialistischen Deutschland. *In einigen Judenvierteln entstanden richtige Warenhäuser, in denen man alles haben konnte. Da brach dann hier und da der Volkszorn gegen die Fremdlinge los und säuberte manchmal in wenigen Tagen ganze Städte von ihnen.*[39]

Dieselben Autoren bieten ein Jahr später (1941) eine merkwürdige Mischung von Bewunderung und Verteufelung der Großhandelskaufleute an. Zunächst werden sie – an ihrer Spitze Jakob Fugger der Jüngere – als große Führerpersönlichkeiten und selbstbewußte Vertreter *einer alten Herrenrasse* präsentiert, die Deutschland, ähnlich wie in den Zeiten Bismarcks, zu wirtschaftlicher Blüte emporgeführt hätten. *Kühne eigenwillige Persönlichkeiten von klarem Verstand und hartem Willen, echte Herrenmenschen des Zeitalters der Renaissance, durchbrachen hier alle Schranken des Herkommens.*[40] Dann kippt der Text unvermittelt von der Lobeshymne auf die *Tatmenschen* in eine harsche Abrechnung um:

Aber diese deutschen Frühkapitalisten waren mit geringen Ausnahmen ohne jedes soziale Verantwortungsgefühl, reinste Individualisten. [...] Die mittelal-

---

[36] H. Bartels, E. Buchholz, Von der Gründung (Anm. 35), S. 121f.
[37] H. Bartels, E. Buchholz, Von der Gründung (Anm. 35), S. 122.
[38] B. Kumsteller, U. Haacke, B. Schneider, Geschichtsbuch (Anm. 31), S. 107.
[39] B. Kumsteller, U. Haacke, B. Schneider, Geschichtsbuch (Anm. 31), S. 107.
[40] B. Kumsteller, U. Haacke, B. Schneider, Geschichtsbuch für die deutsche Jugend, Klasse 7, Leipzig 1941, S. 100.

terliche Welt hat sich gegen sie gewehrt. In ihren Augen waren diese 'Monopolisten' nicht besser als die Juden, namentlich da sie ja auch Zins nahmen. Im Volke waren sie allgemein verhaßt. Das Schwinden der alten Einfachheit, das Zunehmen von Luxus und Wohlleben, Verweichlichung des Volkes, Zerstörung der alten, guten Sitten machte man ihnen zum Vorwurf. 'Fuggerei' wurde der Ausdruck für Wucher, Geiz und Geldgier.[41]

Nahezu vollständig identifiziert F. Fikenscher (1938) die Fugger mit den Juden. In vielen seiner Sätze sind die Subjekte 'Juden' und 'Fugger' austauschbar. Ob die einen oder die anderen, sie hätten die Fürsten in ihre Abhängigkeit gebracht und die Weltpolitik gelenkt. *Am Rindermarkt in Augsburg lag das Haus der Fugger mit der berühmten 'Goldenen Schreibstube'. Von hier aus wurde die Welt zum Teil regiert. Der Kaufmann saß vor seinen Rechnungsbüchern und überlegte, ob er den Kaiser mit seinem Geld Krieg führen oder zum Frieden zwingen will. Ein andermal hing es sogar von ihm ab, wer künftig Kaiser sein und das Reich regieren soll.*[42] Als *die deutschen und ehrlichen Fugger* ihren Einfluß verloren, sei an ihre Stelle das Handelshaus Rothschild getreten. Es habe an den europäischen Höfen gearbeitet und mit seinem Geld manchen Krieg, unter dem die Völker seufzten, angezettelt. Für die Gegenwart zieht der Autor die Lehre, daß der nationalsozialistische Staat die Macht des Geldes brechen werde. Er befehle die Kapitalanlage und Güterproduktion in den großen Fabriken zum Wohle des Volkes.

... verkörpern ein neuartiges Unternehmertum

Das ausgeprägteste Fuggerbild, das uns in den Schulgeschichtsbüchern des 20. Jahrhunderts begegnet, ist das der Repräsentanten des modernen kapitalistischen Prinzips. Die Darstellungen in den Büchern der Zeit nach 1945, in der auf die frühkapitalistischen 'Geldfürsten' am meisten Bezug genommen wird, pendeln zwischen neutraler Vorstellung der Fugger als Vertreter einer modernen Wirtschaftsgesinnung, was nicht ausschließt, daß auch auf ihre Schattenseiten hingewiesen wird, bis zur entschiedenen Distanzierung von den frühneuzeitlichen Kapitalisten. Bezieht man ostdeutsche Bücher in die Untersuchung ein, stellt man schnell fest, daß die Gleichung 'ostdeutsch = kapitalismuskritisch' und 'westdeutsch = kapitalismusfreundlich' nicht aufgeht.

Hans Ebeling, einflußreicher Geschichtsdidaktiker in den 1950er und 1960er Jahren, erläutert in seiner *Deutschen Geschichte* (1952) zunächst verschiedene Erscheinungsformen des Kapitalismus (vom Geld- und Handels- zum Waren- und

---

41 B. Kumsteller, U. Haacke, B. Schneider, Geschichtsbuch (Anm. 40), S. 101.
42 F. Fikenscher, Deutsche Geschichte, 2., verb. Aufl., Ansbach 1938, S. 240.

Industriekapitalismus), um anschaulich die sozialen Schattenseiten frühkapitalistischer Unternehmungen zu schildern:

Den wenigen Unternehmern mit ihrem zuweilen märchenhaften Reichtum stand eine breite Schicht oft völlig entrechteter und besitzloser Arbeitnehmer gegenüber, ein wirkliches Proletariat. In den großen Bergwerksbezirken Tirols und Ungarns, Sachsens und Böhmens sammelten sich Massen von Arbeitern, die in allem der Gnade und Ungnade ihrer Arbeitsherren ausgeliefert waren. Sie standen stets in der Gefahr der plötzlichen Arbeitslosigkeit: eine Grube ersoff, Feuer zerstörte das mühsam geschaffene Werk der Stollen und Schächte, oder ein Bergwerk schien nicht mehr lohnend. Wohnungselend, übermäßige Frauen- und Kinderarbeit, Hunger und Elend bei Krankheits- und Unglücksfällen, Streiks, Aussperrung und vieles andere waren die Lebensnöte der Bergarbeiterschaft schon des 15. und 16. Jahrhunderts.[43]

Trotz seiner kritischen Anmerkungen verschweigt Ebeling nicht, daß es vereinzelt auch Ansätze zu sozialer Fürsorge, wie die Fuggerei in Augsburg, gegeben habe, er geht jedoch nicht näher darauf ein.

In Herbert Mühlstädts 'Der Geschichtslehrer erzählt' (1985), in Ostberlin erstmals 1966 erschienen, kommen die Fugger in zwei längeren Texten vor. Der erste besteht aus einer weitgehend neutralen Darstellung des Aufstiegs des Hauses Fugger, ausgenommen vielleicht den einen Satz: *Weithin höhere Gewinne zieht er* [Jakob] *jedoch aus wucherischen Bankgeschäften*, wobei der Unterschied der Bedeutung von *wucherisch* damals und heute nicht erläutert wird.[44] Im zweiten Text 'Verleger beuten Weber aus', einer novellistischen Geschichtserzählung, ergreift der Autor eindeutig Partei für die Weber und gegen die Fugger.[45] Obwohl sich Mühlstädt bemüht, in den Argumenten zu differenzieren, bleibt er in diesem Text dem didaktischen Konzept der älteren DDR-Geschichtsbücher treu, die die Fugger nahezu ausschließlich als Repräsentanten des ausbeuterischen Verlagssystems schildern, das in der Entstehung des Kapitalismus in den Schulbuchdarstellungen einen besonderen Stellenwert einnimmt. In dem Schulbuch 'Geschichte'

---

[43] Deutsche Geschichte, hrsg. v. Geschichtspädagogischen Forschungskreis Braunschweig, dargestellt und erzählt von Hans Ebeling, Ausgabe in Einzelheften, III: Die Bürger in ihren Städten, Braunschweig u.a. 1952, S. 53.

[44] Auch in westdeutschen Büchern findet man die unkritische Verwendung des Begriffes 'Wucher'. Vgl. z.B. in: Hermann Burkhardt, Helmut Christmann, Alfred Jung, Fritz Klenk, Damals und heute, 2. Geschichte für Hauptschulen, Ausgabe D: Von Karl dem Großen bis zum Zeitalter der Entdeckungen, Stuttgart 1976, S. 97: *Ein Ausschuß* [des Reichstages] *wurde eingesetzt, der die Geschäfte der Fugger, Welser und anderer Geld-Mächtiger untersuchen sollte. Ihre Wuchergeschäfte sollten nicht mehr geduldet werden.*

[45] H. Mühlstädt, Der Geschichtslehrer erzählt, Neue Fassung Bd. 3: Von der deutschen frühbürgerlichen Revolution bis zur französischen bürgerlichen Revolution, Berlin [Ost] 1985, S. 19-20. Vgl. Neuauflage nach der 'Wende': Der Geschichtslehrer erzählt, Bd. 3: Von der Reformation bis zur Französischen Revolution, Berlin 1991, S. 15-16. Die zweite Erzählung hat jetzt die Überschrift *Verleger*, bleibt inhaltlich jedoch unverändert.

Fugger für Kinder 375

(1967/1976) werden die Fugger als Ahnherren der Kapitalistenklasse und die Weber als *Keime der künftigen Klasse der Arbeiter* angesehen.⁴⁶

Im Wendejahr 1989 (Redaktionsschluß 30. Juni) erschien 'Geschichte' in einer neuen Ausgabe. Im Gegensatz zur alten Fassung ist nun der Text über den Frühkapitalismus nahezu vollständig der klassenkämpferischen Funktionalisierung entkleidet. Während in der Ausgabe von 1976 im Kapitel *Der Frühkapitalismus in Deutschland. Die Verschärfung aller Widersprüche des Feudalismus* die Begriffe 'Frühkapitalismus', 'Kapitalismus', 'Kapitalisten', 'kapitalistische Ausbeutung', 'kapitalistische Produktionsverhältnisse' und 'Wucherkapital' insgesamt 23mal⁴⁷ vorkommen, werden sie 1989 fast nicht mehr verwendet. Im vergleichbaren Kapiteltext *Vorboten einer neuen Zeit* taucht 'Frühkapitalismus' überhaupt nicht mehr und 'Kapitalismus' nur noch einmal auf.⁴⁸ Die reichen Kaufleute der Frühen Neuzeit erfahren in diesem Buch eine erstaunliche Rehabilitation. Durch die Anlage ihrer Handelsgewinne in der Produktion sei mehr produziert worden, was wegen der steigenden Bevölkerung dringend notwendig gewesen sei. *Immer mehr Menschen, auch aus den ärmeren Schichten, kauften für Haushalt, Kleidung und Nahrung Waren ein. Verlagssystem und Manufaktur halfen, diesen Bedarf zu befriedigen.* Der Text über *die reichste Kaufmannsfamilie Deutschlands* liest sich nun wie einer der gängigen harmlosen Autorentexte in einem westdeutschen Schulbuch:

*Sie verdiente im Bergbau und Metallhandel ein riesiges Vermögen. Sogar Gruben in der Slowakei (damals ungarisch) und Spanien wurden von den Fuggern ausgebeutet. Auf jeder Messe waren die Fugger vertreten, überall hatten sie ihre Vertrauten. Jakob Fugger, der 'Reiche' genannt, war Bankier von Kaiser und Papst. Er gab 1519 viel Geld, damit Karl V. zum Kaiser gewählt wurde. War der Fugger nicht tatsächlich ein Herrscher ohne Krone?*⁴⁹

Diese Frage, mit der der Text über die Fugger endet, nimmt zwar den Titel von Albert Nordens Anti-Fugger-Buch⁵⁰ auf, das Schulbuch verzichtet jedoch auf dessen aggressive antiwestliche Töne.⁵¹

---

⁴⁶ Geschichte. Lehrbuch für Klasse 6, Berlin 1976 (10. Aufl. der Ausgabe von 1967), S. 164.
⁴⁷ Der Begriff 'Kapitalismus' wird zehnmal, 'Frühkapitalismus' siebenmal, 'Kapitalisten' dreimal, 'kapitalistische Ausbeutung', 'kapitalistische Produktionsverhältnisse' und 'Wucherkapital' je einmal verwendet. Vgl. Geschichte (Anm. 46), S. 156-164.
⁴⁸ Beide Begriffe finden sich zusätzlich je einmal in einer Zeitleiste. Vgl. Geschichte. Lehrbuch für Klasse 6, Berlin 1989 (1. Aufl.), S. 195-208.
⁴⁹ Geschichte. Lehrbuch für Klasse 6 (Anm. 48), S. 203.
⁵⁰ A. Norden, Herrscher ohne Krone, Frankfurt/M. 1974. Das Buch enthält eine Abrechnung mit den *monopolkapitalistischen* Fuggern von ihren Anfängen bis heute, wobei sie als Protagonisten der *bürgerlich-kapitalistischen* Klasse der Bundesrepublik bezeichnet werden. Ein Textbeispiel: *In allen Phasen schlugen sich die Fugger mit ihrem Kapital auf die Seite der Stärksten, die deshalb stark waren, weil sie festeingesessene Macht, die Kraft des Goldes und die Annexion fremder Territorien dazu machte. Ausbeutung und Krieg bildeten immer eine Einheit. Durch Unterdrückung der Volksmassen wollten die Habsburger und die mit ihnen ver-*

Betrachtet man Darstellungen zum Frühkapitalismus in westdeutschen Schulgeschichtsbüchern aus den 1980er und 1990er Jahren, so kann man feststellen, daß es nicht wenige gibt, die hinter dem geschichtsdidaktischen Standard zurückhängen, den Ebeling 1952 erreicht hat. In manchen Büchern, z.B. in 'Erinnern und Urteilen' (1993), wird die Geschichte der Fugger noch nahezu ausschließlich als Geschichte einer tüchtigen und erfolgreichen Unternehmerfamilie geboten, als Geschichte des großen Reichtums und der karitativen Stiftungen, während die Schattenseiten verschwiegen und kritische Aspekte vermieden werden. Nicht einmal die damalige Kritik am Geschäftsgebaren frühkapitalistischer Monolpolgesellschaften findet Erwähnung. Die grundsätzliche Problematik der Verflechtung von Kapital und Politik ist aus zwei Quellenzitaten, nämlich Jakob Fuggers Erinnerung an Karl V., er hätte ohne seine Hilfe die Kaiserkrone nicht erhalten, und des Kaisers Anweisung, gegen die des Monopols angeklagten Kaufleute nichts zu unternehmen, nur zu erahnen.[52]

Ganz anders, nämlich mehrperspektivisch und diskursiv, geht das 'Geschichtsbuch' (1987) auf die Fugger als Prototypen des Frühkapitalismus ein. Sachlich und differenziert wird das Funktionieren und Arbeiten des Fuggerschen Familienunternehmens vorgestellt und analysiert, wobei seine Verflechtung mit dem Habsburger Herrscherhaus und der Kurie sowie die sich daraus ergebenden Probleme herausgearbeitet werden. Jakob Fuggers Verdienste als Firmenchef werden anerkennend herausgestellt, aber auch kapitalistische Methoden, wie die Ausschaltung der Konkurrenz mit dem Ziel, ein marktbeherrschendes Monopol zu erringen, werden nicht verschwiegen. Der Verlust der Selbständigkeit der in wirtschaftliche Abhängigkeit geratenen Handwerker und deren Verarmung wird allerdings nicht monokausal aus der neuen Wirtschaftsgesinnung Fuggerscher Prägung – *Gewinn will ich machen, solange ich lebe* – abgeleitet, sondern auch aus anderen Ursachen, vor allem der Verschiebung des Preis- und Lohngefüges infolge starker Bevölkerungsvermehrung. Abschließend bieten die Autoren eine Reihe von unterschiedlichen Argumenten zur Diskussion über die frühkapitalistischen Kaufleute an, die den Leser ermuntern, sich mit aktuellen Problemen einer kapitalistisch orientierten Marktwirtschaft auseinanderzusetzen.[53]

---

bündeten oberdeutschen Kaufleute die Welt nach ihrem Urbild, dem einer an Ausbeutung und Krieg sich mästenden Kaste, gestalten. Reaktionär regieren, den Fortschritt auslöschen und verketzern, das gehörte stets zu den Maximen volksfeindlicher Herrscher und der ihnen dienenden und sie treibenden Schichten. (S. 84).

51 Norden bezichtigt bekannte westdeutsche Schulgeschichtsbücher, unter anderen 'Menschen in ihrer Zeit' (1968) und 'Grundzüge der Geschichte' (1968), der *Hochrufe auf die Monopolkapitalisten des 20. Jahrhunderts,* vgl. A. Norden, Herrscher ohne Krone (Anm. 50), S. 233.

52 Erinnern und Urteilen 7. Geschichte für Bayern, hrsg. v. Ludwig Bernlochner, Stuttgart, Düsseldorf, Berlin, Leipzig 1993, S. 109-110.

53 Geschichtsbuch 2. Die Menschen und ihre Geschichte in Darstellungen und Dokumenten, Ausgabe A: Das Mittelalter und die frühe Neuzeit, hrsg. v. Hans-Georg Hofacker, Thomas Schu-

III.

Die Durchsicht von einigen hundert Geschichtslehrbüchern aus den letzten 150 Jahren hat ergeben, daß das geschichtsdidaktische Interesse an den süddeutschen Handelsfamilien, an ihrer Spitze die Fugger und Welser, in der zweiten Hälfte des 19. Jahrhunderts einsetzte und im 20. Jahrhundert immer mehr zunahm. Man hat größte Mühe, sie vor der Mitte des vorigen Jahrhunderts in einem Schulbuch zu entdecken, heute gibt es kaum mehr ein Geschichtsbuch, in dem man sie nicht vorfindet.

Das zögerliche Wahrnehmen der Augsburger Kaufleute läßt sich sicher darauf zurückführen, daß ihre Geschichte lange Zeit wenig bekannt war, weniger jedenfalls als die der Hanse. Ein plausibler Grund scheint jedoch die Dominanz eines didaktischen Konzepts zu sein, das nahezu ausschließlich der Vermittlung von Dynastengeschichte den Vorrang einräumte. In solchen Büchern wird gewöhnlich ein regierender Fürst nach dem anderen abgehandelt, wirtschaftsgeschichtliche Sachverhalte tauchen, wenn überhaupt, nur in Randbemerkungen auf. An der Geschichte bürgerlicher Kaufleute, selbst wenn sie dem Fürstenstand angehörten, haben die Autoren bzw. die Auftraggeber dieser Bücher ein ebenso geringes Interesse wie an der Geschichte des Volkes. Selbst unter Titeln wie 'Kurze Geschichte des bayerischen Volkes'[54] verbirgt sich nicht selten reine Herrschergeschichte.

Verbreitet ist das Desinteresse an den Fuggern auch in stärker regional bezogenen Geschichtsbüchern. So bietet eine große Gruppe von Büchern zur bayerischen Geschichte den Schülern auch noch in der zweiten Hälfte des 19. Jahrhunderts ausschließlich altbayerische Vergangenheit an und ignoriert völlig die Geschichte der neubayerischen Gebietsteile vor deren Anschluß.[55] Natürlich sucht man dort vergebens nach einem Hinweis auf frühere fränkische und schwäbische Handelszentren. Andere Bücher hängen neubayerische Geschichte vor 1800 in eigenen Kapiteln an die altbayerische an, während eine dritte Gruppe sie jeweils in die

---

ler, Berlin 1987. Ein Beispiel aus dem Kapitel Pro und Contra: *Die Gegner der Handelshäuser forderten eine Überwachung der Geschäfte; wenigstens gegen diejenigen Unternehmen sollte eingeschritten werden, die – wie die Fugger – eine marktbeherrschende Stellung errungen hatten, die Preise diktierten und schwächere Konkurrenten in den Ruin trieben. Dagegen protestierten Verteidiger der Handelshäuser: Jede Einschränkung und Reglementierung durch den Staat schade doch nur dem Tüchtigen und halte ihn davon ab, ein Risiko auf sich zu nehmen. War es denn die Aufgabe des Staates, die Faulen und Unfähigen auf Kosten der Tüchtigen zu beschützen?* (S. 115).

54 Franz Joseph Hindelang, Kurze Geschichte des bayerischen Volkes, Augsburg 1857.
55 Zum Beispiel: Bilder aus der Vaterlandskunde für die Mittelklassen der Volksschulen. Bearbeitet von mehreren öffentlichen Lehrern, München 1875.

entsprechenden Zeitabschnitte integriert. In diesen Texten findet man in der Regel etwas mehr über Augsburg und ihre Handelsgeschlechter.[56]

Unsere vertikale Buchanalyse, die den Fuggern und Welsern in großen zeitlichen Schritten bis in die Gegenwart herauf gefolgt ist, ergibt einige interessante Einblicke in Methoden und Ergebnisse ihrer Indienstnahme für die historisch-politische Bildung. Seit die Augsburger Kaufleute als 'Bildungsinhalt' entdeckt wurden, hat das pädagogische Interesse Epoche für Epoche nicht nur mit ihnen, sondern auch an ihnen gearbeitet. Was dabei herauskam, dokumentieren die variationsreichen Fugger-Bilder, die in unserer Analyse zum Vorschein kamen. Manche von ihnen überdauerten die Zeitläufte, wie gezeigt werden konnte, nahezu unbeschadet.

Besonders lange wirkte jenes Bild nach, das als erstes entstanden ist: die Fugger als nachahmenswerte Vorbilder. Diese Konstruktion entstammt jenem didaktischen Konzept, das die Geschichte als Beispielsammlung betrachtet, aus der die Instrumente zur Erzeugung wünschenswerter Gesinnung und zur Beeinflussung des jugendlichen Charakters geholt werden können. In den Büchern, in denen diese Didaktik umgesetzt ist, werden vor allem vorbildliche Menschen und deren Verdienste, des Abschreckungseffekts wegen gelegentlich auch Versager und Schurken, besonders herausgehoben. Lange Zeit wurden die Vorbilder aus der Geschichte der regierenden Herrscherhäuser genommen. Johann Pflug zum Beispiel kündigt (1840) seine pädagogische Absicht, *Beispiele des Guten aus der Geschichte Bayerns zur Nachahmung, so wie zur Erweckung und Beförderung der Liebe zum Könige und zum Vaterlande* anzubieten, bereits im Titel seines Schulbuches an und erläutert seine Auswahl in der Einleitung:

Nur das Wichtigste und Wissenswürdigste, nur das, was der Jugend frommt, also aus der Geschichte und den Thaten der Regenten der drei großen Fürsten-

---

[56] Zum Beispiel: *Um die Wende des Mittelalters gehörte Augsburg zu den reichsten und glänzendsten Städten Deutschlands; unzertrennlich sind mit den Tagen seiner Größe die Namen Fugger und Welser verbunden. 'Reich wie ein Fugger' wurde bald ein Sprichwort. Der Leineweber Hans Fugger erwarb 1370 das Augsburger Bürgerrecht; sein Sohn begründete den Reichtum seines Geschlechtes, seine Enkel erhielten von Kaiser Maximilian I. Besitzungen in Schwaben und den Reichsadel. Die Handelsbeziehungen der Fugger erstreckten sich nicht nur nach Italien, Polen und den Niederlanden, ihre Schiffe segelten auch nach Indien. Oft wurde ihre Geldkraft durch Karl V., der sie in den Grafenstand erhob und in jeder Weise auszeichnete, und andere hochstehende Persönlichkeiten in Anspruch genommen. Ein Stadtteil in Augsburg ist nach ihnen benannt. Ähnliches Ansehen genoß die Familie Welser. Gleich den Fuggern trieben sie eine schwunghafte Reederei; errichteten die Fugger eine Faktorei in Kalikut an der Malabarküste, so versuchten die Welser die Kolonisation – und die Auffindung des 'Goldlandes' Dorado – in Venezuela, das Bartholomäus Welser 1526 von Karl V. zum Dank für geleistete Vorschüsse als Lehen erhalten hatte. Doch scheiterte das großangelegte Unternehmen gleich den späteren Bestrebungen des Großen Kurfürsten von Brandenburg und Kaiser Karls VI. an der Ungunst der Verhältnisse.* Auszug aus Hermann Degel, Leitfaden der Bayerischen Geschichte für höhere Lehranstalten, Bamberg 1908, S. 82f.

häuser, welche seit der Gründung Bayerns bis auf die heutigen Tage in Bayern regierten, sollen nur diejenigen in gedrängter Kürze dargestellt werden, welche durch edle Thaten, durch erhabene und erhebende Vorbilder des Muthes, der Tapferkeit, der Wohlthätigkeit, der Religiosität und Sittlichkeit dem bayerischen Volke vorleuchten, oder deren Handlungsweise Verabscheuung verdient. Beispiele des Guten soll demnach die vaterländische Jugend aus der Geschichte Bayerns kennenlernen, dadurch zur Nachahmung guter und edler Gesinnungen und Thaten ermuntert, das Herz derselben zur Liebe für den König und das Vaterland erweckt und vor der Vorzeit Fehler gewarnt werden.[57]

In der zweiten Hälfte des 19. Jahrhunderts hatten zwar die Herrscherfamilien ihre Vorbildfunktion noch nicht eingebüßt, aber es war Zeit, den Kanon pädagogischer Leitfiguren um bürgerliche Exempla zu erweitern. Jetzt bekamen auch die Fugger ihre Rolle zugewiesen, der Jugend durch die Verkörperung bürgerlicher Werte, wie Tüchtigkeit, Strebsamkeit, Wohltätigkeit, Gottesfurcht und Loyalität der Obrigkeit gegenüber, *vorzuleuchten und sie zur Nachahmung* [zu] *ermuntern*. Ihren Gipfel erreichte diese didaktische 'Werte-Inszenierung' in der dramatisch ausgestalteten Kamingeschichte, in der Anton Fugger zum Starpatrioten hochstilisiert wird, der seinem Kaiser und seinem Vaterland höchste Opfer bringt. Um die Leitbildfunktion nicht zu sehr zu verwässern, schirmen die Vertreter dieser Konzeption ihre 'Helden', die Fugger und den Kaiser, vor jeglicher kritischen Annäherung ab. So wird in kaum einem der bis 1920 erschienenen Bücher der damalige Monopolstreit erwähnt, auch nicht Martin Luthers herbe Kritik am Fuggerschen Geschäftsgebaren. Dieselbe Zurückhaltung stellt man bei der Schilderung der Wahl Karls V. zum deutschen König fest. In den seltensten Fällen werden dabei die Kredite bzw. Bestechungsgelder erwähnt, die die Fugger und die Welser beigebracht haben. Auch wenn die typisch kaiserzeitlichen Komponenten nach 1918 verschwinden, behalten die Fugger ihre Leitbildfunktion bei. In der Zeit nach 1945 werden sie besonders bei jenen Autoren geschätzt, die dem Konzept der Charakter- und Persönlichkeitsbildung mittels historischer Vorbilder noch oder wieder anhängen. Überdauert haben vielfach auch die naive Bewunderung des Reichtums, das Vergessen derer, die bei seiner Anhäufung unter die Räder gekommen sind, das Verschweigen der frühneuzeitlichen Diskussion über Monopol und Ethos in der Wirtschaft.

Andere Leitbilder sind mit dem Ende der Epochen, die sie hervorgebracht haben, verschwunden und bleiben es hoffentlich auch: die Fugger und Welser als große Seefahrer, als die besseren, wenn auch an ihrem Erfolg gehinderten Kolonisatoren, als Vorkämpfer für das Deutschtum im Ausland und die weiße Rasse in

---

[57] J. Pflug, Das bayerische Vaterland in geschichtlicher, geographischer und naturkundlicher Beziehung oder Beispiele des Guten aus der Geschichte Bayerns zur Nachahmung, so wie zur Erweckung und Beförderung der Liebe zum Könige und zum Vaterlande. Für die Hand bayerischer deutscher Schüler und Schullehrlinge, 5., verm. Aufl., Hof und Wunsiedel 1840, S. 5.

Übersee, als *echte Herrenmenschen des Zeitalters der Renaissance*. Den Autoren, die diese Bilder komponierten, ging es in erster Linie um die Legitimation der jeweils aktuellen Politik und ihrer Führer. Die negativen Leitbilder, die die Fugger als geldgierige 'Wucherer', als herzlose Monopolisten, als skrupellose Weltregierer und kapitalistische Bösewichte, hatten dieselbe politische Funktion.

Woher haben die Schulbuchautoren ihre Quellen? Antworten auf die Frage finden sich in den voranstehenden Untersuchungen zur historiographischen, bildlichen und literarischen Fuggerrezeption. Zu bedenken ist, daß die wissenschaftliche Fuggerforschung im 19. Jahrhundert recht spät in Gang kommt, später jedenfalls, als die Fugger in den Schulbüchern auftauchen.[58] Demgegenüber setzt die schöne Literatur über die Fugger vorher ein.[59] Demnach liegt die Schlußfolgerung nahe, daß die Schulbuchautoren hauptsächlich durch die in den 1850er bis 1870er Jahren erschienenen Augsburg- und Fugger-Romane inspiriert wurden. Vor allem sie waren es, die jenen Fuggermythos verbreitet haben, der sich in vielen Schulbüchern wiederfindet. Nimmt man die die Fuggergeschichte ebenfalls verklärenden Historienbilder hinzu, die zwischen 1850 und 1866 entstanden sind,[60] hat man eine weitere Quelle vor sich, aus der die Schulbuchautoren geschöpft haben.

Leitbild-Didaktik, schöne Literatur und Historienmalerei haben das realitätsferne Fuggerbild offensichtlich so nachhaltig geprägt, daß ihm die Ende des 19. Jahrhunderts einsetzende wissenschaftliche Beschäftigung mit den Fuggern wenig anhaben konnte. Stark protestantisch beeinflußt, sah die deutsche Geschichtswissenschaft in den katholischen Fuggern hauptsächlich 'Wechsler' und 'Wucherer' sowie Mitschuldige an der Dekadenz der Papstkirche. Doch diese Sicht paßte in der Wilhelminischen Ära selbst protestantischen Schulbuchautoren nicht ins Konzept. Nicht alle Bücher, die etwas zu den Augsburger Kaufleuten bringen, enthalten die in unserer Analyse herausgearbeiteten Bilder und Tendenzen.

In allen Epochen, selbst während des Dritten Reiches, finden sich Autoren, die sachlich und unverkrampft berichteten, was sie über die Geschichte der Fugger und Welser wußten, und sich nicht an deren pädagogischen und politischen Funktionalisierung beteiligten. Auch wenn sie nicht dem heutigen didaktischen Standard entsprechen, gehören sie doch zu den Vorläufern einer Schulbuchgeschichtsschreibung, die weniger auf Vermittlung fertiger Geschichtsbilder wert legt als auf die Bereitstellung von historischen Materialien, die zur Auseinandersetzung herausfordern, den Perspektivenwechsel ermöglichen, eine eigenständige Urteilsbildung zulassen und so zu einer zeitgemäßen historisch-politischen Bildung beitragen. Wie das in der Analyse zuletzt genannte Beispiel aus dem 'Geschichtsbuch' (1987) belegt, hat die Geschichte der Fugger und Welser in diesem modernen Konzept durchaus noch brauchbares Lernpotential beizusteuern.

---

[58] Vgl. hierzu die Beiträge von Wolfgang Weber und Franz Karg in diesem Band.
[59] Vgl. hierzu die Beiträge von Hans Vilmar Geppert und Helmut Koopmann in diesem Band.
[60] Vgl. hierzu den Beitrag von Andrew John Martin in diesem Band.

Anna Barbara Gignoux (1725-1796), Kattunfabrikantin oder Mäzenin? Zur Entstehung einer Augsburger Legende

Christine Werkstetter

Dieses Haus wurde 1764/65 von der Kattun-Fabrikantin ANNA BARBARA GIGNOUX erbaut. Sie war eine Gönnerin des Malers Joh. Esaias Nilson, des Schriftstellers Christian D. Schubart und der Mozart.

So lautet die Inschrift der am sog. Gignoux-Haus[1] angebrachten Gedenktafel. Sie zeigt beispielhaft die problematische Vermittlung einer historischen Persönlichkeit im Rahmen einer städtischen Selbstdarstellung. Denn der Text dieser Tafel, mit dem Anna Barbara Gignoux als Kunstmäzenin vorgestellt wird, basiert auf einer langen Augsburger Forschungstradition, der die Kattunfabrikantin in dem Maße in den Hintergrund geriet, in dem die Lesart von der musischen Frau dominierte.

Eine auf Gedenktafelformat verkürzte Biographie muß zwangsläufig unbefriedigend bleiben; Spannungen und Brüche gelebten Lebens erscheinen geglättet oder geraten ganz aus dem Blick. Beim Versuch, in diesem konkreten Fall die reale Person, Anna Barbara Gignoux, in ihren alltäglichen Lebenszusammenhängen auszumachen, aber wird die Entstehungsgeschichte einer Augsburger Legende sichtbar.

Kattunfabrikantin oder Mäzenin? Die Fragen, wer und was Anna Barbara Gignoux war, sind von unserem Erkenntnisinteresse, der Frage nach dem Wandel des historischen Urteils, nicht zu trennen. Ich möchte daher in einem ersten Teil die Biographie Anna Barbaras darstellen und dabei soweit wie möglich die Quellen sprechen lassen. Im zweiten Teil sollen die vorhandenen Forschungsinterpretationen nachgezeichnet werden. Da ich selbst über Anna Barbara Gignoux ausführlich gearbeitet habe,[2] wird meine Rolle im vorliegenden Beitrag eine doppelte

---

[1] Vorderer Lech 8. Das Rokokopalais beherbergt heute das Schauspielhaus Komödie und die Gaststätte Blaues Krügle. Zur Geschichte dieses Gebäudes vgl. Christine Werkstetter, Gignouxhaus, in: Augsburger Stadtlexikon, hrsg. v. Wolfram Baer u.a., Neuauflage im Druck.

[2] Die Grundlage dieses Beitrages stellt meine im Winter 1991/92 verfaßte und von Prof. Dr. Johannes Burkhardt betreute Magisterarbeit dar, deren Titel 'Anna Barbara Gignoux. Handlungsfelder einer Frau in der zweiten Hälfte des 18. Jahrhunderts' lautete. Ein Aspekt dieses Themas wurde bereits publiziert: Christine Werkstetter, Anna Barbara Gignoux (1725-1796), eine Mäzenin? Auf der Suche nach Belegen, in: ZHVS 86 (1993), S. 235-267. Die vorliegende Arbeit möchte den Blickwinkel wieder erweitern und die Akzente so setzen, daß die tatsächli-

sein: während ich im zweiten Kapitel meine eigenen Ergebnisse in Auseinandersetzung mit der Forschung darstellen werde, muß ich im abschließenden dritten Teil aus dieser Forschungsperspektive heraustreten, um gleichsam von außen eine Analyse des vollzogenen Interpretationswandels vornehmen zu können.

I. Zur Biographie

'Lehrjahre' ohne Ausbildungsvertrag

Die am 16. September 1725[3] in Augsburg als Tochter des Goldschlagers Andreas Koppmair und seiner Frau Maria Barbara geborene Anna Barbara Koppmairin heiratete 1748 Johann Friedrich Gignoux, einen der beiden Söhne des aus Genf zugewanderten Jean François, der in Augsburg eine Kattunmanufaktur führte und dessen Söhne ebenfalls als Kattundrucker arbeiteten.

Da sie zu Lebzeiten ihres Mannes als Hausmutter und 'mitarbeitende Ehefrau' – was an sich schon im Hausmutter-Begriff aufgeht – vom Blickwinkel der Öffentlichkeit her insofern hinter ihrem Mann zurückstand, daß sie in den handwerksgeschichtlichen Quellen dieser Jahre nicht erscheint, lassen sich keine Aussagen über ihren genauen Tätigkeitsbereich treffen.

Daß sie nach dem frühen Tod ihres Mannes im Mai 1760 die praktischen Fähigkeiten für die Ausübung des Handwerks und die kaufmännischen Fähigkeiten zur Führung der Manufaktur und des Handels besaß, ohne beides professionell erlernt zu haben, zeugt aber davon, daß sie im Betrieb des Ehemannes in großem Umfang mitgearbeitet hatte. Dies wird auch aus ihrer Eingabe an das Evangelische Ehegericht, mit der sie später um die Scheidung von ihrem zweiten Ehemann bat, sichtbar. Sie verwies nämlich darauf, daß sie die von Johann Friedrich Gignoux *hinterlassene Cotton-Fabrique als Wittib um so mehr im Stand war zu dirigieren und zu continuiren, als mein erstgedachter seel. EheMann mir annoch bey seinen*

---

che, nämlich die wirtschaftsgeschichtliche Bedeutung Anna Barbara Gignoux' angemessen erkennbar wird.
[3] Sowohl das Geburtsdatum (16.9.1725) als auch das Sterbedatum (11.9.1796) wurden in den bisherigen Arbeiten über Anna Barbara Gignoux unrichtig genannt. Zur Richtigstellung vgl. SStBAug, Leichenpredigten, Anna Barbara Gignoux.

Lebzeiten die Wissenschaft und Manipulation der Farben und aller anderen zur Cotton-Fabrique gehörige Sachen vollkommen beygebracht hatte.[4]

Anna Barbara erhielt schließlich auch vom Weberhaus, dem die Kattundrucker unterstanden, die Erlaubnis, die Manufaktur im Namen der Johann Friedrich Gignouxischen Kinder, der 1752 geborenen Felicitas Barbara sowie dem 1755 geborenen Johann Friedrich, weiterzuführen.[5]

Streit und Vergleich 1762

Schon wenige Monate nach dem Tod Johann Friedrichs ging Anna Barbara im November 1760 eine zweite Ehe mit dem Kaufmann Georg Christoph Gleich ein. Diesen Schritt, zu dem sich Anna Barbara im nachhinein gedrängt und überredet fühlte, bereute sie sehr schnell, denn Gleich erweckte bei ihr bald den Eindruck, als ob sie *von Ihme in seinen Gedancken vorzüglichen meiner Cotton-Fabrique, und nur secundario meiner Persohn, geheurathet worden.*[6]

Anna Barbara hatte die Absicht, die Führung der Manufaktur bis zur Volljährigkeit ihres Sohnes in der Hand zu behalten. Dies entsprach dem Testament ihres ersten Mannes, das der gemeinsame Heiratsbrief des Ehepaares Gignoux beinhaltet.[7] Georg Christoph Gleich beanspruchte die Leitung der Manufaktur aber ebenfalls.

Der Streit entbrannte, weil Gleich seine Kaufmannshandlung und die Kattunmanufaktur nicht sorgfältig getrennt hielt, sondern eine *höchstbedenkliche Mischmascherey meines und seines Societat-Contoirs*[8] veranlaßte und Anna Barbara sowie ihrem Buchhalter die Bücher entzog, so daß sie den Einblick in die laufenden Geschäfte verloren. Anna Barbara schloß daraus, daß Gleich zu ihrem und dem Schaden ihrer Kinder seine Schulden, die er ihr bei der Eheschließung verheimlicht hatte, bezahlen wollte.[9]

---

[4] StadtAAug, Ehescheidungen 1739-1771, Nr. 13/3: Eingabe von Anna Barbara Gleichin an das Evang. Ehegericht vom 11.11.1761.
[5] StadtAAug, Handwerkerakten (im folgenden HWA), fasc. 108, Nr. 16: Extractus Weberhausampts-Protocolli vom 7. und 10.10.1760.
[6] StadtAAug, Ehescheidungen, Nr. 13/3 (Anm. 4).
[7] Vgl. StadtAAug, HWA, fasc. 113, Nr. 34: Heiratsbrief zwischen Anna Barbara Gignoux und Johann Friedrich Gignoux vom 29.1.1759. Der Begriff 'Heiratsbrief' ist insofern irreführend, als es sich nicht um einen Ehevertrag handelt, sondern um ein gemeinsames Testament.
[8] StadtAAug, Ehescheidungen, Nr. 13/3 (Anm. 4).
[9] StadtAAug, Ehescheidungen, Nr. 13/3 (Anm. 4): Anna Barbara erklärte, ihr Mann hätte *vorgegeben, als ob er ein eigenes Vermögen von sechstausend Gulden habe, indessen aber höchst bedencklicher maßen keine Ehe-Pacta mit mir hat errichten wollen.* Sie schrieb weiter, daß sich schnell gezeigt hätte, daß er nicht nur *kein eigenes Vermögen in die Ehe brachte, sondern die angegebene 6000 Gulden ein verzinsliches Capital sind.*

Die anwachsenden Konflikte endeten verständlicherweise nicht nach getaner Arbeit, sondern hatten erhebliche Auswirkungen auf das Familienleben. In ihrer ersten Scheidungsklage vom 11. November 1761 beklagte sich Anna Barbara über die Gewalttätigkeiten ihres Ehemannes: am 14. Oktober hatte Gleich seine Drohungen in die Tat umgesetzt und sie *als eine hochschwanger gehende Frau so barbarisch tractiret*, daß ohne das Eingreifen ihrer Magd *ein großes Unglück mir und meinem tragenden Kinde würde ohne anderst begegnet seyn*.[10]

Von nun ab lieferten sich Anna Barbara und ihr Mann einen lange andauernden Kampf um die Leitung der Manufaktur, der seinen ersten Höhepunkt darin fand, daß sie die Scheidung einreichte, ihr Mann sie beim Bürgermeisteramt verklagte[11] und sie weiterhin häufig verprügelte.

Der Streit eskalierte weiter, als die Pfleger der Gignouxischen Kinder sich dagegen verwahrten, daß Gleich den Schlüssel zum Warengewölbe für sich behielt, so daß Anna Barbara praktisch die Möglichkeit zu arbeiten entzogen wurde.[12] Anton Christoph Gignoux, der Onkel und Vertreter der Kinder, nahm Gleich die Schlüssel ab, womit er diesem zufolge *nicht nur meine Haus und MannsRechte auf das empfindlichste laediret, sondern sich auch gegen mich und die Schwarzische Handlung* [deren Waren sich u.a. im Gewölbe befanden, Ch. W.] *als einen offenbahren Spoliatorem geriret hat*.[13] Der von Gignoux beim Weberhausamt hinterlegte Schlüssel, dessen Herausgabe Bürgermeister von Scheidlin im Namen Gleichs forderte, mußte schließlich aufgrund eines Ratsdekretes übergeben werden.[14]

Von nicht geringer Bedeutung für die weitere Entwicklung war eine Eingabe der Manufakturkunden und engen Freunde von Gleich, Konrad Schwarz und Karl Heinrich Bayersdorf, die eine Interimsverfügung zugunsten Gleichs forderten. Sie argumentierten, daß durch den Stillstand der Gignouxischen Manufaktur eine Beeinträchtigung ihres Handels drohte. Außerdem verwies Schwarz darauf, daß ja bekannt sei, *wiewenig weibliche Regierungen geachtet, und wie schlecht Frauens-Personhen so weitläufigen und pünctklichen auch epineuxen Verrichtungen, wenn auch gleich ihre weibliche Umstände, an und vor sich schon nicht manche Hinderniße und Verderben nach sich ziehefen, vorzustehen im Stande seyen*.[15]

---

[10] StadtAAug, Ehescheidungen, Nr. 13/3 (Anm. 4).
[11] Diese Klagschrift ist in den Akten nicht vorhanden. Anna Barbaras Eingabe an das Evang. Ehegericht vom 11.11.1761 bezieht sich jedoch auf diese Klage. Vgl. StadtAAug, Ehescheidungen, Nr. 13/3 (Anm. 4).
[12] Vgl. StadtAAug, HWA, fasc. 113, Nr. 15: Extractus Weberhaus Ampts Protocolli vom 14.12.1761.
[13] StadtAAug, HWA, fasc. 113, Nr. 5: Eingabe von Georg Christoph Gleich an den Rat vom 17.11.1761.
[14] Vgl. StadtAAug, HWA, fasc. 113, Nr. 14a: Decretum in Senatu vom 12.1.1762.
[15] StadtAAug, HWA, fasc. 113, Nr. 17: Eingabe der Schwarzischen Manufaktur Handlung vom 14.1.1762.

Am 26. Januar kam der Rat dem Antrag von Schwarz nach. Anna Barbara wurde in die Schranken der Ehevogtei verwiesen und ihr Mann *in die Possesion und Direction der fabrique und überhaupts in den Besiz alljeglicher Hausrechte* eingesetzt.[16] Damit bestätigte der Rat die bürgermeisterliche Verfügung vom 9. Januar 1762, mit der Anna Barbara befohlen worden war, ihrem Mann die *vollkommene Direction* der Manufaktur zu überlassen.[17]

Anna Barbara Gleichin gab sich dennoch nicht geschlagen und beantragte, sämtliche bisherigen Akten *nebst InnenBerichten und Votis consultativis, an eine auswärtige und wenigstens Siebenzig Meilen von hier entfernte Löbl. Juristen-Facultaet, zu Stellung eines ohnpartheyischen Rechts-Urtheils, auf die geheimeste Arth zu transmittieren*.[18] Mit einem unmittelbar erfolgenden Dekret wurde dieser Antrag abgelehnt; man verwies Anna Barbara auf die Dekrete vom 22. Dezember 1761 und 26. Januar 1762, in denen Gleich die Leitung der Manufaktur zugesprochen erhalten hatte.[19]

Da aber immer noch Anna Barbaras Scheidungsklage anhängig war, wurde eine Ratsdeputation eingesetzt, die einen gütlichen Vergleich finden sollte, der schließlich – wenn auch mühsam – zustande kam.

Dieser Vertrag vom 9. Juli 1762 beinhaltete neun Punkte, die alle Streitigkeiten beseitigen sollten. Die Manufaktur und das *Druckers-Vergünstigungs-Zeichen* sollten bis zur Volljährigkeit des Sohnes Johann Friedrich Gignoux *samt allem und jedem so zu der Fabrique gehöret* von Georg Christoph Gleich *als Ehe-Vogt und respective Ernährer besagter Kinder [...] pleno iure exercirt und gleich als sein Eigenthum genuzt* werden. Dafür mußte Gleich für Kost, Kleider und Ausbildung der Kinder auf eigene Kosten aufkommen. Außerdem verpflichtete er sich, eine festgelegte Summe für beide Kinder zu sparen. Es wurde vereinbart, daß Gleich bei der Volljährigkeit des Stiefsohnes diesem die Manufaktur mitsamt allem Zubehör übergeben würde. Seiner Frau sicherte Gleich zu, daß sie *den bisherigen Genuß des sogenannten Trümmergeldes Mahlen und Reiben solcher Trümmer, ohne von ihr vor die Farben, Drucken, Bleichen, Mahlen, Reiben derselben etwas abzurechnen* erhalten sollte. Dafür versprach Anna Barbara, ihm *in der Fabrique sowohl als in der Oeconomie getreulich an die Hand zu gehen* und besonders die Ökonomie *als gute Haus-Mutter* zu versorgen. Gleich versicherte, *fürohin weiter kein Geheimnuß* aus seinem Vermögen zu machen und Anna Barbara *von Zeit zu Zeiten* die Abrechnungen und Bilanzen zu zeigen, damit sie voneinander wüßten, wie *ihr beederseitiges Vermögen jedesmalen beschaffen seye*.[20]

---

[16] StadtAAug, HWA, fasc. 108, Nr. 62: Decretum in Senatu vom 26.1.1762.
[17] StadtAAug, HWA, fasc. 113, Nr. 20: Extractus Prot. Cons. vom 9.1.1762.
[18] StadtAAug, HWA, fasc. 113, Nr. 24: Eingabe von Anna Barbara Gleichin an den Rat vom 3.2.1762.
[19] Vgl. StadtAAug, HWA, fasc. 113, Nr. 26: Decretum in Senatu vom 6.2.1762.
[20] StadtAAug, Ehescheidungen 1739-1771, Nr. 13/22: Vergleichsvertrag vom 9.7.1762.

Der Konkurs 1770

Georg Christoph Gleich übernahm also 1762 offiziell die Leitung der Manufaktur. Mit dem Bau des großen Fabrikgebäudes am Vorderen Lech in den Jahren 1764/65 – das er, nicht wie es in der Gedenktafelinschrift heißt, Anna Barbara, die diese Anlage einen *Steinhaufen*[21] nannte, errichtete –, einem aufwendigen Lebensstil und unglücklichen Geschäftsbeziehungen geriet er zunehmend in finanzielle Schwierigkeiten. Als er den bei Benedict Adam von Liebert genommenen Kredit nicht zurückzahlen konnte, mußte er im Oktober 1770 den Konkurs anmelden.[22] Um zu vermeiden, daß – wie Anna Barbara es ausdrückte – *ihme jene bekandte große Wohnung in der Gegend des Evangelischen Waisenhauses, wo dergleichen Verbrecher bestraft zu werden pflegen, angewiesen werden dürfte,*[23] floh er vor Jahresende aus Augsburg. Er hinterließ seiner Frau und deren beiden Kindern aus erster Ehe sowie der gemeinsamen Tochter einen Schuldenberg von mindestens 200.000 Gulden.[24]

'Handelsfrau und Sizfabrikantin'

Nachdem sich Georg Christoph Gleich der Verantwortung für den Konkurs entzogen hatte, übernahm Anna Barbara die Manufaktur erneut. Es gelang ihr, sich mit den Gläubigern zu vergleichen und ihre Manufaktur in wenigen Jahren zur drittgrößten in Augsburg auszubauen. Mehr Umsatz als sie hatten nur noch Johann Heinrich von Schüle und Matthäus Schüle aufzuweisen.[25]

---

[21] StadtAAug, Ehescheidungen 1739-1771, Nr. 13/21: Eingabe von Anna Barbara Gleichin an das Evang. Ehegericht, ohne Datum, aber nachweislich vom Jahresanfang 1778.

[22] Vgl. StadtAAug, Reichsstadt Akten, fasc. 195: Anzeige von Georg Christoph Gleich an den Stadt Secretarius vom 18.10.1770.

[23] StadtAAug, Ehescheidungen 1739-1771, Nr. 13/20: Eingabe von Anna Barbara Gleichin an den Rat vom 6.5.1779.

[24] Vgl. StadtAAug, Reichsstadt Akten, fasc. 195: Actum den 18.10.1770. Danach beliefen sich allein die Schulden bei von Liebert schon auf 200.000 Gulden. Eine genaue Ermittlung der Gesamtsumme ist nicht möglich, weil die Stadtgerichtsakten zu diesem Konkursfall nicht vorhanden sind.

[25] Vgl. Paul von Stetten, Beschreibung der Reichsstadt Augsburg, nach ihrer Lage, jetzigen Verfassung, Handlung und den zu solcher gehörenden Künsten und Gewerben auch ihrer andern Merkwürdigkeiten, Augsburg 1788, S. 138; Beleuchtung der in dem Ulmer geographischen Lexikon von Schwaben enthaltenen sehr anzüglichen Stellen die löbliche Reichsstadt Augsburg betreffend, Augsburg 1791, S. 40-41; Franz Eugen von Seida von Landensberg, Johann Heinrich Edler von Schüle, Leipzig 1805, Beilage G, S. 19 des Anhangs.

Es ist vielfach belegt, daß Anna Barbara Gignoux die Kattunmanufaktur wirklich selbst führte. In einer anonymen Replik auf ein 'Ulmer geographisches Lexikon von Schwaben' ist über sie zu lesen: *Sie theilt täglich den fünfhundert Arbeitsleuten ihr gehöriges Tagstück zu, siehet mit scharfen Blick überall nach, lieset und unterschreibt, unerachtet ihres zunehmenden Alters, in ihrer mit vielen Personen versehenen Handelsstube, alle Wechselbriefe und Rechnungen selbst.*[26] Sie organisierte nicht nur den technischen Arbeitsablauf, was schon allein bei fünfhundert Beschäftigten eine große Umsicht verlangte, sondern verwaltete auch den kaufmännischen Bereich der Manufaktur.

Ihre Zeitgenossen nahmen sie als *einsichtsvolle, rastlos thätige Frau* wahr, die ihre Manufaktur *unter die vorzüglichsten Handlungshäuser hiesiger Stadt* erhoben hat und *ein Geschäft* [führt], *dem schon oft geschickte Männer untergelegen sind.*[27] Paul von Stetten stellte in seiner 'Kunst-, Gewerb- und Handwerksgeschichte' fest, daß *die Friedrich Gignouxische Fabrik, welche durch ein Frauenzimmer, Frau Anna Barbara Gleich, Wittwe des sel. Friedrich Gignoux, mit vieler Ehre fortgeführt wird*, zu denen zählt, die *mit vorzüglichem Geschmack* arbeiten.[28]

In der zu ihrem Gedächtnis gedruckten Leichenpredigt wurde Anna Barbara als *Handelsfrau und Sizfabrikantin* bezeichnet,[29] und im Nachruf auf die am 11. September 1796 Verstorbene bescheinigte man der *mit männlichem Geiste begabte*[n] *Frau* große handwerkliche Fähigkeiten.[30]

Anna Barbara Gignoux hat die Kattunmanufaktur über 26 Jahre geführt. Der Sohn aus erster Ehe, der von seinem Vater als Erbe bestimmt worden war, war bereits zweiundzwanzigjährig verstorben. Felicitas Barbara, die Tochter, übernahm die Manufaktur nach dem Tod ihrer Mutter, führte sie bis 1805 und übergab sie dann an einen Enkel Johann Heinrich von Schüles.[31]

Den *Wahn als ob die Frauens=Personen nicht im Stand wären, einer Cotton=Fabrique vorzustehen,*[32] konnten somit sowohl Anna Barbara als auch ihre Tochter Felicitas Barbara widerlegen.

---

[26] Beleuchtung (Anm. 25), S. 42.
[27] Beleuchtung (Anm. 25), S. 41-42.
[28] Paul von Stetten, Kunst-, Gewerb- und Handwerksgeschichte der Reichs-Stadt Augsburg, 2 Bde., Augsburg 1779/1788, hier Bd. 1, S. 257.
[29] SStBAug, Leichenpredigten (Anm. 3); Siz = Zitz = Kattun.
[30] SStBAug, Augsburgische Ordinari Postzeitung Nr. 229, Freytag, den 23. Sept. Anno 1796.
[31] StadtAAug, Augsburgischer Adreß=Sack=Calender auf das Jahr 1805, führt noch *Hrn. Joh. Friedr. Gignoux sel. Erben* als Bewohner des Gebäudes A 485 (Manufakturgebäude), ab 1806 wird *Hr. Heinrich v. Schüle, jun. & Comp.* als Bewohner genannt. Im Grundbuch, Lit. A 485 und 521, wird Schüle nicht genannt. Nach diesem ging der Besitz von Anna Barbara auf Felicitas Barbara über und dann am 24.7.1815 auf Joseph Weiß, Cottonfabrikant.
[32] StadtAAug, HWA, fasc. 113, Nr. 33: Eingabe von Anna Barbara Gleichin vom 1.3.1762.

II. Forschungsinterpretationen im Wandel

Anna Barbara Gignoux, eine Mäzenin?

Als ich in der Schlußphase meines Studiums nach einem Thema für meine Magisterarbeit suchte, entdeckte ich in der Samstagsausgabe der Augsburger Allgemeinen Zeitung vom 5. Januar 1991 einen Artikel des Bezirksheimatpflegers Peter Fassl über Augsburger Industriedenkmäler.[33] Es war besonders eine Feststellung Fassls, die sofort mein Interesse fand: "Anna Barbara Gignoux (1725-1796) wurde von Schubart gerühmt und kann als erste Großindustrielle in Deutschland gelten." Mit geringem Aufwand waren die wenigen Forschungsbeiträge aufgespürt, die es zu dieser, mir als Nichtaugsburgerin bis dahin völlig unbekannten Frau gab. Schnell schien klar zu sein, daß ich es mit einer wichtigen Mäzenin zu tun hatte.

Nach der schon eingangs zitierten Gedenktafelinschrift am Gignoux-Haus war Anna Barbara *eine Gönnerin des Malers Joh. Esaias Nilson, des Schriftstellers Christian D. Schubart und der Mozart.* Gustav Guisez stellt die Gignoux als "Förderin Augsburger Musiker" vor, die "zu ihren Freunden Johann Wolfgang von Goethe, Wolfgang Amadeus Mozart und den unglücklichen Dichter Schubart [zählte], der anläßlich ihres Geburtstages, der im Gartenpalais gefeiert wurde, ein Gedicht für seine Gönnerin geschrieben hatte".[34] "Zeitweilig" – so Bernd Roeck – "tagte im Haus der Witwe Gignoux ein Lesezirkel".[35] In diese Richtung weisende Aussagen könnten viele angeführt werden. Meine Suche in der Forschungsliteratur nach Quellenangaben blieb jedoch ergebnislos. Statt konkreter Quellenvermerke stieß ich einerseits auf eine Reihe unbelegter Einzelerwähnungen, im wesentlichen aber auf zwei Tradierungsstränge, die ich knapp aufzeigen möchte.

Der erste: Bernd Roeck verwies in seinem Anmerkungsapparat auf eine Arbeit von Franz Herre[36] über 'Das Augsburger Bürgertum im Zeitalter der Aufklärung'.

---

[33] Letzter großer Wurf der Wirtschaft. Bezirksheimatpfleger P. Fassl zur Bedeutung von Augsburgs Industriedenkmalen (Teil 2), in: Augsburger Allgemeine Zeitung, Nr. 4 (5.1.1991), S. 10.

[34] Gustav Guisez, Auf den Spuren von Gartengütern und Lustgärten, in: Augsburg im Rampenlicht, hrsg. v. Willy Schweinberger, Augsburg 1986, S. 168-177, hier S. 172.

[35] Bernd Roeck, Geistiges Leben 1650-1800, in: Geschichte der Stadt Augsburg von der Römerzeit bis zur Gegenwart, hrsg. v. Gunther Gottlieb u.a., Stuttgart 1984, S. 480-489, hier S. 482.

[36] Franz Herre, Das Augsburger Bürgertum im Zeitalter der Aufklärung, Augsburg 1951, S. 83-84.

Herre wiederum verwies auf August Vetter,[37] der überhaupt keine Belege für seine Darstellung lieferte. Die zweite Linie dagegen führte mich von Peter Fassls kurzem Aufsatz über Anna Barbara Gignoux[38] zu Gustav Euringer[39] und Adolf Buff,[40] bei dem zwar schon die Endstation erreicht war, zugleich aber auch der Ausgangspunkt für den Mythos der Mäzenin Gignoux: Im Rahmen eines Artikels über Anna Barbara Gignoux publizierte Adolf Buff, der damalige Leiter des Augsburger Stadtarchivs, im Jahr 1900 ein Huldigungsgedicht auf diese, das nach seinen Angaben der Dichter Christian Friedrich Daniel Schubart für seine "Gönnerin" – wie Buff sie nannte – verfaßt hatte.

Dieses Huldigungsgedicht, das sich Buff zufolge "in der reichhaltigen Autographensammlung eines Augsburger Literaturfreundes"[41] befand, ist nur in dem von Buff veröffentlichten Aufsatz vorhanden. Alle meine Nachforschungen blieben ohne positive Rückmeldung: Weder im Stadtarchiv noch in der Autographensammlung der Staats- und Stadtbibliothek Augsburg sowie im Deutschen Literaturarchiv in Marbach, im Teilnachlaß Schubarts in der Württembergischen Landesbibliothek Stuttgart und in der Schubart-Sammlung des Heimat- und Schubart-Museums Aalen konnte das Gedicht oder auch nur ein Hinweis darauf gefunden werden.[42] Da dieses Gedicht also nur aus zweiter Hand vorliegt und der Name Anna Barbara Gignoux weder in Schubarts schriftlicher Hinterlassenschaft[43] genannt wurde noch der Schubart-Forschung[44] in irgendeinem Zusammenhang be-

---

[37] August Vetter, Alt-Augsburg. Eine Sammlung von Sagen und Geschichten aus Augsburgs Vergangenheit, 2 Bde., Augsburg 1928, hier Bd. 2, S. 246-247.

[38] Peter Fassl, Die Augsburger Kattunfabrikantin Anna Barbara Gignoux (1725-1796), in: Unternehmer – Arbeitnehmer. Lebensbilder aus der Frühzeit der Industrialisierung in Bayern, hrsg. v. Rainer A. Müller, München 1985, S. 153-159.

[39] Gustav Euringer, Anna Barbara Gignoux, in: Augsburger Rundschau Nr. 27 (2.4.1921), S. 313-316 und Nr. 34 (21.5.1921), S. 397-398.

[40] Adolf Buff, Eine Episode aus der Kunst- und Industriegeschichte in der zweiten Hälfte des 18. Jahrhunderts, in: Der Sammler. Beilage zur Augsburger Abendzeitung Nr. 122 (11.10.1900), S. 2-4.

[41] A. Buff, Eine Episode (Anm. 40), S. 2-3.

[42] Die genannten Institutionen haben meine diesbezügliche Anfrage negativ beantwortet.

[43] Vgl. Christian Friedrich Daniel Schubart, Gesammelte Schriften und Schicksale I/II, Bd. I: Schubart's Leben und Gesinnungen. Von ihm selbst im Kerker aufgesetzt. Zweiter Teil, hrsg. v. seinem Sohne Ludwig Schubart, Stuttgart 1793; Christian Friedrich Daniel Schubart. Briefe, hrsg. v. Ursula Wertheim, Hans Böhm, München 1984; Christian Friedrich Daniel Schubart's Leben in seinen Briefen, hrsg. v. David Friedrich Strauß, 2. Bde., Königstein/Ts. 1978.

[44] Vgl. z.B. Ludwig Simmet, Der Dichter, Publizist und Musiker Ch. Fr. D. Schubart in Augsburg. 1774-1775, Augsburg 1893; Konrad Gaiser, Christian Friedrich Daniel Schubart. Schicksal, Zeitbild. Ausgewählte Schriften, Stuttgart 1929; Kurt Honolka, Schubart. Dichter und Musiker, Journalist und Rebell. Sein Leben, sein Werk, Stuttgart 1985; Christian Friedrich Daniel Schubart bis zu seiner Gefangensetzung 1777. Ausstellung aus Anlaß seines 250. Geburtstages, hrsg. v. der Stadtbibliothek Ulm, erarbeitet von Bernd Breitenbruch, Weißenhorn 1989.

kannt ist, erschien es mir notwendig, sowohl den Artikel Buffs als auch das Gedicht selbst näher zu betrachten.[45]

Dabei stellte ich fest, daß Buff sich in seinen Darlegungen nicht streng an die Fakten gehalten hat: Obwohl ihm der aus dem Gleichischen Ehestreit von 1761/62 hervorgegangene und weitestgehend datierte Schriftverkehr vorlag – er zitierte daraus – involvierte er trotz einer zeitlichen Distanz von zwölf Jahren, die zwischen diesem Streit und Schubarts Aufenthaltszeit im Jahr 1774[46] in Augsburg lagen, Schubart in diesen ehelichen Konflikt.

Buff gab die Quellen dieser Jahre nicht nur unsauber wieder, sondern ergänzte diese sogar, indem er Gleich so zitierte, als hätte er sich beim Rat über Schubarts Teilnahme an den von ihm unerwünschten Gesellschaften seiner Frau beschwert.[47] Nachdem sich – so Buff – die Eheprobleme durch Gleichs Ernennung zum Direktor der Manufaktur geklärt hatten, nahm Gleich sogar an den "abendlichen Versammlungen" seiner Frau teil. "An einem dieser Abende nun überreichte der Dichter Schubart seiner Gönnerin" besagtes Huldigungsgedicht.[48] Da aber Georg Christoph Gleich Augsburg nach dem Konkurs 1770 verlassen hatte und Schubart erst 1774 – dieses Jahr nannte auch Buff[49] – hierher kam, können die beiden Männer nicht aufeinander getroffen sein.

Über die Tatsache hinaus, daß Buff seine Quellen inhaltlich 'anreicherte' und Zeitabstände nivellierte, um sich so den passenden Rahmen für seine Darstellung zu schaffen, sind auch nahezu alle seine Angaben zur Genealogie der Familie Gignoux falsch.[50] In diesem doch recht fragwürdigen Kontext wurde das angeblich Schubartsche Huldigungsgedicht präsentiert.

Da die Suche nach dem Original erfolglos blieb, mußte versucht werden, die Frage nach dem Entstehungsjahr und der Autorschaft textimmanent zu klären.

Die Widmung des Gedichtes *Auf das Namensfest der Mad. Gignoux*[51] weist nicht nur darauf hin, daß ihr zweiter Ehemann bei diesem Fest nicht anwesend war – man hätte sie dann wohl mit 'Mad. Gleich' angesprochen –, vielmehr könnte sie ein erster Hinweis darauf sein, daß das Gedicht wesentlich später, nämlich

---

[45] In meinem Aufsatz, der ausschließlich der Frage nach dem Mäzenatentum Anna Barbara Gignoux' nachgeht, habe ich die angebliche Schubart-Gignoux-Beziehung bereits detailliert analysiert und ausführlich dargestellt sowie meine Ergebnisse im einzelnen belegt. Vgl. Ch. Werkstetter, Anna Barbara Gignoux (Anm. 2), S. 240-253. Aus diesem Grund werde ich mich hier auf die wesentlichsten Aspekte beschränken.

[46] Schubart kam im März 1774 nach Augsburg und blieb bis zu seiner Ausweisung Ende Januar 1775. Vgl. L. Simmet, Der Dichter (Anm. 44), S. 9 und S. 27.

[47] Vgl. A. Buff, Eine Episode (Anm. 40), S. 3.

[48] A. Buff, Eine Episode (Anm. 40), S. 3.

[49] Vgl. A. Buff, Eine Episode (Anm. 40), S. 3.

[50] Vgl. A. Buff, Eine Episode (Anm. 40), S. 4; zur Richtigstellung Ch. Werkstetter, Anna Barbara Gignoux (Anm. 2), S. 242.

[51] Das Gedicht ist abgedruckt bei A. Buff, Eine Episode (Anm. 40), S. 3-4, sowie bei Ch. Werkstetter, Anna Barbara Gignoux (Anm. 2), S. 247-248.

nach ihrer im Jahr 1779 erfolgten Scheidung, entstanden ist, denn erst da nahm sie offiziell wieder den Namen Gignoux an. Möglicherweise wurde sie aber im alltäglichen Sprachgebrauch Gignoux genannt, denn auch die Manufakturbezeichnung lautete 'Johann Friedrich Gignoux sel. Erben'.

Ebenfalls auf ein eventuell späteres Entstehungsdatum verweist die Gedichtzeile *So viele Jahre schon trägt Sie mit Ruhm und Ehren, Der Handlung und Fabrick zweyfache Last allein.* 1774 leitete Anna Barbara die Manufaktur erst knappe vier Jahre. Buffs Darstellung, daß sie Gleich zum Direktor ihrer Fabrik ernannt hätte und seine Angabe, Gleich sei bei der Übergabe des Gedichtes dabei gewesen, wird durch die zitierte Verszeile sowie durch die Anrede *Mad. Gignoux* ad absurdum geführt.

Die Formulierung im Gedicht, daß *Eltern, Gatte, Kind, Der hoffnungsvollste Sohn des Todes Beute sind,* veranlaßte mich, die Sterbedaten der genannten Personen zu überprüfen. Ihre Eltern und ihr erster Mann waren 1774 bereits verstorben.[52] In bezug auf den Sohn schloß Gustav Euringer, "daß Anna Barbara inzwischen von einem neuen Schicksalsschlag durch den Tod ihres Sohnes Johann Friedrich aus erster Ehe betroffen worden war, dessen Verlust sie also schon um 1774 zu beklagen hatte".[53] Nach dem Beerdigungsbuch der Pfarrei St. Ulrich starb dieser Sohn allerdings erst am 7. Oktober 1777.[54] Wenn es stimmt, daß Schubart häufig im Haus der Gignoux verkehrte, konnte er den anwesenden Sohn schlecht für tot halten.

Das hieße eindeutig, daß dieses Huldigungsgedicht nicht 1774 entstanden sein konnte, wenn nicht noch eine Tatsache zu erwähnen wäre, die bislang keine Beachtung fand: Weder in Adolf Buffs Aufsatz noch in den anderen Arbeiten über Anna Barbara Gignoux wurde festgestellt, daß sie während ihrer Ehe mit Georg Christoph Gleich vier Kinder gebar, von denen allerdings drei noch im Säuglingsalter starben: 1763 und 1769 jeweils ein Sohn, 1765 eine Tochter.[55] Es wäre also möglich, daß mit dem verstorbenen *Hoffnungsvollste*[n] *Sohn* aus dem Gedicht nicht der älteste Sohn Johann Friedrich gemeint war. Aus zwei Gründen halte ich das aber nicht für wahrscheinlich: Zum einen waren drei Kinder verstorben. Wenn die Tochter keine Beachtung fand, wäre das wohl nicht unüblich; welcher der beiden toten Söhne wäre aber gemeint? Zum anderen stellt sich die Frage, ob in einer Zeit hoher Säuglingssterblichkeit noch elf bzw. fünf Jahre nach dem Tod der Kinder diese so thematisiert würden – zumal, wenn der vom Vater als Erbe der Manufaktur eingesetzte älteste Sohn noch am Leben war.

---

[52] Die Mutter, Maria Barbara Koppmaierin, starb am 10.9.1773, der Vater, Andreas Koppmaier, am 22.4.1774. Vgl. Evang. Kirchengemeindeamt, Beerdigungsbuch der Pfarrei St. Ulrich.
[53] G. Euringer, Anna Barbara Gignoux (Anm. 39), S. 315.
[54] Vgl. Evang. Kirchengemeindeamt, Beerdigungsbuch der Pfarrei St. Ulrich.
[55] Vgl. Evang. Kirchengemeindeamt, Allgemeines Totenbuch 1751-1775.

Die angesprochenen Punkte lassen deutlich auf eine Entstehung des Gedichtes nach 1774 schließen. Wenn der im Gedicht erwähnte Sohn Johann Friedrich war – wofür doch sehr vieles spricht – , kann das Gedicht frühestens zum Barbara-Tag im Dezember 1777 entstanden sein. Ab Januar 1777 aber saß Schubart unter strengsten Bedingungen auf dem Hohenasperg gefangen, so daß es unwahrscheinlich ist, daß er in dieser Situation ein Huldigungsgedicht auf Anna Barbara verfaßte.[56]

Aus den dargestellten Fehlern des Buff-Aufsatzes, der begründeten Infragestellung des Jahres 1774 als Entstehungsjahr des Gedichtes, der Unmöglichkeit, den Namen Anna Barbaras im Schubart-Nachlaß, in der Schubart-Forschung oder in den in diesem Kontext relevanten Archivalien des Augsburger Stadtarchivs[57] zu finden, resultiert die Frage, ob nicht auch die Zuordnung der Autorschaft zu Schubart auf einem Irrtum Buffs beruht. Da nun aber diese Zuordnung des Gedichtes zu Schubart die einzige Grundlage für die immer wiederkehrende Darstellung ist, daß Anna Barbara eine 'Gönnerin' Schubarts gewesen sei, halte ich es für ausgesprochen fragwürdig, weiterhin ein mäzenatisches Verhältnis zu behaupten.

Es ist nicht auszuschließen, daß die Gignoux und Schubart 1774 miteinander in Kontakt standen, es ist aber auch in keiner Weise zu belegen, ebensowenig im übrigen wie die eingangs erwähnte Freundschaft mit Goethe und Mozart.[58] Nachdem Anna Barbara von Buff als Mäzenin Schubarts eingeführt worden war, wurden ihr ohne große Hemmungen weitere bedeutende Namen an die Seite gestellt. Der Mythos war geschaffen, und die Forschung folgte ihm.

Die Kattunfabrikantin Gignoux

Die Betätigung Anna Barbara Gignoux' als Kattunfabrikantin ist demgegenüber anhand der im Augsburger Stadtarchiv befindlichen handwerksgeschichtlichen Archivalien und anderer zeitgenössischer Stimmen umfassend zu belegen.[59] Im Spiegel der Forschungsliteratur mutet dieses Handlungsfeld angesichts zahlreicher Darstellungen der Protagonistin als Mäzenin jedoch fast als Nebenschauplatz an. Obwohl in vielen Forschungsarbeiten der Name Anna Barbara Gignoux' erscheint, wird ihre Bedeutung als Kattunfabrikantin nur in relativ wenigen wirklich thema-

---

[56] Die Härte dieser zehnjährigen Festungshaft, besonders aber der ersten Jahre, beschreibt K. Gaiser, Christian Friedrich Daniel Schubart (Anm. 44), S. 39-40.
[57] Zu den Negativbefunden in den stadtgeschichtlichen Quellen vgl. Ch. Werkstetter, Anna Barbara Gignoux (Anm. 2), S. 245-246.
[58] Zu den unterstellten Freundschaften mit Goethe und Mozart vgl. Ch. Werkstetter, Anna Barbara Gignoux (Anm. 2), S. 253-254 (Goethe) und S. 254-256 (Mozart).
[59] Vgl. hierzu Kapitel I.

tisiert. Dies geschieht im wesentlichen in den drei kurzen Aufsätzen von Adolf Buff, Gustav Euringer und Peter Fassl sowie in der von mir vorgelegten Magisterarbeit.[60]

In den erstgenannten Forschungsbeiträgen ist es insbesondere der Streit um die Manufaktur bzw. der Vergleichsvertrag, den Anna Barbara Gleichin im Juli 1762 mit ihrem zweiten Ehemann geschlossen hat und der für die Familie und vornehmlich für Anna Barbara selbst erhebliche Folgen mit sich brachte, der einen zentralen Punkt dieser Darstellungen ausmacht. Ich möchte hier die drei unterschiedlichen Interpretationen dieses Vertrags nachzeichnen und mit meinen eigenen, zu diesen sehr konträren Überlegungen konfrontieren.

Am kürzesten kann Adolf Buff abgehandelt werden. Ihm zufolge insistierte Anna Barbara zunächst darauf, daß Gleich die Manufaktur "absolut nichts an[gehe], die habe sie schon seit sehr vielen Jahren stets selbständig geleitet". Für Gleichs Situation zeigte Buff viel Verständnis: "Im Geschäfte nichts d'rein reden zu dürfen und zu Hause auch nichts, das war selbst für den Herrn Gleich fast zu viel." Aber "bald sollte ihm Trost werden", denn Anna Barbara gab nach. Vom mühsam ausgehandelten Vergleichsvertrag ist nicht die Rede. Buffs Sichtweise der Problemlösung, nämlich daß "Madame Gleich [...] ihren Mann zum Direktor ihrer Fabrik [ernannte], jedoch mit der Bedingung, daß er nicht im Mindesten etwas unternähme, wovon sie nicht unterrichtet wäre", steht ganz offensichtlich im Widerspruch zu den Fakten.[61]

Gustav Euringer beklagte in seinem Aufsatz über Anna Barbara Gignoux deren Gutmütigkeit. Anstatt auf der Scheidung der Ehe zu bestehen, "schenkte die vertrauensselige Frau Gleich's Vermittler und seinen eigenen scheinheiligen Versprechungen erneut Glauben und ließ sich zu dem schon oben erwähnten Vergleich vom Juli 1762 bewegen".[62] Mit dieser Beurteilung verkannte Euringer jedoch völlig Anna Barbaras Situation. Die Zustimmung zu diesem Vergleich war die einzige Möglichkeit für sie, sich überhaupt noch Rechte zu sichern. Durch Ratsdekrete waren ihrem Mann bereits Besitz und Direktion der Manufaktur zugesprochen worden, ohne daß dieser sich zu irgendwelchen Gegenleistungen hatte verpflichten müssen.[63] Die Begründung dieser Ratsentscheidung basierte wesentlich auf dem Rechtsinstitut der ehelichen Vormundschaft des Mannes über die Frau,[64]

---

60 A. Buff, Eine Episode (Anm. 40); G. Euringer, Anna Barbara Gignoux (Anm. 39); P. Fassl, Die Augsburger Kattunfabrikantin (Anm. 38); Ch. Werkstetter, Anna Barbara Gignoux. Handlungsfelder (Anm. 2).
61 A. Buff, Eine Episode (Anm. 40), S. 3.
62 G. Euringer, Anna Barbara Gignoux (Anm. 39), S. 314.
63 Vgl. hierzu die Anmerkungen 16 und 17.
64 Dies wurde in den im Verlauf der Auseinandersetzungen vorgebrachten Vota consultativa explizit ausgesprochen. Man verwies dabei nicht nur auf die Bestimmungen des Augsburger Statutarrechts, sondern griff auch auf die klassische Begründung der Gehorsamspflicht der

und es war kaum zu erwarten, daß der Rat zu einer gegenteiligen Entscheidung gekommen wäre, wenn der Streit weiter angedauert hätte. Mit dem Vergleich wurden wenigstens die Rechte der Kinder für deren Zukunft abgeklärt, finanzielle Ansprüche geregelt und Gleich verpflichtet, seiner Frau Einblick in die Geschäftsgänge zu gewähren.

Auf einer ganz anderen Ebene als Euringer bewertet Peter Fassl diesen Vergleich. Seine Interpretation, daß "Gleich die kaufmännische und seine Frau gegen Stücklohn die technische Leitung des Betriebs"[65] erhielt, scheint mir jedoch erheblich zu weit zu gehen. Während Gleich seinerseits nach dem dritten Vertragspunkt alles *so zu der Fabrique gehöret* [...] *pleno iure* führen und als Eigentum benutzen durfte, übernahm Anna Barbara dagegen die Verpflichtung, ihm *an die Hand zu gehen*.[66] Jemandem 'zur Hand gehen', impliziert aber eher 'jemandem helfen' als 'etwas selbständig leiten'. In diese Richtung weist auch die Definition der Rolle, die Gleichs Einsetzung in die Verwaltung der Manufaktur umschrieb: *als Ehe-Vogt und respective Ernährer besagter Kinder*, also praktisch als Hausvater, sollte er schalten und walten können, wobei *Ihme hierunter weder von seiner Ehefrauen noch der Kinder erster Ehe Pflegeren, noch von wem es sonst tentirt werden möchte, nicht die mindeste Hindernüß gemacht werden durfte*.[67] Insofern fiel Anna Barbara Gleichin meines Erachtens nicht die technische Leitung des Betriebs zu, sondern die Rolle der Hausmutter,[68] die gut zu erfüllen sie versprechen mußte – und die ja auch die helfende Mitarbeit in diesem Betrieb implizierte.

Frau gegenüber dem Mann, auf die Bibel, zurück. Vgl. StadtAAug, HWA, fasc. 113, Nr. 25, 38, 47: Vota consultativa de Lecto in Sen. 6.2.1762.

[65] P. Fassl, Die Augsburger Kattunfabrikantin (Anm. 38), S. 157.
[66] StadtAAug, Ehescheidungen, Nr. 13/22 (Anm. 20).
[67] StadtAAug, Ehescheidungen, Nr. 13/22 (Anm. 20).
[68] Zur Stellung und Rolle der Hausmutter vgl. allgemein Gotthardt Frühsorge, Die Einheit aller Geschäfte: Tradition und Veränderung des "Hausmutter"-Bildes in der deutschen Ökonomieliteratur des 18. Jahrhunderts, in: Wolfenbütteler Studien zur Aufklärung, Bd. III, hrsg. v. Günter Schulz, Bremen, Wolfenbüttel 1976, S. 137-157, sowie demnächst: Geschichte der Ökonomie (Klassische Texte des 16.-19. Jahrhunderts mit Sacheinführung und Einzelkommentaren), hrsg. v. Johannes Burkhardt, Birger P. Priddat (Bibliothek der Geschichte und Politik, hrsg. v. Reinhart Koselleck). Das Verhältnis von Hausvater und Hausmutter als 'Arbeitspaar' analysiert Heide Wunder, "Jede Arbeit ist ihres Lohnes wert." Zur geschlechtsspezifischen Teilung und Bewertung von Arbeit in der Frühen Neuzeit, in: Geschlechterhierarchie und Arbeitsteilung. Zur Geschichte ungleicher Erwerbschancen von Männern und Frauen, hrsg. v. Karin Hausen, Göttingen 1993, S. 19-39. Zur Diskussion um die Brauchbarkeit des Brunnerschen Konzeptes "ganzes Haus", auf die hier nicht eingegangen werden kann, vgl. Otto Brunner, Das "ganze Haus" und die alteuropäische "Ökonomik", in: Ders., Neue Wege der Verfassungs- und Sozialgeschichte, 2. Aufl., Göttingen 1968, S. 103-127, Claudia Opitz, Neue Wege der Sozialgeschichte? Ein kritischer Blick auf Otto Brunners Konzept des "ganzen Hauses", in: Geschichte und Gesellschaft 20 (1994), S. 88-98, sowie den Aufsatz von Valentin Groebner, Außer Haus. Otto Brunner und die "alteuropäische Ökonomik", in: Geschichte in Wissenschaft und Unterricht 46, Heft 2 (1995), S. 69-80.

Die Besonderheit lag wohl mehr darin, daß Anna Barbara aufgrund ihrer *dißfalls besitzenden guten Wissenschaft und besonderen Geschicklichkeit*[69] in der Manufaktur für Gleich unabkömmlich war, daß ihre Arbeit über Hilfstätigkeiten weit hinausging und daß sie für diese Arbeit bezahlt wurde. Ihr technisches Wissen und die künstlerische Begabung, beides Kernstücke des Kattundrucks, ermöglichten es ihr, die Grenzen der Hausmutterrolle zu überschreiten – solange ihr Ehevogt die Art und Weise ihrer Tätigkeit billigte.

Für Peter Fassl stellt der gefundene Kompromiß "angesichts der damaligen Rechtsverhältnisse und wirtschaftlichen Gepflogenheiten das Äußerste was Anna Barbara erreichen konnte" dar.[70] Zieht man jedoch die einschlägigen rechtlichen Bestimmungen heran, zeigt sich, daß Anna Barbara Gleichin nicht mehr erreichen konnte, gerade weil die Rechtsverhältnisse nicht eindeutig beachtet wurden. Dies gilt in besonderem Maß für die Nichtbeachtung des Gignouxischen Heiratsbriefes. Nach diesem war die Einsetzung Gleichs als Leiter der Manufaktur nicht zulässig, da Gignoux bestimmt hatte, daß seine Frau *die Direction derselben mit allen daheineinschlagenden Geschäften nach eigenem Gutbefinden zu führen* berechtigt sein, *dennoch aber nicht Fug und Macht haben* [sollte], *selbige einem anderen anzuheurathen.*[71] Da die Oberpflegordnung eine solche *von dem vorigen Ehe-Mann aufgerichte letste Willens Disposition*[72] ausdrücklich anerkannte, hätte das eheliche Vormundschaftsrecht von Gleich sich nicht auf die Manufaktur beziehen dürfen.

Darüber hinaus hatte auch das Handwerk rechtliche Einwendungen gegen die Nutzung des Gignouxischen Druckerzeichens durch Gleich vorgebracht.[73] Diese Vorbehalte beruhten auf einem alten Konflikt um die zünftige Zulässigkeit einer umstrittenen 'Firmenteilung': Jean François und seine beiden Söhne hatten gemeinsam eine Handwerksgerechtigkeit innegehabt. Die Weiterführung der Manufaktur Johann Friedrichs war der Witwe Anna Barbara nur *connivendo*, also gnadenhalber, im Namen ihrer Kinder erlaubt worden. Die Gignoux – Anna Barbara und ihre Kinder sowie deren Onkel Anton Christoph Gignoux – hatten weiterhin nur eine Gerechtigkeit inne, die also in ganz besonderem Maß an diese Familie gebunden war.[74] Im Rahmen des Dekrets vom 26. Januar 1762, mit dem Gleich

---

[69] StadtAAug, Ehescheidungen, Nr. 13/22 (Anm. 20).
[70] P. Fassl, Die Augsburger Kattunfabrikantin (Anm. 38), S. 157.
[71] StadtAAug, HWA, fasc. 113, Nr. 34 (Anm. 7).
[72] StadtAAug, Oberpflegordnung 1729, XVI. Erneuertes Statutum wie es mit Inventier- und Beschreibung der vor ihren Eheweibern verstorbenen Ehe-Männer verlassener Haab und Güter / auch deren Administration [...] gehalten werden solle, 27.3.1668.
[73] Vgl. StadtAAug, HWA, fasc. 113, Nr. 14b: Vorstellung und Bitten der Herren Deputirten ob dem Weberhaus, 12.1.1762.
[74] Vgl. StadtAAug, HWA, fasc. 113, Nr. 16: Extractus Weberhausampts-Protocolli, 7./10.11.1760.

die Manufaktur übertragen wurde, wurde das Weberhausamt kurzerhand angewiesen, *sich keiner weiteren Cognition in dieser Causa* zu unterziehen.[75]

Die Möglichkeit, Anna Barbara Gleichin die alleinige Leitung der Manufaktur zu überlassen, wäre also rechtlich gegeben gewesen. Was dem entgegenstand, war die starke Durchsetzungskraft der Geschlechtsvormundschaft über Frauen. Zwar war diese eine rechtlich verbindliche Einrichtung, kannte aber eben auch Ausnahmeregelungen. Wenn ein solcher Sonderfall keine Beachtung fand, dann zeigt das, daß die ständisch-patriarchalische Argumentation – aus welchen Interessenlagen heraus auch immer – dazu benutzt werden konnte, an sich bestehende weibliche Sonderrechte zu übergehen. Nur durch diese Handhabung des Rechts, nicht durch die eigentlichen Rechtsverhältnisse war der Vergleich das Äußerste, was Anna Barbara erreichen konnte.

Wenn Fassl in seiner Einschätzung der die Manufaktur ab 1771 selbständig führenden Anna Barbara Gignoux schließlich so weit geht, sie als "die erste Großindustrielle in Deutschland"[76] zu bezeichnen, ist diese Aussage einmal in ihrer räumlichen Dimension überzogen und täuscht zum anderen in ihrer Begrifflichkeit darüber hinweg, daß Anna Barbaras Tätigkeit noch stark mit dem Zunftwesen verbunden war. Das – wie oben gezeigt – lediglich gnadenhalber zugebilligte Fortführungsrecht der Witwe im Namen ihrer Kinder[77] läßt noch deutlich das traditionale Element weiblicher Handwerksausübung erkennen, auch wenn sich im Laufe der Jahrzehnte, in denen sie die Manufaktur führte, allgemein manche wirtschaftliche und gesellschaftliche Innovation durchsetzte, die nicht mehr so recht in den zünftigen Rahmen passen wollte. Wenngleich Anna Barbara Gignoux aufgrund ihrer großen Leistungsfähigkeit und Durchsetzungskraft eine hervorgehobene Position einnahm, unterschieden sich ihre Rahmenbedingungen nicht von denen anderer Frauen ihrer Zeit.

III. Analyse des Interpretationswandels

Im folgenden möchte ich den Fragen nachgehen, wie es möglich ist, daß ein und dasselbe 'Untersuchungsobjekt' so unterschiedliche Bewertungen erfährt, wie sie oben dargestellt wurden, und welche Ursachen ein solcher Interpretationswandel haben kann.

---

[75] StadtAAug, HWA, fasc. 108, Nr. 62 (Anm. 16).
[76] Letzter großer Wurf (Anm. 33).
[77] Zum Fortführungsrecht von Witwen vgl. allgemein Peter-Per Krebs, Die Stellung der Handwerkerswitwe in der Zunft vom Spätmittelalter bis zum 18. Jahrhundert, Diss. jur. Regensburg 1974.

Liest man die verschiedenen Arbeiten über Anna Barbara Gignoux genau, fallen deutliche Unterschiede auf, die in gewisser Weise das Frauenbild ihrer jeweils eigenen Entstehungszeit widerspiegeln. Trotz der unterschiedlichen Darstellungen und Einschätzungen Anna Barbaras wird bei Buff, Euringer und Fassl etwas Gemeinsames sichtbar, nämlich daß sie zwar das Frau-Sein Anna Barbaras als Bewertungsraster im Blick hatten, jedoch nicht im Sinn der Kategorie 'Geschlecht' (gender) als methodischem Instrument, mit dessen Hilfe gesellschaftliche Geschlechterverhältnisse analysiert, gedeutet und erklärt werden können. Dadurch entsteht die Gefahr, daß die historischen geschlechtsspezifischen Rollenzuweisungen und die diese begründenden bzw. die daraus resultierenden Hierarchien und Machtverhältnisse nicht nur nicht aufgedeckt werden, sondern darüber hinaus sogar noch durch die je eigenen – zumeist unbewußten – Prägungen und Rollenerwartungen des jeweils Forschenden zusätzlich verdeckt werden. Wie läßt sich dies konkretisieren?

In der Darstellung Adolf Buffs wurde die eigentliche Problematik, der Anna Barbara ausgesetzt war, überhaupt nicht erfaßt, ganz im Gegenteil – sie wurde umgangen. Obwohl er einerseits mit dem Bild der "kunstsinnigen und hochherzigen Wittwe" eine Frau zeichnete, "welche weit über das gewöhnliche Maß der Weiber hinausreichte",[78] vermittelte er dem Leser/der Leserin zugleich eine eigentümlich widersprüchliche Botschaft, indem er dem Ehemann, den er insgesamt eigentlich nicht positiv sah, in einem zentralen Punkt mit Verständnis begegnete: "Im Geschäfte nichts d'rein reden zu dürfen und zu Hause auch nichts, das war selbst für Herrn Gleich fast zu viel."[79] Ist es übertrieben, hier männliche Larmoyanz gegenüber weiblichem Durchsetzungswillen herauszulesen? Und ist es dann weiter verwunderlich, daß gerade Buff die Mäzenin Gignoux 'erschuf' und diese schließlich friedfertig Gleich zum "Direktor ihrer Fabrik" ernennen ließ, wobei er weder den Konkurs noch die Trennung des Ehepaares erwähnte? War Anna Barbara nur in dieser Konstellation für Buff und sein Umfeld eine akzeptable Frau, der er eine gewisse Vorbildfunktion einräumte, indem er sie in einer Beilage der Augsburger Abendzeitung einer breiten Öffentlichkeit vorstellte?

Bei Gustav Euringer erscheint Anna Barbara als eine zwar tapfere, aber durch und durch bedauernswerte Frau, die von ihrem sittlich verworfenen Mann bewußt übervorteilt wurde und viel zu erdulden hatte. Sein Urteil ist geprägt von Mitleid mit der geplagten, viel zu gutmütigen Frau. Die Eigenschaften, die Euringer bei Anna Barbara vorfand bzw. die er in sie hineininterpretierte, gehören zu einem in dieser Eindeutigkeit erst im 19. Jahrhundert konstruierten und in seiner Zeit immer noch so wahrgenommenen weiblichen 'Geschlechtscharakter': gutmütig, ver-

---

[78] A. Buff, Eine Episode (Anm. 40), S. 3.
[79] A. Buff, Eine Episode (Anm. 40), S. 3.

trauensselig, duldsam, hochherzig.⁸⁰ Diese Wesenszüge hinderten sie – so Euringers Interpretation –, sich gegen ihren Mann durchzusetzen. Durch das Hineinnehmen seines eigenen Frauenbildes entging ihm, daß er Anna Barbaras individuelle Handlungsmöglichkeiten im Kontext des Vergleichsvertrags völlig unrealistisch überschätzte. Er fragte weder nach der Rechtslage noch nach der Rechtsanwendung. Daß sie als Frau ohne aufrechten männlichen Beistand so Enormes schaffte, erschien Euringer Außerordentlich bewundernswert.

Ein Wandel des Frauenbildes im 20. Jahrhundert läßt sich darin ablesen, daß Peter Fassl anders als Euringer in der wirtschaftlichen Leistungskraft Anna Barbaras nichts für eine Frau außergewöhnliches erkennt, sondern diese mit Selbstverständlichkeit bescheinigt: Fassl sieht in Anna Barbara eine ausgesprochen tatkräftige, fähige und resolute Person, die aber durch die 'üblichen' zeitgenössischen Denkmuster und Rechtsnormen in ihrem Aktionsraum eingeschränkt war. Aus dieser Einschränkung resultiert für ihn, daß Anna Barbara mit dem Vergleichsvertrag "das Äußerste" erreicht hatte, was möglich war.⁸¹ Damit setzt er in der Bewertung dieses Streitfalls und seiner Lösung das Frau-Sein Anna Barbara Gignoux' in ihrer Zeit per se als Handicap voraus und akzeptiert es somit. Wenn sich wie hier das auf den ersten Blick in die Quellen Sichtbare mit dem deckt, was man gemeinhin an Rechten für Frauen im untersuchten Zeitraum erwartet, besteht die Gefahr, daß man sich vorschnell mit einem zwar 'passenden', aber nicht wirklich zutreffenden Urteil zufriedengibt.

Meine eigene Untersuchung beruht auf einer möglichst umfassenden Quellenarbeit, bei der von Anfang an 'Geschlecht' als soziale und historische Kategorie⁸² mitgedacht wurde. Durch die Frage nach den verschiedenen Handlungsfeldern Anna Barbara Gignoux' versuchte ich bewußt, über die Biographie im engen Sinn hinauszugehen. Handlung ist immer auch mit Interaktion verbunden, und das sich daraus ergebende Beziehungsgeflecht kann tiefe Einblicke in die Denk- und Verhaltensstrukturen von Menschen gewähren. Wird dieses Beziehungsgeflecht in den Blick genommen, zeigt sich schnell, daß die Personen keineswegs nur weitgehend fremdbestimmt re-agierten, sondern daß sie – natürlich innerhalb eines ge-

---

⁸⁰ Vgl. hierzu Karin Hausen, Die Polarisierung der "Geschlechtscharaktere" – Eine Spiegelung der Dissoziation von Erwerbs- und Familienleben, in: Sozialgeschichte der Familie in der Neuzeit Europas: neue Forschungen, hrsg. v. Werner Conze, Stuttgart 1976, S. 363-393, sowie Ute Frevert, "Mann und Weib, und Weib und Mann": Geschlechter-Differenzen in der Moderne, München 1995, bes. Kap. 1: Geschlechter – männlich/weiblich. Zur Geschichte der Begriffe (1730-1990), S. 13-60.

⁸¹ P. Fassl, Die Augsburger Kattunfabrikantin (Anm. 38), S. 157.

⁸² Aus der Fülle der diesbezüglichen Literatur seien nur zwei Titel genannt: Gisela Bock, Geschichte, Frauengeschichte, Geschlechtergeschichte, in: Geschichte und Gesellschaft 14 (1988), S. 364-391 (grundlegend); Geschlechterverhältnisse im historischen Wandel, hrsg. v. Hanna Schissler (Geschichte und Geschlechter, Bd. 3), Frankfurt/M., New York 1993 (zur aktuellen Forschungsdiskussion).

wissen Rahmens – Handlungs- und Argumentationsstrategien entwickelten und so ihre Verhältnisse ständig neu aushandelten. Das gilt auch für Geschlechterverhältnisse, die man sich somit auf keinen Fall statisch und dadurch stets vorhersehbar vorstellen darf. Der in diesem Sinn weiter gefaßte Ansatz half insbesondere auch im Kontext des Vergleichsvertrags, über den 'ersten Blick' hinauszukommen und das Unerwartete, die eigentlich positive Rechtslage für Anna Barbara Gignoux, zu sehen und zugleich zu erkennen, warum diese sich letztlich nicht durchsetzen konnte.

Es bleibt schließlich noch die Frage, woran es liegen kann, daß der Mythos der 'Mäzenin Gignoux' nahezu hundert Jahre lang tradiert wurde, ohne daß jemand seinen Inhalt quellenkritisch überprüfte? Dies mag einerseits etwas mit Lokalpatriotismus zu tun haben, zum anderen aber – und ich meine hauptsächlich – mit geschlechtsspezifischen Interpretationsmustern. Denn auch die Bereitschaft, Anna Barbara Gignoux unbefragt dem musischen Bereich zuzuordnen, hat, so meine ich, mit unserer eigenen Erwartungshaltung zu tun: Herausragende Frauenleistungen ihrer Epoche vermuten wir – die Salonkultur des ausgehenden 18. und beginnenden 19. Jahrhunderts vor Augen – zuerst auf kulturellem Gebiet. Für den Bereich des Wirtschaftslebens schätzen wir dagegen die Handlungsspielräume von Frauen eher schlecht ein. Daß diese Voreingenommenheit auf das Forschungsergebnis abfärbt, haben nicht nur die verschiedenen Auslegungen des Vergleichsvertrags evident gemacht. Im vorliegenden Fall hat sich aus dieser Sichtweise sogar ein doppeltes Zerrbild ergeben: einerseits die unhaltbare Darstellung Anna Barbaras als Mäzenin berühmter Männer, mit der ihr Handlungsfeld als Kattunfabrikantin deutlich unscharf wurde, und andererseits die jeweils zumindest schiefen Interpretationen des Vergleichsvertrags, die ihrem realen Handlungsspielraum als verheirateter Frau in diesem Konflikt nicht gerecht wurden.

Solange solche unbewußten Deutungssysteme den Blick verstellen, blockieren sie tiefere Einsichten und führen zu problematischen Bewertungen. Das sich wandelnde historische Urteil spiegelt dann die sich mit den wechselnden Historikergenerationen wandelnden Rollenzuweisungen an Männer und Frauen wider, ohne diese Denkschablonen zu durchbrechen. Daß hier die Einlösung eines Postulats der Geschlechtergeschichte, nämlich 'Geschlecht' als soziale und historische Kategorie einzubeziehen, den Erkenntnisrahmen wesentlich erweitern kann, haben meine Überlegungen und Argumentationen – so hoffe ich – zeigen können.

Zum Selbstverständnis des ehemals handeltreibenden Augsburger Patriziats im 19. Jahrhundert

Wolfgang Zorn

Über das Selbstverständnis der Familie Fugger im 16. Jahrhundert ist hier bereits wichtiges ausgeführt worden.[1] Mein kurzer Beitrag soll in eine viel spätere Zeit vorausgreifen, in das Jahrhundert unter dem Königszepter der Wittelsbacher, in die Distanz der Erinnerung. Dabei ist nur von Patriziatsfamilien zu sprechen, die schon in der Ära des 'goldenen Augsburg' patrizisch waren und ebenfalls eigene Handelstradition in dieser besaßen. Ein starkes fortdauerndes Selbstbewußtsein des bis 1806 die Reichsstadt regierenden Familienkreises trat öffentlich bezeichnenderweise erst nach dem Regierungsantritt König Ludwigs I., hervor und zwar in der 1826 postum erschienenen Geschichte der Stadt Augsburg von dem einstigen reichsstädtischen Oberrichter, dann bayerischen Regierungsrat Freiherrn von Seida.[2] Seida glorifizierte das Stadtregiment des Patriziats, in das seine Tiroler Familie erst im 18. Jahrhundert nach Heirat mit einer Langenmantel-Tochter eingetreten war. Seine Einstellung war gerade für das Selbstverständnis der in Augsburgs wirtschaftlicher Hochblütezeit handeltreibenden Familien untypisch.

Für die Gestalt des alteinheimischen zurückschauenden Familien-Selbstbildes spielt offenbar das Vorbild des Hauses Fugger eine ganz wesentliche Rolle, der einzigen in den Hochadel, ja zuletzt noch ins alte Reichsfürstentum aufgestiegenen Augsburger Patriziatsfamilie. Im Unterschied zu den Reichsstädten Nürnberg, Frankfurt und Ulm erlaubte ja die Reichsstadt Augsburg noch in ihrer Spätzeit Patriziern Großhandels- und Bankgeschäfte unter eigenem Namen. Zwischen den Ratsgruppen der Patrizier und Kaufleute bildete die Gruppe der sogenannten 'Mehrer der Geschlechter', vorwiegend angesehene Kaufleute, eine dauerhafte

---

[1] Vgl. hierzu in diesem Band den Beitrag von Dana Koutná-Karg, Die Ehre der Fugger. Zum Selbstverständnis einer Familie.

[2] Franz Eugen von Seida und Landensberg, Geschichte der Stadt Augsburg, 2 Bde., Augsburg 1826. Vgl. auch fortan zum Hintergrund Wolfgang Zorn, Das Augsburger Patriziat im Königreich Bayern 1806-1918, in: ZHVS 87 (1994), S. 167-188.

Vermittlung; zwischen Herrenstuben- und Kaufleutestubengesellschaft bestand bis 1808 nicht nur eine räumliche Nachbarschaftsverbindung dem Rathaus gegenüber. Vergleichsfähigen Beobachtern fiel es noch im späten 19. Jahrhundert auf, wie wenig ehemalige Patrizier, jetzt bayerische Landesadelige, ständisch auf bürgerliche Kaufleute herabsahen. Die fortbestehenden und im Augsburger und mittelschwäbischen Raum mit Schloßbesitz ansässig gebliebenen patrizischen Familien verhielten sich allerdings bezüglich Eheverbindungen nicht einheitlich. Die wirtschaftlich insgesamt stärker bleibenden protestantischen Familien schlossen Ehebande mit neu aufgestiegenen bürgerlichen Kaufmanns- und Industriellenfamilien problemloser als die katholischen. Einige Patriziatsfamilien zogen im Jahrhundertverlauf ganz von Augsburg fort und pflegten keine Verbindung mehr zur Stadt.

Von drei ihre Ortstradition wahrenden Familien, den Fuggern, Welsern und Stetten, soll kurz die Rede sein. Die Welser waren schon bei der Zunftrevolution von 1368 Patrizier, die bereits gräflichen Fugger und die von Stetten wurden es als Kaufmannsgeschlechter 1538.

1. Die **Fugger** hatten sich seit dem späten 17. Jahrhundert nicht mehr am patrizischen Stadtregiment beteiligt.[3] Als ehemals selbst regierende sogenannte 'Standesherren' waren sie nun in der Landtagskammer der Reichsräte vertreten und führten in ihr zweimal das Präsidentenamt. Sie bekannten sich aber andererseits – und das ist hier der erste wichtige Punkt – noch bis in unsere Gegenwart als Mitglieder des alten Stadtpatriziats, das untrennbar Teil, wenn auch vornehmster Teil, der ganzen Stadtbürgergenossenschaft gewesen war. Sie blieben wohl familiär aufgrund ihrer Hausgesetze im internationalen Kreis von Adel, möglichst Uradel, und von Großgrundbesitz; häufig fanden Ehebündnisse mit Familien der österreichisch-ungarischen Monarchie statt. Nur in der Glötter Hauptlinie gab es im Königreich einen Versuch eigener Fabrik- und Bankunternehmungen und mehrere bürgerliche Heiraten. Auch als die feudale Herrschaft über Bauern ab 1848 entfiel, dauerte das Landadelsbewußtsein der Gesamtfamilie mehr oder minder stark an. Trotzdem lebte die Verbindung 'Fürst und Bürger' noch von neuem auf. Als Fürst Leopold Fugger-Babenhausen 1860-63 die Fassaden der Augsburger Fuggerhäuser neu mit Historienbildern bemalen ließ, wurden Schildhalter mit 22 Wappen anderer Augsburger Patrizierfamilien mit eingefügt. Der Fürst und sein Bruder und Nachfolger Fürst Karl Ludwig, beide zwar österreichisch-ungarische Offiziere, nahmen dann lebhaft am Augsburger Stadtleben teil, besonders an Theater und "historisierender Kunst- und Wissenschaftspflege",[4] und waren Augsburger Ehrenbürger. Zum 70. Geburtstag Fürst Karl Ludwigs 1899 veranstal-

---

[3] Die wichtigste Literatur zu folgendem: Anton Stauber, Das Haus Fugger. Von seinen Anfängen bis zur Gegenwart, Augsburg 1900; Götz Frhr. von Pölnitz, Die Fugger, 3. Aufl., Tübingen 1970.
[4] G. Frhr. v. Pölnitz, Die Fugger (Anm. 3), S. 323.

tete die Vereinigung 'Augsburger Gesellschaft' eine kostümierte historische Aufführung im Stadttheater mit lebenden Bildern, die sich thematisch an die Fuggerhaus-Fassadenmalerei anschlossen: Gründung der Fuggerei, Geschenkübergabe an Kaiser Max, Kniefall Anton Fuggers vor Karl V., 'Huldigung der Lilie'. Und als 1975 der Verkauf des Zeughauses an einen Warenhauskonzern drohte, da legten öffentlich Vertreter von sieben ehemaligen Patriziatsfamilien Einspruch ein, an ihrer Spitze wiederum ein Fürst Fugger-Babenhausen. Auch draußen in Schwaben waren die Fugger Schloßherrn geblieben, darin ebenfalls heimattreu: Ihr Großgrundbesitz konzentrierte sich in ihrer Ursprungslandschaft; sie blieben eindeutig schwäbischer, meist bayerisch-schwäbischer Adel. Der neubegründete italienische Nebenast Fugger-Glött hatte nur leichtes Gewicht.

Das zweite war aber, daß die Familie nach teilweisem Groll über die Mediatisierung im Jahrhundertverlauf im hohen bayerischen Staatsdienst Betätigungsangebote wahrnahm. Als Präsident der Reichsratskammer empfing ein Graf Fugger-Glött 1913 den Fürstenrang des Königreichs. Andere Fugger wurden bayerische Regierungspräsidenten und bayerische und deutsche Parlamentsabgeordnete.

Das dritte und besonderste war, daß die Fugger sich trotz Hochadel zu ihrem stufenweisen Aufstieg aus dem ursprünglichen Landweberhandwerk frei bekannten. Als die Ursprungsgemeinde Graben am Lechfeld zum 70. Geburtstag Fürst Karl Ludwigs 1899 eine Fuggerlinde pflanzte und den Fürsten zum Ehrenbürger erwählte, nahm er eine solche Ehre gerne an. Auch in dem Familiengeschichtsbuch zu diesem Jubiläum von 1900 war an den Ursprung erinnert.[5] Mit gleicher Selbstsicherheit ließen die Fugger ein Naserümpfen von Uradelskreisen darüber an sich abgleiten, daß der hohe Aufstieg gerade bei ihnen nicht mit Taten des Schwertes und der Staatsführung, sondern mit großem Geld und auch Zinsgewinnen aus politischen Großdarlehen verflochten gewesen war. Das produzierende und gütervermittelnde Gewerbe war aber grundsätzlich die urbürgerliche Lebensgrundlage. Im Schatten der Fugger also war es noch im industriellen Augsburg ehrenvolle Vergangenheit, Patrizier und Kaufleute zugleich als Adelsahnen zu haben, weiter zurück auch freie Handwerker.

2. Der Freiherr **Welser,** der den Zeughausprotest unterschrieb, stammte aus der Ulmer Linie des Geschlechts, die nach dem Erlöschen der Augsburger Linie 1878 auch die Nürnberger Linie mit ihrem mittelfränkischen Schloßbesitz Neunhof beerbt hatte.[6] Die Familie bot damit ein Beispiel der überörtlichen Verflechtung zwischen großen Reichsstädten und insbesondere auch zwischen ihren Patriziaten. Eine stattliche Familiengeschichte lag erst seit 1917 vor, schon von einem Ulmer Welser zusammengetragen, dessen Sohn bayerischer Regierungspräsident und

---

[5] FA, Mappe FA 1.2.241 T, Augsburger Fuggerfeier. Freundliche Auskunft von Archivar Franz Karg M.A.

[6] Vgl. hierzu Johann Michael Frhr. von Welser, Die Welser. Nachrichten über die Familie Welser, Nürnberg 1917.

Nürnberghistoriker war. Das Selbstverständnis der Familie wurde einerseits vom Stolz auf die altpatrizische, in der Renaissance und noch von Seida sogar mit dem römisch-byzantinischen Feldherrn Belisar in Verbindung gebrachte Herkunft bestimmt.[7] Sie sah man durch die vom Kaiserhaus akzeptierte Habsburg-Heiratsverbindung der Philippine Welser von 1557 bestätigt, nach der mit persönlicher Zustimmung König Ludwigs schon 1837 eine Innenstadtstraße benannt war. Andererseits dauerte die Trauer über die Mediatisierung als Reichsfreiherren an. Viel eindeutiger als die Fugger wurde das Geschlecht dann zur bayerischen Juristen- und Beamtenfamilie. Man pflegte im Nürnberger Patriziatsstil die Adelsgenealogie, mied aber eigenes Gewerbe und schloß kaum Heiratsverbindungen mit dem industriellen Wirtschaftsbürgertum. Ein Neunhofer Welser kehrte vorübergehend als Gutslandwirt in die Donauwörther Gegend zurück, wohnte seit 1887 auch in Augsburg selbst und starb hier 1918, doch gab es nie mehr ein altes schwäbisches Welserschloß. Als 1896 ein erstes großes Geschichtswerk über den deutschen 'Frühkapitalismus' erschien, hieß es nur 'Das Zeitalter der Fugger'.[8] Da die Welser in ihrem wagemutigen Venezuela-Unternehmen und dann in Augsburg selbst wirtschaftlich gescheitert waren, wurde diese Tradition von ihnen zunächst gerne im Schatten belassen. Erst allmählich, namentlich seit der Hamburger 400-Jahr-Festschrift zur Entdeckung Amerikas von 1892 und einem Historikerbuch von 1903 über die Welserschen Überseeunternehmungen, wuchs ein Stolz auf die unternehmerische Größe in diesem schließlich tragischen Fehlschlag. Er erschien nun auch als früher Vorläufer wilhelminischer Kolonial- und Weltpolitik.[9] Die aufkommende Zweiernennung 'Fugger und Welser' wurde als historische Ehre angenommen; wiewohl es von neuem die Handelsvergangenheit betonte.

3. Die **Stetten** konnten am Ende der Reichsstadtzeit als die örtlich einflußreichste Patriziatsfamilie Augsburgs gelten.[10] Bis ins frühe 18. Jahrhundert blieben sie auch im Handelsgeschäft. Der letzte Stetten-Stadtpfleger hatte sein eigenes Werk als Historiker mit einer Augsburger Patriziatsgeschichte von 1762 begonnen und mit populärwissenschaftlichen Büchern einen Stadtstaatspatriotismus zu nähren versucht. Seine 'Lebensbeschreibungen zur Erweckung und Unterhaltung bürgerlicher Tugend' hatten nur Männer der älteren Augsburger Geschichte vorgestellt und dabei Patriziats-Selbstgefühl nicht vergessen. So war der Traditionsbruch von 1806 so tief wie für die Fürsten Fugger. Die Stetten, die ja schon in der großen Fuggerzeit ebenfalls als Handelshaus tätig gewesen waren, stellten nun

---

[7] Vgl. hierzu in diesem Band Wolfgang Kuhoff, Augsburger Handelshäuser und die Antike, dort Kap. III.
[8] Richard Ehrenberg, Das Zeitalter der Fugger. Geldkapital und Creditverkehr im 16. Jahrhundert, Jena 1896 (ND 1990).
[9] Konrad Haebler, Die überseeischen Unternehmungen der Welser und ihrer Gesellschafter, Leipzig 1903.
[10] Dietrich von Stetten, 500 Jahre Stetten und Augsburg, Augsburg 1965.

betont ihre generationenlangen Beamtenverdienste um die Reichsstadt heraus, die Stadt, auf die sie sich stärker als die Fugger auch weiterhin konzentrierten. Sie behielten nicht nur ihre stadtnahen, selbstbewirtschafteten Landschlösser, sondern vermehrten sie noch. In der Stadt selbst erzielten sie dann erhebliche Gewinne durch Baulanderlös aus ihren großen Gartengütern vor der in den 1860er Jahren abgebrochenen Stadtmauer. Aus der Heiratsverbindung mit der jungpatrizischen Bankiersfamilie von Halder und einer persönlichen Unternehmerbegabung entstand das seit 1850 auch so benannte Bankhaus von Stetten. Es stieg im industriellen Gründungsgeschäft in Augsburg und im Allgäu zu Bedeutung auf. Gegen 1866 erlangte die Familie in Besetzung mehrerer führender Ehrenämter in Politik und Wirtschaft noch einmal ähnlichen innerstädtischen Einfluß wie in der Endzeit der Reichsstadt und jetzt nicht mehr durch Privilegienanspruch. Im königlichen Dienst führten die Beamten- und Offizierskarrieren bis zum Staatssekretär im bayerischen Kriegsministerium und General der Kavallerie. Eine Wunde des Selbstverständnisses blieb, daß die Wittelsbacher die Augsburger Finanzfamilien Schaezler und Süßkind, beide nach früherer Ordnung freilich 'Mehrer', in den Freiherrnstand erhoben und die patrizischen Freiherrn von Schnurbein und die Schaezler durch Großgrundbesitz in den Reichsrat einzogen, nicht aber die Stetten. Man fand die Verdienste um die Reichsstadt nicht mehr hoch bewertet und die Erinnerung daran ungenügend gepflegt. Für die Fugger war ja besonders die Fuggerei auch für den sich sozial erweiternden Tourismus ein den Namen geläufig erhaltender Begriff. Für die Stetten reichte die Bekanntheit der Töchterschulstiftung Stetteninstitut doch wenig über Augsburg und das Internatsumfeld hinaus. So blieb das Stetten-Selbstverständnis dann auch am engsten mit Stadtgeschichte und Stadtpräsenz verknüpft und trotz der Landgüter am reinsten altaugsburgisch-ortspatrizisch geprägt.

Die drei Elemente Reichsstadterinnerung, gegenwärtiger allgemeiner Adelsstand und Stadt- und Schwabenverbundenheit erscheinen in den drei Familienbeispielen unterschiedlich gemischt. Zum Adelsbewußtsein gehörte nun allgemein, daß man auch zu den 'gebildeten Ständen' gehören wollte. Der Rückzug ins Landadelsleben erhielt durch die Auswirkungen der 1848er Revolution auf das altfeudale Verhältnis zu den von Herrenrechten vollends befreiten Bauern ebenfalls einen Veränderungsschlag. Wer künftig als Landwirt statt als Schloßherr überleben wollte, sah sich mehr und mehr auch da wieder auf wirtschaftliche Begabung in der Familie angewiesen. Stärker als standesüblich war das patriziatsadlige Selbstbewußtsein historistisch und neigte, von den Fuggern abgesehen, darum zu Gruppen-Selbstmitleid. Rein romantisch konnte es wegen der großen Handelsvergangenheit nicht sein. Eigentümlich blieb ihm in Augsburg die Zweipoligkeit 'Adel und Wirtschaftsbürger' mit Ausgleich zweier Wertewelten. Es behielt Dauer zum möglichen Vorteil der weiteren Familienbedeutung, wenn man sich zur Vergangenheit des Kaufmannsgeschäfts und der Aufstiegsbeweglichkeit vom einfachen freien Stadtgenossen her bekannte, zur Wurzel des zugleich gewerbetreibenden und sich selbst regierenden Bürgertums. Das moderne dynamische Prinzip des stadtbürgerlichen Wesens, in dessen Offenhaltung Augsburg den großen süddeutschen Schwesterstädten immer vorausgeblieben war, enthielt Zukunft. Das dreifache 'Modell Fugger' vermochte einen guten Weg zu weisen, Vergangenheitstreue, Zukunftschancen und Heimatverbundenheit im Selbstverständnis zu vereinen.

Index der Orts- und Personennamen

Im folgenden Index wurden alle im Text genannten Personen-, Orts- und Territorienamen verzeichnet. Auf einen Registereintrag 'Augsburg' wurde für alle Beiträge verzichtet. Landesherren sind unter dem Namen des Territoriums aufgenommen, lediglich Päpste, Kaiser und Könige finden sich unter den Vornamen. Namensgleiche Personen der Familie Fugger von der Lilie sind im Register mit ihren Lebensdaten gekennzeichnet.

Abkürzungen:
- Ks.   Kaiser
- Kg.   König
- Hzg.   Herzog
- Erzhzg.   Erzherzog
- Frhr.   Freiherr

—A—

Adelgaiß
- Hans 245
- Melchior d.J. 167
- Sixt 162

Adler
- Familie 83
- Gesellschaft 215

Aelianus, Claudius 266; 268

Agathias 261

Aguado, Pedro de 208

Ahlsen, Leopold 355

Ainegg, Caspar 230

Albertinelli, Carolus 228

Alfons V., Kg. von Aragon 264

Almadén 21

Almagro 21; 164; 166; 168f.; 172
- Diego de 199

Amantius, Bartholomaeus 262; 264

Amman, Georg 238

Ammianus Marcellinus 266

Amsterdam 135; 142

Ancona 265

Ancyra 267

Andlau, Peter von 41

Andorf, Antorf *s. Antwerpen*

Andreas, Willy 281; 287; 290; 292

Angelberg 255

Antwerpen 21; 53; 63; 65; 94; 96; 153; 158; 164; 210-222; 227; 236; 243; 245-247; 252

Apian, Petrus 262; 264

Aragona, Luigi d', Kardinal 76; 105

Aretin, Karl Maria von 328; 334

Aristoteles 40; 261

Arnim, Achim von 24; 340-348, 350
Arras 210
Artzt
  - Familie 73
  - Sybille 326
Attawanti
  - Familie 229; 234
  - Wolfgang 229; 234
Atti, Isotta degli 262
Augustus, Ks. 260; 262
Aventinus, Johannes 264

—B—

Babenhausen 20; 97; 100; 102f.; 190
Bacchiochi
  - Familie 133
  - Johann Maria 134f.
Bach
  - Verleger 180
Bamberg 232
Bartels, Hans 371
Bartoli, Cosmo 229; 234
Basel 123
Bastidas, Rodrigo d.Ä. de 199; 207
Bauer, Nikolaus 330; 332
Bauernfeld, Eduard von 351
Baumann, Franz Ludwig 310
Baumgarten, Hermann 284
Baumgartner
  - Familie 81; 83; 220; 302; 350
  - Gesellschaft 215-217; 222
  - Hans 298; 300; 302
  - Hans d.J. 302
  - Hans Franz 57
  - Jakob 62
  - Johannes 272

  - Martin 298
Bayern
  - Albrecht V., Hzg. von 254; 263; 265; 268
  - Maximilian I., Hzg. und Kurfürst von 86; 238; 270
  - Susanna, Prinzessin von 344
  - Wilhelm IV., Hzg. von 84
  - Wilhelm V., Hzg. von 254-256
Bayersdorf, Karl Heinrich 384
Beatis, Antonio de 76
Beatus Rhenanus 104, 262
Beccaria
  - Familie 234
  - Gesellschaft 232
  - Johann Baptista 230
Bechler
  - Friedrich 171
  - Hans 171f.
  - Regina, geb. Reihing s. Reihing, Regina
  - Susanna, geb. Kobold s. Kobold, Susanna
Becker, Karl Ludwig Friedrich 332; 367
Behaim, Paulus 156-158; 163
Belisar
  - Feldherr 274, 403
Benalcázar, Sebastián de 204f.; 207
Bender, Ludwig 362
Benivieni
  - Antonio 229; 234; 238
  - Familie 234
  - Gesellschaft 229; 232; 234; 238
Bergen-op-Zoom 213
Bernhardi, Hannibal 239; 240
Beyr, Hans 123
Bezold, Friedrich von 283; 285; 289f.; 292
Biberach 185

Biedermann
- Anton 154f., 170; 172f.
- Hans Georg 170
- Karl 289; 293

Bimmel
- Anton 52; 67
- Familie 81
- Gesellschaft 215f.

Bisantia 245

Bismarck, Otto von 372

Böcklin
- Christoph Sigmundt 231
- Pankraz 53

Bodin, Jean 32

Bogotá 204; 207

Böhmen 301

Bologna 164; 229; 236; 269

Borgias, Franz 134

Borsatti, Lelio 227

Bourges 269

Bozen 231; 236; 238

Bracciolini
- Anna Maria, geb. Welser *s. Welser, Anna Maria*
- Gesellschaft 232
- Polidoro 229; 234

Brandenburg
- Friedrich Wilhelm, Kurfürst von 371
- Joachim, Kurfürst von 344
- Kasimir, Markgraf von 344

Brant, Sebastian 285

Braun
- Verleger 180

Braunschweig 358

Braunschweig-Wolfenbüttel
- August d.J., Hzg. von 78; 80

Bregenz 140; 162

Breslau 215

Breu, Jörg (Georg) d.Ä. 46; 52-55; 66f., 72; 105

Brieger, Theodor 291

Brion, Pierre 135; 142

Broccho
- Caspar 229f.; 234
- Catharina, geb. Weil *s. Weil, Catharina*
- Familie 234
- Franz 230
- Gesellschaft 228; 232; 239
- Hortensio 230; 233-235; 237f.
- Joan Antonio 229; 233f.; 237
- Plinius 230

Brügge 210-213; 215-218

Brüssel 194; 210; 220; 243; 246f.

Buchholz, Erich 371

Buchloe 167

Buff, Adolf 389-393; 397

Burgau
- Karl, Markgraf von 190
- Markgrafschaft 44
- Stadt 81; 190

Burgund 301
- Karl der Kühne, Hzg. von 212
- Maria von 213

Butti
- Antonio 228; 232
- Gesellschaft 232

Cabo de la Vela 191

Cabo Maracapaná 191

Candidus, Tiberius Claudius 265

Carvajal, Juan de 199; 201; 208

Castellanos, Juan de 208

Castiglione, Baldassare 42

Cato, Marcus Porcius d.Ä. 265
Chiavenna 229
Christel, Catharina Barbara, vereh. Schüle 136; 139
Cicero 42; 261; 266; 269; 271
Cipelli, Giovanni Battista 269
Claudianus, Claudius 261
Claudius II. Gothicus, Ks. 267
Clemens XVI., Papst 135
Clerc, Claus de 216
Cleve 229
Cobres
 - Anna Maria, geb. Obwexer s. Obwexer, Anna Maria
 - Familie 133
 - Johann Babtist 142
 - Josef Paul von 131; 134; 142
Cochin 162
Cocquiel, Familie 216
Coler, Johannes 128
Coro 195-200; 203; 207
Coronelli, Vinzenz Maria 78
Cortés, Hernán 197; 199
Croce, Carlo della 135; 137; 142
Cron s. Kron
Curaçao 134f.; 140; 142
Custos
 - Dominikus 100
 - Jacob 248

—D—

Dalfinger, Ambrosius 199; 202; 205
Damme 212
Danzig 215; 238
Daucher
 - Hans 167
 - Susanna 167

Davila, Francisco 203; 206
Dax, Johann 242
Deininger, Heinz Friedrich 308f.; 314; 316; 320
Demosthenes 268f.
Dernschwam, Hans 267
Deuring, Anna Maria 162
Dilger, Georg 59
Dillingen 151; 317
Diokletian, Ks. 267
Dionysios von Halikarnassos 261
Dobel, Friedrich 309f.; 317
Donauwörth 358
Douai 210
Droste-Hülshoff, Annette, Freiin von 351
Ducci, Caspar 53; 220
Dürer, Albrecht 216

—E—

Ebeling, Hans 373
Eberlin, Johann von Günzburg 19; 175-177
Eck, Johannes 14; 281; 282; 284
Egen
 - Peter 81
 - Verleger 180
Egg, Erich 298-307
Ehem s. Öhe(i)m
Ehing, Regina 233
Ehrenberg, Richard 280; 295; 314
Eiß, Paul von 165
Engelberger, Burkhard 331
Engerd, Johannes 17; 107-117
England 165
Erasmus von Rotterdam 267
Erzberger, Dietrich 137
Eschenloher, Hans 156; 167; 169

Index der Orts- und Personennamen

Este
- Familie 262

Euringer, Gustav 389; 391; 393f., 397f.

Eusebios von Caesarea 268

Everhard, Nikolaus 156

—F—

Falkenstein bei Schwaz 298-300

Farnese, Alessandro d.J., Kardinal 268

Federmann, Nicolaus 199; 202; 205f.

Ferdinand I., Röm. Kg. 59; 118; 267; 302; 304

Ferdinand III., Röm. Kg. und Ks. 270

Fernandes, Rui 63

Ferrara 76

Ferri, Jacob(o) 229; 236

Fesenmaier
- Familie 238
- Hilaria 233; 237

Fikenscher, F. 373

Florenz 228f.; 235; 240; 245; 276

Forte, Dieter 356

Franken 263

Frankfurt 227; 238; 240; 245; 400

Frankreich 242; 247

Franz I., Kg. von Frankreich 291

Freiburg im Uechtland 49

Freising 143

Freytag, Gustav 284; 290; 334

Friedberg 58

Friedrich II., der Große, Kg. von Preußen 11

Friedrich III., Ks. 75; 353

Fritz, Hans 245

Frontinus, Sextus Julius 261

Fugger, Hans, Postmeister in Sterzing 247

Fugger vom Reh
- Andreas 97; 361
- Lukas 181; 214f.; 219

Fugger von Glött, Carl Ernst, Graf und Fürst (1913) 310f.; 313; 315, 316-318

Fugger von der Lilie
- Alexander Secundus 275
- Anna (verh. mit Georg Konrad Törring) 91
- Anna (verh. mit Georg Thurzo) 84
- Anna (verh. mit Hektor Mülich) 75
- Anton (1493-1560) 12; 24; 39; 44; 53; 66; 69; 71-75; 81f.; 88f., 92; 97; 102f.; 106; 157f.; 161; 181; 192; 221-223; 244; 246f.; 251; 265-267; 276; 292; 304; 308; 314-317; 324; 326; 329; 333; 364-367; 379; 402
- Anton (1552-1616) 83; 88; 270
- Anton (1563-1616) 39; 91; 93f.; 108
- Barbara 91
- Carl 247
- Christoph (1520-1579) 100; 270
- Christoph (1566-1615) 91; 94
- Constantin 275
- Familie 23; 26f.; 34f.; 44; 71; 76f.; 82; 179f. 190; 214; 216; 258; 261; 267; 268f.; 279-284; 286-292; 294-296; 298-307; 349-356; 401f.
- Fortunatus 275
- Georg (1453-1506) 75; 215; 331; 350; 353; 362
- Georg (1518-1569) 88; 100; 103; 158; 270
- Georg (1577-1643), Landvogt 85f.; 305
- Georg d.Ä. (1560-1634) 86
- Gesellschaft 50; 131; 153; 156; 161f.; 164; 168; 179; 214f; 218; 221f.; 297
- Hans (1531-1598) 77f.; 92f.; 95; 99; 100; 103; 247f.; 250-255; 265f.; 271; 276; 313
- Hans (1593-1633) 94
- Hans (gest. 1408/09) 97; 180; 352f.; 361; 363f.
- Hans Jakob 44; 88f.; 96; 98f.; 100; 261; 264; 266; 268f.; 276; 294; 322

- Hieronymus (1499-1538) 47; 71; 73; 76; 82; 223
- Hieronymus (1584-1633) 305
- Jakob (1542-1598) 91; 93; 95
- Jakob (nach 1398-1469) 353; 361
- Jakob der Reiche (1459-1525) 24; 44; 51; 66; 71; 73; 84; 92; 97-99; 103; 105; 154; 157; 181; 190; 215f.; 241-243; 261; 263; 282; 287f.; 292; 298; 301f.; 304; 312f.; 316f.; 326f.; 331; 350; 353; 355f.; 362; 367; 372
- Johann Jakob s. Hans Jakob
- Johannes (fiktiv) 104
- Julius Octavian 275
- Karl 248
- Katharina 91; 99; 108
- Konrad 180
- Maria Jakobäa 94
- Maria Johanna 248
- Markus/Marx (1448-1478) 75
- Markus/Marx (1529-1597) 77; 87; 89; 91f.; 94; 99; 103; 105f. 108; 155; 158; 161; 164-166; 168f.; 172; 247; 251; 253; 271; 273; 276
- Markus/Marx (1564-1614) 86; 89; 95; 99; 102
- Maximilian 190
- Octavian Secundus 44; 83; 93; 100; 245; 247; 261; 270f.; 275f.
- Philipp 91
- Philipp Eduard 44; 83; 88; 94; 105; 245; 247; 270
- Raymund (1489-1535) 71; 73; 76; 84; 90; 96; 101f.; 261; 262-266; 270; 276; 353
- Raymund (1528-1569) 270
- Tiberius Albert 275
- Trajan 275
- Ulrich (1441-1510) 84; 181; 215; 242; 300; 331; 350; 353; 362
- Ulrich (1526-1584) 268f.; 276
- Ulrich (gest. 1394) 180
- Ulrich d.J. (1490-1525) 72; 88; 305; 307
- Ursula 91; 93
- Walburga 71

Fugger-Babenhausen
- Karl Ludwig, Fürst von 310; 313; 401; 402
- Leopold, Fürst von 325; 335; 401

Füssen 164; 244

—G—

Gabler, August 364
Gadenstedt, Barthold von 77
Gaeta 265
Galenus 261
Gama, Vasco da 65
Ganghofer, Ludwig 351
Garb, Friederike von 136
García, Alejo 192
Gasser, Achilles Pirmin 46; 48; 53; 64-269
Gassner, Laux 72
Geizkofler
- Hans 166
- Kaspar 166
- Lucas 107f.
- Raphael 166

Gellius, Aulus 261
Genf 245
Genua 180; 238; 240
Gerhardini
- Gesellschaft 228; 232; 234; 239
- Pietro 229

Gessembrot s. Gossembrot
Geuder, Georg 206
Geyer, Johann 323f.; 333
Giengen a.d. Brenz 165

Index der Orts- und Personennamen 413

Gignoux
- Anna Barbara, geb. Koppmaier, vereh. Gignoux, vereh. Gleich 381-399
- Anton Christoph 384; 395
- Felicitas Barbara 383; 387
- Jean François 382; 395
- Johann Friedrich 382f., 385; 391
- Johann Friedrich d.J. 383; 391

Gleich
- Georg Christoph 383-386; 391; 393
- Johann Friedrich 395

Glött
- Herrschaft 190

Goa (Indien) 151; 162

Goethe, Johann Wolfgang von 349; 388; 392

Gonzaga
- Familie 262

Gordianus III., Ks. 265

Görres, Guido 362

Gössel, Georg 165; 169

Gossembrot
- Familie 81; 83; 84
- Sigmund 84; 258

Graben am Lechfeld 180; 402

Granvella, Antoine Perrenot de, Kardinal 332

Gratian, Ks. 260

Grauert, Hermann 312; 314

Graziani, Antonio Maria 80

Gregor XV., Papst 238

Griesstetter
- Anna 155
- Melchior 155; 173

Grimmel, Alexius 53

Gundelfingen 185

Günzburger, Sebastian 54

Gustav Adolf, Kg. von Schweden 11

Gutenberg 118; 120; 121

Gutzkow, Karl 350f.

—H—

Haacke, U. 370; 372

Häbler, Konrad 280; 311f., 314

Habsburg, Andreas von, Kardinal 109

Habsburger
- Dynastie 18; 21; 23; 91; 110; 219; 220; 222; 291; 300-302; 334; 366; 376

Hacker, Franz Xaver *s. Seeburg, Franz von (Pseud.)*

Haffner, Christoph 167

Hagen, Karl 282

Hainhofer
- Philipp 273
- Ulrich 216

Hainzlin, Anna Veronica 231

Halder
- Familie 404

Hall in Tirol 153; 164; 300; 303f.

Hallein 166

Haller, Wolf 220

Hanolt, Felix 216

Haug
- Anton 127
- Familie 81; 127
- Gesellschaft 161; 186; 217

Häusser, Ludwig 290

Haussmann, Jean-Michel 137

Heel
- Hans (Baptist) 164
- Karl 164
- Konrad 164

Hefner, Jakob Heinrich von 328; 334

Heidelberg 269

Heidenheim an der Brenz 139

Heilmann, Wolfgang 245

Heinisch, G.F. 361

Helbig
- Christoph 231; 233
- Felicitas 231

Henot, Jacob 246f.

Herbrot
- Gesellschaft 215
- Hieronymus 60
- Jakob 58-60; 62; 64; 67f.; 71

Herodot 261

Herrera, Alonso de 207

Herwart
- Christoph 53; 215
- Erasmius 127
- Familie 70; 127
- Georg 82
- Gesellschaft 215; 217
- Paul 235
- Radigunda 127

Herzel, Hans 55

Hesekiel, George 351-353; 355

Hesiod 269

Hessen
- Philipp, Landgraf von 59

Hetmann, Frederik 356

Heuserer, Benedikt 164f.

Hillmair
- Hans 167
- Ruprecht 167

Hinderofen, Siegmund 161f.

Hipler, Wendel 19; 177

Hitler, Adolf 370

Hoby, Thomas 79

Höchstetter
- Ambrosius d.Ä. 50; 56; 58f.; 62; 67f.; 74; 76; 103; 213; 221; 272
- Ambrosius d.J. 63
- Familie 83; 218
- Gebrüder 298; 301
- Gesellschaft 49; 56; 59; 214f., 217; 221
- Hans 221
- Jakob 52
- Joachim 57; 158
- Johann Chrysostomos 86
- Josef 221

Hoechstetter s. Höchstetter

Hofmaier
- Verleger 180

Hohenasperg 351

Hohenleiter, Georg 134

Hohermuth, Georg von Speyer 195-197; 199; 201; 203f., 206; 208

Holbein
- Hans d.Ä. 331
- Hans d.J. 331

Holl, Elias 170; 331

Holzschuher, Gabriel 161

Homer 266; 269

Honold, Hans 66

Hopfer
- Gesellschaft 160; 170

Horaz 40; 269

Hörbrot
- Gesellschaft 158

Hörl, Veit 192

Hörmann von und zu Gutenberg
- Anton 120f., 124; 127
- Christoph 121; 124; 168
- David 123

Index der Orts- und Personennamen

- Ernst Tobias 124f.
- Familie 17; 119; 129; 168
- Georg 44; 118; 120; 124; 126; 168; 216
- Hans Jörg 120f.; 127
- Johann Jakob 124
- Johannes Christoph 118; 121; 123; 125
- Ludwig 120f.; 124; 127f.
- Matthäus Bernhard 128
- Sebastian Ludwig 118; 120-128
- Tobias 121-124
- Wilhelm Gottfried 121f.; 124
- Wolfgang Ludwig 118; 124f.

Horngacher, Martin 158

Höschel
- David 160
- Peter d.J. 160

Hosennestel, Abraham 124f.

Hoser, Simprecht 53; 82

Hoy, Hans von 56

Huayana Capac, Inkakaiser 192

Hus, Jan 110

Hutten
- Bernhard von 194; 206
- Moritz von 196f., 199; 207f.
- Philipp von 194-208
- Ulrich von 35; 42; 197

Hyrus
- Andreas 162
- Paul 162

—I—

Idria 302

Ignatius von Loyola 136

Ilsung
- Anna 91
- Familie 73

- Georg 86; 247; 256
- Maximilian 86; 256

Imhof
- Endris 156f.
- Gesellschaft 156; 158; 168
- Konrad 216
- Regina 353
- Simon 272

Indien 48; 161

Ingolstadt 108f., 156; 264

Innsbruck 86; 90; 118; 153; 164; 243-246

Isokrates 268

Italien 77; 163f.; 172; 243f.; 247; 301; 312

Iustinianus *s. Justinianus I.*

Iustinus *s. Justin*

Jäger, Clemens 97f.; 183

Jansen, Max 24; 280; 309; 312-316

Janssen, Johannes 286; 288; 294

Jena 123

Jenisch
- Gesellschaft 62
- Ursula 126

Jerusalem 256

Josephus Flavius 268

Julius Nepos, Ks. 260

Justi, Johann Heinrich Gottlob von 43

Justin 271

Justinian I., Ks. 260; 273f.

Juvenal 269

—K—

Kalkutta 246

Kaltenberg 121

Kapp, Ernst 360

Karl der Große, Ks. 274

Karl I., Kg. von Spanien 243

Karl V., Röm. Kg. und Ks. 14; 23f.; 65; 103; 113; 118; 194f.; 197; 243f.; 246; 284; 290; 302; 304; 323f.; 326; 329-334; 364f.; 367-370; 375; 379; 402

Kaufbeuren 120f.; 125f.; 182

Keim, Karl Theodor 282

Kellenbenz, Hermann 24; 225; 249f., 262; 309; 311f., 314; 318-320

Kempten 169

Kilian, Lukas 248

Kirchberg 82; 98; 111; 113f.; 248

Kirchheim 99; 100; 102f.; 156; 167; 190; 251

Klausen in Südtirol 133

Kobold, Susanna 171

Kölderer, Georg 46; 55; 60; 62; 66

Köler, Hieronymus d.Ä. 196; 203

Köln 14; 156; 163; 167; 169

Kolumbus, Christoph 11; 65

Königsegg
- Magdalena, Freiin von 100
- Marquard von 95

Konrad IV., Ks. 342

Konstantinopel 255; 267; 269

Konstanz 183

Kopenhagen 221

Koppmair
- Andreas 382
- Maria Barbara 382

Kraffter
- Alexander 54
- Gesellschaft 58; 164
- Hieronymus 54f.
- Lorenz 59

Krakau 90; 155; 215

Krautwurst, Franz 319

Krel (Kröll), Wolf Philipp 172

Kress, Cristof 235

Kreta 269

Kron
- Ferdinand 151; 162
- Heinrich 151
- Karl 55
- Kaspar 55

Kronecker, Moritz 155

Kufstein 155

Kugelmann, Balthasar 155

Kumsteller, B. 370; 372

Kunze, Otto 360

Künzelsau 136

Kurz, Sebastian 96

Lachenbeck, Mathias 161

Lactantius 269

Lambacher, Hans 164

Laminit, Anna 47

Langenmantel
- Familie 70; 124
- Matthäus 46; 51f.; 54; 57; 66
- Sybilla 86

Lauginger
- Familie 84

Lauingen 170

Lebzelter, Frantz 197

Leipzig 160; 215

Leon, Johann Michael von 43

Leuthold, Balthasar 169

Leutishofen 145

Libar, Joseph 245

Libiggerckh, Thobias 227

Index der Orts- und Personennamen

Lieb, Norbert 317-320
Liebert
   - Benedikt Adam von 131; 136; 386
   - Johanna Regina 136
   - Marianne von 135
Lill, Georg 313; 315
Lille 210
Lindau 121; 172
Lissabon 213; 243; 245f.; 272
Livorno 240
Löffelholz, Wilhelm, Frhr. von 309
Lombardei 265
London 221; 245
Löwen 214
Lucca 228; 232; 240
Lucianus 261
Ludwig I., Kg. von Bayern 322; 400; 403
Ludwig IV., der Bayer, Röm. Kg. und Ks. 326f.; 332
Luther, Martin 11; 14; 40; 280-282; 284f.; 291; 334; 344f.; 356
Luzenberger
   - Hans 173
   - Mang 164
Lyon 53; 63; 158; 221; 236; 243; 245

—M—

Madeira 49
Madrid 121; 164-166; 169; 172; 245; 255
Mailand 49; 238; 240f.; 243-246
Mainz
   - Albrecht, Kurfürst von 284
Mair
   - Ambrosius 54
   - Paul Hektor 46; 53; 58f.; 61f.; 66
Malatesta, Sigismondo Pandolfo 262
Malta 77

Mameranus, Nicolaus 99
Manetti, Gianozzo 269
Mangmeister
   -Verleger 180
Mangold
   - Familie 124
Manlich/Mannlich
   - Christina 127
   - David 47
   - Familie 81; 127
   - Gesellschaft 158; 215f.; 304
   - Matthäus 56
   - Matthias 127
Manutius, Aldus 109
Manzoni, Alessandro 344; 347
Mar del Norte (Atlantik) 191
Mar del Sur (Pazifik) 191
Marckhl, Georg 231
Marquard, Johannes 41f.
Martial 269
Matthias I. Corvinus, Kg. von Ungarn 264
Mattstett, Andreas 160
Maximilian I., Ks. 23; 24; 64; 194; 213f.; 222; 241; 301f.; 305-307; 326; 341f.; 344f.; 353; 402
Maximilian II., Kg. von Bayern 322; 328; 331; 334
Maximilian II., Ks. 108
Mayr, Ulrich 125
Mecheln 194
Meckau, Caspar von 91
Medici
   - Cosimo de' (der Alte) 264
   - Cosimo I. de' 116
   - Familie 104; 116; 258; 262; 264; 276
Medina del Campo 96
Melanchthon, Philipp 104; 264
Memmingen 120f.; 126; 171; 180; 182f.; 186; 190

Mendoza
- Antonio de 199
- Pedro de 53

Mertz
- Anna Jacobina 126
- Christoph 126

Mettenleiter, Johann Jakob 135

Meusel, Johann Georg 195-197; 206-208

Meuting
- Bernhard 211; 214; 218
- Familie 81
- Georg 216; 220
- Gesellschaft 215-217
- Jacob 233
- Konrad 215f.
- Ludwig 211; 214f.; 218

Mickhausen
- Herrschaft 190

Middelburg 76

Miller
- Egloff 211; 214
- Hans 255
- Thomas 255

Mindelheim 170

Montefeltro
- Familie 262

Montefiascone 275

Montevideo 192

Montfort
- Anton von 109
- Barbara von 39; 91
- Ernst von 89
- Familie 17; 107; 110; 113-116
- Georg von 108; 109
- Hugo von 105
- Jacob von 108

- Johann von 109
- Sigismund von 109
- Ulrich von 39
- Wolfgang von 108f.

Mörcke, Olaf 15

Morysen, Fynes 81

Mozart
- Familie 381; 388
- Wolfgang Amadeus 388; 392

Mühlich, Georg 272

Mühlstädt, Herbert 374

Mülich, Hektor 75

Müller
- Markus 53
- Nikolaus 63
- Thomas 161; 164-166; 168f.; 172

München 54; 59; 86; 224f.; 245; 252; 310

Münster, Sebastian 349

Münzer, Thomas 356

Nassau, Adolf von 91

Nassau-Breda-Vianden
- Heinrich III., Graf von 195

Neapel 238; 244-246; 264

Neidhart, Sebastian 53; 63; 67

Nesselwang 161

Neudorfer, Johannes 163

Neuhofer, Theodor 316

Neustadt in Thüringen 108

Nickol, H. 366

Niederalfingen 103

Niederlande 56; 244; 246f.; 254f.; 301

Nikaia 267

Nikolaus V., Papst 264

Nikomedeia 267

Index der Orts- und Personennamen

Nilson, Johann Esaias 381; 388

Norddeutschland 301

Norden, Albert 375

Nördlingen 121; 180; 183; 185

Novalis (Pseud.), eigtl. Hardenberg, Georg Philipp
   Friedrich von 349

Nürnberg 14; 21; 50; 120f.; 124f.; 156; 161; 164;
   180; 185; 215; 220; 225; 230; 232; 240; 245; 252;
   304; 349; 400

Nürnberger
   - Lazarus 168
   - Maria 168

—O—

Oberdeutschland 152; 164; 230; 231; 301

Obwexer
   - Anna Maria, vereh. Tonella, vereh. Cobres 134
   - Familie 17; 135
   - Johann 133
   - Johann Michael 135
   - Johannes 135
   - Joseph Anton (von) 130-146
   - Peter Paul (von) 130-146

Occo, Adolf III. 271

Ochsenhausen 162

Öhe(i)m
   - Familie 81; 84; 220

Österreich 247
   - Ernst, Erzhzg. von 86
   - Ferdinand II., Erzhzg. von 86; 108; 252; 256;
     331
   - Karl, Erzhzg. von 109
   - Matthias, Erzhzg. von 105
   - Sig(is)mund (der Münzreiche), Erzhzg. von 242;
     300

Oesterreicher
   - Gesellschaft 167

Ofen [Buda], Ungarn 304

Olim, Robrecht van 223

Orosius 269

Ortál, Jerónimo 207

Ostindien 161

Ott, David 269

Ottobeuren, Abt von 185

Ovid 266; 269

Oviedo, Gonzalo Fernández de 195; 208

—P—

Padua 123

Paler
   - Gesellschaft 151; 168
   - Susanna 123
   - Wolf d.J. 153; 168

Pantaleon, Heinrich 101; 104

Paris 243

Pastor, Ludwig 294

Paumgartner *s. Baumgartner*

Pecht, Friedrich 328; 330

Pestalozza
   - Gesellschaft 232
   - Julius Cäsar 229; 234; 238

Peutinger
   - Konrad 14; 22; 24; 258-262; 264; 272f.; 276;
     326; 331; 350
   - Margarete 331

Pezzl, Johann 131

Pfalz
   - Friedrich III., Kurfürst von der 269
   - Ottheinrich, Kurfürst von der 59; 269

Pfanzelt, Matthäus 58

Pfister, Lukas 47

Philipp II., Kg. von Spanien 222; 255
Philippson, Martin 284
Philostratus 266
Phokas, Ks. 260
Piloty, Ferdinand 330
Pimmel *s. Bimmel*
Pindar 269
Pirckheimer, Willibald 262
Pizarro, Francisco 191f.; 199; 203
Plancus, Lucius Munatius 265
Plautus 40; 269, 271
Plinius d.Ä. 261
Plinius d.J. 261
Plutarch 40; 261
Pogliese
   - Carl Joseph 134
   - Josepha Victoria 133
Pölnitz, Götz, Frhr. von 24; 73; 179; 246; 249; 295; 316-318; 320; 355
Polo, Marco 241
Pomponius Laetus 260
Portner, Konrad 185
Portugal 48; 50; 247
Poschinger, Wolfgang 220
Pozzi, Martin 142
Prag 86; 109; 246
Preu *s. Breu*
Preysing, Maria von 250
Prokopios von Caesarea 261
Puerto Rico 195

—Q—

Quesada, Jiménez de 205; 207
Quito 204
Quivira
- Goldkönigreich 204

—R—

Rabiosus, Anselmus (Pseud.), eigtl. Wekhrlin, Wilhelm Ludwig 130
Raid, Sylvester 55
Ranke, Leopold von 281; 283; 288f.; 291f.; 295; 334
Rassius, Adam 40-42
Raumer, Friedrich von 280
Ravenburger, Leo 53
Ravensburg 152; 162
Rechtergem, Nicolaas van 216
Regensburg 125; 167
Rehlinger (v. Rehlingen)
   - Anna 74; 324; 326
   - Bernhard 85
   - Daniel 86
   - Familie 73; 81; 84f.; 220
   - Gesellschaft 215
   - Johannes 272
   - Leonhard 272
   - Marx Conrad 153; 168
Rehm *s. Rem*
Reichlin von Meldegg, Sebastian 123
Reihing, Regina 171
Reineccius, Reiner 40f.
Reinhardshofen 145
Reinhausen 245
Rem
   - Bartholomäus 50f.
   - Familie 220
   - Gesellschaft 215; 220
   - Johannes 272
   - Lucas *s. Lukas*
   - Lukas 15; 46-48; 50f.; 156; 158; 216; 243; 272
   - Verleger 180

Index der Orts- und Personennamen

- Wilhelm 46; 48; 51f.; 54; 64; 66; 71; 73; 76; 105
Rembold(t), Jakob 85; 206
Renz, Friedrich 158
Retzer, Hans 66
Reuchlin, Johannes 284
Reynoso, Pedro de 207
Riccius, Christian Gottlieb 43
Riedl, Otto 365
Riehl, Wilhelm H. 350f.
Rietheim, Conrad von 255
Riezler, Sigmund 310
Rimini 262
Rom 96; 164; 242-246; 256; 263; 265
Rose, Wilhelm 370
Rosenberg, Gesellschaft 58
Ross, Antoni von 300
Roßhaupten 245
Roth
 - Friedrich 282
 - Konrad 66; 161; 167
Rothe, Johannes 34
Rothschild
 - Handelshaus 373
Rotmar, Valentin 109
Rudolf I., Ks. 326
Rudolf II., Ks. 109; 247; 252; 254; 256; 294
Rudolf, Anton 66
Rüxner, Georg 37

—S—

Sachsen
 - Johann Friedrich I., Kurfürst von 59
Sailer
 - Bartholomäus 201
 - Hieronymus 53

Salamanca, Gabriel 304f.; 307
Sallust 269
Sannolli, Johannes 227
Santa Marta 202; 207
Santo Domingo 196; 199; 203
São Vicente 192
Sardinien 264
Saurzapf, Jakob 63
Schaezler
 - Familie 404
 - Johann Lorenz von 135; 137
Schäfer, Dietrich 283
Schaffhauser, Jakob 170
Schaller, Hans 55
Schedel
 - Familie 268
Schedler, Hans 169; 172
Schellenberger, Regina 155
Schenk, K. 368
Schertlin von Burtenbach, Sebastian 331
Schetz, Erasmus 63
Schlesien 59
Schmiechen 90; 105
Schneider, B. 370; 372
Schnurbein
 - Familie 404
Schoch
 - Balthasar 59
 - Endris 59
Schorer
 - Johann Baptist 230f.
 - Raymund 231
Schreckenstein, Karl Heinrich Roth von 45
Schubart, Christian Friedrich Daniel 26; 351; 381; 388-392
Schücking, Levin 351

Schüle
- Catharina Barbara, geb. Christel *s. Christel, Catharina Barbara*
- Johann Heinrich d.J. von 136
- Johann Heinrich von 17; 130-134; 136-140; 143-145; 386
- Matthäus 386
- Nicolaus Tobias 136

Schulte, Aloys 219; 280; 314

Schüren, Hans von 168

Schwab, Kaspar d.Ä. 162

Schwaben 263; 288

Schwarz
- Johann Conrad von 131
- Konrad 384
- Matthäus 63; 154; 163; 173
- Ulrich 61

Schwarzenberg, Maria von 91

Schwaz in Tirol 53; 153; 164; 221; 297; 298-308

Schweinichen, Hans von 93

Schweyer, Sabina 126

Scott, Walter 344; 347

Sedeño, Antonio 207

Seeburg, Franz von (Pseud.), eigtl. Hacker, Franz Xaver 354

Seida und Landensberg, Franz Eugen von 17; 132; 139; 146; 400; 403

Seiler
- Gesellschaft 215; 217; 220

Sender, Clemens 35; 46; 51f. 54-60; 62; 66; 73f.; 76; 105

Seneca 35

Sevilla 166; 195; 203; 209; 245; 255

Sickingen, Franz von 67

Siedeler, Jörg 46; 63

Sigismund, Röm. Kg. und Ks. 110; 180

Simón, Pedro 204; 208

Simonius, Simon 40f.

Sini
- Cosimo 229; 234; 238
- Familie 234
- Gesellschaft 229; 232; 234; 238

Sizilien 263f.

Skandinavien 312

Slabbaerts, Margriete 220

Sluis 212

Smiet, Andreas 216

Solms, Reinhard, Graf zu 39; 41

Solms-Lich, Philipp, Graf zu 39

Sombart, Werner 285; 288

Sousa, Martim Afonso de 192

Spangenberg, Cyriacus 38; 40f.

Spanien 96; 152f.; 162; 164f.; 168f.; 171; 245-247; 301

Sperges, Joseph von 297; 300

Speyer 245

Spruner, Carl von 328

Srbik, Robert von 298

St. Peter in Tirol 143

St. Pölten 143

Stadler, Vitalis 155

Stammler, Gebrüder 56; 66

Stapf, Ambrosius 54

Staupitz, Johann von 344

Stegmann, Christina 173

Steidelin
- Familie 215
- Gabriel 215
- Ludwig 211; 214f.; 218f.

Steinhausen, Georg 287

Stenglin
- Gesellschaft 162

Index der Orts- und Personennamen

- Jeremias 162

Stephani, Matthäus 40-42

Stern, Adolf 351

Sterzing 107; 247

Stetten
- Daniel 85
- David von 164
- Familie 220; 401; 403f.
- Paul d.J. von 131; 134; 341; 387
- Paul von 24; 164

Stöckl, Hans 298

Stoewer, Rudolf 351

Strada, Jacopo (della) 101; 268

Straßburg 121; 139; 245

Strieder, Jakob 24; 280; 314-316; 319

Studelinck, Lodewick *s. Steidelin, Ludwig*

Studelyn, Ludwig *s. Steidelin, Ludwig*

Stüdlin *s. Steidelin*

Sueton 269-271

Suleiman (der Prächtige), Sultan 267

Sulzer
- Anton 62
- Gebrüder 62
- Wilhelm 62

Süßkind
- Familie 404

Sybel, Heinrich von 335

—T—

Talfinger, Ambrosius 65

Taxis
- Anton von 244
- Familie 21
- Franz von 241; 243
- Gabriel von 246
- Genoveva von 247

- Innozenz von 256
- Johann Anton 244
- Johann Baptista 243; 246
- Lamoral II. von 248
- Lamoral von 247
- Ludwig von 247
- Octavio 247; 248
- Seraphin von 245; 247; 256

Te(t)zel, Johannes 280; 284

Terentius *s. Terenz*

Terenz 269

Thomas
- Maria, geb. Nürnberger *s. Nürnberger, Maria*

Thukydides 266; 269

Thurn und Taxis
- Eugen Alexander, Fürst von 248
- Inigo Lamoral von 248
- Johann Baptista von 248
- Sebastian Franz von 248

Thurzo
- Georg 54; 84
- Gesellschaft 84

Tiefstetter, Christoph 60

Tierra Firme 191; 197-199; 202; 204; 207

Tirol 118; 153; 168; 173; 286; 297; 307

Tizian 323-330; 333

Tolosa
- Alonso Pérez de 208f.
- Juan Pérez de 208

Tonella
- Anna Maria, geb. Obwexer *s. Obwexer, Anna Maria*
- Familie 133
- Franz Anton 134
- Joseph 134

Tordesillas 192

Törring
- Georg Konrad 91
- Ladislaus von 91
Torrisani
- Gesellschaft 228f., 233; 235
- Laux 228
- Lucas 234-236
Toskana 276
Tott
- Verleger 180
Tournai (Doornik) 216
Trautson, Balthasar 254
Trient 247
Tübingen 123
Tucher
- Gesellschaft 161
- Lazarus 216; 220-222
Tumbült, Georg 310
Turri
- Gesellschaft 142

—U—

Ulm 58; 175f.; 181; 183; 189f.; 197; 233; 244; 400
Ulmann, Heinrich 292
Ulstett, Gesellschaft 58
Ungarn 54; 301
Ungnad, David 255
Untergermaringen 120
Urbino
- Federico I. da Montefeltro, Hzg. von 263f.

—V—

Valerianus, Johannes Pierius 104
Valerius Maximus 271
Vegetius, Flavius 261

Venedig 53f.; 86; 95; 163; 180; 225; 230; 232; 235; 238f.; 240; 243; 245f.; 251f.; 256; 262f.; 265; 268f.; 273; 300; 304
Venezuela 191-209; 368f.; 371
Vergil 269
Verona 240
Vespucci, Amerigo 65
Viehäuser, Sigmund 254
Villinger
- Jakob 65; 103
- Ursula, Freiin zu Schönenberg 105
Violau 134
Vittel, Mathäus 155

—W—

Wachsmuth, Wilhelm 290
Wagner, Ferdinand d.Ä. 24; 325; 328; 333
Waiblingen 342
Wallenstein, Albrecht von 11
Wallis 274
Waltenhausen 102
Wanner
- Hans Ulrich 173
- Philipp 173
- Christina, geb. Stegmann s. Stegmann, Christina
Weber
- Johann Baptist 86
- Max 13; 31; 293
Weil, Catharina 237
Weiß
- Jonas 66
- Martin 186
Weißenhorn 20; 82; 90; 98; 164; 179; 181; 189f.; 248
Weisser, Adolf 351
Wekhrlin, Wilhelm Ludwig s. Rabiosus, Anselmus

Index der Orts- und Personennamen

Welser
- Anna Maria 234
- Anton 47; 50; 273
- Bartholomäus V. (d.Ä.) 157; 196; 203; 206; 208
- Bartholomäus VI. (d.J.) 199, 207f.
- Familie 26; 27; 81; 105; 284; 331; 401f.
- Franz 331
- Gesellschaft 47f.; 131; 156; 158; 214-218; 222f.; 243
- Jakob 50
- Lucas 84
- Margarethe 259
- Markus 22; 258; 270f.; 273f.; 276
- Marx 158
- Mathäus 158
- Paul 273f.
- Philippine 331; 351; 403
- Sigmund 84

Welser - Gesellschaft 50

Westermann, Ekkehardt 298

Weygandt, Friedrich 177

Wiblingen 103

Wickram, Jörg 342; 349

Wiedhofen 167

Wien 86; 139; 141; 143; 245f.; 304

Wimpfeling, Jakob 110

Wirsing, Hieronymus 54

Wolf
- Gustav 295
- Hieronymus 266

Wolff, Heinrich 263

Württemberg
- Karl Eugen, Hzg. von 139
- Ulrich I., Hzg. von 341

—Z—

Zacher, Wolfgang 342

Zangmeister
- Gesellschaft 182

Ziemetshausen 190

Zimmermann
- Friedrich Wilhelm 367
- Matthias 205f.

Zimmern
- Grafen von 33; 37

Zinnendorf, Bartholomäus Kell(n)er von 156

Zobel, Martin 66

Zöllner, Erich 297

Zonaras, Johannes 266

Zorzi, Sebastian 233-237

Zwitzel, Jakob 79

Zypern 110

Verzeichnis der Autoren und Referenten

Sibylle Backmann M.A., Bonn
Dr. Wolfgang Behringer, Bonn
Prof. Dr. Johannes Burkhardt, Augsburg
Prof. Dr. Karl Filser, Augsburg
Prof. Dr. Hans Vilmar Geppert, Augsburg
Dr. Mark Häberlein, Freiburg
Prof. Dr. Reinhard Hildebrandt, Aachen
Franz Karg M.A., Dillingen
Dr. Christl Karnehm, München
Prof. Dr. Rolf Kießling, Augsburg
Prof. Dr. Helmut Koopmann, Augsburg
Dr. Dana Koutná-Karg, Dillingen
Priv.-Doz. Dr. Wolfgang Kuhoff, Augsburg
Dr. Andrew John Martin, München
Prof. Dr. Rudolf Palme, Innsbruck
Prof. Dr. Thomas Max Safley, Philadelphia / USA
Prof. Dr. Eberhard Schmitt, Bamberg
Dr. Michaela Schmölz-Häberlein, Freiburg
Priv.-Doz. Dr. Barbara Stollberg-Rilinger, Köln
Dr. Gabriele von Trauchburg-Kuhnle, Augsburg
Prof. Dr. Markus Völkel, Rostock
apl. Prof. Dr. Wolfgang Weber, Augsburg
Christine Werkstetter M.A., Augsburg
Dr. Wolfgang Wüst, Augsburg
Prof. Dr. Wolfgang Zorn, Augsburg